Die Neutralität der Umsatzsteuer als europäisches Besteuerungsprinzip

FINANZ- UND STEUERRECHT IN DEUTSCHLAND UND EUROPA

Herausgegeben von Klaus-Dieter Drüen, Hanno Kube und Rainer Wernsmann

Band 28

Zur Qualitätssicherung und Peer Review der vorliegenden Publikation

Die Qualität der in dieser Reihe erscheinenden Arbeiten wird vor der Publikation durch Herausgeber der Reihe geprüft.

Notes on the quality assurance and peer review of this publication

Prior to publication, the quality of the work published in this series is reviewed by editors of the series.

Cornelia Zirkl

Die Neutralität der Umsatzsteuer als europäisches Besteuerungsprinzip

Inhalt, Herleitung und der Umgang mit Neutralitätsverletzungen

PL ACADEMIC RESEARCH

Bibliografische Information der Deutschen Nationalbibliothek
Die Deutsche Nationalbibliothek verzeichnet diese Publikation in der Deutschen Nationalbibliografie; detaillierte bibliografische Daten sind im Internet über http://dnb.d-nb.de abrufbar.

Zugl.: Passau, Univ., Diss., 2015

Veröffentlicht mit finanzieller Unterstützung der Universität Passau.

D 739
ISSN 1863-141X
ISBN 978-3-631-66799-6 (Print)
E-ISBN 978-3-653-05923-6 (E-Book)
DOI 10.3726/978-3-653-05923-6

PL Academic Research ist ein Imprint der Peter Lang GmbH.

Peter Lang – Frankfurt am Main · Bern · Bruxelles · New York · Oxford · Warszawa · Wien

Diese Publikation wurde begutachtet.

www.peterlang.com

Vorwort

Die vorliegende Arbeit wurde im März 2015 von der Juristischen Fakultät der Universität Passau als Dissertation angenommen. Sie entstand während meiner Tätigkeit als wissenschaftliche Mitarbeiterin am Lehrstuhl für Staats- und Verwaltungsrecht, insbesondere Finanz- und Steuerrecht an der Universität Passau. Literatur und Rechtsprechung sind bis April 2015 berücksichtigt.

Mein ganz besonderer Dank gilt meinem Doktorvater Herrn Professor Dr. Rainer Wernsmann, der die Entstehung dieser Arbeit stets mit einem offenen Ohr begleitet und in entscheidender Weise zu ihrem Gelingen beigetragen hat. Während meiner Jahre als studentische Hilfskraft und wissenschaftliche Mitarbeiterin am Lehrstuhl hat er mich auf vielfältige Art und Weise unterstützt und gefördert. Herrn Professor Dr. Hartmut Söhn danke ich sehr herzlich für die zügige Erstellung des Zweitgutachtens.

Die Arbeit wurde durch ein Begabtenstipendium der Hanns-Seidel-Stiftung aus Mitteln des Bundesministeriums für Bildung und Forschung gefördert. Dieser Förderung verdanke ich den zügigen Abschluss meiner Promotion.

Besonders bedanken möchte ich mich bei meinem Lebensgefährten Christopher Lohwasser nicht nur für die technische und redaktionelle Unterstützung bei der Fertigstellung dieser Arbeit, sondern auch für seinen steten Zuspruch und für seine große Geduld. Mein größter Dank gebührt schließlich meinen Eltern Elke Eichstädter und Franz Zirkl, die mir eine akademische Ausbildung ermöglicht haben und mich in jeder Lebenslage bedingungslos unterstützen. Ihnen sei diese Arbeit gewidmet.

Passau, Mai 2015 Cornelia Zirkl

Inhaltsübersicht

Inhaltsverzeichnis

Abkürzungsverzeichnis

aA	andere Ansicht
ABl.	Amtsblatt
Abs.	Absatz
AEUV	Vertrag über die Arbeitsweise der Europäischen Union
aF	alte Fassung
Alt.	Alternative
Anm.	Anmerkung
AO	Abgabenordnung
AöR	Archiv des öffentlichen Rechts
Art.	Artikel
Aufl.	Auflage
B2C	Business to Customer
BB	Betriebsberater
Bd.	Band
BeckOK	Beck'scher Online-Kommentar
BFH	Bundesfinanzhof
BFH/NV	Sammlung amtlich nicht veröffentlichter Entscheidungen des Bundesfinanzhofs
BFHE	Sammlung der Entscheidungen des Bundesfinanzhofs
BGBl	Bundesgesetzblatt
BMF	Bundesfinanzministerium
BR-Drucks.	Bundesrats-Drucksache
BStBl	Bundessteuerblatt
BT-Drucks.	Bundestags-Drucksache
BVerfG	Bundesverfassungsgericht
BVerfGE	Amtliche Sammlung der Entscheidungen des Bundesverfassungsgerichts
BVerfGK	Kammerentscheidungen des Bundesverfassungsgerichts
BZSt	Bundeszentralamt für Steuern
bzw.	beziehungsweise
CMR	Convention relative au Contrat de transport international des marchandises par route (deutsch: Übereinkommen über den Beförderungsvertrag im internationalen Straßengüterverkehr)
d.h.	das heißt
DB	Der Betrieb
ders.	derselbe
dies.	dieselbe(n)
DÖV	Die öffentliche Verwaltung

DStJG	Deutsche Steuerjuristische Gesellschaft
DStR	Deutsches Steuerrecht
DStZ	Deutsche Steuer-Zeitung
DStZ/A	Deutsche Steuer-Zeitung Ausgabe A
DVBl	Deutsches Verwaltungsblatt
EG	Europäische Gemeinschaft
EGKS	Europäische Gemeinschaft für Kohle und Stahl
EGMR	Europäischer Gerichtshof für Menschenrechte
EGV	Vertrag zur Gründung der Europäischen Gemeinschaft
EMRK	Konvention zum Schutz der Menschenrechte und Grundfreiheiten
EMRK-ZP	Zusatzprotokoll zur Konvention zum Schutz der Menschenrechte und Grundfreiheiten
endg.	endgültig
Erg.	Ergebnis
EuGH	Europäischer Gerichtshof
EuGRZ	Europäische Grundrechte-Zeitschrift
EuR	Europarecht
EUV	Vertrag über die Europäische Union
EuZW	Europäische Zeitschrift für Wirtschaftsrecht
EWG	Europäische Wirtschaftsgemeinschaft
EWGV	Vertrag zur Gründung der Europäischen Wirtschaftsgemeinschaft
EWS	Europäisches Wirtschafts- und Steuerrecht
f.	folgende
FAZ	Frankfurter Allgemeine Zeitung
ff.	fortfolgende
FG	Finanzgericht
FGO	Finanzgerichtsordnung
Fn.	Fußnote
FR	Finanzrundschau
FS	Festschrift
GA	Generalanwalt/Generalanwältin
gem.	gemäß
GG	Grundgesetz
GmbH	Gesellschaft mit beschränkter Haftung
GRCh	Grundrechte-Charta
h.M.	herrschende Meinung
HdF	Handbuch der Finanzwissenschaft
HGR	Handbuch der Grundrechte
HRRS	Onlinezeitschrift für Höchstrichterliche Rechtsprechung zum Strafrecht
hrsg.	herausgegeben

Hrsg.	Herausgeber
HStR	Handbuch des Staatsrechts
i.H.v.	in Höhe von
i.S.d.	im Sinne des
i.V.m.	in Verbindung mit
idF	in der Fassung
IStR	Internationales Steuerrecht
JStG	Jahressteuergesetz
KG	Kommanditgesellschaft
KOM	EU-Kommission
KStG	Körperschaftsteuergesetz
lit.	Buchstabe
Ls.	Leitsatz
m.	mit
ME	meines Erachtens
mwN	mit weiteren Nachweisen
MwStG	Mehrwertsteuergesetz
MwStR	Mehrwertsteuerrecht
MwStRL	Mehrwertsteuerrichtlinie
MwStSystRL	Mehrwertsteuersystemrichtlinie (2006/112/EG)
NJW	Neue Juristische Wochenschrift
NVwZ	Neue Zeitschrift für Verwaltungsrecht
NZA	Neue Zeitschrift für Arbeitsrecht
NZG	Neue Zeitschrift für Gesellschaftsrecht
o. O.	ohne Ort
OFD	Oberfinanzdirektion
RGBl	Reichsgesetzblatt
RFH	Reichsfinanzhof
RFHE	Sammlung der Entscheidungen des Reichsfinanzhofs
RIW	Recht der internationalen Wirtschaft
RL	Richtlinie
Rn.	Randnummer
Rs.	Rechtssache
RT-Drucks.	Reichstags-Drucksache
S.	Seite
s.	siehe
SA	Schlussantrag
sog.	sogenannt
st. Rspr.	ständige Rechtsprechung
SteuK	Steuerrecht kurzgefasst
Stgb	Die Steuerberatung
StRO	Steuerrechtsordnung
StuW	Steuer und Wirtschaft

u.a.	unter anderem
UAbs.	Unterabsatz
Ubg	Unternehmensbesteuerung
UR	Umsatzsteuer-Rundschau
UStB	Umsatzsteuer-Berater
UStDV	Umsatzsteuerdurchführungsverordnung
UStG	Umsatzsteuergesetz
usw.	und so weiter
UVR	Umsatzsteuer- und Verkehrsteuerrecht
v.	von
VAT	Value added tax
vgl.	vergleiche
z.B.	zum Beispiel
ZG	Zeitschrift für Gesetzgebung
ZEuS	Zeitschrift für europarechtliche Studien
zit.	zitiert

Einleitung

A. Rechtfertigung des Themas

Die Umsatzsteuer ist längst nicht mehr eine rein national geregelte Steuer. Zwar entspringt das für die deutsche Umsatzbesteuerung maßgebliche Umsatzsteuergesetz (UStG) auf den ersten Blick der Feder des nationalen Gesetzgebers. Auf den zweiten Blick ist es jedoch unverkennbar, dass das UStG weitgehend auf Vorgaben der Mehrwertsteuersystemrichtlinie (MwStSystRL)[1] beruht. Dadurch wird das Umsatzsteuerrecht zu einem äußerst spannenden Rechtsgebiet: Tatsächlich sind bei kaum einer anderen Steuer nationales und europäisches Recht so eng miteinander verzahnt wie bei der Umsatzsteuer.

Dabei ist die Umsatzsteuer mit 148 315 Mio. Euro Aufkommen (Wert aus 2013[2]) knapp nach der Lohnsteuer die Steuerart mit der zweitgrößten wirtschaftlichen Bedeutung für die nationalen Haushalte. Egal ob Hartz-IV-Empfänger oder Millionär: Die Umsatzsteuer wirkt sich als Preisbestandteil jedweden Umsatzes unmittelbar auf das Portemonnaie eines jeden aus, der in Deutschland seine alltäglichen Besorgungen macht. Zwar bleibt ein Unternehmer in der Regel von einer Belastung verschont: Die gezahlte Umsatzsteuer erhält er als Vorsteuer zurück; und für die von ihm in Rechnung gestellte Steuer sieht das Gesetz eine Abwälzung auf den Verbraucher vor. Misslingt dem Unternehmer aber eine solche Abwälzung im Preis seiner angebotenen Güter, droht auch ihm eine Belastung mit Umsatzsteuer. Das Thema der Umsatzsteuer berührt also die Interessen des Staates, des Verbrauchers sowie des Unternehmers.

Kaum ein anderes Schlagwort findet in die umsatzsteuerliche Rechtsprechung des Europäischen Gerichtshofs (EuGH) so häufig Eingang wie der „Grundsatz der steuerlichen Neutralität“.[3] Dieser gehört damit zweifelsfrei zu den wichtigsten „Grundprinzipien“[4] des europäischen Umsatzsteuerrechts. Der EuGH entwickelte den Grundsatz der Neutralität in zwei Ausprägungen: Zum einen als Gebot, den Unternehmer vollständig von der ihm in Rechnung gestellten Vorsteuer zu entlasten (vgl. Art. 168 MwStSystRL bzw. § 15 Abs. 1 UStG); die Umsatzsteuer soll also für

1 Richtlinie des Rates v. 28.11.2006 über das gemeinsame Mehrwertsteuersystem (2006/112/EG), ABl. 2006 L 347, S. 1. Diese löste die Sechste Richtlinie des Rates v. 17.5.1977 zur Harmonisierung der Rechtsvorschriften der Mitgliedstaaten über die Umsatzsteuern – Gemeinsames Mehrwertsteuersystem: einheitliche steuerpflichtige Bemessungsgrundlage (77/388/EWG), ABl. 1977 L 145, S. 1 ab.

2 Statistisches Bundesamt, Wiesbaden, Fachserie 14, Reihe 4, Finanzen und Steuern, Steuerhaushalt 2013, S. 10.

3 So erzielte eine Recherche in der BeckRS-Datenbank am 26.1.2015 unter dem Schlagwort „Grundsatz der steuerlichen Neutralität der Mehrwertsteuer“ 258 Treffer in der Rechtsprechung des EuGH.

4 So etwa die Bezeichnung in EuGH v. 24.10.1996, Rs. C-317/94 (Elida Gibbs), Rn. 20; v. 19.9.2000, Rs. C-454/98 (Schmeink & Cofreth u. Strobel), Rn. 59.

dessen Belastung *neutral* bleiben. Zum anderen als Gebot, gleichartige Umsätze in gleichem Maße mit Umsatzsteuer zu belasten; demnach soll sich die Steuer auf die Wettbewerbschancen des Unternehmers *neutral* auswirken. Daraus lässt sich bereits die Komplexität der rechtlichen Grundlagen der Neutralität erahnen: Die erste Ausprägung wird man unvermeidlich mit dem in der MwStSystRL verankerten Vorsteuerabzugsrecht in Verbindung bringen. Dagegen erweckt die zweite Ausprägung Assoziationen mit dem Gleichheitssatz; tatsächlich sieht auch der EuGH diese als „Ausdruck" des Gleichbehandlungsgrundsatzes.[5]

Indes taucht der Begriff der Neutralität im Kontext der Umsatzsteuer schon weit vor dessen Etablierung als Besteuerungsprinzip durch den EuGH auf: So war maßgebliches Motiv für den Systemwechsel hin zu einer Allphasen-Netto-Umsatzsteuer mit Vorsteuerabzug die Gewährleistung von „Wettbewerbsneutralität", nachdem sich das System einer Allphasen-Brutto-Umsatzsteuer dafür als ungeeignet erwiesen hatte.[6] Der Neutralitätsgedanke prägt also auch die Geschichte des europäischen Umsatzsteuerrechts.

Die große Bedeutung des Neutralitätsgrundsatzes rechtfertigt es, sich mit diesem detailliert auseinanderzusetzen. Einen umfassenden Zugang zu Inhalt und Reichweite des Grundsatzes vermag dabei nur eine ausführliche Rechtsprechungsanalyse zu eröffnen. Diese kann als Ausgangspunkt dienen, eine systematische Herleitung der Neutralität zum einen aus dem Sekundärrecht, zum anderen aber auch aus dem Primärrecht – insbesondere den Grundrechten der EU-Grundrechtecharta[7] – zu versuchen. Der EuGH hält sich in dieser Frage entweder bedeckt oder reduziert seinen Blick auf die Grundrechte des Unternehmers.[8] Dadurch drohen die schützenswerten Belange des Verbrauchers aus den Augen verloren zu werden, obwohl dieser gerade zum Tragen der Umsatzsteuer als *Verbrauchsteuer* bestimmt ist. Letztlich ist es auch für einen überzeugenden Umgang mit Verletzungen des Neutralitätsgrundsatzes unabdingbar zu klären, aus welchen und aus wessen Rechten sich dieser Grundsatz tatsächlich ableitet. Der EuGH lässt bei seinen Schlussfolgerungen diesbezüglich dogmatische Stringenz vermissen: Die Neutralität sei zwar Ausprägung des Gleichheitssatzes, aber „keine Regel des Primärrechts"[9] und deshalb nicht in der Lage, die Wirksamkeit von Bestimmungen der MwStSystRL in Frage zu stellen. Warum die grundsätzlich allseits verlässliche Regel „Der Ober sticht den Unter" hier nicht gelten soll, wird aus den Ausführungen des EuGH jedenfalls nicht unmittelbar ersichtlich.

Die Darstellung soll dabei stets nicht nur die europäische, sondern auch die nationale Dimension des Umsatzsteuerrechts in den Blick nehmen. Die steigende Zahl der Vorlagen des Bundesfinanzhofs (BFH) an den EuGH und die umgekehrt

---

5 Vgl. hier nur EuGH v. 10.4.2008, Rs. C-309/06 (Marks & Spencer), Rn. 49.

6 Vgl. dazu ausführlich Kapitel 1 A II.

7 Dagegen soll die Europäische Menschenrechtskonvention weitgehend außer Betrachtung gelassen werden, zumal die Umsatzsteuer deren Verbürgungen kaum zu berühren vermag.

8 Vgl. etwa EuGH v. 26.5.2005, Rs. C-498/03 (Kingscrest Associates), Rn. 54 f.

9 EuGH v. 19.7.2012, Rs. C-44/11 (Deutsche Bank AG), Rn. 45.

immer selteneren Urteile des Bundesverfassungsgerichts (BVerfG) im Bereich der Umsatzsteuer lassen mögliche Einflüsse der nationalen Grundrechte schnell in den Hintergrund geraten. Tatsächlich ist die Frage des Geltungsbereichs der nationalen Grundrechte einerseits und des der Europäischen Grundrechtecharta andererseits seit deren Inkrafttreten ein heiß diskutiertes Problem nicht nur in der Literatur, sondern insbesondere auch in der Rechtsprechung des EuGH und des BVerfG. Zuletzt wurde diese Diskussion durch die *Åkerberg-Fransson*-Entscheidung des EuGH belebt.[10] Nach der Klärung dieser Vorfrage soll deshalb die Geltung der Neutralität als Besteuerungsprinzip auch auf die nationale Ebene projiziert werden. Dies wiederum bietet Anlass, auch die Rechtsprechung der nationalen Finanzgerichte und des BVerfG in diesem Bereich kritisch zu hinterfragen.

Das Prinzip der Neutralität hält also noch viele offene Fragen bereit: Welche inhaltliche Reichweite schreibt der EuGH dem Grundsatz zu? Wo nimmt die Neutralität bei systematischer Betrachtung ihren Ursprung? Welcher ist der dogmatisch überzeugende Maßstab für den Umgang mit Neutralitätsverletzungen und welchem Gericht – EuGH oder BVerfG – gebührt es, darüber zu entscheiden? Daher ist eine rechtliche Untersuchung des Grundsatzes der Neutralität der Umsatzsteuer sowohl für den Rechtsanwender als auch für die europäische Umsatzsteuerrechtslehre unter verschiedenen Gesichtspunkten von Bedeutung.

B. Gang der Darstellung

Die Dissertation verfolgt das Ziel, den Grundsatz der steuerlichen Neutralität im Umsatzsteuerrecht einer eingehenden rechtlichen Untersuchung zu unterziehen.

Die Arbeit beginnt mit einer Darstellung der allgemeinen Grundlagen des europäischen Umsatzsteuerrechts. Nach einem kurzen Aufriss der Entwicklung des Systems hin zu einer wettbewerbsneutralen Allphasen-Netto-Umsatzsteuer mit Vorsteuerabzug (Kapitel 1 A) wird die Umsatzsteuer anhand ihrer Prinzipien charakterisiert (Kapitel 1 B). Dies soll den Ausgangspunkt für das Verständnis des Neutralitätsprinzips, seiner Reichweite und seiner Stellung im Umsatzsteuersystem schaffen. Sodann werden die vom EuGH entwickelten Gebote des Neutralitätsgrundsatzes mittels einer detaillierten Rechtsprechungsanalyse dargestellt (Kapitel 2 A) und anschließend systematisch ihren Rechtsgrundlagen zugeordnet (Kapitel 2 B). Gleichsam als Schlussfolgerung kann dann der gebotene Umgang mit Neutralitätsverletzungen aufgezeigt werden (Kapitel 3 A). Schließlich analysiert die Arbeit das *Ist* und das *Soll* der Rolle nationaler Gerichte im Umgang mit neutralitätswidrigen Vorschriften (Kapitel 3 B).

Die Darstellung schließt mit einer Zusammenfassung der Ergebnisse in Thesen (Kapitel 4).

---

10 Zum Verständnis des EuGH vgl. exemplarisch EuGH v. 26.2.2013, Rs. C-617/10 (Åkerberg Fransson), Rn. 21. Zur Reaktion des BVerfG darauf vgl. BVerfG v. 24.4.2013, BVerfGE 133, 277 (316).

Kapitel 1: Allgemeine Grundlagen des europäischen Umsatzsteuerrechts

A. Die Entwicklung hin zu einer Allphasen-Netto-Umsatzsteuer mit Vorsteuerabzug

Ein umfassendes Verständnis des Grundsatzes der Neutralität setzt voraus, sich zunächst die Wesensmerkmale des europäischen Umsatzsteuersystems zu verdeutlichen. Dazu wiederum müssen die Motive des Gesetzgebers, die ihn zur Schaffung dieses Systems bewegt haben, in Erinnerung gerufen werden. An den Nachteilen der in Deutschland bis 1967 geltenden Brutto-Allphasen-Umsatzsteuer wird die Notwendigkeit, die verschiedenen Umsatzsteuersysteme der Mitgliedstaaten zu harmonisieren, offensichtlich. Maßgebliches Ziel dieser Harmonisierung war es, eine *wettbewerbsneutrale* Umsatzsteuer zu schaffen. Dieser Begriff der „Wettbewerbsneutralität" in seiner Bedeutung als politisches Harmonisierungsziel soll im Folgenden einer Definition zugeführt werden.

I. Die Allphasen-Brutto-Umsatzsteuer in Deutschland bis 1967

Vorläufer der deutschen Umsatzsteuer finden sich bereits im Mittelalter.[11] Danach gab es in Deutschland bis zu Beginn des 20. Jahrhunderts – abgesehen von einem kurzen Wiederaufleben in der Hansestadt Bremen in den Jahren 1863 bis 1884[12] – keine Umsatzbesteuerung. Erst der große Finanzbedarf des Reichs am Ende des Ersten Weltkriegs machte die Erschließung neuer, ergiebiger Steuerquellen notwendig. Eine Besteuerung des Verbrauchs lag nahe, zumal eine solche ob ihrer Wirkungsbreite ein großes Aufkommen versprach.[13] Deshalb führte man im Jahr 1916 mit § 83a des Reichsstempelgesetzes die sog. Warenumsatzstempelabgabe[14] in Höhe von 0,1 % des Entgelts für gewerbliche Warenlieferungen ein. Bereits 1918 wurde ein eigenes Umsatzsteuergesetz erlassen, das neben Lieferungen auch sonstige Leistungen sowie den Eigenverbrauch erfasste.[15] Der Regelsteuersatz betrug 0,5 %. Dieser wurde in den folgenden Jahren kontinuierlich erhöht, sodass er sich im Jahr 1951 schließlich auf 4 % belief.[16] Die Steuer wurde auf allen Wirtschaftsstufen erhoben und nach

11 Ausführlich dazu *Grabower/Herting/Schwarz,* Die Umsatzsteuer, 1962, S. 102 ff.

12 *Grabower/Herting/Schwarz,* Die Umsatzsteuer, 1962, S. 175 ff.; *Stadie,* in: *Rau/Dürrwächter,* UStG, Einf. (April 2013) Rn. 2.

13 BT-Drucks. IV/1590, S. 17.

14 Gesetz v. 26.6.1916, RGBl 1916, S. 639.

15 Gesetz v. 26.7.1918, RGBl 1918, S. 779.

16 § 7 Abs. 1 UStG 1951, Gesetz v. 1.9.1951, BGBl I 1951, S. 791. Zu einer Übersicht über die Entwicklung der Steuersätze von 1916 bis 1951 vgl. *Grabower/Herting/Schwarz,* Die Umsatzsteuer, 1962, S. 224.

dem vollen Entgelt einschließlich der im Preis bereits enthaltenen Umsatzsteuer bemessen (*Allphasen-Brutto*-Umsatzsteuer).

Dieses System bietet bedeutende Vorteile. Die Steuer erzielt hohe Erträge bei einem nur geringen Aufwand für Wirtschaft und Verwaltung.[17] Bei niedrigen Steuersätzen ist die Steuer kaum spürbar; der Unternehmer kann sie leicht auf den Abnehmer überwälzen, sodass die Konjunktur nicht nachteilig beeinflusst wird.[18] Jedoch kann eine verdeckte Überwälzung der Steuer auf den Verbraucher mit steigenden Steuersätzen immer schwerer gelingen.

Hier offenbaren sich die Nachteile des Systems. Durch die Berechnung der Steuer nach dem Bruttoentgelt und der Nichtvornahme eines Vorsteuerabzugs werden die auf den Vorstufen bereits besteuerten Preisbestandteile samt der darin enthaltenen Umsatzsteuer erneut der Steuer unterworfen. Damit kumuliert sich mit jeder durchlaufenen Stufe die effektive Steuerlast.[19] Es kommt zu einem Kaskadeneffekt:[20] Die Gesamtbelastung mit Umsatzsteuer nimmt umso mehr zu, je mehr Umsatzphasen die Ware vom Hersteller bis zum Endverbraucher durchläuft, je mehr „Händewechsel" dazwischen erfolgen.[21] Der Endpreis einer Ware enthält damit nicht nur die Steuer der jeweils letzten Umsatzstufe, sondern auch die der Vorstufen. Zwar ist eine Ware bei sechs Umsätzen nicht mit dem Sechsfachen des Steuersatzes belastet: Denn der Steuerberechnung liegt nur beim letzten Umsatzgeschäft der volle Kaufpreis, auf den vorangehenden Stufen dagegen in der Regel ein niedrigeres Entgelt zugrunde.[22] Dennoch zeigt die Praxis, dass sich bei einem nominellen Steuersatz von 4 % die durchschnittliche Gesamtbelastung des Endverbrauchs auf etwa 6,5 % und bei bestimmten Warengruppen sogar auf bis zu 10 % kumuliert.[23]

Beispiel (bei 4 % Steuersatz): Liefert Produzent P für 100 (+ 4 Steuer) an Großhändler G, G an Einzelhändler E für 150 (+ 6 Steuer) und E an Kunde K für 200 (+ 8 Steuer), ist die Ware mit 18 und damit mit 9 % steuerbelastet (nicht aber mit drei mal 4 % gleich 12 %). Nur wenn P direkt an K für 200 (+ 8 Steuer) liefert, beträgt die Steuerbelastung der Ware nur 8, sodass die Ware mit 4 % und damit mit dem nominellen Steuersatz belastet ist.

---

17 BT-Drucks. IV/1590, S. 20; *Juretzek,* DStZ/A 1967, 171; *Weiß,* UR 1993, 329 (330).

18 BT-Drucks. IV/1590, S. 20. Der Gesetzgeber ging davon aus, dass eine solche Überwälzung im System der Brutto-Umsatzsteuer gelingen würde, vgl. Begründung zum Entwurf des UStG, RT-Drucks. 1914/18 Nr. 1461, S. 16.

19 *Beck,* Von der Brutto-Umsatzsteuer zur Mehrwertsteuer, 1964, S. 6; *Juretzek,* DStZ/A 1967, 171.

20 Die Brutto-Umsatzsteuer wurde deshalb schon früh auch als „Lawinensteuer" bezeichnet, *Popitz,* Kommentar zum UStG, 1926[3], S. 10. Auch die Bezeichnung „Schneeballeffekt", *Pohmer/Pflugmann-Hohlstein,* UR 1993, 37 (38 Fn. 9), ist gebräuchlich.

21 BT-Drucks. IV/1590, S. 20; *Pohmer/Pflugmann-Hohlstein,* UR 1993, 37 (38).

22 Für ein Beispiel vgl. RT-Drucks. 1914/18 Nr. 1461, S. 17.

23 Für eine Übersicht zur durchschnittlichen kumulierten Umsatzsteuerbelastung im privaten Verbrauch vgl. *Petersen/Spanakakis,* Die kumulierte Umsatzsteuerbelastung in der Bundesrepublik Deutschland, 1967, S. 17, 19.

Weil die Höhe der Umsatzsteuer von der Summe der Umsätze abhängig ist, tragen Waren aus einer konzentrierten Produktionsstruktur insgesamt eine niedrigere Steuerlast als gleichartige Waren aus einstufigen Produktionen mit jeweils niedriger Wertschöpfungsquote. Dies beeinträchtigt die Konkurrenzsituation zwischen den verschiedenen Anbietern.[24] Solange die Steuersätze und damit die durchschnittliche Endbelastung der Leistungen hinreichend niedrig sind, kommt es zu keinen spürbaren Wettbewerbsstörungen.[25] Überschreitet der Steuersatz jedoch eine gewisse Schwelle, treten die Wettbewerbsverzerrungen im Preisbildungsprozess offen zu Tage und schaffen Anreize, mehrere Produktionsstufen zu konzentrieren.[26] Große Aufmerksamkeit erlangte dieses Problem durch die Entscheidung des BVerfG aus dem Jahr 1966, der 43 Verfassungsbeschwerden kleinerer und mittlerer Unternehmen aus verschiedenen Produktionsbereichen zugrunde lagen. Das Gericht hatte die Frage zu beantworten, ob die geltende kumulative Allphasen-Brutto-Umsatzsteuer gegen Art. 3 Abs. 1 GG verstößt. Es sah einen Mangel an „Wettbewerbsneutralität" darin begründet, „dass jedenfalls ganz überwiegend die einstufigen Unternehmen benachteiligt sind und ihre größere Belastung durch zweifellos auch vorhandene gegenteilige Möglichkeiten nicht aufgewogen wird".[27]

Tatsächlich führt die kumulative Wirkung dazu, dass insbesondere kleineren, einstufigen Unternehmen eine Überwälzung oftmals nicht mehr gelingt, sodass die Umsatzsteuer ihren gewollten Charakter als Steuer auf den Verbrauch verliert und stattdessen den Unternehmer belastet.[28]

Außerdem stört die Kumulationswirkung den grenzüberschreitenden Handel, da Exportwaren ob der auf ihnen lastenden Umsatzsteuern im Vergleich zu ausländischen Waren nicht wettbewerbsfähig sind.[29] Ein exakter Grenzausgleich der Umsatzsteuervorbelastung ist nicht möglich, weil diese nicht genau errechnet werden kann, hängt sie im kumulativen System doch von der Zahl der Vorumsätze ab. Hierin liegt der zweite Hauptnachteil der Brutto-Umsatzsteuer.

---

24 *Heilmann,* Die Umsatzsteuerreform in der Bundesrepublik Deutschland, S. 55.

25 BT-Drucks. IV/1590, S. 20.

26 BT-Drucks. IV/1590, S. 20; *Weiß,* UR 1993, 329 (330) geht von einer Sollbruchstelle in Höhe von 2 % aus. Auch *Popitz* als „Schöpfer" der Brutto-Umsatzsteuer erkannte gleich zu Beginn ihrer Geschichte die Notwendigkeit eines verhältnismäßig niedrigen Steuersatzes, um Anreize für Betriebskonzentrationen zu vermeiden, ohne sich auf eine Zahlengröße festzulegen, vgl. *Popitz,* Kommentar zum UStG, 1926^3, S. 28; ebenso Begründung zum Entwurf des UStG, RT-Drucks. 1914/18 Nr. 1461, S. 18.

27 BVerfG v. 20.12.1966, BVerfGE 21, 12 (31). Das BVerfG entschied jedoch, dass diese Ungleichbehandlung der Unternehmen zurzeit noch zu keiner Grundrechtsverletzung führe, sondern aufgrund der großen fiskalischen Bedeutung des UStG bis zum Abschluss von dessen Reform hinzunehmen sei, BVerfGE 21, 12 (39).

28 *Schmölders,* in: *Gerloff/Neumark,* Handbuch der Finanzwissenschaft II, 1956^2, S. 569; *Zerres,* Die Entwicklung der Mehrwertsteuer, 1978, S. 24.

29 *Beck,* Von der Brutto-Umsatzsteuer zur Mehrwertsteuer, 1964, S. 7.

Dies erklärt die Korrekturgesetzgebung, die ab 1931 gleichzeitig mit der Anhebung des Regelsteuersatzes auf 2 % einsetzte und die Folgen der kumulativen Wirkung abzumildern versuchte.[30] So wurde eine pauschalierte Ausfuhrvergütung zum Ausgleich der – allenfalls schätzbaren – Umsatzsteuervorbelastung eingeführt, § 4 Abs. 1 UStG 1932. Zur Abschwächung der Kumulationswirkung im innerstaatlichen Handel ordnete man eine ermäßigte Besteuerung der Umsätze des Großhandels an, § 7 Abs. 3 UStG 1934.[31] Diese Reform *am* System verdrängte lange Zeit eine grundlegende Reform *des* Systems, obwohl es schon früh Vorschläge für einen Systemwechsel gab. So regte Wilhelm v. Siemens bereits 1919 die Einführung einer Nettoumsatzsteuer mit Vorumsatzabzug, wonach nur die jeweilige Werterhöhung der Besteuerung unterworfen würde, an.[32] Den entscheidenden Impuls zur Reform der Umsatzsteuer gab jedoch erst die Europäische Wirtschaftsgemeinschaft (EWG), die sich gestützt auf den ihr in Art. 99 EWGV[33] erteilten Auftrag bemühte, die Umsatzsteuersysteme der Mitgliedstaaten zu harmonisieren.[34] Das deutsche Brutto-Allphasen-System erwies sich dabei ob seiner kumulativen Wirkung als Harmonisierungsgrundlage für ungeeignet.[35] Damit war das Ende der Brutto-Umsatzsteuer in Deutschland besiegelt.

II. Das Harmonisierungsziel der Wettbewerbsneutralität

1. Konkrete Ziele

a. Verzerrungsfreier innergemeinschaftlicher Handel

Das Erfordernis, die Umsatzsteuervorschriften der Mitgliedstaaten zu harmonisieren, folgt aus der Zielsetzung der EWG, einen „Gemeinsamen Markt" zu schaffen, innerhalb diesem keine Hindernisse für den freien Waren-, Personen-,

---

30 *Weiß,* UR 1993, 329 (330).

31 Zu weiteren Beispielen dieser Reparaturgesetzgebung vgl. *Stadie,* in: *Rau/Dürrwächter,* UStG, Einf. (April 2013) Rn. 28–32.

32 Zitiert nach *Carl Friedrich v. Siemens,* Veredelte Umsatzsteuer, 1921², S. 3–13. Dieser Vorschlag bildete die Grundlage für die späteren Vorschläge für eine Nettoumsatzsteuer mit Vorumsatzabzug, *Zerres,* Die Entwicklung der Mehrwertsteuer, 1978, S. 26. Zu den weiteren wichtigsten Vorschlägen und Initiativen für einen Systemwechsel hin zu einer Nettoumsatzsteuer mit Vorumsatzabzug zählen die Empfehlungen des Wissenschaftlichen Beirats beim Bundesministerium der Finanzen von 1953 und der Vorschlag von *Schmölders*; *Zierold-Pritsch* plädierte bereits 1954 für eine Netto-Allphasensteuer mit Vorsteuerabzug; vgl. dazu ausführlich *Heilmann,* Die Umsatzsteuerreform in der Bundesrepublik Deutschland, 1975, S. 93–98.

33 Vertrag zur Gründung der Europäischen Wirtschafsgemeinschaft v. 25.3.1957, BGBl 1957 II, S. 766. Art. 99 EWGV ist die Vorgängernorm zum heute geltenden Art. 113 AEUV.

34 BT-Drucks. IV/1590, S. 23; *Heilmann,* Die Umsatzsteuerreform in der Bundesrepublik Deutschland, 1975, S. 178.

35 BT-Drucks. IV/850, S. 5.

Dienstleistungs- und Kapitalverkehr bestehen und ein unverfälschter Wettbewerb herrscht, Art. 2, 3 lit. a, c, f EWGV.

Da die Umsatzsteuer auf Überwälzung angelegt ist und somit unmittelbar in den Preis einer Ware eingeht, beeinträchtigen unterschiedliche Steuersysteme den Warenaustausch zwischen den Mitgliedstaaten. So schaffen inländische niedrige Steuersätze sowie Steuerbefreiungen auf fremden Märkten einen Wettbewerbsvorteil, während umgekehrt bei hohen Steuersätzen und vor allem bei einer Kumulation der Umsatzsteuer die Waren in der Regel teurer sind als ausländische Konkurrenzprodukte. Um den Exportwaren im Ausland ihre Wettbewerbsfähigkeit zu erhalten, versuchten insbesondere die Mitgliedstaaten mit einem Brutto-Umsatzsteuersystem, die kumulierte Umsatzsteuervorbelastung durch Ausgleichsmaßnahmen zu neutralisieren.[36] Da die exakte Vorbelastung nicht bestimmbar war und deshalb nur ein pauschaler Ausgleich möglich war, konnte durch großzügige Pauschbeträge die Position nationaler Produkte im grenzüberschreitenden Handel aber auch gezielt verbessert werden.[37] Dies verzerrte den innergemeinschaftlichen Wettbewerb.

Bereits vor Gründung der EWG – in der Phase der Montanunion – kam ein Sachverständigenausschuss im sog. *Tinbergen-Bericht* zu dem Ergebnis, dass diese Ausgleichsmaßnahmen die Bildung eines Gemeinsamen Marktes beeinträchtigten, solange ihre exakte Errechnung – wie insbesondere in einem Mehrphasensystem mit Kumulativwirkung – technisch unmöglich sei.[38] Auch der *Spaak-Bericht*, der als wesentliche Vorlage für den EWGV von 1957 gilt[39], bezeichnete Unterschiede in der Umsatzbesteuerung als Verzerrungsfaktor, ohne allerdings eine Vereinheitlichung der Steuersysteme für unbedingt erforderlich zu halten.[40] Deshalb wurde der EWG schließlich in Art. 99 EWGV der Auftrag erteilt, die Umsatzsteuern einschließlich der Ausgleichsmaßnahmen „im Interesse des Gemeinsamen Marktes“[41] zu harmonisieren. Um aus diesem Auftrag konkrete Harmonisierungsziele abzuleiten, setzte die Kommission der EWG mehrere Ausschüsse ein.

Die zur Vorbereitung einer Harmonisierungsrichtlinie eingesetzte Arbeitsgruppe formulierte als Harmonisierungsziel die Schaffung einer „auf dem Gebiet des

---

36 Zur deutschen Ausfuhrvergütung *Stadie*, in: Rau/Dürrwächter, UStG, Einf. (April 2013) Rn. 24.

37 *Heilmann*, Die Umsatzsteuerreform in der Bundesrepublik Deutschland, 1975, S. 177; die Kommission spricht in ihrem Richtlinienvorschlag vom 31.10.1962 von „Exportprämien“, BT-Drucks. IV/850, S. 3.

38 *EGKS*, Bericht über die durch die Umsatzsteuer aufgeworfenen Probleme auf dem Gemeinsamen Markt,1953, S. 16, 32 f., 38.

39 *Theile*, Wettbewerbsneutralität der harmonisierten Umsatzsteuer, 1995, S. 36 f.

40 *EWG*, Bericht der Delegationsleiter an die Außenminister (Spaak-Bericht), 1956, S. 66, 68.

41 Der EGV ersetzte diese Formulierung durch den Terminus „soweit diese Harmonisierung für die Errichtung und das Funktionieren des Binnenmarktes (...) erforderlich ist“, Art. 99 EGV 1992 (Art. 93 EGV 1997). Der AEUV ergänzte dies in Art. 113 AEUV um die „Vermeidung von Wettbewerbsverzerrungen“.

internationalen Warenverkehrs möglichst neutralen" Umsatzsteuer, die keinen Einfluss auf die Preisstruktur der Exportwaren nimmt und die eingeführten Waren im gleichen Umfang belastet wie die entsprechenden inländischen Waren". Als Prämissen des zukünftigen Systems ergaben sich daraus die Möglichkeit eines exakten Grenzausgleichs sowie einer genauen Festsetzung der gebotenen Steuer auf die eingeführten Waren.[42]

Der parallel dazu einberufene Steuer- und Finanzausschuss unter dem Vorsitz von Fritz Neumark ging den Fragen nach, „ob und in welchem Grad gegenwärtig bestehende Unterschiede in der öffentlichen Finanzwirtschaft der Mitgliedsländer die Errichtung des Gemeinsamen Markts unter Herbeiführung und Sicherung binnenmarktähnlicher Bedingungen erschweren oder gar unmöglich machen" und „welche Möglichkeiten bestehen, um diejenigen Unterschiede zu beseitigen, die die Bildung und das Funktionieren des Gemeinsamen Markts in besonderem Maß erschweren".[43] Hierbei wurde abermals festgestellt, dass unterschiedliche Umsatzsteuersysteme in den Mitgliedstaaten aufgrund von Ausgleichsmaßnahmen und verschiedenen Steuerbefreiungen steuerliche Vor- oder Nachteile im zwischenstaatlichen Verkehr bewirkten; außerdem verzerre die Allphasen-Brutto-Umsatzsteuer bei gleichzeitiger Anwendung des Bestimmungslandprinzips mangels einer Möglichkeit, die Gesamtumsatzsteuerbelastung und die damit gebotenen Ausgleichsbeträge exakt zu errechnen, den innergemeinschaftlichen Handel.[44]

Der Neumark-Ausschuss benannte zwei Hauptziele der Steuerharmonisierung: Zum einen sollten im zwischenstaatlichen Verkehr „binnenmarktähnliche Verhältnisse" und damit letztlich die Grundfreiheiten gewährleistet werden; zum anderen müssten die steuerlichen Vor- und Nachteile beseitigt werden, die zu Wettbewerbsverzerrungen führen.[45] Zunächst wollte man dies bei weiterer Geltung des Bestimmungslandprinzips durch einen exakten Grenzausgleich verwirklichen. Als Endziel wurde allerdings der Übergang zum Ursprungsprinzip statuiert.[46] Um auch insoweit einen verzerrungsfreien Warenaustausch zwischen den Mitgliedstaaten zu gewährleisten, erachtete die Kommission auf dieser letzten Harmonisierungsetappe eine Angleichung der Sätze und Befreiungen für erforderlich.[47]

Die „im Interesse des Gemeinsamen Marktes" (Art. 99 EWGV) liegenden Harmonisierungsziele sind also die Gewährleistung zwischenstaatlicher steuerlicher Wettbewerbsgleichheit sowie der Geltung der Grundfreiheiten.[48] Dies erfordert ein

---

42 *EWG,* Gesamtbericht der Untergruppen A, B und C, eingesetzt zur Prüfung verschiedener Möglichkeiten einer Harmonisierung der Umsatzsteuer, 1962, S. 22.

43 *EWG,* Bericht des Steuer- und Finanzausschusses, 1962, S. 3.

44 *EWG,* Bericht des Steuer- und Finanzausschusses, 1962, S. 43.

45 *EWG,* Bericht des Steuer- und Finanzausschusses, 1962, S. 13 f.

46 *EWG,* Bericht des Steuer- und Finanzausschusses, 1962, S. 47.

47 BT-Drucks. IV/850, S. 6; vgl. dazu näher Kapitel 1 A II 2 b.

48 Diese Ziele werden auch im Wortlaut des Art. 113 AEUV deutlich; vgl. außerdem *Mick,* in: *Birk,* Handbuch des Europäischen Steuer- und Abgabenrechts, 1995, § 24, Rn. 5 ff.; *Waldhoff,* in: *Calliess/Ruffert,* EUV/AEUV, 2011^4, Art. 113 AEUV Rn. 1.

europäisches Umsatzsteuersystem, das dem innergemeinschaftlichen Handel keine Hindernisse bereitet und auf den Wettbewerb keinen Einfluss nimmt, sondern vielmehr *wettbewerbsneutral* ist. Primäre Voraussetzung einer solchen Steuer wiederum ist – solange das Bestimmungslandprinzip Anwendung findet – die Möglichkeit eines exakten Ausgleichs der Umsatzsteuervorbelastung einer Ware bei deren Grenzübertritt; dies macht die Abschaffung der Allphasen-Brutto-Umsatzsteuer zugunsten einer Netto-Umsatzsteuer notwendig.

b. Beseitigung der kumulativen Wirkung der Brutto-Umsatzsteuer

Neben den Schwierigkeiten beim innergemeinschaftlichen Handel stört das System der Brutto-Umsatzsteuer auch den Wettbewerb innerhalb eines Mitgliedstaats, da Unternehmen durch eine vertikale Betriebskonzentration eine kumulative Belastung mit Umsatzsteuer vermeiden können.[49] Die Kumulativwirkung schlägt sich in einer unterschiedlichen Belastung der verschiedenen Wirtschaftszweige nieder und verschlechtert die Wettbewerbslage einzelner Anbieter.[50] Leistungen kapitalintensiver Unternehmen werden dadurch etwa stärker belastet als die von arbeitsintensiven.[51] So divergierten die durchschnittlichen Belastungssätze in Deutschland je nach Branche um mehr als 5 %.[52]

Im *Spaak-Bericht*, dem Grundstein für den EWGV, wird – neben der offensichtlich notwendigen Beseitigung offener Diskriminierungen – die Berichtigung „spezifischer Verzerrungen, die gewisse Wirtschaftszweige begünstigen oder benachteiligen", für das Funktionieren des Gemeinsamen Marktes als unerlässlich vorausgesetzt.[53] Solche Verzerrungen seien jedoch nicht nur im grenzüberschreitenden, sondern auch im inländischen Verkehr möglich: Dies zeige die unterschiedliche Belastungswirkung kumulativer Steuern je nach Grad der Unternehmenskonzentration.[54] In dem primär innerstaatlich wirkenden Nachteil der Brutto-Umsatzsteuer, dass mehrstufige Unternehmen gegenüber einstufigen begünstigt werden, wurde also auch eine für die Errichtung eines Gemeinsamen Marktes i. S. d. Art. 2 EWGV schädliche Wettbewerbsverzerrung gesehen.

---

49 Vgl. dazu bereits unter Kapitel 1 A I.

50 *Heilmann,* Die Umsatzsteuerreform in der Bundesrepublik Deutschland, 1975, S. 47 f.

51 *Juretzek,* DStZ/A 1967, 171.

52 Für eine Übersicht zur durchschnittlichen kumulierten Umsatzsteuerbelastung ausgewählter Wirtschaftszweige vgl. *Petersen/Spanakakis,* Die kumulierte Umsatzsteuerbelastung in der Bundesrepublik Deutschland, 1967, S. 54.

53 *EWG,* Bericht der Delegationsleiter an die Außenminister (Spaak-Bericht), 1956, S. 63 f. Diskriminierungen werden als „Wettbewerbsverfälschungen" bezeichnet. Sog. „allgemeine Verzerrungen" (unterschiedliche Kostenbelastungen der Unternehmen allgemein aufgrund von verschiedenen Rechtsvorschriften der Mitgliedstaaten) hält der Bericht dagegen für das Funktionieren des Gemeinsamen Marktes – im Gegensatz zu den „spezifischen Verzerrungen" – für unschädlich. Vgl. zur Terminologie *Theile,* Wettbewerbsneutralität der harmonisierten Umsatzsteuer, 1995, S. 37 f.

54 *EWG,* Bericht der Delegationsleiter an die Außenminister (Spaak-Bericht), 1956, S. 65.

Auch die zur Vorbereitung der Harmonisierung eingesetzten Arbeitsgruppen definierten die Vermeidung von Vorteilen für konzentrierte Unternehmen als Prämisse des künftigen europäischen Umsatzsteuersystems.[55] Der Neumark-Ausschuss hält eine Harmonisierung ebenfalls mit Verweis auf die im innerstaatlichen Handel auftretenden Wettbewerbsverzerrungen zwischen vertikalen und einstufigen Unternehmen für notwendig.[56] Daneben unterstreicht auch die Kommission in der Begründung ihres Richtlinienvorschlags ihre Absicht, durch die Harmonisierungsmaßnahmen die nachteilige konzentrationsfördernde Wirkung der Kaskadensysteme zu beseitigen und so die industrielle Spezialisierung voranzutreiben.[57] Schließlich wurde die Ausschaltung mitgliedstaateninterner Wettbewerbsverzerrungen als im Interesse des Gemeinsamen Marktes liegendes Ziel in die Erwägungsgründe der Ersten Mehrwertsteuerrichtlinie aufgenommen.[58]

Zweites Ziel der Harmonisierung ist damit die Beseitigung der kumulativen Wirkung der Brutto-Umsatzsteuer zur Ermöglichung eines auch innerstaatlich verzerrungsfreien Wettbewerbs. Ohne Einfluss auf den Wettbewerb und damit *wettbewerbsneutral* ist aber nur eine von der Zahl der Zwischenumsätze unabhängige, nicht kumulativ wirkende Umsatzsteuer.

c. *Fazit*

Die primäre Zielsetzung der europarechtlichen Steuerpolitik unter Geltung des EWGV war es, die wettbewerbsverfälschenden Wirkungen der Umsatzsteuer zu beseitigen und stattdessen eine sowohl auf nationaler Ebene als auch auf Gemeinschaftsebene *wettbewerbsneutrale* Umsatzsteuer zu schaffen. Gleichzeitig sollten die durch die Umsatzsteuer bedingten Hindernisse für die Grundfreiheiten beseitigt werden. Beides wiederum diente dem Hauptziel des EWGV, einen Gemeinsamen Markt mit binnenmarktähnlichen Verhältnissen und unverfälschtem Wettbewerb zu schaffen.

Die Vorarbeiten zur Umsatzsteuerharmonisierung machen deutlich, auf welche Weise das künftige Umsatzsteuersystem *Wettbewerbsneutralität* zu erreichen suchte: Zum einen sollte zunächst durch einen exakten Grenzausgleich der Umsatzsteuervorbelastung, später durch einen Wegfall aller Steuergrenzen und eine Harmonisierung der Steuersätze und -befreiungen ein verzerrungsfreier innergemeinschaftlicher Handel ermöglicht werden. Zum anderen musste die kumulative, konzentrationsfördernde Wirkung beseitigt werden, damit für mehrstufige

---

55 *EWG*, Gesamtbericht der Untergruppen A, B und C, eingesetzt zur Prüfung verschiedener Möglichkeiten einer Harmonisierung der Umsatzsteuer, 1962, S. 22–24.

56 *EWG*, Bericht des Steuer- und Finanzausschusses, 1962, S. 13 f., 43.

57 BT-Drucks. IV/850, S. 4.

58 Vgl. 3. Erwägungsgrund der Ersten Richtlinie des Rates v. 11.4.1967 zur Harmonisierung der Rechtsvorschriften der Mitgliedstaaten über die Umsatzsteuer (67/227/EWG), ABl. 1967 L 71, S. 1301 (Erste MwStRL).

Unternehmen keine Wettbewerbsvorteile mehr bestehen.[59] Die Schaffung einer solchen Wettbewerbsneutralität im grenzüberschreitenden und innerstaatlichen Handel war folglich das ausschlaggebende Motiv für die Ingangsetzung der Harmonisierung der Umsatzsteuer.

2. *Konkrete Maßnahmen*

a. *Einführung des Netto-Allphasensystems*

Nach Abschluss der Vorarbeiten schlug die Kommission dem Rat am 31.10.1962 eine „Richtlinie zur Harmonisierung der Rechtsvorschriften der Mitgliedstaaten betreffend die Umsatzsteuern"[60] vor. Danach sollten die Mitgliedstaaten der EWG ihre Kaskadensteuersysteme durch ein nichtkumulatives Umsatzsteuersystem ersetzen. Das Endziel der Beseitigung der Steuergrenzen und die dafür notwendige Angleichung der Steuersätze und -befreiungen sollte dagegen Gegenstand erst einer späteren Harmonisierungsetappe sein.[61] Offengelassen wurde die genaue Struktur des Systems, insbesondere auch die Berechnungsmethode.

Zur Diskussion standen das Vorumsatzabzugs- und das Vorsteuerabzugsverfahren. Bei Ersterem wird auf Ebene der Bemessungsgrundlage der Teilbetrag des Bruttoumsatzes, der bereits der Umsatzbesteuerung unterlegen hat (Vorumsatz), abgezogen, sodass nur noch derjenige Teil des Entgelts besteuert wird, um den sich dieses auf der letzten Umsatzstufe erhöht hat.[62] Diese Methode favorisierte der Neumark-Ausschuss.[63] Bei dem System einer Nettoumsatzsteuer mit Vorsteuerabzug erfolgt die Korrektur dagegen im Rahmen der Ermittlung der Steuerschuld: Die an die Lieferanten gezahlten Vorsteuerbeträge werden hier von der Steuerschuld abgezogen.[64] Hierfür sprachen sich vor allem die Arbeitsgruppen aus.[65]

Schließlich verabschiedete der Rat der EWG am 11.4.1967 zwei Richtlinien zur Einführung eines gemeinsamen Mehrwertsteuersystems mit Vorsteuerabzug in sechs Mitgliedstaaten.[66] Für die Entscheidung zugunsten des Vorsteuerabzugsverfahrens sprach insbesondere, dass in einem System mit Vorumsatzabzug ein exakter

---

59 Zur Definition der Wettbewerbsneutralität durch die Erste MwStRL vgl. Kapitel 2 B I 1.

60 BT-Drucks. IV/850, S. 2 ff.

61 Art. 3 des Richtlinienvorschlags, BT-Drucks. IV/850, S. 6.

62 *Heilmann,* Die Umsatzsteuerreform in der Bundesrepublik Deutschland, 1975, S. 31. Diese Methode beruhte maßgeblich auf dem *v. Siemensschen* Vorschlag, zitiert nach *Carl Friedrich v. Siemens,* 1921², Veredelte Umsatzsteuer, S. 3–13 (vgl. dazu unter Kapitel 1 A I).

63 *EWG,* Bericht des Steuer- und Finanzausschusses, 1962, S. 45.

64 *Heilmann,* Die Umsatzsteuerreform in der Bundesrepublik Deutschland, 1975, S. 31.

65 *EWG,* Gesamtbericht der Untergruppen A, B und C, eingesetzt zur Prüfung verschiedener Möglichkeiten einer Harmonisierung der Umsatzsteuer, 1962, S. 132.

66 Erste MwStRL; Zweite Richtlinie des Rates v. 11.4.1967 zur Harmonisierung der Rechtsvorschriften der Mitgliedstaaten über die Umsatzsteuern – Struktur und

Grenzausgleich nicht möglich wäre, da sich die genaue Umsatzsteuerbelastung einer Ware bei differenzierten Steuersätzen nicht bestimmen ließe.[67] Die Wirkungsweise dieses Systems wird in Art. 2 der Ersten MwStRL so beschrieben:

> „Das gemeinsame Mehrwertsteuersystem beruht auf dem Grundsatz, dass auf Gegenstände und Dienstleistungen, ungeachtet der Zahl der Umsätze, die auf den vor der Besteuerungsstufe liegenden Produktions- und Vertriebsstufen bewirkt wurden, eine allgemeine zum Preis der Gegenstände und Dienstleistungen genau proportionale Verbrauchsteuer anzuwenden ist.
>
> Bei allen Umsätzen wird die Mehrwertsteuer, die nach dem auf den Gegenstand oder die Dienstleistung anwendbaren Steuersatz auf den Preis des Gegenstandes oder der Dienstleistung errechnet wird, abzüglich des Mehrwertsteuerbetrags geschuldet, der die verschiedenen Kostenelemente unmittelbar belastet hat."

Das Netto-Umsatzsteuer-System mit Vorsteuerabzug besteuert auf jeder Stufe nur die Differenz aus dem entrichteten Entgelt ohne Umsatzsteuer und den bereits besteuerten Vorleistungen, letztlich also den auf dieser Stufe geschaffenen *Mehrwert*. Eine Kumulationswirkung wird vermieden. Stattdessen ist dadurch, dass „gleichartige Waren innerhalb der einzelnen Länder ungeachtet der Länge des Produktions- und Vertriebswegs steuerlich gleich belastet werden und dass im grenzüberschreitenden Handelsverkehr die steuerliche Belastung der Waren bekannt ist, damit ein genauer Ausgleich dieser Belastung vorgenommen werden kann"[68], die angestrebte Wettbewerbsneutralität gewährleistet.

> *Beispiel (bei 10 % Steuersatz): Liefert Produzent P für 100 (+ 10 Steuer) an Großhändler G, schafft G einen Mehrwert i. H. v. 50 und verkauft es an Einzelhändler E für 150 (+ 15 Steuer), muss G 15 an das Finanzamt abführen, kann gleichzeitig aber die an P gezahlte Vorsteuer i. H. v. 10 geltend machen, sodass seine effektive Zahllast 5 beträgt; dies entspricht der Umsatzsteuer auf den von ihm geschaffenen Mehrwert i. H. v. 50. Liefert E an Kunde K für 200 (+ 20 Steuer), beträgt seine effektive Zahllast ebenso 5 (20–15 Vorsteuer), da er wie G einen Mehrwert i. H. v. 50 geschaffen hat. Die Ware ist insgesamt mit 20 (10+5+5) und damit mit 10 % steuerbelastet. Wenn P selbst direkt an K für 200 (+ 20 Steuer) liefert, beträgt die Steuerbelastung der Ware exakt dasselbe.*

Parallel zu den europäischen Harmonisierungsbemühungen verliefen die Diskussionen in Deutschland, die Umsatzsteuer zu reformieren. Denn eine Beseitigung der bestehenden Wettbewerbsverzerrungen durch eine Modifikation des alten Systems

---

Anwendungsmodalitäten des gemeinsamen Mehrwertsteuersystems (67/228/EWG), ABl. 1967 L 71, S. 1303 (Zweite MwStRL).

67 Auf dieses Problem hinweisend *EWG*, Gesamtbericht der Untergruppen A, B und C, eingesetzt zur Prüfung verschiedener Möglichkeiten einer Harmonisierung der Umsatzsteuer, 1962, S. 91; Schriftlicher Bericht des Finanzausschusses des Deutschen Bundestages v. 30.3.1967, zu BT-Drucks. V/1581, S. 3.

68 8. Erwägungsgrund der Ersten MwStRL.

hielt der Gesetzgeber nicht für möglich.[69] Bereits 1963 zeichnete sich ein Systemwechsel hin zu einer Mehrwertsteuer mit Vorsteuerabzug ab, als am 30.10.1963 ein entsprechender Regierungsentwurf dem Deutschen Bundestag vorgelegt wurde.[70] Nachdem eine Verabschiedung in der vierten Wahlperiode nicht gelungen war, brachten die Regierungsparteien am 24.11.1965 den Entwurf unverändert erneut ein.[71] Dieser stimmte im Übrigen im Wesentlichen mit den Richtlinienentwürfen der EWG-Kommission überein.[72] Insbesondere deckte sich das Verständnis von Wettbewerbsneutralität als „gleichmäßige Endbelastung der Preise für Waren und Dienstleistungen“[73] mit jenem der Ersten MwStRL. Nach ausführlichen Beratungen wurde am 26.4.1967 das neue Umsatzsteuergesetz vom Deutschen Bundestag in dritter Lesung verabschiedet. Es trat am 1.1.1968 und damit zwei Jahre vor Ablauf der Umsetzungsfrist aus Art. 1 der Ersten MwStRL in Kraft.[74]

b. Harmonisierung der Bemessungsgrundlage

Als nächsten Schritt zur weiteren Angleichung der mitgliedstaatlichen Umsatzsteuersysteme ordnete die Sechste Mehrwertsteuerrichtlinie[75] die weitgehende Angleichung vor allem der umsatzsteuerlichen Bemessungsgrundlage, des Steuertatbestandes und der Befreiungen an. Diese Maßnahme wurde maßgeblich durch den Eigenmittelbeschluss der EWG vom 21.4.1970 initiiert.[76]

Nach den Römischen Verträgen finanzierte sich die EWG durch Finanzbeiträge der Mitgliedstaaten, Art. 200 EWGV. Sie besaß dadurch keinerlei Finanzautonomie. Der EWGV kannte kaum Vorschriften mit fiskalischer Wirkung, weshalb nach der Meinung seiner Väter keine eigenen Finanzmittel nötig waren.[77] Nachdem sich

---

69 BT-Drucks. IV/1590, S. 16.

70 BT-Drucks. IV/1590, S. 2 ff.; den Vorzug des Vorsteuerabzugsverfahrens gab Finanzminister *Dahlgrün* im Rahmen einer Stellungnahme bereits am 15.2.1963 bekannt, *Dahlgrün,* Zur Reform der Umsatzsteuer, in: Bulletin des Presse und Informationsamtes der Bundesregierung Nr. 32/1963, 279 (282).

71 BT-Drucks. V/48.

72 Darauf verweist auch der Finanzausschuss „mit Befriedigung“, Schriftlicher Bericht des Finanzausschusses des Deutschen Bundestages v. 30.3.1967, zu BT-Drucks. V/1581, S. 2.

73 BT-Drucks. IV/1590, S. 17.

74 Umsatzsteuergesetz (Mehrwertsteuer) v. 29.5.1967, BGBl I 1967, S. 545. Der Regelsteuersatz wurde auf 10 % und der ermäßigte Steuersatz auf 5 % festgesetzt, § 12 UStG 1967. Verspätete Einführungen in Belgien und Italien verzögerten den Vollzug der ersten Harmonisierungsstufe bis zum 1.1.1973.

75 Sechste Richtlinie des Rates v. 17.5.1977 zur Harmonisierung der Rechtsvorschriften der Mitgliedstaaten über die Umsatzsteuern – Gemeinsames Mehrwertsteuersystem: einheitliche steuerpflichtige Bemessungsgrundlage (77/388/EWG), ABl. 1977 L 145, S. 1 (Sechste MwStRL).

76 2. Erwägungsgrund der Sechsten MwStRL.

77 *Rossi,* in: *Dauses,* EU-Wirtschaftsrecht, Band 1, A. III. (Oktober 2010), Rn. 6.

gezeigt hatte, dass einige Gemeinschaftsaufgaben – etwa im Agrarbereich – doch einen Finanzierungsbedarf auslösten, entschied man im Rahmen der Luxemburger Beschlüsse von 1970 die Ablösung des Beitragssystems durch ein System eigener Mittel. Auf Grundlage des Art. 201 EWGV verabschiedete der Rat am 21.4.1970 den Beschluss über die Ersetzung der Finanzbeträge der Mitgliedstaaten durch eigene Mittel der Gemeinschaften.[78] Der Eigenmittelbeschluss gilt als einer der wichtigsten Punkte in der Entwicklung des europäischen Haushaltsrechts und verdeutlicht den supranationalen Charakter der EWG.[79]

Neben Agrarabschöpfungen und Zöllen sollte ab 1975 auch ein Anteil aus Mehrwertsteuereinnahmen in Höhe von 1 % der umsatzsteuerlichen Bemessungsgrundlage Quelle der Eigenmittel sein.[80] Um eine anteilsmäßig gleiche Finanzierung der Gemeinschaft durch die Mitgliedstaaten sicherzustellen, war eine Vereinheitlichung des materiellen Steuerrechts – abgesehen von den Steuersätzen – erforderlich. Aufgrund der deshalb im Vergleich zu den ersten beiden Richtlinien sehr viel detaillierteren Vorschriften kann die Sechste MwStRL zu Recht als erstes „europäisches Mehrwertsteuergesetz" bezeichnet werden.[81]

Während die auf der ersten Harmonisierungsstufe erlassene Erste MwStRL ausdrücklich auf die Schaffung von „Wettbewerbsneutralität" zielte,[82] diente die Sechste MwStRL vorrangig der Umsetzung des Eigenmittelbeschlusses. Eine Harmonisierung ist von Art. 99 EWGV aber nur gedeckt, soweit sie „im Interesse des Gemeinsamen Marktes" liegt. Dies umschreibt nicht nur die Zielrichtung, sondern auch die Grenze des Harmonisierungsauftrags.[83] Daher stellt sich die Frage, ob aus Gründen eines verzerrungsfreien Wettbewerbs innerhalb des Gemeinsamen Marktes eine so weitgehende Harmonisierung gerechtfertigt werden kann, wie sie die Umsetzung des Eigenmittelbeschlusses verlangt. Dies erscheint umso fraglicher, als Kommission und Rat das Ziel der Wettbewerbsneutralität scheinbar bereits mit der Ersten und Zweiten MwStRL für verwirklicht hielten.[84]

---

78 Beschluss des Rates v. 21.4.1970 über die Ersetzung der Finanzbeiträge der Mitgliedstaaten durch eigene Mittel der Gemeinschaften (70/243/EGKS, EWG, Euratom), ABl. 1970 L 94, S. 19.

79 *Rossi,* in: *Dauses,* EU-Wirtschaftsrecht, Band 1, A. III. (Oktober 2010), Rn. 16 f.

80 Art. 4 Abs. 1 UAbs. 2 Eigenmittelbeschluss.

81 So auch *Sarrazin,* UR 1973, 209. *Theile,* Wettbewerbsneutralität der harmonisierten Umsatzsteuer, 1995, sieht mit Verweis auf die zahlreichen Wahlrechte und die nicht harmonisierten Steuersätze die Richtlinie „von den Eigenschaften einer Verordnung noch weit entfernt", S. 45. Ob eine einheitliche europäische Verordnung von der Harmonisierungsgrundlage des Art. 113 AEUV gedeckt ist, erscheint indes fraglich. Vgl. dazu unter Kapitel 1 A II 2 d.

82 8. Erwägungsgrund der Ersten MwStRL.

83 *Reiß,* in: *Nieskens,* Umsatzsteuer-Kongress-Bericht, 2007, 13 (20).

84 8. Erwägungsgrund der Ersten MwStRL.

Deshalb wird häufig kritisiert, die Sechste MwStRL bewirke einen höheren Grad an Harmonisierung, als Wettbewerbsgründe es erforderten.[85] Jedoch darf nicht übersehen werden, dass diese weitere Vereinheitlichung zwar *zeitlich* durch den Eigenmittelbeschluss initiiert, *sachlich* aber bereits ganz am Anfang des Umsatzsteuerharmonisierungsprozesses geplant war.[86] Schließlich ist dieser Harmonisierungsschritt notwendig, den früh als Endziel formulierten Wegfall der Steuergrenzen durch einen Übergang zum Ursprungslandprinzip zu erreichen.[87] Um insoweit grenzüberschreitende Wettbewerbsneutralität und binnenmarktähnliche Verhältnisse zu gewährleisten, bedarf es der Schaffung eines vereinheitlichten Besteuerungssystems.[88] Denn in einem System mit Geltung des Ursprungslandprinzips können Wettbewerbsverzerrungen nur vermieden werden, wenn gleichartige Leistungen in allen Mitgliedstaaten die gleiche Umsatzsteuerbelastung tragen. Zwar ist es richtig, dass „Unterschiede der einzelstaatlichen Regelungen, die auf den innergemeinschaftlichen Wettbewerb keinen Einfluss haben, (...) grundsätzlich bestehen bleiben [können]";[89] jedoch wirken sich bei Anwendung des Ursprungslandprinzips alle Unterschiede auf die Höhe der Steuer und damit auf den Preis einer Ware oder Dienstleistung aus, sodass sich die Wettbewerbsbedingungen für den Absatz an den Endverbraucher verbessern bzw. verschlechtern würden. Um dies zu vermeiden, leistet die Sechste MwStRL durch die Harmonisierung der Steuerbefreiungen und der Bemessungsgrundlage eine unverzichtbare Vorarbeit.[90] Es verblieb lediglich noch die Aufgabe, Höhe und Anzahl der Steuersätze zu harmonisieren. Deshalb wäre es zu kurzsichtig, die wettbewerbspolitische Gebotenheit der Richtlinie nur auf Grundlage des gegenwärtig geltenden Systems zu beurteilen, solange der Übergang zu einem anderen System angestrebt wird.

---

85 *Englisch,* in: *Tipke/Lang,* 2015[22], § 17 Rn. 6; *Sarrazin,* UR 1974, 281; *Wachweger,* DStZ/A 1974, 115; *ders.,* 6. Richtlinie zur Harmonisierung der Umsatzsteuern in den Europäischen Gemeinschaften, S. 7 (wonach „erheblicher Zweifel angebracht" sei); auch der Finanzausschuss des Bundestages äußert Bedenken, ob der „Perfektionismus (...) Grenzen der Harmonisierung" überschreitet, BT-Drucks. VIII/2827, S. 63.

86 So wird schon im Neumark-Ausschuss „eine fortschreitende Harmonisierung (...), die sich insbesondere auch auf Sätze, Befreiungen und dergleichen bezieht", empfohlen, *EWG,* Bericht des Steuer- und Finanzausschusses, 1962, S. 47. Und auch die Kommission kündigt in der Begründung ihres ersten Richtlinienvorschlags von 1962 an, „in einer zweiten Stufe (...) das gewählte System in Richtung eines auf die Gemeinschaft ausgerichteten Umsatzsteuersystems zu entwickeln", BT-Drucks. IV/850, S. 5.

87 So schon *EWG,* Bericht des Steuer- und Finanzausschusses, 1962, S. 47; BT-Drucks. IV/850, S. 6; Art. 4 der Ersten MwStRL; vgl. zu diesem Endziel genauer *Wachweger,* DStZ/A 1973, 219 (222 ff.).

88 *EWG,* Gesamtbericht der Untergruppen A, B und C, eingesetzt zur Prüfung verschiedener Möglichkeiten einer Harmonisierung der Umsatzsteuer, 1962, S. 136; BT-Drucks. IV/850, S. 6; *Söhn,* StuW 1976, 1 (3).

89 *Sarrazin,* UR 1974, 281.

90 Dies anerkennen auch *Wachweger,* DStZ/A 1973, 219 (221); *Sarrazin,* UR 1973, 209.

Die Anpassung des deutschen Umsatzsteuerrechts an die Sechste MwStRL erfolgte mit Inkrafttreten des Umsatzsteuergesetzes vom 26.11.1979 zum 1.1.1980.[91]

c. Harmonisierung zur Vollendung des Binnenmarktes

Der EGV von 1992 diente der Vollendung des Binnenmarktes. Zielrichtung der Umsatzsteuerharmonisierung sollte daher „die Errichtung und das Funktionieren des Binnenmarkts" sein, Art. 99 EGV. Dies verlangte eine Änderung der Sechsten MwStRL. Denn die dem Bestimmungslandprinzip geschuldete Besteuerung der Wareneinfuhr aus anderen Mitgliedstaaten erfordert Grenzkontrollen, die es aber in einem „Raum ohne Binnengrenzen, in dem der freie Verkehr von Waren, Personen, Dienstleistungen und Kapital gemäß den Bestimmungen der Verträge gewährleistet ist", Art. 7a Abs. 2 EGV, nicht geben darf. Daher schlug die Kommission in ihrem Weißbuch von 1985 den Übergang zum Ursprungslandprinzip mit grenzüberschreitendem Vorsteuerabzug bei gleichzeitiger Einführung eines Clearingsystems, wonach sich die Verteilung des Steueraufkommens weiterhin nach dem Bestimmungslandprinzip richtet, vor.[92] Die folgenden drei Richtlinienvorschläge[93] fanden im Rat jedoch keine Mehrheit, ebenso wenig ihre überarbeitete Fassung.[94] Vielmehr formulierte der Rat im Jahr 1989 als neue Zielsetzung die Beibehaltung des Bestimmungslandprinzips.[95] Folglich wurde am 16.12.1991 die sog. Binnenmarktrichtlinie[96] als Übergangssystem zur angestrebten Beseitigung der Steuergrenzen verabschiedet. Zur Kompensation der wegfallenden Grenzkontrollen wird nun statt der Einfuhr an der Grenze der innergemeinschaftliche Erwerb beim importierenden Unternehmer besteuert, während im Gegenzug die innergemeinschaftliche Lieferung für den Exporteur steuerfrei gestellt wird.[97] Einzig für den nichtkommerziellen Reiseverkehr gilt mit Ausnahme des Erwerbs neuer Fahrzeuge[98] das Ursprungslandprinzip.

---

91 BGBl I 1979, S. 1953.

92 KOM (85) 310 endg. v. 14.6.1985, S. 50.

93 RL-Vorschläge v. 7.8.1987 zur Annäherung der Mehrwertsteuersätze, KOM (87) 321 endg.; zur Einführung eines Annäherungsprozesses der Mehrwertsteuer- und Verbrauchsteuersätze, KOM (87) 324 endg.; sowie zur Beseitigung der Steuergrenzen, KOM (87) 322 endg./2.

94 KOM (89) 260 endg. v. 4.8.1967.

95 *Theile*, Wettbewerbsneutralität der harmonisierten Umsatzsteuer, 1995, S. 50.

96 Richtlinie des Rates v. 16.12.1991 zur Ergänzung des gemeinsamen Mehrwertsteuersystems und zur Änderung der Richtlinie 77/388/EWG im Hinblick auf die Beseitigung der Steuergrenzen (91/680/EWG), ABl. 1991 L 376, S. 1 (Binnenmarktrichtlinie).

97 Art. 28a Abs. 1 lit. a, Art. 28c Teil A der Sechsten MwStRL, eingeführt durch die Binnenmarktrichtlinie.

98 So unterwirft Art. 28a Abs. 1 lit. b, eingeführt durch RL 91/680/EWG, den Erwerb neuer Fahrzeuge auch durch nichtsteuerpflichtige Personen der Mehrwertsteuer, sodass eine Besteuerung im Bestimmungsland erfolgt.

Letztendlich verlagert die Binnenmarktrichtlinie lediglich die Kontrollen von der Grenze in die Unternehmen.[99] Entgegen dem Wunsch der Kommission wurde eine neue Harmonisierungsstufe dagegen nicht eingeleitet. Erst die Steuersatz-Richtlinie[100] ließ die Harmonisierung wieder voranschreiten, indem ein Normalsatz von mindestens 15 % und ein ermäßigter Satz von mindestens 5 % vorgeschrieben wurden. Da im nichtkommerziellen Reiseverkehr das Ursprungslandprinzip gilt, schaden unterschiedliche Steuersätze hier der Wettbewerbsneutralität. So besteht in grenznahen Gebieten ein Anreiz für den Bezug von Leistungen aus Nachbarländern mit niedrigeren Sätzen.[101] Dem konnte die Steuersatz-Richtlinie zumindest ansatzweise Abhilfe schaffen.

Keine wesentlichen Neuerungen brachte die Mehrwertsteuersystemrichtlinie.[102] Sie entspricht vielmehr der Sechsten MwStRL einschließlich ihrer Änderungen. Im Rahmen des sog. Mehrwertsteuer-Pakets 2010 wurde diese abermals in einzelnen Punkten geändert; zum Beispiel wurde der Ort von Dienstleistungen neu geregelt.[103] Von den derzeit zwölf weiteren Änderungen ist die Harmonisierung der Rechnungsstellungsvorschriften erwähnenswert.[104]

d. Ausblick

Eine grundlegende Systemänderung hin zum ursprünglich als Endziel anvisierten Ursprungslandprinzip wird es wohl nicht geben. So hat die Kommission dieses Ziel mittlerweile ausdrücklich aufgegeben und strebt stattdessen eine konsequente Besteuerung nach dem Bestimmungslandprinzip in einem „einfacheren, effizienteren und robusteren Mehrwertsteuersystem" an.[105]

Art. 113 AEUV nennt neben der Errichtung und dem Funktionieren des Binnenmarktes die „Vermeidung von Wettbewerbsverzerrungen" als Harmonisierungsziel.

---

99 *Englisch*, in: *Tipke/Lang*, Steuerrecht, 2015[22], § 17 Rn. 6; *Waldhoff*, in: *Calliess/Ruffert*, AEUV/EUV, 2011[4], Art. 113 AEUV Rn. 14.

100 Richtlinie des Rates v. 19.10.1992 zur Ergänzung des gemeinsamen Mehrwertsteuersystems und zur Änderung der Richtlinie 77/388/EWG (92/77/EWG), ABl. 1992 L 316, S. 1.

101 *Wernsmann*, in: *Schulze/Zuleeg/Kadelbach*, Europarecht, 2015[3], § 30 Rn. 27.

102 *Wernsmann*, in: *Schulze/Zuleeg/Kadelbach*, Europarecht, 2015[3], § 30 Rn. 28.

103 Richtlinie des Rates v. 12.2.2008 zur Änderung der Richtlinie 2006/112/EG bezüglich des Ortes der Dienstleistung (2008/8/EG), ABl. 2008 L 44, S. 11.

104 Richtlinie des Rates v. 13.7.2010 zur Änderung der Richtlinie 2006/112/EG über das gemeinsame Mehrwertsteuersystem hinsichtlich der Rechnungsstellungsvorschriften (2010/45/EU), ABl. 2010 L 189, S. 1.

105 Mitteilung der Kommission v. 6.12.2011 zur Zukunft der Mehrwertsteuer, KOM (2011) 851 endg., S. 5 f. Die Kommission hat nachfolgend fünf mögliche Optionen für die Gestaltung des „endgültigen Mehrwertsteuersystems" vorgestellt; diese basieren alle auf dem Grundsatz des Bestimmungsorts, sollen im Vergleich zum derzeit geltenden System aber betrugssicherer – „robusterer" – sein, SWD (2014) 338 final v. 29.10.2014, S. 4 f.

Dadurch wird die ursprüngliche Stoßrichtung des Harmonisierungsauftrags aus Art. 99 EWGV erneut betont, ohne jedoch das Harmonisierungsziel gegenüber Art. 93 EGV (ex Art. 99) zu erweitern.[106] Ziel ist weiterhin die Beseitigung von Hemmnissen für die Grundfreiheiten und die Gewährleistung steuerlicher Wettbewerbsneutralität.[107] Primäre Frage für alle künftigen Harmonisierungsbemühungen muss daher sein, ob und inwieweit eine weitergehende Harmonisierung – eventuell sogar eine Vereinheitlichung – zur Erreichung dieser Ziele bei Geltung des Bestimmungslandprinzips notwendig ist.

Dazu ist der Frage nachzugehen, ob die derzeit bestehenden Unterschiede in den mitgliedstaatlichen Umsatzsteuersystemen eine Einschränkung der Grundfreiheiten bedeuten. Bei den direkten Steuern können unterschiedlich hohe Steuerbelastungen in den verschiedenen Mitgliedstaaten keine Beschränkung der Grundfreiheiten begründen; vielmehr ist dies Konsequenz des fehlenden Harmonisierungsauftrags im Bereich der direkten Steuern.[108] Dagegen wurde bei der Umsatzsteuer gerade ein solcher Harmonisierungsauftrag erteilt, um die Waren- und Dienstleistungsfreiheit (Art. 34, 56 AEUV) zu gewährleisten. Bei einer Besteuerung im Bestimmungsland stören die zwischen den Mitgliedstaaten bestehenden Unterschiede das Funktionieren des Binnenmarktes grundsätzlich nicht. Dennoch stellen Unsicherheiten über Mehrwertsteuermodalitäten und -verpflichtungen anderer Mitgliedstaaten, deren Erfüllung in fremder Sprache und daraus resultierende höhere Befolgungskosten eine faktische Beschränkung der Grundfreiheiten EU-weit tätiger Unternehmer dar.[109] Zweifelsohne würde eine Vereinheitlichung der Umsatzsteuersysteme in der EU den grenzüberschreitenden Handel für die Unternehmer erleichtern. Eine auf Art. 113 AEUV gestützte Vollharmonisierung und eine damit verbundene Einschränkung der Steuersouveränität der Mitgliedstaaten ist aber nur möglich, wenn das Binnenmarktziel anderweitig nicht erreicht werden kann.[110] Eine Vereinheitlichung käme folglich nur als *ultima ratio* in Betracht. Die Kommission sucht die bestehenden Schwierigkeiten durch vereinzelte Maßnahmen, etwa das Konzept der zentralen Anlaufstelle für in mehreren Mitgliedstaaten tätige Unternehmen[111] oder

---

106 *Reiß,* in: *Nieskens,* Umsatzsteuer-Kongress-Bericht, 2007, 13 (21).

107 *Waldhoff,* in: *Calliess/Ruffert,* AEUV/EUV, 2011^4, Art. 113 AEUV Rn. 1; vgl. dazu bereits die Ausführungen in Kapitel 1 A II 1 a.

108 *Wernsmann,* in: *Schulze/Zuleeg/Kadelbach,* Europarecht, 2015^3, § 30 Rn. 89, 111.

109 *Englisch,* in: *Tipke/Lang,* Steuerrecht, 2015^{22}, § 17 Rn. 6; *Reiß,* in: *Nieskens,* Umsatzsteuer-Kongress-Bericht, 2007, 13 (41 f.); dies gesteht auch die Kommission ein, KOM (2011) 851 endg., S. 4.

110 *Wernsmann,* in: *Schulze/Zuleeg/Kadelbach,* Europarecht, 2015^3, § 30 Rn. 16; *Kamann,* in: *Streinz,* EUV/AEUV, 2012^2, Art. 113 AEUV Rn. 6.

111 KOM (2011) 851 endg., S. 8. Deutschland hat den sog. „Mini One Stop Shop" für Anbieter von Telekommunikationsdienstleistungen, Rundfunk- und Fernsehdienstleistungen und auf elektronischem Weg erbrachten Dienstleistungen an Nichtunternehmer, die im Ansässigkeitsstaat ihres Kunden weder ihren Sitz noch eine Betriebsstätte haben, in §§ 18 Abs. 4e, 18h UStG umgesetzt, zuständige Behörde

die Einführung einer europaweit standardisierten Mehrwertsteuererklärung[112], zu beseitigen. Statt durch *Vereinheitlichung* möchte sie den grenzüberschreitenden Handel durch *Vereinfachung* fördern. Damit wird dem Binnenmarktziel im Grundsatz ausreichend Rechnung getragen: Dieses verlangt nämlich nicht die Beseitigung der Steuergrenzen durch die Schaffung einer unionsweit einheitlichen Umsatzsteuer, solange der grenzüberschreitende Waren- und Dienstleistungsverkehr keine größeren Belastungen erfährt als der innerstaatliche.[113]

Jedoch gilt das Bestimmungsland nicht ausnahmslos. Beziehen Verbraucher Waren oder Dienstleistungen aus anderen Mitgliedstaaten, richtet sich die Umsatzbesteuerung nach dem System des Exportlandes. Unterschiede in den Besteuerungssystemen können dadurch insbesondere in grenznahen Gebieten zu Wettbewerbsverzerrungen führen: So bestehen für die Verbraucher Anreize, Leistungen aus Nachbarstaaten mit niedrigeren Steuersätzen oder großzügigeren Steuerbefreiungen zu beziehen.[114] Dadurch erfahren Anbieter aus höher besteuernden Ländern gegenüber den in niedriger besteuernden Nachbarländern ansässigen Konkurrenten große Wettbewerbsnachteile.[115] Die Kommission erkennt dieses Problem an, wenngleich sie eine weitere Vereinheitlichung der Steuersatzstruktur derzeit noch nicht zu planen scheint. Sie schlägt lediglich eine Abschaffung der ermäßigten Sätze zur Verbesserung der – wohl primär innerstaatlichen – Wettbewerbsneutralität vor.[116] Jedoch schafft nur eine Vereinheitlichung der Steuersätze, die derzeit von 15 % in Luxemburg und 27 % in Ungarn reichen, Wettbewerbsgleichheit auch in grenznahen Gebieten. Andererseits bedeutet die Möglichkeit der Festlegung der Steuersätze ein zentrales Mittel politischer Gestaltung.[117] Die mit einer Vereinheitlichung der Sätze einhergehende Einschränkung der Steuersouveränität der Mitgliedstaaten ist daher gegen mögliche Wettbewerbsverzerrungen in Grenzgebieten abzuwägen. Es bleibt abzuwarten, welchen Weg der Unionsgesetzgeber einschlagen wird. Nimmt man den Harmonisierungsauftrag in Art. 113 AEUV aber beim Wort,

---

ist danach das BZSt. Da für die genannten Leistungen nun im B2C-Bereich das Bestimmungslandprinzip gilt (§ 3a Abs. 5 UStG), erspart der „Mini One Stop Shop" den Unternehmern eine Registrierung in all den Ländern, in denen ihre Endkunden ansässig sind.

112 KOM (2013) 721 endg. Durch die Standardisierung der erforderlichen Angaben und der Abgabe soll grenzüberschreitend tätigen Unternehmen die Erfüllung ihrer Erklärungspflichten ebenso leicht gemacht werden wie inländisch tätigen Unternehmen. Gegen diesen Vorschlag hat der Bundesrat Subsidiaritätsrüge erhoben, BR-Drucks. 735/13.

113 Ebenso *Reiß*, in: *Nieskens*, Umsatzsteuer-Kongress-Bericht, 2007, 13 (23 f.).

114 *Wernsmann*, in: *Schulze/Zuleeg/Kadelbach*, Europarecht, 2015[3], § 30 Rn. 27.

115 *Reiß*, in: *Nieskens*, Umsatzsteuer-Kongress-Bericht, 2007, 13 (31) übersieht indes das Problem des nichtkommerziellen Reiseverkehrs in grenznahen Gebieten.

116 KOM (2011) 851 endgültig, S. 13.

117 *Wernsmann*, in: *Schulze/Zuleeg/Kadelbach*, Europarecht, 2015[3], § 30 Rn. 27.

wäre eine Vereinheitlichung in diesen Bereichen zulasten der Steuersouveränität der Mitgliedstaaten der Vorzug zu geben.

III. Das Harmonisierungsziel der gleichmäßigen Verbrauchsbelastung

Den Antrieb zur Steuerharmonisierung gab – wie vorstehend dargelegt – primär das Ziel, gleiche Wettbewerbsverhältnisse vor allem im innergemeinschaftlichen Handelsverkehr zu schaffen und die Grundfreiheiten zu gewährleisten. Dies wollte man durch eine schrittweise immer weitergehende Harmonisierung der mitgliedstaatlichen Umsatzsteuersysteme bis hin zu deren annähernden Vereinheitlichung erreichen.[118] Nimmt man das Wesen der Umsatzsteuer als Verbrauchsteuer vorweg[119], war mittelbares Ziel der Umsatzsteuerharmonisierung eine „vereinheitlichte Verbrauchsbesteuerung".[120] Die ursprünglich geplante Harmonisierung hätte damit im Ergebnis eine gleichmäßige steuerliche Belastung der Verbraucher in der gesamten EU gewährleistet.[121]

Indes verfolgt die Union heute nicht mehr das Ziel, die Umsatzsteuersysteme der Mitgliedstaaten zu vereinheitlichen. So hätte zwar der ursprünglich geplante Übergang zum Ursprungslandprinzip eine solche Vereinheitlichung vorausgesetzt. Inzwischen wird aber stattdessen am System der Besteuerung im Bestimmungsland festgehalten.[122] Eine vollständige Vereinheitlichung, die nur als *ultima ratio* von Art. 113 AEUV gedeckt wäre, wird nicht mehr für erforderlich gehalten. Selbst wenn aus Gründen der Wettbewerbsneutralität in grenznahen Gebieten die Steuersätze doch noch vereinheitlicht würden und alle Verbraucher in der EU dadurch gleichmäßig belastet würden, wäre dies mehr mittelbare Folge der Harmonisierung als deren finales Ziel. Vielmehr richtet die Kommission ihr Augenmerk auf die Unternehmer und den Wettbewerb.[123] In den Erwägungsgründen der MwStSystRL wird zwar eine gleiche steuerliche Belastung der Gegenstände und Dienstleistungen als Ziel genannt, jedoch nur „innerhalb des Gebiets der einzelnen Mitgliedstaaten".[124] Die Union strebt damit eine gleichmäßige Belastung aller Verbraucher eines Mitgliedstaats, nicht aber der gesamten EU an.

---

118 Vgl. zu den geplanten Harmonisierungsetappen zusammenfassend *Wachweger,* DStZ/A 1973, 219.

119 Vgl. insbesondere Art. 2 Abs. 1 der 1. MwStSystRL. Ausführlich dazu Kap 1 B III.

120 *Söhn,* StuW 1976, 1 (3).

121 *Söhn,* StuW 1976, 1 (4) bezeichnet dies als das „eigentliche Harmonisierungsziel". *Theile,* Wettbewerbsneutralität der harmonisierten Umsatzsteuer, 1995, S. 31, 65 spricht in diesem Kontext von einem „abgeleiteten Harmonisierungsziel".

122 KOM (2011) 851 endg., S. 5 f.

123 So geht es der Kommission etwa bei der Überprüfung der Steuersatzstruktur insbesondere um die Belange des Unternehmers, KOM (2011) 851 endg., S. 12 f.

124 7. Erwägungsgrund der MwStSystRL.

Ziel der Umsatzsteuerharmonisierung ist es also, die Systeme der Verbrauchsbesteuerung in der Union anzugleichen, wenn auch nicht zu vereinheitlichen. Dadurch werden Verbraucher verschiedener Mitgliedstaaten bei gleichem Konsum nur annähernd gleichmäßig belastet. Dagegen ist eine exakt gleichmäßige Umsatzsteuerbelastung der Verbraucher innerhalb eines Mitgliedstaats ein unmittelbares Harmonisierungsziel.

IV. Fazit

Primäres Ziel der Harmonisierung der Umsatzsteuern ist die Schaffung von *Wettbewerbsneutralität.* Die Erreichung dieses Ziels verlangt die Beseitigung von Wettbewerbsverzerrungen, die die Umsatzsteuer im nationalen und insbesondere im grenzüberschreitenden Handel verursacht. Dadurch sollen im Binnenmarkt Wettbewerbsgleichheit und die Grundfreiheiten gewährleistet werden. Die Wettbewerbsneutralität nimmt damit als Motiv des europäischen Steuerharmonisierungsprozesses die überragende Bedeutung ein. Dagegen ist eine EU-weit gleichmäßige Verbrauchsbesteuerung nur mittelbares Harmonisierungsziel, soweit die Schaffung von Wettbewerbsneutralität dies erfordert.

B. Charakterisierung der Umsatzsteuer

Der EuGH bezeichnet den Grundsatz der Neutralität als „eines der Grundprinzipien, auf denen das Mehrwertsteuersystem beruht“.[125] Um die Bedeutung des Neutralitätsprinzips in diesem System richtig einordnen zu können, müssen auch dessen andere Prinzipien bekannt sein. Deshalb soll die Umsatzsteuer zunächst anhand der ihr zugrundeliegenden Prinzipien charakterisiert werden. So kann eine erste Vorstellung vom Inhalt des Neutralitätsgrundsatzes und seiner Stellung im Umsatzsteuersystem gewonnen werden.

I. Vorüberlegungen

1. *Rechtsprinzipien und inneres System*

Prämisse einer gerechten, in sich schlüssigen Rechtsordnung ist eine gewisse Struktur. Dazu folgen die einzelnen Rechtssätze einem bestimmten System.[126] Als sog. inneres System bezeichnet man die inhaltliche, materiale Ordnung des Rechtsstoffs.[127] Abzugrenzen davon ist das äußere System, das die Art der formalen Stoffanordnung betrifft.[128] Tragende Elemente des inneren Systems sind Grundwertungen, die die innere Einheit der Rechtsordnung deutlich machen. Diese rechtsethnisch fundierten

125 EuGH v. 24.10.1996, Rs. C-317/94 (Elida Gibbs), Rn. 20.
126 *Canaris,* Systemdenken und Systembegriff in der Jurisprudenz, 1969, S. 11 ff.
127 *Tipke,* StRO I, 2000², S. 67.
128 *Tipke,* StRO I, 2000², S. 61.

Wertungen werden verkörpert durch allgemeine Prinzipien.[129] Sie schaffen als richtungsgebende Maßstäbe eine werteorientierte Gerechtigkeitsordnung und machen das Recht erklärbar, schlüssig und berechenbar.[130] Prinzipien bedürfen zu ihrer Verwirklichung der Konkretisierung durch Rechtssätze und Subprinzipien.[131]

Das Steuerrecht ist in besonderem Maße auf eine gerechte und rechtssichere Ordnung angewiesen, um von den mitwirkungspflichtigen Steuerpflichtigen Akzeptanz zu erfahren. Deshalb spielen Prinzipen hier eine bedeutende Rolle: Sie allein können eine gerechte und folgerichtige Lastenzuordnung gewährleisten.[132] Innerhalb des inneren Systems der deutschen Steuerrechtsordnung gibt es Prinzipien von unterschiedlichem Rang:[133]

An erster Stelle stehen die verfassungsrechtlich verankerten Prinzipien (Gleichheitssatz, Übermaßverbot etc.), die steuerspezifisch vor allem durch das Leistungsfähigkeitsprinzip konkretisiert werden. Ihnen folgen Subprinzipien, die verfassungsrechtliche Prinzipien konkretisieren, jedoch nur für einzelne Normgruppen des Steuerrechts – wie beispielsweise das objektive und subjektive Nettoprinzip in der Einkommensteuer – gelten. Schließlich gibt es einfachgesetzliche Prinzipien, die das innere System detaillieren, ohne verfassungsrechtlich geboten zu sein. Sie können mittelbar über das Folgerichtigkeitsgebot Bindung entfalten.

Relevanz entfaltet das innere System und seine Prinzipien insbesondere bei der Gesetzesauslegung, bei der Ausfüllung von Gesetzeslücken sowie bei der Aufdeckung von Verstößen gegen den Gleichheitssatz.[134]

Das europäische Umsatzsteuerrecht bedarf einer Ausrichtung an Besteuerungsprinzipien umso mehr, da der nationale Gesetzgeber nur eine in sich schlüssige Richtlinie unionsrechtskonform umsetzen kann.[135] Insoweit muss eine Ableitung der Prinzipien aus dem Unionsprimärrecht versucht werden. Im Folgenden sollen die verfassungs- bzw. primärrechtlichen Prinzipien und die daraus abgeleiteten Prinzipien der Umsatzsteuer herausgestellt werden.

---

129 *Canaris,* Systemdenken und Systembegriff in der Jurisprudenz, 1969, S. 46. *Bydlinski,* Fundamentale Rechtsgrundsätze, 1988 S. 29 f. und 35 sprechen in diesem Zusammenhang von „Wertprinzipien".

130 *Hey,* in: *Tipke/Lang,* Steuerrecht, 2015^{22}, § 3 Rn. 11; *Tipke,* StRO I, 2000^{2}, S. 68; *Kirchhof,* StuW 1996, 3.

131 Ausführlich zur Lehre der Rechtsprinzipien und ihrer Abgrenzung von Regeln *Alexy,* Theorie der Grundrechte, 1985, S. 71 ff.; *Canaris,* Systemdenken und Systembegriff in der Jurisprudenz, 1969, S. 35; *Englisch,* Wettbewerbsgleichheit im grenzüberschreitenden Handel, 2008, S. 7 ff. mwN.

132 *Kube,* UR 2013, 489.

133 Zum Nachfolgenden *Hey,* in: *Tipke/Lang,* Steuerrecht, 2015^{22}, § 3 Rn. 13–15.

134 *Tipke,* StuW 1971, 2 (5 f.); *ders.,* UR 1972, 2; *Hey,* in: *Tipke/Lang,* Steuerrecht, 2015^{22}, § 3 Rn. 27.

135 *Kube,* UR 2013, 489 (493), hier auch kritisch zur noch ungenügenden Prinzipienorientierung der europäischen Umsatzsteuer.

2. Die vier wesentlichen Merkmale der Umsatzsteuer nach Rechtsprechung des EuGH

Um eine erste Idee von der Ausgestaltung des europäischen Umsatzsteuersystems zu bekommen, sollen zunächst die vier Merkmale der Umsatzsteuer, die der EuGH in seiner Rechtsprechung als „wesentlich" bezeichnet, aufgezeigt werden:[136]

- Die Steuer gilt ganz *allgemein* für alle sich auf Gegenstände und Dienstleistungen beziehenden Geschäfte.
- Sie ist *proportional* zum Preis dieser Gegenstände und Dienstleistungen.
- Die Steuer wird *auf jeder Stufe* der Erzeugung und des Vertriebs erhoben.
- Die Steuer wird unter Abzug der auf den vorhergehenden Stufen bereits entrichteten Steuer berechnet, sodass sie sich auf den *Mehrwert* der Gegenstände und Dienstleistungen bezieht und letztlich vom Verbraucher getragen wird.

Das erste Merkmal betrifft die Frage des Steuerobjekts der Umsatzsteuer. Sie soll auf Umsätze mit *Verbrauchsgütern* allgemein im Sinne von *generell* erhoben werden und so die gesamten Konsumausgaben treffen.[137] Damit nicht zu vereinbaren wäre eine Differenzierung zwischen Warenlieferungen und Dienstleistungen, da beide konsumierbar sind:[138] Waren durch ihren Gebrauch und Dienstleistungen durch ihre Inanspruchnahme. Dagegen wird damit noch nicht zum Ausdruck gebracht, dass Umsätze gleich welcher Stufe allgemein zu besteuern sind.[139]

Der zweite und dritte Punkt beschreiben die Ausgestaltung der Umsatzsteuer als Allphasen-Netto-Umsatzsteuer. Das dritte Merkmal regelt, welche Umsätze steuerpflichtig sind: So soll die Steuer auf allen Produktions- und Vertriebsstufen erhoben werden und damit eine Allphasensteuer sein. Das Gegenteil dazu wäre eine Einphasen- (z.B. Einzelhandelsteuer) oder Mehrphasensteuer (z.B. Produktionsteuer). Dagegen umschreibt das zweite Merkmal die materielle, ökonomische Bemessungsgrundlage: Weil die Höhe – unabhängig von der Zahl zwischengeschalteter Stufen – proportional zum Preis sein soll, wird ein Nettosystem vorausgesetzt.[140]

---

136 Vgl. dazu EuGH v. 31.3.1992, Rs. C-200/90 (Denkavit), Rn. 11; v. 26.6.1997, Rs. C-370/95 (Careda), Rn. 14; v. 3.10.2006, Rs. C-475/03 (Banca popolare di Cremona), Rn. 28; v. 11.10.2007, Rs. C-283/06 (KÖGAZ), Rn. 37; v. 29.7.2010, Rs. C-188/09 (Profaktor), Rn. 47.

137 *Pohmer,* in: HdF, Band 2, 1980[3], 649 (651 f.); *Karabulut,* Der Vorsteuerabzug im Waren- und Dienstleistungsverkehr zwischen EU-Mitgliedstaaten und der Türkei, 2013, S. 2.

138 *Terra/Kajus,* European VAT Directives, Introduction to European VAT, 2009, S. 276.

139 So bezeichnet *Schmölders,* in: HdF, Band 2, 1956[2], 565 (568), die Hersteller- und Kleinhandelsteuer als „allgemeine Umsatzsteuer", obwohl diese nur gewisse Umsätze erfassen.

140 Zu den verschiedenen Formen der Umsatzbesteuerung *Eckhardt/Weiß,* UStG, 1967, Einl. Rn. 13 ff.; *Pohmer,* in: HdF, Band 2, 1980[3], 649 (659–666).

Im vierten Merkmal werden die Besteuerungstechnik und die Belastungskonzeption der Umsatzsteuer konkretisiert. Dass nur der Teil eines Umsatzes besteuert wird, der über den Betrag der darin enthaltenen Vorleistungen hinausgeht, soll durch die Vorsteuerabzugsmethode – eine andere Möglichkeit wäre das Vorumsatzabzugsverfahren[141] – erreicht werden. Im Ergebnis soll die Steuer zwar vom Unternehmer entrichtet, aber vom Verbraucher getragen werden: Sie wird als Preisbestandteil jeweils auf den Abnehmer einer Leistung abgewälzt, sodass Steuerträger schließlich der nicht zum Vorsteuerabzug berechtigte Verbraucher ist.

Danach ist die Umsatzsteuer als *indirekte Steuer* ausgestaltet. Charakteristisches Merkmal dieser Steuerart ist nämlich, dass die Steuer nicht direkt bei demjenigen erhoben wird, der mit ihr belastet werden soll, sondern dass Steuerschuldner und Steuerträger nach der Konzeption des Gesetzes auseinanderfallen sollen.[142] Die Einordnung der Umsatzsteuer als indirekte Steuer legt im Übrigen schon der Wortlaut des in Art. 99 EWGV erteilten Harmonisierungsauftrags für „die Umsatzsteuer (...) und sonstige indirekte Steuern" nahe.

Den auf jeder Stufe neu zu besteuernden Teil nennt der EuGH „Mehrwert". Nichtsdestotrotz ist die bereits in Art. 2 der Ersten MwStRL gewählte Bezeichnung als „Mehrwertsteuer" irreleitend. Entscheidend für die Steuerlast des Unternehmers ist nicht, welchen tatsächlichen Mehrwert er geschaffen hat, sondern vielmehr der vom Verbraucher gezahlte Preis. Dieser kann jedoch auch unter der eigentlichen Wertschöpfung liegen.[143] Daher wird im Folgenden weiterhin statt des Begriffs der Mehrwertsteuer – parallel zum deutschen Recht – derjenige der Umsatzsteuer verwendet.

II. Das Leistungsfähigkeitsprinzip als Fundamentalprinzip der Umsatzsteuer

1. *Das Leistungsfähigkeitsprinzip in der nationalen Steuerrechtsordnung*

a. *Herleitung und Inhalt*

In der nationalen Steuerrechtsordnung gilt das Leistungsfähigkeitsprinzip als „Fundamentalprinzip der Steuergerechtigkeit"[144], als „Leitprinzip zur Verwirklichung von Steuergerechtigkeit"[145]. In Art. 134 der Weimarer Reichsverfassung war dieser Grundsatz sogar normiert: „Alle Staatsbürger ohne Unterschied tragen im Verhältnis ihrer

---

141 Vgl. dazu unter Kapitel 1 A II 2 a.

142 Vgl. dazu ausführlich unter Kapitel 1 B III 1 b aa.

143 *Stadie*, in: *Rau/Dürrwächter*, UStG, Einf. (April 2013) Rn. 268; *Weich*, Öffentliche Hand im System der Umsatzsteuer, 1996, S. 10 f. AA *Lohse*, in: *Achatz/Tumpel*, EuGH-Rechtsprechung und Umsatzsteuerpraxis, 2001, 47 ff., der „im Interesse gemeinschaftskonformer Rechtsanwendung" für die Verwendung des Begriffs der Mehrwertsteuer plädiert.

144 *Hey*, in: *Tipke/Lang*, Steuerrecht, 2015^{22}, § 3 Rn. 40.

145 *Schaumburg*, in: FS Reiß, 2008, 25.

Mittel zu allen öffentlichen Lasten nach Maßgabe der Gesetze bei." Diese Formulierung fand indes keinen Eingang in das Grundgesetz.

aa. Gleichheitssatz

Das BVerfG entnimmt Art. 3 Abs. 1 GG für den Bereich des Steuerrechts das Gebot, Steuerpflichtige durch ein Steuergesetz rechtlich und tatsächlich gleichmäßig zu belasten.[146] Seine Konturen erlangt dieses Gebot jedoch erst durch eine bereichsspezifische Konkretisierung anhand von Vergleichsmaßstäben.[147] Als spezifische Ausprägung des allgemeinen Gleichheitssatzes im Steuerrecht ist die „Gleichmäßigkeit der Besteuerung [des Steuerpflichtigen] nach seiner individuellen und damit relativ gleichen Leistungsfähigkeit"[148] anerkannt. Aus dem Leistungsfähigkeitsprinzip ergibt sich damit der Vergleichsmaßstab für die Anwendung des Gleichheitssatzes.[149] Die Leistungsfähigkeit bildet den Bezugspunkt – den Oberbegriff, der im Steuerrecht die Vergleichbarkeit – das Vorliegen von wesentlich Gleichem, dessen Ungleichbehandlung vor Art. 3 Abs. 1 GG zu rechtfertigen ist – statuiert.[150] Aussagegehalt des Leistungsfähigkeitsprinzips als Konkretisierung des Gleichheitssatzes ist damit: Gleich Leistungsfähige müssen gleich hoch (horizontale Steuergerechtigkeit), unterschiedlich Leistungsfähige entsprechend ihrer unterschiedlichen Leistungsfähigkeit verschieden hoch besteuert werden (vertikale Steuergerechtigkeit).[151]

bb. Sozialstaatsprinzip

Dass die Leistungsfähigkeit ein „gerechter" Verteilungsmaßstab ist, ergibt sich aber nicht aus dem Gleichheitssatz, sondern aus der verfassungsrechtlichen Werteordnung. Eine entscheidende Rolle kommt hierbei dem Sozialstaatsprinzip aus Art. 20 Abs. 1 GG zu. Es lässt sich mit dem Sozialstaatsprinzip erklären, dass es „sozial gerecht" ist, Leistungsfähigere höher zu besteuern, ohne dass ihnen im Gegenzug eine höhere Gegenleistung zuteilwird.[152] Dem Sozialstaatsprinzip entspricht folglich nur

---

146 BVerfG v. 27.6.1991, BVerfGE 84, 239 (268); v. 22.6.1995, BVerfGE 93, 121 (134).

147 BVerfG v. 22.6.1995, BVerfGE 93, 121 (134); *Englisch,* Wettbewerbsgleichheit im grenzüberschreitenden Handel, 2008, S. 573; *Kirchhof,* in: *Isensee/Kirchhof,* HStR V, 2007³, § 118 Rn. 195; *Birk/Desens/Tappe,* Steuerrecht, 2014¹⁷, Rn. 188; *Wernsmann,* Verhaltenslenkung in einem rationalen Steuersystem, 2005, S. 262.

148 BVerfG v. 10.12.1980, BVerfGE 55, 274 (302).

149 Grundlegend *Birk,* Das Leistungsfähigkeitsprinzip, 1983, S. 155 ff. Ebenso *Tipke,* StRO I, 2000², S. 322, 500.

150 *Birk,* Das Leistungsfähigkeitsprinzip, 1983, S. 146 f.; *Wernsmann,* Verhaltenslenkung in einem rationalen Steuersystem, 2005, 287.

151 Vgl. zur vertikalen und horizontalen Steuergerechtigkeit umfassend *Birk,* Das Leistungsfähigkeitsprinzip, 1983, S. 165 ff.; im Anschluss daran BVerfG v. 29.5.1990, BVerfGE 82, 60 (89).

152 *Englisch,* Wettbewerbsgleichheit im grenzüberschreitenden Handel, 2008, S. 578; *Birk,* Das Leistungsfähigkeitsprinzip, 1983, S. 163.

das Leistungsfähigkeitsprinzip, nicht dagegen das Äquivalenzprinzip, wonach die Steuer eine Gegenleistung für staatliche Leistungen darstellt, oder gar das Kopfsteuerprinzip, wonach jeder absolut gleich zu besteuern ist.[153] Ferner verbietet das Sozialstaatsprinzip in Verbindung mit der Menschenwürdegarantie (Art. 1 Abs. 1 GG) eine Besteuerung Nicht-Leistungsfähiger und damit einen Steuerzugriff auf das Existenzminimum.[154]

Eine weitere Konkretisierung des Leistungsfähigkeitsprinzips ergibt sich aus dem Gebot der Förderung von Ehe und Familie (Art. 6 Abs. 1 GG). Danach müssen familiäre Verhältnisse Berücksichtigung finden. So lässt sich nach Ansicht des BVerfG jedenfalls eine Kumulierung der Ehegatteneinkünfte – Zusammenveranlagung ohne Splitting – nicht mit Art. 6 Abs. 1 GG vereinbaren.[155]

cc. Freiheitsgrundrechte

Als Anknüpfungspunkt für das Leistungsfähigkeitsprinzip wird außerdem das Übermaßverbot genannt.[156] Als Folgerung aus dem Verhältnismäßigkeitsgrundsatz kann das Übermaßverbot aber nicht als eigenständiges Rechtsprinzip betrachtet werden. Ausgangspunkt muss vielmehr ein Eingriff in die Freiheitsrechte sein.[157] Damit liefert das Übermaßverbot der absoluten Höhe der Steuerbelastung eine Schranke: Diese darf nicht ein solches Ausmaß erreichen, dass sie sich als unverhältnismäßiger Eingriff in die Freiheitsrechte – insbesondere in Art. 12 Abs. 1 GG und Art. 14 Abs. 1 GG – darstellt.[158]

Ob die Erhebung von Steuern überhaupt in den Schutzbereich der Eigentumsfreiheit eingreift, wird nicht einheitlich beantwortet.[159] Zum großen Teil wird im

---

153 *Birk/Desens/Tappe,* Steuerrecht, 2014[17], Rn. 32; *Englisch,* Wettbewerbsgleichheit im grenzüberschreitenden Handel, 2008, S. 578 f.; *Wernsmann,* Verhaltenslenkung in einem rationalen Steuersystem, 2005, S. 273, 282. Im Erg. ebenso *Waldhoff,* in: *Isensee/Kirchhof,* HStR V, 2007[3], § 116 Rn. 104.

154 BVerfG v. 29.5.1990, BVerfGE 82, 60 (85); v. 25.9.1992, BVerfGE 87, 153 (172); v. 10.11.1998, BVerfGE 99, 216 (233); v. 10.11.1998, BVerfGE 99, 246 (259); *Birk/Desens/Tappe,* Steuerrecht, 2014[17], Rn. 197; *Waldhoff,* in: *Isensee/Kirchhof,* HStR V, 2007[3], § 116 Rn. 113; *Wernsmann,* Verhaltenslenkung in einem rationalen Steuersystem, 2005, S. 286.

155 BVerfG v. 17.1.1957, BVerfGE 6, 55 (67).

156 *Lang,* Die Bemessungsgrundlage der Einkommensteuer, 1988, S. 144 ff.

157 *Englisch,* Wettbewerbsgleichheit im grenzüberschreitenden Handel, 2008, S. 574; *Waldhoff,* in: *Isensee/Kirchhof,* HStR V, 2007[3], § 116 Rn. 104; *Wernsmann,* Verhaltenslenkung in einem rationalen Steuersystem, 2005, S. 288.

158 *Englisch,* Wettbewerbsgleichheit im grenzüberschreitenden Handel, 2008, S. 574, 581 f. Auch *Birk,* Das Leistungsfähigkeitsprinzip, 1983, S. 136, entnimmt den Freiheitsrechten eine Begrenzungsfunktion insoweit, als dass die Besteuerung die Leistungsfähigkeit nicht zerstören darf.

159 Dies bejaht insb. der Zweite Senat des BVerfG, vgl. BVerfG v. 22.6.1995, BVerfGE 93, 121 (137) zur Vermögensteuer: „Sie greift in die in der Verfügungsgewalt und

Vermögensentzug als solchem kein Eingriff in die Eigentumsfreiheit, sondern lediglich in die allgemeine Handlungsfreiheit (Art. 2 Abs. 1 GG) gesehen.[160] Art. 14 Abs. 1 GG könnte danach den Belastungswirkungen einer Steuer keine Grenzen auferlegen.[161] Jedoch stünde Art. 2 Abs. 1 GG einer unverhältnismäßigen Belastung entgegen.

Neben dem bloßen Geldentzug kommt einer Steuer eine weitere grundrechtsrelevante Wirkung zu, soweit sie das Verhalten der Steuerpflichtigen beeinflusst.[162] Die Zulässigkeit dieser sog. Gestaltungswirkungen wird durch die Freiheitsrechte begrenzt: Diese schützen davor, dass ein bestimmtes, grundrechtlich gewährleistetes Handeln – wie z.B. das Innehaben von Eigentum an einem Gegenstand (Art. 14 Abs. 1 GG) oder die Ausübung einer bestimmten beruflichen Betätigung (Art. 12 Abs. 1 GG) – praktisch unmöglich gemacht, mithin „erdrosselt" wird.[163] Da das Leistungsfähigkeitsprinzip nicht auf eine Erschöpfung, sondern auf eine dauerhafte Ausschöpfung der Leistungsfähigkeit ausgerichtet ist, dürfte die Grenze des Zulässigen sogar noch unter der einer konfiskatorischen Wirkung liegen.[164]

Die Freiheitsrechte dienen also der Konkretisierung des Leistungsfähigkeitsprinzips und speziell dem Gebot vertikaler Steuergerechtigkeit. Sie verbieten eine

---

Nutzungsbefugnis über ein Vermögen angelegte allgemeine Handlungsfreiheit gerade in deren Ausprägung als persönliche Entfaltung im vermögensrechtlichen Bereich ein."; BVerfG v. 18.1.2006, BVerfGE 115, 97 (112 f.) zur Einkommen- und Gewerbesteuer, wonach ein Eingriff in Art. 14 GG vorläge, wenn der Steuerzugriff tatbestandlich an das Innehaben von vermögenswerten Rechtspositionen anknüpft; kritisch hierzu *Wernsmann,* NJW 2006, 1169 (1172 f.); *ders.,* in: *Hübschmann/Hepp/Spitaler,* AO/FGO, § 4 (November 2014) Rn. 542. Ebenso den Schutzbereich des Art. 14 Abs. 1 GG für einschlägig hält *F. Kirchhof,* in: *Merten/Papier,* HGR III, 2009, § 59 Rn. 48.

160 St. Rspr. des Ersten Senats; vgl. nur BVerfG v. 31.5.1988, BVerfGE 78, 232 (243) mwN; v. 8.4.1997, BVerfGE 95, 267 (300 f.). Ebenso *Wernsmann,* Verhaltenslenkung in einem rationalen Steuersystem, 2005, S. 347; *ders.,* in: *Hübschmann/Hepp/Spitaler,* AO/FGO, § 4 (November 2014) Rn. 545 ff. mwN; *ders.,* NJW 2006, 1169 (1172).

161 *Birk,* Das Leistungsfähigkeitsprinzip, 1983, S. 187; *Wernsmann,* NJW 2006, 1169 (1171 f.).

162 Ausführlich *Birk,* Das Leistungsfähigkeitsprinzip, 1983, S. 68 ff; *Wernsmann,* Verhaltenslenkung in einem rationalen Steuersystem, 2005, S. 345 ff.

163 So geht das BVerfG in st. Rspr. von einem Eingriff in Art. 14 Abs. 1 GG aus, wenn die Besteuerung konfiskatorische Wirkung hat, vgl. nur BVerfG v. 31.5.1988, BVerfGE 78, 232 (243) mwN: „Art. 14 GG schützt nicht das Vermögen als solches gegen Eingriffe durch Auferlegung von Geldleistungspflichten und Zwangsbeiträgen. Ein Verstoß gegen die Eigentumsgarantie kommt nur dann in Betracht, wenn die Geldleistungspflichten den Betroffenen übermäßig belasten und seine Vermögensverhältnisse grundlegend beeinträchtigen, d. h. eine erdrosselnde Wirkung ausüben." Ausführlich zum Verhältnis Gestaltungswirkung – Freiheitsrechte *Birk,* Das Leistungsfähigkeitsprinzip, 1983, S. 202 ff.

164 *Tipke,* in: FS für Vogel, 2000, 561 (572 f.).

Übermaßbesteuerung Leistungsfähiger, die ein grundrechtlich gewährleistetes Verhalten in unverhältnismäßiger Weise faktisch verhindern würde.

Neben den Freiheitsgrundrechten ist auch das Gebot des Art. 106 Abs. 3 Satz 4 Nr. 2 GG, eine „Überbelastung des Steuerpflichtigen" zu vermeiden, Anknüpfungspunkt für die freiheitsrechtliche Dimension des Leistungsfähigkeitsprinzips.[165]

dd. Fazit

Während das Sozialstaatsprinzip und die Menschenwürdegarantie also den Steuerzugriff bei Nicht-Leistungsfähigen beschränken, setzen die Freiheitsrechte und insbesondere das Übermaßverbot der Besteuerung Leistungsfähiger eine – wenn auch nicht konkrete – Belastungsuntergrenze.[166] Insgesamt ergibt sich das Leistungsfähigkeitsprinzip also aus einem Zusammenspiel von gleichheitsrechtlichen und freiheitsrechtlichen Grundrechten sowie dem Sozialstaatsprinzip.

b. Geltung des Leistungsfähigkeitsprinzips im Umsatzsteuerrecht

Die Umsatzsteuer ist eine Fiskalzwecksteuer. Sie dient dazu, den Finanzbedarf der öffentlichen Haushalte zu decken.[167] Wie bei allen Steuern muss ihre Erhebung Art. 3 Abs. 1 GG – die Anwendbarkeit nationaler Grundrechte vorausgesetzt[168] – genügen.[169] Entscheidend dafür wiederum ist der für die Umsatzsteuer maßgebliche Vergleichsmaßstab. Da das Leistungsfähigkeitsprinzip als bereichsspezifische Konkretisierung des Gleichheitssatzes für das Gebiet des Steuerrechts anerkannt ist[170], liegt es nahe zu untersuchen, ob dieses auch im Umsatzsteuerrecht Geltung beansprucht.

Einige Autoren – allen voran *Paul Kirchhof* – versagten dem Leistungsfähigkeitsprinzip für den Bereich der indirekten Steuern lange seine Geltung. Dieses Prinzip verlange eine Besteuerung nach der *individuellen* Leistungsfähigkeit, deren Bestimmung bei einer indirekten Steuer aufgrund der Anonymität des Steuerträgers

---

165 BVerfG v. 18.1.2006, BVerfGE 115, 97 (115 f.), wonach Art. 106 Abs. 3 Satz 4 Nr. 2 GG zeige, dass „die Vermeidung einer Überbelastung der Steuerpflichtigen (...) als verfassungsrechtlicher Grundsatz zu gelten" habe; *Wernsmann*, Verhaltenslenkung in einem rationalen Steuersystem, 2005, S. 289.

166 Im Erg. ebenso *Wernsmann*, Verhaltenslenkung in einem rationalen Steuersystem, 2005, S. 289; *ders.*, NJW 2006, 1169 (1173), jedoch mit dem Hinweis, das Verhältnismäßigkeitsprinzip sei ein „stumpfes Schwert gegen die von Steuern ausgehende Belastungswirkungen", weshalb „Magna Charta des Steuerrechts (...) nicht die Freiheitsrechte, sondern (...) Art. 3 Abs. 1 GG" sei.

167 *Wernsmann*, in: *Hübschmann/Hepp/Spitaler*, AO/FGO, § 3 AO (Juni 2011), Rn. 99; *ders./Zirkl*, EuZW 2014, 167 (169); vgl. dazu auch BFH, Beschluss v. 8.11.1972, BStBl II 1973, S. 94 (96).

168 Vgl. dazu ausführlich Kapitel 2 B II 1.

169 *Englisch*, Wettbewerbsgleichheit im grenzüberschreitenden Handel, 2008, S. 563 f.

170 Vgl. Kapitel 1 B II 1 a aa.

gerade nicht möglich sei. Erfasst werde nicht die tatsächliche individuelle Leistungsfähigkeit, sondern lediglich die am Markt eingesetzte und danach vermutete Kaufkraft.[171] Die Umsatzsteuer könne nicht mit dem Grundsatz der Besteuerung nach Leistungsfähigkeit gerechtfertigt werden, sondern nur mit der Notwendigkeit der öffentlichen Mittelerhebung. Deshalb erfolge ihre Erhebung „grundsatzlos".[172] Auch der BFH sah den Gesetzgeber im Bereich der Verbrauchsteuern zu einer Verwirklichung des Leistungsfähigkeitsprinzips nicht verpflichtet.[173]

Dem kann jedoch nicht zugestimmt werden. Das Leistungsfähigkeitsprinzip sorgt für die von Art. 3 Abs. 1 GG geforderte Gleichmäßigkeit der steuerlichen Belastung. Im Umsatzsteuerrecht ist eine gleichmäßige Belastung des Verbrauchers, der die Umsatzsteuer aufgrund des Vorsteuerabzugsrechts letztendlich trägt, geboten. Deshalb gilt das Leistungsfähigkeitsprinzip auch für die Umsatzsteuer.[174]

Das Leistungsfähigkeitsprinzip erlaubt eine steuerliche Belastung einer Person nur, soweit diese Leistungsfähigkeit zum Ausdruck bringt. Der Gedanke, Steuern auf die Ausgaben einer Person zu erheben, reicht zurück bis *Hobbes*, der dadurch die Gleichheit der Steuerbelastung am besten verwirklicht sah.[175] Heute entspricht es der hM, dass die Einkommens- bzw. Vermögensverwendung neben dem Einkommen und dem Vermögen als solchen Leistungsfähigkeitsindikator und damit Legitimationsgrund für die Erhebung indirekter Steuern ist.[176] Zwar ist jemand nicht

---

171 *Kirchhof*, StuW 1985, 319 (324); *ders.*, in: *Isensee/Kirchhof*, HStR V, 2007³, § 118 Rn. 193; *ders.*, StuW 2000, 316 (326); *ders.*, UR 2002, 541 (544); *ders.*, DStR 2008, 1 (3). Eine andere Tendenz einnehmend *ders.*, Umsatzsteuer-Gesetzbuch, 2008, S. 20, wonach in der am Markt eingesetzten Kaufkraft „typisierend die Leistungsfähigkeit des Verbrauchers zum Ausdruck komme".

172 *Horn*, StuW 1970, 146; im Ergebnis ebenso *Kruse*, StuW 1990, 322 (327 f.). *Kirchhof*, StuW 1985, 319 (324) plädierte dagegen für eine Anleitung der indirekten Besteuerung durch die Grundsätze der Wettbewerbsneutralität und Sozialstaatlichkeit.

173 BFH v. 26.6.1984, BFHE 141, 369 (381 f.); in der Tendenz aber anders v. 12.1.2006, BFHE 213, 69 (72).

174 Heute ganz hM; vgl. etwa *Frink*, Der Ausschluss des Vorsteuerabzugs, 2002, 22; *Hey*, in: *Tipke/Lang*, Steuerrecht, 2015²², § 3 Rn. 43; *Hoffsümmer*, Steuerbefreiungen für Inlandsumsätze, 2008, S. 60 f.; *Löhr*, Das umsatzsteuerrechtliche Optionsrecht für Vermietungsumsätze, 2003, S. 224 ff.; *Schaumburg*, in: FS Reiß, 2008, 25 (31 f.); *Tipke*, StRO I, 2000², S. 494; *ders.*, StRO II, 2003², S. 980 f. mwN; *Weich*, Öffentliche Hand im System der Umsatzsteuer, 1996, S. 21 ff.

175 „Aequalitas ergo pensionum in publicam alia esse non potest, nisi ut unusquisque solvat pro ratione eorum quae consumit id es, nisi ut tributa, non personis, sed rebus ipsis quae consumendae sunt, imponantur", *Hobbes*, Leviathan, 1670, S. 162 – zitiert nach *Streng*, Zuschüsse und Subventionen im Umsatzsteuerrecht, S. 95 Fn. 105.

176 *Englisch*, Wettbewerbsgleichheit im grenzüberschreitenden Handel, 2008, S. 585 f.; *ders.*, in: *Tipke/Lang*, Steuerrecht, 2015²², § 17 Rn. 13; *Fischer*, Die Rechtfertigung einer Umsatzbesteuerung und ihre Vereinbarkeit mit den Grundrechten, 2007, S. 91; *Frink*, Der Ausschluss des Vorsteuerabzugs, 2002, S. 34; *Hey*, in: *Tipke/Lang*,

allein deshalb leistungsfähig, weil er tatsächlich etwas verbraucht, wohl aber, weil er zu den dafür im Voraus notwendigen finanziellen Aufwendungen fähig ist.[177] So ist ein Bettler, der von Lebensmitteln aus Mülltonnen lebt, nicht leistungsfähig, wohl aber derjenige, der sie zuvor erworben und dann weggeworfen hat. Auch das BVerfG betont, dass sich in der Verwendung finanzieller Mittel für den Konsum in der Regel Leistungsfähigkeit äußere.[178]

Zwar kann die Umsatzsteuer als indirekte Steuer persönliche Verhältnisse des Verbrauchers nur sehr begrenzt berücksichtigen, weshalb sich die Besteuerung gerade nicht nach der *individuellen* Leistungsfähigkeit des Steuerträgers richtet.[179] Ein Familienvater etwa ist tatsächlich nicht allein deshalb leistungsfähiger als ein Single, weil er absolut eine höhere Summe für Konsumgüter aufwendet. Steuerbefreiungen und -ermäßigungen im Bereich der lebensnotwendigen Güter (vgl. §§ 4, 12 II Nr. 1 i.V.m. Anlage 2 UStG) können gerade keine zielgerichtete Freistellung des Existenzminimums bewirken und bleiben überdies lückenhaft.[180] Auch die Regressionswirkung, wonach niedrigere Einkommen, die zu größerem Teil für den

---

Steuerrecht, 2015[22], § 3 Rn. 55; *Hoffsümmer,* Steuerbefreiungen für Inlandsumsätze, 2008, S. 60 f.; *Mensching,* Umsatzsteuer bei Erbfall und vorweggenommener Erbfolge, 1997, S. 36 f.; *Reiß,* in: DStJG 13 (1990), 3 (20); *ders.*, in: DStJG 32 (2009), 9 (12) mwN; *Schneider Fossati,* Die sozialstaatliche und freiheitsschonende Dimension des Leistungsfähigkeitsprinzips im Umsatzsteuerrecht, 2014, S. 209; *Schön,* in: Umsatzsteuer-Kongress-Bericht 2001/2002, 17 (18); *Streng,* Zuschüsse und Subventionen im Umsatzsteuerrecht, 1999, S. 105; *Schaumburg,* in: FS Reiß, 2008, 25 (32); *Tipke,* StRO II, 2003[2], S. 980 f.; *ders.*, StuW 1992, 103 (110); *Wernsmann,* in: *Hübschmann/Hepp/Spitaler,* AO/FGO, § 4 (November 2014) Rn. 488; *Weich,* Öffentliche Hand im System der Umsatzsteuer, 1996, S. 21 ff.; *Zumstein,* Die Ausgabensteuer, 1977, S. 44 f.; zurückhaltend dagegen *Birk,* Das Leistungsfähigkeitsprinzip, 1983, S. 36; aA *Rutemöller,* Die umsatz- und grunderwerbsteuerrechtliche Behandlung von Grundstücksumsätzen, 2011, S. 203.

177 *Löhr,* Das umsatzsteuerrechtliche Optionsrecht für Vermietungsumsätze, 2003, S. 252.

178 BVerfG v. 7.5.1963, BVerfGE 16, 64 (74); v. 5.3.1974, BVerfGE 36, 321 (333); v. 6.12.1983, BVerfGE 65, 325 (357); v. 20.4.2004, BVerfGE 110, 274 (297); v. 17.2.2010, NVwZ 2010, 1022. Aus der Aussage des BVerfG, das Leistungsfähigkeitsprinzip gelte „im Bereich des Steuerrechts, insbesondere des Einkommensteuerrechts", BVerfG, Beschluss v. 21.6.2006, BVerfGE 116, 164 (180); v. 6.3.2002, BVerfGE 105, 73 (125), folgt nichts Gegenteiliges, da diese Entscheidungen gerade die Einkommensteuer betrafen und ihnen keine Aussagen zum Leistungsfähigkeitsprinzip im Umsatzsteuerrecht entnommen werden können.

179 Vgl. zu diesem Kritikpunkt *Frink,* Der Ausschluss des Vorsteuerabzugs, 2002, S. 35; *Hoffsümmer,* Steuerbefreiungen für Inlandsumsätze, 2008, S. 61 f.; *Lang,* Die Bemessungsgrundlage der Einkommensteuer, 1988, S. 111; *Streng,* Zuschüsse und Subventionen im Umsatzsteuerrecht, 1999, S. 106 f.

180 *Hoffsümmer,* Steuerbefreiungen für Inlandsumsätze, 2008, S. 61; *Tipke,* StRO II, 2003[2], S. 1000 f.

Lebensunterhalt verbraucht werden, prozentual höher umsatzbesteuert werden, setzt der Erfassung der individuellen Leistungsfähigkeit Grenzen.[181]

Die Umsatzsteuer wählt indes schon einen anderen Ansatzpunkt als die Einkommensteuer, die tatsächlich zielgenau die zuvor konkret-individuell ermittelte persönliche Leistungsfähigkeit zum Maßstab der Besteuerung macht: Sie unterstellt, dass in der Einkommensverwendung *typischerweise* wirtschaftliche Leistungsfähigkeit zum Ausdruck komme.[182] Die Umsatzsteuer wird so dem Leistungsfähigkeitsprinzip zwar nur sehr pauschal und damit weit weniger als direkte Steuern gerecht.[183] Andererseits kann der Staat seinen Bedarf nicht allein mit einer Steuer decken, sondern ist auf ein Vielsteuersystem angewiesen.[184] In der Verteilung der Steuererhebung auf mehrere Zugriffe werden auch einige Vorteile gesehen: So würde keine Steuer als zu belastend empfunden. Im Rahmen der Einkommensteuer hinterzogenes Vermögen könne immerhin noch im Zeitpunkt seiner Verwendung der Besteuerung zugeführt werden, sodass sich die Gerechtigkeit der Steueraufteilung erhöhe (Nachholwirkung).[185] Außerdem könne der Steuerträger den Zeitpunkt der Einkommensverwendung und damit des letzten Steuerzugriffs selbst bestimmen.[186]

Das Vielsteuersystem muss deshalb als ein Ganzes betrachtet werden, in dem sich die verschiedenen Steuern mit ihren jeweiligen Stärken und Schwächen ergänzen und erst im gegenseitigen Zusammenspiel das Leistungsfähigkeitsprinzip optimal verwirklichen.[187] So lässt es sich bei der Besteuerung anonymer Verbraucher nicht vermeiden, dass deren individuelle Leistungsfähigkeit nicht ermittelt werden

---

181 Vgl. zur Regressionswirkung *Jakob*, Umsatzsteuer, 2009[4], § 1 Rn. 8; dieses Argument kritisieren *Streng*, Zuschüsse und Subventionen im Umsatzsteuerrecht, 1999, S. 98 ff.; *Weich*, Öffentliche Hand im System der Umsatzsteuer, 1996, S. 22 f.

182 So jetzt auch *Kirchhof*, Umsatzsteuer-Gesetzbuch, 2008, S. 20; zustimmend *Ruppe/Achatz*, UStG, 2011[4], Einf. Rn. 38; *Hey*, in: *Tipke/Lang*, Steuerrecht, 2015[22], § 3 Rn. 43; *Fischer*, Die Rechtfertigung einer Umsatzbesteuerung und ihre Vereinbarkeit mit den Grundrechten, 2007, S. 89; *Löhr*, Das umsatzsteuerrechtliche Optionsrecht für Vermietungsumsätze, 2003, S. 268; *Stadie*, in: *Rau/Dürrwächter*, UStG, Einf. (April 2013) Rn. 144; *Wernsmann*, in: *Hübschmann/Hepp/Spitaler*, AO/FGO, § 4 (November 2014) Rn. 488; *ders.*, DStR-Beih. 2008, 37.

183 Vgl. zur Abgrenzung direkte – indirekte Steuern Kapitel 1 B III 1 b aa.

184 *Birk/Desens/Tappe*, Steuerrecht, 2014[17], Rn. 9; *Wernsmann*, Verhaltenslenkung in einem rationalen Steuersystem, 2005, S. 271 f.

185 *Hey*, in: *Tipke/Lang*, Steuerrecht, 2015[22], § 3 Rn. 54; *Jakob*, Umsatzsteuer, 2009[4], § 1 Rn. 7; *Weich*, Öffentliche Hand im System der Umsatzsteuer, S. 23.

186 *Englisch*, Wettbewerbsgleichheit im grenzüberschreitenden Handel, S. 586.

187 So *Löhr*, Das umsatzsteuerrechtliche Optionsrecht für Vermietungsumsätze, 2003, S. 229; *Tipke*, StRO I, 2000[2], S. 507 jeweils zum Verhältnis von Einkommensteuer und Umsatzsteuer; zu Beispielen zur gegenseitigen Ergänzung vgl. *ders.*, StRO II, 2003[2], S. 986 ff; *ders.*, Steuergerechtigkeit, 1983, S. 35. Auch *Reiß*, in: DStJG 13 (1990), 3 (21) sieht die Umsatzsteuer als Ergänzung der Einkommensteuer.

kann und diese stattdessen vermutet werden muss.[188] Damit kann die persönliche Leistungsfähigkeit des intendierten Steuerträgers im Rahmen der Umsatzsteuer in weit geringerem Ausmaß berücksichtigt werden als in der Einkommensteuer: Diese orientiert sich sehr exakt an den individuellen Verhältnissen des Steuerpflichtigen. Die verminderte Berücksichtigung der individuellen Leistungsfähigkeit im Umsatzsteuerrecht kann dadurch im Einkommensteuerrecht ausgeglichen werden. So wird der einkommensteuerrechtliche Grundfreibetrag – ebenso wie Sozialleistungen – aufgrund von Bruttopreisen existenziell notwendiger Güter berechnet.[189] Dies stellt sicher, dass das Existenzminimum nicht aufgrund der Umsatzbesteuerung unterschritten wird.[190] Und auch persönliche Verhältnisse wie Kinder, Krankheit oder Behinderung finden bei der Einkommensbesteuerung Beachtung.[191]

Einer direkten Übertragung seiner Rechtsprechung zum Existenzminimum auf den Bereich der Umsatzsteuer erteilte das BVerfG eine Absage: Anders als bei der Einkommensteuer solle der Steuerpflichtige – der Unternehmer – nämlich gar nicht mit der Steuer belastet werden. Ob und inwiefern die Umsatzsteuer das Existenzminimum des Verbrauchers als Steuerträger verschonen muss, ließ das BVerfG dagegen offen.[192] Indes erscheint es ob der Rückkopplung des Existenzminimums an Art. 1 Abs. 1 GG als geboten, dieses so weit als möglich auch von einer Umsatzbesteuerung zu verschonen.[193] So können Belastungen persönlicher Aufwendungen, die

---

188 Vgl. dazu das BVerwG zur Übernachtungsteuer: Belastet werde „die in diesem Konsum zum Ausdruck kommende besondere Leistungsfähigkeit. Wird ein Aufwand in diesem Sinne betrieben, kommt es nicht darauf an, von wem und mit welchen Mitteln der Konsum finanziert wird und welchen Zwecken er des Näheren dient.“, BVerwG v. 11.7.2012, BVerwGE 143, 301, Rn. 13. Vgl. dazu *Wernsmann,* NVwZ 2013, 124 (126).

189 *Kirchhof,* StuW 1985, 319 (324); *Lang,* Die Bemessungsgrundlage der Einkommensteuer, 1988, S. 113; *Stadie,* in: *Rau/Dürrwächter,* UStG, Einf. (April 2013), Rn. 441; *Streng,* Zuschüsse und Subventionen im Umsatzsteuerrecht, 1999, S. 106 f.

190 *Reiß,* in: DStJG 32 (2009), 9 (13); *Lang,* Die Bemessungsgrundlage der Einkommensteuer, 1988, S. 114, meint, das Sozialhilferecht rette so die „Gerechtigkeit der Gesamtsteuerlast“.

191 Vgl. dazu insb. BVerfG (Kammer) v. 6.12.2007, BVerfGK 13, 31 (33 f.) zur Verfassungsbeschwerde einer Familie gegen die Erhöhung der Umsatzsteuer mit Bezugnahme auf BVerfG v. 23.8.1999, NJW 1999, 3478: „Diese relativ stärkere Belastung der Familien sei jedoch im System der indirekten Steuern notwendig angelegt und gesetzessystematisch folgerichtig. Sie müsse deshalb eine Kompensation bei der direkten Besteuerung durch die Einkommensteuer nach Maßgabe des wesentlich dort verankerten Systems des Familienlastenausgleichs zur Folge haben. (...). Das sozialhilferechtlich definierte Existenzminimum wird verbrauchsbezogen ermittelt. Es berücksichtigt den existenznotwendigen Mindestbedarf, der auch die in die Verbraucherpreise eingegangene Umsatzsteuer umfasst“.

192 BVerfG v. 13.6.1997, NJW 1997, 3368.

193 *Englisch,* UR 2010, 400 (404); *Kirchhof,* in: *Isensee/Kirchhof,* HStR V, 2007³, § 118 Rn. 192; *Schneider Fossati,* Die sozialstaatliche und freiheitsschonende Dimension

typisierend für existenziell notwendig befunden werden, durch ermäßigte Steuersätze und Steuerbefreiungen abgefedert werden. Gegen die Regressionswirkung der Umsatzsteuer ist einzuwenden, dass auf längere Sicht gesehen Vermögende – Leistungsfähigere – mehr Umsatzsteuer zahlen, da früher oder später jedes Vermögen ausgegeben und dadurch konsumbesteuert wird.[194]

Das Leistungsfähigkeitsprinzip ist systemtragendes Prinzip der Umsatzsteuer. Die materielle Belastung des Konsums wird dem Leistungsfähigkeitsprinzip grundsätzlich – wenngleich in geringerem Maße als die Einkommensbesteuerung – auch gerecht. Damit liefert das Leistungsfähigkeitsprinzip der Umsatzsteuer einen – im Vergleich zu den direkten Steuern freilich gröberen – Besteuerungsmaßstab und ist insoweit Ausgangspunkt für die Ableitung weiterer umsatzsteuerlicher Besteuerungsprinzipien.

2. *Das Leistungsfähigkeitsprinzip in der europäischen Steuerrechtsordnung*

a. *Herleitung aus dem Primärrecht*

Das heutige UStG setzt in weitem Maße unionsrechtliche Richtlinien um. Soweit diese den Mitgliedstaaten keinen Spielraum hinsichtlich der Umsetzung belassen, ist nationales Recht nicht am Grundgesetz, sondern allein an den EU-Grundrechten zu messen.[195] Deshalb können die umsatzsteuerlichen Besteuerungsprinzipien nicht allein aus dem nationalen Verfassungsrecht abgeleitet werden. Die Europäisierung des Umsatzsteuerrechts verlangt vielmehr die Relativierung nationaler und die Integration neuer, aus dem Europarecht abgeleiteter Besteuerungsprinzipien.[196]

Das Leistungsfähigkeitsprinzip müsste sich demnach auch aus dem EU-Primärrecht ergeben, um als Besteuerungsprinzip des europäischen Umsatzsteuersystems zu gelten. Eine explizite Normierung des Prinzips der Besteuerung nach der Leistungsfähigkeit findet sich jedoch weder im Primär- noch im Sekundärrecht. Auch der EuGH verzichtet in seiner Rechtsprechung auf eine Argumentation mit Leistungsfähigkeitsgesichtspunkten.[197] Dagegen haben einige Mitgliedstaaten

---

des Leistungsfähigkeitsprinzips im Umsatzsteuerrecht, 2014, S. 287, der eine völlige Steuerbefreiung unbedingt notwendiger Güter verlangt; *Stadie,* in: *Rau/Dürrwächter,* UStG, Einf. (April 2013) Rn. 438; *Tipke,* StRO II, 2003², S. 1000; *ders.,* StuW 1992, 103 (114).

194 *Englisch,* Wettbewerbsgleichheit im grenzüberschreitenden Handel, S. 586 f.; *Tipke,* StRO II, 2003², S. 981; *Reiß,* in: DStJG 13, 1990, 3 (20).

195 Deutlich BVerfG v. 13.3.2007, BVerfGE 118, 79 (95 f.); v. 19.7.2011, BVerfGE 129, 78 (90); v. 4.10.2011, BVerfGE 129, 186 (199); vgl. dazu *Wernsmann,* NZG 2011, 1241 (1243). Vgl. dazu ausführlich unter Kapitel 2 B II 1.

196 *Hey,* StuW 2005, 317 (318). Kritisch zur fehlenden Debatte über Besteuerungsprinzipien im europäischen Umsatzsteuerrecht *Kube,* UR 2013, 489 (491).

197 *Hoffsümmer,* Steuerbefreiungen für Inlandsumsätze, 2008, S. 64. Kritisch *Engler,* Steuerverfassungsrecht im Mehrebenensystem, 2014, S. 275.

das Leistungsfähigkeitsprinzip in ihren Verfassungen und Rechtsordnungen verankert.[198]

In Deutschland fehlt wie im Unionsrecht eine explizite Normierung des Prinzips; stattdessen ist das Grundgesetz Quelle des Besteuerungsprinzips der Leistungsfähigkeit.[199] Deshalb soll im Folgenden untersucht werden, ob auch das EU-Primärrecht oder die gemeinsamen Verfassungsüberlieferungen der Mitgliedstaaten (vgl. Art. 6 Abs. 3 EUV) im europäischen Steuerrecht eine Besteuerung nach der Leistungsfähigkeit fordern.

aa. Gleichheitssatz

Im nationalen Recht liefert das Leistungsfähigkeitsprinzip den Vergleichsmaßstab für die Anwendung des Gleichheitssatzes im Steuerrecht. Auch die in der EU-Grundrechtecharta (GRCh) verankerten Unionsgrundrechte, die Teil des primären Unionsrechts sind (Art. 6 Abs. 1 EUV) und sowohl den Unionsgesetzgeber als auch die Mitgliedstaaten binden (Art. 51 Abs. 1 Satz 1 GRCh), enthalten einen allgemeinen Gleichheitssatz: „Alle Personen sind vor dem Gesetz gleich“, Art. 20 GRCh. Dem Gleichheitssatz werden – parallel zur deutschen Grundrechtsdogmatik – die Gebote, Gleiches gleich und Ungleiches ungleich zu behandeln, entnommen.[200] Dass im Steuerrecht die Bezugsgröße der Vergleichbarkeit die Leistungsfähigkeit ist, muss jedoch anderen Wertungen entnommen werden. Deshalb überzeugt es nicht, die Existenz eines europäischen Leistungsfähigkeitsprinzips allein mit Verweis auf den allgemeinen Gleichheitssatz anzunehmen, ohne zu konkretisieren, *warum* die Leistungsfähigkeit Maßstab der Vergleichbarkeit sein muss.[201]

bb. Weitere Wertentscheidungen der EU-Grundrechte

Dass *nur* Leistungsfähige, nicht aber Nicht-Leistungsfähige besteuert werden dürfen, ergibt sich im nationalen Recht aus dem Sozialstaatsprinzip und der

---

198 Vgl. etwa Art. 4 Abs. 5 der griechischen Verfassung von 1975; Art. 53 der italienischen Verfassung von 1947; Art. 31 der spanischen Verfassung von 1978. Vgl. dazu *Frink,* Der Ausschluss des Vorsteuerabzugs, 2002, S. 22 f.; *Tipke,* StRO I, 2000², S. 488 ff.; *ders.,* in: FS Vogel, 2000, 561 (567 ff.), jeweils mwN. Zum italienischen Leistungsfähigkeitsprinzip *Moschetti/Bozza-Bodden,* StuW 1999, 78; zum spanischen Leistungsfähigkeitsprinzip *Ehmcke,* StuW 1999, 89.

199 Vgl. Kapitel 1 B II 1 a.

200 Ausdrücklich EuGH v. 7.7.1993, Rs. C-217/97 (Spanien/Kommission), Rn. 37; dazu *Hölscheidt,* in: *Meyer,* GRCh, 2014⁴, Art. 20 Rn. 16.

201 So aber *Frick,* Einkommensteuerliche Steuervergünstigungen und Beihilfeverbot nach dem EG-Vertrag, 1994, S. 39 f. (mit zusätzlichem Verweis auf das Rechtsstaatsprinzip); *Frink,* Der Ausschluss des Vorsteuerabzugs, 2002, S. 23 ff.; *Hoffsümmer,* Steuerbefreiungen für Inlandsumsätze, 2008, S. 64; *Menner,* Die Umsatzsteuer-Harmonisierung in der EG, 1992, S. 43 f.

Menschenwürdegarantie.[202] Denn der Steuerpflichtige würde zum „Objekt" staatlichen Handelns, würde man ihm seine selbstverdiente Existenzsicherung wegbesteuern und ihn so von staatlichen Leistungen abhängig machen.[203]

Auch Art. 1 GRCh gebietet die Achtung der Menschenwürde und verbietet eine Objektivierung des Menschen.[204] Die Frage, ob daraus schon ein Recht auf Gewährleistung des Existenzminimums abgeleitet werden kann,[205] erübrigt sich, da dieses Recht in die GRCh ausdrücklich Aufnahme gefunden hat: So erkennt Art. 34 Abs. 3 GRCh ein Recht auf Sozialhilfe zur Sicherstellung eines „menschenwürdigen Daseins" an und garantiert dadurch das Existenzminimum.[206] Wenn die Union aber gebietet, dem mittellosen Bürger das Minimum an Mitteln für ein menschenwürdiges Leben zur Verfügung zu stellen, wäre es widersprüchlich und systemwidrig, die Wegbesteuerung dieses Minimums zu erlauben und somit eine Abhängigkeit von Sozialhilfe auszulösen.[207] Deshalb ergibt sich aus Art. 34 Abs. 3 GRCh das Verbot, das Existenzminimum zu besteuern. Daneben müssen auch persönliche und familiäre Verhältnisse – wie im nationalen Recht – bei der Konkretisierung des europäischen Leistungsfähigkeitsprinzips Berücksichtigung finden. Dies folgt etwa aus Art. 33 Abs. 1 GRCh und Art. 35 GRCh, die den Schutz der Familie[208] und den Gesundheitsschutz[209] gewährleisten. Obschon die Mitgliedstaaten bei der konkreten Ausgestaltung dieser unteren Grenzen über einen weiten Spielraum verfügen[210], entspricht das europäische Leistungsfähigkeitsprinzip diesbezüglich also in den Grundzügen dem deutschen.

---

202 Vgl. zu Nachweisen aus der Rspr. des BVerfG Kapitel 1 B II 1 a bb, Fn. 154.

203 Die Menschenwürdegarantie verbietet, den Menschen zum bloßen Objekt staatlichen Handelns zu machen, sog. Objektformel; st. Rspr.; vgl. nur BVerfG v. 8.1.1959, BVerfGE 9, 89 (95) (in Bezug auf Art. 103 Abs. 1 GG); *Herdegen*, in: *Maunz/Dürig*, GG (Mai 2009), Art. 1 Rn. 36; zur Herleitung des Existenzminimums aus Art. 1 Abs. 1 GG; *Wernsmann*, Verhaltenslenkung in einem rationalen Steuersystem, 2005, S. 273 f., 286.

204 *Jarass*, GRCh, 2013², Art. 1 Rn. 6, 8. Auch der EGMR greift im Rahmen des Folterverbots aus Art. 3 EMRK auf die Objektformel zurück, EGMR v. 25.4.1978, NJW 1979, 1089 (1090).

205 Kritisch *Hoffsümmer*, Steuerbefreiungen für Inlandsumsätze, 2008, S. 65, der dafür eine nähere Konkretisierung durch den EuGH fordert.

206 *Hölscheidt*, in: *Meyer*, GRCh, 2014⁴, Art. 34 Rn. 20.

207 So für das deutsche Recht insb. BVerfG v. 25.9.1992, BVerfGE 87, 153 (172); *Birk/Desens/Tappe*, Steuerrecht, 2014¹⁷, Rn. 197.

208 *Jarass*, GRCh, 2013², Art. 33 Rn. 8 nennt als mögliche Schutzmaßnahmen konkret steuerliche Maßnahmen.

209 So verlangt das „Recht auf Zugang zur Gesundheitsvorsorge" auch, dass die dazu erforderlichen finanziellen Mittel vor steuerlichem Zugriff gesichert werden.

210 *Jarass*, GRCh, 2013², Art. 34 Rn. 10, Art. 35 Rn. 9, jeweils mit Verweis auf den in Art. 34 und 35 enthaltenen Regelungsvorbehalt „nach Maßgabe des Unionsrechts und der einzelstaatlichen Rechtsvorschriften".

Der Besteuerung setzen im deutschen Recht die Freiheitsgrundrechte – insbesondere die Eigentums- und Berufsfreiheit – eine Belastungsobergrenze. Die GRCh kennt in Art. 17 und Art. 15 entsprechende Freiheiten. Wie auch im deutschen Recht schützt Art. 17 GRCh nicht das Vermögen als solches: Die Verpflichtung zur Zahlung von Steuern stellt deshalb keinen Eingriff in dessen Schutzbereich dar, wohl aber eine gravierende Belastung von Vermögensgütern mit Abgaben, die sich auf deren Nutzung auswirkt.[211] Dies zeigt, dass auch das europäische Leistungsfähigkeitsprinzip die zulässige Steuerbelastung nach oben hin begrenzt.

Insgesamt kann der durch die GRCh gezeichneten unionsrechtlichen Werteordnung das Gebot der Besteuerung nach der wirtschaftlichen Leistungsfähigkeit entnommen werden, das einen mit dem deutschen Leistungsfähigkeitsprinzip vergleichbaren Schutz verbürgt.

cc. Grundfreiheiten

Die in Art. 34, 45, 49 und 56 AEUV normierten Grundfreiheiten enthalten spezielle Gleichheitssätze:[212] Die verbieten eine Ungleichbehandlung von grenzüberschreitenden Vorgängen und rein inländischen Sachverhalten. Deshalb wird das Leistungsfähigkeitsprinzip bei transnationalen Sachverhalten vereinzelt aus den Grundfreiheiten abgeleitet.[213]

Für das Einkommensteuerrecht hat der EuGH entschieden, dass sich Ansässige und Gebietsfremde regelmäßig nicht in einer „vergleichbaren Situation“ – einer Voraussetzung für das Vorliegen einer Diskriminierung im Sinne der Grundfreiheiten – befinden.[214] Lediglich die Ermittlung der objektiven Leistungsfähigkeit

---

211 EuGH v. 21.2.1991, Rs. C-143/88 und C-92/89 (Zuckerfabrik Süderdithmarschen), Rn. 74; *Calliess*, in: *Calliess/Ruffert*, EUV/AEUV, 2011[4], Art. 17 GRCh Rn. 7; *Heselhaus*, in: *Heselhaus/Nowak*, Handbuch der europäischen Grundrechte, 2006, § 32 Rn. 54; *Jarass*, GRCh, 2013[2], Art. 17 Rn. 22; *Streinz*, EUV/AEUV, 2012[2], Art. 17 GRCh Rn. 6. AA *Frenz*, Handbuch Europarecht, Bd. 4, 2009, Rn. 2856 ff., insbesondere gestützt auf Art. 1 Abs. 2 EMRK-ZP, woraus der EGMR schließt, dass das Eigentumsrecht Schutz gegenüber Abgabepflichten gewährt (vgl. z.B. EGMR v. 16.4.2002, no. 36677/97 (Dangeville/Frankreich), Rn. 48).

212 *Englisch*, Dividendenbesteuerung, 2005, S. 248 (gegen die Einordnung als Freiheitsrechte); *Hey*, StuW 2005, 317 (318).

213 *Englisch*, Dividendenbesteuerung, 2005, S. 264; *Hoffsümmer*, Steuerbefreiungen für Inlandsumsätze, 2008, S. 64; *Schaumburg*, in: FS Reiß, 25 (27 f.); *Schaumburg/Schaumburg*, StuW 2005, 306 (307). AA *Eisenbarth*, Grenzüberschreitende Verlustverrechnung, 2011, S. 304; *Kube*, IStR 2008, 305 (312 Fn. 89); *Hey*, StuW 2005, 317 (318), die die Grundfreiheiten in steuerlicher Sicht als „Blankettnormen“ bezeichnet.

214 Grundlegend EuGH v. 14.2.1995, Rs. C-279/93 (Schumacker), Rn. 31, 36, wonach eine vergleichbare Situation nur dann vorliegt, wenn der Gebietsfremde in seinem Wohnsitzstaat keine nennenswerten Einkünfte hat.

müsse für Gebietsfremde und Ansässige gleich erfolgen.[215] Deshalb ist es richtig, dass die Grundfreiheiten eine Besteuerung nach der objektiven Leistungsfähigkeit auch der Gebietsfremden gebieten, soweit der Mitgliedstaat Gebietsansässige nach diesem Maßstab besteuert.[216] Jedoch können die Grundfreiheiten das Leistungsfähigkeitsprinzip nur insoweit für transnationale Sachverhalte gewährleisten, als es auch für den nationalen Fall Anwendung findet.[217] Umgekehrt verlangen die Grundfreiheiten per se nicht eine leistungsfähigkeitskonforme Besteuerung, solange Gebietsansässige und Gebietsfremde nur nach den gleichen Maßstäben besteuert werden.[218]

Daher taugen die Grundfreiheiten nicht als inhaltliche Quelle des Leistungsfähigkeitsprinzips. Sie können lediglich die Ausdehnung eines im nationalen Recht wurzelnden Leistungsfähigkeitsprinzips auf Auslandssachverhalte bewirken. Dies gilt nicht nur für das Einkommen- und Körperschaftsteuerrecht, sondern auch für das Umsatzsteuerrecht. Zwar fallen bei der Umsatzsteuer als indirekter Steuer Steuerpflichtiger (der Unternehmer) und Steuerträger (der Verbraucher) auseinander. Da sich aber der Verbraucher bei Bezug von Konsumgütern bzw. Dienstleistungen aus dem EU-Ausland auf die Grundfreiheiten berufen kann[219], muss er mit Verbrauchern, die dieselben Leistungen im Inland erwerben, gleichbehandelt werden.

dd. Verfassungsüberlieferungen der Mitgliedstaaten

Schon früh entwickelte der EuGH aus den gemeinsamen Verfassungsüberlieferungen der Mitgliedstaaten „allgemeine Rechtsgrundsätze“ mit grundrechtlichen Garantien.[220] Diese Grundrechte wurden schließlich in der GRCh niedergeschrieben und durch den Vertrag von Lissabon mit Primärrechtsrang ausgestattet, Art. 6 Abs. 1 EUV. Zwar gelten die Grundrechte, die sich aus den Verfassungstraditionen der Mitgliedstaaten und der EMRK ableiten, als allgemeine Rechtsgrundsätze neben

---

215 EuGH v. 12.6.2003, Rs. C-234/01 (Gerritse), Rn. 27, 48, wonach im Quellenstaat nur Aufwendungen, die die objektive Leistungsfähigkeit mindern (z.B. Betriebsausgaben), nicht dagegen die subjektive Leistungsfähigkeit (z.B. der das Existenzminimum sichernde Grundfreibetrag) Berücksichtigung finden, EuGH v. 12.6.2003, Rs. C-234/01 (Gerritse), Rn. 27, 48.

216 So in der Begründung *Englisch*, Dividendenbesteuerung, 2005, S. 264.

217 *Eisenbarth*, Grenzüberschreitende Verlustverrechnung, 2011, S. 304.

218 *Hey*, StuW 2005, 317 (318).

219 Zur Warenverkehrsfreiheit EuGH v. 28.4.1998 - Rs. C-120-95 (Heinz Schumacher), Rn. 36; zur Dienstleistungsfreiheit EuGH v. 31.1.1984, Rs. 286/82 und 26/83 (Luisi und Carbone), Rn. 16.

220 Vgl. EuGH v. 12.11.1969, Rs. 29/69 (Stauder), Rn. 7; v. 17.12.1970, Rs. 11/70 (Internationale Handelsgesellschaft), Rn. 4. Ausführlich zu den allgemeinen Rechtsgrundsätzen Kapitel 3 A I 1 a.

der Charta weiter, Art. 6 Abs. 3 EUV. Vorrangig anzuwenden ist jedoch der ausformulierte Text der GRCh.[221]

Die Geltung des Leistungsfähigkeitsprinzips gebieten bereits die Grundrechte der GRCh. Eines Rückgriffs auf die Verfassungstraditionen der Mitgliedstaaten[222] bedarf es daneben nicht. Daher kann dahinstehen, ob ein europäisches Leistungsfähigkeitsprinzip trotz nationaler Unterschiede auch durch einen Rechtsvergleich statuiert werden könnte.[223] Da heute jedes mitgliedstaatliche Leistungsfähigkeitsprinzip in unionrechtskonformer Auslegung die Vorgaben der GRCh – etwa zur Nichtbesteuerung des Existenzminimums – beachten muss, dürfte insoweit im Grundsatz eine unionsweite Einheitlichkeit erreicht sein.

ee. Fazit

Aus der GRCh lässt sich ein – in seinen Grundzügen dem deutschen entsprechendes – europäisches Leistungsfähigkeitsprinzip herleiten. Zwar eröffnet dessen konkrete Ausgestaltung den Mitgliedstaaten Spielräume. Jedoch regelt die GRCh verbindliche Grundvorgaben insbesondere für Belastungsober- und Belastungsuntergrenzen. Auch wenn der EuGH – anders als die nationale Rechtsprechung – nicht mit dem Leistungsfähigkeitsprinzip argumentiert, zeugt die GRCh von einer unionsweiten Verständigung auf dessen Grundsätze. Das Leistungsfähigkeitsprinzip kann deshalb als gemeinsames europäisches Besteuerungsprinzip bezeichnet werden kann.

b. Vorgaben für die Ausgestaltung des Umsatzsteuerrechts

Wenn die GRCh eine Besteuerung nach dem Leistungsfähigkeitsprinzip gebietet, müssen auch die Gesetzgebungsorgane dieses beachten, Art. 51 Abs. 1 Satz 1 GRCh. Folglich ist der Rat dazu verpflichtet, die umsatzsteuerlichen Rechtsvorschriften, die er im Rahmen seines Harmonisierungsauftrags aus Art. 113 AEUV erlässt, an diesem Prinzip auszurichten. Auch die Mitgliedstaaten sind gemäß Art. 51 Abs. 1 Abs. 1 GRCh „bei der Durchführung" des Unionsrechts und damit bei der Umsetzung der MwStSystRL an die EU-Grundrechte und an das daraus abgeleitete Leistungsfähigkeitsprinzip gebunden.[224]

---

221 *Jarass*, GRCh, 2013², Einl. Rn. 30; *Kingreen*, in: *Calliess/Ruffert*, AEUV/EUV, 2011⁴, Art. 6 EUV Rn. 17; *Schorkopf*, in: *Grabitz/Hilf/Nettesheim*, Das Recht der Europäischen Union, Art. 6 EUV (September 2013) Rn. 56.

222 Vgl. zu den in mitgliedstaatlichen Verfassungen verankerten Normierungen des Leistungsfähigkeitsprinzips bereits oben unter Fn. 198.

223 Bejahend *Jansen*, Vorgaben des europäischen Beihilferechts für das nationale Steuerrecht, 2003, S. 73 ff.; ablehnend *Hoffsümmer*, Steuerbefreiungen für Inlandsumsätze, 2008, S. 66 (jeweils zur Rechtslage vor Erlass der GRCh).

224 EuGH v. 29.1.2008, Rs. C-275/06 (Promusicae), Rn. 68; *Jarass*, GRCh, 2013², Art. 51 Rn. 18 mwN. Ausführlich zur Bindung der Mitgliedstaaten an die GRCh Kapitel 2 B II 1.

Zwar kann sich die Umsatzsteuer nicht zielgerichtet an der individuellen Leistungsfähigkeit des jeweiligen Verbrauchers ausrichten.[225] Jedoch soll einer eingeschränkten subjektiven Leistungsfähigkeit zumindest ansatzweise Rechnung getragen werden, da das Gebot der Verschonung des existenziellen Bedarfs sowohl im nationalen Verfassungsrecht als auch in der unionsprimärrechtlichen GRCh verankert ist. Dies rechtfertigt es, typisierend als lebensnotwendig einzuordnende Güter und Dienstleistungen durch Steuerbefreiungen oder durch ermäßigte Steuersätze von der Umsatzsteuer zu entlasten.[226]

Das Leistungsfähigkeitsprinzip erlaubt eine Besteuerung nur, wenn Leistungsfähigkeit zum Ausdruck gebracht wird. Bei der Umsatzsteuer ist Indikator der Leistungsfähigkeit des Verbrauchers dessen getätigter Konsumaufwand. Im Umkehrschluss folgt daraus, dass *nur* Konsumaufwendungen umsatzsteuerbelastet werden dürfen. Eine bloße Vermögensumschichtung offenbart ebenso wenig Leistungsfähigkeit wie unternehmerische Investitionen, weshalb beides von einer endgültigen Umsatzsteuerbelastung zu verschonen ist.[227] Gleichzeitig fordert das Leistungsfähigkeitsprinzip, gleich Leistungsfähige gleich zu besteuern. Da der Erwerb gleicher Waren und Dienstleistungen unabhängig von der Zahl der zwischengeschalteten Produktionsstufen und ihrer Herkunft immer die gleiche Leistungsfähigkeit des Endverbrauchers indiziert, darf die Umsatzsteuer weder eine kumulative Wirkung haben noch durch den Grenzübertritt der Ware beeinflusst werden.[228]

---

225 Vgl. Kapitel 1 B II 1 b.

226 Dies versucht Art. 132 und Art. 98 i.V.m. Anhang III MwStSystRL umzusetzen, wenngleich sich erhebliche Unzulänglichkeiten auftun. So leuchtet es nicht ein, warum Lebensmittel nur einem ermäßigten Steuersatz, nicht dagegen einer Steuerbefreiung unterliegen. Vgl. zu Defiziten des nationalen Rechts und dem Alternativvorschlag einer Umsatzsteuervergütung *Englisch,* Wettbewerbsgleichheit im grenzüberschreitenden Handel, 2008, S. 599 ff.; *Tipke,* StRO II, 2003², S. 1000 ff. Auch das BVerfG sieht dem Gebot der Verschonung des Existenzminimums zum einen durch die Berücksichtigung der Umsatzsteuer bei der Ermittlung des sozialhilferechtlich definierten Existenzminiums und zum anderen durch Steuerbefreiungen und -ermäßigungen Rechnung getragen, BVerfG v. 6.12.2007, BVerfGK 13, 31 (34). AA *Hoffsümmer,* Steuerbefreiungen für Inlandsumsätze, 2008, S. 67, der eine Pflicht des Richtliniengebers, unvermeidbare persönliche Aufwendungen und das Existenzminimum zu verschonen, verneint.

227 *Englisch,* Wettbewerbsgleichheit im grenzüberschreitenden Handel, 2008, S. 586 f. (zu Investitionen); *Hoffsümmer,* Steuerbefreiungen für Inlandsumsätze, 2008, S. 67 (zu Vermögensumschichtungen).

228 Nicht überzeugend ist dagegen die Schlussfolgerung von *Hoffsümmer,* Steuerbefreiungen für Inlandsumsätze, 2008, S. 67, eine Doppelbelastung einer Ware mit Umsatzsteuer und spezieller Verbrauchsteuer liefe dem Leistungsfähigkeitsprinzip zuwider. Entschließt sich der Gesetzgeber, Kaffee neben Umsatzsteuer mit Kaffeesteuer zu belegen, Tee dagegen nicht, bedarf es keiner Rechtfertigung vor dem Leistungsfähigkeitsprinzip dahingehend, dass ein Kaffeetrinker leistungsfähiger als ein Teetrinker ist, da dem Gesetzgeber bei der Findung des Steuergegenstandes

Durchbrechungen des Leistungsfähigkeitsprinzips sind im Umsatzsteuerrecht insbesondere durch Vorschriften denkbar, die Lenkungszwecke verfolgen.[229] Verstöße gegen das Leistungsfähigkeitsprinzip stellen aber zugleich eine Verletzung des Gleichheitssatzes dar.[230] Entsprechend der vom EuGH zu Art. 20 GRCh entwickelten Dogmatik bedürfen Durchbrechungen daher der Rechtfertigung durch einen objektiven Grund, der zudem in einem angemessenen Verhältnis zu der Ungleichbehandlung steht.[231]

Aus den Vorgaben des Leistungsfähigkeitsprinzips als Leitprinzip der Umsatzsteuer sollen im Folgenden Subprinzipien abgeleitet werden, um ein genaues Bild vom inneren System der europäischen Umsatzsteuer zu bekommen.

III. Die Umsatzsteuer als allgemeine Verbrauchsteuer

1. Verbrauch- oder Verkehrsteuer?

a. Der Meinungsstreit in der nationalen Steuerrechtswissenschaft

Ist die Umsatzsteuer eine Verbrauchsteuer oder eine Verkehrsteuer? Diese Frage beschäftigt nahezu seit der Einführung der Umsatzsteuer die deutsche Steuerrechtswissenschaft und Rechtsprechung. Strittig ist insoweit, ob den Charakter der Umsatzsteuer vorrangig deren Wirkung – die Belastung des Verbrauchers – oder vielmehr ihre steuertechnische Anknüpfung an den Umsatz des Unternehmers – einen Vorgang des Rechtsverkehrs – prägt.

aa. Verkehrsteuer

Verkehrsteuern knüpfen an Vorgänge des Rechtsverkehrs an – an vertragliche oder gesetzliche Beziehungen, aufgrund derer Rechtssubjekte Lieferungen, sonstige Leistungen oder Rechtsansprüche erhalten (Rechtsverkehrsteuern).[232] Steuergut einer Verkehrsteuer ist damit ein Akt des Rechtsverkehrs.

---

ein weiter Gestaltungsspielraum zukommt. Vgl. dazu *Wernsmann*, Verhaltenslenkung in einem rationalen Steuersystem, 2005, S. 309 ff.

229 *Tipke*, StRO I, 2000², S. 496; *Schaumburg*, in: FS Reiß, 2008, 25 (28). So dienen die Befreiungsvorschriften in Art. 132 Abs. 1 MwStSystRL z.B. der Kultur- (lit. n) und Sportförderung (lit. m) und sind nicht durch Leistungsfähigkeitsgesichtspunkte zu erklären.

230 BVerfG v. 3.11.1982, BVerfGE 61, 319 (343 f.); v. 29.5.1990, BVerfGE 82, 60 (86); *Schaumburg*, in: FS Reiß, 2008, 25 (30).

231 Zusammenfassend EuGH v. 16.12.2008, Rs. C-127/07 (Arcelor), Rn. 47 mwN. Vgl. Zur Rechtfertigung am Maßstab des Art. 20 GRCh Kapitel 3 A II 1.

232 *Englisch*, in: *Tipke/Lang*, Steuerrecht, 2015²², § 7 Rn. 102; *Tipke*, StRO II, 2003², S. 1012. Neben Rechtsverkehrsteuern gibt es noch Realverkehrsteuern, die an einen Akt des technischen Verkehrs anknüpfen (z.B. Kraftfahrzeugsteuer).

Popitz, der bekanntlich als der „Schöpfer der deutschen Umsatzsteuer"[233] bezeichnet wird, klassifiziert die Umsatzsteuer als Verkehrsteuer.[234] Er begründet dies damit, dass es „vom Rechtsstandpunkt aus" einer Betrachtung des „juristisch-technischen Aufbaus" des Steuergesetzes statt der von der Finanzwissenschaft in den Blick genommenen Belastungswirkung bedürfe. Während Anknüpfungspunkt einer Verbrauchsteuer ein rein tatsächlicher Vorgang sei, knüpfe die Umsatzsteuerpflicht an „Akte des Rechtsverkehrs" an und müsse deshalb den „sonstigen Steuern", mithin den Besitz- und Verkehrsteuern zugeordnet werden. Gleichwohl betont *Popitz,* dass die Umsatzsteuer den Verbrauch belaste, indem sie vom letzten Verbraucher getragen werden solle.[235] Dies legt nahe, dass *Popitz*' formal-technische Analyse keiner generell-rechtlichen, sondern lediglich einer verwaltungsrechtlichen Einordnung der Umsatzsteuer dienen sollte und den Belastungswirkungen insoweit deshalb keine Relevanz zugeschrieben wurde.[236]

Nichtsdestotrotz wird auch in jüngerer Zeit die formale Ausgestaltung des Steuertatbestands für maßgeblich gehalten und die Umsatzsteuer folglich als Verkehrsteuer eingeordnet.[237] Vereinzelt wird die Umsatzsteuer statt als bloße Verkehrsteuer als „verkehrsteuerartige Verbrauchsteuer" bezeichnet: Eine verbrauchsteuerkonforme Auslegung sei danach ausschließlich dann zulässig, soweit dies im gesetzlichen Tatbestand angelegt sei.[238]

---

233 *Söhn,* StuW 1996, 165 (166).

234 Zum Nachfolgenden *Popitz,* Kommentar zum UStG, 1928³, S. 13 f., 93.

235 *Popitz,* Kommentar zum UStG, 1928³, S. 9 f.

236 So auch *Löhr,* Das umsatzsteuerrechtliche Optionsrecht für Vermietungsumsätze, 2003, S. 97.

237 *Hensel,* Steuerrecht, 1933³, S. 220 (Umsatzsteuer als „Prototyp" der Verkehrsteuer); *Herting,* DStZ 1936, 1263, wonach der eigentliche Besteuerungsgrund die volkswirtschaftliche Kraft sei, die sich darin äußere, dass eine Ware Absatz finde; *ders.,* BB 1955, 389 (391, 393), jedoch mit dem zusätzlichen Hinweis, dass die (von *Zierold-Pritsch,* vgl. Fn. 32, vorgeschlagene) (Mehrwert-)Steuer nicht mehr eine Verkehrsteuer mit verbrauchsbelastender Wirkung, sondern eine Verbrauchsabgabe mit verkehrsteuerlicher Erhebungstechnik sei; *Klenk,* in: *Rau/Dürrwächter,* UStG, § 4 Nr. 9 UStG (Februar 2007), Rn. 2, der aus § 4 Nr. 9 UStG die Qualifikation der Umsatzsteuer als Verkehrsteuer ableiten will; *Kluge,* Das internationale Steuerrecht, 2000⁴, S. 991; *Maunz,* in: *Maunz/Dürig,* GG, Art. 105 GG (17. Ergänzungslieferung) Rn. 50; *v. Groll,* FR 2007, 540 (542), mit dem Argument, dem Verbraucher sei keinerlei Position im Steuerschuldverhältnis zugewiesen; *Weiß,* UR 1982, 246; *ders.,* UR 1993, 329 (333); *Woerner,* in: DStJG 13 (1990), 247 (252), der bezweifelt, dass man „über die verkehrsteuerrechtliche Ausgestaltung des Gesetzes so souverän hinweggehen" könne.

238 *Birkenfeld,* in: *Birkenfeld/Wäger,* Das große Umsatzsteuer-Handbuch, § 5 (November 1998) Rn. 137.

bb. Wertschöpfungsteuer

Ferner dient die im Begriff „Verbrauchsteuer" zum Ausdruck kommende Aussage zur personellen Steuerlastverteilung als Angriffspunkt, um der Umsatzsteuer ihren Verbrauchsteuercharakter abzusprechen.[239] Der Begriff der Verbrauchsteuer impliziere eine Steuerüberwälzung auf den Verbraucher; weil diese tatsächlich aber nicht gelinge[240], dürfe die Umsatzsteuer rechtlich nicht als Verbrauchsteuer betrachtet werden. Steuergut sei vielmehr die unternehmerische Wertschöpfung, die letztlich den steuerzahlenden Unternehmer belaste.[241]

Nach dieser Auffassung stellt die Umsatzsteuer zwar keine Verkehrsteuer, aber gerade auch keine Verbrauchsteuer, sondern vielmehr eine Unternehmersteuer dar.

cc. Verbrauchsteuer

Verbrauchsteuern belasten den Verbrauch oder Verzehr von verbrauchsfähigen Wirtschaftsgütern; die Steuer wird dabei beim Leistenden im Zeitpunkt der den Verbrauch ermöglichenden Verkehrsakte erhoben und ist auf Abwälzung auf den Leistungsempfänger angelegt.[242]

Mit Verweis auf die vom Gesetzgeber gewollte und im Gesetz zum Ausdruck kommende wirtschaftliche Wirkung der Umsatzsteuer plädieren allen voran *Söhn* und *Tipke* für deren rechtliche Einordnung als Verbrauchsteuer.[243] Die rechtliche Klassifizierung einer Steuer dürfe nicht anhand der zufälligen Steuertechnik erfolgen, da sonst „bloße Technik" für die „Substanz" einer Steuer gehalten würde. Vielmehr müsse eine Steuer vorrangig nach deren wirtschaftlichen Wirkung charakterisiert werden. Wirtschaftliche Wirkung der Umsatzsteuer wiederum sei ob der im Gesetz angelegten Überwälzung gerade die Belastung des Verbrauchers. Für den rechtlichen Charakter der Umsatzsteuer als Verbrauchsteuer genüge, dass die Steuer von Gesetzes wegen auf Überwälzung angelegt sei; ob diese tatsächlich gelingt, sei für die rechtliche Beurteilung dagegen irrelevant.[244]

---

239 Dieser Ansatz geht zurück auf *Theile,* StuW 1996, 154 (155), der behauptet, mit dem steuerjuristischen Verbrauchsteuerprinzip sei eine Aussage über die personelle Steuerlastverteilung beabsichtigt; der hält deshalb den Begriff des *Verbraucher*steuerprinzips für zutreffender.

240 Zu einer ausführlichen ökonomischen Analyse vgl. *Theile,* Wettbewerbsneutralität, 1195, S. 96 ff.; *ders.,* StuW 1996, 154 (159 ff.).

241 *Theile,* Wettbewerbsneutralität, 1995, S. 136 f.; *ders.,* StuW 1996, 154 (163). Ähnlich (sowohl Verbraucher als auch Unternehmer als intendierte Steuerträger) *Schwarz,* Umsatzsteuer in der Insolvenz, 2012, S. 39.

242 *Birk/Desens/Tappe,* Steuerrecht, 2014[17], Rn. 84; *Wernsmann,* NVwZ 2011, 1367 (1368).

243 Zum Nachfolgenden *Söhn,* StuW 1975, 1; *ders.,* in: FS Wallis, 1985, 439 (444); *Tipke,* UR 1972, 2; *ders.,* DStR 1983, 595.

244 *Söhn,* StuW 1996, 165. Ebenso zur Verbrauchsteuer allgemein BVerfG v. 20.4.2014, BVerfGE 110, 274 (295); *Wernsmann,* NVwZ 2011, 1367 (1368); für die Aufwandsteuer BVerfG v. 4.9.2009, BVerfGE 123, 1 (22 f.); *Thiemann,* ZG 2013, 73 (80). AA *Theile,* StuW 1996, 154 (155), der ein tatsächliches Gelingen der Überwälzung fordert.

Heute entspricht es der ganz hM, dass die Umsatzsteuer wegen ihrer Belastungswirkung und trotz ihrer rechtstechnischen Ausgestaltung rechtlich als Verbrauchsteuer einzuordnen ist.[245] Da die Umsatzsteuer nicht den Verbrauch als solchen, sondern die Verwendung von Einkommen oder Vermögen für den Erwerb von Verbrauchsgütern – unabhängig davon, ob es jemals zu einem tatsächlichen Verbrauch kommt – belastet, wird sie auch als (konsumtive) Einkommensverwendungssteuer bezeichnet.[246]

dd. Umsatzsteuerverständnis des nationalen Rechts und der nationalen Gerichte

Der Begriff der Umsatzsteuer hat in Art. 106 Abs. 3 GG Eingang in die nationale Finanzverfassung gefunden. Zwar spricht vieles dafür, dass das Grundgesetz die Umsatzsteuer als Verkehrsteuer begreift.[247] Erkenntnisse für die rechtliche Einordnung der

---

245 *Becker,* Ortsbestimmung von sonstigen Leistungen, 2011, S. 47; *Birk/Desens/Tappe,* Steuerrecht, 2014[17], Rn. 85; *Englisch,* in: *Tipke/Lang,* Steuerrecht, 2015[22], § 17 Rn. 10 ff.; *Grünwald,* Zuordnung von Vorsteuerbeträgen zu Verwendungsumsätzen, 2004, S. 21 ff.; *Jakob,* Umsatzsteuer, 2009[4], Rn. 11; *Kirchhof,* DStR 2008, 1 (2 f.); *Lang,* Die Bemessungsgrundlage der Einkommensteuer, 1988, S. 105 f.; *Reiß,* in: DStJG 13 (1990), 3 (14 ff.); *Ruppe,* in: FS Tipke, 1995, 457 (460); *Schaumburg,* in: FS Reiß, 2008, 25 (33); *Selmer,* StuW 1978, 321 (325 f.); *Stadie,* in: *Rau/Dürrwächter,* UStG, Einf. (April 2013) Rn. 141; *Streng,* Zuschüsse und Subventionen im Umsatzsteuerrecht, 1999, S. 139 f.; *Tehler,* DStR 1983, 215 (217); *Tipke,* StRO II, 2003[2], S. 975 ff. mwN.

246 So schon *Tipke,* StuW 1972, 2 (5); *Ruppe,* in: FS Tipke, 1995, 457 (460); *Ruppe/Achatz,* UStG, 2011[4], Einf. Rn. 35; ebenso *Englisch,* in: *Tipke/Lang,* Steuerrecht, 2015[22], § 17 Rn. 11, der jedoch den Begriff der „Vermögensverwendungssteuer" bevorzugt. *Söhn,* in: FS Pohmer, 1990, 217 (228 f.); *Streng,* Zuschüsse und Subventionen im Umsatzsteuerrecht, 1999, S. 139, 163; *ders.,* StuW 1999, 154 (156); *Hoffsümmer,* Steuerbefreiungen für Inlandsumsätze, 2008, S. 71, sehen in der Einkommensverwendung dagegen lediglich den technischen Anknüpfungspunkt für die steuerliche Erfassung des Verbrauchs als eigentliches Steuergut; besteuert werde der sich über den Zeitraum der Nutzungsdauer vollziehende Wertverzehr. Dagegen ist einzuwenden, dass die Steuer unabhängig davon erhoben wird, ob die erworbene Leistung jemals überhaupt „verbraucht" wird bzw. schon vor Ablauf der zu erwartenden Nutzungsdauer vollständig „verbraucht" ist. Ferner lässt sich einzig die Einkommensverwendung, nicht aber der Akt des tatsächlichen Verbrauchs, als Ausdruck von Leistungsfähigkeit werten (vgl. dazu oben unter Kapitel 1 B II. 1. b).

247 So macht es nur Sinn, dass sowohl Art. 106 Abs. 1 Nr. 2 GG („Verbrauchsteuern") als auch Art. 106 Abs. 2 Nr. 3 GG („Verkehrsteuern") auf die in Art. 106 Abs. 3 GG erwähnte Umsatzsteuer verweisen, wenn man in Übereinstimmung mit Art. 108 Abs. 1 GG lediglich die Einfuhrumsatzsteuer als Verbrauchsteuer, die übrige Umsatzsteuer dagegen als Verkehrsteuer begreift, vgl. *Stadie,* in: *Rau/Dürrwächter,* UStG, Einf. (April 2013) Rn. 106 f.; so auch *Maunz,* in: *Maunz/Dürig,* GG, Art. 106 GG (Grundwerk), Rn. 24, 32. Auch der Wortlaut in Art. 106 Abs. 3 Satz 4 Nr. 2 GG, wonach eine „Überbelastung des Steuerpflichtigen" (im Fall der Umsatzteuer

Umsatzsteuer lassen sich hieraus jedoch nicht gewinnen, da eine solche für die in der Finanzverfassung zu klärenden Fragen der Gesetzgebungs-, Ertrags- und Verwaltungshoheit weder notwendig noch beabsichtigt war. Vielmehr dürfte das Grundgesetz lediglich das damalige Verständnis der Umsatzsteuer als Verkehrsteuer ohne Absicht einer Wertung übernommen haben.[248]

Im System der Abgabenordnung gilt zwar die Einfuhrumsatzsteuer als Verbrauchsteuer (§ 21 Abs. 1 UStG), nicht aber die übrige Umsatzsteuer; dies ergibt sich aus § 221 Satz 1 AO („eine Verbrauchsteuer oder die Umsatzsteuer"). Da die Einteilung durch die Abgabenordnung aber ausschließlich für die verfahrensrechtliche Behandlung der Steuern verbindlich ist, lässt sich hieraus ebenso wenig eine Schlussfolgerung für den rechtlichen Charakter der Umsatzsteuer ziehen.[249]

Dagegen betonen die Gesetzesmaterialen zum UStG durchweg das Verbrauchsteuerprinzip. So deuten bereits die Begründungen zum UStG 1918[250], zum UStG 1919[251] sowie zum UStG 1934[252] sehr deutlich den Verbrauchsteuercharakter der Umsatzsteuer an. Auch im Zuge des Systemwechsels hin zu einer Mehrwertsteuer wurde das Ziel der „Besteuerung des Verbrauchs"[253] sowie das Grundmerkmal der Steuer als eine „nur beim Verkauf an den Letztverbraucher sich realisierende Verbrauchsteuer"[254] herausgestellt. Nachfolgende Gesetzesänderungen begründete man schließlich mit dem „das Umsatzsteuerrecht beherrschenden Grundsatz der allgemeinen Verbrauchsbesteuerung".[255]

---

also des Unternehmers) zu vermeiden ist, spricht gegen die Einordnung als Verbrauchsteuer; aA *Stadie,* in: *Rau/Dürrwächter,* UStG, Einf. (April 2013) Rn. 110, mit Verweis auf die Entstehungsgeschichte.

248 *Stadie,* in: *Rau/Dürrwächter,* UStG, Einf. (April 2013) Rn. 108 f., 111.

249 *Söhn,* StuW 1975, 1 (8); *Stadie,* in: *Rau/Dürrwächter,* UStG, Einf. (April 2013) Rn. 11 *Streng,* Zuschüsse und Subventionen im Umsatzsteuerrecht, 1999, S. 135.

250 „In der Regel wird die Überwälzung gelingen. Dann bleibt also die Steuer auf dem letzten Abnehmer der Ware haften. Letzter Abnehmer ist der Verbraucher." RT-Drucks. 1914/18, Nr. 1461, S. 16.

251 „Denn dass die Umsatzsteuer, wenn sie auch im äußeren Gewande einer Verkehrsteuer erscheint, eine Belastung des allgemeinen Verbrauchs bedeutet, ist zweifellos." Zitiert nach *Popitz,* UStG, 1928[3], S. 188.

252 „Wesen der Umsatzsteuer als der allgemeinen Verbrauchsteuer des Reichs", RStBl 1934, S. 1549 – A.

253 Begründung zum Entwurf eines Umsatzsteuergesetzes 1963, BT-Drucks. IV/1590, S. 17; widersprüchlich dazu erscheint jedoch die in der folgenden Einzelbegründung verwendete Bezeichnung als „allgemeine Leistungssteuer", S. 35.

254 Schriftlicher Bericht des Finanzausschusses, zu BT-Drucks. V/1581, S. 2; hierzu widersprüchlich erscheint die Begründung zu § 4 Nr. 9, wonach die Vorschrift Umsätze befreie, die „anderen Verkehrsteuern" unterliegen, S. 11.

255 BT-Drucks. XI/2157, S. 190. Vgl. ferner BT-Drucks. VIII/1779, S. 29, (zu § 1 Abs. 1 Nr. 2: „Die Regelung [Änderung des Eigenverbrauchstatbestands] dient dazu, auch in diesem Bereich einen unbelasteten Endverbrauch zu verhindern", ebenso zu § 1

Die Rechtsprechung des BVerfG zum rechtlichen Charakter der Umsatzsteuer unterlag einem steten Wandel. Wurde sie früher entweder als Verkehrsteuer[256] oder „im Schnittpunkt zwischen Verbrauchsteuern und Verkehrsteuern" stehend[257] qualifiziert, betont das Gericht in seiner neueren Rechtsprechung[258] die gesetzliche Intention der Überwälzung auf den Endverbraucher und unterstreicht damit den Verbrauchsteuercharakter der Umsatzsteuer.

Als ähnlich unstet erweist sich die Entwicklung der Rechtsprechung des BFH bzw. früher des RFH. Während in der älteren Rechtsprechung zwar vereinzelt das „Wesen der Umsatzsteuer" als „allgemeine Verbrauchsteuer"[259] hervorgehoben wurde, überwog insbesondere in der BFH-Judikatur lange die Betonung des Verkehrsteuercharakters der Umsatzsteuer.[260] Seit einigen Jahren unterstreicht der BFH – unter Bezugnahme auf den EuGH – nunmehr aber das Ziel der Belastung des Endverbrauchers als gebotenen Maßstab der Auslegung des UStG.[261]

Abs. 1 Nr. 3, Abs. 3) S. 30 (zu § 3 Abs. 8), S. 36 (zu § 4 Nr. 7, § 6 Abs. 1), S. 37 (zu § 6 Abs. 4).

256 BVerfG v. 5.3.1974, BVerfGE 36, 321 (333): „Die Umsatzsteuer knüpft an den formalen Vorgang der Lieferung oder sonstigen Leistung an, ohne deren Inhalt zu bewerten."

257 BVerfG v. 4.2.1958, BVerfGE 7, 244 (260): Ihrer wirtschaftlichen Wirkung nach sei sie eine allgemeine Verbrauchabgabe, gesetzestechnisch sei sie dagegen als Verkehrsteuer ausgestaltet. *Selmer*, StuW 1978, 321 (326), sieht hierin aber keinen Widerspruch zum Verbrauchsteuercharakter der Umsatzsteuer, sondern weist überzeugend darauf hin, es sei der Eigenart der Umsatzsteuer, dass Unternehmer und nicht Endverbraucher steuerpflichtig und damit rechtsmittelberechtigt sind, geschuldet, dass nur in der Sphäre der Unternehmer liegende Verstöße und nicht verbraucherbezogene Gründe an das BVerfG gelangen.

258 BVerfG v. 29.10.1999, BVerfGE 101, 132 (139); v. 10.11.1999, BVerfGE 101, 151 (155): „Sie [die Umsatzsteuer] ist darauf angelegt, auf den Endverbraucher überwälzt zu werden."

259 RFH v. 23.4.1937, RStBl 1937, 1306; v. 9.7.1937, RStBl 1937, 1306 (1307); v. 24.8.1938, RFHE 44, 328 (329); BFH v. 3.6.1954, BFHE 59, 75 (76); v. 26.2.1959, BFHE 87, 228 (229); v. 18.8.1966, BFHE 87, 228 (229).

260 BFH v. 30.4.1953, BFHE 57, 473 (489) („Bei den Verkehrsteuern und jedenfalls bei der Umsatzsteuer..."); v. 25.9.1953, BFHE 58, 109 (112) („Verkehrsakt"); v. 8.11.1972, BFHE 107, 315 (319) („die meisten Verkehrsteuern einschließlich der Umsatzsteuer"); unter Berufung auf die Formulierung von *Herting*, DStZ 1936, 1263 BFH v. 25.9.1953, BFHE 58, 109 (115) („Wenn man das Wesen der Umsatzsteuer dahin umreißt, dass sie die wirtschaftliche Kraft besteuert, die sich darin ausdrückt, dass eine Ware (Leistung) Absatz findet"); v. 13.12.1962, BFHE 76, 204 (206); v. 27.6.1968, BFHE 92, 144 (146).

261 BFH v. 12.1.2006, BFHE 213, 69 (72) („Nach den EuGH-Urteilen (...) ist das Umsatzsteuersystem darauf angelegt, dass nur der Endverbraucher wirtschaftlich mit der Umsatzsteuer belastet wird"); v. 30.7.2008, DStR 2009, 220 (222) („Mehrwertsteuer (...) als Verbrauchsteuer").

Eine eindeutige Beantwortung der Frage, ob die Umsatzsteuer eine Verbrauch- oder Verkehrsteuer ist, liefert damit weder das nationale Recht noch die nationale Rechtsprechung.

b. Stellungnahme

aa. Die materiell-rechtliche Ausgestaltung der Umsatzsteuer als indirekte Steuer

Grundsätzlich erfasst das in einem Steuergesetz normierte Steuerobjekt das Gut, das der Gesetzgeber als belastungswürdig begreift und deshalb der Besteuerung unterwirft.[262] Jedoch können Steuerobjekt und Steuergut auch auseinanderfallen. Eine solche Steuer bezeichnet man als indirekte Steuer.

Die Unterscheidung zwischen direkten und indirekten Steuern geht zurück auf den englischen Ökonom *John Stuart Mill.*[263] Sie fand bald Eingang auch in die deutsche Steuerrechtswissenschaft: Danach sind indirekte Steuern nach der Intention des Gesetzes darauf angelegt, vom Steuerschuldner auf einen anderen überwälzt zu werden, sodass Steuerschuldner und Steuerträger verschiedene Subjekte, Steuergegenstand und Steuergut verschiedene Objekte sind.[264]

Die Umsatzsteuer wird durchwegs als indirekte Steuer bezeichnet.[265] Die für eine indirekte Steuer typische Belastungswirkung müsste danach im materiellen Umsatzsteuerrecht angelegt sein. Dies verlangt, dass der Unternehmer als Steuerschuldner aufgrund der gesetzestechnischen Ausgestaltung nicht gleichzeitig Träger der Umsatzsteuer sein soll, sondern dass stattdessen eine vom Steuerschuldner verschiedene Person belastet werden soll. Diesem Ziel dient das Institut des Vorsteuerabzugs (§ 15 Abs. 1 UStG bzw. Art. 168 MwStSystRL): Der Unternehmer wird dadurch von den Umsatzsteuerbeträgen, die andere Unternehmer als Preisbestandteil an ihn weitergegeben haben, entlastet; die von ihm zu entrichtende Steuer kann er wiederum

---

262 *Seer,* in: *Tipke/Lang,* Steuerrecht, 2015[22], § 6 Rn. 36.

263 "Taxes are either direct or indirect. A direct tax is one which is demanded from the very persons who, it is intended or desired, should pay it. Indirect taxes are those which are demanded from one person in the expectation and intention that he shall indemnify himself at the expense of another: such as the excise or customs.", *Mill,* Principles of political economy, 1976, S. 823.

264 So schon *Popitz,* Kommentar zum UStG, 1928[3], S. 11; ebenso BVerfG v. 20.4.2004, BVerfGE 110, 274 (292); *Birk/Desens/Tappe,* Steuerrecht, 2014[17], Rn. 43; *Englisch,* Wettbewerbsgleichheit im grenzüberschreitenden Handel, 2008, S. 559 f.; *Hey,* in: *Tipke/Lang,* Steuerrecht, 2015[22], § 7 Rn. 20; *Wernsmann,* Verhaltenslenkung in einem rationalen Steuersystem, 2005, S. 56; *ders./Zirkl,* EuZW 2014, 167 (170).

265 So auch *Popitz,* Kommentar zum UStG, 1928[3], S. 11, trotz späterer Einordnung als Verkehrsteuer, S. 13; heute *Birk/Desens/Tappe,* Steuerrecht, 2014[17], Rn. 43; *Englisch,* in: *Tipke/Lang,* Steuerrecht, 2015[22], § 17 Rn. 12; *Lang,* Die Bemessungsgrundlage der Einkommensteuer, 1988, S. 107 (Umsatzsteuer als „Prototyp einer indirekten Steuer"); *Stadie,* in: *Rau/Dürrwächter,* UStG, Einf. (April 2013) Rn. 149.

auf seinen Abnehmer überwälzen. Diese Abwälzung ist in der Regel realisierbar, da Leistungen aufgrund des Vorsteuerabzugs genau proportional zum Preis mit Umsatzsteuer belastet sind, sodass der Wettbewerb den Unternehmern eine Weitergabe der Steuer als Teil des Preises erlaubt.[266] Ein Gelingen der Überwälzung in jedem Einzelfall ist für die rechtliche Einordnung als indirekte Steuer dagegen nicht erforderlich.[267] Der Endverbraucher wird nach der Intention des Gesetzes letztlich zum Träger der Steuerlast, weil dieser weder ein Recht zum Vorsteuerabzug noch die Möglichkeit zur Abwälzung hat. Das Vorsteuerabzugsrecht wird daher als primäres Argument für den Verbrauchsteuercharakter der Umsatzsteuer angeführt.[268]

Dass ein jeder Letztverbraucher auch tatsächlich mit Umsatzsteuer belastet wird, stellt außerdem die Besteuerung unentgeltlicher Wertabgaben aus dem Unternehmen (§ 3 Abs. 1b, Abs. 9a UStG bzw. Art. 16, 26 MwStSystRL)[269] sowie der – auch privaten – Einfuhr (§ 1 Abs. 1 Nr. 4 UStG)[270] sicher: Beides gewährleistet, dass Waren nicht unbelastet in den privaten Verbrauch gelangen. Die Intention der steuerlichen Belastung des Verbrauchers wird auch daraus deutlich, dass maßgebliche Bemessungsgrundlage der Steuer das vom Verbraucher erbrachte Entgelt ist (§ 10 Abs. 1 Satz 2 UStG).[271] Steuerobjekt und Steuergut fallen also nach der Vorstellung des Gesetzgebers auseinander. Die Umsatzsteuer wird deshalb zu Recht als indirekte Steuer eingeordnet.

Das Ziel, den Verbraucher zu belasten, ist mithin nicht nur ein finanzpolitisches, sondern prägt die konkrete Ausgestaltung des Gesetzes.[272] Deshalb überzeugt es nicht, die Umsatzsteuer allein wegen ihres technischen Anknüpfungspunktes als Verkehrsteuer einzuordnen. Denn die Steuertechnik dient lediglich der Umsetzung einer Steueridee; eine selbständige Rolle kommt ihr indes nicht zu.[273] Der Steuerzugriff

---

266 *Stadie*, in: *Rau/Dürrwächter*, UStG, Einf. (April 2013) Rn. 129.

267 *Söhn*, StuW 1996, 165; *Wernsmann*, Verhaltenslenkung in einem rationalen Steuersystem, 2005, S. 57.

268 *Kindl*, Gesamtschuld und Haftung im Umsatzsteuerrecht, 2010, S. 52; *Lang*, Die Bemessungsgrundlage der Einkommensteuer, 1988, S. 106 f.; *Stadie*, in: *Rau/Dürrwächter*, UStG, Einf. (April 2013) Rn. 127; *Tipke*, UR 1972, 2 (3).

269 *Söhn*, StuW 1975, 1 (11), der im Steuergegenstand „Eigenverbrauch“ (alte Terminologie) ein sicheres Indiz dafür sieht, dass die Umsatzsteuer eine Verbrauchsteuer ist. Ebenso *Kindl*, Gesamtschuld und Haftung im Umsatzsteuerrecht, 2010, S. 52; *Stadie*, in: *Rau/Dürrwächter*, UStG, Einf. (April 2013) Rn. 134. AA *Theile*, StuW 1996, 154 (157); kritisch hierzu *Söhn*, StuW 1996, 165 (166 f.).

270 Söhn, StuW 1975, 1 (16); *ders.*, in: FS Wallis, 1985, 439 (446); *Stadie*, in: *Rau/Dürrwächter*, UStG, Einf. (April 2013) Rn. 138.

271 *Reiß*, in: DStJG 32 (2009), 9 (11); *Schaumburg*, in: FS Reiß, 2008, 25 (33); *Söhn*, in: FS Wallis, 1985, 439 (448); *Tipke*, StRO II, 2003², S. 976.

272 *Eckhardt/Weiß*, UStG, 1967, Einl. Rn. 1; *Söhn*, StuW 1975, 1 (10 f.); *Stadie*, in: *Rau/Dürrwächter*, UStG, Einf. (April 2013) Rn. 141; *Tipke*, StRO II, 2003², S. 976.

273 *Vogel*, in: HdF, Band 2, 1980³, 267 (268); *Streng*, Zuschüsse und Subventionen im Umsatzsteuerrecht, 1999, S. 149; *Weich*, Öffentliche Hand im Umsatzsteuersystem, 1996, S. 32.

beim Unternehmer ist einzig dem praktischen Umstand geschuldet ist, dass eine allgemeine Verbrauchsteuer effektiv nicht unmittelbar beim anonymen Verbraucher erhoben werden kann; stattdessen müssen die Verbrauchsgüter bereits auf dem Weg zum Verbraucher belastet werden.[274] Die Umsatzsteuer wählt als Anknüpfungspunkt den Verkehrsakt des unternehmerischen Umsatzes. Folglich kann eine allgemeine Verbrauchsteuer, um praktikabel zu sein, nur durch eine indirekte Steuertechnik realisiert werden.[275] Die Steuererhebung beim Unternehmer ist deshalb ein Argument für statt gegen den Verbrauchsteuercharakter der Umsatzsteuer.

Aufgrund der im Gesetz angelegten Intention der Überwälzung der Steuer vom Unternehmer auf den Verbraucher ist für die Charakterisierung der Umsatzsteuer also deren Belastungswirkung statt der Besteuerungstechnik maßgeblich. Keine Voraussetzung für den Verbrauchsteuercharakter der Umsatzsteuer ist es dagegen, dass die Überwälzung tatsächlich stets vollständig gelingt.[276]

bb. Umsatzsteuerverständnis der europäischen Richtlinien und des EuGH

Das heute geltende UStG beruht auf zwingenden Vorgaben der MwStSystRL. Die Mitgliedstaaten sind gemäß Art. 288 Abs. 3 AEUV i.V.m. Art. 4 Abs. 3 EUV dazu verpflichtet, ihre nationalen Rechtsvorschriften nach Wortlaut und Zweck der Richtlinie auszulegen (richtlinienkonforme Auslegung).[277] Die Frage nach dem rechtlichen Charakter der Umsatzsteuer darf deshalb nicht ohne Blick auf die maßgeblichen Richtlinien beantwortet werden. Vielmehr muss deren Verständnis der Auslegung des nationalen UStG zugrunde gelegt werden.[278] Eine klare Aussage des Richtlinienrechts zum Verbrauchsteuercharakter der Umsatzsteuer würde den Streit in der deutschen Steuerrechtswissenschaft damit obsolet machen.

---

274 *Söhn,* StuW 1975, 1 (3); *ders.,* in: FS Wallis, 1985, 439 (445); *Stadie,* in: *Rau/Dürrwächter,* UStG, Einf. (April 2013) Rn. 142.

275 So ist eine Erklärungspflicht des Verbrauchers wohl kaum durchführbar. Auch das BVerfG geht davon aus, dass Verbrauchsteuern „in der Regel“ als indirekte Steuern ausgestaltet sind, BVerfG v. 7.5.1998, BVerfGE 98, 106 (123 f.) mwN.

276 BVerfG v. 28.1.1970, BVerfGE 27, 375 (384) zur die Nachsteuer auf Schaumwein und Branntwein; v. 1.4.1971, BVerfGE 31, 8 (19 f.) zur Vergnügungssteuer; BVerfG v. 20.4.2004, BVerfGE 110, 274 (295) zur Strom- und Mineralölsteuer; *Reiß,* in: DStJG 13 (1990), 3 (22); *Söhn,* StuW 1975, 1 (4, 11); *ders.,* StuW 1996, 165; *Stadie,* in: *Rau/Dürrwächter,* UStG, Einf. (April 2013) Rn. 131. AA *Theile,* StuW 1996, 154 (156).

277 St. Rspr. seit EuGH v. 10.4.1984, Rs. 14/83 (von Colson und Kamann), Rn. 26; daran anschließend EuGH v. 13.11.1990, Rs. C-106/89 (Marleasing), Rn. 8; v. 14.7.1994, Rs. C-91/92 (Faccini Dori), Rn. 26; im Kontext des harmonisierten Steuerrechts EuGH v. 15.6.2000, Rs. C-365/98 (Brinkmann Tabakfabriken), Rn. 40. Vgl. ausführlich zur richtlinienkonformen Auslegung unter Kapitel 3 B I 1.

278 So auch *Streng,* StuW 1999, 154 (156). *Tipke,* StRO II, 1993[1], S. 899 sagte voraus: „Unter dem EG-Einfluss wird sich das Verständnis der Umsatzsteuer als Verbrauchsteuer (...) früher oder später auch beim Bundesfinanzhof durchsetzen.“ Dies hält er in der Neuauflage als „weitgehend geschehen“, *Tipke,* StRO II, 2003[2], S. 978.

Tatsächlich lässt das Richtlinienrecht an der Qualifizierung der Umsatzsteuer als Verbrauchsteuer keine Zweifel. So beruht gemäß Art. 2 Abs. 1 der Ersten MwStRL das gemeinsame Mehrwertsteuersystem „auf dem Grundsatz, dass auf Gegenstände und Dienstleistungen (...) eine allgemeine (...) Verbrauchsteuer anzuwenden ist". Diese Formulierung wird in Art. 1 Abs. 2 der heute geltenden MwStSystRL wiederholt. Hierauf stützt schließlich auch der EuGH seine Einordnung der Umsatzsteuer als Verbrauchsteuer, die durchgängig seine umsatzsteuerliche Rechtsprechung prägt.[279]

Auch Art. 113 AEUV, der den europäischen Gesetzgeber dazu ermächtigt, „die Umsatzsteuern, die Verbrauchsabgaben und sonstige indirekte Steuern" zu harmonisieren, legt nahe, dass nach europäischem Verständnis die Umsatzsteuer eine indirekte Steuer darstellt und folglich das Steuerobjekt – der unternehmerische Umsatz – nicht dem Steuergut entsprechen soll.

cc. Schlussfolgerungen aus dem Leistungsfähigkeitsprinzip

Oben wurde nachgewiesen, dass das Leistungsfähigkeitsprinzip auch im Umsatzsteuerrecht Geltung beansprucht und dass eine steuerliche Belastung von Konsumaufwendungen mit Leistungsfähigkeitserwägungen gerechtfertigt werden kann.[280] Nach dem Verbrauchsteuerprinzip soll die Umsatzsteuer tatsächlich diese Aufwendungen belasten. Das Verständnis der Umsatzsteuer als Verbrauchsteuer lässt sich also mit dem Leistungsfähigkeitsprinzip vereinbaren.

Umgekehrt ist zu fragen, ob das Leistungsfähigkeitsprinzip auch die Auffassung der Umsatzsteuer als Verkehrsteuer oder gar Unternehmensteuer trägt. Nach dem Leistungsfähigkeitsprinzip will eine Steuer stets einen Indikator steuerlicher Leistungsfähigkeit belasten.[281] Fraglich ist aber, worin die Verkehrsteuertheorie einen Ausdruck von Leistungsfähigkeit erblickt, die einen Steuerzugriff rechtfertigt. Der Vorgang des Umsatzes als solcher kann am Maßstab des Leistungsfähigkeitsprinzips eine Besteuerung jedenfalls nicht legitimieren:[282] So zeugt nicht der Rechtsvorgang der Leistungserbringung, sondern einzig die Aufbringung finanzieller Mittel zum Erwerb einer Leistung von Leistungsfähigkeit. Sieht man mit *Herting* den Besteuerungsgrund der Umsatzsteuer in der „volkswirtschaftlichen Kraft, die

279 EuGH v. 5.5.1982, Rs. 15/81 (Gaston Schul), Rn. 10; v. 29.2.1996, Rs. C-215/94 (Mohr), Rn 19 f.; v. 18.12.1997, Rs. C-384/95 (Landboden-Agrardienste), Rn. 22 f.; st. Rspr. In EuGH v. 7.11.2013, Rs. C-249/12 und C-250/12 (Corina-Hrisi Tulică), Rn. 34 wird es als „Grundprinzip der Mehrwertsteuerrichtlinie" bezeichnet, dass „nur der Endverbraucher durch das Mehrwertsteuersystem belastet werden soll".

280 Vgl. Kapitel 1 B II 1 b.

281 *Seer,* in: *Tipke/Lang,* Steuerrecht, 2015[22], § 6 Rn. 37.

282 So aber das BFH für die Grunderwerbsteuer: Der Legitimationsgrund für den Steuerzugriff läge hier im Vorgang des Rechtsträgerwechsels; dies stünde auch im Einklang mit dem Leistungsfähigkeitsprinzip, da diesem für die Verkehrsteuern „keine prägende Bedeutung" zukomme, BFH v. 9.4.2008, BFH/NV 2008, 1526 (1527 f.); kritisch hierzu *Englisch,* in: *Tipke/Lang,* Steuerrecht, 2015[22], § 18 Rn. 4.

sich dadurch äußert, dass eine Ware Absatz findet"[283], bleibt ebenfalls im Dunkeln, wessen Leistungsfähigkeit den Steuerzugriff rechtfertigt. Tatsächlich lässt sich die verkehrsteuerliche Auffassung gerade nicht mit dem Leistungsfähigkeitsprinzip vereinbaren, soweit sie als Legitimationsgrund der Umsatzsteuer nicht die durch die Konsumaufwendungen indizierte Leistungsfähigkeit des Verbrauchers begreift. Es ließe sich zwar überlegen, auf die wirtschaftliche Kraft des Unternehmers anstatt der des Verbrauchers abzustellen. Ungeachtet dessen, dass die Umsatzsteuer aufgrund ihrer materiell-rechtlichen Ausgestaltung als indirekte Steuer nicht den Unternehmer belasten möchte, ist der Umsatz eines Unternehmers aber kein Indiz für dessen wirtschaftliche Leistungsfähigkeit: So zeugen hohe Umsätze gerade nicht von einem ebenso hohen Gewinn.[284] Mit dem Leistungsfähigkeitsprinzip zu vereinbaren ist nur eine Umsatzsteuer, die auf eine Belastung des Verbrauchers zielt. Da sich die eine Steuer konkretisierenden Subprinzipien strikt am Leistungsfähigkeitsprinzip zu orientieren haben[285], muss die Umsatzsteuer als Verbrauchsteuer eingeordnet werden. Ein anderes Verständnis würde gegen das Leistungsfähigkeitsprinzip und damit zugleich gegen die Verfassungen der meisten Mitgliedstaaten sowie wohl auch gegen die GRCh verstoßen.[286]

Einzig das Verbrauchsteuerprinzip taugt zur Konkretisierung des Leistungsfähigkeitsprinzips. Im Verbrauchsteuerprinzip findet das Leistungsfähigkeitsprinzip seine spezifische umsatzsteuerrechtliche Ausprägung.[287] Legitimationsgrund der Umsatzsteuer ist die Konsumleistungsfähigkeit des Verbrauchers. Deshalb überzeugt es ausschließlich, die Umsatzsteuer als Verbrauchsteuer zu charakterisieren.

dd. Fazit

Sowohl aus der Ausgestaltung des Gesetzes als indirekte Steuer als auch aus dem Leistungsfähigkeitsprinzip lässt sich der Verbrauchsteuercharakter der Umsatzsteuer ableiten: Steuergut sind nach der Intention des Gesetzgebers die Konsumaufwendungen des Verbrauchers, während der Umsatz der Unternehmer lediglich aus technischen Gründen als Steuerobjekt dient. Für den materiell-rechtlichen Charakter der Umsatzsteuer kommt der Besteuerungstechnik damit keine Bedeutung zu. Als

---

283 *Herting,* DStZ 1936, 1263. Dies wurde sehr oft vom BFH zitiert; für Nachweise vgl. unter Kapitel 1 B III 1 a aa. Diese Formulierung verwendet auch heute noch *Kluge,* Das internationale Steuerrecht, 2000[4], S. 991.

284 *Robisch,* in: *Bunjes/Geist,* UStG, 2014[13], Vor § 1 Rn. 25; *Schaumburg,* in: FS Reiß, 2008, S. 35; *Streng,* Zuschüsse und Subventionen im Umsatzsteuerrecht, 1999, S. 165; *Tipke,* StRO II, 2003[2], S. 977, 979, 981; *Weich,* Öffentliche Hand im System der Umsatzsteuer, 1996, S. 31. AA *Schwarz,* Umsatzsteuer in der Insolvenz, 2012, S. 37, wonach sich die Leistungsfähigkeit des Unternehmers darin äußere, dass dieser die Umsatzsteuer ganz oder teilweise zulasten seines Gewinns trägt.

285 *Tipke,* StRO I, 2000[2], S. 69.

286 *Tipke,* StRO II, 2003[2], S. 980.

287 *Löhr,* Das umsatzsteuerrechtliche Optionsrecht für Vermietungsumsätze, 2003, S. 102.

entscheidend erweist sich im heutigen „umsatzsteuerharmonisierten Europa"[288] das Verständnis der europäischen Richtlinien und des EuGH. Spätestens deren eindeutige Aussage muss als gewichtiges Argument für den Charakter der Umsatzsteuer als Verbrauchsteuer gelten.

2. Vorgaben für die Ausgestaltung und Auslegung des Umsatzsteuerrechts

Das Verbrauchsteuerprinzip prägt das innere System des Umsatzsteuerrechts. Damit liefert es den primären Maßstab für die teleologische Auslegung und Anwendung der nationalen und europäischen Umsatzsteuervorschriften.[289] Da auch deren Ausgestaltung dem Verbrauchsteuerprinzip gerecht werden muss, lassen sich anhand von diesem Systemwidrigkeiten aufdecken und einer gerechten Lösung zuführen.[290]

Wenn die Umsatzsteuer als Verbrauchsteuer Aufwendungen für *verbrauchsfähige* Güter erfasst, dürfen umgekehrt Aufwendungen für *nicht* verbrauchsfähige Güter wie Grundstücke oder Wertpapiere nicht der Umsatzbesteuerung unterliegen.[291] Der Erwerb nicht abnutzbarer Wirtschaftsgüter führt nicht zu einem von der Umsatzsteuer erfassten Abfluss finanzieller Mittel. Unter das Objekt der Umsatzsteuer (§ 1 Abs. 1 Nr. 1 UStG) ist verbrauchsteuerteleologisch nur eine Handlung des Unternehmers zu fassen, die dem Verbraucher einen Vorteil „zur eigenen Verwendung" – mithin ein verbrauchsfähiges Konsumgut oder einen Bestandteil eines solchen – verschafft.[292] Deshalb unterfällt beispielsweise die Hingabe von Bar- oder Buchgeld zur Bezahlung[293] oder die Ausstellung eines Gutscheins[294] mangels unmittelbaren Konsumnutzens nicht der Umsatzsteuerpflicht.

---

288 *Streng*, StuW 1999, 154 (156).

289 *Stadie*, in: *Rau/Dürrwächter*, UStG, Einf. (April 2013) Rn. 146; *Tipke*, UR 1972, 2; *ders.*, DStR 1983, 595; *ders.*, StRO II, 2003², S. 979; *Weich*, Öffentliche Hand im System der Umsatzsteuer, 1996, S. 29.

290 *Weich*, Öffentliche Hand im System der Umsatzsteuer, 1996, S. 29.

291 *Hoffsümmer*, Steuerbefreiungen für Inlandsumsätze, 2008, S. 72. AA *Schmidt*, Konsumbesteuerung durch Mehrwertsteuer, 1999, S. 212 ff., 288. Die Verbrauchsfähigkeit von Dienstleistungen folgt indes aus der Möglichkeit ihrer Inanspruchnahme.

292 EuGH v. 29.2.1996, Rs. C-215/94 (Mohr), Rn. 21, wonach Zahlungen der öffentlichen Hand an Landwirte zur Aufgabe der Milchproduktion mangels Verbrauch nicht umsatzsteuerpflichtig sind; ebenso EuGH v. 18.12.1997, Rs. C-384/95 (Landboden Agrardienste), Rn. 23; vgl. dazu auch *Englisch*, in: *Tipke/Lang*, Steuerrecht, 2015²², § 17 Rn. 87 f.

293 EuGH v. 9.10.2001, Rs. C-409/98 (Mirror Group), Rn. 26.

294 EuGH v. 16.12.2010, Rs. C-270/09 (MacDonald Resorts), Rn. 24, wonach der Kauf sog. „Punkte-Rechte" als Zwischenziel zur Inanspruchnahme einer Dienstleistung nicht steuerbar sei; zustimmend *Reiß*, UR 2011, 729 (743 f.). Zur Beurteilung, wenn der Gutschein Leistungen Dritter betrifft, vgl. *Englisch*, in: *Tipke/Lang*, Steuerrecht, 2015²², § 17 Rn. 89.

Weil die Umsatzsteuer als Verbrauchsteuer auf die Belastung des Verbrauchers zielt, müssen umgekehrt Vergünstigungen auf die Entlastung des Verbrauchers gerichtet sein.[295] Vergünstigungen finden sich vor allem in Vorschriften über Steuerbefreiungen und ermäßigte Steuersätze. Diese Vorschriften sind im Einklang mit dem Verbrauchsteuerprinzip dahingehend auszulegen, dass sie dem Verbraucher zugutekommen sollen. Außerdem müssen die Vorschriften bereits so ausgestaltet werden, dass sie eine Weiterreichung der Entlastung an den Verbraucher erwarten lassen. Grund für die Vergünstigung dürfen nicht persönliche Merkmale des Unternehmers sein, sondern dass die Aufwendungen des Verbrauchers bei typisierender Betrachtung seiner Leistungsfähigkeit als entlastungswürdig erscheinen.[296] Umgekehrt verstößt eine beabsichtigte Begünstigung des Unternehmers gegen das Verbrauchsteuerprinzip.[297]

Wenn das Verbrauchsteuerprinzip den Verbraucher als Steuerträger festschreibt, bedeutet dies im Umkehrschluss, dass der Unternehmer gerade nicht mit Umsatzsteuer belastet werden darf.[298] Deshalb muss die Auslegung umsatzsteuerlicher Regelungen verbrauchsteuerteleologisch darauf gerichtet sein, *nur* den Endverbraucher und nicht den unternehmerischen Bereich zu belasten. Dieser Aspekt des Verbrauchsteuerprinzips ist für die Arbeit von entscheidender Bedeutung, da er unmittelbar mit deren Untersuchungsgegenstand, dem Grundsatz der Neutralität der Umsatzsteuer, korrespondiert.[299]

IV. Verwirklichung des Bestimmungslandprinzips im Umsatzsteuerrecht

Wenn Waren oder Dienstleistungen die Grenze überschreiten, stellt sich die Frage, welchem Land das Umsatzsteueraufkommen zuzuweisen ist und nach wessen Verhältnissen sich die Besteuerung richten soll. Als maßgebliche Grundregeln bieten sich entweder das Bestimmungslandprinzip oder das Ursprungslandprinzip an:[300]

---

295 BVerfG v. 19.10.1999, BVerfGE 101, 132 (139) zur Frage, ob die Umsatzsteuerbefreiung bei heilberuflicher Tätigkeit gegen Art. 3 Abs. 1 GG verstößt: „Systemgerecht sind nur Vergünstigungen im Interesse der Verbraucher, nicht einzelner Unternehmergruppen." Zustimmend *Hoffsümmer,* Steuerbefreiungen für Inlandsumsätze, 2008, S. 73; *Tehler,* UR 2000, 235 (238). Kritisch zur Relevanz der Rspr. des BVerfG (vgl. ausführlich dazu unter Kapitel 2 B I), im Erg. aber ebenso *Englisch,* in: *Tipke/Lang,* Steuerrecht, 2015[22], § 17 Rn. 198 f.

296 *Englisch,* in: *Tipke/Lang,* Steuerrecht, 2015[22], § 17 Rn. 199 zu Steuerbefreiungen.

297 *Hoffsümmer,* Steuerbefreiungen für Inlandsumsätze, 2008, S. 74 zu Steuerbefreiungen. Als Beispiel hierfür sei die subjektive Befreiung der Umsätze von Blinden (§ 4 Nr. 19 UStG) genannt.

298 *Stadie,* in: *Rau/Dürrwächter,* UStG, Einf. (April 2013) Rn. 146.

299 Vgl. dazu noch ausführlich unter Kapitel 1 B V.

300 Ausführlich zu Sinn und Bedeutung der Prinzipien *EWG,* Bericht des Steuer- und Finanzausschusses, 1962, S. 77 ff.

Ersteres ordnet eine Besteuerung im Land der endgültigen Verwendung, letzteres im Land der Herstellung bzw. Erzeugung der Leistung an. Im internationalen Handelsverkehr ist heute das Bestimmungslandprinzip das weltweit anerkannte Leitprinzip.[301]

1. Schlussfolgerung aus dem Leistungsfähigkeits- und Verbrauchsteuerprinzip

Das Prinzip, das bestimmt, an welchem Ort die Umsatzbesteuerung erfolgt, prägt das innere System der umsatzsteuerlichen Rechtsordnung. Es muss sich deshalb am Leistungsfähigkeitsprinzip sowie am daraus abgeleiteten Verbrauchsteuerprinzip orientieren.

Den Legitimationsgrund für den Steuerzugriff liefert die in den Konsumaufwendungen zum Ausdruck kommende Leistungsfähigkeit des Verbrauchers. Der Anknüpfungspunkt (sog. *genuine link*) für die Zuweisung des Besteuerungsrechts ist daher in der Person des Endverbrauchers, nicht in der des Unternehmers zu suchen.[302] Dies spricht für die Maßgeblichkeit des Bestimmungslandprinzips. Dagegen würde das Ursprungslandprinzip an die Person des leistenden Unternehmers anknüpfen und deshalb mehr mit einer Unternehmensteuer als mit einer Verbrauchsteuer korrespondieren.

Insoweit erschiene eine Anknüpfung entweder an die Ansässigkeit des Verbrauchers – parallel zu den Ertragsteuern – oder an den Ort des tatsächlichen Verbrauchs möglich.[303] Abgesehen von den technischen Schwierigkeiten der ersten Alternative gebietet es die Konzeption der Umsatzsteuer als Verbrauchsteuer, dem Land das Steueraufkommen zuzuweisen, in dem sich der Verbrauch typischerweise realisiert. Dies wiederum ist der Ort, an dem die Leistung vom Verbraucher erworben wird. Da er insofern auch die Infrastruktur dieses Landes nutzt, erscheint es überdies gerecht, dass er zur Finanzierung von dessen Gemeinwesen beiträgt.[304] So entspricht es auch dem international als sachgerecht anerkannten Maßstab, dem Land das Aufkommen

---

301 *Englisch*, in: *Tipke/Lang*, Steuerrecht, 2015^{22}, § 17 Rn. 394; *OECD*, International VAT/GST Guidelines, 2006, S. 2 Rn. 4, S. 7 Rn. 3; *dies.*, International VAT/GST Guidelines, 2014, S. 7 f. Auch Art. III Abs. 2 GATT fordert aus Wettbewerbsgründen – dazu sogleich – wegen der international unterschiedlichen Umsatzsteuersätze die Anwendung des Bestimmungslandprinzips.

302 *Englisch*, in: *Tipke/Lang*, Steuerrecht, 2015^{22}, § 17 Rn. 395; *Kirchhof*, UR 2002, 541 (547); *ders.*, Umsatzsteuer-Gesetzbuch, 2008, S. 196 f.; *Reiß*, in: FS Tipke, 1995, 433 (439).

303 *Reiß*, in: FS Tipke, 1995, 433 (439).

304 *Fischer*, Die Rechtfertigung einer Umsatzsteuer und ihre Vereinbarkeit mit den Grundrechten, 2007, S. 96, 98. Der Nutzung der Infrastruktur des Produktionslandes wird dagegen mit einer Unternehmensbesteuerung ausreichend Rechnung getragen.

zuzuweisen, auf dessen Territorium sich der Belastungsgrund verwirklicht bzw. – im Fall der Umsatzsteuer – der Verbrauch stattfindet.[305]

Schließlich gewährleistet nur eine Besteuerung am Verbrauchsort eine gleichmäßige Belastung von inländischen Verbrauchern, die absolut gleich hohe Aufwendungen für Konsumgüter – unabhängig davon, ob diese im Inland produziert oder eingeführt wurden – tätigen und demgemäß die gleiche Leistungsfähigkeit zum Ausdruck bringen.[306] Indem das Bestimmungslandprinzip nur eine Besteuerung von im Inland verwendetem Einkommen bzw. Vermögen bewirkt, konkretisiert es gleichzeitig das Leistungsfähigkeitsprinzip im Umsatzsteuerrecht dahingehend, dass lediglich die *inländische* Konsumleistungsfähigkeit Maßstab des Steuerzugriffs sein soll.[307]

Das Bestimmungslandprinzip ist auch aus Wettbewerbsgründen das vorzuziehende Prinzip. Weil es eine gleichmäßige Besteuerung der Leistungen im Land des Verbrauchs anordnet, bleibt trotz nationaler Unterschiede in den Steuersystemen ein verzerrungsfreier Wettbewerb zwischen inländischen und grenzüberschreitend tätigen Unternehmern – mithin die vom Unionsgesetzgeber angestrebte Wettbewerbsneutralität – gewährleistet.[308] Dagegen würde das Ursprungslandprinzip Unternehmer aus Länder mit höherem Umsatzsteuerniveau im Wettbewerb benachteiligen, weil die Chancen der vollständigen Überwälzung der Steuer geringer wären. Auf diesen für die Arbeit maßgeblichen Punkt wird später noch zurückzukommen sein.

2. *Das europäische Regelungssystem*

Das europäische Umsatzsteuerrecht setzt zum großen Teil das Bestimmungslandprinzip um.

Im Bereich des grenzüberschreitenden Warenhandels wird dies grundsätzlich dadurch verwirklicht, dass der Export von Gegenständen steuerfrei gestellt wird, gleichzeitig aber der Erwerber im Bestimmungsland den Import zu versteuern hat. Dementsprechend ordnen für den Handel mit Drittstaaten § 4 Nr. 1 lit. a i.V.m. § 6 UStG (bzw. Art. 146 Abs. 1 MwStSystRL) die Steuerbefreiung der Ausfuhr und

305 In diesem Zusammenhang wird auch oft vom „Verbrauchsortprinzip“ gesprochen, *Englisch,* in: *Tipke/Lang,* Steuerrecht, 2015[22], § 17 Rn. 395; *ders.,* in: DStJG 32 (2009), 165 (169); *Tumpel,* in: DStJG 32 (2009), 53 (64).

306 *Englisch,* in: DStJG 32 (2009), 165 (170); *Tumpel,* in: DStJG 32 (2009), 53 (67).

307 *Schaumburg,* in: FS Reiß, 2008, 25 (34).

308 *Englisch,* in: *Tipke/Lang,* Steuerrecht, 2015[22], § 17 Rn. 395; *ders.,* in: DStJG 32 (2009), 165 (170); *Friedrich-Vache,* Verbrauchsteuerkonforme Umsatzbesteuerung von Finanzdienstleistungen, 2005, S. 17 f.; *Reiß,* in: FS für Tipke, 1995, 433 (441 ff.); *Ruppe/Achatz,* UStG, 2011[4], Einf. Rn. 54; *Tumpel,* in: DStJG 32 (2009), 53 (64 f.). Dies entspricht auch den Vorgaben des Art. 110 AEUV. Dazu ausführlich Kapitel 2 B III 1 a.

§ 1 Abs. 1 Nr. 4 UStG (bzw. Art. 2 Abs. 1 lit. d MwStSystRL) die Steuerbarkeit der Einfuhr an.

Ein solcher Grenzausgleich ist in einem „Raum ohne Binnengrenzen“ (Art. 26 Abs. 2 AEUV) jedoch nicht möglich. Im innereuropäischen Warenverkehr ist stattdessen der sog. innergemeinschaftliche Erwerb zu versteuern (§ 1 Abs. 1 Nr. 5 i.V.m. § 1a UStG bzw. Art. 2 Abs. 1 lit. b MwStSystRL), während die sog. innergemeinschaftliche Lieferung steuerbefreit wird (§ 4 Nr. 1 lit. b i.V.m. § 6a UStG bzw. Art. 138 MwStSystRL). Diese Regelung gilt jedoch nur für den zwischenunternehmerischen Handel sowie für Lieferungen an juristische Personen. Bei Warenlieferungen an natürliche Personen erfolgt die Besteuerung dagegen – mit Ausnahme der Lieferung von neuen Fahrzeugen (§§ 1 Abs. 1 Nr. 5, 1a, 6a Abs. 1 Nr. 2 lit. c UStG, Art. 2 Abs. 1 lit. b Ziff. ii i.V.m. Art. 138 Abs. 2 lit. a MwStSystRL) sowie Versandlieferungen (§ 3c UStG bzw. Art. 33 f. MwStSystRL) – im Ursprungsland nach dem dort geltenden Steuersatz.

Bei der Erbringung grenzüberschreitender sonstiger Leistungen an Unternehmer wird über die Ortsregelung des § 3a Abs. 2 UStG (bzw. Art. 44 MwStSystRL) das Bestimmungslandprinzip umgesetzt: Diese erklärt den Sitz des Empfängers für maßgeblich. Dasselbe gilt für Dienstleistungen, die an außerhalb der EU ansässige Empfänger erbracht werden (§ 3a Abs. 4 UStG bzw. Art. 59 MwStSystRL). Dagegen werden sonstige Leistungen an innerhalb der EU ansässige Nichtunternehmer – mithin private Verbraucher – im Ursprungsland besteuert: § 3a Abs. 1 UStG (bzw. Art. 45 MwStSystRL) knüpft insoweit an den Ort des leistenden Unternehmers an.

Das ursprüngliche Ziel, im innergemeinschaftlichen Verkehr das Ursprungslandprinzip anzuwenden, wurde von der Kommission mittlerweile als politisch nicht durchsetzbar – insbesondere wegen der dafür erforderlichen Angleichung der Steuersätze – aufgegeben.[309] Deshalb wird weiterhin auch innerhalb des Binnenmarktes das derzeit geltende, eigentlich als Übergangsregelung[310] geschaffene System und damit – abgesehen von den oben beschriebenen Ausnahmen – das Bestimmungslandprinzip Anwendung finden.

V. Die Umsatzsteuer und ihre systemimmanente Neutralität

1. *Begriff der Neutralität*

Bevor der Frage nachgegangen wird, ob und im Hinblick worauf sich die Umsatzsteuer „neutral“ verhält, soll die inhaltliche Bedeutung des Begriffs der Neutralität geklärt werden.

Das Adjektiv „neutral“ leitet sich vom lateinischen „neuter“ (keiner von beiden) bzw. vom mittellateinischen „neutralis“ (keiner Partei angehörend) ab. So bezeichnet in der lateinischen Grammatik das „Neutrum“ in Abgrenzung zum Maskulinum und Femininum das sächliche Geschlecht. Im deutschen Sprachgebrauch verwendet man

309 KOM (2011) 851 endg., S. 5 f. Vgl. dazu unter Kapitel 1 A II 2 b.
310 Vgl. 10. Erwägungsgrund der MwStSystRL.

das Adjektiv „neutral" im übertragenen Sinne in verschiedenen Bereichen, um zu kennzeichnen, dass weder das eine noch das andere einschlägig ist. So gilt im politischen Sinn derjenige als „neutral", der keiner der gegnerischen Parteien angehört. Parallel dazu wird in der Chemie eine weder saure noch basische Substanz und in der Physik ein weder positiv noch negativ geladenes Teilchen „neutral" genannt.[311] Auch bezeichnet man etwas, das nicht hervorsticht und zu allem passt bzw. mit allem harmoniert, als „neutral".[312] Daneben wird „neutral" umschrieben mit „frei von einer möglichen Beeinträchtigung, Beeinflussung o.ä."[313] In Zusammensetzung mit vorangestellten Substantiven bedeutet „-neutral", dass dieses zuvor Genannte entweder von etwas nicht beeinflusst wird (z.B. „kostenneutrale" Reform) oder es selbst etwas nicht beeinflusst (z.B. „geruchsneutrale" Seife).[314] Parallel dazu beschreibt das Substantiv „Neutralität" – abgeleitet vom mittellateinischen „neutralitas" – einen Zustand des Unbeteiligtseins[315], sei es im politischen Sinne, keiner Partei anzugehören, oder im chemisch-physikalischen Sinne, weder die eine noch die andere Beschaffenheit aufzuweisen, oder allgemein, um Einflusslosigkeit zu kennzeichnen.

In der Rechtssprache ist der Begriff der Neutralität insbesondere im Völkerrecht geläufig.[316] Das BVerfG spricht etwa im Kontext des rechtsstaatlichen Gebots der Unabhängigkeit und Unparteilichkeit der Gerichte von „Neutralität";[317] auch aus Art. 21 GG leitet es ein „Neutralitätsgebot" der Staatsorgane ab, dem jedes parteiergreifende Einwirken seitens dieser zugunsten oder zulasten einer am politischen Wettbewerb beteiligten Partei entgegensteht.[318] Im Bereich des Steuerrechts wird die Neutralität als Rechtsprinzip vor allem im Umsatzsteuerrecht diskutiert.[319] In den Wirtschaftswissenschaften ist die (Wettbewerbs-) Neutralität der Besteuerung ein häufig verwendeter Fachbegriff: Danach sollen Wirtschaftsvorgänge nicht durch Steuern beeinflusst werden. So gilt eine Steuer dann als „neutral", wenn sie auf unternehmerische Entscheidungen und folglich auf die wettbewerbliche Ressourcenallokation

---

311 Diese drei Bedeutungen nennt schon *Grimm,* Deutsches Wörterbuch, 1889, Band 7, S. 687.

312 Diese zusätzliche Bedeutung führen *Hermann,* Deutsches Wörterbuch, 2002[10], S. 836; *Drosdowski,* Duden Deutsches Universalwörterbuch, 1983, S. 886 an.

313 *Drosdowski,* Duden Das große Wörterbuch der deutschen Sprache, Band 4, 1978, S. 1881.

314 *Drosdowski,* Duden Das große Wörterbuch der deutschen Sprache, Band 4, 1978, S. 1881; *Brockhaus/Wahrig,* Deutsches Wörterbuch, 1982, Band 4, S. 702.

315 *Brockhaus/Wahrig,* Deutsches Wörterbuch, 1982, Band 4, S. 702.

316 *Tilch/Arloth,* Deutsches Rechts-Lexikon, Band 2, 2001[3], S. 3013; *Creifelds,* Rechtswörterbuch, 2014[21], S. 899.

317 BVerfG v. 8.2.1967, BVerfGE 21, 139; v. 30.5.1978, BVerfGE 48, 300.

318 BVerfG v. 16.12.2014, 2 BvE 2/14, Rn. 26.

319 So verweist *Creifelds,* Rechtswörterbuch, 2014[21], S. 899 zum Stichwort „Neutralitätsprinzip im Steuerrecht" lediglich auf die Umsatzsteuer. Dagegen behandeln *Tilch/Arloth,* Deutsches Rechts-Lexikon, Band 2, 2001[3], S. 3013 f. die Neutralität in vielfacher Hinsicht, aber gerade nicht unter dem Aspekt des Steuerrechts.

keinen Einfluss nimmt.[320] Indes sind Steuern nie völlig neutral, da sie in der Regel gewisse Verhaltensanreize bei den Steuerpflichtigen auslösen, die der steuerlichen Belastung zu entgehen versuchen.[321] Der Begriff der „Entscheidungsneutralität" wird auch im Zusammenhang mit dem vom BVerfG aus den Grundrechten abgeleiteten Verbot, die Entscheidung eines Steuerpflichtigen zwischen möglichen Formen der Grundrechtsausübung durch steuerliche Anreize zu beeinflussen[322], verwendet.[323]

2. Neutralität der Umsatzsteuer als Folge der Belastungskonzeption

Von den möglichen Bedeutungen des Wortes „Neutralität" passt im Kontext der Umsatzsteuer einzig die der Einflusslosigkeit. Es schließt sich jedoch unmittelbar die Frage an, *worauf* die Umsatzsteuer keinen Einfluss nehmen darf. Deshalb muss dieser Begriff konkretisiert werden, um deutlich zu machen, wen oder was die Umsatzsteuer nicht beeinflussen soll.[324]

So ergänzt denn auch der EuGH Verweise auf den Grundsatz der Neutralität um verschiedene klarstellende Zusätze.[325] Indes erlaubt es bereits die Belastungskonzeption des Umsatzsteuersystems, Rückschlüsse zu ziehen, in Bezug worauf die Steuer neutral zu sein hat. So verlangen das Leistungsfähigkeitsprinzip und das Verbrauchsteuerprinzip, dass einzig der Verbraucher, der allein Leistungsfähigkeit zum Ausdruck bringt, zum Träger der Umsatzsteuer wird. Im Umkehrschluss darf der Unternehmer gerade nicht endgültig mit Umsatzsteuer belastet werden. Mit anderen Worten: Die Umsatzsteuer darf auf die *Belastung des Unternehmers* keinen

---

320 Ausführlich zur Steuerneutralität und ihren Ausprägungen in Finanzwissenschaft und Betriebswirtschaftslehre *Elschen/Hüchtebrock,* Finanzarchiv 41 (1983), 253 ff.; *Elschen,* StuW 1991, 99 (102 ff.). Vgl. auch *Herzig/Watrin,* StuW 2000, 378 (379 f.); *Theile,* Wettbewerbsneutralität, 1995, S. 149 ff. mwN zu finanzwissenschaftlichen Neutralitätstheorien; *Wernsmann,* Verhaltenslenkung in einem rationalen Steuersystem, 2005, S. 112, 264. *Vogel,* StuW 1993, 380 (386); *ders.,* DStZ 1997, 269 (272 f.) zur Wettbewerbsneutralität im internationalen Steuerrecht.

321 BVerfG v. 20.12.1966, BVerfGE 21, 12 (27); *Wernsmann,* Verhaltenslenkung in einem rationalen Steuersystem, 2005, S. 65 Fn. 304 mwN.

322 Vgl. etwa zur aus Art. 6 Abs. 1 GG abgeleiteten Entscheidungsneutralität zwischen verschiedenen Formen der Kinderbetreuung BVerfG v. 10.11.1998, BVerfGE 99, 216 (231 f.).

323 So *Wernsmann,* Verhaltenslenkung in einem rationalen Steuersystem, 2005, S. 304 ff., 362 f.

324 So beginnen *Terra/Kajus,* A Guide to European VAT Directives, Introduction to European VAT, 2009, S. 283 f. ihre Untersuchung der Neutralität der Umsatzsteuer so: „Neutral as regards to what? Neutrality of taxation is a relative matter. (...) it can only be considered in relation to certain indicated phenomena." Zustimmend *Lohse,* Die Zuordnung im Mehrwertsteuerrecht, 1999, S. 132.

325 Vgl. dazu ausführlich unter Kapitel 2 A.

Einfluss nehmen, sondern muss in Bezug auf die unternehmerische Steuerbelastung „neutral" sein.[326]

Weil die Umsatzsteuer aber als indirekte Steuer ausgestaltet ist und der Unternehmer auf seine Ausgangsumsätze Steuer abzuführen hat, muss er seine Belastung durch eine Überwälzung der Steuer auf seine Kunden „neutralisieren". Deren Gelingen wiederum erfordert, dass konkurrierenden Unternehmern dieselben Überwälzungschancen offenstehen. Dazu muss die Umsatzsteuer die Preise von zueinander im Wettbewerb stehenden Leistungen gleichermaßen beeinflussen. Umgekehrt hätte ein Unternehmer, der mit niedriger besteuerten Anbietern konkurriert, die Umsatzsteuer selbst zu tragen, möchte er seine Wettbewerbsfähigkeit erhalten.[327] Deshalb verbietet der Charakter der Umsatzsteuer als indirekte Verbrauchsteuer einen verzerrenden Einfluss auf den Preis einer Leistung und damit letztlich auf den Wettbewerb.[328] Die Umsatzsteuer muss sich also in Bezug auf den *Wettbewerb* „neutral" verhalten, um hinsichtlich der *Belastung* des Unternehmers „neutral" zu sein. Deshalb korrespondiert eine Umsatzsteuer, die *nur* den Verbraucher belastet, mit dem politischen Harmonisierungsziel, einen verzerrungsfreien Wettbewerb zwischen Unternehmern – mithin Wettbewerbsneutralität – zu gewährleisten.[329]

Der Unternehmer wird neben der für seine eigenen Umsätze geschuldeten Steuer mit der Umsatzsteuer belastet, die bei Bezug seiner Eingangsleistungen von anderen Unternehmern auf ihn überwälzt wird. Auch diese Belastung gilt es zu „neutralisieren". Werden nämlich unternehmerische Leistungsbezüge wie bei der früher geltenden Allphasen-Bruttoumsatzsteuer endgültig mit Umsatzsteuer belastet, erschwert der eintretende Kumulationseffekt zunehmend mit jeder weiteren Wirtschaftsstufe eine Überwälzung, sodass die Umsatzsteuer letztlich beim Unternehmer zum Kostenfaktor wird.[330]

Dem System der Umsatzsteuer als indirekter Verbrauchsteuer ist also schon deskriptiv ein Neutralitätsgebot dahingehend zu entnehmen, dass weder die auf Eingangsumsätzen ruhende noch die auf Ausgangsumsätze beim Unternehmer erhobene Umsatzsteuer diesen endgültig belasten darf, sondern zu „neutralisieren" ist.

---

326 *Becker,* Ortsbestimmung von sonstigen Leistungen, 2011, S. 59; *Karabulut,* Der Vorsteuerabzug im Waren- und Dienstleistungsverkehr zwischen EU-Mitgliedstaaten und der Türkei, 2013, S. 4; *OECD,* International VAT/GST Guidelines, 2014, S. 10 ("VAT normally 'flows through the business' to tax the final consumers"); *Reiß,* in: DStJG 32 (2009), 9 (14); *Weich,* Öffentliche Hand im System der Umsatzsteuer, 1996, S. 33.

327 *Reiß,* in: DStJG 32 (2009), 9 (14 f.).

328 *Reiß,* in: FS Tipke, 1995, 433 (440).

329 *Reiß,* in: DStJG 32 (2009), 9 (16 f.). Vgl. zu den Zusammenhängen zwischen Wettbewerbsneutralität und Verbrauchsteuerprinzip ausführlich unter Kapitel 2 B II 3.

330 *Reiß,* in: DStJG 32 (2009), 9 (15); *Stadie,* in: *Rau/Dürrwächter,* UStG, Einf. (April 2013) Rn. 443.

Kapitel 2: Die Neutralität als europäisches Besteuerungsprinzip – Inhalt und Herleitung

A. Ausprägungen des Grundsatzes der steuerlichen Neutralität in der Rechtsprechung des EuGH

Der EuGH verwendet den Grundsatz der Neutralität der Umsatzsteuer in vielen Fallkonstellationen und mit verschiedenen Bezugspunkten. Dadurch entstanden in der deutschen Literatur vielfältigste Begriffsverbindungen (z.B. Belastungs-, Wettbewerbs-, Wert-, Rechtsformneutralität). Um den Neutralitätsgrundsatz umfassend darstellen zu können, müssen die unterschiedlichen Ausprägungen systematisiert werden. Dazu bietet sich beispielsweise eine Untergliederung in innere (für innerstaatliche Umsätze) und äußere (für grenzüberschreitende Umsätze) Neutralität an.[331] Ausgehend von dem oben gefundenen Ergebnis, dass sowohl die in den Eingangsleistungen enthaltene als auch die auf Ausgangsumsätze erhobene Umsatzsteuer „neutral" – ohne Einfluss – in Bezug auf die Steuerbelastung des Unternehmers sein muss, wird hier zwischen der Neutralität bei Eingangsumsätzen und der bei Ausgangsumsätzen unterschieden.[332]

I. „Belastungsneutralität" bei Eingangsumsätzen durch Entlastung von den Vorsteuern

1. Vorsteuerabzug

a. Keine Kumulation der Vorsteuern als Ziel

Eine als Allphasensteuer ausgestaltete Umsatzsteuer verlangt, dass die umsatzsteuerliche Belastung einer Leistung, die diese auf der vorherigen Stufe erfahren hat und die Preisbestandteil derselben wurde, vor einer erneuten Besteuerung beseitigt wird. Nur so kann eine mit jeder Stufe steigende Kumulierung der Steuer – wie sie für die frühere deutsche Brutto-Allphasen-Steuer bezeichnend war – vermieden werden. Eine Kumulation der Vorsteuern hätte nämlich zur Folge, dass Unternehmern am Ende der Lieferkette eine vollständige Überwälzung versagt bliebe, wenn sie

331 So gliedern *Terra/Kajus*, European VAT Directives, Introduction to European VAT, 2009, S. 284 ff.

332 Ebenso *Lohse*, in: *Achatz/Tumpel*, EuGH-Rechtsprechung und Umsatzsteuerpraxis, 2001, 47 (59 ff.); im Erg. auch *Stadie*, in: *Rau/Dürrwächter*, UStG, Einf. (April 2013) Rn. 602, 610, der zwischen Neutralität „bei den Umsätzen" und „beim Vorsteuerabzug" unterscheidet.

mit konzentriert produzierenden Unternehmern konkurrieren.[333] Es käme zu einer dem Verbrauchsteuerprinzip widersprechenden Steuerbelastung des unternehmerischen Bereichs; die Umsatzsteuer wäre gerade nicht mehr „neutral“ in Bezug auf die Belastung des Unternehmers, sondern ginge zu Lasten seines Gewinns. Gelingt eine Überwälzung dennoch, hätten Verbraucher für gleiche Leistungen eine unterschiedlich hohe Umsatzsteuerlast – je nachdem, wie viele Stufen zwischen dem Produzenten und dem Verbraucher liegen – zu tragen. Es wäre also für die Belastung des Verbrauchers nicht ohne Einfluss („neutral“), von welchem Unternehmer er eine Leistung bezieht.[334]

Ziel muss vielmehr sein, dass die endgültige Steuerbelastung einer Leistung in einem proportionalen Verhältnis zu dem vom Verbraucher dafür gezahlten Preis steht.[335]

b. Belastungsneutralität als Mittel

Das europäische Umsatzsteuersystem sucht dieses Ziel durch die Methode des Abzugs der Vorbelastung von der geschuldeten Umsatzsteuer (sog. Vorsteuerabzug, Art. 1 Abs. 2, Titel X MwStSystRL) zu erreichen.[336] Dadurch bleibt es in Bezug auf die Umsatzsteuerbelastung einer Leistung „neutral“, wie viele Vorstufen sie bereits durchlaufen hat.

Demgemäß bezeichnet der EuGH das Recht auf Vorsteuerabzug als „integralen“ bzw. „integrierenden Bestandteil des Mechanismus der Mehrwertsteuer“[337] bzw. als „fundamentalen Grundsatz des Mehrwertsteuersystems“[338]. Weiter führt der EuGH aus:

---

333 Das BVerfG sah in der Benachteiligung einstufiger Unternehmen einen Verstoß gegen Art. 3 Abs. 1 GG begründet, da deren Enderzeugnisse mit höherer Umsatzsteuer belastet sind als Produkte mehrstufiger Unternehmen, BVerfG v. 20.12.1966, BVerfGE 21, 12 (31); vgl. dazu bereits unter Kapitel 1 A I. Zum Verhältnis Neutralität-Gleichbehandlungsgrundsatz vgl. Kapitel 2 B II.

334 Auf diesen Aspekt verweisen auch *Becker,* Ortsbestimmung von sonstigen Leistungen, 2008, S. 60 f.; *Englisch,* in: *Tipke/Lang,* Steuerrecht, 2015[22], § 17 Rn. 25.

335 So auch *Terra/Kajus,* European VAT Directives, Introduction to European VAT, 2009, S. 284, die dieses Gebot als „legal neutrality“ bezeichnen.

336 Eine andere Methode wäre etwa das vom Neumark-Ausschuss favorisierte Vorumsatzabzugsverfahren, bei dem ein Abzug des bereits besteuerten Vorumsatzes von der Bemessungsgrundlage vorgenommen wird, vgl. dazu unter Kapitel 1 A II 2 a.

337 St. Rspr. Vgl. nur EuGH v. 8.1.2002, Rs. C-409/99 (Metropol Stadler), Rn. 42; v. 26.5.2005, Rs. C-465/03 (Kretztechnik), Rn. 33; v. 22.12.2010, Rs. C-438/09 (Boguslaw Juliusz Dankowski), Rn. 22; v. 12.9.2013, Rs. C-388/11 (Le Crédit Lyonnais), Rn. 26.

338 EuGH v. 25.10.2001, Rs. C-78/00 (Kommission/Italien), Rn. 28; v. 10.7.2008, Rs. C-25/07 (Sosnowska), Rn. 14.

„Durch den Vorsteuerabzug soll der Unternehmer *vollständig* von der im Rahmen seiner wirtschaftlichen Tätigkeit geschuldeten oder entrichteten Mehrwertsteuer entlastet werden. Das gemeinsame Mehrwertsteuersystem gewährleistet daher *völlige Neutralität* hinsichtlich der steuerlichen Belastung aller wirtschaftlichen Tätigkeiten unabhängig von ihrem Zweck und ihrem Ergebnis, *sofern diese Tätigkeiten grundsätzlich selbst der Mehrwertsteuer unterliegen.*"[339]

Die erste Ausprägung des Neutralitätsgrundsatzes ist damit gefunden: Der Unternehmer muss von der im Preis von Eingangsleistungen auf ihn überwälzten Umsatzsteuer entlastet werden. Verwirklicht wird dies durch den Vorsteuerabzug. Dieser gewährleistet, dass die auf Vorleistungen ruhende Umsatzsteuer für den Unternehmer keinen Kostenfaktor darstellt[340] und er beim Bezug von Leistungen so wirtschaften kann, als gäbe es keine Umsatzsteuer.[341]

Tatsächlich sieht der EuGH diese Ausprägung des Grundsatzes der Neutralität in den Regelungen zum Vorsteuerabzug verankert.[342] Ein Rückgriff auf den Grundsatz als solchen könnte deshalb obsolet sein.[343] Schließlich bezeichnet der EuGH das Vorsteuerabzugsrecht oftmals als wesentliches Grundprinzip, ohne zusätzlich auf die Neutralität zu verweisen.[344] Indes ist zu berücksichtigen, dass die Idee eines Vorsteuerabzugs im Grundsatz der Neutralität ihren Ausgangspunkt nimmt; das Abzugsrecht ist „Ausdruck" dieses Grundsatzes.[345] Erst diese Rückkopplung zeichnet die gebotene Auslegung der Vorschriften über den Vorsteuerabzug vor.[346] Sie macht deutlich, dass das sekundärrechtlich geregelte Institut des Vorsteuerabzugs das von Leistungsfähigkeitsprinzip und Verbrauchsteuerprinzip geforderte Rechtsprinzip der Neutralität verkörpert.

Wie nach Ansicht des EuGH die Vorschriften zum Vorsteuerabzugsrecht im Lichte des Neutralitätsgrundsatzes auszulegen sind, wird im Folgenden aufgezeigt.

---

339 St. Rspr. Vgl. nur EuGH v. 24.2.1985, Rs. 268/83 (Rompelmann), Rn. 19; v. 15.1.1998, Rs. C- 37/95 (Ghent Coal), Rn. 15; v. 29.4.2004, Rs. C-137/02 (Faxworld), Rn. 37. Hervorhebungen nur hier.

340 So EuGH v. 15.10.2004, Rs. C-427/98 (Kommission/Deutschland), Rn. 73.

341 *Amand/Lenoir*, UR 2007, 529 (530).

342 So EuGH v. 29.10.2009, Rs. C-174/08 (NCC), Rn. 39: „(...) der Grundsatz der steuerlichen Neutralität, der sich aus Art. 17 II der Sechsten Richtlinie ergibt"; kritisch zu dieser Formulierung noch unter Kapitel 2 B I 2.

343 So wohl *Henze*, in: Umsatzsteuer-Kongress-Bericht 2010, 7 (12).

344 Vgl. EuGH v. 6.7.1995, Rs. C-62/93 (BP Soupergaz), Rn. 16; v. 9.9.2004, Rs. C-269/03 (Vermietungsgesellschaft Objekt Kirchberg), Rn. 19.

345 Schlussantrag GA Jacobs v. 17.3.2005, Rs. C-475/03 (Banca poplare), Slg. 2006 I-9373, Rn. 51. Zustimmend *Kindl*, Gesamtschuld und Haftung im nationalen und europäischen Umsatzsteuerrecht, 2010, S. 57.

346 So wird in EuGH v. 23.4.2009, Rs. C-74/08 (PARAT), Rn. 15 das Recht auf Vorsteuerabzug ohne Hinweis auf die Neutralität als grundlegendes Prinzip bezeichnet; in Rn. 23 wird bei der Auslegung der Reichweite dieses Rechts jedoch wieder Bezug auf die Neutralität genommen.

aa. Umfang: Vollständige Entlastung

Über den Vorsteuerabzug soll der Unternehmer nach der Rechtsprechung des EuGH „vollständig" von der entrichteten Umsatzsteuer entlastet werden. Inwieweit der EuGH zur Konkretisierung des gebotenen Umfangs des Vorsteuerabzugs auf den Neutralitätsgrundsatz zurückgreift, verdeutlichen folgende Beispiele:

(1) Vorsteuerabzug bei gemischt genutzten Gegenständen

(a) Lennartz, Seeling und Puffer

Nach der Rechtsprechung des EuGH kann ein Unternehmer gemischt genutzte Gegenstände entweder vollständig seinem Unternehmen oder vollständig seinem privaten Bereich zuordnen oder aber im Verhältnis zur tatsächlichen Verwendung auf die beiden Sphären aufteilen; die jeweilige Zuordnungsentscheidung gibt den Maßstab für den Umfang des Vorsteuerabzugs vor.[347] Im Fall *Lennartz* hatte der EuGH zu entscheiden, ob bei gemischt genutzten, voll dem Unternehmen zugeordneten Investitionsgütern auch dann ein vollständiger Vorsteuerabzug (bei gleichzeitiger Versteuerung der privaten Verwendung[348]) gewährt werden muss, wenn die unternehmerische Verwendung prozentual nur gering ist. Konkret war einem umsatzsteuerpflichtigen Steuerberater der Vorsteuerabzug für einen PKW, den er zu 92 % privat und nur zu 8 % betrieblich nutzte, entsprechend der damaligen deutschen Verwaltungspraxis, die eine unternehmerische Verwendung von mindestens 10 % forderte, versagt worden. Dem stehen nach Ansicht des EuGH die Vorgaben der Richtlinie entgegen.[349] Indes begründet er seine Entscheidung bereits mit dem Fehlen einer entsprechenden Vorschrift in der Richtlinie, wonach bei nur teilweiser unternehmerischer Nutzung das Vorsteuerabzugsrecht eingeschränkt ist;[350] auf den Neutralitätsgrundsatz greift er dabei dagegen nicht zurück.

Auf derselben Linie liegt die Entscheidung in der Rechtssache *Seeling*: Hier ging es um ein teils privat und teils unternehmerisch genutztes, voll dem Unternehmen zugeordnetes Grundstück. Auch in diesem Fall gesteht der EuGH dem Steuerpflichtigen den vollen Vorsteuerabzug aus den Anschaffungskosten zu.[351] Er widerspricht

---

347 Zu den möglichen Zuordnungsentscheidungen gemischt genutzter Gegenstände: EuGH v. 11.7.1991, Rs. C-97/90 (Lennartz) – vollständige Unternehmenszuordnung; EuGH v. 4.10.1995, Rs. C-291/92 (Armbrecht) – aufgeteilte Zuordnung bei nur anteiligem Vorsteuerabzug; EuGH v. 8.3.2001, Rs. C-415/98 (Bakcsi) – vollständige Zuordnung zum privaten Bereich bei gleichzeitigem Ausschluss des Vorsteuerabzugs; vgl. dazu *Lohse,* Die Zuordnung im Mehrwertsteuerrecht, 1999, S. 279 ff.; *Tumpel,* in: FS Ruppe, 2007, 664 (672 f.); *Schön,* in: Umsatzsteuer-Kongress-Bericht 2001, 17 (54 f.).

348 Vgl. zu solchen sog. unentgeltlichen Wertabgaben unter Kapitel 2 A I 2.

349 EuGH v. 11.7.1991, Rs. C-97/90 (Lennartz), Rn. 29.

350 EuGH v. 11.7.1991, Rs. C-97/90 (Lennartz), Rn. 27 f. Mit dem Neutralitätsgrundsatz argumentieren *Küffner/von Streit,* DStR 2012, 581 (583).

351 EuGH v. 8.5.2003, Rs. C-269/00 (Seeling), Rn. 43.

dabei den Vorinstanzen und der deutschen Regierung, die für eine Gleichsetzung der privaten Nutzung eines unternehmerischen Grundstücks zu Wohnzwecken mit einer steuerfreien Vermietung plädiert hatten: Weil ein Vorsteuerabzug dann ausgeschlossen sei (§ 15 Abs. 2 UStG), könne verhindert werden, dass es bei einer Entnahme nach Ablauf des Berichtigungszeitraums zu einem unversteuerten Endverbrauch komme.[352] Dieses Ergebnis akzeptiert der EuGH indes als „bewusste Entscheidung des Gemeinschaftsgesetzgebers" und lehnt deshalb eine Ausdehnung der Befreiungsvorschriften auf die private Nutzung eines Grundstücks zu Wohnzwecken ab.[353]

Beide Entscheidungen garantieren, dass die Vorsteuer, die beim Bezug von zumindest teilweise unternehmerisch genutzten Gegenstände entrichtet wird, den Unternehmer nicht belastet, mithin „neutral" bleibt. Dass dieses weite Verständnis des Vorsteuerabzugs tatsächlich durch das Neutralitätsprinzip geboten ist, zeigt die Entscheidung in der Rechtssache *Puffer*. Darin wurde dem EuGH die Frage vorgelegt, ob das Ergebnis des *Seeling*-Urteils, Steuerpflichtigen auf den Erwerb von gemischt genutzten, dem Unternehmen zugeordneten Gebäuden ein vollständiges Vorsteuerabzugsrecht zuzugestehen, gegen den Gleichbehandlungsgrundsatz verstößt. Der österreichische Verwaltungsgerichtshof sah dadurch nämlich Steuerpflichtige, die ein Gebäude zu rein privaten Zwecken errichten, sowie Nichtsteuerpflichtige, die kein Recht zum Vorsteuerabzug haben, ungerechtfertigt benachteiligt.[354] Dieser Auffassung tritt der EuGH indes unter Bezugnahme auf den Grundsatz der Neutralität entgegen: Zum einen könne andernfalls bei einer nachträglichen Erhöhung der unternehmerischen Verwendung kein vollständiger Vorsteuerabzug mehr gewährleistet werden, da keine Berichtigungsmöglichkeit in Form eines nachträglichen Einlagenabzugs vorgesehen sei;[355] zum anderen wäre der Unternehmer während des Zeitraums zwischen der Investition und der tatsächlichen unternehmerischen Nutzung mit der auf die Herstellerkosten ruhenden Vorsteuer belastet. Beides widerspräche dem Gebot des Neutralitätsprinzips, den Unternehmer durch „sofortigen Abzug (...) vollständig von der im Rahmen seiner gesamten steuerpflichtigen wirtschaftlichen Tätigkeiten geschuldeten oder entrichteten Mehrwertsteuer" zu entlasten.[356]

---

352 Zur deutschen Auffassung EuGH v. 8.5.2003, Rs. C-269/00 (Seeling), Rn. 26–32.

353 EuGH v. 8.5.2003, Rs. C-269/00 (Seeling), Rn. 54.

354 Vgl. zur Auffassung des Gerichts EuGH v. 23.4.2009, Rs. C-460/07 (Puffer), Rn. 20–21, wonach „dem Steuerpflichtigen für diesen Zeitraum [der Nacherhebung] ein zinsloser Kredit gewährt werde, der einem Nichtsteuerpflichtigen nicht zugänglich sei."

355 *Englisch*, in: *Tipke/Lang*, Steuerrecht, 2015[22], § 17 Rn. 337 meint daher, der EuGH wolle durch die Option der vollständigen Unternehmenszuordnung *vorsorglich* die Neutralität gewährleisten. Vgl. dazu zugleich unter Kapitel 2 A I 1 b bb (3).

356 EuGH v. 23.4.2009, Rs. C-460/07 (Puffer), Rn. 42–47. Kritisch *Pull*, Die Sphärentheorie im Mehrwertsteuerrecht, 2014, S. 64, 235, wonach die Neutralität weder einen

(b) Neue Rechtslage und Kritik

Für den Vorsteuerabzug bei gemischt genutzten Gegenständen gelten mittlerweile andere Maßstäbe: Aufgrund einer auf Art. 397 MwStSystRL gestützten Ratsentscheidung[357] wurde Deutschland ermächtigt, parallel zur früheren Verwaltungspraxis einen Mindestanteil an unternehmerischer Verwendung in Höhe von 10 % zu verlangen (§ 15 Abs. 1 Satz 2 UStG). Der Rat sieht in dieser Regelung eine Abweichung vom Institut des Vorsteuerabzugs und damit letztlich auch vom Neutralitätsgrundsatz.[358] Außerdem ordnet § 15 Abs. 1b UStG, der die im Jahr 2009 erlassene Vorschrift des Art. 168a Abs. 1 MwStSystRL umsetzt, einen Vorsteuerausschluss für privat genutzte Teile eines dem Unternehmen zugeordneten Grundstücks an. Die Einführung des Art. 168a Abs. 1 MwStSystRL wird mit Gleichbehandlungserwägungen gerechtfertigt:[359] Die Regelung soll die durch das sog. *Seeling*-Modell eröffneten Gestaltungsanreize und Liquiditätsvorteile, die Unternehmern durch den vollen, unmittelbaren Vorsteuerabzug entstehen, beseitigen. Außerdem wird vermieden, dass eine private Nutzung entgegen dem Verbrauchsteuerprinzip unversteuert bleibt, wenn der geltend gemachte Vorsteuerabzug im Lauf des zehnjährigen Berichtigungszeitraums nicht vollends korrigiert wird.[360]

Zwar erscheint die Neuregelung auch aus Sicht des Unternehmers gerecht, da nachfolgende Änderungen der Nutzungsverhältnisse punktgenau berücksichtigt werden können (vgl. § 15a Abs. 6a UStG).[361] Jedoch läuft die Regelung klar dem Gebot der Neutralität entgegen, soweit es zu einer Nutzungsänderung nach Ablauf des Berichtigungszeitraum des § 15a Abs. 1 Satz 2 UStG kommt. Weil danach auch bei einem Anstieg der unternehmerischen Nutzung ein Vorsteuerabzug verwehrt bleibt,

---

Vorsteuerabzug für den privaten Verwendungsanteil noch eine ungleichmäßige Belastung beim Steuerträger rechtfertigen könne.

357 Für Zeitraum 1.4.1999-31.12.2002: Rat der EU v. 28.2.2000, 2000/186/EG, ABl. 2000 L 59, S. 12; für Zeitraum 1.1.2003-30.6.2004: Rat der EU v. 13.5.2003, 2003/354/EG, ABl. 2003 L 123, S. 47; für Zeitraum 1.7.2004-31.12.2009: Rat der EU v. 19.11.2004, 2004/817/EG, ABl. 2004 L 357, S. 33; für Zeitraum 1.1.2010-31.12.2012: Rat der EU v. 20.10.2009, 2009/791/EG, ABl EU 2009 Nr. L 283, S. 55; für Zeitraum 01.01.2013-31.12.2015: Rat der EU v. 13.11.2012, 2012/705/EU, ABl. 2012 L 319, S. 8. Vgl. zur Rückwirkungsproblematik der Ratsentscheidungen EuGH v. 29.4.2004, Rs. C-17/01 (Sudholz); *Nieskens*, UR 2003, 522.

358 Vgl. dazu zuletzt Rat der EU v. 13.11.2012, 2012/705/EU, ABl. 2012 L 319, S. 8, Erwägungsgrund 6.

359 Vgl. Erwägungsgrund 9 der Richtlinie 2009/162/EU des Rates v. 22.12.2009, ABl. 2010 L 10, S. 1.

360 Damit kommt der Unionsgesetzgeber der Auffassung der Gegenparteien in den Fällen *Seeling* und *Puffer* nach. Vgl. *Henkow*, EC Tax Review 2008/5, 233 (235).

361 *Englisch*, in: *Tipke/Lang*, Steuerrecht, 2015[22], § 17 Rn. 338 sieht mit der Neuregelung daher „Neutralitäts- und Verbrauchsteuerprinzip nahezu optimal Rechnung [getragen]".

kann die Umsatzsteuer zu einer endgültigen Belastung des Unternehmers werden.[362] Der Gesetzgeber verbessert somit die Geltung des Verbrauchsteuerprinzips (kein unversteuerter Endverbrauch nach Ablauf des Berichtigungszeitraums) auf Kosten des Neutralitätsprinzips (etwaige Belastung des Unternehmers nach Ablauf des Berichtigungszeitraums). Auch schafft die Vorschrift keine Abhilfe, soweit bei der nachträglichen Einlage nichtunternehmerischer Gegenstände in das Unternehmen ein Vorsteuerabzug versagt wird: So setzt eine auf § 15a Abs. 6a UStG gestützte positive Vorsteuerkorrektur bei gesteigerter unternehmerischer Verwendung eine vollständige Zuordnung zum Unternehmen im Zeitpunkt des Leistungserwerbs voraus.[363]

Der EuGH verneint ein Recht auf Vorsteuerabzug, wenn ein dem privaten Bereich zugeordneter Gegenstand nachträglich unternehmerisch genutzt bzw. in die Sphäre eines – beispielsweise neugegründetes – Unternehmens überführt wird, mit dem Argument, der Steuerpflichtige habe beim Erwerb des Gegenstands nicht „als solcher" gehandelt.[364] Ein nachträglicher Vorsteuerabzug auf Einlagen (sog. Einlagenentsteuerung) käme auch nicht im Wege der Vorsteuerberichtigung gemäß Art. 184 MwStSystRL (bzw. § 15a UStG) in Betracht: So könne die Vorschrift nicht die Vorsteuer, die im Zeitpunkt ihrer Errichtung in keinem Zusammenhang mit besteuerten Umsätzen stand, in eine abzugsfähige Steuer verwandeln.[365] Damit relativiert der EuGH für den Bereich der anfänglich dem Privatvermögen zugeordneten Gegenstände seine Forderung nach einem vollständigen Vorsteuerabzug. Jedoch läuft dies evident dem Neutralitätsgrundsatz zuwider: Dieser verbietet eine Belastung des Unternehmers mit jeglichen Vorsteuern; eine Entlastung ist damit auch von der Vorsteuer, die auf anfänglich privat genutzten, noch nicht „verbrauchten" Gegenständen ruht, geboten.[366] Der EuGH versucht diese Verletzung der Neutralität dadurch abzufedern, dass er eine Zuordnung zum Unternehmen auch im Fall

---

362 *Henkow,* EC Tax Review 2008/5, 233 (236, 239).

363 BT-Drucks. 17/2249, S. 130; *Heidner,* in: *Bunjes/Geist,* UStG, 2014[13], § 15a Rn. 28. Dies bemängelt auch *Kirchhof,* Umsatzsteuer Gesetzbuch, 2008, S. 117.

364 EuGH v. 11.7.1991, Rs. C-97/90 (Lennartz), Rn. 15; v. 23.4.2009, Rs. C-460/07 (Puffer), Rn. 44; v. 19.7.2012, Rs. C-334/10 (X), Rn. 18. Kritisch dazu *Stadie,* in: *Rau/Dürrwächter,* UStG, § 15 (Juli 2013) Rn. 1381.

365 So grundlegend EuGH v. 11.7.1991, Rs. C-97/90 (Lennartz), Rn. 11 f.; v. 2.6.2005, Rs. C-378/02 (Waterschap), Rn. 38.

366 Für die Einführung einer Einlagenentsteuerung bzw. für eine analoge Anwendung der Art. 184, 187 MwStSystRL (bzw. des § 15a UStG) plädieren daher *Dziadkowski,* StuW 1993, 169 (176 f.); *Englisch,* in: *Tipke/Lang,* Steuerrecht, 2015[22], § 17 Rn. 331; *Lechner,* in: DStJG 13 (1990), 39 (55); *Stadie,* in: *Rau/Dürrwächter,* UStG, § 15 (Juli 2013) Rn. 1380 ff.; *ders.,* in: *Rau/Dürrwächter,* UStG, Einf. (April 2013) Rn. 326; *ders.,* UR 2004, 597 (600); *Tumpel,* in: FS Ruppe, 2007, 664 (667, 680). Auch *Kirchhof,* Umsatzsteuer Gesetzbuch, 2008, S. 106, schlägt in seinem Reformvorschlag zur Umsatzsteuer in § 8 Abs. 2 UStGB eine Bestimmung über ein Abzugsrecht bei der Einlage vor. AA *Pull,* Die Sphärentheorie im Mehrwertsteuerrecht, 2014, S. 264, die den Neutralitätsgrundsatz nicht für verletzt sieht.

einer vorerst ausschließlich privaten Verwendung ermöglicht, soweit eine spätere unternehmerische Nutzung geplant ist.[367]

(2) Vorsteuerabzug bei Personenmehrheiten

Das Gebot der vollständigen Vorsteuerentlastung des Unternehmers einer Personenmehrheit ergänzt der EuGH in der Rechtssache *HE* um Effektivitätserwägungen. Ein Ehepaar hatte gemeinschaftlich ein Grundstück erworben, wobei sich der Anteil des Ehemanns auf ¼ und der der Ehefrau auf ¾ belief. Da der Ehemann einen Teil des Gebäudes als Arbeitszimmer (12 % der Gesamtfläche) für eine steuerpflichtige Nebentätigkeit nutzte, begehrte er einen Vorsteuerabzug in Höhe von 12 % der Herstellungskosten. Der EuGH hatte die Frage zu klären, ob die nichtsteuerpflichtige Ehegattengemeinschaft oder aber die einzelnen Ehegatten als Leistungsempfänger gelten. Dabei kommt er zu dem Ergebnis, dass nur letzteres einen effektiven Vorsteuerabzug, wie ihn der Neutralitätsgrundsatz gebietet, gewährleiste.[368] Da der Neutralitätsgrundsatz eine vollständige Entlastung des Unternehmers fordere, müsse dem steuerpflichtigen Ehegatten ein Vorsteuerabzug nicht nur entsprechend seinem Miteigentumsanteil am gesamten Gebäude (¼ von 12 %), sondern entsprechend der gesamten Umsatzsteuervorbelastung – höchstens jedoch in prozentualer Höhe seines Miteigentumsanteils – möglich sein.[369]

bb. Zeitpunkt: Grundsatz des Sofortabzugs

Der EuGH betont durchgängig, dass das Recht auf Vorsteuerabzug als Ausdruck des Neutralitätsgrundsatzes sofort ausgeübt werden kann.[370] Welche Konsequenzen sich daraus ergeben, zeigen folgende Beispiele aus der EuGH-Rechtsprechung:

(1) Vorsteuerüberschuss

Der EuGH leitet aus dem Grundsatz der Neutralität den Maßstab für die Erstattung von Vorsteuerüberschüssen ab. Ein solcher Anspruch gegen den Staat entsteht, wenn die Summe der vom Unternehmer in Abzug gebrachten Vorsteuerbeträge die Summe der abzuführenden Umsatzsteuer übersteigt. Nach Ansicht des EuGH dient die Erstattung von Vorsteuerüberschüssen der Gewährleistung der Neutralität; deshalb müsse ein Steuerpflichtiger „den gesamten aus diesem Mehrwertsteuerüberschuss resultierenden Forderungsbetrag (...) innerhalb einer angemessenen Frist durch eine Zahlung flüssiger Mittel oder auf gleichwertige Weise [ohne] finanzielles Risiko" erstattet bekommen.[371] Der EuGH erweitert damit das Gebot eines sofortigen

---

367 EuGH v. 19.7.2012, Rs. C-334/10 (X), Rn. 33 f.

368 EuGH v. 21.4.2005, Rs. C-25/03 (HE), Rn. 57.

369 EuGH v. 21.4.2005, Rs. C-25/03 (HE), Rn. 70 f.

370 St. Rspr.; vgl. nur EuGH v. 10.7.2008, Rs. C-25/07 (Sosnowska), Rn. 15; v. 23.4.2009, Rs. C-460/07 (Puffer), Rn. 47; v. 24.10.2013, Rs. C-431/12 (Steaua Română), Rn. 21.

371 EuGH v. 25.10.2001, Rs. C-78/00 (Kommission/Italien), Rn. 33 f.

Vorsteuerabzugs zu einem Gebot einer sofortigen Erstattung etwaiger Vorsteuerüberschüsse. Deshalb sieht er in der früheren Praxis Italiens, die Überschüsse durch die Zuteilung von in fünf oder zehn Jahren fälligen Staatsanleihen zu erstatten, einen Verstoß gegen den Neutralitätsgrundsatz.[372]

Diesem Maßstab nicht gerecht wird nach Auffassung des EuGH auch eine polnische Vorschrift, nach der sich die Frist zur Erstattung eines Vorsteuerüberschusses insbesondere für neu registrierte Steuerpflichtige verlängert, falls diese nicht für zwölf Monate eine Kaution in nicht unerheblicher Höhe stellen. Dies führe zu einer finanziellen Belastung des Steuerpflichtigen und sei folglich mit dem fundamentalen Grundsatz der Neutralität unvereinbar.[373]

Das Gebot der sofortigen Erstattung eines Vorsteuerüberschusses erweitert der EuGH schließlich zu einer Pflicht, eine verspätete Auszahlung zu verzinsen: Der Grundsatz der Neutralität verlange, dass finanzielle Verluste, die dem Steuerpflichtigen durch die fehlende Verfügbarkeit der fraglichen Geldbeträge entstehen, wenn ihm der Mehrwertsteuerüberschuss nicht innerhalb einer angemessenen Frist erstattet wird, durch die Zahlung von Verzugszinsen ausgeglichen würden.[374] Dem steht nach Ansicht des EuGH eine bulgarische Vorschrift entgegen, nach der sich die Erstattungsfrist bei Einleitung eines Steuerprüfungsverfahrens verlängert, sodass die Verzugszinsen erst nach Abschluss dieses Verfahrens geschuldet werden.[375] Dasselbe gilt für eine rumänische Entscheidung, nach der einer Steuerpflichtigen Verzugszinsen für einen Zeitraum versagt werden, in dem rechtswidrige, mittlerweile durch Gerichtsentscheidungen aufgehobene Steuerbescheide eine Erstattung ausgeschlossen hatten.[376]

(2) Vorbereitungshandlungen

In der Rechtssache *Rompelmann* leitet der EuGH aus dem Neutralitätsgrundsatz die Regel ab, schon die ersten Investitionsausgaben zur Errichtung eines Unternehmens als wirtschaftliche Tätigkeit im Sinne des Art. 9 Abs. 1 MwStSystRL zu werten und den Vorsteuerabzug bereits in diesem Zeitpunkt zu gewähren. Deshalb war einem Ehepaar der Vorsteuerabzug auf die Anschaffungskosten eines Grundstücks, auf dem Ausstellungsräume errichtet werden sollten, zu Unrecht verweigert worden, weil deren geplante umsatzsteuerpflichtige Vermietung noch nicht begonnen hatte. Der Unternehmer würde sonst nämlich während des Zeitraums zwischen Investition und Aufnahme der wirtschaftlichen Tätigkeit dem Grundsatz der Neutralität zuwider mit Steuer belastet.[377]

---

372 EuGH v. 25.10.2001, Rs. C-78/00 (Kommission/Italien), Rn. 36.
373 EuGH v. 10.7.2008, Rs. C-25/07 (Sosnowska), Rn. 17, 32.
374 EuGH v. 12.5.2011, Rs. C-107/10 (Enel Maritsa Iztok), Rn. 53; v. 24.10.2013, Rs. C-431/12 (Steaua Română), Rn. 23.
375 EuGH v. 12.5.2011, Rs. C-107/10 (Enel Maritsa Iztok), Rn. 61.
376 EuGH v. 24.10.2013, Rs. C-431/12 (Steaua Română), Rn. 26.
377 EuGH v. 14.2.1985, Rs. 268/83 (Rompelmann), Rn. 23.

Diesem Maßstab nicht gerecht wird eine spanische Regelung, die für die Ausübung des Vorsteuerabzugsrechts vor Aufnahme der wirtschaftlichen Tätigkeit die Stellung eines Antrags und die Einhaltung einer Jahresfrist zwischen dem Antrag und dem tatsächlichen Beginn der besteuerten Umsätze vorschreibt. Der Grundsatz der Neutralität würde dadurch unverhältnismäßig eingeschränkt, weil bei Nichteinhaltung dieser formellen Voraussetzungen das Abzugsrecht erst ab der tatsächlichen Aufnahme der wirtschaftlichen Tätigkeit ausgeübt werden könne und sogar verlustig gehen könne.[378]

Gestützt auf den Grundsatz des Sofortabzugs verlangt der EuGH, die Vorsteuer auf einen dem Unternehmen zugeordneten Investitionsgegenstand bereits vor dessen Inbetriebnahme im Zeitpunkt der Anschaffung zum Abzug zuzulassen, wenn später eine unternehmerische Verwendung geplant ist.[379] Schließlich erlaubt der EuGH einen sofortigen Vorsteuerabzug auch dann, wenn es zu Ausgangsumsätzen des Unternehmers tatsächlich gar nicht mehr kommt.[380]

Erforderlich ist aber, dass der geplante Ausgangsumsatz dem Anwendungsbereich der Umsatzsteuer unterfällt. Die Kosten für den Erwerb eines Mandantenstamms durch einen Gesellschafter mit dem Zweck, diesen der neu gegründeten Steuerberatungs-GbR unentgeltlich zu überlassen, eröffnen daher kein Vorsteuerabzugsrecht.[381]

(3) Relativierung und Kritik

In der Rechtssache *Terra Baubedarf* versagt der EuGH wiederum eine Berufung auf den Grundsatz des Sofortabzugs, wenn ein Vorsteuerabzug im Zeitpunkt des Leistungsbezugs, aber vor dem Erhalt einer Rechnung begehrt wird. Dagegen hatte die Generalanwältin in ihren Schlussanträgen noch eine dem Neutralitätsprinzip zuwiderlaufende „Kreditierung durch den Steuerpflichtigen“ angenommen, würde ein Vorsteuerabzug nicht rückwirkend für den Zeitpunkt des Vorbezugs gewährt.[382] Der EuGH folgte dem indes nicht: Die Zahlung der im Rechnungspreis überwälzten Vorsteuer und eine damit einhergehende Belastung des Steuerpflichtigen würde

---

378 EuGH v. 21.3.2000, Rs. C-110/98 bis C-147/98 (Gabalfrisa), Rn. 53.

379 EuGH v. 22.3.2012, Rs. C-153/11 (Klub), Rn. 43; v. 19.7.2012, Rs. C-334/10 (X), Rn. 31 ff., jeweils mit dem weiteren Argument, dass andernfalls – bei unterlassener anfänglicher Unternehmenszuordnung – mangels Möglichkeit einer nachträglichen Einlagenentsteuerung eine Vorsteuerentlastung bei späterer wirtschaftlicher Nutzung versagt bliebe (vgl. dazu bereits oben Kapitel 2 A I 1 b aa (1)).

380 Vgl. zur Rechtsprechung zum erfolglosen Unternehmer ausführlich unten unter cc (6).

381 EuGH v. 13.3.2014, Rs. C-204/13 (Heinz Malburg), Rn. 42 in klarer Abgrenzung zu EuGH v. 1.3.2012, Rs. C-280/10 (Polski Trawertyn), Rn. 32, worin der getätigte Ausgangsumsatz – die Einbringung eines Grundstücks in die Gesellschaft – lediglich steuerfrei war und ein Vorsteuerabzugsrecht für die Investitionskosten bejaht wurde. Kritisch *Dziadkowski,* BB 2014, 1445; *Pohl,* DB 2014, 1703 (1704).

382 GA Stix-Hackl, SA v. 16.10.2003, Rs. C-152/02 (Terra Baubedarf), Rn. 44 f.

nicht vor dem Erhalt einer Rechnung erfolgen; deshalb sei es mit dem Grundsatz der Neutralität vereinbar, wenn ein Vorsteuerabzug erst bei Vorliegen einer Rechnung gestattet würde.[383]

Diese enge Auslegung des Grundsatzes des Sofortabzugs ist zu begrüßen, da sie dem Anliegen des Neutralitätsgrundsatzes, eine *tatsächliche* Belastung des Unternehmers zu neutralisieren, gerecht wird. Dass der Leistende die Umsatzsteuer bereits im Zeitpunkt der Leistungserbringung – unabhängig von der Ausstellung einer Rechnung – abführen muss, steht dem nicht entgegen. Denn der Neutralitätsgrundsatz fordert gerade nicht ein sofortiges neutrales Verhältnis zwischen der Umsatzsteuer des Leistenden und dem Vorsteuerabzug des Leistungsempfängers.[384] Eine solche Definition verkennt, dass der Neutralitätsgrundsatz in Bezug auf Eingangsumsätze dem Ziel dient, eine Kumulation der Vorsteuern zu vermeiden; dies wiederum verlangt eine Neutralisierung der tatsächlich auf den Unternehmer überwälzten Steuern.

Dagegen gebietet der Grundsatz des Sofortabzugs, dass die Berichtigung einer formell fehlerhaften bzw. unvollständigen Rechnung auf den Zeitpunkt der erstmaligen Rechnungserteilung zurückwirkt und damit rückwirkend ein Vorsteuerabzug gewährt wird.[385] Anders als bei dem der Rechtssache *Terra Baubedarf* zugrundliegenden Sachverhalt einer nachträglich erstmaligen Rechnungserteilung wird ein Leistungsempfänger bei Erhalt einer formell fehlerhaften Rechnung die Vorsteuer an den Leistenden entrichten, sodass die vorausgesetzte Vorsteuerbelastung schon dann eintritt und aus Gründen der Neutralität eine Entlastung bereits in diesem Zeitpunkt zu erfolgen hat.[386]

---

383 EuGH v. 29.4.2004, Rs. C-152/02 (Terra Baubedarf), Rn. 35. So zutreffend schon *Stadie*, UR 2004, 49 (50). Zustimmend *Reiß*, UR 2004, 275 (278 ff., 284), der die Vorlage daher für „überflüssig wie ein Kropf" hält. Ausführlich zum Rechnungserfordernis unter cc (5).

384 Deutlich EuGH v. 8.5.2013, Rs. C-271/12 (Petroma), Rn. 43. So aber *Nieskens*, UR 2004, 441 (449).

385 Vom EuGH bis dato noch nicht entschieden, insb. auch nicht in EuGH v. 15.7.2010, Rs. C-368/09 (Pannon Gép Centrum), da die Rückwirkung weder Gegenstand der Vorlagefrage noch war noch Bezug zur Rechtssache *Terra Baubedarf* genommen wurde; ebenso *Günther*, Vertrauensschutz bei Angaben Dritter im Umsatzsteuerrecht, 2013, S. 146 f.; *Englisch*, UR 2011, 488 (490 f.); *ders.*, in: *Tipke/Lang*, Steuerrecht, 2015[22], § 17 Rn. 343; *Meurer*, DStR 2010, 2442 (2443 f.); *Trinks*, BB 2011, 800 (802 f.); (zugleich die Ansichten der deutschen Finanzgerichte zusammenfassend) OFD Magdeburg, Vfg. v. 3.3.2014 – S. 7300-123-St 244, MwStR 2014, 251. AA *Wäger*, DStR 2010, 1475 (1479); *Wagner*, UVR 2010, 311 (312); *Zugmaier/Streit*, DStR 2010, 2446, die dem Urteil jeweils eine Aussage zur Rückwirkung berichtigter Rechnungen entnehmen. Das FG Niedersachsen hat nunmehr die entsprechende Frage dem EuGH zur Vorabentscheidung vorgelegt, FG Niedersachsen v. 3.7.2014, 5 K 40/14, DStR 2014, 2389; EuGH-Vorlage C-518/14; vgl. dazu *Widmann*, UR 2015, 68.

386 Ein aus der ersten, formell fehlerhaften Rechnung geltend gemachter Vorsteuerabzug gilt danach nicht als unberechtigt und ist deshalb nicht gemäß § 233a

Jedoch ist es nicht dem Grundsatz des Sofortabzugs geschuldet, dass ein anfänglich ausschließlich privat genutzter Gegenstand vollständig dem Unternehmen zugeordnet werden kann und so ein Recht auf sofortigen und vollständigen Vorsteuerabzug eröffnet. Es liefe nämlich nicht dem Neutralitätsgrundsatz zuwider, wenn der Unternehmer im Zeitraum zwischen der privaten Anschaffung und der späteren wirtschaftlichen Nutzung des Gegenstands mit Umsatzsteuer belastet bliebe.[387] Tatsächlich gebietet der Grundsatz der Neutralität eine Entlastung erst, wenn der in Frage stehende Gegenstand für eine unternehmerische Tätigkeit verwendet wird.[388] Indes sieht das geltende Recht bei einer späteren unternehmerischen Verwendung (Einlage) eines privaten Gegenstands kein Abzugsrecht vor. „Völlige Neutralität" kann nur gewährleistet werden, wenn vorsorglich schon im Zeitpunkt des Leistungsbezugs ein vollständiger Vorsteuerabzug möglich ist.[389] Die Option zu einem vollständigen Vorsteuerabzug bei einem ursprünglich nur privat genutzten Gegenstand folgt also nicht aus dem Gebot einer sofortigen, sondern einer vollständigen Entlastung des Unternehmers.

cc. Voraussetzung: Zusammenhang mit steuerpflichtigem Ausgangsumsatz

(1) Grundsatz

Nach der Rechtsprechung des EuGH gebietet der Grundsatz der Neutralität eine steuerliche Entlastung aller wirtschaftlichen Tätigkeiten, „sofern diese Tätigkeiten grundsätzlich selbst der Mehrwertsteuer unterliegen". So ist es gemäß Art. 168 MwStSystRL Voraussetzung des Vorsteuerabzugsrechts eines Steuerpflichtigen, dass „die Gegenstände und Dienstleistungen für die Zwecke seiner besteuerten Umsätze verwendet werden".

AO zu verzinsen, *Englisch,* UR 2011, 488 (492 f.); *ders.,* in: *Tipke/Lang,* Steuerrecht, 2015[22], § 17 Rn. 343. Dagegen ist eine Rückwirkung zweifelhaft, wenn eine materiell-rechtlich zu niedrig oder gar nicht ausgewiesene Umsatzsteuer berichtigt wird (z.B. Behandlung einer Leistung fälschlicherweise als steuerfrei); mangels ursprünglicher Vorsteuerbelastung des Leistungsempfängers verlangt der Neutralitätsgrundsatz insoweit keinen rückwirkenden Vorsteuerabzug (zur gebotenen Behandlung des Leistenden vgl. Kapitel 3 B II 1 c); im Erg. ebenso BFH v. 19.6.2013, BFHE 242, 258; *Wagner,* UVR 2010, 311 (316); aA wohl *Welte/Friedrich-Vache,* MwStR 2013, 514 (516).

387 So aber EuGH v. 23.4.2009, Rs. C-460/07 (Puffer), Rn. 47. Anders lag der Fall dagegen in EuGH v. 14.2.1985, Rs. 268/83 (Rompelmann), Rn. 23, an dessen Argumentation sich der EuGH im Fall *Puffer* anlehnt: Hier wurde das in Frage stehende Grundstück tatsächlich noch gar nicht – insbesondere auch nicht zu privaten Wohnzwecken – genutzt.

388 *Dziadkowski,* IStR 2010, 766 (768).

389 So im Ergebnis auch *Dziadkowski,* IStR 2010, 766 (768); *Englisch,* in: *Tipke/Lang,* Steuerrecht, 2015[22], § 17 Rn. 337, der in diesem Zusammenhang von einer „Behelfskonstruktion" spricht.

Dies definiert der EuGH in ständiger Rechtsprechung dahingehend, dass „grundsätzlich ein direkter und unmittelbarer Zusammenhang zwischen einem bestimmten Eingangsumsatz und einem oder mehreren Ausgangsumsätzen, die zum Vorsteuerabzug berechtigen, bestehen muss, damit der Steuerpflichtige den Vorsteuerabzug geltend machen kann und der Umfang dieses Rechts bestimmt werden kann".[390] Ein Gegenstand gilt demgemäß nur dann als „verwendet" im Sinne des Art. 168 MwStSystRL, wenn die für seinen Bezug getätigten Aufwendungen zu Kostenelementen der besteuerten Ausgangsumsätze geworden sind.[391] Grundsätzlich verlangt der EuGH also, dass die Eingangsleistungen stofflich in einen oder mehrere besteuerte Ausgangsumsätze eingehen oder zumindest als variable Kosten durch sie verursacht sind.[392] Der EuGH folgt damit bei der Frage des „Ob" eines Vorsteuerabzugs einer „ausgangsumsatzbezogenen"[393] Betrachtungsweise.

(2) Eingangsumsatz vor Ausgangsumsatz

In der Rechtssache *Midland Bank* wird das Erfordernis des direkten und unmittelbaren Zusammenhangs durch ein Zeitelement weiter konkretisiert. Hier stand die Abzugsfähigkeit der Vorsteuer auf juristische Dienstleistungen in Frage. Diese hatte eine Bank an eine Anwaltskanzlei im Rahmen einer gegen einen Kunden der Bank gerichteten Schadensersatzklage, in der dieser der Streit verkündet wurde, gezahlt. Der EuGH verneint das Vorliegen des erforderlichen Zusammenhangs zwischen den (steuerpflichtigen) Ausgangsumsätzen der Bank gegenüber ihrem Kunden und den Anwaltsdienstleistungen. Diese seien nur *Folge* der Ausgangsumsätze und würden daher nicht zu den Kostenelementen dieser speziellen Umsätze, sondern vielmehr als „Gemeinkosten" zu den Preiselementen all ihrer Umsätze gehören.[394]

Der EuGH relativiert also das Erfordernis des Zusammenhangs zwischen Eingangs- und Ausgangsumsatz dahingehend, dass die Vorsteuerbelastung in der Regel zeitlich *vor* der Ausführung der Ausgangsumsätze entstanden sein muss bzw. umgekehrt die Ausgangsumsätze erst *nach* dem Bezug der Eingangsleistungen erbracht werden dürfen.

---

390 EuGH v. 8.6.2000, Rs. C-98/98 (Midland Bank), Rn. 24; v. 22.2.2001, Rs. C-408/98 (Abbey National), Rn. 26; v. 27.9.2001, Rs. C-16/00 (Cibo Participations), Rn. 29. Erstmals („direkte und unmittelbare Verbindung mit den besteuerten Umsätzen") EuGH v. 6.4.1995, Rs. C-4/94 (BLP), Rn. 19. Kritisch zu den Merkmalen „unmittelbar und direkt" *Stadie*, in: *Rau/Dürrwächter*, UStG, § 15 (Juli 2013) Rn. 300.

391 EuGH v. 8.6.2000, Rs. C-98/98 (Midland Bank), Rn. 30; v. 22.2.2001, Rs. C-408/98 (Abbey National), Rn. 28; v. 27.9.2001, Rs. C-16/00 (Cibo Participations), Rn. 31.

392 *Englisch*, in: *Tipke/Lang*, Steuerrecht, 2015[22], § 17 Rn. 324.

393 Diesen Begriff verwenden *Slotty-Harms*, UVR 2005, 78 (80); *Teufel*, Beteiligungsverwaltung, Kapitalüberlassung und Kapitalbeschaffung, 2010, S. 85.

394 EuGH v. 8.6.2000, Rs. C-98/98 (Midland Bank), Rn. 31; seitdem st. Rspr.; vgl. etwa EuGH v. 22.2.2001, Rs. C-408/98 (Abbey National), Rn. 28. Ausführlich zu Gemeinkosten Kapitel 2 A I 1 b cc (4) (b).

(3) Verwendung für besteuerte Ausgangsumsätze

Dass ein Zusammenhang der Eingangsumsätze mit „besteuerten" Ausgangsumsätzen erforderlich ist, zeigt die Rechtsprechung des EuGH zur vorsteuerabzugsschädlichen Wirkung von Befreiungstatbeständen. In der Rechtssache *BLP* rügte eine umsatzsteuerpflichtige Verwaltungsgesellschaft eine Verletzung des Neutralitätsgrundsatzes, weil ihr ein Abzug der Vorsteuer auf Dienstleistungen, die sie im Zusammenhang mit dem (steuerfreien) Verkauf von Anteilen an einer Gesellschaft in Anspruch genommen hatte, versagt worden war. Der EuGH teilt diese Bedenken indes nicht: Der Grundsatz der Neutralität gebiete nur dann einen Vorsteuerabzug, soweit ein Zusammenhang mit besteuerten Umsätzen bestehe.[395] Ein solcher Zusammenhang sei im vorliegenden Fall nicht schon deshalb gegeben, weil die Erlöse aus dem Verkauf der Anteile zur Tilgung der Schulden verwendet werden, die wiederum durch steuerpflichtige Umsätze entstanden sind.

Dieses Beispiel macht deutlich, dass es der EuGH gerade nicht als ein Gebot der Neutralität begreift, Unternehmer, die steuerfreie Umsätze ausführen, von den Vorsteuern zu entlasten.[396] In der Konsequenz hält der EuGH auch die Möglichkeit, auf eine Steuerbefreiung zu verzichten (§ 9 UStG) und so einen Vorsteuerabzug zu ermöglichen, nicht für eine zwingende Folge des Neutralitätsgrundsatzes; vielmehr könne ein solches Optionsrecht vom nationalen Gesetzgeber wieder abgeschafft werden.[397]

Von dem Erfordernis, dass der Ausgangsumsatz tatsächlich besteuert werden muss, wird bei grenzüberschreitenden Umsätzen teilweise eine Ausnahme gemacht: Bleibt ein Ausgangsumsatz aufgrund gegenseitiger Zuweisung des Besteuerungsrechts letztens unversteuert, soll trotzdem ein Vorsteuerabzug möglich sein.[398]

(4) Pro-rata-Vorsteuerabzug bei teils steuerfreien, teils steuerpflichtigen Ausgangsumsätzen

(a) Bestimmung des Pro-rata-Satzes

Bei Verwendung von Gegenständen und Dienstleistungen sowohl für steuerfreie und als auch für steuerpflichtige Umsätze ist der abziehbare Vorsteuerbetrag durch die Anwendung eines Pro-rata-Satzes zu ermitteln (Art. 173 MwStSystRL). Dieser ergibt sich aus einem Bruch, dessen Zähler die zum Vorsteuerabzug berechtigenden

---

395 EuGH v. 6.4.1995, Rs. C-4/94 (BLP), Rn. 26.

396 Im deutschen Recht schließt § 15 Abs. 2 UStG den Vorsteuerabzug für steuerfreie Umsätze aus. Zur Kritik an diesen sog. „unechten Steuerbefreiungen" vgl. ausführlich unter Kapitel 2 B II 3 b bb (3).

397 EuGH v. 3.12.1998, Rs. C-381/97 (Belgocodex), Rn. 18.

398 EuGH v. 22.12.2010, Rs. C-277/09 (RBS Deutschland), Rn. 41 für den Fall, dass in einem Mitgliedstaat für den Erwerb von Leasingfahrzeugen zwar Vorsteuer entrichtet wurde, der in einem anderen Mitgliedstaat ausgeführte Ausgangsumsatz (Leasinggeschäft) dort aber nicht der Umsatzsteuer unterliegt.

Umsätze eines Jahres und dessen Nenner den Gesamtbetrag aller jährlichen Umsätze enthält (sog. Umsatzschlüssel/Umsatzmethode). Zur Ermittlung des korrekten Pro-rata-Satzes zieht der EuGH oftmals den Neutralitätsgrundsatz heran.

In der Rechtssache *Sofitam* stand die Berechnung des Pro-rata-Satzes in Frage, weil eine Gesellschaft neben steuerpflichtigen Umsätzen nichtsteuerbare Dividenden erzielte. Nach Ansicht des EuGH sind Dividenden bei der Berechnung des Pro-rata-Satzes im Nenner unberücksichtigt zu lassen, da diese schon nicht in den Anwendungsbereich der Umsatzsteuer fielen und „andernfalls der Zweck der völligen Neutralität (...) vereitelt würde“.[399]

Der EuGH leitet die Vorschrift, Hilfsumsätze mit Grundstücks- und Finanzgeschäften nicht vorsteuermindernd bei der Berechnung des Pro-rata-Satzes zu berücksichtigen (Art. 174 Abs. 2 lit. b MwStSystRL), aus dem Neutralitätsgrundsatz ab.[400] So würde die Höhe des Vorsteuerabzugs wider die Neutralität verfälscht, würden steuerfreie Erträge, deren Erzielung keine oder nur eine äußerst geringe Verwendung von Eingangsleistungen erfordert, in den Nenner der pro-rata-Rechnung einbezogen. Nichtsdestotrotz verneint der EuGH im konkreten Fall für die in Frage stehenden steuerfreien Geldanlagen eine Einordnung als Hilfsumsatz, da sie eine „unmittelbare, dauerhafte und notwendige Erweiterung der steuerbaren Tätigkeit“ darstellen würden.[401]

Ebenso dem Neutralitätsgrundsatz geschuldet sieht der EuGH die Vorschrift, Umsätze aus dem Verkauf von Investitionsgütern unberücksichtigt zu lassen (Art. 174 Abs. 2 lit. a MwStSystRL).[402] Solche Umsätze seien auszuscheiden, wenn sie für die laufende Tätigkeit des Steuerpflichtigen ungewöhnlich sind und keine zu dem erzielten Umsatz proportionale Verwendung unternehmerischer Gegenstände oder Dienstleistungen erfordern. Im konkreten Fall beurteilt der EuGH die Verkäufe von Fahrzeugen durch eine Leasinggesellschaft nach Ablauf der Leasingverträge aber als laufende Tätigkeit des Steuerpflichtigen. Deshalb gebiete es die Neutralität, diese Umsätze in die Berechnung des Pro-rata-Satzes vorsteuerabzugssteigernd einzubeziehen.[403]

---

399 EuGH v. 22.6.1993, Rs. C-333/91 (Sofitam), Rn. 13 f.

400 EuGH v. 11.7.1996, Rs. C-306/94 (Régie dauphinoise), Rn. 21.

401 EuGH v. 11.7.1996, Rs. C-306/94 (Régie dauphinoise), Rn. 22; Generalanwalt Lenz hatte in seinen Schlussanträgen v. 15.2.1996, Rs. C-306/94 (Régie dauphionoise), Rn. 39, noch für ein anderes Ergebnis plädiert: Für die Umsätze aus der Geldanlagetätigkeit (14 % der Gesamtumsätze) seien nur einige Telefonate und Briefe erforderlich gewesen, sodass es nicht gerechtfertigt sei, dass sich der Vorsteuerabzug in Höhe von 14 % mindert. *Pull*, Die Sphärentheorie im Mehrwertsteuerrecht, 2014, S. 155 sieht hierin einen Verstoß gegen den Neutralitätsgrundsatz, soweit die Kosten verzinster Geldanlagen der Stärkung der Mittel für die wirtschaftliche Tätigkeit dienen.

402 EuGH v. 6.3.2008, Rs. C-98/07 (Nordania Finans), Rn. 23 f.

403 EuGH v. 6.3.2008, Rs. C-98/07 (Nordania Finans), Rn. 26. Die Berücksichtigung der Verkaufsumsätze wirkt vorsteuerabzugssteigernd, da sie als steuerbare Umsätze

Die Besonderheiten von Leasinggeschäften berücksichtigt der EuGH auch in der Rechtssache *Banco Mais*: „Um zu präziseren Ergebnissen bei der Bestimmung des Umfangs des Abzugsrechts zu gelangen“, sei bei der Berechnung des Pro-rata-Satzes nicht der Umsatz aus der gesamten Leasingtätigkeit einschließlich der Gegenleistung für die Bereitstellung der Fahrzeuge, sondern allein der Anteil der Leasingraten, der der Finanzierung und Verwaltung der Verträge dient, zugrunde zu legen.[404]

Nicht im Rahmen der Pro-rata-Rechnung zu berücksichtigen sind dagegen noch nicht abgeschlossene (steuerpflichtige) Umsätze.[405] Hier scheint eine Abweichung zur Rechtsprechung des EuGH zum Grundsatz des Sofortabzugs zu liegen: Danach ist ein Vorsteuerabzug schon vor der Ausführung konkreter Ausgangsumsätze möglich.[406] Folgerichtig müsste auch bei der Berechnung des Pro-rata-Satzes Maßstab sein, welche anteilige Verwendung der Gegenstände und Dienstleistungen geplant ist. Freilich lässt sich dies praktisch kaum verwirklichen.

Aus Gründen der Neutralität nicht für erforderlich hält es der EuGH, in anderen Mitgliedstaaten oder in Drittstaaten erzielte Umsätze bei der Berechnung des Pro-rata-Satzes zu berücksichtigen. Schließlich werde dem Grundsatz der Neutralität ausreichend Rechnung getragen, wenn für jedes Land der wirtschaftlichen Tätigkeit ein separater Pro-rata-Satz ermittelt wird.[407]

In Deutschland richtet sich der abziehbare Vorsteuerbetrag statt nach der in Art. 174 Abs. 1 MwStSystRL als Regelfall definierten Umsatzmethode danach, inwieweit die einzelnen Vorsteuerbeträge wirtschaftlich steuerpflichtigen bzw. steuerfreien Ausgangsumsätzen zuzurechnen sind (§ 15 Abs. 4 Satz 1 UStG).[408] In der Rechtssache *BLC Baumarkt* hatte der EuGH darüber zu befinden, ob die Sonderregelung des Art. 173 Abs. 2 lit. c MwStSystRL die Mitgliedstaaten dazu ermächtigt, einen solchen, vom Umsatzschlüssel als Regelaufteilungsmethode abweichenden Aufteilungsmaßstab vorzuschreiben. Konkret war dem Steuerpflichtigen ein Vorsteuerabzug für die Errichtungskosten eines Gebäudes nur insoweit zugestanden worden, als dessen Fläche steuerpflichtig gewerblich vermietet wurde, statt die mit dem Gebäude erzielten steuerfreien und steuerpflichtigen Umsätze ins Verhältnis zu setzen. Der EuGH billigt grundsätzlich eine solche (Flächen-)

---

sowohl in den Zähler als auch in den Nenner des Pro-rata-Satzes einfließen. Im Fall *Régie dauphinoise* waren die fraglichen Umsätze dagegen steuerfrei, sodass deren Berücksichtigung den Nenner des Pro-rata-Satzes erhöhte und dadurch zu einem niedrigeren Vorsteuerabzugsrecht führte.

404 EuGH v. 10.7.2014, Rs. C-183/13 (Banco Mais), Rn. 29, 34, MwStR 2014, 511 m. Anm. *Grube*.

405 EuGH v. 26.5.2005, Rs. C-536/03 (Antonio Jorge), Rn. 25.

406 Vgl. Kapitel 2 A I 1 b cc (1).

407 EuGH v. 12.9.2013, Rs. C-388/11 (Le Credit Lyonnais), Rn. 37.

408 Vgl. zur Anwendung von § 15 Abs. 4 UStG *Jakob*, Umsatzsteuer, 2009[4], Rn. 874 ff. Nur wenn eine wirtschaftliche Zurechnung nicht möglich ist, soll gem. § 15 Abs. 4 Satz 3 UStG die Umsatzmethode zur Anwendung kommen. Kritisch *Heidner*, in: *Bunjes/Geist*, UStG, 2014[13], § 15 Rn. 377 f.

Methode; Voraussetzung sei aber, dass dadurch eine präzisere – neutralitätskonformere – Bestimmung des Pro-rata-Satzes als bei Anwendung der Umsatzmethode gewährleistet wird.[409]

In der Rechtssache *Securenta* hatte der EuGH zu entscheiden, ob die Pro-rata-Umsatzmethode direkt[410] oder analog[411] Anwendung findet, soweit Eingangsleistungen teils für steuerbare und teils für nichtsteuerbare Umsätze verwendet werden. In Frage stand das Vorsteuerabzugsrecht für mit der Ausgabe von Aktien verbundene Aufwendungen, wenn das damit angesammelte Kapital zugleich zur Ausführung steuerbarer sowie nichtsteuerbarer Umsätze bestimmt ist. Der EuGH erteilt der direkten Anwendung des Pro-rata-Umsatzschlüssels eine Absage und gewährt ein anteiliges Vorsteuerabzugsrecht nur insoweit, als die Aufwendungen als Kostenelemente in die besteuerten Ausgangsumsätze eingehen bzw. im konkreten Fall das durch die Aktien erworbene Kapital für eine steuerbare Tätigkeit eingesetzt wird.[412] Dabei stellt es der EuGH in das Ermessen der Mitgliedstaaten, welche Methode zur Aufteilung der Vorsteuerbeträge die Verwendungsverhältnisse im konkreten Fall objektiv am besten widerspiegelt.[413] Damit wird eine Berechnung des abziehbaren Vorsteuerbetrags analog der Pro-rata-Umsatzmethode im Fall der Verwendung von

---

409 EuGH v. 8.11.2012, Rs. C-511/10 (BLC Baumarkt), Rn. 24 f. Die daran anschließende BFH-Rspr. bemüht sich um eine richtlinienkonforme Auslegung des § 15 Abs. 4 UStG: Auch eine Vorsteueraufteilung nach den Gesamtumsätzen des Unternehmens sei als Methode wirtschaftlicher Zurechnung i.S.d. § 15 Abs. 4 Satz 1 UStG anzusehen (BFH v. 7.5.2014, BFHE 245, 416; v. 3.7.2014, BFHE 245, 571), vgl. *Heuermann,* UR 2014, 505 (508 ff.); *Wäger,* DB 2014, 1397 (1401 ff.); *Widmann,* DStR-Beih 2014, 109 (114 f.); kritisch *Kessler/Haller,* DStR 2014, 1697 (1700); *Meurer,* MwStR 2014, 534 (536 f.); *Scholz,* UR 2014, 764 (766 ff.). Dass mit der Entscheidung des EuGH noch nicht alle Fragen des BFH geklärt sind, zeigt dessen neue Vorlage durch Beschluss v. 5.6.2014, BFHE 245, 447 (u.a. zur Übertragbarkeit der Methode auf den Vorsteuerabzug für Nutzungs- und Erhaltungskosten und zu Fragen des Vertrauensschutzes). Zur Unanwendbarkeit der Rundungsregelung des Art. 175 Abs. 1 MwStSystRL im Fall der Anwendung einer in Art. 173 Abs. 2 MwStSystRL geregelten Sondermethode vgl. EuGH v. 18.12.2008, Rs. C-488/07 (Royal Bank of Scotland), Rn. 25 mwN.

410 Pro-rata-Satz aus dem Verhältnis der steuerpflichtigen zu den steuerfreien Umsätzen.

411 Pro-rata-Satz aus dem Verhältnis der steuerpflichtigen zu den schon nichtsteuerbaren Umsätzen.

412 EuGH v. 13.3.2008, Rs. C-437/06 (Securenta), Rn. 27 f.

413 EuGH v. 13.3.2008, Rs. C-437/06 (Securenta), Rn. 37 f. Der BFH erblickt deshalb für die Frage, nach welcher Methode der Vorsteuerabzug einer Holding zu berechnen ist, eine erhebliche Rechtsunsicherheit und rief deshalb den EuGH zur Vorabentscheidung an, BFH v. 11.12.2013, BFHE 244, 79; v. 11.12.2013, BFHE 244, 94; EuGH-Vorlagen C-108/14 und C-109/14. In den Schlussanträgen wird insoweit aber abermals auf das Ermessen der Mitgliedstaaten verwiesen, GA Mengozzi, SA v. 26.3.2015, C-108/14 und C-109/14 (Larentia + Minerva u. Marenave), Rn. 20.

Gegenständen und Dienstleistungen für teilweise nichtsteuerbare Umsätze jedenfalls zur Option gestellt.

Dieselbe Konstellation liegt der Rechtssache *VNLTO* zugrunde. Eine Vereinigung ist teils wirtschaftlich im Sinne des Art. 9 Abs. 1 MwStSystRL und teils nichtwirtschaftlich – sondern ideell – tätig. Sie begehrt für ihre allgemeinen Aufwendungen den vollen Vorsteuerabzug. Anders als noch in der Rechtssache *Securenta*[414] nimmt der EuGH Bezug auf seine Rechtsprechung zum Zuordnungswahlrecht, wenngleich er ein solches verneint: Im Unterschied zu einer gemischten unternehmerischen und privaten Verwendung sei insoweit eine vollständige Zuordnung der Eingangsumsätze zur wirtschaftlichen Tätigkeit und damit ein voller Vorsteuerabzug nicht möglich. Denn da die nicht besteuerte, ideelle Tätigkeit geschäftlichen Zielen diene und sogar den Hauptzweck der Vereinigung darstelle, sei sie gerade nicht wie eine private Nutzung eines Gegenstands unternehmensfremd.[415] Deshalb wurde der Vereinigung lediglich ein anteiliger Vorsteuerabzug gewährt.

Nach Ansicht des EuGH gewährleisten die Vorschriften zur Berichtigung des Vorsteuerabzugs (Art. 184 ff. MwStSystRL) die Neutralität.[416] Der Umfang etwaiger Vorsteuerberichtigungen müsse wiederum nach der Pro-rata-Umsatzmethode bestimmt werden. Wird beispielsweise ein Gebäude teils steuerpflichtig, teils steuerfrei veräußert, ist der anfangs vollumfänglich gewährte Vorsteuerabzug auf dieses Verhältnis zu korrigieren.[417]

---

414 Kritisch hierzu *Henkow,* EC Tax Review 2008/5, 233 (238 f.).

415 EuGH v. 12.2.2009, Rs. C-515/07 (VNLTO), Rn. 39; v. 10.9.2014, Rs. C-92/13 (Gemeente's-Hertogenbosch), Rn. 25, MwStR 2014, 686 m. Anm. *Grube* zu einer teils wirtschaftlich, teils nichtwirtschaftlich tätige Gemeinde. Ausführlich dazu *Pull,* Die Sphärentheorie im Mehrwertsteuerrecht, 2014, S. 69 ff., die in der Entscheidung *VNLTO* „einen Wendepunkt in der Geschichte der Sphärentheorie" sieht, da der EuGH hiermit der bisherigen Einteilung in eine wirtschaftliche und eine unternehmensfremde (private) Sphäre eine neue, sog. „nicht-wirtschaftliche unternehmenseigene Sphäre" hinzufüge. Weniger weitgehend *Oelmaier,* MwStR 2014, 600 (602), der für eine unternehmensbezogene Zuordnung und lediglich einen umsatzbezogenen Vorsteuerabzug plädiert und so an der bisherigen Zwei-Sphären-Theorie festhalten will.

416 EuGH v. 17.3.2005, Rs. C-63/04 (Centralan Property), Rn. 57; v. 13.3.2013, Rs. C-107/13 (FIRIN), Rn. 50; v. 10.10.2013, Rs. C-622/11 (Staatssecretaris van Financiën), Rn. 34.

417 EuGH v. 17.3.2005, Rs. C-63/04 (Centralan Property), Rn. 54. Zur Berichtigung des Vorsteuerabzugs vgl. auch EuGH v. 13.3.2013, Rs. C-107/13 (FIRIN), Rn. 52, wonach der Vorsteuerabzug aus Anzahlungen, die für eine letztlich nicht erbrachte Lieferung geleistet wurden, zu berichtigen ist; v. 10.10.2013, Rs. C-622/11 (Staatssecretaris van Financiën), Rn. 36, wonach nur der Steuerschuldner mit dem Berichtigungsbetrag belastet werden darf.

(b) Pro-rata-Vorsteuerabzug bei allgemeinen Aufwendungen

Praktische Bedeutung erlangt der Pro-rata-Vorsteuerabzug bei sog. allgemeinen Geschäftskosten (allgemeinen Aufwendungen/Gemeinkosten). Dies sind Eingangsleistungen, die zwar nicht stofflich in bestimmte Ausgangsumsätze eingehen, aber zur Erbringung steuerbarer Umsätze in Anspruch genommen werden.[418] Die Höhe der abziehbaren Vorsteuer ergibt sich aus der Anwendung des Pro-rata-Satzes. Dadurch wird ein Vorsteuerabzug für Gemeinkosten nur in dem Verhältnis gewährt, in dem der Unternehmer insgesamt steuerpflichtige Ausgangsumsätze ausführt. Dass ein Unternehmer, der sowohl steuerpflichtige als auch steuerfreie Umsätze tätigt, die Vorsteuer auf Gemeinkosten nur *pro rata* abziehen kann, konkretisiert nach Auffassung des EuGH den Grundsatz der Neutralität.[419]

In der Rechtssache *Midland Bank* wird ein Zusammenhang juristischer Dienstleistungen mit den (steuerpflichtigen) Ausgangsumsätzen der Bank gegenüber ihrem Kunden verneint.[420] Als bloße *Folge* der Ausgangsumsätze würden sie stattdessen als „Gemeinkosten" des Unternehmens gelten und daher zu den Preiselementen all seiner Umsätze gehören.[421] Ein Vorsteuerabzug ist deshalb nur nach dem Verhältnis der besteuerten Umsätze zu den Gesamtumsätzen des Unternehmens zu gewähren.

Einen Zusammenhang nicht mit speziellen, sondern lediglich mit allen Ausgangsumsätzen sieht der EuGH regelmäßig bei Beratungsleistungen, die eine Holding im Rahmen eines (nichtsteuerbaren) Erwerbs von Beteiligungen an ihren Tochtergesellschaften[422], einer (nichtsteuerbaren) Geschäftsveräußerung[423] oder einer (nichtsteuerbaren) Ausgabe von Aktien[424] in Anspruch nimmt. Deshalb wird ein Vorsteuerabzug entsprechend dem Pro-rata-Satz gewährt. Soweit jedoch ein direkter und unmittelbarer Zusammenhang der Eingangsleistungen mit einem klar

---

418 *Englisch*, in: *Tipke/Lang*, Steuerrecht, 2015[22], § 17 Rn. 324; *Jakob*, Umsatzsteuer, 2009[4], Rn. 805. Für Nachweise aus der Rechtsprechung vgl. die im Folgenden aufgeführten Fälle.

419 EuGH v. 29.10.2009, Rs. C-174/08 (NCC), Rn. 43: Der Grundsatz der Neutralität sei bei Erlass der Regelungen des Pro-rata-Vorsteuerabzugs „Gegenstand von Klarstellungen" gewesen. Vgl. zu diesem Urteil noch ausführlich unter Kapitel 2 B II 3 b aa, Kapitel 3 A I 2 a bb.

420 Vgl. dazu bereits unter Kapitel 2 A I 1 b cc (2).

421 EuGH v. 8.6.2000, Rs. C-98/98 (Midland Bank), Rn. 31.

422 EuGH v. 27.9.2001, Rs. C-16/00 (Cibo Participations), Rn. 32 f.

423 EuGH v. 22.2.2001, Rs. C-408/98 (Abbey National), Rn. 35.

424 EuGH v. 26.5.2005, Rs. C-465/03 (Kretztechnik), Rn. 36 f. Keine allgemeinen Aufwendungen sollen dagegen bei im Zusammenhang mit dem (nichtsteuerbaren) Verkauf von Aktien in Anspruch genommenen Beratungsleistungen vorliegen, wenn diese Kosten unabhängig von einer erst später aufgenommenen wirtschaftlichen Tätigkeit entstanden sind, vgl. EuGH v. 8.2.2007, Rs. C-435/05 (Investrand), Rn. 33.

abgegrenzten Teil der besteuerten Tätigkeit nachgewiesen wird, kann der Unternehmer die Vorsteuer vollständig und nicht nur *pro rata* zum Abzug bringen.[425]

Auch in der Rechtssache *AB SKF* gewährt der EuGH einen anteiligen Vorsteuerabzug für Beratungsleistungen, die ein Unternehmen für eine (steuerfreie) Veräußerung der Anteile an seiner Tochtergesellschaft in Anspruch nimmt, soweit diese nicht in direktem und unmittelbarem Zusammenhang mit dieser Aktienveräußerung stehen.[426] Dies begründet der EuGH mit dem Grundsatz der Neutralität, wenn auch in einer anderen als der bisher betrachteten Ausprägung: Würden Beratungsleistungen nur im Zusammenhang mit nichtsteuerbaren, nicht aber mit steuerfreien Beteiligungsveräußerungen als allgemeine Aufwendungen gewertet, würden vergleichbare Leistungen unterschiedlich behandelt. Auf diese Ausprägung des Neutralitätsgrundsatzes greift der EuGH in der Regel nur bei Fragen zur umsatzsteuerlichen Behandlung von Ausgangsumsätzen zurück.[427]

Bei der Beurteilung, ob Gemeinkosten vorliegen, stellt der EuGH nicht auf die rechtlichen, sondern auf die tatsächlichen Verhältnisse ab. Dies zeigt die Rechtssache *AES*: Aus Gründen der Neutralität wird ein Zusammenhang zwischen den Ausgaben eines Unternehmers für Beförderung und Arbeitskleidung zu Gunsten der für ihn tätigen Personen und seiner Gesamttätigkeit bejaht, obwohl der Unternehmer rechtlich nicht Arbeitgeber dieser Personen ist.[428]

Gemeinkosten berechtigen also nur insoweit zum Vorsteuerabzug, als der gesamte „Output“ des Unternehmens in steuerpflichtige Umsätze mündet.[429] Der EuGH fingiert hierbei, dass sich die Gemeinkosten gleichmäßig auf die gesamten, teils besteuerten und teils nichtbesteuerten Umsätze des Steuerpflichtigen verteilen. Deshalb folgt dieses Ergebnis der konsequenten Anwendung des Neutralitätsgrundsatzes, wonach wirtschaftliche Tätigkeiten von der Vorsteuer zu entlasten sind, *sofern* diese Tätigkeiten selbst der Umsatzsteuer unterliegen.

(5) Nachweiserfordernisse für das Bestehen eines Zusammenhangs

Gemäß Art. 178 lit. a MwStSystRL ist es Voraussetzung für die Ausübung des Vorsteuerabzugsrechts, dass der Unternehmer eine Rechnung besitzt. Der Besitz einer Rechnung ist danach materielles Tatbestandsmerkmal des Vorsteuerabzugs.[430] Schon früh bestätigte der EuGH die Zulässigkeit des Rechnungserfordernisses.[431] Andere als die gesetzlich normierten Rechnungsangaben dürften aber nur zwingend vorgeschrieben werden, soweit dies die Erhebung der Umsatzsteuer und deren

---

425 EuGH v. 22.2.2001, Rs. C-408/98 (Abbey National), Rn. 40.

426 EuGH v. 29.10.2009, Rs. C-29/08 (AB SKF), Rn. 67 f.

427 Vgl. dazu ausführlich Kapitel 2 A II.

428 EuGH v. 18.7.2013, Rs. C-124/12 (AES), Rn. 36.

429 So *Jakob*, Umsatzsteuer, 2009[4], Rn. 805.

430 *Englisch*, in: *Tipke/Lang*, Steuerrecht, 2015[22], § 17 Rn. 312, 341; *ders.*, UR 2011, 488 (489).

431 EuGH v. 14.7.1988, Rs. 123/87 (Jeunehomme), Rn. 14.

Überprüfung sichere und die Ausübung des Vorsteuerabzugsrechts weder praktisch unmöglich mache noch übermäßig erschwere.[432]

Daraus folgt, dass bei Fehlen einer ordnungsgemäßen Rechnung ein Vorsteuerabzug verwehrt wird und der Steuerpflichtige entgegen dem Neutralitätsgebot mit Umsatzsteuer belastet bleibt.[433] Jedoch bietet der EuGH dem Steuerpflichtigen die Möglichkeit, vor Erlass des Umsatzsteuerbescheids eine berichtigte Rechnung nachzureichen und sich so den Abzug der Vorsteuer zu sichern.[434] Gleichzeitig lehnt er eine nationale Praxis, nach der die fehlerhafte und die berichtigte Rechnung fortlaufend nummeriert sein müssen, als unverhältnismäßiges und deshalb unzulässiges Erfordernis ab.[435]

Dagegen ist nach Auffassung des EuGH ein Vorsteuerabzug zu versagen, wenn eine unvollständige Rechnung erst nach der ablehnenden Entscheidung der Steuerverwaltung mit den noch fehlenden Informationen vervollständigt wird: Eine ordnungsgemäße Erhebung der Steuer und deren Kontrolle könne dann nicht mehr sichergestellt werden.[436] Zur Gewährleistung einer effektiven Steuererhebung nimmt der EuGH damit eine der Neutralität zuwiderlaufende Belastung des Unternehmers in Kauf. Gleichzeitig stellt der EuGH klar, dass der Grundsatz der Neutralität nicht verlange, dass sich der gegen den Leistenden gerichtete Umsatzsteueranspruch und der Vorsteuerabzug des Leistungsempfängers gegenseitig bedingen.[437]

Eine Ausnahme vom Rechnungserfordernis macht der EuGH bei einer Verlagerung der Steuerschuldnerschaft auf den Leistungsempfänger (§ 13b UStG): Da der Vorsteuerabzugsberechtigte als Steuerschuldner bereits die erforderlichen Angaben gemacht habe, entfiele die Dokumentationsfunktion der Rechnung; das Erfordernis der Vorlage einer solchen würde deshalb eine unnötige Förmlichkeit

---

432 EuGH v. 14.7.1988, Rs. 123/87 (Jeunehomme), Rn. 16 f. ; ebenso v. 21.4.2005, Rs. C-25/03 (HE), Rn. 80. *Englisch*, UR 2011, 488 (489) folgert daraus, dass den von den Mitgliedstaaten normierten Rechnungsangaben nur eine formelle Nachweiswirkung und keine materiell-rechtliche Wirkung – wie bei richtlinienrechtlich geforderten Rechnungsangaben – zukomme.

433 Zu der Folge, dass ein Vorsteuerabzug zeitlich nicht vor Vorliegen der Rechnung erfolgen darf, vgl. EuGH v. 29.4.2004, Rs. C-152/02 (Terra Baubedarf) (dazu oben unter Kapitel 2 A I 1 b bb (3)).

434 EuGH v. 15.7.2010, Rs. C-368/09 (Pannon Gép Centrum), Rn. 43. Zur Frage des Gutglaubensschutzes bei nicht erkennbaren Fehlern in der Rechnung vgl. Kapitel 2 A I 4.

435 EuGH v. 15.7.2010, Rs. C-368/09 (Pannon Gép Centrum), Rn. 44. Dagegen trifft das Urteil entgegen einiger Stimmen in der Literatur keine Aussage zu einer grundsätzlichen Rückwirkung einer Rechnungsberichtigung auf den Zeitpunkt der ursprünglichen Rechnungserteilung (vgl. dazu bereits oben unter Kapitel 2 A I 1 b bb. (3)).

436 EuGH v. 8.5.2013, Rs. C-271/12 (Petroma Transports), Rn. 35.

437 EuGH v. v. 8.5.2013, Rs. C-271/12 (Petroma Transports), Rn. 43. So noch *Nieskens*, UR 2004, 441 (449).

darstellen.[438] Die Nichterfüllung formeller, im Zusammenhang mit dem Reverse-Charge-Verfahren stehender Pflichten dürfe insbesondere nicht zu einem Verlust des Vorsteuerabzugsrechts führen.[439]

Jedoch besteht ein Recht zum Vorsteuerabzug nicht schon deshalb, weil eine Rechnung vorliegt. Erforderlich ist vielmehr, dass die dort ausgewiesene Umsatzsteuer tatsächlich auch geschuldet wird.[440] So versagt der EuGH einem Unternehmer den Abzug der ihm von einem Subunternehmer in Rechnung gestellten Vorsteuer, wenn gemäß einer Regelung zur Verlagerung der Steuerschuld nicht der Subunternehmer, sondern der Unternehmer Steuerschuldner ist. Dem Neutralitätsgrundsatz werde durch die Möglichkeit einer Rechnungsberichtigung ausreichend Rechnung getragen.[441] Dies gelte selbst dann, wenn von dem Leistungserbringer, an den die nicht geschuldete Steuer errichtet wurde, aufgrund von Insolvenz keine Rückzahlung zu erwarten ist.[442] Ist jedoch eine Erstattung der rechtsgrundlos gezahlten Steuer – insbesondere in grenzüberschreitenden Konstellationen – unmöglich oder übermäßig erschwert, solle dem Leistungsempfänger aus Gründen der Effektivität und Neutralität ein Erstattungsanspruch unmittelbar gegen den Fiskus zustehen.[443] Umgekehrt darf es aber keine Voraussetzung des Vorsteuerabzugsrechts sein, dass die geschuldete Umsatzsteuer vom Leistenden abgeführt wird.[444] Aus der Sicht des Neutralitätsgrundsatzes überzeugt dies: Schließlich ist der Leistungsempfänger tatsächlich belastet worden; eine Entlastung erscheint deshalb zwingend geboten.

Andere förmliche Voraussetzungen für den Vorsteuerabzug als den Besitz einer Rechnung darf ein Mitgliedstaat nicht festlegen.[445] So dürfe der Vorsteuerabzug aus

---

438 EuGH v. 1.4.2004, Rs. C-90/02 (Bockemühl), Rn. 50 f.; v. 8.5.2008, Rs. C-95/07 u.a. (Ecotrade), Rn. 64; ebenso EuGH v. 30.9.2010, Rs. C-392/09 (Uszodaépíto), Rn. 40 f. zum Wegfall des Erfordernisses des Besitzes berichtigter Rechnungen, die rückwirkend anwendbare Bestimmungen berücksichtigen.

439 EuGH v. 8.5.2008, Rs. C-95/07 u.a. (Ecotrade), Rn. 68; v. 17.7.2014, Rs. C-272/13 (Equoland), Rn. 47, MwStR 2014, 575 m. Anm. *Grube*; v. 11.12.2014, Rs. C-590/13 (Idexx), Rn. 38. Daraus kann auch für den Vorsteuerabzug die grundsätzliche Geltung des sog. *substance-over-form*-Prinzips (vgl. dazu Kapitel 2 A II 7 b) abgeleitet werden; zurückhaltend *Achatz,* in: DStJG 32 (2009), 461 (463).

440 EuGH v. 13.12.1989, Rs. 342/87 (Genius Holding), Rn. 13; ebenso v. 15.3.2007, Rs. C-35/05 (Reemtsma), Rn. 23.

441 EuGH v. 13.12.1989, Rs. 342/87 (Genius Holding), Rn. 18. Vgl. dazu Kapitel 2 A II 8.

442 EuGH v. 6.2.2014, Rs. C-424/12 (Fatorie), Rn. 39, 44; hier war die Ausstellung einer Rechnung aufgrund der Anwendbarkeit der Steuerschuldverlagerung auf den Leistungsempfänger rechtsgrundlos erfolgt.

443 EuGH v. 15.3.2007, Rs. C-35/05 (Reemtsma), Rn. 41; vgl. dazu noch unter Kapitel 2 A I 4.

444 EuGH v. 3.3.2004, Rs. C-395/02 (Transport Service), Rn. 26; v. 12.1.2006, Rs. C-354/03 (Optigen), Rn. 54.

445 EuGH v. 18.7.2013, Rs. C-78/12 (Evita-K), Rn. 50 f. zu einer Verpflichtung, die Ohrenmarken der gelieferten Tiere in einer Rechnung anzugeben.

Gründen der Neutralität beispielsweise nicht deshalb versagt werden, weil sich ein Steuerpflichtiger noch nicht – entgegen seiner Pflicht aus Art. 213 MwStSystRL – als solcher hat registrieren lassen[446] oder weil die Rechnungen auf die Gesellschafter einer noch zu gründenden Gesellschaft lauten.[447] Auch sei es unschädlich, wenn die Rechnungen nur die Namen der Ehegatten aufführen und die auf den Miteigentumsanteil des abzugsberechtigten Ehegatten entfallenden Vorsteuerteilbeträge nicht ausweisen.[448]

(6) Relativierungen

(a) Vorwirkung der steuerpflichtigen Tätigkeit: Der erfolglose Unternehmer

Das Erfordernis des Zusammenhangs zwischen den Vorleistungen und einem steuerpflichtigen Ausgangsumsatz relativiert der EuGH durch seine Rechtsprechung zum erfolglosen Unternehmer. Während einem Unternehmer in der Rechtssache *Rompelmann*[449] schon vor der Aufnahme seiner besteuerten Tätigkeit ein Vorsteuerabzug gewährt wird, geht der EuGH in der Rechtssache *INZO* noch einen Schritt weiter: Ein Vorsteuerabzug sei auch dann zuzulassen, wenn die beabsichtigte Tätigkeit niemals zu besteuerten Umsätzen führt. Im konkreten Fall wurde das Projekt einer eigens hierfür gegründeten Gesellschaft mangels Rentabilitätsaussichten noch vor der Erzielung jedweder Umsätze, aber nach dem Erwerb verschiedener Ausrüstungsgegenstände eingestellt. Ohne die Möglichkeit eines Vorsteuerabzugs sei die Neutralität der Belastung des Unternehmers nicht gewährleistet; außerdem würden dann gleiche Investitionsausgaben ungleich – abhängig davon, ob bereits steuerbare Umsätze ausgeführt werden oder solche lediglich geplant sind – behandelt.[450] Der EuGH fordert lediglich eine in gutem Glauben abgegebene Erklärung des Steuerpflichtigen, die Aufnahme der besteuerten Tätigkeit zu beabsichtigen; bei einer betrügerisch oder missbräuchlich vorgespiegelten Absicht seien die abgezogenen Beträge dagegen rückwirkend zu erstatten.[451]

Eines Zusammenhangs mit *tatsächlichen* besteuerten Umsätzen bedarf es für ein Vorsteuerabzugsrecht also nicht; aus Gründen der Neutralität genügt vielmehr ein Zusammenhang mit *beabsichtigten* besteuerten Umsätzen.[452] Die langjährige

---

446 EuGH v. 22.12.2010, Rs. C-438/09 (Boguslaw Juliusz Dankowski), Rn. 35 f.

447 EuGH v. 1.3.2012, Rs. C-280/10 (Polski Trawertyn), Rn. 43.

448 EuGH v. 21.4.2005, Rs. C-25/03 (HE), Rn. 80 f.

449 EuGH v. 14.2.1985, Rs. 268/83 (Rompelmann). Vgl. dazu oben unter Kapitel 2 A I 1 b bb (2).

450 EuGH v. 29.2.1996, Rs. C-110/94 (INZO), Rn. 22.

451 EuGH v. 29.2.1996, Rs. C-110/94 (INZO), Rn. 24.

452 Der Argumentation des EuGH mit dem Neutralitätsgrundsatz zustimmend *Pflüger*, UR 1996, 182 (182 f.); *Blankenheim*, „Steuerpflichtiger“ und Unternehmerbegriff im Umsatzsteuerrecht, 2005, S. 208 f.

Rechtsprechung des BFH („kein Umsatz, kein Unternehmer, kein Vorsteuerabzug“[453]) war damit überholt.

In der Rechtssache *Ghent Coal Terminal* kam es deshalb nicht zur beabsichtigten unternehmerischen Verwendung eines Grundstücks, da das Unternehmen auf Initiative der Stadt das Grundstück vor dessen Inbetriebnahme gegen ein anderes eintauschen musste. Die Vorsteuer auf die bereits ausgeführten Investitionsarbeiten lässt der EuGH dennoch zum Abzug zu: Der Neutralitätsgrundsatz gebiete eine Entlastung von den Vorsteuern auch dann, wenn der Unternehmer die Eingangsleistungen aufgrund von unbeeinflussbaren Umständen nicht für steuerpflichtige Umsätze verwenden kann.[454] Als einen solchen, vom Willen des Steuerpflichtigen unabhängigen Umstand begreift der EuGH auch eine Gesetzesänderung: Ein Vorsteuerabzug soll deshalb möglich sein, obwohl zwischen der Lieferung der Eingangsleistungen und der Aufnahme der besteuerten Tätigkeit das Recht des Steuerpflichtigen, durch einen Verzicht auf die Steuerbefreiung einen Vorsteuerabzug zu ermöglichen, abgeschafft worden ist.[455]

Nach Ansicht des EuGH gebietet der Neutralitätsgrundsatz selbst dann einen Abzug der Vorsteuer, wenn der Steuerverwaltung bereits bei der erstmaligen Festsetzung der Steuer bekannt ist, dass die beabsichtigte besteuerte Tätigkeit mangels Finanzierbarkeit nicht mehr aufgenommen wird.[456] Schließlich gewährt der EuGH sogar einer Vorgründungs-GbR den Vorsteuerabzug, obwohl diese niemals die Ausführung steuerpflichtiger Umsätze – der einzig geplante Umsatz war die steuerfreie Übertragung des Gesamtvermögens auf die zu gründende AG – beabsichtigt hat.[457] Er begründet dies mit dem Grundsatz der Neutralität: Die Eingangsleistungen würden der Durchführung besteuerter Umsätze zwar nicht der GbR, wohl aber der AG als deren Rechtsnachfolger dienen; deshalb müssten diese Umsätze berücksichtigt werden, um der GbR einen Vorsteuerabzug zu ermöglichen.[458]

(b) Nachwirkung der steuerpflichtigen Tätigkeit

Ein Zusammenhang mit einem bestimmten besteuerten Ausgangsumsatz ist auch dann nicht erkennbar, wenn Eingangsleistungen nach Beendigung der wirtschaftlichen Tätigkeit bezogen werden. Dennoch hält der EuGH einen Vorsteuerabzug aus Gründen der Neutralität für geboten:

---

453 *Robisch,* in: *Bunjes/Geist,* UStG, 2014[13], Vor § 1 Rn. 15 unter Bezugnahme auf BFH v. 6.5.1993, BFHE 171, 138.

454 EuGH v. 15.1.1998, Rs. C-37/95 (Ghent Coal Terminal), Rn. 20, 22.

455 EuGH v. 8.6.2000, Rs. C-396/98 (Grundstücksgemeinschaft Schloßstraße), Rn. 43.

456 EuGH v. 8.6.2000, Rs. C-400/98 (Breitsohl), Rn. 41.

457 EuGH v. 29.4.2004, Rs. C-137/02 (Faxworld), Rn. 41.

458 EuGH v. 29.4.2004, Rs. C-137/02 (Faxworld), Rn. 41 f.; ebenso v. 1.3.2012, Rs. C-280/10 (Polski Trawertyn), Rn. 35. Kritisch dazu *Heidner,* in: *Bunjes/Geist,* UStG, 2014[13], § 15 Rn. 59; *Pohl,* DB 2014, 1703 (1704), der den Neutralitätsgrundsatz für „überdehnt“ hält.

In der Rechtssache *Abbey National* wurde beispielsweise für Dienstleistungen, die der Unternehmer zur (steuerfreien) Übertragung seines Gesamtvermögens in Anspruch genommen hat, ein Vorsteuerabzug begehrt. Der EuGH gewährt einen solchen durch Zurechnung der Leistungen zu den Gemeinkosten; zur Begründung greift er abermals auf den Grundsatz der Neutralität zurück: Dieser verlange eine Entlastung des Unternehmers von der Vorsteuer selbst dann, wenn dieser mittlerweile keine Umsätze mehr tätigt; ansonsten würde willkürlich zwischen Ausgaben vor und während der wirtschaftlichen Tätigkeit und solchen zum Zweck ihrer Beendigung unterschieden.[459] Aus demselben Grund erlaubt der EuGH einen Vorsteuerabzug für Miete und Nebenkosten von Restauranträumen, die wegen einer Unkündbarkeitsklausel im Mietvertrag weiterhin zu zahlen sind, obwohl der Restaurantbetrieb mittlerweile eingestellt ist.[460]

dd. Einschränkungen

(1) Grundsatz: Uneinschränkbarkeit

Die „völlige Neutralität hinsichtlich der steuerlichen Belastung" des Unternehmers wäre gefährdet, könnten die Mitgliedstaaten das Vorsteuerabzugsrecht nach Belieben beschränken. Folglich betont der EuGH in seiner Rechtsprechung, dass das „Recht auf Vorsteuerabzug [als] integrierender Bestandteil des Mechanismus der Mehrwertsteuer (...) grundsätzlich nicht eingeschränkt werden [kann]".[461] Lediglich gestattete und in der Richtlinie ausdrücklich vorgesehene Einschränkungen sind zulässig.[462] Jedoch müssen solche Ausnahmebestimmungen eng ausgelegt werden, um die Neutralität so wenig wie möglich zu beeinträchtigen. Daher erlaubt der EuGH den Mitgliedstaaten eine auf die *Stand-still*-Klausel (Art. 176 UAbs. 2 MwStSystRL) gestützte Beibehaltung eines Ausschlusses vom Vorsteuerabzugsrecht nur, wenn dieser vormals tatsächlich und in diesem Ausmaß Anwendung gefunden hat und ihm keine widersprüchliche Verwaltungspraxis gegenüberstand.[463] Auch dürfen

459 EuGH v. 22.2.2001, Rs. C-408/98 (Abbey National), Rn. 35. Diese Begründung begrüßt *Schön,* in: Umsatzsteuer-Kongress-Bericht 2001, 17 (50).

460 EuGH v. 3.3.2005, Rs. C-32/03 (Fini H), Rn. 30.

461 St. Rspr. Vgl. nur EuGH v. 6.7.1995, Rs. C-62/93 (BP Soupergaz), Rn. 18; v. 21.3.2000, Rs. C-110/98 bis C-147/98 (Gabalfrisa), Rn. 43; v. 6.7.2006, Rs. C-439/04 und C-440/04 (Kittel und Recolta Recycling), Rn. 47; v. 12.5.2011, Rs. C-107/10 (Enel Maritsa Iztok), Rn. 32.

462 EuGH v. 21.9.1988, Rs. 50/87 (Kommission/Frankreich), Rn. 17. Hier schränkte eine französische Regelung das Vorsteuerabzugsrecht bei steuerpflichtigen Vermietungen ein, wenn der Gesamtbetrag der damit erzielten Einnahmen weniger als ein Fünfzehntel des Grundstückswertes betrug.

463 EuGH v. 14.6.2001, Rs. C-40/00 (Kommission/Frankreich), Rn. 17; v. 8.1.2002, Rs. C-409/99 (Metropol und Stadler), Rn. 46; v. 11.12.2008, Rs. C-371/07 (Danfoss und AstraZeneca), Rn. 31; v. 22.12.2008, Rs. C-414/07 (Magoora), Rn. 39.

Einschränkungen, die allgemein für alle Ausgaben und nicht nur für bestimmte Leistungen gelten, nicht beibehalten werden.[464]

Die grundsätzliche Uneinschränkbarkeit des Vorsteuerabzugsrechts unterstreicht die Bedeutung, die der EuGH dem Neutralitätsgrundsatz zumisst. Eine Kumulation der Umsatzsteuern, die sich ergäbe, würden unternehmerische Leistungen nicht von der Vorsteuer entlastet und daher auf der Stufe der Ausgangsumsätze nochmals besteuert, möchte er ausnahmslos vermeiden.

(2) Relativierungen: Zulässigkeit von Einschränkungen

Das Recht auf Vorsteuerabzug hält der EuGH in Einzelfällen jedoch für einschränkbar: So hat ein Vorsteuerabzug zu unterbleiben, wenn Ausgangsumsätze im Rahmen einer missbräuchlichen Praxis lediglich fingiert werden. In der Rechtssache *Halifax* suchte sich eine Bank durch die Zwischenschaltung verschiedener Umsätze den Vorsteuerabzug für die Errichtung von Geschäftsgebäuden zu sichern, der ihr ansonsten mangels steuerpflichtiger Ausgangsumsätze versagt geblieben wäre. Ein solcher Vorsteuerabzug läuft aber nach Ansicht des EuGH dem Ziel des Abzugsrechts, Neutralität zu gewährleisten, zuwider. Deshalb müsse sich die Besteuerung stattdessen an den tatsächlichen Umständen – die missbräuchliche Praxis weggedacht – orientieren.[465] Der Grundsatz der Neutralität sucht damit bei zunehmenden Zwischenstufen nicht nur eine Kumulation der Vorsteuern, sondern auch eine Verringerung derselben, wie sie durch Gestaltungsmissbräuche entsteht, zu vermeiden.

Eine Einschränkung des Vorsteuerabzugsrechts erlaubt der EuGH auch in Betrugsfällen. So wird sowohl dem Leistenden, der eine Steuerhinterziehung begeht, als auch dem Leistungsempfänger, der – an objektiven Umständen ersichtlich – wusste oder wissen musste, dass sein Eingangsumsatz in eine Hinterziehung einbezogen ist, ein Vorsteuerabzug versagt.[466] Umgekehrt verbietet es der Grundsatz der Neutralität, bei jedem Umsatzsteuerbetrug verschuldensunabhängig den Vorsteuerabzug zu verwehren.[467] Daneben sollen vorübergehende Einschränkungen des Vorsteuerabzugsrechts als Sanktion für die Verletzung von Formvorschriften,

---

464 EuGH v. 23.4.2009, Rs. C-74/08 (PARAT), Rn. 28 zu einer ungarischen Vorschrift, wonach beim Erwerb teils subventionierter Gegenstände die Vorsteuer nur für den nichtsubventionierten Teil abgezogen werden kann.

465 EuGH v. 21.2.2006, Rs. C-255/02 (Halifax), Rn. 80, 94; zustimmend *Widmann,* DStR 2006, 736 (737 f.).

466 Zusammenfassend EuGH v. 6.12.2012, Rs. C-285/11 (Bonik), Rn. 38 f. mwN; v. 13.2.2014, Rs. C-18/13 (Maks Pen), Rn. 27 f., MwStR 2014, 197 m. Anm. *Grube*; v. 13.3.2014, Rs. C-107/13 (FIRIN), Rn. 41 f., MwStR 2014, 240 m. Anm. *Grube*; v. 18.12.2014, Rs. C-131/13, C-163/13 und C-164/13 („Italmoda", Turbu.com BV und Turbu.com Mobile Phone's BV), Rn. 48. Vgl. dazu auch unten unter Kapitel 2 A I 4.

467 Ausführlich zum Gutglaubensschutz beim Vorsteuerabzug Kapitel 2 A I 4.

die der Verhinderung von Steuerhinterziehungen dienen, zulässig sein, soweit der Neutralitätsgrundsatz nicht unverhältnismäßig beeinträchtigt wird.[468]

Faktische Einschränkungen des Vorsteuerabzugs drohen auch bei einer fehlenden Harmonisierung, in deren Folge grenzüberschreitende Umsätze in den Mitgliedstaaten unterschiedlich bewertet werden.[469]

Soweit die Richtlinie Einschränkungen des Vorsteuerabzugsrechts zulässt (Art. 176 f. MwStSystRL), prüft der EuGH darauf gestützte mitgliedstaatliche Sondermaßnahmen auf ihre Vereinbarkeit mit dem Neutralitätsgrundsatz. Mit diesem unvereinbar ist nach Ansicht des EuGH etwa eine Maßnahme, die alle Aufwendungen für Unterkunft, Bewirtung, Empfänge und Aufführungen vom Vorsteuerabzugsrecht ausschließt; insbesondere könne diese auch nicht das Ziel der Bekämpfung von Steuerhinterziehungen und -umgehungen rechtfertigen.[470]

2. Unentgeltliche Wertabgaben

a. Keine Vorsteuerentlastung bei privaten Aufwendungen als Ziel

Der Grundsatz der Neutralität gebietet es, den Unternehmer von der auf seinen Eingangsleistungen ruhenden Vorsteuer zu entlasten, soweit er diese Leistungen für steuerpflichtige Ausgangsumsätze verwendet. Werden Leistungen dagegen nicht für eine besteuerte Tätigkeit, sondern für private Zwecke genutzt, ist im Umkehrschluss eine Vorsteuerentlastung gerade nicht angezeigt: Eine Steuerkumulierung steht mangels weiterer Umsatzbesteuerung nicht zu befürchten.

Vielmehr soll sich gemäß dem Verbrauchsteuerprinzip die Umsatzsteuer auf dieser letzten Stufe – beim Endverbraucher – realisieren. Private Konsumaufwendungen dürfen deshalb nicht von den Vorsteuern entlastet werden. Für die Mehrzahl aller Verbraucher – für Nichtsteuerpflichtige – besteht indes schon keine Möglichkeit zum Vorsteuerabzug; lediglich ein Unternehmer hat eine solche. Soweit dieser Gegenstände oder Dienstleistungen, für die er den Vorsteuerabzug in Anspruch genommen hat, zu Zwecken seines eigenen Konsums oder des seines Personals verwendet, entfällt die *ratio* des Neutralitätsgrundsatzes nachträglich: Die jetzt nicht mehr berechtigte Belastungsneutralität muss aufgehoben werden. Mit anderen Worten: Die nunmehr gebotene Belastung muss wiederhergestellt werden.[471]

---

468 EuGH v. 29.7.2010, Rs. C-188/09 (Profaktor), Rn. 26.

469 Vgl. dazu Kapitel 2 A I 3.

470 EuGH v. 19.9.2000, Rs. C-177/99 (Ampafrance und Sanofi), Rn. 58 f.

471 Ebenso mit dem Verbrauchsteuerprinzip argumentieren *Birk/Desens/Tappe,* Steuerrecht, 2014[17], Rn. 1725; *Englisch,* in: *Tipke/Lang,* Steuerrecht, 2015[22], § 17 Rn. 153; *Nieskens,* in: DStJG 32 (2009), 279 (283 f.); *Söhn,* BB 1975, 219.

b. Steuerpflicht der unentgeltlichen Wertabgabe als Mittel

Dies bewirkt die Besteuerung unentgeltlicher Wertabgaben.[472] Handlungen des Unternehmers, die unternehmensfremden Zwecken dienen, werden steuerbaren Umsätzen gleichgestellt: Im Einzelnen sind dies die Entnahme eines Gegenstands aus dem Unternehmen (Art. 16 MwStSystRL bzw. § 3 Abs. 1b UStG), die Verwendung eines dem Unternehmen zugeordneten Gegenstands (Art. 26 lit. a MwStSystRL bzw. § 3 Abs. 9a Nr. 1 UStG) sowie die unentgeltliche Erbringung von Dienstleistungen (Art. 26 lit. b MwStSystRL bzw. § 3 Abs. 9a Nr. 2 UStG), jeweils für den privaten Bedarf des Steuerpflichtigen oder seines Personals.[473] Voraussetzung der Steuerbarkeit der Entnahme und Verwendung eines unternehmerischen Gegenstands ist, dass dieser zum Vorsteuerabzug berechtigt hat; die früher geltende deutsche Eigenverbrauchsbesteuerung (§ 1 Abs. 1 Nr. 2 UStG aF) kannte eine solche Einschränkung noch nicht.[474] Wohl insbesondere deshalb wird die Besteuerung unentgeltlicher Wertabgaben als Neutralitäts-/ Vorsteuerkorrektur verstanden.[475] Auch die Gesetzesmaterialien weisen in diese Richtung, obgleich sich der Richtliniengeber bewusst gegen den Weg einer technischen Vorsteuerberichtigung entschieden hat.[476]

Bezieht ein Unternehmer einen Gegenstand von einer Privatperson, hat er nach der Systematik des Gesetzes kein Recht auf Vorsteuerabzug. Wird ein solcher Gegenstand entnommen oder für private Zwecke verwendet, verbietet nach Ansicht des EuGH der Neutralitätsgrundsatz eine Besteuerung: In der Rechtssache *Kühne* erwarb ein Rechtsanwalt von privat einen Pkw, den er vollständig seinem Unternehmen zuordnete, aber auch privat nutzte; eine Besteuerung dieser privaten Verwendung würde – so der EuGH – zu einer dem Grundsatz der Neutralität

---

472 *Lohse*, in: *Achatz/Tumpel*, EuGH-Rechtsprechung und Umsatzsteuerpraxis, 2001, 47 (68 f.) behandelt den Komplex der unentgeltlichen Wertabgaben unter dem Punkt „Neutralität in Bezug auf Ausgangsumsätze". In der Tat treten unentgeltliche Wertabgaben an die Stelle von Ausgangsumsätzen. ME bietet sich eine Prüfung im Kontext der Eingangsumsätze aufgrund der engen Verknüpfung zur Thematik des Vorsteuerabzugs ebenso an.

473 Zur schwierigen Bestimmung unternehmensfremder Zwecke bei der unentgeltlichen Beförderung von Arbeitnehmern zur Arbeitsstätte durch den Arbeitgeber EuGH v. 16.10.1997, Rs. C-258/95 (Fillibeck), Rn. 26 ff.

474 Kritisch zu dieser Einschränkung *Söhn*, BB 1975, 219 (224); *ders.*, UR 1976, 69 (70).

475 So *Englisch*, in: *Tipke/Lang*, Steuerrecht, 2015[22], § 17 Rn. 154; *Jakob*, Umsatzsteuer, 2009[4], Rn. 415. AA *Pull*, Die Sphärentheorie im Mehrwertsteuerrecht, 2013, S. 206 mit der Begründung, die Dienstleistungsentnahme sei unabhängig von einem ursprünglichen Vorsteuerabzug steuerbar. *Stadie*, in: *Rau/Dürrwächter*, UStG, Einf. (April 2013) Rn. 194; *ders.*, UStG, 2012[2], § 3 Rn. 185 möchte die Vorschrift deshalb auf die Weitergabe der von einem anderen Unternehmer erbrachten Dienstleistungen, für die der Vorsteuerabzug in Anspruch genommen worden ist, teleologisch reduzieren.

476 Vorschlag einer sechsten Richtlinie des Rates zur Harmonisierung der Rechtsvorschriften der Mitgliedstaaten über die Umsatzsteuern, BT-Drucks. VII/913, S. 38 f.; *Rat der EG*, Arbeitsunterlage v. 25.3.1975, T/226/75 (FIN), S. 2.

zuwiderlaufenden Doppelbesteuerung führen.[477] Wird die private Verwendung eines mit Vorsteuerabzugsrecht erworbenen Pkw besteuert, dürfen deshalb die Kosten für Wartung und Nutzung nicht berücksichtigt werden, wenn diese Leistungen nicht zum Vorsteuerabzug berechtigt haben.[478] Soweit umgekehrt nicht für den Pkw, wohl aber für die nachträglich vorgenommenen wertsteigernden sowie werterhaltenden Arbeiten ein Vorsteuerabzug gewährt wurde, gebietet der Neutralitätsgrundsatz, die wertsteigernden, nicht aber die werterhaltenden eingebauten Gegenstände einer Entnahmebesteuerung zu unterwerfen.[479] Letztere seien mittlerweile im Rahmen der wirtschaftlichen Tätigkeit „verbraucht", sodass diesbezüglich eine neutrale Besteuerung angezeigt sei.

Auch in der Rechtssache *Bakcsi* hält es der EuGH für unzulässig, die Entnahme eines aus privater Hand erworbenen, dem Unternehmen zugeordneten Pkw zu besteuern. Eine anschließende Veräußerung des nunmehr privaten Pkw bleibt steuerfrei; dagegen hätte eine Veräußerung vor der Entnahme eine steuerbare Lieferung dargestellt.[480] Warum der Neutralitätsgrundsatz nur im ersten, nicht aber im zweiten Fall einer Doppelbesteuerung entgegensteht, lässt der EuGH unbeantwortet. Tatsächlich droht eine neutralitätswidrige Nachholwirkung auch hier.[481]

Der EuGH stellt als Sinn und Zweck der Besteuerung unentgeltlicher Wertabgaben indes nicht darauf ab, einen vorangegangenen Vorsteuerabzug zu korrigieren, sondern vielmehr darauf, eine Besserstellung des sich selbst versorgenden Unternehmers zu verhindern: So solle eine Gleichbehandlung von Steuerpflichtigen, die sich aus ihrem Unternehmen versorgen, und normalen Verbrauchern, die entsprechende Leistungen umsatzsteuerbelastet kaufen, sichergestellt werden.[482] Für den Fall der Entnahme- und Verwendungsbesteuerung entspricht die Gleichstellung von Unternehmern und Verbrauchern im Ergebnis der Rückgängigmachung eines vorangegangenen Vorsteuerabzugs: Die Ungleichbehandlung des gewöhnlichen Verbrauchers liegt darin, dass dem sich selbst versorgenden Unternehmer ein

477 EuGH v. 27.6.1989, Rs. 50/88 (Kühne), Rn. 10, 17.

478 EuGH v. 25.3.1993, Rs. C-193/91 (Mohsche), Rn. 13 zu Ausgaben für steuerfreie Garagenmiete, Kfz-Steuer, Versicherung etc.

479 EuGH v. 17.5.2001, Rs. C-322/99 (Fischer und Brandenstein), Rn. 67 f. Vgl. dazu *Novacek,* ÖStZ 2002, 238 (240 f.).

480 EuGH v. 4.10.1995, Rs. C-415/98 (Bakcsi), Rn. 40, 44. Kritisch zu diesem Ergebnis *Schön,* Umsatzsteuer-Kongress-Bericht 2001, 17 (56 f.). Vgl. dazu ebenso *Novacek,* ÖStZ 2002, 238 (240 f.).

481 *Englisch,* in: *Tipke/Lang,* Steuerrecht, 2015[22], § 17 Rn. 317 mit dem zutreffenden Hinweis, dass die Differenzbesteuerung (vgl. § 25a UStG) dieses Problem entschärfe; diese kommt jedoch nur „Wiederverkäufern" zugute. Vgl. zur Rechtfertigung der Differenzbesteuerung durch den Neutralitätsgrundsatz *Dennisen,* Die Differenzbesteuerung im Umsatzsteuergesetz, 2009, S. 23 f.

482 EuGH v. 6.5.1992, Rs. C-20/91 (de Jong), Rn. 15; v. 26.9.1996, Rs. C-230/94 (Enkler), Rn. 33; v. 14.9.2006, Rs. C-72/05 (Wollny), Rn. 31 f.; v. 11.12.2008, Rs. C-371/07 (Danfoss und AstraZeneca), Rn. 46. So auch schon *Söhn,* BB 1975, 219 (220).

Vorsteuerabzug gewährt wurde.[483] Diese Begründung versagt jedoch bei der Leistungsentnahme, da Dienstleistungen typischerweise nicht vorsteuerbelastet sind und es folglich an einer inneren Verknüpfung mit einer Vorsteuerabzugsberechtigung fehlt.[484] Insoweit lässt sich die Besteuerung nur mit dem Zweck begründen, Verbraucher, die Dienstleistungen steuerpflichtig beziehen, und Steuerpflichtige, die solche für den privaten Bedarf oder des ihres Personals erbringen, gleich zu behandeln.

Diesem Gedanken der Gleichbehandlung von Verbrauchern und Unternehmern entspricht es auch, dass Bemessungsgrundlage der Gegenstandsentnahme der (fiktive) Einkaufspreis im Zeitpunkt der Entnahme ist (Art. 74 MwStSystRL bzw. § 10 Abs. 4 Nr. 1 UStG). Erhöhen sich zwischen der Anschaffung des Gegenstands und seiner Entnahme dessen Wert oder die Steuersätze, geht die Wirkung der Besteuerung über eine bloße Umkehrung des Vorsteuerabzugs hinaus; bei entsprechenden Minderungen bleibt sie dagegen dahinter zurück.[485] Auch insoweit beschränkt sich die Wirkung der Besteuerung also nicht auf eine Berichtigung des Vorsteuerabzugs. Vielmehr wird dadurch der sich selbst versorgende Unternehmer einem gewöhnlichen Endverbraucher gleichgestellt, der just im Zeitpunkt der Entnahme seine Konsumaufwendungen tätigt.[486] Eine Vorsteuerberichtigung würde dagegen auf den Zeitpunkt des Leistungsbezugs abstellen.

Einen solchen Ansatz wählt indes die Besteuerung der Verwendungsentnahme: Anders als bei der Gegenstandsentnahme sind nicht die Marktpreise im Zeitpunkt der unentgeltlichen Wertabgabe, sondern die tatsächlich entstandenen Ausgaben entscheidend (Art. 75 MwStSystRL bzw. § 10 Abs. 4 Satz 1 Nr. 2 UStG).[487] Die Methode

---

483 *Söhn,* BB 1975, 219 (221, 223).

484 *Pull,* Die Sphärentheorie im Mehrwertsteuerrecht, 2013, S. 207 f.

485 *Pull,* Die Sphärentheorie im Mehrwertsteuerrecht, 2013, S. 207. Kritisch *Stadie,* UR 2006, 645 (646), der die Bestimmung zur Bemessungsgrundlage für einen „Webfehler", „inkonsequent" und vor dem Hintergrund des Richtlinien- und Gesetzesziels für widersprüchlich hält. Kritisch auch *Englisch,* in: *Tipke/Lang,* Steuerrecht, 2015[22], § 17 Rn. 156.

486 Dies halten für systematisch richtig *Hiller,* DStR 2005, 809 (814); *Nieskens,* in: DStJG 32 (2009), 279 (289); *ders.,* in: *Rau/Dürrwächter,* UStG, § 3 (September 2013) Rn. 1338 ff.; *Pull,* Die Sphärentheorie im Mehrwertsteuerrecht, 2013, S. 207 f. AA *Stadie,* UR 2006, 645 (646); *Wagner,* in: *Nieskens,* Deutsche Umsatzsteuer im europäischen Kontext, 101 (112 ff.), *ders.,* in: *Sölch/Ringleb,* UStG, § 10 Rn. 350 ff. Abzulehnen ist dagegen die früher vertretene *(Popitz,* UStG, 1926[3], S. 380, 388; RFH v. 11.1.1927, V A 746/26; BFH v. 9.2.1961, V 66/58 U; wohl auch *Widmann,* UR 2007, 13 (15)) Fiktionstheorie, wonach der Unternehmer so zu stellen sei, als ob er einen Umsatz an sich selbst erbringt; ebenso BFH v. 3.11.1983, V R 4, 5/73; *Nieskens,* in: *Rau/Dürrwächter,* UStG, § 3 (September 2013) Rn. 1310 ff.; *ders.,* in: DStJG 32 (2009), 279 (285 f.); *Schön,* Umsatzsteuer-Kongress-Bericht 2001, 17 (55 f.); aA *Körner,* MwStR 2014, 571 (573 f.).

487 Kritisch zu dieser unterschiedlichen Perspektive *Englisch,* in: *Tipke/Lang,* Steuerrecht, 2015[22], § 17 Rn. 156; *Wagner,* in: *Sölch/Ringleb,* UStG, § 10 Rn. 360. Hält man

zur Bestimmung der Bemessungsgrundlage der Verwendungsbesteuerung erklärt der EuGH in der Rechtssache *Enkler;* hier war ein dem Unternehmen zugeordnetes Wohnmobil überwiegend privat genutzt worden: Der EuGH berechnet darin den Anteil der die private Verwendung widerspiegelnden Ausgaben an den entstandenen Gesamtausgaben (Absetzung für Abnutzung[488], Kraftstoffkosten, Reparaturaufwendungen, usw.) nach demselben Verhältnis, wie sich die tatsächliche private Verwendung zur gesamten Verwendung des Wohnmobils verhält.[489]

Sinn und Zweck der Besteuerung unentgeltlicher Wertabgaben ist es also, einen zu unternehmensfremden Zwecken handelnden Unternehmer gleich einem Verbraucher mit Umsatzsteuer zu belasten. Deren Folge stellt sich weitgehend als Rückgängigmachung eines vorangegangenen Vorsteuerabzugs dar: So setzt die Besteuerung der Sach- und Verwendungsentnahme *de lege lata* einen Vorsteuerabzug voraus. Dies trägt dem Anliegen des Neutralitätsgrundsatzes, eine Doppelbesteuerung zu vermeiden, Rechnung.

3. Gebot der äußeren Neutralität bei Eingangsumsätzen

Bei der grenzüberschreitenden Erbringung von Umsätzen besteht die Gefahr, dass Leistungen doppelt – sowohl im Ursprungsland als auch im Bestimmungsland – besteuert werden. Die Steuerbelastung einer Leistung würde sich mit zunehmender Zahl der Grenzübertritte kumulieren. Der Grundsatz der Neutralität wäre verletzt.[490]

Deshalb ist die Umsatzsteuerbelastung einer Ware, die diese im Ursprungsland erfahren hat, zu neutralisieren. Im europäischen Umsatzsteuerrecht geschieht dies nicht etwa durch einen grenzüberschreitenden Vorsteuerabzug, sondern durch eine Befreiung innergemeinschaftlicher Lieferungen bei gleichzeitigem Erhalt des Vorsteuerabzugsrechts (sog. „echte" Steuerbefreiung). Im Gegenzug wird der damit korrespondierende innergemeinschaftliche Erwerb besteuert. Diese Erwerbsteuer berechtigt wiederum zum Vorsteuerabzug, sodass eine Ware erst bei einem weiteren steuerpflichtigen Umsatz eine tatsächliche Belastung erfährt.[491] Dadurch wird das

---

mit der hier vertretenen Ansicht den Ansatz der Marktpreise im Zeitpunkt der unentgeltlichen Wertabgabe für überzeugend, müsse bei Verwendungsentnahme konsequenterweise das marktübliche Nutzungsentgelt im Zeitpunkt der Verwendung Bemessungsgrundlage sein.

488 Maßgeblich sind nach § 10 Abs. 4 Satz 1 Nr. 2 UStG nicht mehr die ertragsteuerlich maßgeblichen AfA-Regelungen, sondern der Berichtigungszeitraum des § 15a UStG. Vgl. dazu *Lohse,* UR 2004, 582 (588 f.).

489 EuGH v. 26.9.1996, Rs. C-230/94 (Enkler), Rn. 37.

490 EuGH v. 27.9.2007, Rs. C-409/04 (Teleos), Rn. 25; v. 27.9.2007, Rs. C-146/05 (Collée), Rn. 23. Vgl. dazu *Scheller/Schrömbges,* Grenzüberschreitender Warenverkehr aus Sicht der Umsatzsteuer, 2011, S. 25.

491 *Englisch,* in: *Tipke/Lang,* Steuerrecht, 2015[22], § 17 Rn. 417. Kein Vorsteuerabzugsrecht eröffnet ein innergemeinschaftlicher Erwerb, der gemäß § 3d Satz 2 UStG in einem anderen Mitgliedstaat als dem Bestimmungsland als bewirkt gilt, da die

Bestimmungslandprinzip verwirklicht;[492] dagegen würde ein grenzüberschreitendes Vorsteuerabzugsrecht des importierenden Unternehmers zwar der Neutralität gerecht, beließe das Steueraufkommen aber im Ursprungsland. Der Mechanismus des neutralen Grenzausgleichs, der gewährleistet, dass der Grenzübertritt einer Ware auf deren steuerliche Belastung keinen Einfluss nimmt, wird als Prinzip der äußeren Neutralität bezeichnet.[493] In Bezug auf Eingangsumsätze verlangt es eine vollständige Entlastung des Unternehmers von der Umsatzsteuer, wenn dieser grenzüberschreitende Umsätze erbringt (Vorsteuerabzug trotz Steuerfreiheit der innergemeinschaftlichen Lieferung) oder er Waren aus dem Ausland bezieht (Vorsteuerabzug auf die Erwerbsteuer).

Indes hält der EuGH dieses Prinzip für einschränkbar. Dies zeigt das Urteil in der Rechtssache *Eurodental.* Eine luxemburgische Firma begehrte den Vorsteuerabzug aus den innergemeinschaftlichen Lieferungen von Zahnersatz nach Deutschland. Diese Lieferungen sind nach den europäischen Regelungen und so auch in Luxemburg steuerbefreit, während sie in Deutschland aufgrund einer Ausnahmeregelung der Steuer unterliegen. Der EuGH versagt einen Vorsteuerabzug, da die besagten Lieferungen auch dann nicht zum Vorsteuerabzug berechtigt hätten, wenn sie im Inland – in Luxemburg – steuerfrei ausgeführt worden wären.[494] Der Grundsatz der Neutralität würde vielmehr eine Gleichbehandlung innergemeinschaftlicher und inländischer Umsätze hinsichtlich des Vorsteuerabzugsrechts gebieten.[495] Zwar überzeugt es, den Vorsteuerabzug bei innergemeinschaftlichen Lieferungen zu versagen, wenn im Bestimmungsland konkurrierende Lieferungen steuerfrei und damit mit nicht abziehbarer Vorsteuer belastet sind.[496] Im konkreten Fall sind die Leistungen im Bestimmungsland Deutschland jedoch gerade nicht von der Umsatzsteuer befreit; die Versagung des Vorsteuerabzugs verstößt deshalb gegen den Grundsatz der Neutralität: Die in Luxemburg erhobenen Umsatzsteuern, die auf den verwendeten Materialien ruhen, und die Umsatzsteuer, die in Deutschland auf den innergemeinschaftlichen Erwerb erhoben wird, kumulieren; die Belastungsneutralität

---

Vorschrift Anreiz sein soll, die Versteuerung im Bestimmungsland nachzuweisen, EuGH v. 22.4.2010, Rs. C-536/08 (X), Rn. 44.

492 Vgl. ausführlich zum Bestimmungslandprinzip und dessen gesetzlicher Umsetzung Kapitel 1 B IV 2.

493 *Terra/Kajus,* European VAT Directives, Introduction to European VAT, 2009, S. 287; *Lohse,* in: *Achatz/Tumpel,* EuGH-Rechtsprechung und Umsatzsteuerpraxis, 2001, 47 (49 f.); *Tumpel,* in: DStJG 32 (2009), 53 (65).

494 EuGH v. 7.12.2006, Rs. C-240/05 (Eurodental), Rn. 41.

495 EuGH v. 7.12.2006, Rs. C-240/05 (Eurodental), Rn. 46 f.

496 EuGH v. 7.12.2006, Rs. C-240/05 (Eurodental), Rn. 43 f., der von einem Vorrang des Vorsteuerausschlusses bei spezifischen Befreiungen gegenüber dem Erhalt des Vorsteuerabzugs bei der allgemeinen Befreiung der innergemeinschaftlichen Lieferungen ausgeht. Zustimmend *Englisch,* in: *Tipke/Lang,* Steuerrecht, 2015[22], § 17 Rn. 347. Kritisch *Achatz,* in: FS Reiß, 2008, 169 (172 ff.); *Stadie,* in: *Rau/Dürrwächter,* UStG, § 15 (Juli 2013) Rn. 1147.

des Unternehmers ist beeinträchtigt.[497] Dies ist einzig dem Grenzübertritt der Ware geschuldet, da ein innerstaatlicher Umsatz aufgrund der Steuerbefreiung keine weitere steuerliche Belastung erfahren hätte. Auch der EuGH stellt einen Verstoß gegen die Neutralität nicht in Abrede, hält diesen aber für unbedenklich, weil er einer von Deutschland verantworteten Abweichung von der Richtlinie geschuldet sei.[498]

Bei der Erbringung grenzüberschreitender sonstiger Leistungen wird das Bestimmungslandprinzip dagegen durch die Ortsregelungen verwirklicht (Art. 44 f. MwStSystRL bzw. § 3a UStG). Wenden die Mitgliedstaaten diese Regelungen nicht in kohärenter Weise an, droht eine Entlastung des Unternehmers zu scheitern. So wurde einem italienischen Unternehmer die Erstattung der in Deutschland gezahlten Steuer versagt, weil nach Auffassung der italienischen Behörden der Ort der fraglichen Dienstleistung in Italien lag und dort hätte besteuert werden müssen. Um einen dadurch drohenden Verstoß gegen den Neutralitätsgrundsatz zu vermeiden, verlangt der EuGH, verfahrensrechtlich eine kohärente Beurteilung in den Mitgliedstaaten sicherzustellen.[499]

4. Grundsatz des Gutglaubensschutzes beim Vorsteuerabzug

Die Frage des Gutglaubensschutzes stellt sich im Umsatzsteuerrecht in den verschiedensten Konstellationen.[500] Diskutiert wird diese insbesondere, wenn ein Leistender einen Umsatz gutgläubig als steuerfreie innergemeinschaftliche Lieferung oder Ausfuhrlieferung behandelt, obwohl eine solche objektiv nicht vorliegt.[501] Aber auch für den Leistungsempfänger wird der Grundsatz des Gutglaubensschutzes relevant, wenn er den Vorsteuerabzug geltend machen möchte, er dazu aber aufgrund objektiver, ihm unbekannter Tatsachen nicht berechtigt ist.

So besteht kein Recht auf Vorsteuerabzug, wenn dieses in betrügerischer oder missbräuchlicher Weise geltend gemacht wird.[502] Jedoch gewährt der EuGH einen Vorsteuerabzug, wenn zwar nicht der betreffende Umsatz, wohl aber die in der Lieferkette vorausgehenden oder nachfolgenden Umsätze zu betrügerischen Zwecken erfolgen, der Steuerpflichtige diesbezüglich aber gutgläubig ist.[503] Es darf

---

497 Ebenso kritisch *Achatz,* in: FS Reiß, 2008, 169 (176 ff.); *Lippross,* in: FS Reiß, 2008, 195 (202 f.); *Reiß,* UR 2007, 565 (566 f.); *Henze,* in: Umsatzsteuer-Kongress-Bericht 2010, 7 (22 f.).

498 EuGH v. 7.12.2006, Rs. C-240/05 (Eurodental), Rn. 55 f.

499 EuGH v. 26.1.2012, Rs. C-218/10 (ADV), Rn. 43. Zu den Auswirkungen darauf auf das deutsche Steuerverfahrensrecht *Neumann-Tomm,* MwStR 2014, 789 (791); *Weinschütz,* EuZW 2012, 221 (222).

500 Ausführlich *Günther,* Vertrauensschutz bei Angaben Dritter im Umsatzsteuerrecht, 2013, S. 65 ff.; zusammenfassend *Sterzinger,* DStR 2010, 2606.

501 Vgl. Kapitel 2 A II 7.

502 EuGH v. 3.3.2005, Rs. C-32/03 (Fini H), Rn. 34; v. 21.2.2006, Rs. C-255/02 (Halifax), Rn. 59; vgl. dazu oben unter Kapitel 2 A I 1 b dd. (2).

503 EuGH v. 12.1.2006, Rs. C-354/03 u.a. (Optigen), Rn. 52.

deshalb nicht zum Verlust des Vorsteuerabzugsrechts führen, wenn ein Umsatz entgegen dem guten Glauben des Leistungsempfängers in ein Mehrwertsteuerkarussell einbezogen ist. Diesem Grundsatz steht die der Rechtssache *Kittel und Recolta* zugrundeliegende nationale Vorschrift entgegen, nach der bei einem Mehrwertsteuerbetrug schon die Kaufverträge unheilbar nichtig sind und ein Vorsteuerabzug deshalb ausgeschlossen ist: Unternehmer, die weder wussten noch wissen konnten, dass der Umsatz in einen Betrug einbezogen ist, seien entsprechend dem Neutralitätsgrundsatz von der Vorsteuer zu entlasten.[504]

Diese Rechtsprechung überzeugt. Es handelt sich jeweils um tatsächlich geschuldete Umsatzsteuer; ob diese Steuer an den Fiskus abgeführt wird, darf für das Abzugsrecht des Leistungsempfängers nicht von Bedeutung sein.[505] Auch wenn ihm die Umsatzsteuer nur aus betrügerischen Absichten in Rechnung gestellt wird, belastet ihn diese; sofern er nicht entlastet wird, kumuliert sich die Steuer mit einem weiteren Umsatz. Diese Gefahr besteht freilich nicht, wenn der Leistungsempfänger selbst an einem Karussell fiktiver Umsätze beteiligt ist: Insoweit greift die *ratio* des Neutralitätsgrundsatzes nicht.[506] Würde dagegen einem gutgläubigen Leistungsempfänger, der die Waren im Rahmen eines weiteren Umsatzes ordnungsgemäß der Besteuerung unterwirft, ein Abzugsrecht versagt, wäre der Grundsatz der Neutralität verletzt.[507]

Vertrauensschutzrechtliche Probleme treten auch dann auf, wenn es an einer ordnungsgemäßen Rechnung – einer Voraussetzung des Vorsteuerabzugsrechts[508] – fehlt. Hat der Leistungsempfänger für ihn trotz Anwendung der gebotenen Sorgfalt nicht erkennbar eine formal fehlerhafte Rechnung – etwa mit falschen Angaben zum Leistenden – erhalten, muss aus Neutralitätsgründen ein Gutglaubensschutz greifen.[509] Schließlich ändern Fehler in der Rechnung nichts daran, dass der Leistungsempfänger die Umsatzsteuer entrichtet und folglich mit ihr belastet wird. Zwar akzeptiert der EuGH zur Vorbeugung von Steuerhinterziehungen hohe Anforderungen an die Sorgfaltsverpflichtungen der Unternehmer; jedoch verbietet er gestützt

504 EuGH v. 6.7.2006, Rs. C-439/04 (Kittel und Recolta), Rn. 52. Vgl. dazu sowie zur nationalen Folgerechtsprechung *Sterzinger,* DStR 2014, 831.

505 EuGH v. 3.3.2004, Rs. C-395/02 (Transport Service), Rn. 26; v. 12.1.2006, Rs. C-354/03 u.a. (Optigen), Rn. 54; v. 6.7.2006, Rs. C-439/04 (Kittel und Recolta), Rn. 49; vgl. dazu bereits oben unter Kapitel 2 A I. 1. b. cc. (5).

506 EuGH v. 6.7.2006, Rs. C-439/04 (Kittel und Recolta), Rn. 55, 61.

507 So auch *Günther,* Vertrauensschutz bei Angaben Dritter im Umsatzsteuerrecht, 2013, S. 157, 234.

508 Vgl. Kapitel 2 A I. 1. b. cc. (5).

509 Im Ergebnis ebenso *Achatz,* in: DStJG 32 (2009), 461 (479 ff.), der sonst eine unzulässige gesamtschuldnerische Haftung des Leistungsempfängers annimmt; *Günther,* Vertrauensschutz bei Angaben Dritter im Umsatzsteuerrecht, 2013, S. 152 f.; auf das Verbrauchsteuerprinzip abstellend, im Ergebnis aber ebenso *Becker,* UR 2009, 664 (665 f.); *dies.,* Ortsbestimmung von sonstigen Leistungen, 2011, 51 f.; *Sterzinger,* DStR 2010, 2606 (2610).

auf den Verhältnismäßigkeitsgrundsatz, das Risiko eines Steuerausfalls einseitig auf den Unternehmer zu verlagern.[510] Nur bei offensichtlicher Unrichtigkeit der Rechnungsangaben darf dem Ziel der Betrugsbekämpfung zulasten der Neutralität der Vorrang gegeben werden. So gewährt der EuGH trotz Unregelmäßigkeiten der Angaben des Rechnungsausstellers einen Vorsteuerabzug, ohne von einem gutgläubigen Leistungsempfänger eine Kontrolle der Richtigkeit dieser Angaben zu verlangen.[511]

Auch im Fall des unrichtigen oder unberechtigten Rechnungsausweises (§ 14c UStG) liefe es dem Neutralitätsgrundsatz zuwider, einen gutgläubigen Leistungsempfänger nicht von der Vorsteuer zu entlasten. Der EuGH verneint jedoch das Vorliegen einer „geschuldeten" Umsatzsteuer und versagt deshalb ein Vorsteuerabzugsrecht.[512] Stattdessen verweist er den Leistungsempfänger grundsätzlich auf seinen zivilrechtlichen Rückzahlungsanspruch gegen den Leistenden; nur ausnahmsweise gewährt er ihm – sogar unabhängig von seiner Gutgläubigkeit – einen Erstattungsanspruch gegen den Fiskus, soweit die Geltendmachung jenes Rückzahlungsanspruchs „übermäßig erschwert" ist.[513] Indes überzeugt es nicht, im Fall des Ausweises nicht geschuldeter Umsatzsteuer die Hürden der Entlastung höher anzusetzen als bei anderen Mängeln. Ein gutgläubiger, sorgfältig handelnder Unternehmer darf aus Gründen der Neutralität nicht Gefahr laufen, mit dem Steuerbetrag belastet zu werden, den er in seiner Preiskalkulation als abziehbare Vorsteuer berücksichtigt hat. Diese Gefahr ist jedoch größer, wenn ihm die Beweislast dafür aufgebürdet wird, dass eine Rückzahlung vom Leistungsempfänger übermäßig erschwert ist.[514]

---

510 So für den Gutglaubensschutz bzgl. des Vorliegens einer steuerfreien innergemeinschaftlichen Lieferung EuGH v. 27.9.2007, Rs. C-409/04 (Teleos), Rn. 58. Ebenso mit dem Verhältnismäßigkeitsgrundsatz argumentieren *Stadie,* in: *Rau/Dürrwächter,* UStG, § 15 (Juli 2013) Rn. 568 ff; *Englisch,* UR 2009, 181 (185); *Becker,* UR 2009, 664 (665 f.); *Günther,* Vertrauensschutz bei Angaben Dritter im Umsatzsteuerrecht, 2013, S. 157, 226 f. Stattdessen für ein Anknüpfen an die Grundrechte des Unternehmers *Englisch,* in: *Schön,* Zukunftsfragen des deutschen Steuerrechts, 2009, 40 (73); Kapitel 3 A II 2.

511 EuGH v. 21.6.2012, Rs. C-80/11 und 142/11 (Mahagében und Dávid), Rn. 61; v. 6.9.2012, Rs. C-324/11 (Gábor Tóth), Rn. 38; v. 18.7.2013, Rs. C-78/12 (Evita-K), Rn. 42. Zustimmend *Grünwald,* MwStR 2013, 13 (15).

512 EuGH v. 15.3.2007, Rs. C-35/05 (Reemtsma), Rn. 23; *Sterzinger,* DStR 2014, 831 (833 f.).

513 EuGH v. 15.3.2007, Rs. C-35/05 (Reemtsma), Rn. 27, 41. Zustimmend *Englisch,* in: *Schön,* Zukunftsfragen des deutschen Steuerrechts, 2009, 40 (72).

514 Kritisch zu dieser Rechtsprechung und für einen Vorsteuerabzug im Rahmen des Gutglaubensschutzes *Stadie,* in: *Rau/Dürrwächter,* UStG, § 14c (Januar 2014) Rn. 214 ff., 235, § 15 (Juli 2013) Rn. 622 ff., der auf nationaler Ebene § 15 Abs. 1 Satz 1 Nr. 1 UStG sogar direkt anwenden will; *Günther,* Vertrauensschutz bei Angaben Dritter im Umsatzsteuerrecht, 2013, S. 153. Für einen Vorsteuerabzug bei gutem Glauben an die Unternehmereigenschaft des Leistenden *Englisch,* in: *Tipke/Lang,*

II. „Wettbewerbsneutralität" bei Ausgangsumsätzen durch gleiche Besteuerung

1. *Das Ziel der Wettbewerbsneutralität durch Gleichbehandlung*

Eine dem Verbrauchsteuerprinzip zuwiderlaufende Steuerbelastung des Unternehmers droht aber nicht nur, wenn dieser von den auf seinen Eingangsleistungen ruhenden Vorsteuern ungenügend entlastet wird. Die Umsatzsteuer wird für ihn auch insoweit zum wettbewerbsverzerrenden Kostenfaktor, als sich die auf seine Ausgangsumsätze erhobene Steuer im Preiswettbewerb nicht auf den Endverbraucher überwälzen lässt.[515] Gelingt dagegen dem Unternehmer trotz wettbewerbsverzerrender Besteuerung eine vollständige Überwälzung, bleibt es wiederum für die Belastung des Verbrauchers nicht ohne Einfluss – „neutral" –, von welchem der konkurrierenden Unternehmer er seine Leistungen bezieht.[516] Ziel muss es deshalb sein, gleichartige Leistungen gleich hoch mit Umsatzsteuer zu belasten, sodass sich die Erhebung von Umsatzsteuer auf den Wettbewerb neutral auswirkt.[517] Dies versteht der EuGH als weitere Ausprägung des Neutralitätsgrundsatzes:

> „Zum anderen lässt der Grundsatz der steuerlichen Neutralität es nach ständiger Rechtsprechung nicht zu, gleichartige und deshalb miteinander in Wettbewerb stehende Waren oder Dienstleistungen hinsichtlich der Mehrwertsteuer unterschiedlich zu behandeln."[518]

Neben dieser umsatzbezogenen Betrachtungsweise formuliert der EuGH den Neutralitätsgrundsatz auch aus der Perspektive des Leistungserbringers:

> „Der Grundsatz der steuerlichen Neutralität verbietet es insbesondere, dass Wirtschaftsteilnehmer, die gleichartige Umsätze bewirken, bei der Mehrwertsteuererhebung unterschiedlich behandelt werden."[519]

Steuerrecht, 2015[22], § 17 Rn. 318; *Heidner,* UR 2002, 445 (450 f.); *Stadie,* in: *Rau/Dürrwächter,* UStG, § 15 (Juli 2013) Rn. 149; *ders.,* UStG, 2012[2], § 15 Rn. 38; *Wagner,* Stbg 2001, 56 (62); aA *Leipold,* Personelle Zurechnung von Umsätzen und Vorsteuerabzug, 2008, S. 233, der es für ausreichend hält, den Leistungsempfänger nur auf seinen Anspruch gegen den Leistenden zu verweisen. Für einen Vorsteuerabzug bei gutem Glauben an das Vorliegen einer Leistung *Stadie,* in: *Rau/Dürrwächter,* UStG, § 15 (Juli 2013) Rn. 155; *ders.,* UStG, 2012[2], § 15 Rn. 40.

515 *Reiß,* in: DStJG 32 (2009), 9 (14 f.).

516 Darauf verweist auch *Englisch,* in: *Tipke/Lang,* Steuerrecht, 2015[22], § 17 Rn. 25.

517 *Henze,* in: Umsatzsteuer-Kongress-Bericht 2010, 7 (14) spricht insoweit von „komparativer Neutralität".

518 So EuGH v. 15.11.2012, Rs. C-174/11 (Zimmermann), Rn. 48 mwN. St. Rspr.; vgl. nur EuGH v. 23.10.2003, Rs. C-109/02 (Kommission/Deutschland), Rn. 20; v. 10.11.2011, Rs. C-259/10 (The Rank Group), Rn. 32 mwN.

519 So EuGH v. 10.9.2002, Rs. C-141/00 (Kügler), Rn. 30; ebenso v. 6.11.2003, Rs. C-45/01 (Christoph-Dornier-Stiftung), Rn. 44.

Für welche Bereiche der Umsatzbesteuerung der EuGH dieser Ausprägung des Neutralitätsgrundsatzes Einfluss zuschreibt, wird im Folgenden aufgezeigt.

2. *Neutralität hinsichtlich des Leistungserbringers*

a. *Rechtsformneutralität*

Die Person des Leistungserbringers und insbesondere die Rechtsform, in der dieser tätig ist, dürfen auf die umsatzsteuerliche Behandlung eines Sachverhalts keinen Einfluss haben. Deshalb muss bei der Prüfung der Frage, ob ein Unternehmer als Steuerpflichtiger im Sinne des Art. 9 Abs. 1 MwStSystRL gilt, die Rechtsform unberücksichtigt bleiben.[520]

Dieses Gebot der „Rechtsformneutralität"[521] wird verletzt, soweit eine Steuerbefreiung nur Unternehmen, die in einer bestimmten Rechtsform betrieben werden, offen stehen. So hatte der EuGH in der Rechtssache *Gregg* zu entscheiden, ob als steuerbefreite „Einrichtung" im Sinne des Art. 132 Abs. 1 lit. b, g MwStSystRL nur juristische Personen oder auch natürliche Personen – wie im konkreten Fall ein zu einer nordirischen „Partnership" ohne Rechtspersönlichkeit zusammengeschlossenes Ehepaar – gelten. In klarer Abweichung zu seiner früheren Rechtsprechung[522] wertet es der EuGH nunmehr als Verstoß gegen den Grundsatz der Neutralität, wenn die Steuerbefreiung bestimmter Umsätze von der Rechtsform abhängt, in der der Steuerpflichtige seine Tätigkeit ausübt.[523] Mit derselben Begründung bejaht der EuGH einen Verstoß gegen den Neutralitätsgrundsatz in der Rechtssache *Kügler*:[524] Hier war einem als GmbH betriebenen ambulanten Pflegedienst eine auf Art. 132 Abs. 1 lit. c MwStSystRL gestützte Befreiung mit dem Argument verwehrt worden, diese sei natürlichen Personen vorbehalten. Auch eine Stiftung des privaten Rechts, die psychotherapeutische Behandlungen durch bei ihr angestellte Psychotherapeuten erbringt, fasst der EuGH unter diese Befreiungsvorschrift:[525] Andernfalls würde allein die Rechtsform des Steuerpflichtigen einer Befreiung entgegenstehen, da selbständige Psychotherapeuten unstreitig von der Befreiung profitieren. Folglich darf insbesondere auch eine bestimmte berufliche Qualifikation der Gesellschafter keine Voraussetzung einer Steuerbefreiung sein.[526]

---

520 EuGH v. 4.12.1990, Rs. C-186/89 (Van Tiem), Rn. 18; v. 20.6.1991, Rs. C-60/90 (Polysar Investments), Rn. 12; v. 26.6.2003, Rs. C-305/01 (MKG-Kraftfahrzeuge-Factoring), Rn. 43; v. 29.4.2004, Rs. C-77/01 (EDM), Rn. 48.

521 Dieser Begriff hat – soweit ersichtlich – keinen Eingang in die Rspr. des EuGH, wohl aber in die Rspr. des BFH gefunden, vgl. dazu Kapitel 3 B II 2 a.

522 In EuGH v. 11.8.1995, Rs. C-453/93 (Bulthuis-Griffiön), Rn. 20 wurde als „Einrichtung" allein eine juristische Person verstanden.

523 EuGH v. 7.9.1999, Rs. C-216/97 (Gregg), Rn. 20.

524 EuGH v. 10.9.2002, Rs. C-141/00 (Kügler), Rn. 30.

525 EuGH v. 6.11.2003, Rs. C-45/01 (Christoph-Dornier-Stiftung), Rn. 20. Vgl. dazu auch *Nieskens*, UVR 2006, 13 (14).

526 *Nieskens*, UVR 2006, 13 (14).

Nach der Auffassung des EuGH steht dem Neutralitätsgrundsatz eine nationale Befreiungsvorschrift entgegen, die nur für zugelassene öffentliche Spielbanken, nicht aber für andere Betreiber von Glücksspielen und Spielautomaten gilt. Hier würde eine Steuerbefreiung in unzulässiger Weise von der Identität des Veranstalters dieser Spiele bzw. des Betreibers dieser Geräte abhängig gemacht.[527] Schließlich verbietet es der EuGH gestützt auf diese Argumentation, das Recht, auf eine Steuerbefreiung zu verzichten und für eine Besteuerung zu optieren, nur Steuerpflichtigen einer bestimmten Rechtsform zuzugestehen.[528]

b. Strukturneutralität

Das „Ob" und „Wie" der Umsatzbesteuerung eines Unternehmens darf nicht von dessen Organisationsstruktur abhängen. So spricht der EuGH den Steuerpflichtigen das Recht zu, „das Organisationsmodell zu wählen, das ihnen, rein wirtschaftlich betrachtet, am besten zusagt, ohne Gefahr zu laufen, dass ihre Umsätze von der (...) Befreiung ausgeschlossen werden".[529]

Eine steuerbefreite Kreditvermittlung (Art. 135 Abs. 1 lit. b MwStSystRL) liegt deshalb nach Ansicht des EuGH auch dann vor, wenn sie in zwei Dienstleistungen aufgeteilt wird, die von unterschiedlichen Personen erbracht werden: Deshalb ist die Vermögensberatung des Kreditnehmers durch einen Steuerpflichtigen steuerfrei, selbst wenn dieser in keinem Vertragsverhältnis zu den Parteien des Kreditvertrags steht und statt ihm ein anderer die Verhandlungen mit dem Kreditgeber durchführt.[530] Die Steuerbefreiung einer im Zusammenhang mit dem Sport stehenden Dienstleistung (Art. 132 Abs. 1 lit. m MwStSystRL) scheitert nach der Auffassung des EuGH nicht daran, dass aufgrund einer speziellen Organisationsstruktur ein steuerpflichtiger Verband nicht unmittelbar an die Sporttreibenden, sondern an deren Verein Leistungen erbringt.[531] Auch verwehrt der EuGH eine Steuerbefreiung der von Banken auf ein externes Datenverarbeitungszentrum ausgelagerten Leistungen gemäß Art. 135 Abs. 1 lit. d, f MwStSystRL nicht allein deswegen, weil diese statt unmittelbar an den Endkunden an die Banken erbracht werden; er fordert aber, dass die Dienstleistungen ein „im Großen und Ganzen eigenständiges Ganzes, das die

---

527 EuGH v. 17.2.2005, Rs. C-453/02 u. 462/02 (Linneweber und Akriditis), Rn. 29. Vgl. dazu § 4 Nr. 9 lit. b UStG idF v. 22.12.1999.

528 EuGH v. 12.1.2006, Rs. C-246/04 (Turn- und Sportunion Waldburg), Rn. 34.

529 St. Rspr. Vgl. nur EuGH v. 4.5.2006, Rs. C-169/04 (Abbey National), Rn. 68; v. 21.6.2007, Rs. C-453/05 (Ludwig), Rn. 35; v. 3.4.2008, Rs. C-124/07 (J.C.M. Beheer), Rn. 28; v. 7.3.2013, Rs. C-275/11 (GfBk Gesellschaft für Börsenkommunikation mbH), Rn. 31.

530 EuGH v. v. 21.6.2007, Rs. C-453/05 (Ludwig), Rn. 37. Ebenso für die Steuerbefreiung der von Versicherungsvertretern erbrachten Dienstleistungen (Art. 135 Abs. 1 lit. a MwStSystRL) EuGH v. 3.4.2008, Rs. C-124/07 (J.C.M. Beheer), Rn. 27.

531 EuGH v. 16.10.2008, Rs. C-253/07 (Canterbury Hockey Club), Rn. 30.

spezifischen und wesentlichen Funktionen einer der [in der Befreiungsvorschrift] beschriebenen Leistung erfüllt", darstellen.[532]

Gestützt auf diese Einschränkung versteht der EuGH als „Vermittlung" im Sinne des Art. 135 Abs. 1 lit. f MwStSystRL nicht schon rein materielle, technische oder administrative Leistungen eines Subunternehmers; die Erteilung von Informationen über ein Finanzprodukt sowie die Annahme und Bearbeitung der Anträge stellen deshalb keine steuerfreien Vermittlungstätigkeiten dar.[533] Auch übt ein Versicherungsunternehmen, das das Versicherungsgeschäft eines anderen Versicherungsunternehmens übernimmt, dabei aber in keiner rechtlichen Beziehung zum Versicherten stehen soll und keine Risiken der Versicherungstätigkeit tragen soll, keine steuerbefreite Versicherungsdienstleistung im Sinne des Art. 135 Abs. 1 lit. a MwStSystRL aus.[534] Als steuerbefreite „Verwaltung von Sondervermögen" (Art. 135 Abs. 1 lit. g MwStSystRL) gelten die von einem außenstehenden Verwalter erbrachten Dienstleistungen im Rahmen der Verwaltung eines Fonds nur dann, wenn sie „für die Verwaltung von Sondervermögen durch Kapitalanlagegesellschaften spezifisch und wesentlich" und nicht rein materieller oder technischer Natur sind.[535]

Der EuGH garantiert also mitnichten eine generelle Neutralität von Outsourcing-Maßnahmen. Vielmehr misst er die ausgelagerten Leistungen isoliert an den Befreiungsvorschriften. Aus der Perspektive des Neutralitätsgrundsatzes ist dieses Vorgehen zu begrüßen: Gleichartige Leistungen werden unabhängig davon, ob sie im weitesten Sinne einem steuerfreien Umsatz eines anderen Steuerpflichtigen dienen oder isoliert erbracht werden, gleich behandelt.[536] Dagegen ließe sich eine allzeit strukturneutrale Besteuerung mit diesem Ziel des Neutralitätsgrundsatzes nicht in Einklang bringen:[537] Führt beispielsweise ein Unternehmen allgemeine EDV-Leistungen an ein steuerbefreites Finanzinstitut aus, ist es nicht gerechtfertigt, diese Umsätze von der Umsatzsteuer zu befreien, während solche Umsätze

532 EuGH v. 5.6.1997, Rs. C-2/95 (SDC), Rn. 57, 66; vgl. dazu *Hamacher/Frenzel,* UR 2002, 297 (298 ff.). So auch EuGH v. 21.6.2007, Rs. C-453/05 (Ludwig), Rn. 36.

533 EuGH v. 13.12.2001, Rs. C-235/00 (CSC), Rn. 40; vgl. dazu *Lohse,* BB 2002, 559. Zur Würdigung der Rspr. des EuGH zu Finanzdienstleistungen *Schiller,* Outsourcing im Finanzdienstleistungs- und Versicherungssektor, 2006, S. 76 ff.

534 EuGH v. 8.3.2001, Rs. C-240/99 (Skandia), Rn. 41. Kritisch hierzu *Menner/Herrmann,* UR 2001, 229 (232); *Schön,* in: Umsatzsteuer-Kongress-Bericht 2001, 17 (37). Zur Würdigung der Rspr. des EuGH zu Versicherungsdienstleistungen *Schiller,* Outsourcing im Finanzdienstleistungs- und Versicherungssektor, 2006, S. 96 f.

535 EuGH v. 4.5.2006, Rs. C-169/04 (Abbey National), Rn. 71 f. Vgl. zur Auslegung des Begriffs der „Verwaltung eines Sondervermögens" EuGH v. 19.7.2012, Rs. C-44/11 (Deutsche Bank AG), Rn. 35; v. 7.3.2013, Rs. C-275/11 (GfBk), Rn. 31; v. 13.3.2014, Rs. C-464/12 (ATP), Rn. 64, 72.

536 Ebenso *Lohse,* BB 2002, 559.

537 Dies halten aber für geboten *Kessler/Schmidt,* DStR 2001, 1677 (1681); *Schön,* in: Umsatzsteuer-Kongress-Bericht 2001, 17 (37). Wie hier *Teufel,* Beteiligungsverwaltung, Kapitalüberlassung und Kapitalbeschaffung, 2010, S. 75.

steuerpflichtig sind, wenn sie an steuerpflichtige Leistungsempfänger erbracht werden. Umgekehrt verlangt der Neutralitätsgrundsatz, Leistungen, die für eine steuerbefreite Tätigkeit wesentlich sind, unabhängig davon, ob diese ein Steuerpflichtiger unmittelbar selbst ausführt oder ob sie ihm von dritter Seite erbracht werden, gleich zu behandeln.[538]

c. Die Privilegierung der öffentlichen Hand

In offenem Widerspruch zum Gebot der Neutralität hinsichtlich der Person des Leistungserbringers steht die Norm des Art. 13 Abs. 1 MwStSystRL. Danach gelten Einrichtungen des öffentlichen Rechts nicht als Steuerpflichtige, soweit sie im Rahmen der Ausübung von öffentlicher Gewalt tätig sind.[539] § 2 Abs. 3 UStG geht davon aus, dass juristische Personen des öffentlichen Rechts grundsätzlich keine Unternehmer sind.[540] Maßgebliches Kriterium der Befreiung ist die öffentlich-rechtliche Rechtsform. Dadurch werden Privatpersonen von vornherein von dieser Steuerfreiheit ausgeschlossen, selbst wenn sie als Beliehene Befugnisse der öffentlichen Gewalt ausüben[541] oder die Benutzung öffentlicher Sachen gestatten.[542] Werden Einrichtungen der öffentlichen Hand privatisiert, profitieren sie ebenfalls nicht mehr von der Steuerfreiheit. (Rechtsform-)Neutralität ist daher nicht gewahrt, soweit bei der Wahrnehmung öffentlicher Aufgaben Private neben öffentlichen Einrichtungen auftreten.[543]

---

538 Vgl. dazu die Argumentation in EuGH v. 7.3.2013, Rs. C-275/11 (GfBk), Rn. 31; v. 13.3.2014, Rs. C-464/12 (ATP), Rn. 72.

539 Der EuGH bezeichnet Art. 13 Abs. 1 MwStSysstRL als „Befreiung" der Einrichtungen des öffentlichen Rechts von der Mehrwertsteuer, vgl. nur EuGH v. 26.3.1987, Rs. 235/85 (Kommission/Niederlande), Rn. 21. Zum historischen Hintergrund dieser Norm vgl. *Canz,* Umsatzbesteuerung der öffentlichen Hand, 2013, S. 40 ff.; *Küffner,* Umsatzsteuerliche Behandlung von juristischen Personen des öffentlichen Rechts, 2001, S. 32.

540 Ausnahmen bilden Betriebe gewerblicher Art, land- und forstwirtschaftliche Betriebe sowie die in § 2 Abs. 3 Satz 2 UStG genannten Sondertätigkeiten. Kritisch zur Unionsrechtskonformität des § 2 Abs. 3 UStG *Korn,* in: *Bunjes/Geist,* UStG, 2014[13], § 2 Rn. 196.

541 EuGH v. 26.3.1987, Rs. 235/85 (Kommission/Niederlande), Rn. 21 f. zu niederländischen Notaren; diese restriktive Auslegung der Norm begründet der EuGH mit deren Ausnahmecharakter, da sie klar vom Grundsatz der Allgemeinheit der Umsatzsteuer abweicht (Rn. 19 f.). Ebenso EuGH v. 25.7.1991, Rs. C-202/90 (Ayuntamiento de Sevilla), Rn. 19 für als örtliche Steuereinnehmer fungierende Privatpersonen.

542 EuGH v. 12.9.2000, Rs. C-359/97 (Kommission/Vereinigtes Königreich), Rn. 56 für die Tätigkeit der Gestattung der Benutzung einer Straßenanlage gegen eine Maut durch Wirtschaftsteilnehmer des privaten Rechts.

543 *Canz,* Umsatzbesteuerung der öffentlichen Hand, 2013, S. 53 ff.; *Reimer,* in: DStJG 32 (2009), 325 (337 f.).

Diese Neutralität suchen indes die in Art. 13 Abs. 1 UAbs. 2 und 3 MwStSystRL normierten Rückausnahmen zu gewährleisten[544] bzw. ein Stück weit wiederherzustellen. Öffentliche Einrichtungen gelten danach als steuerpflichtig, „sofern eine Behandlung als Nichtsteuerpflichtige zu größeren Wettbewerbsverzerrungen führen würde" oder „sofern der Umfang dieser [in Anhang I der MwStSystRL aufgeführten] Tätigkeiten nicht unbedeutend ist". In der Rechtssache *Isle of Wight Council* hatte der EuGH Gelegenheit zur Auslegung dieser Rückausnahmen. Es stellte sich die Frage, ob die Steuerfreiheit der Vermietung von Parkplätzen durch die lokalen Behörden zu Wettbewerbsverzerrungen im Sinne des Art. 13 Abs. 1 UAbs. 2 MwStSystRL führt, weil auch der Privatsektor solche Leistungen anbietet. Hierbei betrachtet der EuGH nicht die Wettbewerbsverhältnisse auf dem lokalen Markt, sondern – parallel zu Art. 13 Abs. 1 UAbs. 3 MwStSystRL – vielmehr die Tätigkeit als solche:[545] Ausgehend vom Neutralitätsgrundsatz sei entscheidend, ob die Tätigkeit der öffentlichen Einrichtung „im Wesentlichen die gleiche" ist wie die der privaten Wirtschaftsteilnehmer.[546] Da Art. 13 Abs. 1 UAbs. 2 MwStSystRL die Grundregel der allgemeinen Besteuerung wiederherstelle und im Gegensatz zu Art. 13 Abs. 1 UAbs. 1 MwStSystRL weit auszulegen sei, müsse nicht nur der gegenwärtige, sondern auch der potenzielle Wettbewerb berücksichtigt werden.[547] Ebenso hält der EuGH Art. 13 Abs. 1 UAbs. 2 MwStSystRL für einschlägig, wenn die Steuerfreiheit der öffentlichen Einrichtungen aufgrund des damit verbundenen Ausschlusses vom Vorsteuerabzug zu Wettbewerbsverzerrungen zu ihren eigenen Lasten führt.[548]

Die Privilegierung der öffentlichen Hand wird vor dem Hintergrund des Prinzips einer gleichmäßigen Belastung aller Konsumaufwendungen oft kritisiert: So sieht *Söhn* darin einen Verstoß gegen das Gebot, sämtliche Verbrauchsgüter der Umsatzsteuer als allgemeiner Verbrauchsteuer zu unterwerfen; die Befreiung öffentlicher Einrichtungen bewirke nämlich, dass die von diesen angebotenen Verbrauchsgüter

---

544 So deutlich EuGH v. 17.10.1989, Rs. 231/87 (Comune di Carpaneto), Rn. 22; v. 8.6.2006, Rs. C-430/04 (Feuerbestattungsverein Halle), Rn. 24.

545 EuGH v. 16.9.2008, Rs. C-288/07 (Isle of Wight Council), Rn. 35. Anders noch EuGH v. 13.12.2007, Rs. C-408/06 (Götz), Rn. 44, wonach das Vorliegen von Wettbewerbsverzerrungen nach Maßgabe des räumlich relevanten Marktes festzustellen sei; da dieses Urteil jedoch einen Sonderfall im Bereich der Milchquoten-Verkaufsstellen betrifft, ist ihm kein allgemeingültiger Aussagegehalt beizumessen, vgl. *Wagner*, UVR 2008, 335 (338 f.).

546 EuGH v. 16.9.2008, Rs. C-288/07 (Isle of Wight Council), Rn. 45 f.

547 EuGH v. 16.9.2008, Rs. C-288/07 (Isle of Wight Council), Rn. 60 f.

548 EuGH v. 4.6.2009, Rs. C-102/08 (Salix), Rn. 75; zustimmend *Reimer*, in: DStJG 32 (2009), 325 (341); aA noch *Lange*, UR 1999, 385 (388). Dies ablehnend EuGH v. 2.6.2005, Rs. C-378/02 (Waterschap Zeeuws Vlaanderen), Rn. 43 für den Fall, dass für eine Einrichtung des öffentlichen Rechts aufgrund der Behandlung als Nichtsteuerpflichtige eine spätere Vorsteuerberichtigung gemäß Art. 184 MwStSystRL ausscheidet.

unbelastet in die Verbrauchersphäre gelangen.[549] In der Tat gibt das Verbrauchsteuerprinzip in Verbindung mit dem Leistungsfähigkeitsprinzip eine gleichmäßige Belastung gleicher Konsumaufwendungen vor.[550] Dies wiederum setzt voraus, dass die Anbieter gleicher und damit konkurrierender Leistungen steuerlich gleich behandelt werden. Leistungen öffentlicher Einrichtungen, die im Rahmen der öffentlichen Gewalt erbracht werden, konkurrieren aber jedenfalls bei staatlichen Monopolen nicht mit denen Privater. Insoweit steht nicht zu befürchten, dass gleich leistungsfähige Verbraucher unterschiedlich belastet werden, weil alle Verbraucher diese Leistungen von der privilegierten öffentlichen Hand erwerben. Bei privater Konkurrenz sorgen Art. 13 Abs. 1 UAbs. 2 und 3 MwStSystRL weitgehend für eine gleiche Belastung gleicher Leistungen. Die Steuerbefreiung öffentlicher Einrichtungen ist also mit dem Leistungsfähigkeitsprinzip zu vereinbaren. Indes weicht die Richtlinie damit tatsächlich von ihrem Grundsatz einer *allgemeinen* Verbrauchsteuer ab. Stattdessen stellt sie das Gebot der Wettbewerbsneutralität in den Vordergrund.[551]

Die Privilegierung der öffentlichen Hand in Art. 13 Abs. 1 MwStSystRL zeigt, dass der Grundsatz der Rechtsformneutralität nach dem Verständnis des europäischen Gesetzgebers nicht generell eine rechtsformabhängige Besteuerung verbietet, sondern nur, soweit ein Wettbewerb zwischen den begünstigten und nicht begünstigten Rechtsformen besteht.

d. Die Regelung der Organschaft

Gemäß Art. 11 Abs. 1 MwStSystRL können Mitgliedstaaten inländische „Personen, die zwar rechtlich unabhängig, aber durch gegenseitige finanzielle, wirtschaftliche und organisatorische Beziehungen eng miteinander verbunden sind, zusammen als einen Steuerpflichtigen behandeln". § 2 Abs. 2 Nr. 2 UStG – das deutsche Umsetzungsgesetz dazu – bezeichnet es als „Organschaft", wenn eine sog. Organgesellschaft in das Unternehmen des sog. Organträgers eingegliedert ist.[552] Auf

---

549 *Söhn,* StuW 1976, 1 (8 ff.); *ders.,* UR 1976, 69 (70); zustimmend *Englisch,* in: *Tipke/Lang,* Steuerecht, 2015²², § 17 Rn. 54. Im Erg. ebenso *Kirchhof,* in: *Nieskens,* Deutsche Umsatzsteuer im Europäischen Kontext, 2008, 55 (67). Zu Reformvorschlägen vgl. *Schmitz/Möser,* UR 2014, 607 (613 ff.).

550 Vgl. Kapitel 1 B II 2 b.

551 Ebenso auf das Ziel der Wettbewerbsneutralität stellen ab *Hüttemann,* Die Besteuerung der öffentlichen Hand, 2002, 8 ff.; *Küffner,* Umsatzsteuerliche Behandlung von juristischen Personen des öffentlichen Rechts, 2001, S. 177; *ders.,* DStR 2003, 1606 (1608); *Lange,* UR 1999, 385 (387); *Wachweger,* DStZ (A) 1975, 195 (199); kritisch dagegen *Söhn,* StuW 1976, 1 (11); *Sarrazin,* UR 1974, 281 (284), die das Ziel der Allgemeinheit der Besteuerung für vorrangig halten. *Weich,* Öffentliche Hand im System der Umsatzsteuer, 1996, S. 268, hält eine wettbewerbsneutrale Besteuerung erst bei einer lückenlosen Umsatzsteuerpflicht der öffentlichen Hand für erreicht.

552 Nach Ansicht des Generalanwalts *Mengozzi* geht diese Voraussetzung der Eingliederung über die Anforderungen der Richtlinie hinaus und ist deshalb mit dieser nur vereinbar, sofern sie zur Vermeidung von Missbrauch und Steuerhinterziehung

unionsrechtlicher Ebene ist dagegen der Begriff der „Mehrwertsteuer-Gruppe" üblich.[553]

Die Umsätze der Organgesellschaft werden dem Organträger zugerechnet, während die innerhalb der Organschaft erbrachten Umsätze nicht steuerbar sind. Deshalb war die Bildung einer solchen Organschaft im früheren System der Allphasen-Brutto-Umsatzsteuer sehr attraktiv, um Kumulationseffekte innerhalb der Lieferkette zu vermeiden.[554] Neben Verwaltungsvereinfachungen führt die Organschaft aber auch heute noch zu Vorteilen, wenn die zwischen der Organgesellschaft und dem Organträger erbrachten Leistungen für steuerfreie Ausgangsumsätze verwendet werden. Ohne die organschaftlichen Regelungen würde auf diese innerorganschaftlichen Umsätze Umsatzsteuer anfallen, die aufgrund des Ausschlusses des Vorsteuerabzugsrechts (Art. 168 MwStSystRL bzw. § 15 Abs. 2 UStG) für den Organträger bzw. die Organgesellschaft zum endgültigen Kostenfaktor würde.[555] Hängt die Möglichkeit der Bildung einer Organschaft und damit das Zuteilwerden dieses Vorteils von der Rechtsform der daran beteiligten Unternehmer ab, liegt ein Verstoß gegen die Rechtsformneutralität nahe.

Bedenken erweckt daher die Norm des § 2 Abs. 2 Nr. 2 UStG, wonach als Organgesellschaft nur „juristische" Personen in Betracht kommen. Personengesellschaften können, selbst wenn sie sich aufgrund ihrer Struktur zur finanziellen und organisatorischen Eingliederung eignen[556], kein Teil einer Organschaft sein. Der Vorteil, eine Kostenbelastung mit nicht abziehbarer Vorsteuer zu vermeiden, wird Konzernen vorbehalten, deren beherrschte Gesellschaft eine Kapitalgesellschaft ist. Es ist deshalb denkbar, dass gleichartige Leistungen abhängig von der Rechtsform ihrer Anbieter eine unterschiedliche Vorsteuerbelastung tragen. Die zur Rechtfertigung dieser Ungleichbehandlung angeführten Gründe können nicht überzeugen;[557] auch eine Typisierung durch den Gesetzgeber aus Gründen der Rechtssicherheit oder der

---

unter Beachtung des Neutralitätsgrundsatzes erforderlich ist, GA Mengozzi, SA v. 26.3.2015, C-108/14 und C-109/14 (Larentia + Minerva u. Marenave), Rn. 98.

553 Vgl. etwa KOM (2009), 325 endg.

554 *Englisch,* in: *Tipke/Lang,* Steuerecht, 2015[22], § 17 Rn. 65. Kritisch zur Beibehaltung der Organschaft im System der Allphasen-Netto-Umsatzsteuer *Söhn,* StuW 1976, 1 (5 f.).

555 Zu Beispielen vgl. *Stadie,* in: *Rau/Dürrwächter,* UStG, § 2 (Juli 2014) Rn. 968 ff.; *Hahne,* DStR 2008, 910 (913).

556 *Stadie,* in: *Rau/Dürrwächter,* UStG, § 2 (Juli 2014) Rn. 840 nennt als Beispiel kapitalistisch strukturierte Personengesellschaften wie eine GmbH & Co. KG. Dagegen ist eine finanzielle Eingliederung einer natürlichen Person denknotwendig ausgeschlossen.

557 Vgl. zu einer ausführlichen Diskussion der von Gesetzgeber und Rspr. angeführten Gründe (mögliche nur partielle Unselbständigkeit von Personengesellschaften; Unanwendbarkeit der Eingliederungsmerkmale auf Personengesellschaften) *Hartman,* Die Vereinbarkeit der umsatzsteuerrechtlichen Organschaft mit dem Europäischen Unionsrecht, 2013, S. 125 ff.

Verwaltungsvereinfachung erscheint weder erforderlich noch angemessen:[558] So vermag es weder die Rechtssicherheit zu beeinträchtigen noch den Verwaltungsaufwand übermäßig zu erhöhen, dass das Vorliegen der finanziellen Eingliederung bei Personengesellschaften anders als bei juristischen Personen einer besonderen Prüfung – z.B. bezüglich der Abbedingung des Einstimmigkeitserfordernisses – bedarf, zumal eine solche auf Tatbestandsebene vorgenommen werden kann und mitunter auch bei juristischen Personen angezeigt ist.[559] Vielmehr wird es dem Sinn und Zweck der Organschaft umso mehr gerecht, die damit verbundene Verwaltungsvereinfachung auch Personengesellschaften zu ermöglichen.[560] Die Beschränkung der Organgesellschaft auf juristische Personen verstößt daher gegen den Grundsatz der Neutralität.[561]

Zwar fehlt es bis dato an einer entsprechenden Entscheidung des EuGH; der Generalanwalt kommt in seinen Schlussanträgen zu dem vom BFH in dieser Frage eingeleiteten Vorabentscheidungsverfahren[562] aber zu demselben Ergebnis.[563] Eine unionsrechtskonforme Auslegung des § 2 Abs. 2 Nr. 2 UStG erscheint aufgrund des eindeutigen Wortlauts kaum möglich.[564] Die gebotene Einbeziehung von

---

558 So aber *Reiß*, in: Umsatzsteuer-Kongress-Bericht 2010, 195 (201 f.); *Stadie*, in: *Rau/Dürrwächter*, UStG, § 2 (Juli 2014) Rn. 843.

559 *Hartman*, Die Vereinbarkeit der umsatzsteuerrechtlichen Organschaft mit dem Europäischen Unionsrecht, 2013, S. 134.

560 *Schnarrenberger*, Die umsatzsteuerliche Organschaft, 2014, S. 122.

561 Heute hM. *Birkenfeld*, UR 2008, 2 (5); *ders.*, UR 2010, 198 (202); *Boor*, Die Gruppenbesteuerung im harmonisierten Mehrwertsteuerrecht, 2014, S. 126; *Hahne*, DStR 2008, 910 (913); *Schnarrenberger*, Die umsatzsteuerliche Organschaft, 2014, S. 121. AA *Reiß*, in: Umsatzsteuer-Kongress-Bericht 2010, 195 (205) mit dem nicht überzeugenden Argument, der Vorsteuerausschluss könne prinzipiell nicht – und deshalb auch dann nicht, wenn er nur zu Lasten bestimmter Unternehmensrechtsträgern geht – zu einer Verletzung des Neutralitätsgrundsatzes führen; (entgegen der noch in der Vorauflage vertretenen Ansicht) *Stadie*, in: *Rau/Dürrwächter*, UStG, § 2 (Juli 2014) Rn. 843.

562 BFH v. 11.12.2013, BFHE 244, 79; v. 11.12.2013, BFHE 244, 94; EuGH-Vorlagen C-108/14 und C-109/14.

563 Danach verstoße der Ausschluss bestimmter Unternehmer von der Bildung einer Organschaft gegen den Grundsatz der Neutralität, soweit dies nicht durch die Ziele der Verhinderung missbräuchlicher Praktiken oder der Bekämpfung von Steuerhinterziehung gerechtfertigt ist, GA Mengozzi, SA v. 26.3.2015, C-108/14 und C-109/14 (Larentia + Minerva u. Marenave), Rn. 84.

564 *Boor*, Die Gruppenbesteuerung im harmonisierten Mehrwertsteuerrecht, 2014, S. 123; *Grube*, MwStR 2015, 202 (206); *Hartman*, Die Vereinbarkeit der umsatzsteuerrechtlichen Organschaft mit dem Europäischen Unionsrecht, 2013, S. 141 f. AA *Hummel*, UR 2010, 207 (211 f.), der für eine verfassungskonforme Auslegung plädiert; auch GA Mengozzi, SA v. 26.3.2015, C-108/14 und C-109/14 (Larentia + Minerva u. Marenave), Rn. 116 meint, eine unionsrechtskonforme Auslegung sei „durchaus möglich (...), ohne zu einer Auslegung *contra legem* zu führen".

Personengesellschaften könnte sich aber aus einer unmittelbaren Anwendung des Art. 11 MwStSystRL ergeben:[565] Die nach der Rechtsprechung des EuGH erforderliche inhaltliche Bestimmtheit und Unbedingtheit der Vorschrift[566] liegt vor: Zwar stellt Art. 11 Abs. 1 MwStSystRL die Einführung einer Organschaft in das Ermessen der Mitgliedstaaten; entscheidet sich ein Mitgliedstaat aber für eine Umsetzung, entfällt die Bedingtheit der Vorschrift.[567] Auch schadet es nicht, dass Art. 11 Abs. 1 MwStSystRL nicht explizit Personengesellschaften als möglichen Teil einer Organschaft nennt:[568] Kürzlich erlaubte der EuGH sogar die Einbeziehung Nichtsteuerpflichtiger in eine Organschaft.[569] Überdies verbietet er es, die Bildung einer Organschaft in ungerechtfertigter Weise Unternehmen einer bestimmten Branche oder eines bestimmten Tätigkeitsfelds vorzuenthalten.[570] Überdies ist Art. 11 Abs. 1 MwStSystRL wie alle Richtlinienvorschriften im Lichte des Neutralitätsgrundsatzes auszulegen. Bei solcher Auslegung steht Art. 11 Abs. 1 MwStSystRL einer von der Rechtsform abhängigen Ungleichbehandlung von „Personen“ hinsichtlich der Möglichkeit, eine Organschaft zu bilden, entgegen.[571] Deshalb spricht vieles dafür, wider den Wortlaut des § 2 Abs. 2 Nr. 2 UStG auch Personengesellschaften als zulässige Organgesellschaften zu verstehen.[572]

---

565 So im Ergebnis *Birkenfeld,* UR 2008, 2 (5); *Hahne,* DStR 2008, 910 (914); *Küffner/Streit,* UR 2013, 401 (404). AA *Hummel,* UR 2010, 207 (212 f.); *Stadie,* in: *Rau/Dürrwächter,* UStG, § 2 (Juli 2014) Rn. 809. Zweifelnd BFH v. 11.12.2013, BFHE 244, 79; v. 11.12.2013, BFHE 244, 94.

566 Vgl. zu diesen Voraussetzungen der unmittelbaren Anwendbarkeit von Richtlinien EuGH v. 5.4.1979, Rs. 148/78 (Pretura di Milano); v. 19.1.1982, Rs. 8/81 (Becker), Rn. 25. Ausführlich Kapitel 3 B I 2.

567 *Hartman,* Die Vereinbarkeit der umsatzsteuerrechtlichen Organschaft mit dem Europäischen Unionsrecht, 2013, S. 144.

568 AA *Hummel,* UR 2010, 207 (213).

569 EuGH v. 9.4.2013, Rs. C-85/11 (Kommission/Irland), Rn. 41. Mit dem Grundsatz der Neutralität argumentiert GA Jääskinen seinem SA v. 27.11.2012, Rs. C-85/11 (Kommission/Irland), Rn. 50, 53. *Boor,* Die Gruppenbesteuerung im harmonisierten Mehrwertsteuerrecht, 2014, S. 25; *Sterzinger,* UR 2014, 133 (135) entnehmen dieser Entscheidung nur die Aussage, dass Nichtsteuerpflichtige Mitglieder einer Organschaft sein *können,* dies aber nicht zwingend geboten ist. AA *Birkenfeld,* UR 2014, 120 (124); *Erdbrügger,* DStR 2013, 1573 (1579); *ders.,* BB 2014, 1384; *Heinrichshofen,* EU-UStB 2013, 45 (46); *Küffner/Streit,* UR 2013, 401 (403); *Slapio,* UR 2013, 407 (410).

570 EuGH v. 25.4.2013, Rs. C-480/10 (Kommission/Schweden), Rn. 35. Letztlich billigte der EuGH die Beschränkung, da sie der Verhinderung von Steuerhinterziehungen und -umgehungen diene, Rn. 39.

571 Im Ergebnis ebenso *Schnarrenberger,* Die umsatzsteuerliche Organschaft, 2014, S. 125 f. *Boor,* UR 2013, 729 (737); *ders.,* Die Gruppenbesteuerung im harmonisierten Mehrwertsteuerrecht, 2014, S. 101, 124 ff.; *Grube,* MwStR 2015, 202 (206) stellen unmittelbar auf den Neutralitäts- bzw. Gleichbehandlungsgrundsatz ab.

572 Im Ergebnis ebenso *Boor,* UR 2013, 729 (735); *Englisch,* in: *Tipke/Lang,* Steuerecht, 2015[22], § 17 Rn. 62 mwN. AA BFH v. 7.12.1978, V R 22/74; v. 08.02.1979, V R 101/78

Die in Art. 11 MwStSystRL angeordnete Beschränkung einer Organschaft nur auf inländische Unternehmensteile legt eine Verletzung des Grundsatzes der äußeren Neutralität nahe. Dieser verbietet eine steuerlich unterschiedliche Behandlung je nach Herkunft einer Leistung bzw. ihrer Anbieter.[573] Genau dies steht aber aufgrund der oben beschriebenen Vorteile zu befürchten, wenn die Vorleistungen aus der Hand inländischer Organgesellschaften anders als die entsprechenden Leistungen ausländischer Töchter nicht umsatzbesteuert werden.[574] Eine Rechtfertigung über den vom EuGH entwickelten ungeschriebenen Rechtfertigungsgrund der Aufteilung der Besteuerungsbefugnisse liegt hier aber nahe.[575]

Aus der Perspektive des Neutralitätsgrundsatzes erscheint das Institut der Organschaft also durchaus problematisch, soweit die Möglichkeit ihrer Bildung von persönlichen Eigenschaften der beteiligten Unternehmen abhängt.

3. *Wertneutralität*

Des Weiteren entnimmt der EuGH dem Neutralitätsgrundsatz das Verbot, erlaubte und unerlaubte Geschäfte unterschiedlich zu besteuern. Das nationale Pendant dazu findet sich in § 40 AO. Der EuGH spricht insoweit oft vom Grundsatz der „Wertneutralität“:

> „Dazu ist festzustellen, dass der Grundsatz der steuerlichen Wertneutralität bei der Erhebung der Mehrwertsteuer tatsächlich eine allgemeine Differenzierung zwischen erlaubten und unerlaubten Geschäften verbietet.“ [576]

---

in klarer Abweichung zur bisherigen Rspr. von BFH und RFH zu organschaftsähnlichen Verhältnissen; *Klenk,* in: *Sölch/Ringleb,* UStG, § 2 Rn. 89; *Korn,* in: *Bunjes/Geist,* UStG, 2014[13], § 2 Rn. 112.

573 EuGH v. 27.9.2007, Rs. C-409/04 (Teleos), Rn. 59 f. Zum Grundsatz der äußeren Neutralität vgl. Kapitel 2 A I 3, II 6.

574 Darin sehen eine Beschränkung der Niederlassungsfreiheit aus Art. 49 AEUV *Birkenfeld,* UR 2010, 198 (202 f.); *Englisch,* in: *Tipke/Lang,* Steuerecht, 2015[22], § 17 Rn. 64; *Reiß,* in: Umsatzsteuer-Kongress-Bericht 2010, 195 (223 f.); *Schnarrenberger,* Die umsatzsteuerliche Organschaft, 2014, S. 249 f.; *Widmann,* UR 2012, 32 (34). AA *Stadie,* in: *Rau/Dürrwächter,* UStG, § 2 (Juli 2014) Rn. 810 mit der nicht überzeugenden Begründung, Art. 49 AEUV binde nur die Mitgliedstaaten, nicht aber die Union selbst. Vgl. dazu auch KOM (2009), 325 endg., S. 8.

575 Vgl. zu diesem Rechtfertigungsgrund EuGH v. 13.12.2005, Rs. C-446/03 (Marks & Spencer), Rn. 45; v. 15.5.2008, Rs. C-414/06 (Lidl Belgium), Rn. 30 f. Dies bejaht überzeugend *Boor,* Die Gruppenbesteuerung im harmonisierten Mehrwertsteuerrecht, 2014, S. 77; *Hartman,* Die Vereinbarkeit der umsatzsteuerrechtlichen Organschaft mit dem Europäischen Unionsrecht, 2013, S. 168 ff.; aA *Reiß,* in: Umsatzsteuer-Kongress-Bericht 2010, 196 (225 f.); *Richter,* Die Regelungen zum Vorsteuerabzug, 2012, S. 185; *Schnarrenberger,* Die umsatzsteuerliche Organschaft, 2014, S. 257.

576 EuGH v. 5.7.1988, Rs. 269/86 (Mol), Rn. 18; v. 5.7.1988, Rs. 289/86 (Happy Family), Rn. 20. Kritisch zu dieser Terminologie *Lohse,* in: *Achatz/Tumpel,* EuGH-Rechtsprechung und Umsatzsteuerpraxis, 2001, 47 (61); *ders.,* Die Zuordnung

Ausgehend von diesem Ansatz verfolgt der EuGH auch im Bereich der illegalen Geschäfte maßgeblich das Ziel, gleichartige und deshalb miteinander in Wettbewerb stehende Waren und Dienstleistungen gleich zu besteuern:

a. *Absolut illegaler Bereich*

Die Rechtsprechung des EuGH zur Wertneutralität nimmt ihren Ausgangspunkt bei der Frage, ob die Einfuhr von Betäubungsmitteln eine Zollschuld auslöst. Der EuGH hält es für widersprüchlich, darauf Zölle zu erheben, weil deren Vertrieb in allen Mitgliedstaaten verboten sowie strafrechtlich zu verfolgen ist und sie deshalb nach der Einfuhr niemals in den Verkehr gebracht werden dürfen.[577]

Der EuGH überträgt diese Argumentation auf die Frage der Einfuhrumsatzbesteuerung von Betäubungsmitteln, die sich parallel zum Problem der Zollschuld stellt: Waren, für die ein absolutes Verkehrsverbot gilt und die Anlass zu Strafverfolgungsmaßnahmen geben, könnten nicht der Umsatzsteuer unterliegen.[578] Ein solches absolutes Einfuhr- und Verkehrsverbot nimmt der EuGH auch für Falschgeld an, weshalb dessen Einfuhr ebenfalls keine Einfuhrumsatzsteuerschuld auslöse.[579]

Schließlich lehnt der EuGH auch für inländische Lieferungen von Betäubungsmitteln eine Umsatzbesteuerung ab. Er bekräftigt hierbei die im Rahmen des Zollrechts entwickelten Argumente und stützt seine Begründung zusätzlich darauf, dass „jeder Wettbewerb zwischen einem legalen und einem illegalen Wirtschaftssektor ausgeschlossen" und deshalb der „Grundsatz der steuerlichen Wertneutralität nicht berührt" sei, wenn Waren „schon nach ihrem Wesen in allen Mitgliedstaaten einem vollständigen Verkehrsverbot unterliegen".[580]

Tatsächlich gebietet im sog. „total illegalen Handelsbereich"[581] der Grundsatz der Neutralität keine Umsatzbesteuerung: Konkurrierende legale – und folglich besteuerte – Leistungen sind schon nicht denkbar. Vielmehr würde eine Besteuerung solcher Leistungen regelmäßig entgegen dem Verbrauchsteuercharakter den Leistenden statt den Endabnehmer belasten: Da ein illegaler Anbieter keine Umsatzsteuer auf seine Preise ausweisen wird und er erst nach der Entdeckung durch die Behörden zur Zahlung der Steuer herangezogen werden könnte, bliebe er mangels weiterer Abwälzungsmöglichkeit mit dieser belastet.[582] Die Nichtbesteuerung

---

im Mehrwertsteuerrecht, 1999, S. 133, der mit Verweis auf die englische und französische Sprachfassung von einem „Übersetzungsfehler" spricht.

577 EuGH v. 5.2.1981, Rs. 50/80 (Horvath), Rn. 10 ff.; v. 26.10.1982, Rs. 221/81 (Wolf), Rn. 9 ff.; v. 26.10.1982, Rs. 240/81 (Einberger I), Rn. 9 f.

578 EuGH v. 28.2.1984, Rs. 294/82 (Einberger II), Rn. 20.

579 EuGH v. 6.12.1990, Rs. C-343/89 (Witzemann), Rn. 19 f.

580 EuGH v. 5.7.1988, Rs. 269/86 (Mol), Rn. 18; v. 5.7.1988, Rs. 289/86 (Happy Family), Rn. 20.

581 *Sperling*, Wertneutralität im EG-Umsatzsteuerrecht, 2002, S. 83.

582 *Englisch*, in: *Tipke/Lang*, Steuerrecht, 2015[22], § 17 Rn. 93 befürchtet, dass die Umsatzsteuer dann entgegen ihrem Belastungsgrund zur „Strafsteuer" würde; auf nationaler Ebene sieht er § 40 AO teleologisch reduziert. Kritisch zu dieser Rspr.

überzeugt auch aus der Perspektive des Leistungsfähigkeitsprinzips: Wendet ein Verbraucher Mittel für den Erwerb absolut verbotener Güter auf, die – wie Drogen – keinem marktwirtschaftlichen Preismechanismus unterliegen, indizieren diese Aufwendungen keine messbare Leistungsfähigkeit, die sich mit der anderer, rechtmäßige Erwerbungen tätigender Verbraucher vergleichen ließe.[583]

b. Relativer illegaler Bereich

Kann ein Wettbewerb zwischen legalen und illegalen Leistungen dagegen nicht ausgeschlossen werden, gebietet der Grundsatz der (Wert-)Neutralität eine Umsatzbesteuerung. Dies ist der Fall, wenn ein bestimmter Umsatz zwar im konkreten Einzelfall, nicht aber generell verboten ist. Keinem absoluten Handelsverbot unterliegen nach der Rechtsprechung des EuGH beispielsweise nachgeahmte Parfümeriewaren, die gegen gewerbliche Schutzrechte verstoßen: Anders als etwa bei Betäubungsmitteln seien diese Waren nicht vom Wirtschaftskreislauf ausgeschlossen, da Parfümeriewaren auch auf dem rechtmäßigen Markt angeboten würden und deshalb ein Wettbewerb zwischen nachgeahmten und rechtmäßigen Erzeugnissen bestehe.[584] Genauso verhält es sich nach Ansicht des EuGH bei unerlaubten Glücksspielen – im konkreten Fall handelte es sich um ein unerlaubtes Roulettespiel – sowie bei aus einem Drittland eingeschmuggeltem Ethylalkohol: Auch hierfür gebe es jeweils einen rechtmäßigen Markt, weshalb zwischen legalen und illegalen Spielen bzw. Alkoholprodukten ein Wettbewerbsverhältnis denkbar sei.[585]

Wenn erlaubte und unerlaubte Tätigkeiten umsatzsteuerlich gleich zu behandeln sind, müssen Steuerbefreiungen diesen unerlaubten Umsätzen gleichermaßen zuteilwerden. Im Fall der unerlaubten Glücksspiele verbietet es der EuGH folglich, eine Steuerbefreiung nur zugelassenen öffentlichen Spielbanken zu gewähren.[586] Der EuGH hält die Ausfuhr von Computerteilen, die lediglich in das konkrete

---

dagegen *Blankenheim,* „Steuerpflichtiger" und Unternehmerbegriff im Umsatzsteuerrecht, 2005, S. 59, *Schön,* in: Umsatzsteuer-Kongress-Bericht 2001, 17 (39 f.); *Weiß,* UR 1989, 311 f.; *Widmann,* UR 1989, 10.

583 Nicht überzeugend deshalb die aA von *Schön,* in: Umsatzsteuer-Kongress-Bericht 2001, 17 (40), der den Erwerb von Rauschgift für 1.000 € mit dem Erwerb von Zigaretten für 5 € vergleicht. Im Ergebnis wie hier *Reiß,* Umsatzsteuerrecht, 2014[12], Rn. 32.

584 EuGH v. 28.5.1998, Rs. C-3/97 (Goodwin and Unstead), Rn. 15.

585 EuGH v. 11.6.1998, Rs. C-283/95 (Fischer), Rn. 22 zu Glücksspielen (der EuGH wählt hier wieder den Begriff der Neutralität statt den der „Wertneutralität"); v. 29.6.2000, Rs. C-455/98 (Kaupo Salumets u.a.), Rn. 23 zu Ethylalkohol.

586 EuGH v. 11.6.1998, Rs. C-283/95 (Fischer), Rn. 28; ebenso v. 7.7.2010, Rs. C-381/09 (Curia) zur Vergabe eines Wucherdarlehens, wenn die Gewährung von Gelddarlehen grundsätzlich einer Steuerbefreiung unterfällt. Anders dagegen die wohl hM zu § 40 AO, die dessen teleologische Reduktion im Fall von Steuervergünstigungen für geboten hält, vgl. dazu *Englisch,* in: *Tipke/Lang,* Steuerrecht, 2015[22], § 5 Rn. 109 mwN; *Fischer,* in: *Hübschmann/Hepp/Spitaler,* AO/FGO, § 40 AO (November 2012),

Land aufgrund nationaler Embargovorschriften verboten ist, für steuerbefreit.[587] Genauso wenig darf die Steuerbefreiung von Versicherungsumsätzen zwischen erlaubten und – wegen fehlender Zulassung – nach nationalem Recht rechtswidrigen Geschäften unterscheiden.[588] Wird die Geschäftsveräußerung aus dem Anwendungsbereich der Umsatzsteuer ausgenommen, so muss dies auch dann gelten, wenn der Geschäftserwerber die erforderliche Gewerbegenehmigung nicht besitzt: Es sei nämlich nicht ausgeschlossen, dass dieser mit Wirtschaftsteilnehmern in Wettbewerb tritt, die von dieser Regelung profitieren.[589]

Wie schwierig die Abgrenzung zwischen dem absolut und dem relativ illegalen Bereich ist, wird in der Rechtssache *Coffeeshop Siberië* deutlich. In Frage stand die Umsatzsteuerpflicht der Miete für einen Tisch, der für den Verkauf von Drogen verwendet wurde. Streitig war, ob diese Tischmiete ebenso wie die Drogengeschäfte als absolut illegale Leistung nicht der Umsatzsteuer unterliegt. Dies verneint der EuGH indes mit Verweis auf den wirtschaftlichen Charakter der Vermietung und den bestehenden Wettbewerb zu Vermietungen im legalen Bereich.[590]

Im „relativ illegalen Handelsbereich"[591] verlangt die Neutralität demnach eine gleiche umsatzsteuerliche Behandlung gleichartiger legaler und illegaler Leistungen. Dies wirkt nicht nur zulasten der unerlaubten Leistungen, die folglich der Steuerpflicht unterfallen, sondern – insbesondere im Fall von Steuerbefreiungen – auch zu ihren Gunsten. Dies überzeugt: Im bestehenden Preiswettbewerb haben legale und illegale Anbieter dadurch gleiche Überwälzungschancen, sodass eine einseitige Belastung weder der einen noch der anderen zu befürchten steht.[592] Gleichzeitig wird sichergestellt, dass gleiche Verbrauchsgüter – unabhängig von der Rechtmäßigkeit ihres Vertriebs – gleich belastet werden. Anders als im absolut illegalen Bereich gibt es für diese unerlaubten Leistungen Konkurrenz auf dem rechtmäßigen Markt, sodass die dafür getätigten Konsumaufwendungen tatsächlich eine Messgröße für Leistungsfähigkeit darstellen und damit eine Besteuerung rechtfertigen.

Letztlich liegt also auch dem Grundsatz der wertneutralen Besteuerung das allgemeine Ziel der Neutralität zugrunde, gleichartige Leistungen gleich zu besteuern. Vor diesem Hintergrund überzeugt es, dass das Abgrenzungskriterium zwischen besteuertem und nichtbesteuertem illegalen Handel das Bestehen eines Wettbewerbsverhältnisses ist.[593]

Rn. 18 ff.; *Tipke,* StRO III, 2012², S. 1659; aA *Drüen,* in: *Tipke/Kruse,* AO/FGO, § 40 AO (August 2014), Rn. 6; BFH v. 7.11.1989, BFHE 159, 238.

587 EuGH v. 2.8.1993, Rs. C-111/92 (Lange), Rn. 16 f.

588 EuGH v. 25.2.1999, Rs. C-349/96 (Card Protection Plan), Rn. 35.

589 EuGH v. 27.11.2003, Rs. C-497/01 (Zita Modes), Rn. 53 f.

590 EuGH v. 29.6.1999, Rs. C-158/98 (Coffeeshop Siberië), Rn. 22. Kritisch dazu *Sperling,* Wertneutralität im EG-Umsatzsteuerrecht, 2002, S. 175.

591 *Sperling,* Wertneutralität im EG-Umsatzsteuerrecht, 2002, S. 84.

592 *Englisch,* in: *Tipke/Lang,* Steuerrecht, 2015²², § 17 Rn. 93.

593 Nicht überzeugend deshalb *Sperling,* Wertneutralität im EG-Umsatzsteuerrecht, 2002, S. 94 ff., der den Aspekt der Neutralität nicht in seine Betrachtung aufnimmt.

4. *Neutralität hinsichtlich gleichartiger Leistungen*

Der Grundsatz der Neutralität gebietet, gleichartige Waren und Dienstleistungen hinsichtlich der Umsatzsteuer gleich zu behandeln. Dieser Ansatz des EuGH wirft zwei Definitionsfragen auf: Zum einen ist zu klären, *worin* eine Gleichbehandlung zu erfolgen hat (a.). Zum anderen müssen Kriterien dafür gefunden werden, wann Leistungen als *gleichartig* gelten (b.).

a. Fallgruppen

aa. Anwendungsbereich

Die Umsatzsteuer soll als allgemeine Verbrauchsteuer einen möglichst breiten Anwendungsbereich haben. Werden alle Verbrauchsgüter gleichermaßen der Umsatzsteuer unterworfen, bestehen im Preiswettbewerb optimale Überwälzungschancen, sodass die Unternehmer nicht – „neutral" – und die Verbraucher gleich mit Umsatzsteuer belastet werden. Der EuGH sieht es demzufolge als ein Gebot des Neutralitätsgrundsatzes an, den Begriff des Steuerpflichtigen weit auszulegen. Deshalb versteht er als „wirtschaftliche Tätigkeit" und insbesondere als „Nutzung von körperlichen Gegenständen zur nachhaltigen Erzielung von Einnahmen" im Sinn des Art. 9 Abs. 1 UAbs. 2 MwStSystRL möglichst „alle Vorgänge ohne Rücksicht auf deren Rechtsform".[594] Gemeint ist hiermit nicht etwa die Rechtsform des Unternehmers, sondern die (zivil-)rechtliche Qualifizierung der Leistungserbringung.[595] Als „Nutzung" einer unbeweglichen Sache gilt beispielsweise schon die Einräumung eines Erbbaurechts durch den Eigentümer gegen Zahlung einer Vergütung.[596]

(1) Holdinggesellschaften

Keine wirtschaftliche Tätigkeit ist dagegen der bloße Erwerb und das bloße Halten von Beteiligungen an einer Tochtergesellschaft durch eine sog. Finanzholding. Daraus erzielte Dividenden seien nicht das Ergebnis der Nutzung dieser Gesellschaftsanteile, sondern Ausfluss ihres bloßen Innehabens.[597] Etwas anderes soll nur dann

---

594 St. Rspr. Vgl. nur EuGH v. 4.12.1990, Rs. C-186/89 (Van Tiem), Rn. 18.

595 *Stadie,* in: *Rau/Dürrwächter,* UStG, Einf. (April 2013), Rn. 603.

596 EuGH v. 4.12.1990, Rs. C-186/89 (Van Tiem), Rn. 19.

597 EuGH v. 20.6.1991, Rs. C-60/90 (Polysar), Rn. 13; v. 22.6.1993, Rs. C-333/91 (Sofitam), Rn. 12 ; v. 20.6.1996, Rs. C-155/94 (Wellcome Trust), Rn. 32; v. 6.2.1997, Rs. C-80/95 (Harnas & Helm), Rn. 15 zum vergleichbaren Fall des Erwerbs und Besitzes von Schuldverschreibungen; v. 29.4.2004, Rs. C-77/01 (EDM), Rn. 62. Als „wirtschaftliche Tätigkeit" wertet der EuGH jedoch den Bezug von **Zinsen**, wenn darin eine unmittelbare, dauerhafte und notwendige Erweiterung der steuerbaren Tätigkeit des Steuerpflichtigen liegt, EuGH v. 11.7.1996, Rs. C-306/94 (Régie dauphinsoise), Rn. 17 f. Ebenso wird die Tätigkeit einer Holdinggesellschaft, die im Überlassen von Kapital an ihre Tochtergesellschaften besteht, als wirtschaftliche Tätigkeit in Gestalt der Nutzung dieses Kapitals zur nachhaltigen Erzielung von

gelten, wenn die Beteiligung mit einem unmittelbaren oder mittelbaren Eingreifen in die Verwaltung der Gesellschaften einhergeht (sog. Führungsholding).[598] Ein solches Eingreifen wiederum nimmt der EuGH an, wenn die Holding ihrer Tochtergesellschaft entgeltliche, der Umsatzsteuer unterliegende Leistungen – wie etwa administrative, finanzielle, kaufmännische und technische Dienstleistungen – erbringt.[599]

Indes erweckt die Einordnung einer passiven Führungsholding als Nichtsteuerpflichtige vor dem Hintergrund der Strukturneutralität Bedenken: Übt ein Unternehmen statt durch rechtlich selbständige Tochtergesellschaften alle ihre Leitungs- und Lenkungsfunktionen selbst aus, wird ihre Tätigkeit umfassend als „wirtschaftlich" qualifiziert – mit der Konsequenz, dass auch den durch das administrative Geschäft veranlassten Eingangsumsätzen der Vorsteuerabzug offen steht. Außerdem wertet das System der Umsatzsteuer alle Tätigkeiten, die nicht „wirtschaftlich" und damit nichtsteuerbar sind, als privaten Endverbrauch. Demnach betrachtet der EuGH eine Führungsholding, soweit sie lediglich unentgeltliche Dienstleistungen gegenüber ihrer Tochtergesellschaft erbringt, als Verbraucherin.[600] Weil die Vorsteuer bei der Holding – entgegen dem Grundsatz der Neutralität – zum endgültigen Kostenfaktor wird, ist sie im Wettbewerb gegenüber einer Gesellschaft mit unselbstständigen Niederlassungen benachteiligt. Denn deren Eingangsumsätze, die im Zusammenhang mit der Ausübung von Leitungsfunktionen stehen, werden von der Vorsteuer entlastet. Die enge Definition der „wirtschaftlichen Tätigkeit" einer Holdinggesellschaft

Zinsen angesehen, wenn diese Tätigkeit nicht nur gelegentlich ausgeübt wird und im Rahmen eines Unternehmensziels oder zu einem geschäftlichen Zweck erfolgt, EuGH v. 14.11.2000, Rs. C-142/99 (Floridienne und Berginvest), Rn. 28; ebenso v. 29.4.2004, Rs. C-77/01 (EDM), Rn. 65 zum Fall der jährlichen Gewährung verzinslicher Darlehen durch eine Holdinggesellschaft an ihre Beteiligungsgesellschaften.

598 EuGH v. 20.6.1991, Rs. C-60/90 (Polysar), Rn. 14; v. 20.6.1996, Rs. C-155/94 (Wellcome Trust), Rn. 35. Vgl. zum erforderlichen Umfang des Eingreifens *von Streit/Behrens*, UR 2014, 833 (838).

599 EuGH v. 14.11.2000, Rs. C-142/99 (Floridienne und Berginvest), Rn. 19 ; v. 27.9.2001, Rs. C-16/00 (Cibo Participations), Rn. 21. Kritisch zu dieser Interpretation des Eingreifens *Englisch*, UR 2007, 290 (296); *Kessler/Schmidt*, DStR 2001, 1677 (1681); *Stadie*, in: *Rau/Dürrwächter*, UStG, § 2 (Juli 2014) Rn. 248 ff., der für eine uneingeschränkte Behandlung von Holdings als Steuerpflichtige plädiert. Vgl. dazu auch die EuGH-Vorlagen C-108/14 und C-109/14 durch BFH v. 11.12.2013, BFHE 244, 79; v. 11.12.2013, BFHE 244, 94; in den Schlussanträgen wird klargestellt, dass die Tätigkeit einer Führungsholding ausschließlich als wirtschaftliche Tätigkeit gilt (mit der Folge, dass die Vorsteuer uneingeschränkt zum Abzug zuzulassen ist), GA Mengozzi, SA v. 26.3.2015, C-108/14 und C-109/14 (Larentia + Minerva u. Marenave), Rn. 39.

600 Dies kritisieren auch *Blankenheim*, „Steuerpflichtiger" und Unternehmerbegriff im Umsatzsteuerrecht, 2005, S. 140 f.; *Kessler/Schmidt*, DStR 2001, 1677 (1681); *Stadie*, in: *Rau/Dürrwächter*, UStG, § 2 (Juli 2014) Rn. 251. *Englisch*, UR 2007, 290 (296) hält es mit Verweis auf dieses Argument für gerechtfertigt, einer Holding schon bei einem Minimum an steuerbarer Tätigkeit den Vorsteuerabzug zu eröffnen.

läuft also im Ergebnis dem Gebot der Neutralität, gleichartige Umsätze gleich zu behandeln, zuwider.[601] Gleichzeitig zeigt dies abermals, dass der EuGH nicht auf eine vollständige Strukturneutralität der Besteuerung zielt.[602]

(2) Factoring

Eine vom Anwendungsbereich der Umsatzsteuer umfasste wirtschaftliche Tätigkeit soll auch beim sog. echten Factoring gegeben sein. Insoweit kauft ein Unternehmer Forderungen unter Übernahme des Ausfallrisikos zum Preis von deren Wert abzüglich einer Factoringgebühr auf. Der EuGH sieht in dieser Entlastung seines Kunden von der Einziehung der Forderungen und dem Risiko ihrer Nichterfüllung eine entgeltliche wirtschaftliche Tätigkeit des Factors.[603] Der EuGH stützt dieses Ergebnis auch auf den Grundsatz der Neutralität: Da beim unechten Factoring unstreitig der Anwendungsbereich der Umsatzsteuer eröffnet sei, müssten die Umsätze beim echten Factoring ebenso behandelt werden.[604]

bb. Steuerbefreiungen

Steuerbefreiungen bilden eine Ausnahme vom Grundsatz der Allgemeinheit der Umsatzsteuer. Spiegelverkehrt zum weiten Verständnis der Tatbestandsmerkmale des Anwendungsbereichs legt der EuGH die Befreiungsvorschriften eng aus:[605] Die Befreiung ärztlicher Heilbehandlungen (Art. 132 Abs. 1 lit b, c. MwStSystRL) kommt nur ärztlichen Leistungen zugute, die auf die Diagnose, Behandlung und Heilung von Krankheiten gerichtet sind.[606] Leistungen ohne eine solche Zielsetzung wie etwa

---

601 *Stadie*, in: *Rau/Dürrwächter*, UStG, § 2 (Juli 2014) Rn. 249 f. plädiert für einen uneingeschränkten Vorsteuerabzug von Holdinggesellschaften, indem für die Zwecke des Vorsteuerabzugs die Umsätze der Tochtergesellschaften der Holding als eigene zugerechnet werden; aA *Englisch*, UR 2007, 290 (292, 298) mit Verweis auf die klare Wertung des Art. 11 MwStSystRL, wonach eine solche Zurechnung nur unter bestimmten Bedingungen möglich sei; deshalb möchte er eine sachgerechte Besteuerung über die Regeln der Organschaft erreichen. Dies überzeugt, da eine Zurechnung von Umsätzen dem System der Allphasen-Umsatzsteuer, das jeden Umsatz isoliert betrachtet, grundsätzlich fremd ist.

602 Vgl. dazu bereits Kapitel 2 A II 2 b.

603 EuGH v. 26.6.2003, Rs. C-305/01 (MKG-Kraftfahrzeuge-Factoring), Rn. 49.

604 EuGH v. 26.6.2003, Rs. C-305/01 (MKG-Kraftfahrzeuge-Factoring), Rn. 54.

605 St. Rspr. Vgl. nur EuGH v. 15.6.1989, Rs. 348/87 (Hoge Raad), Rn. 13; v. 12.9.2000, Rs. C-359/97 (Kommission/Vereinigtes Königreich), Rn. 64; v. 16.9.2004, Rs. C-382/02 (Cimber Air), Rn. 17; v. 15.11.2012, Rs. C-174/11 (Zimmermann), Rn. 22.

606 EuGH v. 10.9.2002, Rs. C-141/00 (Kügler), Rn. 38 (bejahend für von qualifiziertem Krankenpflegepersonal erbrachte Leistungen der Behandlungspflege); v. 8.6.2006, Rs. C-106/05 (L. u. P.), Rn. 27 (bejahend für medizinische Analysen, die der vorbeugenden Beobachtung und Untersuchung der Patienten dienen); v. 6.11.2003, Rs. C-45/01 (Christoph-Dornier-Stiftung), Rn. 48 (bejahend für psychotherapeutische Behandlungen durch Diplompsychologen).

ein Vaterschaftstest[607] oder die Abgabe von Arzneimitteln, die für eine ambulante Heilbehandlung im Sinne des Art. 132 Abs. 1 lit. c MwStSystRL weder unbedingt notwendig noch tatsächlich und wirtschaftlich untrennbar mit dieser verbunden sind[608], unterliegen dagegen der Umsatzsteuer. Als befreite Postdienstleistung (Art. 132 Abs. 1 lit. a MwStSystRL) gelten nur Leistungen des Universalpostdienstes an die Bevölkerung, nicht aber diesen vorgelagerte, auf individualvertraglicher Basis erbrachte Leistungen wie die Vorsortierung der Post.[609] Unter den Begriff der „Vermietung und Verpachtung von Grundstücken" (Art. 135 Abs. 1 lit. l MwStSystRL) fasst der EuGH nicht die Gestattung der Benutzung einer Straße gegen Zahlung einer Maut.[610]

Jedoch darf den Steuerbefreiungen nicht durch ein zu enges Verständnis ihre praktische Wirkung genommen werden.[611] Der EuGH betont, dass die Auslegung der als steuerfrei normierten Sachverhalte den Grundsatz der Neutralität zu wahren habe.[612] Dieser sei verletzt, wenn Befreiungsvorschriften auf vergleichbare Sachverhalte ungleichmäßig Anwendung finden und so der Wettbewerb verzerrt wird.[613]

Die Bemühungen des EuGH, gestützt auf den Neutralitätsgrundsatz Steuerbefreiungen gleichartigen Leistungen möglichst gleichmäßig zuteilwerden zu lassen, spiegeln sich in einer Vielzahl seiner Entscheidungen wider. Oftmals betreffen sie die Auslegung der Befreiungstatbestände des Art. 132 MwStSystRL: Die Tätigkeit eines Psychotherapeuten sei nur dann eine „im Rahmen der Ausübung der von dem betreffenden Mitgliedstaat definierten ärztlichen und arztähnlichen Berufe durchgeführt[e]" befreite Heilbehandlung im Sinne des Art. 132 Abs. 1 lit. c MwStSystRL, wenn sie die gleiche Qualität wie die Behandlung durch Angehörige ärztlicher oder arztähnlicher Berufe – wie etwa einen Psychologen oder Psychiater – aufweist; eine von einem – als arztähnlich anerkannten – Physiotherapeuten durchgeführte

607 EuGH v. 14.9.2000, Rs. C-384/98 (D), Rn. 19.

608 EuGH v. 23.3.1988, Rs. 353/85 (Kommission/Vereinigtes Königreich), Rn. 33, u.a. zur Lieferung von Brillen, die durch einen Arzt verordnet wurden; v. 13.3.2014, Rs. C-366/12 (Klinikum Dortmund), Rn. 33; die Überprüfung, ob die Abgabe zytostatischer Medikamente durch innerhalb eines Krankenhauses selbständig tätige Ärzte im Rahmen einer ambulanten Krebsbehandlung untrennbar mit der Heilbehandlung verbunden sind, wurde dem vorlegenden Gericht überlassen; vgl. dazu *Erdbrügger*, MwStR 2014, 292; zur Nachfolgeentscheidung BFH v. 24.9.2014, V R 19/11.

609 EuGH v. 23.4.2009, Rs. C-357/07 (TNT Post UK), Rn. 37, 45.

610 EuGH v. 12.9.2000, Rs. C-359/97 (Kommission/Vereinigtes Königreich), Rn. 67 f.

611 St. Rspr. Vgl. nur EuGH v. 18.10.2007, Rs. C-9706 (Navicon), Rn. 22; v. 15.11.2012, Rs. C-174/11 (Zimmermann), Rn. 22 jeweils mwN.

612 EuGH v. 14.6.2007, Rs. C-445/05 (Haderer), Rn. 18; v. 26.5.2005, Rs. C-498/03 (Kingscrest Associates und Montecello), Rn. 29 jeweils mwN.

613 EuGH v. 28.6.2007, Rs. C-363/05 (JP Morgan Fleming), Rn. 47: „Der Grundsatz der steuerlichen Neutralität schließt den Grundsatz der Beseitigung von Wettbewerbsverzerrungen ein, die sich aus einer unterschiedlichen Behandlung hinsichtlich der Mehrwertsteuer ergeben."

Störfelddiagnostik müsse mit der Qualität einer von Ärzten und Zahnärzten erbrachten Behandlung verglichen werden. Insoweit begrenzt der Grundsatz der Neutralität das Ermessen der Mitgliedstaaten im Rahmen der Definition ärztlicher und arztähnlicher Berufe.[614] Daraus wird abermals deutlich, dass der EuGH die Anwendbarkeit von Befreiungsvorschriften nicht an Merkmalen des Leistungserbringers, sondern allein an der Art der erbrachten Leistungen misst. So beschränkt der EuGH auch die Befreiung der Leistungen kultureller Einrichtungen im Sinne des Art. 132 Abs. 1 lit. n MwStSystRL nicht auf Gruppen. Vielmehr gebiete es der Neutralitätsgrundsatz, auch Solisten als „Einrichtung" anzusehen, sofern sie vergleichbare kulturelle Dienstleistungen anbieten.[615]

Die Befreiungsvorschrift des Art. 132 Abs. 1 lit. g MwStSystRL betreffend „Einrichtungen mit sozialem Charakter" war Gegenstand der EuGH-Entscheidung in der Rechtssache *Zimmermann*: Der Betreiberin eines ambulanten Pflegedienstes war eine Befreiung ihrer Leistungen versagt worden, da sie die im deutschen UStG normierte Bedingung für die Anerkennung des sozialen Charakters, dass mindestens in zwei Drittel der Fälle die Pflegegebühren von den gesetzlichen Trägern der Sozialversicherung getragen werden[616], nicht erfüllte. Dass nicht schon die Gewinnerzielungsabsicht des Pflegedienstes dessen sozialen Charakter in Abrede stellt, hatte der EuGH bereits in der Rechtssache *Kingscrest Associates* entschieden.[617] Letztlich steht der Neutralitätsgrundsatz nach Auffassung des EuGH einer Vorschrift mit solchem Regelungsinhalt entgegen, weil nach § 4 Nr. 18 UStG bestimmten privaten Einrichtungen ohne Gewinnerzielungsabsicht – namentlich Verbänden der freien Wohlfahrtspflege – eine Steuerbefreiung unabhängig von der Einhaltung dieser Zwei-Drittel-Grenze zuteilwird. Identische Leistungen würden dadurch abhängig von den Eigenschaften des Leistungserbringers unterschiedlich behandelt.[618]

Bei der Prüfung von Steuerbefreiungen für andere Tätigkeiten wie Finanz-, Glücksspiel- und Grundstückumsätze (Art. 135 MwStSystRL) verweist der EuGH ebenso regelmäßig auf den Grundsatz der Neutralität:[619] Mit diesem sei vereinbar,

---

614 EuGH v. 27.4.2006, Rs. C-443/04 und C-444/04 (Solleveld und Van den Hout-Van Eijnsbergen), Rn. 36. Zur Unabhängigkeit der Steuerbefreiung für Heilbehandlung von der Rechtsform vgl. bereits oben unter Kapitel 2 A II 2 a.

615 EuGH v. 3.4.2003, Rs. C-144/00 (Hoffmann), Rn. 27.

616 Vgl. § 4 Nr. 16 lit. e UStG 1993/1994; das JStG 2009 setzte die Grenze auf 40 % fest (§ 4 Nr. 16 lit. k UStG), das JStG 2013 senkte sie auf 25 % (§ 4 Nr. 16 lit. l UStG).

617 EuGH v. 26.5.2005, Rs. C-498/03 (Kingscrest Associates Ltd.), Rn. 43.

618 EuGH v. 15.11.2012, Rs. C-174/11 (Zimmermann), Rn. 59; vgl. dazu *Rosenthal,* DStR 2013, 443. Die derzeit geltende 25 %-Grenze (§ 4 Nr. 16 lit. l UStG) verstößt deshalb gegen den Neutralitätsgrundsatz; ebenso *Herzing,* SteuK 2013, 38. Der BFH sucht ein neutralitätskonformes Ergebnis durch eine teleologische Reduktion des § 4 Nr. 18 UStG (Subsidiarität gegenüber spezielleren Befreiungsvorschriften wie § 4 Nr. 16 UStG) zu erreichen, BFH v. 21.8.2013, BFHE 242, 557.

619 Zu Versicherungs- und Finanzdienstleistungen vgl. EuGH v. 4.5.2006, Rs. C-169/04 (Abbey National), Rn. 56; v. 28.6.2007, Rs. C-363/05 (JP Morgan Fleming), Rn. 46, 51;

dass nach deutschem Recht nur die unter das Rennwett- und Lotteriegesetz fallenden Umsätze (§ 4 Nr. 9b UStG), nicht aber die Umsätze der Geldspielautomaten von der Umsatzsteuer befreit sind. Diese Leistungen stünden nicht zueinander im Wettbewerb, sodass der Neutralitätsgrundsatz nicht verletzt sei.[620] Nach Ansicht des EuGH ist die Neutralität auch gewahrt, wenn die entgeltliche Übernahme der Rechte und Pflichten eines Mietvertrags anstelle des bisherigen Mieters als steuerpflichtig behandelt wird: Vergleichsmaßstab sei einzig das objektive Wesen der Leistung und nicht, ob dasselbe Ziel auch durch eine umsatzsteuerbefreite Untervermietung hätte erreicht werden können.[621]

cc. Steuerermäßigungen

Art. 98 MwStSystRL erlaubt die Anwendung von einem oder zwei ermäßigten Steuersätzen. Innerhalb der in Anhang III der MwStSystRL festgeschriebenen Kategorien verbleibt den Mitgliedstaaten ein weiter Gestaltungsspielraum, ob bzw. auf welche Leistungen sie einen ermäßigten Steuersatz anwenden. Begrenzt wird dieses Ermessen jedoch durch den Neutralitätsgrundsatz:[622] Danach müssen zur Vermeidung von Wettbewerbsverzerrungen alle vergleichbaren Leistungen gleichmäßig von einem ermäßigten Steuersatz profitieren. Dieses Gebot beschränkt sich indes auf innerstaatliche Umsätze, da die einzelnen Mitgliedstaaten ob ihres Gestaltungsspielraums weitgehend unterschiedliche Steuersätze auf gleichartige Leistungen anwenden.[623]

So billigt es der EuGH grundsätzlich, wenn die Mitgliedstaaten einen ermäßigten Steuersatz – parallel zum Gebot der engen Auslegung von Ausnahmevorschriften – nur auf Teilaspekte der in Anhang III der MwStSystRL genannten

---

v. 22.10.2009, Rs. C-242/08 (Swiss Re Germany Holding), Rn. 34 ff. Zur Befreiung von „Outsourcing-Maßnahmen“ in diesem Bereich bereits oben unter Kapitel 2 A II. 2. b.

620 EuGH v. 10.6.2010, Rs. C-58/09 (Leo-Libera), Rn. 35 f. Vgl. zu Glücksspielen auch EuGH v. 13.7.2006, Rs. C-89/05 (United Utilities), Rn. 22 ff., wonach die Dienstleistungen eines Callcenters, die in der Annahme von Wetten im Namen des Wettorganisators bestehen, nicht umsatzsteuerbefreit sind.

621 EuGH v. 9.10.2001, Rs. C-108/99 (Cantor Fitzgerald International), Rn. 33.

622 EuGH v. 6.5.2010, Rs. C-94/09 (Kommission/Frankreich), Rn. 25 ff. mwN. Dazu *Ismer/Kaul/Reiß/Rath,* Analyse und Bewertung der Strukturen von Regel- und ermäßigten Sätzen, 2010, S. 78, die im Ergebnis für eine Abschaffung der Steuersatzermäßigungen in Deutschland unter Ausnahme der Lebensmittellieferungen plädieren (zur Kurzfassung des Forschungsgutachtens *dies.,* DStR 2010, 1970).

623 So auch BFH v. 2.10.2013, BFH/NV 2014, 189 (190); v. 16.1.2014, BFHE 244, 122 (125): „Der Neutralitätsgrundsatz richtet sich bei der Gesetzgebung nur an den jeweiligen Mitgliedstaat, so dass unterschiedliche umsatzsteuerrechtliche Regelungen, die auf in der Richtlinie vorgesehenen Ermächtigungen für die Mitgliedstaaten beruhen, keinen Neutralitätsverstoß bewirken.“ Das politische Ziel, die Steuersätze zwischen den Mitgliedstaaten anzunähern (28. Erwägungsgrund der MwStSystRL), wurde bisher noch nicht erreicht. Vgl. dazu *Lohse,* UR 2004, 582 (584).

Leistungen erstrecken, solange dadurch keine Wettbewerbsverzerrungen drohen. Für neutralitätskonform hält der EuGH beispielsweise eine Regelung, wonach nur die Anschlussgebühren an das Gas- und Elektrizitätsversorgungsnetz, nicht aber Lieferungen dieser Energiegüter ermäßigt besteuert werden.[624]

In der Rechtssache *Pro Med Logistik GmbH und Oertel* stand die Norm des § 12 Abs. 2 Nr. 10 UStG auf dem Prüfstand: Diese unterwirft – gestützt auf Anhang III Nr. 5 der MwStSystRL – nur die Beförderung mit Taxen, nicht aber die Beförderung mit Mietwagen inklusive Fahrergestellung dem ermäßigten Steuersatz von 7 %. Der EuGH erblickt darin zwar grundsätzlich – insbesondere aufgrund der unterschiedlichen rechtlichen Anforderungen, denen die beiden Beförderungsarten unterliegen – zwei nicht gleichartige Dienstleistungen.[625] Im speziellen Fall eines Krankentransports auf Grundlage einer mit einer Krankenkasse getroffenen Sondervereinbarung, die für beide Beförderungsarten gilt, sieht der EuGH dies aber anders und vermutet einen neutralitätswidrigen Vorteil der Taxiunternehmen.[626] Außerdem hält es der EuGH für mit dem Neutralitätsgrundsatz vereinbar, wenn die Beförderung von Leichnamen mit Fahrzeugen – anders als die Leistungen von Leichenträgern – ermäßigt besteuert wird; Wettbewerbsverzerrungen seien hier nämlich nicht zu befürchten.[627]

Indes sieht der EuGH darin einen Neutralitätsverstoß, dass in Deutschland Leistungen von Solisten nur dann ermäßigt besteuert werden, wenn sie direkt für die Öffentlichkeit und nicht für einen Konzertveranstalter erbracht werden, während die Leistungen von Musikensembles in beiden Fällen dem ermäßigten Steuersatz unterliegen.[628] Dagegen werde mangels Wettbewerbsverhältnisses zwischen erstattungsfähigen und nicht erstattungsfähigen Arzneimitteln der Neutralitätsgrundsatz nicht eingeschränkt, soweit nur erstere ermäßigt besteuert werden.[629]

b. *Definition der Gleichartigkeit durch den EuGH*

Der Feststellung, dass gleichartige Leistungen hinsichtlich der Steuerbarkeit, der Steuerbefreiungen und der Steuerermäßigungen nicht unterschiedlich behandelt werden dürfen, folgt die Frage, wann Leistungen als *gleichartig* gelten.

---

624 EuGH v. 8.5.2003, Rs. C-384/01 (Kommission/Frankreich), Rn. 28. Vgl. ebenso EuGH v. 3.4.2008, Rs. C-442/05 (Zweckverband Torgau-Westelbien), Rn. 42 f., wonach das Legen eines Hausanschlusses als Teilaspekt der „Lieferung von Wasser“ (Anhang III Nr. 2 MwStSystRL) dem ermäßigten Steuersatz unterliegen kann.

625 EuGH v. 27.2.2014, Rs. C-454/12 und 455/12 (Pro Med Logistik GmbH und Oertel), Rn. 59, jedoch unter dem Vorbehalt, dass dies auch der Ansicht eines Durchschnittsverbrauchers entspricht (dazu zugleich unter Kapitel 2 A II 4 b).

626 EuGH v. 27.2.2014, Rs. C-454/12 und 455/12 (Pro Med Logistik GmbH und Oertel), Rn. 64.

627 EuGH v. 6.5.2010, Rs. C-94/09 (Kommission/Frankreich), Rn. 44.

628 EuGH v. 23.10.2003, Rs. C-109/02 (Kommission/Deutschland), Rn. 22. Vgl. dazu *Nieuwenhuis,* UR 2013 663 (669); *Reiß,* RIW 2004, 641 (646).

629 EuGH v. 3.5.2001, Rs. C-481/98 (Komission/Frankreich), Rn. 27.

aa. Befriedigung derselben Verbraucherbedürfnisse

Der EuGH beschäftigt sich mit dieser Frage eingehend in der Rechtssache *The Rank Group*. Ein britischer Betreiber von Bingo-Clubs und Spielkasinos hatte geklagt, weil sich in gewissen Punkten unterscheidende Bingo-Spiele und Geldspielautomaten nicht gleichmäßig von der Umsatzsteuer befreit werden.[630] Zwar war unstreitig, dass die Spiele trotz ihrer Unterschiede aus der Sicht des Verbrauchers nahezu identisch sind; unklar war dagegen, ob zusätzlich ein tatsächliches Wettbewerbsverhältnis zwischen den Spielen nachzuweisen ist.

Aus dem schon mehrfach zitierten Gebot der Neutralität, „gleichartige und deshalb miteinander in Wettbewerb stehende Waren und Dienstleistungen hinsichtlich der Mehrwertsteuer [nicht] unterschiedlich zu behandeln", schlussfolgert der EuGH, dass die Gleichartigkeit zweier Leistungen unwiderlegbar ein Wettbewerbsverhältnis vermuten lässt; das tatsächliche Bestehen eines solchen Wettbewerbsverhältnisses stelle daher „keine selbständige, zusätzliche Voraussetzung für eine Verletzung des Grundsatzes der steuerlichen Neutralität" dar. Entscheidend sei vielmehr, dass die Leistungen „aus Sicht des Verbrauchers gleich oder gleichartig sind und dieselben Bedürfnisse des Verbrauchers befriedigen".[631] Würden solche Leistungen unterschiedlich behandelt, „führt dies in der Regel zu einer Wettbewerbsverzerrung".[632]

Die Gleichartigkeit zweier Leistungen sei bereits gegeben, „wenn sie ähnliche Eigenschaften haben und beim Verbraucher nach einem Kriterium der Vergleichbarkeit in der Verwendung denselben Bedürfnissen dienen und wenn die bestehenden Unterschiede die Entscheidung des Durchschnittsverbrauchers, die eine oder die andere dieser Dienstleistungen zu wählen, nicht erheblich beeinflussen".[633] Dass die Spiele unterschiedlichen Lizenzkategorien und rechtlichen Regelungen hinsichtlich der Aufsicht und Regulierung unterliegen, steht der Gleichartigkeit daher nicht entgegen, wohl aber Unterschiede in Mindest- oder Höchsteinsatz bzw. Mindest- oder Höchstgewinn: Diese könnten einen erheblichen Einfluss auf die Entscheidung des Durchschnittsverbrauchers, welches Glücksspiel er spielt, haben.[634] Der EuGH

630 EuGH v. 10.11.2011, Rs. C-259/10 (The Rank Group). Voraussetzung der Steuerbefreiung eines Bingo-Spiels ist ein Mindesteinsatz von 0,50 GBP und ein Höchstgewinn von 25 GBP; bei den Geldspielautomaten setzt die Steuerbefreiung voraus, dass das Zufallselement vom Spieler selbst und nicht von einem elektronischen Zufallsgenerator zur Verfügung gestellt wird.

631 EuGH v. 10.11.2011, Rs. C-259/10 (The Rank Group), Rn. 33 f.

632 EuGH v. 10.11.2011, Rs. C-259/10 (The Rank Group), Rn. 35.

633 EuGH v. 10.11.2011, Rs. C-259/10 (The Rank Group), Rn. 44; so auch v. 11.9.2014, Rs. C-219/13 (K Oy), Rn. 25. In der Tendenz ebenso die oben zitierte Rs. C-481/98 (Kommission/Frankreich), Rn. 27, wonach die Erstattungsfähigkeit von Arzneimitteln die Kaufentscheidung des Verbrauchers erheblich beeinflusse und ein Wettbewerbsverhältnis zwischen erstattungsfähigen und nicht erstattungsfähigen Arzneimitteln daher ausscheide.

634 EuGH v. 10.11.2011, Rs. C-259/10 (The Rank Group), Rn. 49, 57. Zur Bedeutungslosigkeit der Identität des Leistungserbringers für die Prüfung der Gleichartigkeit

verweist hier auf seine Rechtsprechung zum Diskriminierungsverbot ausländischer Waren aus Art. 110 AEUV, dessen zentrales Tatbestandsmerkmal die Gleichartigkeit der entsprechenden Waren ist. Auch insoweit prüft der EuGH, „ob die fraglichen Waren ähnliche Eigenschaften haben und bei den Verbrauchern den gleichen Bedürfnissen dienen, und zwar nicht anhand eines Kriteriums der strengen Identität, sondern der Ähnlichkeit und Vergleichbarkeit in der Verwendung“.[635]

In der oben zitierten Rechtssache *Pro Med Logistik GmbH und Oertel* macht der EuGH die endgültige Entscheidung über die Neutralitätswidrigkeit der unterschiedlichen Besteuerung von Taxen und Mietwagen ebenso davon abhängig, ob die Unterschiede zwischen den Beförderungsarten „maßgeblichen Einfluss auf die Entscheidung des durchschnittlichen Nutzers für die eine oder die andere Beförderungsart haben“.[636] Diesen Ansatz wählt der EuGH auch in der Rechtssache *K Oy*: Für die Frage, ob es mit dem Neutralitätsgrundsatz vereinbar ist, wenn gedruckte Bücher ermäßigt, auf anderen physischen Trägern gespeicherte Bücher dagegen mit dem normalen Steuersatz besteuert werden, sei entscheidend, ob die Gegenstände „aus der Sicht des Durchschnittsverbrauchers des betreffenden Mitgliedstaats“ aufgrund des gleichartigen Inhalts „als gleichartig angesehen werden“ oder ob die unterschiedlichen Arten des verwendeten Trägers „die Entscheidung des Durchschnittsverbrauchers, das eine oder das andere dieser Bücher zu wählen, erheblich oder spürbar beeinflussen“.[637]

Der EuGH hält zwei Leistungen also für gleichartig, wenn sie dieselben Bedürfnisse eines Durchschnittsverbrauchers befriedigen und die Unterschiede nicht ausreichen, diesen in seiner Kaufentscheidung umzustimmen. Indes versagt der EuGH einem Steuerpflichtigen, sich auf einen (steuerfreien) Alternativsachverhalt zu berufen, mit dem wirtschaftlich dasselbe Ergebnis erzielt worden wäre.[638] Dies

---

vgl. EuGH v. 17.2.2005, Rs. C-453/02 (Linneweber und Akritidis), Rn. 25 (dazu bereits oben unter Kapitel 2 A II 2 a).

635 EuGH v. 11.8.1995, Rs. C-367/93 bis 377/93 (Roders), Rn. 27 zur Gleichartigkeit von Obst- und Traubenweinen; v. 27.2.2002, Rs. C-302/00 (Kommission/Frankreich), Rn. 23 zur Gleichartigkeit heller und dunkler Zigaretten; ähnlich bereits v. 27.2.1980, Rs. 170/78 (Kommission/Vereinigtes Königreich), Rn. 14 zur Gleichartigkeit von Bier und Wein.

636 EuGH v. 27.2.2014, Rs. C-454/12 und 455/12 (Pro Med Logistik GmbH und Oertel), Rn. 60.

637 EuGH v. 11.9.2014, Rs. C-219/13 (K Oy), Rn. 31 ff. Dagegen steht nach Rspr. des EuGH die Anwendung des ermäßigten Steuersatzes auf Umsätze mit Büchern, die für elektronisches Herunterladen zur Verfügung gestellt werden, nicht im Einklang mit der MwStSystRL, EuGH v. 5.3.2015, Rs. C-479/13 (Kommission/Frankreich), Rn. 44; v. 5.3.2015, Rs. C-502/13 (Kommission/Luxemburg), Rn. 69.

638 EuGH v. 9.10.2001, Rs. C-108/99 (Cantor Fitzgerald International), Rn. 33, worin ein Mieter eine Zahlung an den Nachmieter als Gegenleistung für die Übernahme des Mietvertrags leistete, während dasselbe Ziel durch eine steuerbefreite Untervermietung bzw. eine vorzeitige Auflösung des Mietvertrags hätte erreicht werden können (vgl. dazu bereits unter Kapitel 2 A II 4 a. bb.).

überzeugt nicht, da der EuGH bei der Beurteilung der Gleichartigkeit gerade einen Vergleich mit fiktiven, alternativ denkbaren Sachverhalten anstellt.[639] Die Möglichkeit, dasselbe Ziel auch auf einem anderen (steuerfreien) Weg zu erreichen, spricht vielmehr dafür, dass die alternativen Leistungen dieselben Bedürfnisse befriedigen und deshalb eine Gleichartigkeit gegeben ist.

bb. Charakter der Leistung als Maßstab

Neben „gleichartigen Waren und Dienstleistungen“ wählt der EuGH auch „Wirtschaftsteilnehmer, die gleichartige Umsätze bewirken“, als Ausgangspunkt der Definition des Neutralitätsgrundsatzes.[640] Trotz dieser unterschiedlichen Fokussierung liegt beiden Formulierungen dasselbe inhaltliche Verständnis zugrunde: Vergleichsmaßstab ist stets das Objekt des Umsatzes, der zu anderen Umsätzen im Wettbewerb steht.[641] Eine Gleichbehandlung der Leistungserbringer gebietet der Neutralitätsgrundsatz nur, soweit sie gleichartige wirtschaftliche Tätigkeiten ausüben.[642] Werden Unternehmer dagegen in anderen Belangen als in der Besteuerung gleichartiger Umsätze ungleich behandelt, greift der Neutralitätsgrundsatz nicht.[643]

Deshalb überzeugt es aus systematischer Sicht nicht, auf eine Gleichbehandlung der „Wirtschaftsteilnehmer“ abzustellen.[644] Dadurch entsteht der Schein, diese würden die Vergleichsobjekte bilden, während es tatsächlich auf die von ihnen erbrachten Umsätze ankommt. Stattdessen sollten stets „Waren und Dienstleistungen“ Anknüpfungspunkt des Vergleichs sein. Im Rahmen der Prüfung der Gleichartigkeit wiederum sind Identität und Rechtsform des Leistungserbringers außer Acht zu lassen.[645] Der Rechtsformneutralität wird somit auch mit dieser Betrachtung Rechnung getragen.

---

639 Vgl. etwa EuGH v. 27.4.2006, Rs. C-443/04 und C-444/04 (Solleveld und Van den Hout-Van Eijnsbergen), worin die Leistungen eines Psychotherapeuten den (fiktiven) Leistungen eines Psychologen oder Psychiaters gegenübergestellt werden. Kritisch auch *Nieuwenhuis,* UR 2013, 663 (666).

640 Vgl. dazu Kapitel 2 A II 1, 2.

641 So auch GA Kokott, SA v. 13.12.2007, Rs. C-309/06 (Marks & Spencer), Rn. 58; EuGH v. 1.3.2007, Rs. C-363/05 (JP Morgan Fleming), Rn. 39. Zustimmend *Becker,* Ortsbestimmung von sonstigen Leistungen, 2011, S. 56.

642 Dies andeutend EuGH v. 5.3.2009, Rs. C-302/07 (J D Wetherspoon), Rn. 57.

643 So deutlich GA Kokott, SA v. 13.12.2007, Rs. C-309/06 (Marks & Spencer), Rn. 61.

644 AA *Stadie,* in: *Rau/Dürrwächter,* UStG, Einf. (April 2013) Rn. 602 mit dem Argument, nur Personen könnten ungleich behandelt werden. Richtigerweise sind aber die Verbraucher Träger des dem Neutralitätsgrundsatz zugrunde liegenden Gleichheitssatzes (vgl. dazu ausführlich unter Kapitel 2 B II).

645 So auch EuGH v. 17.2.2005, Rs. C-453/02 (Linneweber und Akritidis), Rn. 25; v. 12.1.2006, Rs. C-246/04 (Turn- und Sportunion Waldburg), Rn. 34.

5. *Entgeltlichkeit, Bemessungsgrundlage und gleichmäßige Steuererhebung*

Der EuGH argumentiert mit dem Neutralitätsgrundsatz auch in Fragen des Entgelts. Diesem kommen im Umsatzsteuersystem zwei bedeutende Funktionen zu: Zum einen ist es Tatbestandsmerkmal des Steuergegenstands; zum anderen statuiert es die Bemessungsgrundlage der Steuer.

a. *Entgeltlichkeit als Tatbestandsmerkmal der Steuerbarkeit*

Art. 2 Abs. 1 MwStSystRL (§ 1 Abs. 1 UStG) unterwirft Leistungen nur dann der Umsatzsteuer, soweit sie „gegen Entgelt" erbracht werden. Der EuGH fordert insoweit einen unmittelbaren Zusammenhang zwischen der erbrachten Leistung und der hierfür empfangenen Gegenleistung.[646] Über dieses Kausalitätserfordernis[647] hinaus müsse der Leistungsaustausch im Rahmen eines Rechtsverhältnisses erfolgen; zudem solle die Vergütung den tatsächlich erhaltenen Gegenwert für die erbrachte Leistung bilden.[648]

Einen solchen Zusammenhang verneint der EuGH zwischen einer Ausgleichszahlung an Landwirte und deren Aufgabe der Milchproduktion.[649] Auch die Einnahmen eines Straßenmusikanten wertet der EuGH nicht als Entgelt, da die Zahlungen der Passanten freiwillig erfolgten und nicht notwendig durch die musikalische Darbietung veranlasst seien.[650] Die Beförderungsleistung eines Arbeitgebers gegenüber seinem Arbeitnehmer steht ebenso wenig in unmittelbarem Zusammenhang zur Arbeitsleistung des Arbeitnehmers, wenn der Wert dieser Leistung nicht von dessen Arbeitslohn abgezogen wird.[651]

---

646 St. Rspr. seit EuGH v. 5.2.1981, Rs. 154/80 (Coöperatieve Aardappelenbewaarplaats), Rn. 12 f.; v. 8.3.1988, Rs. 102/86 (Apple and Pear Development Council), Rn. 11.

647 So *Englisch,* in: *Tipke/Lang,* Steuerrecht, 2015^{22}, § 17 Rn. 121; anders *Dobratz,* Leistung und Entgelt im Europäischen Umsatzsteuerrecht, 2005, S. 64, der eine konditionale Verknüpfung von Leistung und Gegenleistung für geboten hält.

648 EuGH v. 3.3.1994, Rs. C-16/93 (Tolsma). Rn. 14; v. 29.10.2009, Rs. C-246/08 (Kommission/Finnland), Rn. 44, wonach eine einkommensabhängig gestaffelte Teilvergütung für Rechtshilfeleistungen kein Entgelt darstelle. Vgl. zu dieser Voraussetzung *Dobratz,* Leistung und Entgelt im Europäischen Umsatzsteuerrecht, 2005, S. 35 ff.

649 EuGH v. 29.2.1996, Rs. C-215/94 (Mohr), Rn. 17; ebenso v. 18.12.1997, Rs. C-384/95 (Landboden Agrardienste), Rn. 24 zu einer Entschädigungszahlung an Landwirte für deren Verpflichtung, 20 % der angebauten Kartoffeln nicht zu ernten. Der EuGH stützt seine Argumentation insbesondere darauf, dass die Verpflichtung, etwas zu unterlassen, zu keinem Verbrauch führe. Aus systematischer Sicht zustimmend *Nieskens/Tehler,* BB 1997, 2134 (2137).

650 EuGH v. 3.3.1994, Rs. C-16/93 (Tolsma). Rn. 17.

651 EuGH v. 16.10.1997, Rs. C-258/95 (Fillibeck), Rn. 16 f.

Zwar begründet der EuGH die Begrenzung des Tatbestandsmerkmals „gegen Entgelt“ auf kausal veranlasste Gegenleistungen nicht mit dem Grundsatz der Neutralität. Die zu unentgeltlichen Tätigkeiten ergangene Rechtsprechung zeigt jedoch den Zusammenhang auf. So stellt der EuGH erstmals in der Rechtssache *Hong Kong Trade* heraus, dass ein Erbringer von nur unentgeltlichen Leistungen – im konkreten Fall kostenloser Telefonauskünfte – schon kein Steuerpflichtiger sein könne. Er stützt dies darauf, dass „das zwischen ihm [dem Leistenden] und dem Empfänger des Gegenstands oder der Dienstleistung bestehende Rechtsverhältnis (...) nicht unter eine Vertragskategorie [fällt], die zum Gegenstand einer Wettbewerbsneutralität bewirkenden steuerlichen Harmonisierung gemacht werden könnte“.[652] Eine für den Unternehmer (wettbewerbs-)neutrale Umsatzsteuer verlangt also nur eine harmonisierte Besteuerung entgeltlich erbrachter Umsätze. Einen Wettbewerb zwischen Leistungen kann es nämlich nur geben, soweit die Leistungserbringung die Pflicht zur Zahlung einer Gegenleistung auslöst, die einem Vergleich mit alternativen Angeboten standhalten muss.[653] Das Gebot der Neutralität, zueinander in Wettbewerb stehende Leistungen gleich zu behandeln, zielt darauf, Anbietern gleicher Waren gleiche Überwälzungschancen zu eröffnen. Löst eine Leistung dagegen keine Pflicht zur Zahlung einer bestimmten Gegenleistung aus, gibt es für den Leistenden schon keine Möglichkeit, einen proportionalen Umsatzsteuerbetrag auf den Verbraucher abzuwälzen. Die Belastungsneutralität des Unternehmers kann nur dadurch gewährleistet werden, dass auf Leistungen, die keine oder nur eine in das Ermessen des Leistungsempfängers gestellte Gegenleistungspflicht bedingen, keine Umsatzsteuer erhoben wird.[654]

b. Gebot der vollständigen und exakten Erfassung der Bemessungsgrundlage

Das Entgelt bildet die Bemessungsgrundlage der Umsatzsteuer, Art. 72 ff. MwStSystRL (§ 10 Abs. 1 UStG). Seine Berechnung muss grenzüberschreitend denselben Maßstäben folgen, um eine gleiche Umsatzsteuerbelastung gleichartiger Leistungen und damit die Neutralität der Umsatzsteuer zu gewährleisten.[655]

aa. Untrennbare Nebenleistungen

Demnach hält es der EuGH für geboten, auch untrennbare Nebenleistungen in die Bemessungsgrundlage einzubeziehen. So sei etwa die Leistung des Beförderers, den Preis einer Ware einzuziehen (sog. Nachnahmevereinbarung), untrennbar mit der Beförderungsleistung verbunden, da die eine Leistung nicht ohne die andere erbracht werden könne.[656] Als untrennbare Nebenleistung wertet der EuGH zwar

652 EuGH v. 1.4.1982, Rs. 89/81 (Hong Kong Trade), Rn. 10.
653 *Schön*, in: Umsatzsteuer-Kongress-Bericht 2001, 17 (42).
654 *Englisch*, in: *Tipke/Lang*, Steuerrecht, 2015[22], § 17 Rn. 123.
655 So deutlich EuGH v. 12.6.1979, Rs. 126/78 (Nederlandse Spoorwegen), Rn. 12; 9. Erwägungsgrund der Sechsten MwStRL.
656 EuGH v. 12.6.1979, Rs. 126/78 (Nederlandse Spoorwegen), Rn. 11.

nicht freiwillig gezahlte Trinkgelder, wohl aber einen verpflichtend zu zahlenden, der Höhe nach festgesetzten Bedienungszuschlag. Eine französische Regelung, die solche Bedienungszuschläge nicht in die Bemessungsgrundlage einbezieht, steht deshalb dem Neutralitätsgrundsatz entgegen.[657]

Dies überzeugt: Ist eine Leistung isoliert nicht denkbar, darf sie in der umsatzsteuerlichen Betrachtung nicht von ihrer Hauptleistung abgespalten werden. Andererseits bestünde Gefahr, dass gleichartige Leistungen, die sowohl die Haupt- als auch die Nebenleistung umfassen, im Ergebnis höher besteuert würden.

bb. Änderung der Bemessungsgrundlage, insbesondere Herstellerrabatte

Eine exakte Erfassung der Bemessungsgrundlage ist nur sichergestellt, wenn nachträgliche Änderungen derselben Berücksichtigung finden. Der EuGH betrachtet folglich das in Art. 90 MwStSystRL normierte Recht des Steuerpflichtigen, bei vollständigem oder teilweisem Nichterhalt der Gegenleistung die Bemessungsgrundlage zu berichtigen, als Ausfluss des Neutralitätsgrundsatzes.[658] Nachweiserfordernisse über die tatsächliche Änderung der Bemessungsgrundlage, die der Vermeidung von Steuerhinterziehungen dienen, sind daher nur zulässig, soweit die Erbringung dieser Nachweise für den Steuerpflichtigen nicht unmöglich oder übermäßig erschwert ist.[659]

Eine besondere Reichweite erlangt der Neutralitätsgrundsatz in der Rechtsprechung des EuGH zu Herstellerrabatten, die ihren Ausgangspunkt in der Rechtssache *Elida Gibbs* nimmt. Nach Auffassung des EuGH mindert die Gewährung von Preisnachlass- und Preiserstattungsgutscheinen[660] seitens des Herstellers zugunsten des Endverbrauchers die Bemessungsgrundlage des vom Hersteller an den – in der Lieferkette dazwischengeschalteten – Groß- oder Einzelhändler erbrachten Umsatzes. Dieses Ergebnis begründet er mit dem Grundsatz der Neutralität: Dieser werde verletzt, sofern die Bemessungsgrundlage höher sei als der tatsächlich erhaltene, vom Endverbraucher gezahlte Betrag.[661] Dem Vorbringen Deutschlands, die steuerliche Besserbehandlung des Preisnachlassgutscheinprogramms gegenüber anderen

---

657 EuGH v. 29.3.2001, Rs. C-404/99 (Kommission/Frankreich), Rn. 42, 47.

658 EuGH v. 26.1.2012, Rs. C-588/10 (Kraft Foods), Rn. 26 f.

659 EuGH v. 26.1.2012, Rs. C-588/10 (Kraft Foods), Rn. 38; v. 15.5.2014, Rs. C-337/13 (Almos Agrárkülkereskedelmi), Rn. 38.

660 Preisnachlassgutscheine sind unentgeltlich verteilte, oftmals in Prospekten abgedruckte Gutscheine, die vom Verbraucher beim Einzelhändler als Teil der Kaufpreiszahlung eingelöst werden können; die Einzelhändler erhalten vom Hersteller den Wert der Gutscheine erstattet. Preiserstattungsgutscheine sind auf die Verpackung aufgedruckte Gutscheine, deren Wert der Hersteller dem Verbraucher in bar erstattet.

661 EuGH v. 24.10.1996, Rs. C-317/94 (Elida Gibbs), Rn. 24, 28; dies bestätigend v. 15.10.2002, Rs. C-427/98 (Kommission/Deutschland), Rn. 29 zu dem gegen Deutschland eingeleiteten Vertragsverletzungsverfahren, nachdem die deutsche Finanzverwaltung weiterhin entgegen der *Elida-Gibbs*-Rspr. verfahren war.

Verkaufsförderungsmaßnahmen würde gegen das Gebot der Wettbewerbsneutralität verstoßen, folgt der EuGH nicht.[662] Indes darf die Rabattgewährung erst bei Verfügung des Kunden über den Rabattbetrag und nicht schon bei dessen Gutschrift die Bemessungsgrundlage mindern.[663]

Die *Elida-Gibbs*-Rechtsprechung wird insbesondere deshalb stark kritisiert, da sie entgegen dem System der Allphasensteuer nicht jeden Umsatz gesondert betrachtet, sondern die gesamte wirtschaftliche Lieferkette in den Blick nimmt.[664] Indes gebietet der Neutralitätsgrundsatz eine solch phasenübergreifende Betrachtung: Die Umsatzsteuer zielt als Verbrauchsteuer auf die Belastung der tatsächlich erbrachten Konsumaufwendungen, während sie den Unternehmer von einer Steuerbelastung zu verschonen sucht. Zwar ist zuzugeben, dass der Hersteller anfangs innerhalb der Lieferbeziehung zu seinem Abnehmer entlastet wird, indem er die Steuer auf diesen überwälzt.[665] Gewährt der Hersteller dann aber einen Rabatt, schmälert sich sein ursprünglicher Umsatz nachträglich: Die abgeführte Umsatzsteuer entspricht nicht mehr proportional der erhaltenen Gegenleistung. Deshalb darf das Entgelt, das der Hersteller unmittelbar vereinnahmt hat, nicht mehr die Bemessungsgrundlage der von ihm geschuldeten Umsatzsteuer bilden.[666] Stattdessen muss sich die Steuer nach der Gegenleistung bemessen, die dem Hersteller – nach Auszahlung des Rabatts – tatsächlich verbleibt. Andernfalls bliebe weiterhin auch der dem Verbraucher erstattete Rabattbetrag der Umsatzbesteuerung beim Hersteller unterworfen. Insoweit würde die Steuer nicht mehr der Verbraucher, sondern – entgegen dem Grundsatz der Neutralität – der Unternehmer tragen.[667]

Auch die Ausprägung des Neutralitätsgrundsatzes, gleichartige Leistungen umsatzsteuerlich gleich zu behandeln, streitet für eine Minderung der Bemessungsgrundlage beim Hersteller: Waren, bei deren Erwerb der Hersteller dem Endkunden einen Rabatt gewährt, sind so zu besteuern wie Waren, die der Hersteller bereits an

---

662 EuGH v. 15.10.2002, Rs. C-427/98 (Kommission/Deutschland), Rn. 77 f.

663 EuGH v. 29.5.2001, Rs. C-86/99 (Freemans), Rn. 28 f.; ein Versandhändler schrieb hier seinen Kunden auf einem gesonderten Konto 10 % ihres Umsatzes gut, was sich diese auszahlen oder im Rahmen weiterer Bestellungen verwenden konnten.

664 *Nieskens,* UR 2004, 441 (448) spricht von einer „wirtschaftlichen Betrachtungsweise fernab jeder Systematik"; *Weiß,* UR 1997, 269 (270) sieht darin eine unzulässige „Aushebelung des Allphasensystems". Die Rechtsprechung im Ergebnis für zutreffend halten *Englisch,* in: *Tipke/Lang,* Steuerrecht, 2015[22], § 17 Rn. 244; *Lohse,* in: *Achatz/Tumpel,* EuGH-Rechtsprechung und Umsatzsteuerpraxis, 2001, 47 (67); *ders.,* UR 2004, 582 (587); *Schön,* in: Umsatzsteuer-Kongress-Bericht 2001, 17 (44); *Wagner,* UVR 1996, 395.

665 So *Weiß,* UR 1997, 269 (270).

666 AA *Nieskens/Tehler,* BB 1997, 2134 (2143), wonach der Rabatt als „Subvention" des Endverbrauchers und damit als Teil des Entgelts zu werten ist.

667 Zu den Besonderheiten bei grenzüberschreitenden Leistungsketten BFH v. 5.6.2014, BFHE 245, 465; v. 4.12.2014, BFH/NV 2015, 459; *Wüst,* MwStR 2015, 157.

die Zwischenhändler rabattiert liefert.[668] Die alternative Methode, die Minderung der Bemessungsgrundlage des Herstellers von der Berichtigung der Entgelte, Vorsteuern und Rechnungen aller Glieder der Lieferkette bis hin zum Endkunden abhängig zu machen[669], würde zwar dem Allphasencharakter der Umsatzsteuer gerecht; indes ginge dies an der Wirklichkeit vorbei, da die Umsätze der zwischengeschalteten Groß- und Einzelhändler und insbesondere ihre gezahlten Vorsteuern von den Herstellergutscheinen völlig unberührt bleiben.

Vielmehr macht die *Elida-Gibbs*-Entscheidung deutlich, dass der EuGH die Neutralität als unbedingt gebotenes *Ergebnis* der Umsatzbesteuerung begreift, welches er grundsätzlich durch das *Mittel* der Allphasenbesteuerung mit Vorsteuerabzug zu erreichen sucht. Mit anderen Worten: Das Allphasensystem *dient* der Umsetzung des Besteuerungsprinzips der Neutralität und wird verdrängt, wenn der Neutralität im Einzelfall eine phasenübergreifende Betrachtung besser gerecht wird.[670]

Überraschend ist daher die Entscheidung in der Sache *Ibero Tours*: Die umsatzsteuerpflichtigen Leistungen eines Reisebüros bestehen darin, gegen Zahlung einer Provision Reisen eines Veranstalters zu vermitteln. Gewährt nun der Reisevermittler aus eigenem Antrieb und auf eigene Kosten einen Rabatt auf den Preis der vermittelten Reise, versagt der EuGH diesem eine Minderung der Bemessungsgrundlage. Die Grundsätze der *Elida-Gibbs*-Rechtsprechung seien nicht anwendbar, da keine echte Leistungskette vorliege: Der Reisevermittler ist gerade nicht der erste Unternehmer in der Kette, sondern erbringt seine Leistung unmittelbar an den Endkunden. Die Vermittlung einer Reise sei nämlich von der Reiseleistung als solcher völlig unabhängig.[671] Anders als noch der Generalanwalt in seinem Schlussantrag[672] geht der EuGH zur Begründung nicht auf den Neutralitätsgrundsatz ein. Dies überzeugt nicht. Der Reisende als Endverbraucher wendet für die Leistung des Reisevermittlers tatsächlich nur einen Betrag in Höhe der vom Reiseveranstalter an den Vermittler gezahlten Provision abzüglich des vom Vermittler gewährten Rabatts auf. Nur insoweit ist eine Umsatzbesteuerung gerechtfertigt. Wie bei *Elida Gibbs* schmälert der Rabatt das ursprünglich erhaltene Entgelt.[673] Aus welchem Grund

668 Fehlgehend dagegen der von der deutschen Regierung angeführte Vergleich der Herstellergutscheine mit anderen Verkaufsförderungsmaßnahmen wie Werbegeschenken, EuGH v. 15.10.2002, Rs. C-427/98 (Kommission/Deutschland), Rn. 68 ff.

669 *Lohse,* in: *Achatz/Tumpel,* EuGH-Rechtsprechung und Umsatzsteuerpraxis, 2001, 47 (67); *Schön,* in: Umsatzsteuer-Kongress-Bericht 2001, 17 (44).

670 AA *Weiß,* UR 1997, 269 (270), der das Allphasensystem als konkret umgesetztes und daher einzig unbedingtes Prinzip, die Neutralität dagegen lediglich als finanzpolitische Zielvorgabe ohne Wert an sich begreift.

671 EuGH v. 16.1.2014, Rs. C-300/12 (Ibero Tours), Rn. 30. Im Anschluss daran BFH v. 27.2.2014, V R 18/11; v. 3.7.2014, V R 3/12 betreffend Preisnachlässe durch Zentralregulierer gegenüber ihren Anschlusskunden.

672 GA Wathelet, SA v. 18.7.2013, C-300/12 (Ibero Tours), Rn. 28.

673 AA EuGH v. 16.1.2014, Rs. C-300/12 (Ibero Tours), Rn. 32, wonach sich der Nachlass nicht auf die für die Vermittlung erhaltene Gegenleistung auswirke.

hier eine andere umsatzsteuerliche Bewertung erfolgen soll, erschließt sich nicht.[674] Vielmehr belastet eine auf den Rabattbetrag erhobene Steuer nicht den Verbraucher, sondern – entgegen dem Grundsatz der Neutralität – den Unternehmer.

c. *Gebot der gleichmäßigen Steuererhebung*

Um schlussendlich eine effektiv gleiche Umsatzsteuerbelastung gleichartiger Waren zu gewährleisten, muss die berechnete Steuer auch gleichmäßig an den Fiskus abgeführt werden. Mit anderen Worten: Auch die Erhebung der Umsatzsteuer muss dem Grundsatz der Neutralität Rechnung tragen.[675]

aa. Verbot einer Steueramnestie

Dem nicht gerecht wird nach Ansicht des EuGH eine italienische Vorschrift, nach der Steuerpflichtige einer Steuerprüfung sowie steuerlichen und strafrechtlichen Sanktionen für die hinterzogene Steuer entgehen können, indem sie eine ergänzende Umsatzsteuererklärung abgeben oder einen pauschalen Betrag zahlen: Dadurch könnten sich einige Steuerpflichtige endgültig ihrer Verpflichtung zur Zahlung der Umsatzsteuer entziehen. Durch diese unterschiedliche Behandlung der Steuerpflichtigen sei eine gleichmäßige, mit dem Neutralitätsgrundsatz konforme Steuererhebung nicht gewährleistet.[676]

bb. Rundungsmethode und Anrechnung auf andere Abgaben

Auf den Neutralitätsgrundsatz greift der EuGH auch in Fragen der richtigen Rundung von Umsatzsteuerbeträgen zurück, ohne aber eine bestimmte Rundungsmethode vorzuschreiben: Unter Bezugnahme auf das im Urteil *Elida Gibbs* entwickelte Gebot, keinen höheren Betrag als den vom Endverbraucher gezahlten zu erheben[677], fordert der EuGH eine Rundungsmethode zu wählen, die gewährleistet, dass der gerundete Betrag dem auf der Rechnung ausgewiesenen und vom Endverbraucher gezahlten Betrag entspricht. Daneben verlange der Grundsatz der Neutralität, bei der Berechnung der Umsatzsteuer für gleichartige Leistungen die gleiche Rundungsmethode anzuwenden.[678]

In der Rechtssache *Metropol* stand in Frage, ob durch die Anrechnung der gezahlten Umsatzsteuer auf die Spielbankabgabe und die damit möglicherweise einhergehende Begünstigung der Spielbanken der Neutralitätsgrundsatz umgangen

---

674 Ebenso kritisch *Vobbe*, MwStR 2014, 131 (132).
675 So deutlich EuGH v. 17.7.2008, Rs. C-132/06 (Kommission/Italien), Rn. 39.
676 EuGH v. 17.7.2008, Rs. C-132/06 (Kommission/Italien), Rn. 44.
677 EuGH v. 24.10.1996, Rs. C-317/94 (Elida Gibbs), Rn. 24.
678 EuGH v. 10.7.2008, Rs. C-484/06 (Koninklijke Ahold), Rn. 36 f., worin eine Verpflichtung, eine Abrundung pro Artikel zu gestatten, verneint wurde; v. 5.3.2009, Rs. C-302/07 (J D Wetherspoon), Rn. 34 f., wonach eine britische Regelung, nach der ab 0,5 Pence aufzurunden sei, der Neutralität nicht entgegenstehe.

werde. Insoweit stellt der EuGH klar, dass der Grundsatz der Neutralität nur im Rahmen des harmonisierten Systems gelte und somit keine Anwendung finde, wenn die geschuldete Umsatzsteuer auf eine nicht harmonisierte Abgabe angerechnet wird.[679] Außerdem sei eine gleichmäßige Steuererhebung auch gewährleistet, wenn sich die Bemessungsgrundlage nicht proportional nach dem vom Leistungsempfänger gezahlten Entgelt – im konkreten Fall die Spieleinsätze – richtet, sondern danach, was der Unternehmer tatsächlich als Gegenleistung erhält (letztlich also die Kasseneinnahmen).[680]

6. Gebot der äußeren Neutralität bei Ausgangsumsätzen

Der Grundsatz der Neutralität verbietet es, gleichartige Leistungen hinsichtlich der Umsatzsteuer unterschiedlich zu behandeln; demnach müssen importierte Waren und Dienstleistungen die gleiche Umsatzsteuerbelastung tragen wie solche, die im Inland produziert wurden.[681]

Solange die Unterschiede in den Umsatzsteuersystemen der Mitgliedstaaten – insbesondere bezüglich der Steuersätze – fortbestehen, ist hierfür erforderlich, die Steuerbelastung eingeführter Waren auf das Niveau des Bestimmungslandes zu bringen.[682] Im grenzüberschreitenden Warenaustausch bewirkt dies das Zusammenspiel der Befreiung der innergemeinschaftlichen Lieferung und der Besteuerung des innergemeinschaftlichen Erwerbs; bei sonstigen Leistungen ordnen dagegen die Ortsregelungen von vornherein eine Besteuerung nur am Verbrauchsort an.[683]

---

679 EuGH v. 24.10.2013, Rs. C-440/12 (Metropol), Rn. 57, vgl. dazu Anm. *Grube,* MwStR 2013, 699.

680 EuGH v. 24.10.2013, Rs. C-440/12 (Metropol), Rn. 38 f. *Grube,* MwStR 2013, 699 sieht darin eine „ausdrückliche Fortentwicklung der bisherigen Rechtsprechung" dahingehend, dass das Prinzip der Proportionalität nicht uneingeschränkt zu beachten sei.

681 *Scheller/Schrömbges,* Grenzsüberschreitender Warenverkehr aus Sicht der Umsatzsteuer, 2011, S. 51; *Tumpel,* in: DStJG 32 (2009), 53 (65); im Ergebnis ebenso *Terra/Kajus,* European VAT Directives, Introduction to European VAT, 2009, S. 287, die dies jedoch vor allem aus Gründen der fairen Zuweisung der Besteuerungshoheit an das Land, in dem der Konsum stattfindet, für geboten halten. Eine äußere Neutralität dergestalt, dass Leistungen in allen Mitgliedstaaten gleich umsatzsteuerbelastet werden, klingt zwar in den Begründungserwägungen als politisches Ziel an (vgl. etwa die 28. Begründungserwägung der MwStSytRL zur Annäherung der Steuersätze); weder geht hiervon jedoch eine Rechtswirkung aus noch definiert der EuGH den Neutralitätsgrundsatz derart weit; ebenso *Becker,* Ortsbestimmung von sonstigen Leistungen, 2011, S. 55; *Lohse,* UR 2004, 582 (584).

682 *Englisch,* in: *Tipke/Lang,* Steuerrecht, 2015^{22}, § 17 Rn. 395; *ders.,* in: DStJG 32 (2009), 165 (170); *Reiß,* in: FS Tipke, 1995, 433 (441 ff.); *Tumpel,* in: DStJG 32 (2009), 53 (64 f.).

683 Vgl. dazu bereits oben unter Kapitel 1 B IV 2, Kapitel 2 A I 3.

Wird eine innergemeinschaftliche Lieferung nicht von der auf ihr lastenden Umsatzsteuer befreit oder weisen die Ortsregeln das Besteuerungsrecht für eine sonstige Leistung nicht eindeutig einem Staat zu, droht eine Doppelbesteuerung sowohl im Herkunfts- als auch im Bestimmungsland; importierte Leistungen wären im Vergleich zu inländischen höher belastet. Deshalb betrachtet der EuGH die Befreiung innergemeinschaftlicher Lieferungen zur Vermeidung von Doppelbesteuerungen als eine Ausprägung des Neutralitätsgrundsatzes.[684] Umgekehrt wertet der EuGH eine doppelte Besteuerung desselben wirtschaftlichen Vorgangs in mehreren Mitgliedstaaten als einen Verstoß gegen den Neutralitätsgrundsatz.[685]

Jedoch versagt der EuGH einem Steuerpflichtigen eine Berufung auf den Neutralitätsgrundsatz und damit eine Befreiung seiner innergemeinschaftlichen Lieferung, wenn sich dieser vorsätzlich an einer Steuerhinterziehung des Erwerbers beteiligt.[686]

7. Grundsatz des Gutglaubensschutzes und Nachweispflichten bei innergemeinschaftlichen Lieferungen

Der Lieferant muss das Vorliegen einer innergemeinschaftlichen Lieferung – konkret die Ankunft der Waren am Bestimmungsort – anhand von privaten Dokumenten nachweisen. Diese sind häufig vom Leistungsempfänger zum Zweck einer Steuerhinterziehung gefälscht oder leiden an formellen Mängeln. Wird dem Leistenden mangels einer objektiv vorliegenden innergemeinschaftlichen Lieferung oder mangels vollständiger Erfüllung der Nachweispflichten die Steuerbefreiung nachträglich versagt, bleibt er entgegen dem Neutralitätsgrundsatz mit der auf der ausgeführten Ware ruhenden Umsatzsteuer belastet. Solche Verstöße gegen die Neutralität sucht der EuGH durch die Gewährung von Gutglaubensschutz und die vorrangige Berücksichtigung objektiver Kriterien statt formeller Pflichten (sog. *substance-over-form*-Prinzip[687]) zu vermeiden. Hierin spiegelt sich die Bedeutung des Gebots der äußeren Neutralität wider.

---

684 EuGH v. 27.9.2007, Rs. C-409/04 (Teleos), Rn. 25; v. 27.9.2007, Rs. C-146/05 (Collée), Rn. 23.

685 Zu sonstigen Leistungen – konkret zu einem doppelt besteuerten Leasingfall – EuGH v. 11.9.2003, Rs. C-155/01 (Cookies World), Rn. 60. Kritisch *Becker,* Ortsbestimmung von sonstigen Leistungen, 2011, S. 63, die dieses Ergebnis nicht aus dem Neutralitätsgrundsatz, sondern direkt aus den primärrechtlichen Diskriminierungsverboten ableiten will. Vgl. hierzu genauer Kapitel 2 B IV.

686 EuGH v. 7.12.2010, Rs. C-285/09 (R.), Rn. 54. Dies gelte selbst dann, wenn das nationale Recht eine solche Versagung der Steuerfreiheit nicht vorsieht, EuGH v. 18.12.2014, Rs. C-131/13, C-163/13 und C-164/13 („Italmoda", Turbu.com BV und Turbu.com Mobile Phone's BV), Rn. 62; kritisch hierzu *Wäger,* UR 2015, 81 (86).

687 Diesen Begriff gebrauchen *Demuth/Billau,* BB 2013, 1180 (1184). Auch außerhalb der innergemeinschaftlichen Lieferungen berücksichtigt der EuGH grundsätzlich ungeachtet der Nichterfüllung der Formalitäten die materielle Rechtslage; vgl. dazu für den Vorsteuerabzug Kapitel 2 A I 1 b cc (5); für die Kürzung der

a. Gutglaubensschutz

Seinen Ausgangspunkt nimmt die EuGH-Rechtsprechung zum Gutglaubensschutz in der Rechtssache *Teleos.* Das britische Unternehmen Teleos verkaufte Mobiltelefone an die spanische Firma TT, die diese entweder nach Frankreich oder Spanien verbringen wollte. Als Nachweis für die dortige Ankunft erhielt Teleos von TT unterschriebene und gestempelte CMR-Frachtbriefe, die sich später jedoch als falsch herausstellten. Eine darauf folgende Aberkennung der Steuerbefreiung und nachträgliche Belastung mit Umsatzsteuer akzeptiert der EuGH nicht. Dazu stellt er dem mit dem Nachweiserfordernis verfolgten Ziel der Betrugsbekämpfung die Grundsätze der Rechtssicherheit, der Verhältnismäßigkeit und der Neutralität gegenüber: Der Grundsatz der Rechtssicherheit verbiete es, einen Nachweis für eine befreite Lieferung nachträglich abzulehnen, dessen Fälschung der Leistende weder kannte noch kennen musste. Das Risiko eines Betrugs müsse verhältnismäßig zwischen dem Lieferanten und dem Fiskus aufgeteilt werden und dürfe nicht allein Ersterem auferlegt werden. Folglich hält es der EuGH für geboten, einem gutgläubigen Steuerpflichtigen, der alle zumutbaren Maßnahmen zur Vermeidung eines Betrugs getroffen hat, die Steuerbefreiung einer innergemeinschaftlichen Lieferung auch trotz dem objektivem Nichtvorliegen einer solchen zu gewähren.[688] Diese Rechtsprechung bestätigte der EuGH in der Sache *Netto Supermarkt* auch für den Fall der Ausfuhr in ein Drittland. Hier bezeichnet er den Grundsatz des Vertrauensschutzes bereits als „allgemeinen Rechtsgrundsatz".[689]

Der EuGH untermauert den Grundsatz des Gutglaubensschutzes mit dem Gebot der Neutralität, gleichartige Leistungen umsatzsteuerlich nicht unterschiedlich zu behandeln: Jenes wäre verletzt, würde ein gutgläubig innergemeinschaftlich Liefernder – anders als ein inländischer Lieferant – endgültig mit Umsatzsteuer belastet.[690] Bei einer zusätzlichen Besteuerung des innergemeinschaftlichen Erwerbs käme es überdies zu einer dem Grundsatz der äußeren Neutralität zuwiderlaufenden Doppelbesteuerung.[691] Die Notwendigkeit eines Gutglaubensschutzes folgt aber nicht

---

Bemessungsgrundlage gem. Art. 90 MwStSystRL EuGH v. 15.5.2014, Rs. C-337/13 (Almos), Rn. 38.

688 EuGH v. 27.9.2007, Rs. C-409/04 (Teleos), Rn. 50–52, 66. Ebenso EuGH v. 9.10.2014, Rs. C-492/13 (Traum), Rn. 31.

689 EuGH v. 21.2.2008, Rs. C-271/06 (Netto Supermarkt), Rn. 18; *Nieskens,* EU-UStB 2008, 57 bezeichnet den Gutglaubensschutz deshalb als „allgemeinverbindlichen Rechtsgedanken des Umsatzsteuerrechts"; *Jakob,* Umsatzsteuer, 2009[4], Rn. 32, sieht im Grundsatz des Gutglaubensschutzes ein „tragendes Prinzip"; zustimmend *Drüen,* DB 2010, 1847 (1848); einschränkend dagegen *Sterzinger,* DStR 2008, 2450 (2455); *ders.,* DStR 2010, 2606 (2607), wonach dem Einzelnen eine Berufung auf das Prinzip ohne Einführung einer nationalen Regelung zu versagen sei.

690 EuGH v. 27.9.2007, Rs. C-409/04 (Teleos), Rn. 60. Der EuGH schließt also von einem Verstoß gegen die Belastungsneutralität auf einen Verstoß gegen die Wettbewerbsneutralität.

691 EuGH v. 27.9.2007, Rs. C-409/04 (Teleos), Rn. 25.

unmittelbar aus dem Neutralitätsgrundsatz.[692] Vielmehr liegt eine Verletzung der Neutralität immer – selbst dann, wenn der Lieferant die betrügerischen Absichten seines Vertragspartners kennt – vor, soweit dem Leistenden eine Befreiung der innergemeinschaftlichen Lieferung versagt wird: Eine Abwälzung der Steuer auf seinen Abnehmer wird ihm in diesem Fall nämlich nicht gelingen. Jedoch gebieten die Grundsätze der Rechtssicherheit und der Verhältnismäßigkeit nur bei Gutgläubigkeit des Leistenden ein neutralitätskonformes Ergebnis, während das Ziel der Betrugsbekämpfung eine neutralitätswidrige Belastung des bösgläubigen Lieferanten rechtfertigt.[693]

b. Substance-over-form-*Prinzip*

In engem Zusammenhang mit dem Schutz des guten Glaubens an das Vorliegen einer innergemeinschaftlichen Lieferung steht die Rechtsprechung des EuGH zu den hierbei zu erfüllenden Nachweispflichten.[694]

In der – gleichzeitig mit *Teleos* entschiedenen – Rechtssache *Collée* war das Vorliegen einer innergemeinschaftlichen Lieferung durch die Zwischenschaltung eines inländischen Händlers verschleiert worden, um dem leistenden Autohaus seinen Provisionsanspruch gegenüber dem Automobilhersteller zu sichern. Trotz späterer Stornierung dieser Rechnungen und Deklaration als innergemeinschaftliche Lieferung blieb eine Steuerbefreiung versagt, da die für den Nachweis erforderlichen Aufzeichnungen nicht unmittelbar und laufend nach Ausführung des Umsatzes, sondern verspätet vorgenommen worden seien. Einer solchen Praxis widerspricht der EuGH: Der Neutralitätsgrundsatz gebiete zur Vermeidung von Doppelbesteuerungen die Befreiung innergemeinschaftlicher Lieferungen. Daraus folge, dass die Befreiung immer dann zu gewähren sei, wenn die materiellen Anforderungen erfüllt sind, selbst wenn gewissen formellen Anforderungen nicht genügt wird – es sei denn, der Verstoß gegen die formellen Pflichten verhindert den sicheren Nachweis, dass die materiellen Anforderungen erfüllt wurden.[695] Auch in der Rechtssache *VSTR* stellt der EuGH das materielle Vorliegen einer innergemeinschaftlichen Lieferung über die Erfüllung des formellen Erfordernisses, die Umsatzsteuer-Identifikationsnummer des Erwerbers mitzuteilen.[696]

---

692 So aber *Günther*, Vertrauensschutz bei Angaben Dritter, 2013, S. 234; differenzierend dagegen *Becker*, UR 2009, 664 (665 f.).

693 Im Ergebnis ebenso EuGH v. 7.12.2010, Rs. C-285/09 (R.), Rn. 54, worin einem bösgläubigen Steuerpflichtigen verwehrt wird, sich auf den Neutralitätsgrundsatz zu berufen.

694 In Deutschland sind das die in den §§ 17a ff. UStDV geregelten Beleg- und Buchnachweise.

695 EuGH v. 27.9.2007, Rs. C-146/05 (Collée), Rn. 31.

696 EuGH v. 27.9.2012, Rs. C-587/10 (VSTR), Rn. 51; ebenso v. 6.9.2012, Rs. C-273/11 (Mecsek-Gabona), Rn. 63; v. 9.10.2014, Rs. C-492/13 (Traum), Rn. 36 bei zwischenzeitlicher Löschung der Identifikationsnummer des Erwerbers.

In dem – ebenfalls zeitgleich mit *Teleos* ergangenen – Urteil in der Rechtssache *Twoh International* setzt der EuGH dem Schutz des Steuerpflichtigen vor übermäßigen Nachweispflichten wiederum Grenzen. So sei es Sache des Lieferanten nachzuweisen, dass eine innergemeinschaftliche Lieferung vorliegt. Misslingt der Nachweis, bestünde keine Verpflichtung der nationalen Behörden, die Behörden eines anderen Mitgliedstaats im Wege der Amtshilfe-Richtlinie um Auskunft zu ersuchen, ob der innergemeinschaftliche Erwerb dort versteuert worden ist.[697]

Diese Rechtsprechung verdeutlicht die Funktion formaler Nachweispflichten. Die Erbringung jener Nachweise stellt nicht etwa eine materiell-rechtliche Voraussetzung einer steuerbefreiten innergemeinschaftlichen Lieferung dar.[698] Ihr Vorliegen führt lediglich zu der gesetzlichen Vermutung, dass die materiell-rechtlichen Voraussetzungen für die Gewährung der Steuerbefreiung erfüllt sind, ihr Nichtvorliegen dagegen zur umgekehrten Vermutung. Im letzteren Fall besteht deshalb die Möglichkeit, das Vorliegen der materiellen Anspruchsgrundlagen auf anderem Weg zu beweisen. Den Nachweispflichten kommt damit nur eine beweislastverteilende Funktion zu.[699]

8. Berichtigung und Erstattung von zu Unrecht gezahlter Umsatzsteuer

Der EuGH verweist auf den Neutralitätsgrundsatz auch im Kontext der Berichtigung von zu Unrecht in Rechnung gestellter Umsatzsteuer. In der Rechtssache *Genius Holding* versagte er dem Leistungsempfänger den Vorsteuerabzug, da der Leistende aufgrund des Eingreifens des Reverse-Charge-Verfahrens zu Unrecht Umsatzsteuer ausgewiesen hatte. Dem Grundsatz der Neutralität möchte der EuGH stattdessen dadurch Geltung verschaffen, dass die Mitgliedstaaten in ihrem innerstaatlichen Recht vorsehen, „dass jede zu Unrecht in Rechnung gestellte Steuer berichtigt werden kann, wenn der Aussteller der Rechnung seinen guten Glauben nachweist“.[700]

In der Rechtssache *Schmeink & Cofreth und Strobel* eröffnet der EuGH eine Berichtigungs- und Erstattungsmöglichkeit auch für bösgläubige Leistende, mithin für Aussteller von Scheinrechnungen. Diese hätten „die Gefährdung des Steueraufkommens rechtzeitig und vollständig beseitigt“, indem sie die falschen Rechnungen vor der Geltendmachung eines Vorsteuerabzugs durch den Leistungsempfänger

---

697 EuGH v. 27.9.2007, Rs. C-184/05 (Twoh International), Rn. 26, 32. *Sopp,* Umsatzbesteuerung beim Handel in der EU, 2010, S. 322, sieht dadurch die Position des Steuerpflichtigen geschwächt. Kritisch hierzu auch *Achatz,* in: DStJG 32 (2009), 461 (470); *Englisch,* UR 2008, 481 (484), der dem Einzelnen dann einen Anspruch auf Inanspruchnahme von Amtshilfe gewähren möchte, wenn dieser seinen Mitwirkungspflichten im Rahmen des ihm Möglichen nachgekommen ist.

698 So früher aber der BFH, Beschl. v. 2.4.1997, BFH/NV 1997, 629 (630); v. 5.2.2004, BFH/NV 2004, 988, sowie die hM im deutschen Schrifttum, *Kraeusel,* UR 2005, 187 (189); *Stadie,* Umsatzsteuerrecht, 2005, Rn. 10.43.

699 *Achatz,* in: DStJG 32 (2009), 461 (470 f.); *Englisch,* UR 2008, 481 (482 f.).

700 EuGH v. 13.12.1989, Rs. 342/87 (Genius Holding), Rn. 18.

zurückerhielten und vernichteten bzw. durch eine Selbstanzeige die Berichtigung eines bereits erfolgten Vorsteuerabzugs ermöglichten. In einem solchen Fall verlange „der Grundsatz der Neutralität der Mehrwertsteuer, dass zu Unrecht in Rechnung gestellte Mehrwertsteuer berichtigt werden kann, ohne dass eine solche Berichtigung vom guten Glauben des Ausstellers der betreffenden Rechnung abhängig gemacht werden darf".[701] Eine Berichtigungsmöglichkeit hält der EuGH auch im Fall des Ausweises eines Betrags, „der in keinem Fall Mehrwertsteuer sein kann", für geboten. Hier seien ein unrechtmäßiger Vorsteuerabzug und damit eine Gefährdung des Steueraufkommens von Vornherein ausgeschlossen.[702]

Lohse vertritt die Ansicht, die im Urteil *Schmeink & Cofreth und Strobel* genannte Neutralität beziehe sich auf das „Mehrwertsteueraufkommen des Staates". Das Gebot der Neutralität der Steuer gegenüber dem Unternehmer beträfe nur die Umsatzsteuer auf tatsächlich ausgeführte Leistungen und käme bei Scheinrechnungen nicht zur Anwendung.[703] Dem ist entgegenzuhalten, dass der EuGH die Neutralität in dieser Entscheidung als „Grundprinzip des durch das einschlägige Gemeinschaftsrecht geschaffenen gemeinsamen Mehrwertsteuersystems"[704] bezeichnet. Von einem „grundlegenden Prinzip" spricht der EuGH aber auch bei den – oben ausführlich dargestellten – Fällen der Belastungs- und Wettbewerbsneutralität des Unternehmers.[705] Dass im Fall einer Scheinrechnung tatsächlich keine Leistungen ausgeführt werden, ändert nichts daran, dass die Umsatzsteuer ohne Berichtigungsmöglichkeit entgegen dem Grundsatz der Neutralität beim Unternehmer zum Kostenfaktor würde: Der Aussteller einer Scheinrechnung kann die Steuer nämlich auf niemanden überwälzen; vielmehr bliebe er endgültig mit ihr belastet. Dies ließe sich zwar wegen der Bösgläubigkeit des Rechnungsausstellers mit dem Ziel der Vermeidung von Steuerhinterziehungen rechtfertigen, unter Wahrung der Verhältnismäßigkeit aber nur, soweit eine Gefährdung des Steueraufkommens dies erforderlich macht.

Der Neutralitätsgrundsatz gebietet nach der Rechtsprechung des EuGH ferner, eine Erstattung von zu Unrecht in Rechnung gestellter Steuer zu ermöglichen, ohne dies übermäßig zu erschweren.[706] Hinsichtlich des Ziels, Steuerhinterziehungen zu vermeiden, sei es aber grundsätzlich verhältnismäßig, die Erstattung von einer Berichtigung der dem Leistungsempfänger ausgestellten Rechnung abhängig zu

701 EuGH v. 19.9.2000, Rs. C-454/98 (Schmeink & Cofreth u. Strobel), Rn. 63.

702 EuGH v. 6.11.2003, Rs. C-78/02 bis 80/02 (Karageorgou u.a.), Rn. 52 für den Fall eines Steuerausweises durch einen nichtsteuerpflichtigen Übersetzer. Kritisch hierzu Anm. *Stadie,* UR 2003, 600.

703 *Lohse,* in: *Achatz/Tumpel,* EuGH-Rechtsprechung und Umsatzsteuerpraxis, 2001, 47 (80); im Erg. ebenso *Leipold,* Personelle Zurechnung von Umsätzen und Vorsteuerabzug, 2008, S. 229.

704 EuGH v. 19.9.2000, Rs. C-454/98 (Schmeink & Cofreth u. Strobel), Rn. 59.

705 Vgl. etwa EuGH v. 29.10.2009, Rs. C-174/08 (NCC), Rn. 40; v. 22.12.2010, Rs. C-277/09 (RBS Deutschland), Rn. 39.

706 EuGH v. 18.6.2009, Rs. C-566/07 (Stadeco), Rn. 40; v. 11.4.2013, Rs. C-138/12 (Rusedespred), Rn. 30.

machen.[707] Etwas anderes muss aber dann gelten, wenn eine Gefährdung des Steueraufkommens gänzlich ausgeschlossen ist. Deshalb steht der Neutralitätsgrundsatz nach Ansicht der EuGH einer Regelung entgegen, die eine Erstattung von zu Unrecht gezahlter Steuer von einer Rechnungsberichtigung abhängig macht, obwohl dem Rechnungsempfänger ein Vorsteuerabzug bereits endgültig versagt worden war.[708]

Die Rechtsprechung des EuGH, die das Gebot der Berichtigung und Erstattung von zu Unrecht in Rechnung gestellter Steuer unter das Neutralitätsgebot fasst, überzeugt. Der Leistungsempfänger hat gegen den Leistenden einen zivilrechtlichen Anspruch auf Rückzahlung des fälschlicherweise als Umsatzsteuer deklarierten Betrags.[709] Würde dem Leistenden die Möglichkeit der Berichtigung und Erstattung versagt, bliebe er entgegen dem Gebot der Neutralität mit diesem Betrag belastet.

III. Fazit

Der Grundsatz der Neutralität der Umsatzsteuer wird vom EuGH also in den verschiedensten Kontexten verwendet. Dabei lassen sich zwei Hauptausprägungen unterscheiden:

Zum einen sind die Unternehmer vollständig von der Umsatzsteuer, die auf den von ihnen bezogenen Eingangsleistungen ruht, zu entlasten. Dies gewährleistet der Vorsteuerabzug, der folglich als „integraler Bestandteil des Mechanismus der Mehrwertsteuer" gilt. Dadurch wirkt sich die Umsatzsteuer auf die Kostenbelastung des Unternehmers gänzlich neutral aus.[710] Deshalb wird diese Ausprägung verbreitet mit dem Begriff der „Belastungsneutralität" überschrieben. Dahinter steckt das Ziel, eine mehrfache, sich kumulierende Belastung mit Umsatzsteuer zu vermeiden. Die Reichweite des Vorsteuerabzugs – sei es sein Umfang („völlig"), der Zeitpunkt („sofort") oder seine grundsätzliche Uneinschränkbarkeit – legt der EuGH unter Bezugnahme auf den Grundsatz der Neutralität sehr weit aus. Bei unentgeltlichen Wertabgaben dagegen greift die *ratio* des Neutralitätsgrundsatzes nicht mehr; stattdessen fordert das Verbrauchsteuerprinzip eine gleichmäßige Belastung aller privaten Konsumaufwendungen. Ein Vorsteuerabzug, der auf die vormals unternehmerischen und nunmehr privat genutzten Gegenstände gewährt wurde, ist daher rückgängig zu machen. Schließlich gebietet der Grundsatz der Neutralität auch bei grenzüberschreitenden – „äußeren" – Sachverhalten eine vollständige Entlastung des Leistungsempfängers von den Vorsteuern. Der Grundsatz des Gutglaubensschutzes unterstreicht die Bedeutung dieser Ausprägung der Neutralität: So wird

707 EuGH v. 18.6.2009, Rs. C-566/07 (Stadeco), Rn. 47.

708 EuGH v. 11.4.2013, Rs. C-138/12 (Rusedespred), Rn. 34; v. 23.4.2015, Rs. C-111/14 (GST – Sarviz AG Germania), Rn. 37.

709 Nach deutschem Recht greift hier die Leistungskondiktion aus § 812 Abs. 1 Satz 1 Alt. 1 BGB, *Leipold,* Personelle Zurechnung von Umsätzen und Vorsteuerabzug, 2008, S. 229.

710 *Ruppe/Achatz,* UStG, 2011^4, Einf., Rn. 48 sprechen insoweit von „Kostenneutralität".

ein Vorsteuerabzug auch ermöglicht, wenn dessen Voraussetzungen objektiv nicht vorliegen.

Zum anderen verbietet der Grundsatz der Neutralität, hinsichtlich der Umsatzbesteuerung von Ausgangsumsätzen gleichartige Leistungen unterschiedlich zu behandeln. Ziel ist es, durch eine allgemeine und gleichmäßige Besteuerung der Verbrauchsgüter allen Anbietern dieselben Überwälzungschancen im Wettbewerb zu eröffnen. Daher wurde als Überschrift dieser Ausprägung der Begriff der „Wettbewerbsneutralität" gewählt. Danach dürfen weder die Rechtsform noch die Organisationsstruktur des Leistungserbringers zu Unterschieden in der Umsatzbesteuerung führen. Die mangelnde Rechtmäßigkeit einer Leistung muss ebenso unbeachtet bleiben. Stattdessen sind alle Leistungen möglichst umfassend dem Anwendungsbereich der Umsatzsteuer zu unterwerfen, während Steuerbefreiungen und ermäßigte Steuersätze gleichartigen Leistungen gleichmäßig gewährt werden müssen. Die Definition der Bemessungsgrundlage sowie die Erhebung der Steuer sollen einheitlichen Maßstäben folgen. Zur Vermeidung einer Doppelbesteuerung – und damit zur Gewährleistung von äußerer Neutralität – sind innergemeinschaftliche Lieferungen von der Steuer zu befreien. In diesem Bereich hält der EuGH einen Gutglaubensschutz für geboten und verbietet einen zu strengen Formalismus. Die Möglichkeit der Berichtigung und Erstattung von zu Unrecht gezahlter Steuer fasst er ebenso unter den Neutralitätsgrundsatz.

Obgleich die Untergliederung in Belastungs- und Wettbewerbsneutralität im deutschen Schrifttum weit verbreitet ist[711] und deshalb auch hier für eine erste Einteilung verwendet wurde, erweist sie sich bei genauerer Betrachtung als ungenau:

Die Vorsteuerentlastung bewirkt, dass die Umsatzsteuer beim Unternehmer nicht zum Kostenfaktor wird und sich stattdessen belastungsneutral auswirkt. Dadurch trägt die Steuer dem Verbrauchsteuerprinzip entsprechend allein der Verbraucher, auf den sie im Preis der Leistungen überwälzt wird. In der Konsequenz kann die Umsatzsteuer keinen Einfluss auf die Wettbewerbssituation des Unternehmers nehmen; sie sorgt für Wettbewerbsneutralität. Der Vorsteuerabzug bewirkt ferner, dass gleichartige Leistungen ungeachtet der Zahl der dazwischengeschalteten Umsatzstufen gleich belastet werden. Die auf jeder Stufe hergestellte Neutralität sichert eine gleichmäßige Belastung der Verbraucher und schafft überdies für alle Unternehmer unabhängig von ihrer Position in der Absatzkette gleiche Absatzchancen; auch insoweit stiftet sie Wettbewerbsneutralität. Kurzum: Belastungsneutralität führt grundsätzlich zu Wettbewerbsneutralität.[712]

---

711 Vgl. etwa *Cloß*, Umsatzsteuerliche Behandlung von Finanz-, Versicherungs- und öffentlichen Dienstleistungen, 2013, S. 21 ff.; *Günther*, Vertrauensschutz bei Angaben Dritter im Umsatzsteuerrecht, 2013, S. 230 ff.; *Henze*, in: Umsatzsteuer-Kongress-Bericht 2010, 7 ff., der zwar statt von „Wettbewerbsneutralität" von „komparativer Neutralität" spricht, im Ergebnis aber dasselbe meint; *Richter*, Die Regelungen zum Vorsteuerabzug nach der MwStSystRL, 2012, S. 19 ff.

712 *Theile*, Wettbewerbsneutralität der harmonisierten Umsatzsteuer, 1995, S. 95; zustimmend *Canz*, Umsatzbesteuerung der öffentlichen Hand, 2013, S. 111; *Lohse*, Die

Das Gebot der gleichmäßigen Besteuerung der Ausgangsumsätze führt in erster Linie zu einem verzerrungsfreien Wettbewerb zwischen den Anbietern: Es ermöglicht ihnen, die Umsatzsteuer im Preis vollständig auf die Abnehmer abzuwälzen, ohne zum Erhalt ihrer Wettbewerbsfähigkeit gezwungen zu sein, einen Teil der Umsatzsteuer selbst zu tragen. Konsequenz der Überwälzung ist also eine neutrale Umsatzsteuerbelastung auf Seiten des Unternehmers, kurz: Eine wettbewerbsneutrale Besteuerung der Ausgangsumsätze führt zu Belastungsneutralität.

Dass beide Begriffe dennoch nicht gleichgesetzt werden können, zeigt das Beispiel des erfolglosen Unternehmers: Dessen Vorsteuerentlastung hält der EuGH unter Verweis auf den Neutralitätsgrundsatz für geboten. Hier greift indes nur der Aspekt der Belastungsneutralität, während daraus – mangels Teilnahme des erfolglosen Unternehmers am Wettbewerb – keine Wettbewerbsneutralität resultiert. Der Begriff der Wettbewerbsneutralität erreicht damit nicht den Umfang der vom EuGH entwickelten Neutralität.[713]

Weil die Begriffe der Belastungs- und Wettbewerbsneutralität sich damit nicht eignen, die Ausprägungen des Neutralitätsgrundsatzes präzise voneinander abzugrenzen, liegt es nahe, diese Terminologie aufzugeben. Dafür spricht zudem, dass auch der EuGH jene Begrifflichkeiten nicht verwendet. Zwar findet sich der Begriff der „Wettbewerbsneutralität" als Umschreibung des politischen Harmonisierungsziels, „dass gleichartige Waren innerhalb der einzelnen Länder ungeachtet der Länge des Produktions- und Vertriebswegs steuerlich gleich belastet werden", noch im siebten Erwägungsgrund der MwStSystRL. Anders als in älteren Entscheidungen[714] verzichtet der EuGH aber mittlerweile selbst bei Zitierung dieser Zielvorgabe auf den Wettbewerbszusatz.[715] Deshalb sollte im Einklang mit dem EuGH schlicht der Begriff der „Neutralität" gebraucht werden.[716]

Als griffig und klar erweist sich dagegen die von *Lohse* begründete und auch hier vorgenommene Unterscheidung zwischen der Neutralität in Bezug auf Eingangsumsätze und der in Bezug auf Ausgangsumsätze.[717] Sie spiegelt die zwei vom EuGH

Zuordnung im Mehrwertsteuerrecht, 1999, S. 134. Im Erg. ebenso *Ruppe/Achatz,* UStG, 2011^4, Einf., Rn. 49.

713 *Lohse,* Die Zuordnung im Mehrwertsteuerrecht, 1999, S. 134 f.

714 Vgl. etwa EuGH v. 1.4.1982, Rs. 89/81 (Hong Kong Trade), Rn. 6.

715 EuGH v. 24.10.1996, Rs. C-317/94 (Elida Gibbs), Rn. 20.

716 Soweit im Kontext illegaler Leistungen von „Wertneutralität" die Rede ist (vgl. z.B. EuGH v. 29.6.2000, Rs. C-455/98 (Salumets), Rn. 19 sowie die in Kapitel 2 A II 3 aufgeführte Rspr.), sei darauf hingewiesen, dass dies eine Besonderheit der deutschen Sprachfassung ist; dagegen finden sich in den englischen sowie in den französischen Fassungen nur die allgemeinen Begriffe „fiscal neutrality" und „neutralité fiscale". In EuGH v. 11.6.1998, Rs. C-283/95 (Fischer), Rn. 21 wird ebenso lediglich mit dem allgemeinen „Grundsatz der steuerlichen Neutralität" argumentiert. Vgl. dazu *Lohse,* Die Zuordnung im Mehrwertsteuerrecht, 1999, S. 133.

717 Vgl. *Lohse,* Die Zuordnung im Mehrwertsteuerrecht, 1999, S. 138; *ders.,* in: *Achatz/ Tumpel,* EuGH-Rechtsprechung und Umsatzsteuerpraxis, 2001, 47 (59 ff.); im

entwickelten Ausprägungen des Neutralitätsgrundsatzes wider: Zum einen erfasst sie das Gebot der Vorsteuerentlastung und zum anderen das Gebot der gleich hohen Belastung der Ausgangsleistungen. Außerdem eignet sich der Begriff der äußeren Neutralität[718] gut, grenzüberschreitende und inländische Sachverhalte voneinander abzugrenzen. Deshalb werden diese Untergliederungen für die weitere Arbeit beibehalten.

B. Rechtsgrundlagen der Neutralität

Die im vorstehenden Abschnitt aufgezeigte Reichweite des Neutralitätsgrundsatzes zeugt von dessen Bedeutung für die europäische Umsatzbesteuerung. So betrachtet der EuGH die Neutralität als „grundlegendes Prinzip (...) des Mehrwertsteuersystems".[719] Aber nur anhand ihrer rechtlichen Grundlagen – insbesondere ihrer primärrechtlichen Wurzeln – kann dem Besteuerungsprinzip der Neutralität sein Rang im europäischen Umsatzsteuersystem zugewiesen werden.

Dazu bietet es sich an, zunächst die expliziten Normierungen der Neutralität in den sekundärrechtlichen Richtlinien und anschließend ihre primärrechtlichen Wurzeln – insbesondere in der GRCh und im AEUV – zu untersuchen.

I. Normierung der Neutralität in den Richtlinien

1. Die Erste und Zweite MwStRL

Wie jedem Sekundärrechtsakt sind den Mehrwertsteuerrichtlinien sog. Erwägungsgründe vorangestellt. Hierin spiegeln sich die Motive und Hintergründe des jeweiligen Rechtssetzungsvorhabens wider.[720] Sowohl die Erste als auch die Zweite MwStRL vom 11.4.1967 erwähnen die Neutralität mehrmals in ihren Erwägungsgründen. So lautet die fünfte Begründungserwägung der Ersten MwStRL:[721]

> (5) Die größte Einfachheit und *Neutralität* eines Mehrwertsteuersystems wird erreicht, wenn die Steuer so allgemein wie möglich erhoben wird und wenn ihr Anwendungsbereich alle Produktions- und Vertriebsstufen sowie den Bereich der Dienstleistungen umfasst.

Erg. auch *Stadie,* in: *Rau/Dürrwächter,* UStG, Einf. (April 2013), Rn. 602, 610, der zwischen der Neutralität „bei den Umsätzen" und „beim Vorsteuerabzug" unterscheidet.

718 Vgl. dazu insb. *Terra/Kajus,* European VAT Directives, Introduction to European VAT, 2009, S. 287; *Lohse,* in: *Achatz/Tumpel,* EuGH-Rechtsprechung und Umsatzsteuerpraxis, 2001, 47 (49 f.); *Tumpel,* in: DStJG 32 (2009), 53 (65).

719 EuGH v. 29.10.2009, Rs. C-174/08 (NCC), Rn. 40; v. 22.12.2010, Rs. C-277/09 (RBS Deutschland), Rn. 39.

720 *Kilches,* Sammlung des Europäischen Mehrwertsteuerrechts, 1999, S. 23; *Novacek,* ÖStZ 2002, 238 (239).

721 Hervorhebungen in den zitierten Passagen im Nachfolgenden nur hier.

Die Umsatzsteuer soll also die Neutralität der Umsatzsteuer dadurch sichern, dass sie möglichst alle Umsätze gleich belastet. Das vom EuGH im Kontext der Ausgangsumsätze regelmäßig zitierte Neutralitätsgebot, „gleichartige und deshalb miteinander in Wettbewerb stehende Waren oder Dienstleistungen hinsichtlich der Mehrwertsteuer [nicht] unterschiedlich zu behandeln"[722], umschreibt genau dieses Motiv. Die Grundsätze, den Anwendungsbereich der Umsatzsteuer möglichst weit zu fassen[723] und insbesondere auch unerlaubte Tätigkeiten der Umsatzsteuer zu unterwerfen[724], lassen sich somit unmittelbar auf diese Begründungserwägung zurückführen.[725] Die damit korrespondierende Forderung, Steuerbefreiungen und -ermäßigungen eng auszulegen, greift die vierte Begründungserwägung der Zweiten MwStRL, welche Struktur und Anwendungsmodalitäten der Umsatzsteuer regelt, auf:[726]

> (4) Damit das System einfach und *neutral* angewandt und der normale Steuersatz in vernünftigen Grenzen gehalten werden kann, müssen Sonderregelungen und Ausnahmemaßnahmen beschränkt werden.

Die achte Begründungserwägung der Ersten MwStRL betrifft verschiedene Aspekte der Neutralität:

> (8) Die Ersetzung der in den meisten Mitgliedstaaten geltenden kumulativen Mehrphasensteuersysteme durch das gemeinsame Mehrwertsteuersystem muss, selbst wenn die Sätze und Befreiungen nicht gleichzeitig harmonisiert werden, eine *Wettbewerbsneutralität* in dem Sinne bewirken, dass gleichartige Waren innerhalb der einzelnen Länder ungeachtet der Länge des Produktions- und Vertriebswegs steuerlich *gleich belastet* werden und dass im grenzüberschreitenden Handelsverkehr die steuerliche Belastung der Waren bekannt ist, damit ein genauer Ausgleich dieser Belastung vorgenommen werden kann.

Die Neutralität wird hier als ein Gebot der gleich hohen steuerlichen *Belastung* gleichartiger Leistungen definiert. Dies erfordert zweierlei: Zum einen muss die unmittelbare Umsatzsteuerbelastung gleicher Leistungen, die diese als Objekte

---

722 St. Rspr.; vgl nur EuGH v. 15.11.2012, Rs. C-174/11 (Zimmermann), Rn. 48.

723 Vgl. dazu Kapitel 2 A II 4 a aa. Deutlich GA Lenz, SA v. 12.2.1987, Rs. 235/85 (Kommission/Niederlande), Rn. 19, der zur Begründung der Steuerpflicht von Notaren ausdrücklich auf die fünfte Begründungserwägung der Ersten MwStRL verweist.

724 Vgl. dazu Kapitel 2 A II 3.

725 Im Erg. ebenso *Kindl,* Gesamtschuld und Haftung im nationalen und europäischen Umsatzsteuerrecht, 2010, S. 54; *Lohse,* Die Zuordnung im Mehrwertsteuerrecht, 1999, S. 138; *ders.,* in: *Achatz/Tumpel,* EuGH-Rechtsprechung und Umsatzsteuerpraxis, 2001, 47 (51 f.).

726 Vgl. dazu ausführlich unter Kapitel 2 A II 4 a bb, cc. Sowohl mit dem fünften Erwägungsgrund der Ersten MwStRL als auch mit dem vierten Erwägungsgrund der Zweiten MwStRL argumentiert GA da Cruz Vilaca, SA v. 14.3.1988, Rs. 122/87 (Kommission/Italien), Rn. 10, 12, um die Anwendung einer Steuerbefreiungsvorschrift auf Tierärzte zu versagen.

eines Ausgangsumsatzes erfahren, gleich hoch sein. Damit gleichartige Waren auch „ungeachtet der Länge des Produktions- und Vertriebswegs" die gleiche finale Umsatzsteuerbelastung tragen, bedarf es zum anderen eines Ausgleichs der auf den vorangegangenen Stufen erhobenen Steuer. Somit wird hier die Neutralitätsforderung in Bezug auf Eingangsumsätze, die einfachgesetzlich durch das Vorsteuerabzugsrecht geregelt ist, festgeschrieben.[727] Dass die achte Begründungserwägung insbesondere auf diese Ausprägung der Neutralität zielt, zeigt aber nicht nur der Wortlaut. So weisen die Vorarbeiten und Materialen zur Ersten MwStRL die Beseitigung der damals geltenden kumulativen, nicht wettbewerbsneutralen Brutto-Umsatzsteuern als primäres Motiv der Umsatzsteuerharmonisierung aus.[728] Auch das Aufgreifen des Begriffs der „Wettbewerbsneutralität", der im politischen Harmonisierungsprozess das Ziel des Wechsels von einem Brutto- zu einem Netto-Umsatzsteuersystem paraphrasierte[729], im Wortlaut der Begründungserwägung spricht dafür, dass hier vorrangig die Neuerung des Vorsteuerabzugs angesprochen wird.

Daneben betrifft der achte Erwägungsgrund den Aspekt der äußeren Neutralität: Grenzüberschreitende Umsätze sollen mittels eines exakten Ausgleichs der Umsatzsteuervorbelastung an der Grenze die gleiche Belastung wie innerstaatliche Umsätze tragen. Dies wiederum setzt die Neutralisierung der Vorsteuern voraus.[730] Schließlich greift auch der vierte Erwägungsgrund der Zweiten MwStRL das Ziel auf, trotz der in den Mitgliedstaaten fortbestehenden Unterschiede in den Anwendungsmodalitäten der Umsatzsteuer äußere Neutralität zu gewährleisten:

> (3) Vorübergehend können in den Mitgliedstaaten auch gewisse Unterschiede bei den Modalitäten für die Anwendung der Steuer zugelassen werden; es müssen jedoch geeignete Verfahren vorgesehen werden, um einerseits die *Wettbewerbsneutralität* zwischen den Mitgliedstaaten zu gewährleisten und andererseits die betreffenden Unterschiede schrittweise einzuschränken oder zu beseitigen.

Art. 2 Abs. 1 und 2 der Ersten MwStRL[731] normieren schließlich die Merkmale, auf denen diese in den Erwägungsgründen definierte Neutralität beruht, wenngleich der Begriff der „Neutralität" in den Wortlaut dieser Norm keinen Eingang gefunden hat: So verfolgen der dort niedergelegte „Grundsatz" einer „allgemeine[n] zum Preis (...) genau proportionale[n] Verbrauchsteuer" sowie das Institut des Vorsteuerabzugs genau das Ziel, sowohl in Bezug auf Eingangs- als auch auf Ausgangsumsätze für Neutralität der Umsatzsteuer beim Unternehmer zu sorgen.[732] Art. 4 Abs. 1 der

727 *Lohse*, Die Zuordnung im Mehrwertsteuerrecht, 1999, S. 138.
728 Vgl. dazu ausführlich oben unter Kapitel 1 A II 1 b.
729 Vgl. zum Harmonisierungsziel der Wettbewerbsneutralität ausführlich unter Kapitel 1 A II.
730 Vgl. dazu unter Kapitel 1 A II 1 a.
731 Zitiert unter Kapitel 1 A II 2 a.
732 Ebenso *Farmer*, Umsatzsteuer-Kongress-Bericht 1995/96, 97 (100 f.), der auch die Allgemeinheit und Proportionalität als Basis der Neutralität ausmacht, ohne jedoch auf Art. 2 MwStRL Bezug zu nehmen.

Ersten MwStRL enthält schließlich den Harmonisierungsauftrag, die Einfuhrbesteuerung beim Handel zwischen den Mitgliedstaaten „unter Wahrung der Neutralität" abzuschaffen.

Die Neutralität ist damit Motiv und Tatbestandsmerkmal – Grund und Grenze – der Mehrwertsteuerrichtlinien zugleich. Dass die Erste MwStRL die Neutralität nicht ausdrücklich beim Namen nennt[733], rechtfertigt es nicht, von einem „nicht kodifizierten Grundsatz"[734] zu sprechen. Zwar stellen die Erwägungsgründe als solche nicht formelles Recht, sondern bloße Motive und Auslegungshilfen dar.[735] Indes enthält Art. 2 der Ersten MwStRL nichts anderes als eine Umschreibung der in den Erwägungsgründen dargelegten Gebote der Neutralität. Damit projiziert die Vorschrift den Inhalt des Neutralitätsgrundsatzes auf das Richtlinienrecht und setzt ihn letztlich in formelles Recht um. Die Neutralität ist deshalb ein im Sekundärrecht verankerter Rechtsbegriff[736], nicht lediglich eine „finanzpolitische Zielvorgabe".[737]

2. Die Sechste MwStRL

Die Sechste MwStRL vom 17.5.1977, die insbesondere der Vereinheitlichung der Bemessungsgrundlage diente[738], greift das in Art. 4 Abs. 1 der Ersten MwStRL formulierte Ziel der äußeren Neutralität auf:

> (4) Dabei ist das Ziel im Auge zu behalten, die Besteuerung der Einfuhr und die steuerliche Entlastung der Ausfuhr im Handelsverkehr zwischen den Mitgliedstaaten zu beseitigen und zugleich die *Neutralität* des gemeinsamen Umsatzsteuersystems in Bezug auf den Ursprung der Gegenstände und Dienstleistungen zu wahren[739], damit schließlich ein gemeinsamer Markt verwirklicht wird, auf dem ein gesunder Wettbewerb herrscht und der mit einem echten Binnenmarkt vergleichbare Merkmale aufweist.

---

733 Anders etwa das Schweizer MwStG, das in Art. 1 Abs. 3 lit. a die „Wettbewerbsneutralität" explizit als Erhebungsgrundsatz nennt.

734 So aber *Hidien,* EWS 2003, 343; *Nieskens,* UR 2004, 441 (447). AA *Lohse,* UR 2004, 582.

735 Ebenso *Anweiler,* Die Auslegungsmethoden des EuGH, 1997, S. 254 f.; *Berger/Kindl/Wakounig,* MwStSystRL, 2009, S. 10. AA *Lohse,* UR 2004, 582 (583), der den Begründungserwägungen die gleiche Rechtsqualität wie den Richtlinienartikel zubilligt.

736 Diesen Terminus verwendet auch *Lohse,* Die Zuordnung im Mehrwertsteuerrecht, 1999, S. 136 f.; *ders.,* in: *Achatz/Tumpel,* EuGH-Rechtsprechung und Umsatzsteuerpraxis, 2001, 47 (57).

737 So *Weiß,* UR 1997, 269 (270).

738 Vgl. zur Sechsten MwStRL Kapitel 1 A II 2 b.

739 Bemerkenswert ist, dass die englische Fassung ohne den Begriff der Neutralität auskommt: „whereas it should be ensured that the common system of turnover taxes is non-discriminatory as regards the origin of goods and services." Darauf ebenso hinweisend *Lohse,* in: *Achatz/Tumpel,* EuGH-Rechtsprechung und Umsatzsteuerpraxis, 2001, 47 (53).

Wie schon in der Ersten MwStRL blieb die Beseitigung der Einfuhrbesteuerung auch in der Sechsten MwStRL lediglich eine Zielmarke, die vorerst keine Umsetzung fand. Erst als die Vollendung des Binnenmarktes zum 1.1.1993 einer weiteren Besteuerung der Einfuhr entgegenstand, wurde diese in der sog. Binnenmarktrichtlinie[740] durch den Besteuerungstatbestand des innergemeinschaftlichen Erwerbs ersetzt.[741] Die Notwendigkeit dieser „Übergangsregelung“[742] zur Gewährleistung von Neutralität „in Bezug auf den Ursprung“ der Leistungen verdeutlicht der zwölfte Erwägungsgrund der 1. Vereinfachungsrichtlinie:[743]

> (12) Die Abschaffung der Besteuerung bei der Einfuhr und der Steuerbefreiung bei der Ausfuhr im Handelsverkehr zwischen den Mitgliedstaaten ab 1. Januar 1993 macht Übergangsregelungen erforderlich, um die *Neutralität* des gemeinsamen Mehrwertsteuersystems zu gewährleisten und Situationen der Doppelbesteuerung oder Nichtbesteuerung zu vermeiden.

Auch die zweite Begründungserwägung der 2. Vereinfachungsrichtlinie[744] unterstreicht die Bedeutung der Neutralität im Kontext grenzüberschreitender, innergemeinschaftlicher Leistungserbringung:

> (2) Artikel 3 der Richtlinie 92/111/EWG des Rates vom 14. Dezember 1992 zur Änderung der Richtlinie 77/388/EWG und zur Einführung von Vereinfachungsmaßnahmen im Bereich der Mehrwertsteuer sieht den Erlass besonderer Bestimmungen für die Besteuerung von Reihengeschäften zwischen Steuerpflichtigen vor. Solche Maßnahmen müssen sicherstellen, dass sowohl das Prinzip der *Neutralität* des gemeinsamen Mehrwertsteuersystems im Hinblick auf den Ursprung der Gegenstände und Dienstleistungen als auch die gewählten Grundsätze der Mehrwertbesteuerung und deren Überwachung während des Übergangszeitraums gewahrt bleiben.

Dass das Gebot der äußeren Neutralität auch in Bezug auf Drittstaaten gilt, zeigt der dritte Erwägungsgrund der 1. Vereinfachungsrichtlinie:

> (3) Der Begriff Drittlandsgebiet und die Definition der Einfuhr sind zu ergänzen, um bezüglich des Ursprungs der Gegenstände die *Neutralität* des gemeinsamen Mehrwertsteuersystems zu gewährleisten.

---

740 RL 91/680/EWG. Vgl. dazu Kapitel 1 A II 2 c.

741 Dazu wurde die Sechste MwStRL durch den Abschnitt XVIa (Art. 28a–28n) ergänzt.

742 Damals strebte man als Endziel die Umsetzung des Ursprungslandprinzips an, vgl. Kapitel 1 A II 2 c.

743 Richtlinie des Rates v. 14.12.1992 zur Änderung der Richtlinie 77/388/EWG und zur Einführung von Vereinfachungsmaßnahmen im Bereich der Mehrwertsteuer (92/111/EWG), ABl. 1992 L 384, S. 47 (1. Vereinfachungsrichtlinie).

744 Richtlinie des Rates v. 10.4.1995 zur Änderung der Richtlinie 77/388/EWG und zur Einführung weiterer Vereinfachungsmaßnahmen im Bereich der Mehrwertsteuer – Geltungsbereich bestimmter Steuerbefreiungen und praktische Einzelheiten ihrer Durchführung (95/7/EG), ABl. 1995 L 108, S. 18 (2. Vereinfachungsrichtlinie).

Art. 3 Abs. 5 der Sechsten MwStRL greift diesen Aspekt im Anschluss an Spezialregelungen zu „Inland" und „Drittlandsgebiet" auf:

> Ist die Kommission der Ansicht, dass die Bestimmungen der Absätze 3 und 4 insbesondere in Bezug auf die *Wettbewerbsneutralität* oder die eigenen Mittel nicht mehr gerechtfertigt sind, so unterbreitet sie dem Rat geeignete Vorschläge.

Lässt der achte Erwägungsgrund der Ersten MwStRL eine äußere – grenzüberschreitende – Dimension des Neutralitätsgrundsatzes lediglich vermuten, erlauben die Sechste MwStRL und ihre Änderungsrichtlinien keinen Zweifel mehr, dass die Neutralität nicht nur im Kontext innerstaatlicher, sondern gerade auch grenzüberschreitender Umsätze maßgebliches Ziel der europäischen Umsatzsteuerharmonisierung ist. Äußere Neutralität bedeutet danach, dass der Ursprung einer Leistung keinerlei Einfluss auf deren Umsatzsteuerbelastung nehmen darf.

Das Gebot der Neutralität, innerstaatliche Umsätze möglichst umfassend der Umsatzsteuer zu unterwerfen, wird durch den fünften Erwägungsgrund der Sechsten MwStRL präzisiert:

> (5) Die Begriffsbestimmung des Steuerpflichtigen ist in der Weise genauer zu fassen, dass darin auch, um eine bessere *Steuerneutralität* zu gewährleisten, den Mitgliedstaaten gestattet wird, die Personen einzubeziehen, die gelegentliche Umsätze bewirken.

Abgesehen von Art. 3 Abs. 5 enthält die Sechste MwStRL den Neutralitätsbegriff ebenso wenig wie die Erste MwStRL. In Abschnitt XI (Art. 17–20) findet das Institut des Vorsteuerabzugs, das bereits in der Ersten MwStRL als Prämisse der Neutralität definiert wurde, erstmals eine detaillierte gesetzliche Ausarbeitung. Die Rückkoppelung der Regelungen zum Vorsteuerabzugsrecht an den Neutralitätsgrundsatz betont auch der EuGH regelmäßig, indem er die Art. 17 ff. der Sechsten MwStRL als „integrierenden Bestandteil des Mechanismus der Mehrwertsteuer" bezeichnet.[745] In der Rechtssache *NCC* geht der EuGH sogar so weit zu sagen, der Grundsatz der Neutralität *ergebe* sich aus Art. 17 Abs. 2 der Sechsten MwStRL.[746] Mit Blick auf den achten Erwägungsgrund der Ersten MwStRL stellt es sich umgekehrt vielmehr so dar, dass die Existenz der Vorsteuerabzugsregeln aus dem Neutralitätsgrundsatz

---

745 EuGH v. 6.7.1995, Rs. C-62/93 (BP Soupergaz), Rn. 18; v. 21.3.2000, Rs. C-110/98 (Gabalfrisa), Rn. 43; v. 6.7.2006, Rs. C-439/04 und 440/04 (Kittel und Recolta), Rn. 47. Für weitere Nachweise vgl. Kapitel 2 A I 1 b.

746 EuGH v. 29.10.2009, Rs. C-174/08 (NCC), Rn. 39. Ein Übersetzungsfehler ist angesichts der original dänischen (at princippet om afgiftsneutralitet, der *følger* af bestemmelsen i sjette direktivs artikel 17, stk. 2), französischen (il convient de rappeler que le principe de neutralité fiscale, *découlant* des prescriptions de l'article 17, paragraphe 2) und englischen (the principle of fiscal neutrality *resulting* from the provisions of Article 17(2) of the Sixth Directive) Sprachfassung ausgeschlossen (Hervorhebungen jeweils nur hier). Diese Formulierung übernimmt *Günther*, Vertrauensschutz bei Angaben Dritter im Umsatzsteuerrecht, 2013, S. 229.

resultiert. Der EuGH verwendet – soweit ersichtlich – diese unglückliche Formulierung auch nur dieses einzige Mal.

Die Neutralität in Bezug auf Ausgangsumsätze entbehrt dagegen weitgehend einer gesetzlichen Normierung. So wird rechtlich nicht garantiert, dass dem Steuerpflichtigen eine Überwälzung der auf seine Ausgangsumsätze erhobenen Umsatzsteuer auf den Verbraucher tatsächlich gelingt.[747] Die weite Definition des Steuerpflichtigen (Art. 4) und des steuerbaren Umsatzes (Art. 5 f.) können lediglich „gleiche Überwälzungschancen“[748], nicht aber eine Überwälzungsgarantie schaffen.

Eine einfachgesetzliche Ausprägung der Neutralität in Bezug auf Ausgangsumsätze findet sich indes in Art. 4 Abs. 5 UAbs. 2 der Sechsten MwStRL. Dieser ordnet eine Rückausnahme von der in UAbs. 1 festgeschriebenen allgemeinen Steuerbefreiung von Einrichtungen des öffentlichen Rechts an, sofern diese zu „größeren Wettbewerbsverzerrungen“ führen würde. Der Grundsatz der Neutralität wird so zum Maßstab für die Bestimmung der Steuerpflicht öffentlicher Unternehmen.[749] Auch der EuGH sieht es als Aufgabe des Art. 4 Abs. 5 UAbs. 2 an, den Grundsatz der Neutralität zu gewährleisten.[750]

3. *Die MwStSystRL*

Die sog. Mehrwertsteuersystemrichtlinie vom 28.11.2006 fasst die mehrfach geänderte Sechste MwStRL „aus Gründen der Klarheit und der Wirtschaftlichkeit“[751] neu, ohne das geltende Recht inhaltlich zu ändern. Deshalb entsprechen einige ihrer Erwägungsgründe denen der Ersten oder der Sechsten MwStRL. So wiederholt die siebte Begründungserwägung das schon im achten Erwägungsgrund der Ersten MwStRL formulierte Ziel der Neutralität im Sinne einer Belastungsgleichheit gleicher Leistungen. Lediglich der Aspekt des grenzüberschreitenden Handelsverkehrs wurde gestrichen:

> (7) Das gemeinsame Mehrwertsteuersystem sollte, selbst wenn die Sätze und Befreiungen nicht völlig harmonisiert werden, eine *Wettbewerbsneutralität* in dem Sinne bewirken, dass gleichartige Gegenstände und Dienstleistungen innerhalb des Gebiets der einzelnen Mitgliedstaaten ungeachtet der Länge des Produktions- und Vertriebswegs steuerlich gleich belastet werden.

Wie oben dargestellt, wird hier insbesondere die Neutralität in Bezug auf Eingangsumsätze angesprochen. Dass diese Neutralität durch das Institut des Vorsteuerabzugs

---

747 *Lohse,* Die Zuordnung im Mehrwertsteuerrecht, 1999, S. 138 f. *Söhn,* StuW 1996, 165 betont, dass nur die im Gesetz angelegte Möglichkeit der Überwälzung, nicht aber deren Gelingen Merkmal der Umsatzsteuer sei.

748 BT-Drucks. IV/1590, S. 17.

749 *Laule,* DStZ 1988, 183 (185); *Selmer/Schulze-Osterloh,* DÖV 1978, 381 (382).

750 EuGH v. 17.10.1989, Rs. 231/87 und 129/88 (Uffizio distrettuale), Rn. 22; v. 8.6.2006, Rs. C-430/04 (Feuerbestattungsverein Halle), Rn. 24.

751 Dritter Erwägungsgrund der MwStSystRL.

gewährleistet werden soll, findet mit der 30. Begründungserwägung erstmals explizit Eingang in die Präambel:[752]

> (30) Um die *Neutralität* der Mehrwertsteuer zu erhalten, sollten die von den Mitgliedstaaten angewandten Steuersätze den normalen Abzug der Steuerbelastung der vorausgehenden Umsatzstufe ermöglichen.

Gänzlich unverändert wurde der fünfte Erwägungsgrund der Ersten MwStRL übernommen:

> (5) Die größte Einfachheit und *Neutralität* eines Mehrwertsteuersystems wird erreicht, wenn die Steuer so allgemein wie möglich erhoben wird und wenn ihr Anwendungsbereich alle Produktions- und Vertriebsstufen sowie den Bereich der Dienstleistungen umfasst.

Die hier angeführte Neutralitätsforderung in Bezug auf Ausgangsumsätze wird ergänzt durch die Wiederholung der fünften Begründungserwägung der Sechsten MwStRL:

> (13) Der Begriff des Steuerpflichtigen sollte in einer Weise definiert werden, dass die Mitgliedstaaten zur Gewährleistung größtmöglicher *Steuerneutralität* auch Personen einbeziehen können, die gelegentlich Umsätze bewirken.

Neu ist dagegen der 34. Erwägungsgrund, der das den Mitgliedstaaten vorstehend eingeräumte Wahlrecht, arbeitsintensive Dienstleistungen einem ermäßigten Steuersatz zu unterwerfen, relativiert:

> (34) Eine derartige Ermäßigung des Steuersatzes könnte allerdings das reibungslose Funktionieren des Binnenmarktes und die *Steuerneutralität* gefährden.

Hier wird die Erkenntnis zum Ausdruck gebracht, dass Ausnahmen vom Grundsatz der Allgemeinheit der Umsatzsteuer wie insbesondere Steuerermäßigungen der Neutralität zuwiderlaufen. Diese Überlegung lag bereits dem vierten Erwägungsgrund der Zweiten MwStRL zugrunde und prägt auch die Rechtsprechung des EuGH zur Anwendung ermäßigter Steuersätze.[753]

Art. 1 Abs. 2 MwStSystRL übernimmt wörtlich das in Art. 2 der Ersten MwStRL niedergelegte Besteuerungsprinzip. Der Begriff der Neutralität fand dagegen wiederum keinen Eingang in den Richtlinientext der MwStSystRL. Jedoch spiegelt sich in den Vorschriften zum Vorsteuerabzug (Art. 167–192 MwStSystRL) sowie zur Steuerpflicht öffentlicher Einrichtungen im Fall von „größeren Wettbewerbsverzerrungen" (Art. 13 Abs. 1 UAbs. 2 MwStSystRL) der Neutralitätsgrundsatz wider. Insoweit kann auf die Ausführungen zur Sechsten MwStRL verwiesen werden.

---

752 Insoweit unklar *Becker*, Ortsbestimmung von sonstigen Leistungen, 2011, S. 53 Fn. 214, die die Neutralität in Bezug auf Eingangsumsätze aus einem Zusammenspiel der fünften (!) und 30. Begründungserwägung entnimmt.

753 Zu zahlreichen Beispielen aus der EuGH-Rspr. vgl. Kapitel 2 A II 4 a cc.

4. *Die Neutralität als Auslegungsargument*

Die Auslegung von Unionsrecht orientiert sich entsprechend den allgemein juristisch anerkannten Methoden an der Interpretation des Wortlauts, der Systematik, des Sinns und Zwecks sowie der Historie der jeweiligen Norm.[754] Das Wortlautargument kann mangels Erwähnung der Neutralität im Richtlinientext nicht fruchtbar gemacht werden. Dagegen kommt der Neutralität als Auslegungsargument im Rahmen der teleologisch-systematischen und historischen Auslegung der Richtlinienbestimmungen Bedeutung zu.

a. Teleologisch-systematische Auslegung

Bei der objektiven Auslegung der Umsatzsteuerrichtlinien spielen die teleologische und die eng damit verbundene systematische Auslegung eine wichtige Rolle.[755] Die teleologische Methode orientiert sich am Sinn und Zweck der Richtlinienvorschriften und sucht nach ihren Zielen. Diese Betrachtung wird ergänzt durch die systematische Interpretation, die anhand der Merkmale des Umsatzsteuersystems den maßgeblichen Kontext der jeweiligen Regelung zu eruieren sucht.[756] Die Frage nach den Zielen und systematischen Merkmalen der Umsatzsteuer mündet wiederum im Gebot der Neutralität:

Besondere Bedeutung bei der teleologischen Auslegung haben die Begründungserwägungen. Sie geben unmittelbar Aufschluss über den Sinn und Zweck der Richtlinie.[757] Die Ausprägungen des Neutralitätsgrundsatzes, die in den Erwägungsgründen der Richtlinien festgeschrieben sind, müssen deshalb im Rahmen der Auslegung der einzelnen Richtlinienvorschriften Beachtung finden.[758] So wählt der EuGH etwa den achten Erwägungsgrund der Ersten MwStRL (bzw. den siebten Erwägungsgrund der MwStSystRL) als Ausgangspunkt seiner Rechtsprechung

---

754 *Kilches,* Sammlung des Europäischen Mehrwertsteuerrechts, 1999, S. 22.

755 In EuGH v. 11.7.1985, Rs. 107/84 (Kommission/Deutschland), Rn. 12 erlaubt der EuGH grundsätzlich eine teleologische und systematische Auslegung sogar über den Wortlaut hinaus, wenngleich er eine solche im konkreten Fall verneint; kritisch hierzu *Bleckmann,* RIW 1987, 929 (930 f.).

756 Die Bedeutung der teleologisch-systematischen Auslegung im europäischen Umsatzsteuerrecht betonen *Anweiler,* Die Auslegungsmethoden des EuGH, 1997, S. 200; *Farmer,* Umsatzsteuer-Kongress-Bericht 1995/96, 97 (100); *Kilches,* Sammlung des Europäischen Mehrwertsteuerrechts, 1999, S. 22.

757 *Bleckmann,* RIW 1987, 929 (931); *Kilches,* Sammlung des Europäischen Mehrwertsteuerrechts, 1999, S. 23; *Novacek,* ÖStZ 2002, 238 (239). *Anweiler,* Die Auslegungsmethoden des EuGH, 1997, S. 212 ff., 253 ff. ordnet die Begründungserwägungen sowohl als Instrument der teleologischen als auch der historischen Auslegung ein.

758 Auch *Schlienkamp,* UR 1997, 117 (119) hält die Neutralität mit Verweis auf die Erwägungsgründe für ein geeignetes Auslegungsmittel.

zu Umfang und Bedeutung des Vorsteuerabzugsrechts.[759] Auch die fünfte und 13. Begründungserwägung der MwStSystRL zieht der EuGH als Auslegungsargument heran: Unter Bezugnahme auf diese hält er es für geboten, den Begriff des „Steuerpflichtigen" (Art. 9 Abs. 1 MwStSystRL) weit und umgekehrt Art. 12 Abs. 1 MwStSystRL, wonach „gelegentlich" Umsätze ausführende Personen nicht als „Steuerpflichtige" gelten, eng auszulegen.[760]

Die Merkmale des Umsatzsteuersystems sind in Art. 1 Abs. 2 MwStSystRL festgeschrieben. Diese Vorschrift verankert die Neutralitätsgebote im einfachen Recht. Einzelregelungen müssen im Kontext dieser Gebote gelesen werden. So erlangt die Neutralität auch im Rahmen der systematischen Interpretation entscheidende Bedeutung.[761] Der EuGH prüft beispielsweise regelmäßig ausgehend von Art. 1 Abs. 2 MwStSystRL Beschränkungen des Vorsteuerabzugsrechts auf ihre Systemkonformität.[762]

Die Harmonisierung der Umsatzsteuern nimmt eine wichtige Aufgabe für das Erreichen des Binnenmarktziels ein: Ausweislich der Befugnis in Art. 113 AEUV dient sie der Errichtung und des Funktionierens des Binnenmarkts. Art. 113 AEUV gibt damit weiteren Aufschluss über den Sinn und Zweck der Umsatzsteuerrichtlinien:[763] So leitet sich aus Art. 113 AEUV als eines der Hauptziele der Richtlinien die Beseitigung steuerlicher Hemmnisse für grenzüberschreitend tätige Unternehmer ab, die insbesondere in Doppelbesteuerungen liegen können.[764] Dieses Ziel sucht der Grundsatz der äußeren Neutralität zu erreichen und ist deshalb in grenzüberschreitenden Sachverhalten im Rahmen der teleologisch-systematischen Auslegung besonders zu gewichten. Demnach legt der EuGH mit Verweis auf den Neutralitätsgrundsatz die Vorschriften über die Steuerbefreiung innergemeinschaftlicher Lieferungen weit aus.[765]

Damit erweist sich die Neutralität als ein entscheidendes Argument für die Auslegung der europäischen Umsatzsteuerrichtlinien.[766]

---

759 EuGH v. 1.4.1982, Rs. 89/81 (Hong Kong Trade), Rn. 6; v. 24.10.1996, Rs. C-317/94 (Elida Gibbs), Rn. 20.

760 EuGH v. 13.6.2013, Rs. C-62/12 (Kostov), Rn. 29 f.

761 *Lohse,* Die Zuordnung im Mehrwertsteuerrecht, 1999, S. 136; *ders.,* in: *Achatz/ Tumpel,* EuGH-Rechtsprechung und Umsatzsteuerpraxis, 2001, 47 (56).

762 EuGH v. 6.7.2006, Rs. C-439/04 und 440/04 (Kittel und Recolta), Rn. 49; v. 23.4.2009, Rs. C-74/08 (PARAT), Rn. 16; v. 29.7.2010, Rs. C-188/09 (Profaktor), Rn. 18 ff.

763 Auch *Sperling,* Wertneutralität im EG-Umsatzsteuerrecht, 2002, S. 155, nennt die Ermächtigungsnorm als Kriterium der teleologischen Auslegung von Richtlinien.

764 *Henze,* in: Umsatzsteuer-Kongress-Bericht 2010, 7 (9); *Kilches,* Sammlung des Europäischen Mehrwertsteuerrechts, 1999, S. 29.

765 EuGH v. 27.9.2007, Rs. C-146/05 (Collée), Rn. 31; v. 27.9.2007, Rs. C-409/04 (Teleos), Rn. 60.

766 So auch *Kilches,* Sammlung des Europäischen Mehrwertsteuerrechts, 1999, S. 28; *Farmer,* Umsatzsteuer-Kongress-Bericht 1995/96, 97 (101); *Lohse,* Die Zuordnung im Mehrwertsteuerrecht, 1999, S. 136 f.

b. *Historische Auslegung*

Die historische Auslegungsmethode spielt im Unionsrecht indes eine eher untergeordnete Rolle. Der EuGH greift hierauf nur selten und zumeist nur im Rahmen der Auslegung von Sekundärrecht zurück.[767] Im Kontext der Umsatzsteuer verweisen insbesondere die Generalanwälte hin und wieder auf die Entstehungsgeschichte[768] – wohl nicht zuletzt deshalb, weil die Motive des Gesetzgebers für die Schaffung einer europäischen Umsatzsteuer und insbesondere für einen Systemwechsel weg von einem kumulativen Allphasen-Bruttosystem hin zu einer Allphasen-Nettoumsatzsteuer mit Vorsteuerabzug aus den Vorarbeiten und Gesetzesmaterialien hinreichend bekannt sind.

Nichtsdestotrotz macht es die Verankerung des Neutralitätsgrundsatzes in den Erwägungsgründen und – seinem Inhalt nach – in Art. 1 Abs. 2 MwStSystRL weitestgehend überflüssig, das politische Harmonisierungsziel der Beseitigung der kumulativen Wirkung zugunsten von (Wettbewerbs-)Neutralität als historisches Auslegungsargument heranzuziehen. Insoweit hat die Neutralität als Rechts-/Besteuerungsprinzip schon zwingend im Rahmen der teleologisch-systematischen Auslegung Berücksichtigung zu finden.[769]

II. Die Neutralität als Konkretisierung des Gleichheitssatzes

1. *Vorab: Bindungswirkung der GRCh im Bereich des Umsatzsteuerrechts*

Neben dem Grundrechtskatalog des GG erlangt im harmonisierten Recht mit den Unionsgrundrechten eine weitere Grundrechtsquelle Bedeutung. Deren Etablierung

---

767 Das erklärt sich damit, dass die Materialien zur Entstehung der primärrechtlichen Verträge nicht veröffentlicht wurden. *Bleckmann/Pieper,* in: *Dauses,* EU-Wirtschaftsrecht, B. I. Rn. 40 f.; *Bleckmann,* RIW 1987, 929 (930); *ders.,* NJW 1982, 1177 (1178 f.); *Farmer,* Umsatzsteuer-Kongress-Bericht 1995/96, 97 (99). Vgl. zu einigen wenigen Beispielen *Anweiler,* Die Auslegungsmethoden des EuGH, 1997, S. 246 ff.; *Kilches,* Sammlung des Europäischen Mehrwertsteuerrechts, 1999, S. 24.

768 So etwa GA Léger, SA v. 13.3.1997, Rs. C-130/96 (Solisnor-Estaleiros Navais), Rn. 42, der mit Verweis auf das Motiv des Gesetzgebers, eine Kumulativwirkung der Umsatzsteuer zu vermeiden, dafür plädiert, die Vorsteuerabzugsfähigkeit nicht als Wesensmerkmal von Umsatzsteuern i.S.d. Art. 401 MwStSystRL (die neben der Mehrwertsteuer nicht beibehalten werden dürfen) zu werten; denn gerade Steuern mit fehlender Vorsteuerabzugsfähigkeit hätten eine kumulative Besteuerung zur Folge. AA EuGH v. 17.9.1997, C-130/96 (Solisnor-Estaleiros Navais), Rn. 14, der stattdessen die Merkmale einer Mehrwertsteuer prüft und hierbei mit Verweis auf seine st. Rspr. die Abzugsfähigkeit als wesentliches Merkmal wertet (vgl. dazu auch unter Kapitel 1 B I 2). ME spricht neben der Entstehungsgeschichte auch der Wortlaut des Art. 401 MwStSystRL für die Auslegung des GA, da der Richtlinientext gerade Abgaben mit dem „Charakter von Umsatzsteuern" verbietet, während ansonsten der Begriff der „Mehrwertsteuer" üblich ist.

769 *Lohse,* Die Zuordnung im Mehrwertsteuerrecht, 1999, S. 136; *ders.,* in: *Achatz/Tumpel,* EuGH-Rechtsprechung und Umsatzsteuerpraxis, 2001, 47 (57).

war notwendig geworden, als der EuGH den beanspruchten Vorrang des Unionsrechts auch auf nationales Verfassungsrecht erstreckte.[770] Wäre das Unionsrecht nämlich keinem wirksamen Grundrechtsschutz unterworfen, würde ein grundrechtliches Vakuum drohen.[771] Zunächst entwickelte der EuGH einige Grundrechte als „allgemeine Rechtsgrundsätze".[772] Schließlich erkannte der Vertrag von Lissabon mit der GRCh erstmals einen geschriebenen rechtsverbindlichen Grundrechtskatalog an, Art. 6 Abs. 1 EUV.[773] Daneben gelten auch die Grundrechte der EMRK[774] und der Verfassungsüberlieferungen der Mitgliedstaaten als Teil des Unionsrechts, Art. 6 Abs. 3 EUV.

Der Untersuchung der grundrechtlichen Wurzeln der Neutralität ist deshalb eine wichtige Vorfrage voranzustellen: Wann sind die Grundrechte des GG und wann – alternativ oder kumulativ – die in der GRCh verbürgten Grundrechte Prüfungsmaßstab umsatzsteuerlicher Vorschriften und damit potenzielle Rechtsgrundlagen des Neutralitätsgrundsatzes?

a. Unionsgrundrechte als Prüfungsmaßstab des Sekundärrechts

Die Unionsgrundrechte binden uneingeschränkt die Rechtssetzungsorgane der Union, Art. 51 Abs. 1 Satz 1 GRCh. Europäische Sekundärrechtsakte wie Verordnungen und Richtlinien (vgl. Art. 288 AEUV) sind deshalb an den Grundrechten der GRCh zu messen. Dazu muss vorrangig eine grundrechtskonforme Auslegung der in Rede

770 EuGH v. 17.12.1970, Rs. 11/70 (Internationale Handelsgesellschaft), Rn. 3.

771 *Bleckmann/Pieper*, in: *Dauses*, EU-Wirtschaftsrecht, B. I. Rn. 75; *Englisch*, in: *Schön*, Zukunftsfragen des deutschen Steuerrechts, 2009, 39 (41); *Engler*, Steuerverfassungsrecht im Mehrebenensystem 2014, S. 70; *Kingreen*, in: *Calliess/Ruffert*, EUV/AEUV, 2011^4, Art. 6 EUV Rn. 5; *Scheuing*, EuR 2005, 162 (162 f.).

772 EuGH v. 14.5.1974, Rs. 4/73 (Nold/Kommission), Rn. 13. Vgl. zu den allgemeinen Rechtsgrundsätzen Kapitel 3 A I 1 a.

773 *Kingreen*, in: *Calliess/Ruffert*, EUV/AEUV, 2011^4, Art. 6 EUV Rn. 8.

774 Zwar ist die EMRK danach nicht Rechtsquelle, sondern lediglich Rechtserkenntnisquelle, *Streinz*, EUV/AEUV, 2012^2, Art. 6 EUV Rn. 25. Jedoch bewirkt Art. 52 Abs. 3 GRCh eine Inkorporation des Grundrechtsstandards der EMRK in die Charta, wonach den Charta-Grundrechten dieselbe Bedeutung und Tragweite wie den entsprechenden Grundrechten der EMRK zukommen soll. Da den als Rechtsgrundlagen der Neutralität in Betracht kommenden Grundrechten der GRCh (Art. 20, 16) keine Grundrechte der EMRK entsprechen (vgl. zu einer Auflistung *Streinz/Michl*, in: *Streinz*, EUV/AEUV, 2012^2, Art. 52 GRCh Rn. 8), soll die EMRK im Folgenden außer Betrachtung bleiben. Für Bsp. aus der Rspr. des EGMR zum Eigentumsrecht (Art. 1 Abs. 1 EMRK-ZP) im Kontext des Umsatzsteuerrechts vgl. *Engler*, Steuerverfassungsrecht im Mehrebenensystem 2014, S. 199 ff.

stehenden Bestimmungen versucht werden.[775] Scheitert eine solche, hat der EuGH die Vorschriften für nichtig zu erklären.[776]

Die nationalen Grundrechte scheiden dagegen insoweit als Prüfungsmaßstab aus.[777] Dies entspricht nicht nur der Ansicht des EuGH vom ausnahmslosen Vorrang des Unionsrechts auch gegenüber nationalem Verfassungsrecht. Vielmehr unterliegt der Bindungswirkung der nationalen Grundrechte (Art. 1 Abs. 3 GG) nach hM nur die deutsche, nicht aber die unionale Hoheitsgewalt.[778] Lediglich das deutsche Zustimmungsgesetz zu den Unionsverträgen (Art. 23 Abs. 1 Satz 2 GG) kann auf seine Vereinbarkeit mit dem GG überprüft werden.[779]

Indes beansprucht das BVerfG in seinem *Solange I*-Beschluss die Kompetenz zur Überprüfung von Sekundärrechtsvorschriften am Maßstab der Grundrechte des GG.[780] Allerdings übt das BVerfG seine Gerichtsbarkeit über die Anwendbarkeit von abgeleitetem Unionsrecht seit *Solange II* nicht mehr aus, solange auf Unionsebene ein wirksamer, dem des GG im Wesentlichen gleich zu achtender Grundrechtsschutz gewährleistet bleibt.[781] Im *Maastricht*-Urteil stellt das BVerfG klar, dass dies aber nicht als genereller Verzicht auf die von ihm beanspruchte Prüfungskompetenz zu verstehen sei; vielmehr übe es jene – im „Kooperationsverhältnis" mit dem EuGH – nur beschränkt auf die Gewährleistung unabdingbarer

775 Vgl. allgemein zur primärrechtskonformen Auslegung von abgeleitetem Unionsrecht EuGH v. 13.12.1983, Rs. 218/82 (Kommission/Rat), Rn. 15; v. 29.6.1995, Rs. C-135/93 (Spanien/Kommission), Rn. 37. Dazu *Zorn,* in: FS Ruppe, 2007, 744 (754), wonach insbesondere auch bei der Ausübung von Wahlrechten der Richtlinie eine grundrechtskonforme Lösung zu wählen sei.

776 EuGH v. 3.5.2007, Rs. C-303/05 (Advocaten voor de Wereld), Rn. 45; v. 27.6.2006, Rs. C-540/03 (Parlament/Rat), Rn. 23. Da die Verwerfungskompetenz für Unionsrechtsakte allein dem EuGH zusteht, sind grundrechtswidrige Vorschriften nicht per se, sondern erst nach Feststellung durch den EuGH nichtig, *Engler,* Steuerverfassungsrecht im Mehrebenensystem 2014, S. 73 Fn. 274; *Matz-Lück,* in: *dies./Hong,* Grundrechte und Grundfreiheiten im Mehrebenensystem, 2012, 161 (171); *Wernsmann,* in: *Ehlers/Schoch,* Rechtsschutz im Öffentlichen Recht, 2009, § 11 Rn. 8.

777 Im Erg. ebenso *Matz-Lück,* in: *dies./Hong,* Grundrechte und Grundfreiheiten im Mehrebenensystem, 2012, 161 (171); *Wernsmann,* in: *Hübschmann/Hepp/Spitaler,* AO/FGO, § 4 AO (November 2014) Rn. 397.

778 *Funke,* Umsetzungsrecht, 2010, S. 181 f.; *Hillgruber,* in: *Epping/Hillgruber,* BeckOK GG, Art. 1 Rn. 80; *Jarass,* in: *Jarass/Pieroth,* GG, 2014[13], Art. 1 GG Rn. 43; *Lindner,* EuR 2007, 160 (189); *Oellerich,* Defizitärer Vollzug des Umsatzsteuerrechts, 2008, S. 89 f.; *Wernsmann,* in: *Hübschmann/Hepp/Spitaler,* AO/FGO, § 4 AO (November 2014) Rn. 397.

779 BVerfG v. 25.7.1979, BVerfGE 52, 187 (199); v. 8.4.1987, BVerfGE 75, 223 (242 f.); *Wernsmann,* in: *Ehlers/Schoch,* Rechtsschutz im Öffentlichen Recht, 2009, § 16 Rn. 39.

780 BVerfG v. 29.5.1974, BVerfGE 37, 271 (285).

781 BVerfG v. 22.10.1986, BVerfGE 73, 339 (387).

Grundrechtsstandards aus.[782] Letztlich ist jene „Vorrangausnahme“[783] bisher eine theoretische geblieben, zumal ihr im *Bananenmarkt*-Beschluss strenge Voraussetzungen vorangestellt werden: Danach sind Verfassungsbeschwerden und Normenkontrollanträge gegen Unionsrechtsakte von Vornherein unzulässig, sofern in der Begründung detaillierte Nachweise fehlen, dass ein Mindestgrundrechtsschutz auf Unionsebene generell nicht mehr gewährleistet ist.[784]

Ob dieser hohen Hürden erscheint es sehr unwahrscheinlich, dass das BVerfG seine Prüfungskompetenz in absehbarer Zeit ausübt und unionsrechtliche Sekundärrechtsakte tatsächlich am Maßstab der Grundrechte des GG überprüft.[785] Stattdessen erkennt es nunmehr die Gewährleistung des Grundrechtsschutzes im Hinblick auf das Unionsrecht als grundsätzliche Aufgabe des EuGH an.[786] Folglich ist auch eine Überprüfung der MwStSystRL am Maßstab des GG durch das BVerfG nicht zu erwarten.

Dies ist insofern zu begrüßen, als es die Wirksamkeit des Unionsrechts gefährden würde, würde dessen Geltung in den verschiedenen Mitgliedstaaten durch die Anwendung nationaler Grundrechtsstandards differieren.[787] Dennoch erweckt die augenfällige Zurückhaltung des EuGH, Sekundärrechtsakte auf ihre Vereinbarkeit mit den Unionsgrundrechten zu überprüfen und gegebenenfalls für nichtig zu erklären, Bedenken, ob der unionsrechtliche Grundrechtsschutz den nationalen tatsächlich angemessen ersetzt.[788] Deshalb ist es unabdingbar, dass der EuGH einen

---

782 BVerfG v. 12.10.1993, BVerfGE 89, 155 (175). Zustimmend *Lambrecht,* StuW 2006, 201 (210); kritisch dagegen *Oellerich,* Defizitärer Vollzug des Umsatzsteuerrechts, 2008, S. 90 f.

783 *Lindner,* EuR 2007, 160 (190). *Englisch,* in: *Schön,* Zukunftsfragen des deutschen Steuerrechts, 2009, 39 (52) spricht von einer „Ausfallgarantie“. *Dederer,* JZ 2014, 313 (314); *Lambrecht,* StuW 2006, 201 (210); *Limbach,* EuGRZ 2000, 417 (420) sprechen von „Reservekompetenz“.

784 BVerfG v. 7.6.2000, BVerfGE 102, 147 (Ls. 1, 164).

785 *Dederer,* JZ 2014, 313 (314); *Ehlers,* Europäische Grundrechte und Grundfreiheiten, 2014^{4}, § 14 Rn. 38; *Herrmann,* Staatsrecht III, 2013^{4}, Rn. 283; *Mellinghoff,* UR 2013, 5 (11 f.); *Wernsmann,* in: *Hübschmann/Hepp/Spitaler,* AO/FGO, § 4 AO (November 2014) Rn. 397; *ders.,* in: *Ehlers/Schoch,* Rechtsschutz im Öffentlichen Recht, 2009, § 16 Rn. 40. Unentschieden *Fischer,* Die Rechtfertigung einer Umsatzbesteuerung und ihre Vereinbarkeit mit den Grundrechten, 2007, S. 263.

786 *Lambrecht,* StuW 2006, 201 (210). Auch bei vorbeugenden Beschwerden, die sich gegen eine beabsichtigte Zustimmung der Bundesregierung zu einem grundrechtlich bedenklichen Richtlinienvorschlag wenden, verweist das BVerfG auf den Rechtsschutz durch den EuGH, BVerfG v. 12.5.1989, NJW 1990, 974; v. 16.10.2003, BVerfGK 2, 75.

787 *Englisch,* in: *Schön,* Zukunftsfragen des deutschen Steuerrechts, 2009, 39 (51). Vgl. insoweit auch zur Begründung des Anwendungsvorrangs des Unionsrechts EuGH v. 13.2.1969, Rs. 14/68 (Wilhelm), Rn. 1.

788 *Englisch,* in: *Schön,* Zukunftsfragen des deutschen Steuerrechts, 2009, 39 (52 ff.); *Zorn,* in: FS Ruppe, 2007, 744 (755). Vgl. kritisch hierzu noch unter Kapitel 3 A II.

effektiven Grundrechtsschutz in Bezug auf Akte des Unionsgesetzgebers etabliert. Dies wiederum wird freilich maßgeblich von entsprechenden Vorlagefragen durch die mitgliedstaatlichen Gerichte abhängen.[789]

b. Unionsgrundrechte und/oder nationale Grundrechte als Prüfungsmaßstab mitgliedstaatlicher Umsetzungsakte?

Gemäß Art. 51 Abs. 1 GRCh sind Mitgliedstaaten nur einschränkt, nämlich „ausschließlich bei der Durchführung des Rechts der Union“, an die Unionsgrundrechte gebunden. Wie weit diese Bindungswirkung tatsächlich reicht, ist insbesondere dann schwierig zu bestimmen, wenn zur Überprüfung zwar ein nationaler Rechtsakt steht, diesem aber eine unionsrechtliche Richtlinie – wie etwa die MwStSystRL – zugrunde liegt. Die Komplexität dieses Problems wird nicht zuletzt in dem „Machtkampf“[790] zwischen dem BVerfG und dem EuGH deutlich, dem jeweils eigenen Grundrechtsstandard so weit als möglich Geltung zu verschaffen. Nachfolgend soll untersucht werden, ob sich die Ansichten beider Gerichte widersprechen und wie etwaige Konflikte zwischen beiden Grundrechtsebenen systemgerecht aufzulösen sind.

aa. Die Ansicht des BVerfG, insbesondere die *Schwarzwaldklinik*-Entscheidungen

Die Frage, an welcher Grundrechtsebene innerstaatliche Rechtsakte, die der Umsetzung einer unionsrechtlichen Richtlinie dienen, zu messen sind, beantwortet das BVerfG differenzierend: Soweit das nationale Umsetzungsgesetz auf zwingenden Vorgaben einer Richtlinie beruht, lehnt es eine Überprüfung desselben am Maßstab der Grundrechte des GG ab und verweist stattdessen auf den auf Unionsebene durch den EuGH gewährleisteten Grundrechtsschutz.[791] Dagegen prüft das BVerfG in vollem Umfang, ob der nationale Gesetzgeber „bei der Umsetzung des ihm von der Richtlinie eingeräumten Gestaltungsspielraums“ die nationalen Grundrechte verletzt.[792] Dabei habe das Fachgericht – wenn nötig über den Weg eines Vorabentscheidungsverfahrens zum EuGH gemäß Art. 267 Abs. 1 AEUV – zu klären, ob ein

789 *Englisch*, in: *Schön*, Zukunftsfragen des deutschen Steuerrechts, 2009, 39 (54).

790 So *Hwang*, EuR 2014, 400 (406).

791 BVerfG (Kammer) v. 9.1.2001, BVerfGK 3, 331 (334); v. 13.3.2007, BVerfGE 118, 79 (95); v. 14.5.2007, NVwZ 2007, 942; v. 19.7.2011, BVerfGE 129, 78 (90); v. 4.10.2011, BVerfGE 129, 186 (198 f.); v. 24.1.2012, BVerfGE 130, 151 (177 f.); v. 24.1.2012, BVerfGE 130, 151 (177 f.).

792 BVerfG v. 12.5.1989, NJW 1990, 974; v. 22.12.1992, NVwZ 1993, 883. Von dieser Prüfungskompetenz Gebrauch gemacht hat das BVerfG z.B. in seiner Entscheidung zum Europäischen Haftbefehlsgesetz, vgl. BVerfG v. 18.7.2005, BVerfGE 113, 273; vgl. dazu *Mellinghoff*, UR 2013, 5 (11). In BVerfG v. 24.4.2013, BVerfGE 133, 277 (313 f.) macht das BVerfG insoweit sogar einen Ausschließlichkeitsanspruch der nationalen Grundrechte geltend.

Umsetzungsspielraum besteht.[793] Das BVerfG überprüft jedoch eine ohne Zuhilfenahme des EuGH getroffene negative Entscheidung des Fachgerichts über das „Ob" eines solchen Spielraums, da das Fachgericht damit letztlich über die Anwendbarkeit nationaler Grundrechte und die Prüfungskompetenz des BVerfG urteile.[794]

Wie schwierig die Abgrenzung zwischen unionsrechtlich determiniertem und in Ausfüllung eines Spielraums ergangenem Umsetzungsrecht im Bereich des harmonisierten Umsatzsteuerrechts ist, zeigen die *Schwarzwaldklinik*-Entscheidungen: Die Beschwerdeführerin – Betreiberin eines Sanatoriums in der Rechtsform der GmbH & Co. KG – begehrte eine Steuerbefreiung ihrer Umsätze nach § 4 Nr. 14 Satz 3 UStG 1980.[795] Diese war von der Verwaltung und den Vorinstanzen mit dem Hinweis versagt worden, das gewerblich tätige Sanatorium erbringe keine „Umsätze eines Arztes" im Sinne der Vorschrift; überdies lägen die Voraussetzungen des § 4 Nr. 16 lit. b UStG 1980[796] nicht vor. Das BVerfG stellte einen Verstoß gegen Art. 3 Abs. 1 GG fest, soweit das Sanatorium allein wegen seiner Rechtsform als GmbH & Co. KG von der Steuerbefreiung des § 4 Nr. 14 UStG 1980 ausgeschlossen wird.[797] Dass § 4 Nr. 14, 16 UStG 1980 zwingende Vorgaben des Art. 13 Teil A Abs. 1 lit. c, b der Sechsten MwStRL umsetzt, ließ das BVerfG in seinen Ausführungen völlig unbeachtet. Stattdessen erweckt die Argumentation des BVerfG den Anschein, die in Rede stehenden Steuerbefreiungsvorschriften unterlägen gar keinen unionsrechtlichen Vorgaben.[798]

Jedoch war das letzte Wort in dieser Sache noch nicht gesprochen: Der BFH, an den die Sache zurückverwiesen wurde, lehnte die Revision nichtsdestotrotz als unbegründet ab: Den ärztlichen Leistungen des Sanatoriums werde gerade nicht

---

793 BVerfG v. 19.7.2011, BVerfGE 129, 78 (103). Hat das nach Art. 100 Abs. 1 Satz 1 GG vorlegende Gericht dagegen nicht geklärt, ob das nationale Gesetz in Umsetzung eines solchen Gestaltungsspielraums ergangen ist, ist die Vorlage unzulässig, BVerfG v. 4.10.2011, BVerfGE 129, 186 (Ls. 1); vgl. dazu *Thiemann,* Jura 2012, 902 (908); Kapitel 3 B III 2 b bb (1).

794 Dabei ist das BVerfG nicht auf eine bloße Willkürkontrolle beschränkt, BVerfG v. 19.7.2011, BVerfGE 129, 78 (103); vgl. dazu *Wernsmann,* NZG 2011, 1241 (1244).

795 § 4 Nr. 14 Satz 3 UStG idF von 1980 lautet: „Die Umsätze eines Arztes aus dem Betrieb eines Krankenhauses sind mit Ausnahme der ärztlichen Leistungen nur steuerfrei, wenn die in Nummer 16 Buchstabe b bezeichneten Voraussetzungen erfüllt sind."

796 § 4 Nr. 16 lit. b UStG idF von 1980 lautet: „[Steuerfrei sind] die mit dem Betrieb der Krankenhäuser, Diagnosekliniken und anderen Einrichtungen ärztlicher Heilbehandlung, Diagnostik oder Befunderhebung sowie der Altenheime, Altenwohnheime, Pflegeheime, Einrichtungen zur vorübergehenden Aufnahme pflegebedürftiger Personen und der Einrichtungen zur ambulanten Pflege kranker und pflegebedürftiger Personen eng verbundenen Umsätze, wenn bei Krankenhäusern im vorangegangenen Kalenderjahr die in § 67 Abs. 1 oder 2 der Abgabenordnung bezeichneten Voraussetzungen erfüllt worden sind."

797 BVerfG v. 10.11.1999, BVerfGE 101, 151 (156).

798 *Klenk,* UVR 2006, 107 (109); *Nieskens,* UVR 2006, 13 (14).

allein wegen dessen Rechtsform die Umsatzsteuerbefreiung versagt[799], sondern weil keine Umsätze eines *Arztes* im Sinne des § 4 Nr. 14 UStG 1980 bzw. Art. 13 Teil A Abs. 1 lit. c der 6. MwStSystRL vorlägen, die im Rahmen einer auf Vertrauen gegründeten Beziehung zwischen Patient und Arzt erbracht werden.[800] Vielmehr handle es sich (lediglich) um Umsätze eines *Krankenhauses*, welche wiederum gemäß § 4 Nr. 16 lit. b UStG 1980 bzw. Art. 13 Teil A Abs. 1 lit. b der 6. MwStSystRL nur unter bestimmten Voraussetzungen steuerfrei sind; diese seien im vorliegenden Fall aber gerade nicht erfüllt.[801]

Die dagegen erneut erhobene Verfassungsbeschwerde nahm das BVerfG schließlich nicht zur Entscheidung an. Nunmehr schenkt es – wie zuvor schon der BFH – dem unionsrechtlichen Bezug des Sachverhalts Beachtung und wendet seinen üblichen Maßstab zur Prüfung nationaler Umsetzungsakte auf ihre Vereinbarkeit mit den Grundrechten des GG an.[802] Dazu grenzt es sorgfältig die vom Unionsrecht determinierten Normen von solchen ab, die keinen bindenden unionsrechtlichen Vorgaben unterliegen: Im Ergebnis lehnt das BVerfG eine Prüfung am Maßstab des GG ab, soweit die Umsätze nicht § 4 Nr. 14 UStG 1980, sondern § 4 Nr. 16 lit. b UStG 1980 zuzuordnen waren, da Art. 13 Teil A Abs. 1 lit. b, c der Sechsten MwStRL dem nationalen Gesetzgeber hierbei keinen Umsetzungsspielraum lasse.[803] Dagegen prüft es die Vereinbarkeit des § 4 Nr. 14 Satz 3 UStG 1980 und des § 4 Nr. 16 lit. b UStG 1980 mit Art. 3 Abs. 1 GG, weil diese Vorschriften nach Ansicht des Gerichts keine bindenden Vorgaben der Richtlinie umsetzten

---

799 Insoweit bejaht der BFH eine Verletzung der Klägerin in ihrem Grundrecht aus Art. 3 Abs. 1 GG durch das vorinstanzliche Urteil des FG Baden-Württemberg, BFH v. 18.3.2004, BFHE 204, 503 (505).

800 BFH v. 18.3.2004, BFHE 204, 503 (510). Lediglich im (hier nicht vorliegenden) Grenzfall des § 4 Nr. 14 Satz 3 UStG 1980, wenn ein Arzt ein Krankenhaus betreibt, sind die ärztlichen Leistungen des das Krankenhaus betreibenden Arztes, nicht aber die sonstigen Heilbehandlungen im Krankenhaus steuerfrei, BFHE 204, 503 (507).

801 BFH v. 18.3.2004, BFHE 204, 503 (506). Dieser Entscheidung zustimmend *Nieskens,* UVR 2006, 13 (19).

802 Wörtlich führt das BVerfG aus: „Auch eine innerstaatliche Rechtsvorschrift, die eine Richtlinie in deutsches Recht umsetzt, wird nach diesen Grundsätzen insoweit nicht an den Grundrechten des Grundgesetzes gemessen, als das Gemeinschaftsrecht keinen Umsetzungsspielraum lässt, sondern zwingende Vorgaben macht. Die Rücknahme der Prüfungsbefugnis des Bundesverfassungsgerichts endet allerdings dort, wo auch die Bindungswirkung der europarechtlichen Vorgaben endet. Jenseits dessen unterliegen die Entscheidungen von Behörden und Gerichten, auch wenn sie Gemeinschaftsrecht anwenden, der uneingeschränkten Überprüfung durch das Bundesverfassungsgericht“, BVerfG (Kammer) v. 31.5.2007, BVerfGK 11, 268 (274 f.).

803 BVerfG (Kammer) v. 31.5.2007, BVerfGK 11, 268 (275).

bzw. Spielräume derselben ausfüllten; einen Gleichheitsverstoß konnte es allerdings nicht feststellen.[804]

Die Prüfungskompetenz des BVerfG dürfte im Bereich des harmonisierten Umsatzsteuerrechts also sehr begrenzt sein, sofern sich das Gericht auch künftig konsequent an diesen Maßstäben orientiert.[805] Lediglich nicht vollständig von der MwStSystRL determiniertes Umsatzsteuerrecht – wie es sich insbesondere bei Vorschriften zu Steuersätzen und -befreiungen sowie im Verfahrensrecht verhält – steht nach der Auffassung des BVerfG einer Überprüfung auf seine Vereinbarkeit mit den Grundrechten des GG offen.

bb. Die Ansicht des EuGH, insbesondere die *Åkerberg-Fransson*-Entscheidung

Der EuGH vertritt seit seinem *Wachauf*-Urteil aus dem Jahr 1989 – und damit weit vor Erlass des Art. 51 Abs. 1 GRCh – die Auffassung, dass die Mitgliedstaaten die Unionsgrundrechte „bei der Durchführung der gemeinschaftsrechtlichen Regelungen" zu beachten haben.[806] Diese ursprünglich für Verordnungen ergangene Rechtsprechung erstreckt der EuGH auf alle bindenden Vorgaben wie etwa zwingende Richtlinienbestimmungen.[807] Die lange offengebliebene Frage, ob auch die Ausgestaltung des Umsetzungsspielraums einer Richtlinie durch den mitgliedstaatlichen Gesetzgeber eine solche „Durchführung" von Unionsrecht darstellt, bejaht der EuGH letztlich in seiner Entscheidung zur Familienzusammenführungsrichtlinie.[808] Damit beansprucht der EuGH für jeden Vollzugs- oder Umsetzungsakt eine ausnahmslose Bindungswirkung der Unionsgrundrechte.[809] Daneben proklamiert der EuGH eine Bindung an die EU-Grundrechte schon dann, wenn eine nationale Regelung

804 BVerfG (Kammer) v. 31.5.2007, BVerfGK 11, 268 (276, 278). Vgl. zu dieser Entscheidung *Hoffsümmer*, Steuerbefreiungen für Inlandsumsätze, 2009, S. 57; *Mellinghoff*, UR 2013, 5 (11).

805 Die Anwendung dieses Maßstabs führte etwa zur Nichtannahme der Verfassungsbeschwerde zur Berücksichtigung des Familienexistenzminimums im Bereich der Umsatzsteuer, BVerfG v. 6.12.2007, DVBl 2008, 105.

806 EuGH v. 13.7.1989, Rs. 5/88 (Wachauf), Rn. 19. Ebenso EuGH v. 24.3.1994, Rs. C-2/92 (Bostock), Rn. 16.

807 *Matz-Lück*, in: *dies./Hong*, Grundrechte und Grundfreiheiten im Mehrebenensystem, 2012, 161 (181 f.).

808 EuGH v. 27.6.2006, Rs. C-540/03 (Parlament/Rat), Rn. 104 f. Auf der Linie dieser Rechtsprechung liegt auch die Entscheidung in EuGH v. 6.11.2003 (Lindquist), Rn. 90, wonach nationale Behörden und Gerichte bei der Anwendung nationaler Umsetzungsakte die Gewährleistung der Grundrechte sicherzustellen hätten.

809 *Matz-Lück*, in: *dies./Hong*, Grundrechte und Grundfreiheiten im Mehrebenensystem, 2012, 161 (182). *Scheuing*, EuR 2005, 162 (163 f.) bezeichnet dies als „Durchführungskonstellation".

lediglich „in den Anwendungsbereich des Gemeinschaftsrechts" fällt.[810] Dies wiederum sei bereits dann zu bejahen, wenn mitgliedstaatliche Regelungen – gestützt auf geschriebene oder ungeschriebene Rechtfertigungsgründe – EU-Grundfreiheiten einschränken (Grundrechte als Schranken-Schranken)[811] oder die Mitgliedstaaten schlicht im Anwendungsbereich einer solchen Grundfreiheit handeln.[812] Auch nationales Verfahrensrecht, das die Durchsetzung materiellen Richtlinienrechts sichert, müsse danach nicht nur dem Äquivalenz- und Effektivitätsgebot, sondern überdies den Unionsgrundrechten genügen.[813]

Die GRCh normiert schließlich in Art. 51 Abs. 1 Satz 1 GRCh eine Bindung der Mitgliedstaaten an die Unionsgrundrechte „ausschließlich bei der Durchführung des Rechts der Union". Bereits die Erläuterungen legen nahe, dass davon nicht wörtlich nur die Konstellation der Durchführung unionsrechtlichen Sekundärrechts, sondern weitergehend – im Einklang mit der bisherigen Rechtsprechung des EuGH – jedes Handeln im Anwendungsbereich des Unionsrechts erfasst werden soll.[814] Dass auch der EuGH Art. 51 Abs. 1 Satz 1 GRCh extensiv versteht,

---

810 EuGH v. 18.6.1991, Rs. C-260/89 (ERT), Rn. 42; v. 4.10.1991, Rs. C-159/90 (Grogan), Rn. 31; v. 29.5.1997, Rs. C-299/95 (Kremzow), Rn. 15; v. 18.12.1997, Rs. C-309//96 (Annibaldi), Rn. 13; v. 19.11.1998, Rs. C-85/97 (SFI), Rn. 29. *Scheuing,* EuR 2005, 162 (163) bezeichnet diese Wendung als „offene Suchformel".

811 So etwa in EuGH v. 18.6.1991, Rs. C-260/89 (ERT), Rn. 43. *Scheuing,* EuR 2005, 162 (163 f.) nennt dies – in Abgrenzung zur „Durchführungskonstellation" – „Einschränkungskonstellation".

812 So etwa in EuGH v. 11.7.2002, Rs. C-60/00 (Carpenter), (Prüfung einer britischen Ausweisungsverfügung gegen eine Drittstaatsangehörige am Maßstab der EU-Grundrechte, weil deren britischer Ehemann beruflich von der Dienstleistungsfreiheit Gebrauch machte); v. 25.3.2004, Rs. C-71/02 (Karner), (Grundrechtsprüfung einer österreichischen UWG-Regelung, obwohl der EuGH einen Eingriff derselben in die Warenverkehrsfreiheit zuvor abgelehnt hat). Kritisch hierzu *Kingreen,* in: *Calliess/Ruffert,* EUV/AEUV, 2011^{4}, Art. 51 GRCh Rn. 16; *Scheuing,* EuR 2005, 162 (165 ff.) mit weiteren Beispielen zu Ausdehnungen der Bindungswirkung in der Rspr. des EuGH; *Streinz/Michl,* in: *Streinz,* EUV/AEUV, 2012^{2}, Art. 51 GRCh Rn. 13; *Engler,* Steuerverfassungsrecht im Mehrebenensystem 2014, S. 105 ff.

813 EuGH v. 10.4.2003, Rs. C-276/01 (Steffensen), Rn. 71 ff. Kritisch hierzu *Scheuing,* EuR 2005, 162 (168 f.).

814 Vgl. die Erläuterungen zur Charta der Grundrechte, ABl. 2007 C 303/32.; ebenso *Ehlers,* Europäische Grundrechte und Grundfreiheiten, 2014^{4}, § 14 Rn. 67 f.; *Englisch,* in: *Schön,* Zukunftsfragen des deutschen Steuerrechts, 2009, 39 (50) mit Verweis auf die anderen Sprachfassungen; *Jarass,* GRCh, 2013^{2}, Art. 51 Rn. 17; *Matz-Lück,* in: *dies./Hong,* Grundrechte und Grundfreiheiten im Mehrebenensystem, 2012, 161 (180 f.); *Scheuing,* EuR 2005, 162 (182); *Wegner,* HRRS 2013, 126 (127). AA *Borowsky,* in: *Meyer,* GRCh, 2014^{4}, Art. 51 Rn. 24, 30; *Cremer,* NVwZ 2003, 1452 (1455); *Lange,* NVwZ 2014, 169 (172); *Lindner,* EuR 2008, 786 (792); *Nusser,* Die Bindung der Mitgliedstaaten an die Unionsgrundrechte, 2011, S. 56. Kritisch zu einer solch expansiven Auslegung *Streinz/Michl,* in: *Streinz,* EUV/AEUV, 2012^{2}, Art. 51 GRCh Rn. 14.

offenbart seine Entscheidung in der Rechtssache *Åkerberg Fransson* sehr eindrucksvoll: Der EuGH hatte zu klären, ob es sich mit dem *ne-bis-in-idem*-Grundsatz aus Art. 50 GRCh vereinbaren lässt, wenn eine Umsatzsteuerhinterziehung neben verwaltungsrechtlichen Steuerzuschlägen mit einer strafrechtlichen Verurteilung wegen Steuerhinterziehung sanktioniert wird. Die Zweifel des schwedischen Vorlagegerichts, ob die GRCh überhaupt anwendbar ist, zerstreut der EuGH: Unter Bezugnahme auf seine frühere Rechtsprechung interpretiert er Art. 51 Abs. 1 GRCh dahingehend, dass der Anwendungsbereich der Unionsgrundrechte mit dem Geltungsbereich des Unionsrechts gleichzusetzen sei.[815] Dieser wiederum sei eröffnet, da die Sanktionierung von Umsatzsteuervergehen als Durchführung der Art. 2, 250 Abs. 1, 273 sowie 325 MwStSystRL und schließlich des Art. 4 Abs. 3 EUV gelte.[816] Daran ändere auch die Tatsache nichts, dass die in Rede stehenden schwedischen Rechtsvorschriften nicht zur Umsetzung der MwStSystRL erlassen wurden.[817]

Im Grundsatz setzt der EuGH mit der *Fransson*-Entscheidung also lediglich seine Rechtsprechung fort, die den Unionsgrundrechten schon vor Erlass der GRCh einen sehr weiten Anwendungsbereich zuschrieb.[818] Dass das Urteil in Deutschland dennoch solche Beachtung gefunden hat[819], ist wohl dem deutlichen und unmissverständlichen Ton des EuGH geschuldet, in dem er den Mitgliedstaaten eine Bindung an die EU-Grundrechte auch bei einem nur entfernten, nicht sofort offensichtlichen Zusammenhang zwischen nationalem Recht und Unionsrecht in das Bewusstsein ruft. Schließlich offenbart die Lektüre der vom EuGH angeführten Normen den Bezug zu den schwedischen Steuerverwaltungsverfahrens- und Strafvorschriften kaum.[820] Wie abzusehen war, beunruhigt eine solch extensive Auslegung des

---

815 EuGH v. 26.2.2013, Rs. C-617/10 (Åkerberg Fransson), Rn. 21. GA Villalón, SA v. 12.6.2012, Rs. C-617/10 (Åkerberg Fransson), Rn. 39 ff. hatte dagegen vorgeschlagen, die Anwendbarkeit der EU-Grundrechte auf ein Handeln der Mitgliedstaaten unter den Vorbehalt eines „spezifischen Interesses der Union" zu stellen.

816 EuGH v. 26.2.2013, Rs. C-617/10 (Åkerberg Fransson), Rn. 25 f.; anders GA Villalón, SA v. 12.6.2012, Rs. C-617/10 (Åkerberg Fransson), Rn. 64, der eine „Durchführung" i.S.d. Art. 51 Abs. 1 GRCh verneint.

817 EuGH v. 26.2.2013, Rs. C-617/10 (Åkerberg Fransson), Rn. 28.

818 Mit der gleichen Einschätzung *Engler,* Steuerverfassungsrecht im Mehrebenensystem, 2014, S. 86; *Lange,* NVwZ 2014, 169 (172); *Rabe,* NJW 2013, 1407 (1408); *Wegner,* HRRS 2013, 126 (129); *Winter,* NZA 2013, 473 (473 f.). *Englisch,* in: *Schön,* Zukunftsfragen des deutschen Steuerrechts, 2009, 39 (85 f.) hatte schon vor Erlass des *Fransson*-Urteils unter Bezugnahme auf EuGH v. 19.11.1998, Rs. C-85/97 (SFI), Rn. 31 darauf verwiesen, dass die EU-Grundrechte bei der Durchführung materiellen Unionsrechts (wie z.B. des europäischen Umsatzsteuerrechts) auf das nationale Verfahrensrecht und Sanktionensystem ausstrahlen.

819 Zu Reaktionen der Tagespresse vgl. *Hipp,* DER SPIEGEL, 10/2013, S. 39; *Cremer,* FAZ, 55/2013, S. 19.

820 Art. 2, 250 und 273 MwStSystRL normieren nur allgemeine Erklärungspflichten. Für die Feststellung des Zusammenhangs mit Art. 325 AEUV, der die generelle Pflicht zum Schutz der finanziellen Interessen der Union enthält, genügt es dem

Art. 51 Abs. 1 GRCh insbesondere das BVerfG. In seiner Entscheidung zur Antiterrordatei – und damit nur zwei Monate nach dem *Fransson*-Urteil – bringt es seine Bedenken klar zum Ausdruck: Es warnt davor, der Entscheidung eine Lesart zu unterlegen, nach der diese „offensichtlich als Ultra-vires-Akt" des EuGH oder als Verletzung der Verfassungsidentität des GG zu werten wäre.[821] Deshalb möchte das Gericht die Entscheidung nicht so verstehen und anwenden, dass „für eine Bindung der Mitgliedstaaten durch die in der Grundrechtecharta niedergelegten Grundrechte der Europäischen Union jeder sachliche Bezug einer Regelung zum bloß abstrakten Anwendungsbereich des Unionsrechts oder rein tatsächliche Auswirkungen auf dieses ausreiche".[822] Indes dürfte für den EuGH die Frage nach der Bindung der Mitgliedstaaten an die Unionsgrundrechte ungeachtet der Karlsruher „Auslegungshinweise"[823] mit dem *Fransson*-Urteil abschließend geklärt sein.

Nach der Auffassung des EuGH sind die Mitgliedstaaten im Bereich der Umsatzsteuer als einer „Kernmaterie des europäischen Binnenmarktes"[824] also äußerst weitgehend an die EU-Grundrechte gebunden. So begreift der Gerichtshof das gesamte, in Umsetzung der MwStSystRL ergangene materielle Umsatzsteuerrecht als „Durchführung" im Sinne des Art. 51 Abs. 1 GRCh, gleich ob dieses auf zwingenden Richtlinienvorgaben beruht oder Gestaltungsspielräume derselben ausfüllt. Aber auch auf autonom nationales Recht wie das Verfahrensrecht[825] oder das Strafrecht hält er die Unionsgrundrechte für anwendbar, wenn dieses im Zusammenhang mit der Durchführung des materiellen Rechts der MwStSystRL steht. Deshalb verbleiben im Kontext der Umsatzsteuer kaum noch Bereiche, in denen die Mitgliedstaaten nach dem Maßstab des EuGH nicht an die Unionsgrundrechte gebunden sind.[826]

EuGH, dass das Umsatzsteueraufkommen der Mitgliedstaaten Grundlage für die Zuteilung der Eigenmittel und damit entscheidend für den Haushalt der Union ist, EuGH v. 26.2.2013, Rs. C-617/10 (Åkerberg Fransson), Rn. 26. Kritisch zu dieser Argumentation *Engler,* Steuerverfassungsrecht im Mehrebenensystem, 2014, S. 87; *Widmann,* UR 2014, 5 (6).

821 BVerfG v. 24.4.2013, BVerfGE 133, 277 (316).

822 BVerfG v. 24.4.2013, BVerfGE 133, 277 (316).

823 Insoweit kritisch zur Argumentation des BVerfG *Widmann,* UR 2014, 5 (8).

824 *Wegner,* HRRS 2013, 126 (129), der in anderen Bereichen mehr Zurückhaltung des EuGH prognostiziert.

825 Zum Grundsatz der Verfahrensautonomie unter Vorbehalt des Äquivalenz- und Effektivitätsgebots vgl. EuGH v. 12.5.2011, Rs. C-107/10 (Enel Maritsa Iztok), Rn. 29; v. 15.3.2007, Rs. C-35/05 (Reemtsma), Rn. 40; v. 7.1.2004, Rs. C-201/02 (Delena Wells), Rn. 67; vgl. dazu *Wernsmann,* in: *Schulze/Zuleeg/Kadelbach,* Europarecht, 2015³, § 30 Rn. 134 ff.

826 *Dobratz,* UR 2014, 425 (427); *Lange,* NVwZ 2014, 169 (172).

cc. Stellungnahme und Schlussfolgerungen für die Überprüfung nationaler Umsatzsteuergesetze

Die Auffassungen des BVerfG und des EuGH zum jeweils maßgeblichen Grundrechtsstandard kommen nicht immer zu denselben Ergebnissen. Soweit eine auf zwingenden Richtlinienvorgaben beruhende nationale Vorschrift in Rede steht, halten beide Gerichte übereinstimmend allein die Unionsgrundrechte für den einschlägigen Prüfungsmaßstab. Bei nicht völlig unionsrechtlich determiniertem nationalen Recht sowie autonomen nationalen Bestimmungen im Anwendungsbereich des Unionsrechts divergieren dagegen die Ansichten: Während das BVerfG eine alleinige Prüfungskompetenz beansprucht[827], geht der EuGH von einer Parallelität beider Grundrechtsebenen aus und erlaubt den nationalen Behörden und Gerichten die Anwendung des nationalen Schutzniveaus, sofern dieses höher als das der Charta ist (Art. 53 GRCh).[828]

Zuzustimmen ist der Ansicht des BVerfG und des EuGH zur alleinigen Anwendbarkeit der EU-Grundrechte auf unionsrechtlich determiniertes Umsetzungsrecht: Zwingendes Unionsrecht genießt uneingeschränkten Vorrang vor nationalem Recht, selbst wenn jenes Verfassungsrang hat.[829] Daran vermag auch Art. 53 GRCh nichts zu ändern: Weder erlaubt die Vorschrift den nationalen Verfassungsgerichten, entgegen dem Vorrang des Unionsrechts von einer Umsetzung zwingender Richtlinienvorgaben abzusehen, wenn diese zwar mit der Charta, nicht aber mit den nationalen Grundrechten vereinbar sind;[830] noch verpflichtet sie den EuGH, insoweit die nationalen Grundrechtsstandards bei der Auslegung der Charta-Grundrechte schutzverstärkend zu berücksichtigen.[831]

Weitaus komplexer ist dagegen die Frage nach der maßgeblichen Grundrechtsebene, sofern mitgliedstaatliche Rechtsakte in Frage stehen, die den Gestaltungsspielraum einer Richtlinie ausfüllen. Die überwiegende Literatur bejaht eine Bindung an die EU-Grundrechte, wobei die Mehrheit die nationalen Grundrechte parallel anwenden möchte.[832] Läuft die Ausgestaltung des Spielraums nur einer der beiden

---

827 So jedenfalls in BVerfG v. 24.4.2013, BVerfGE 133, 277 (313 f.).

828 EuGH v. 26.2.2013, Rs. C-617/10 (Åkerberg Fransson), Rn. 29.

829 Deutlich EuGH v. 26.2.2013, Rs. C-399/11 (Melloni), Rn. 59; st. Rspr. seit EuGH v. 17.12.1970, Rs. 11/70 (Internationale Handelsgesellschaft), Rn. 3.

830 *Borowsky,* in: *Meyer,* GRCh, 2014[4], Art. 53 Rn. 9 f.; *Everling,* EuZW 2003, 225; *Jarass,* GRCh, 2013[2], Art. 53 Rn. 10; *Kingreen,* in: *Calliess/Ruffert,* EUV/AEUV, 2011[4], Art. 53 EUV Rn. 5. AA wohl *Seidel,* EuZW 2003, 97.

831 *Streinz/Michl,* in: *Streinz,* EUV/AEUV, 2012[2], Art. 53 GRCh Rn. 4. AA aber *Hwang,* EuR 2014, 400 (413).

832 So *Ehlers,* Europäische Grundrechte und Grundfreiheiten, 2014[4], § 14 Rn. 39, 74; *Engler,* Steuerverfassungsrecht im Mehrebenensystem 2014, S. 89; *Englisch,* in: *Schön,* Zukunftsfragen des deutschen Steuerrechts, 2009, 39 (51 f.); *Funke,* Umsetzungsrecht, 2010, S. 209; *Jarass,* GRCh, 2013[2], Art. 51 Rn. 23; *ders.,* NVwZ 2012, 457 (460); *Kühling,* in: *v. Bogdandy,* Europäisches Verfassungsrecht, 2009[2], S. 682; *Lindner,* EuZW 2007, 71 (73); *Streinz/Michl,* in: *Streinz,* EUV/AEUV, 2012[2], Art. 51

Grundrechtsebenen zuwider, setze sich der jeweils stärkere Grundrechtsschutz durch: ein höheres Schutzniveau auf nationaler Ebene entsprechend der Meistbegünstigungsklausel des Art. 53 GRCh und ein höheres Schutzniveau der Unionsgrundrechte entsprechend dem Vorrang des Unionsrechts.[833] Einem solch doppelten Grundrechtsschutz werden aber deshalb Bedenken entgegengebracht, weil in Beziehungen zwischen Privaten der Grundsatz der Meistbegünstigung an seine Grenzen stößt: Denn in mehrpoligen Grundrechtsverhältnissen führt eine höhere Gewichtung der einen Grundrechtsposition unweigerlich zu einer Einschränkung der anderen, mit ihr kollidierenden Grundrechtsposition.[834] Insbesondere aus diesem Grund befürwortet ein Teil der Literatur jenseits des durch die Richtlinie determinierten Bereichs statt einer doppelten Grundrechtsbindung eine ausschließliche Geltung der nationalen Grundrechte.[835]

Indes können die gegen eine Parallelität beider Grundrechtsebenen vorgebrachten Argumente nicht überzeugen. Vielmehr spricht schon der Wortlaut des Art. 51 Abs. 1 GRCh für eine Anwendbarkeit der Unionsgrundrechte: Da die mitgliedstaatlichen Maßnahmen zur Ausgestaltung der Umsetzungsspielräume einer Richtlinie vom Unionsrecht veranlasst und beeinflusst werden, handeln die Mitgliedstaaten in „Durchführung“ des Unionsrechts.[836] Der Ausschließlichkeitsanspruch der nationalen Grundrechtsebene ist wohl maßgeblich der Sorge geschuldet, dass der hohe nationale Grundrechtsstandard zugunsten der Unionsgrundrechte weichen muss und so an Bedeutung und Einfluss verliert. Jedoch möchte die GRCh nationale Grundrechtskataloge nicht im Wege des *entweder – oder* verdrängen, sondern

---

GRCh Rn. 8; *Szczekalla,* NVwZ 2006, 1019 (1021); *Zorn/Twardosz,* DStR 2007, 2185 (2189). Dagegen für eine ausschließliche Geltung der Unionsgrundrechte *Hoffsümmer,* Steuerbefreiungen für Inlandsumsätze, 2009, S. 58.

833 *Borowsky,* in: *Meyer,* GRCh, 2014[4], Art. 53 Rn. 14, 14a; *Fassbender,* NVwZ 2010, 1049 (1052); *Lindner,* EuZW 2007, 71 (74); *Matz-Lück,* in: *dies./Hong,* Grundrechte und Grundfreiheiten im Mehrebenensystem, 2012, 161 (197); *Streinz/Michl,* in: *Streinz,* EUV/AEUV, 2012[2], Art. 51 GRCh Rn. 8.

834 Vgl. zu einem Bsp. *Zorn,* in: FS Ruppe, 2007, 744 (748 f.), der deshalb für eine klare Abgrenzung der Aufgaben der Gerichte plädiert.

835 *Kingreen,* in: *Calliess/Ruffert,* EUV/AEUV, 2011[4], Art. 51 GRCh Rn. 12; *Funke,* Umsetzungsrecht, 2010, S. 212; *Rengeling/Szczekalla,* Grundrechte in der EU, 2004, § 4 Rn. 313; *Wernsmann,* NZG 2011, 1241 (1244); offenlassend dagegen *ders.,* in: *Hübschmann/Hepp/Spitaler,* AO/FGO, § 4 AO (November 2014) Rn. 404. Für eine variable Lösung *Ohler,* NVwZ 2013, 1433 (1437): „Ist der Determinierungsgrad des Europarechts gering, bleibt ein weiter Spielraum, die Abwägungsentscheidung maßgeblich auf Kriterien des mitgliedstaatlichen Verfassungsrechts zu stützen. Steigt der Grad unionsrechtlicher Determinierung dagegen, erhöht sich entsprechend der Einfluss der Vorgaben aus der Grundrechte-Charta.“

836 *Dobratz,* UR 2014, 425 (427); *Engler,* Steuerverfassungsrecht im Mehrebenensystem 2014, S. 92; *Kühling,* in: *v. Bogdandy,* Europäisches Verfassungsrecht, 2009[2], S. 682.

zur Verwirklichung eines optimalen Grundrechtsschutzes ergänzen:[837] So greift aufgrund der Meistbegünstigungsklausel in Art. 53 GRCh im Ergebnis jeweils das höhere – optimalere – Schutzniveau. In Dreieckskonstellationen muss dagegen einer Grundrechtsebene der Vorzug gegeben werden, da die für den einen Grundrechtsträger vorteilhafte Ebene für den anderen die nachteilige ist. Eine solche Kollision muss entsprechend dem Anwendungsvorrang des Unionsrechts zugunsten der Unionsgrundrechte aufgelöst werden.[838]

Soweit jedoch autonomes nationales Recht in Rede steht, das lediglich den Geltungsbereich des Unionsrechts berührt, spricht der Wortlaut des Art. 51 Abs. 1 GRCh gegen eine Bindung der Mitgliedstaaten an die Unionsgrundrechte:[839] Erlassen die Mitgliedstaaten etwa Verfahrensvorschriften zur Verwaltung der Umsatzsteuer, handelt es sich nicht um eine „Durchführung" von Unionsrecht, da die Rechtssetzungstätigkeit gerade nicht „unmittelbar durch das Unionsrecht motiviert", sondern lediglich „in den Dienst der vom Unionsrecht vorgegebenen Ziele gestellt" wird.[840] Vielmehr fehlt der Union schon die Kompetenz zur Harmonisierung des Verfahrensrechts. Deshalb kann ein vom Harmonisierungsauftrag des Art. 113 AEUV nicht erfasster Bereich keine „unionsrechtlich geregelte Fallgestaltung"[841] darstellen, selbst wenn dieser der Durchführung des harmonisierten materiellen Unionsrechts dient.[842]

Für die Überprüfung nationaler Umsatzsteuergesetze sind also je nach Fallgestaltung ausschließlich die europäische oder die nationale Grundrechtsebene oder beide parallel anwendbar:

---

837 *Hwang,* EuR 2014, 400 (418 f.). Auch *Wegner,* HRRS 2013, 126 (129) sieht durch die weitreichende Geltung der EU-Grundrechte insbesondere in den Mitgliedstaaten, in denen die Gerichte keine Normverwerfungskompetenz haben, den Grundrechtsschutz optimiert. *Matz-Lück,* in: *dies./Hong,* Grundrechte und Grundfreiheiten im Mehrebenensystem, 2012, 161 (201) weist jedoch zutreffend darauf hin, dass die praktischen Auswirkungen gering seien, da nur in sehr begrenzten Fällen der unionsrechtliche Grundrechtsschutz weiter reiche als der nationale.

838 *Ehlers,* Europäische Grundrechte und Grundfreiheiten, 2014^{4}, § 14 Rn. 93; *Engler,* Steuerverfassungsrecht im Mehrebenensystem 2014, S. 91 f.; *Jarass,* GRCh, 2013^{2}, Art. 53 Rn. 13; *Streinz/Michl,* in: *Streinz,* EUV/AEUV, 2012^{2}, Art. 51 GRCh Rn. 8; *dies.,* EuZW 2011, 384 (386). Gegen einen Anwendungsvorrang der Unionsgrundrechte *Hwang,* EuR 2014, 400 (415 f.); *F. Kirchhof,* EuR 2014, 267 (270 f.).

839 Ebenso *Wernsmann,* in: *Hübschmann/Hepp/Spitaler,* AO/FGO, § 4 AO (November 2014) Rn. 405.

840 So differenziert GA Villalón, SA v. 12.6.2012, Rs. C-617/10 (Åkerberg Fransson), Rn. 60.

841 So die Formulierung in EuGH v. 26.2.2013, Rs. C-617/10 (Åkerberg Fransson), Rn. 19.

842 Im Erg. ebenso *Engler,* Steuerverfassungsrecht im Mehrebenensystem 2014, S. 96; *Hoffsümmer,* Steuerbefreiungen für Inlandsumsätze, 2009, S. 35 (in Bezug auf Übergangsregelungen).

Auf zwingenden europarechtlichen Vorgaben beruhende Vorschriften sind allein an den Unionsgrundrechten zu messen. Dies betrifft vor allem die nationalen Bestimmungen, die grundlegende Systemvorgaben der MwStSystRL umsetzen. Wegen deren Detailliertheit dürfte dies den größten Teil der nationalen Umsatzsteuervorschriften ausmachen. Darum scheidet das nationale Verfassungsrecht als Prüfungsmaßstab des Umsatzsteuerrechts weitestgehend aus.[843]

Soweit hingegen die in der MwStSystRL eingeräumten Gestaltungsspielräume der Mitgliedstaaten reichen, sind unionale und nationale Grundrechte parallel anwendbar. Spielräume belässt die Richtlinie insbesondere im Bereich der Steuersätze und der konkreten Ausgestaltung von Steuerbefreiungen. Im Ergebnis greift dann das jeweils höhere Schutzniveau.

Autonom nationales Recht, das lediglich im Rahmen der Erhebung der Umsatzsteuer zur Anwendung kommt, ist allein an den Grundrechten des GG zu überprüfen. Dies gilt für alle von der MwStSystRL nicht geregelten Aspekte wie das Verfahrensrecht und das Strafrecht bei Steuerhinterziehungen.

Wenn der Grundsatz der Neutralität einer nationalen Umsatzsteuervorschrift entgegensteht, ist dies also – seine grundrechtliche Verwurzelung vorausgesetzt – entweder auf die nationalen oder die europäischen Grundrechte oder aber auf beide Ebenen zurückzuführen. In den überwiegenden Fällen werden jedoch ausschließlich die Unionsgrundrechte anwendbar sein, da insbesondere die Neutralität in Bezug auf Eingangsumsätze auf zwingenden Richtlinienvorschriften zum Vorsteuerabzugsrecht beruht.[844] Hingegen kommen grundsätzlich beide Grundrechtsebenen als Rechtsgrundlage derselben in Betracht, soweit die Neutralität in Bezug auf Ausgangsumsätze Fallgestaltungen betrifft, in denen den Mitgliedstaaten Umsetzungsspielräume verbleiben (z.B. Steuerbefreiungen). Kollisionen in mehrpoligen Rechtsverhältnissen sind hier kaum denkbar, da dritte Verbraucher oder Anbieter einer umsatzsteuerbegünstigten Leistung nicht in ihren Grundrechten verletzt werden, wenn eine andere, gleichartige Leistung entsprechend dem Neutralitätsgrundsatz dieselbe Umsatzsteuerbegünstigung erfährt.[845] Nimmt die Neutralität allerdings

843 *Oellerich,* Defizitärer Vollzug des Umsatzsteuerrechts, 2008, S. 93.

844 *Engler,* Steuerverfassungsrecht im Mehrebenensystem 2014, S. 83 f., wonach der Neutralitätsgrundsatz derart in die Vorschriften der MwStSystRL „eingewoben" sei, dass die Mitgliedstaaten insoweit kaum losgelöst von europarechtlichen Zielvorgaben agieren könnten.

845 So wird ein Dritter schon nicht in seinem Gleichheitsgrundrecht verletzt, wenn einem anderen ebenso eine Steuervergünstigung zuteilwird, da er dadurch keinen unmittelbaren Nachteil erfährt, *Wernsmann,* Die Verwaltung 2003, 67 (70 f.); aA wohl *Zorn,* in: FS Ruppe, 2007, 744 (748 f.), der in der Anerkennung der Steuerbefreiung eines eine Notrufzentrale betreibenden Einzelunternehmers eine Beeinträchtigung anderer sieht. Eine Verletzung des Unternehmers in seinem Grundrecht auf Wettbewerbsfreiheit durch die Begünstigung eines konkurrierenden Unternehmers ist zwar denkbar, unterliegt aber sehr hohen Hürden (vgl. Kapitel 2 B III 2 b).

Einfluss auf das mitgliedstaatliche Verfahrensrecht[846], ist deren Rechtsgrundlage allein auf der Ebene der nationalen Grundrechte zu suchen.

Deshalb müssen in die nun folgende Untersuchung der Rechtsgrundlagen der Neutralität sowohl die europäischen als auch die nationalen Grundrechte einbezogen werden. Wie die verschiedenen Grundrechtsebenen vor dem EuGH und dem BVerfG gerichtlich geltend zu machen sind, ist Gegenstand der späteren Darstellung.[847]

2. *Einfluss des Art. 3 Abs. 1 GG auf die nationale Steuerrechtsordnung*

Nach Art. 3 Abs. 1 GG sind alle Menschen „vor dem Gesetz gleich". Daraus folgt das Verbot, wesentlich Gleiches ungleich und wesentlich Ungleiches gleich zu behandeln.[848] Art. 3 Abs. 1 GG fordert sowohl eine Rechtssetzungsgleichheit als auch eine Rechtsanwendungsgleichheit.[849] Personen bzw. Sachverhalte gelten als „wesentlich gleich", wenn sie vergleichbar sind. Vergleichbarkeit wiederum setzt einen Bezugspunkt voraus, der den rechtlich verschieden behandelten Personen bzw. Situationen gemeinsam ist (sog. gemeinsamer Oberbegriff bzw. *tertium comparationis*). [850] Der Schwierigkeit, die jeweiligen Vergleichsgruppen korrekt zu benennen, um sie anschließend einer gleichheitsgerechten Rechtsfolge zu unterwerfen, begegnet das BVerfG durch bereichsspezifische Konkretisierungen.[851]

Für den Bereich des Steuerrechts verlangt Art. 3 Abs. 1 GG eine rechtlich wie tatsächlich gleichmäßige Belastung der Steuerpflichtigen.[852] Eine gleiche Lastenverteilung sieht das BVerfG nicht bei formaler Gleichheit im Sinne einer Kopfsteuer als erreicht, sondern stellt als maßgebliches Gerechtigkeitskriterium auf die *finanzielle Leistungsfähigkeit* des Einzelnen ab.[853] Daneben werden in den Geboten der *Folgerichtigkeit* und zum Teil auch der *Wettbewerbsneutralität* weitere Konkretisierungen des Gleichheitssatzes als Maßstab einer gerechten Steuerverteilung gesehen.

---

846 Vgl. etwa die Rspr. des EuGH zur Erstattung von Vorsteuerüberschüssen (Kapitel 2 A I 1 b bb (1)).

847 Vgl. dazu Kapitel 3 B III.

848 St. Rspr.; vgl. nur BVerfG v. 23.10.1951, BVerfGE 1, 14 (52); v. 16.3.1955, BVerfGE 4, 144 (155); v. 9.8.1978, BVerfGE 49, 148 (165); jeweils mit dem Zusatz „willkürlich".

849 *Birk/Desens/Tappe*, Steuerrecht, 2014[17], Rn. 187; *Hey*, in: *Tipke/Lang*, Steuerrecht, 2015[22], § 3 Rn. 111 ff.; *Pieroth/Schlink/Kingreen/Poscher*, Grundrechte, 2014[30], Rn. 460; *Wernsmann*, in: *Hübschmann/Hepp/Spitaler*, AO/FGO, § 4 AO (November 2014) Rn. 435.

850 *Wernsmann*, in: *Hübschmann/Hepp/Spitaler*, AO/FGO, § 4 AO (November 2014) Rn. 434; *Pieroth/Schlink/Kingreen/Poscher*, Grundrechte, 2014[30], Rn. 463.

851 St. Rspr.; vgl. nur BVerfG v. 27.6.1991, BVerfGE 84, 239 (268) mwN; *Huster*, in: BK-GG, Art. 3 GG Rn. 132 ff. mit Beispielen aus der Rspr.; *Wernsmann*, in: *Hübschmann/Hepp/Spitaler*, AO/FGO, § 4 AO (November 2014) Rn. 410 mwN.

852 St. Rspr.; vgl. nur BVerfG v. 27.6.1991, BVerfGE 84, 239 (268); v. 22.6.1995, BVerfGE 93, 121 (134).

853 St. Rspr.; vgl. nur BVerfG v. 22.6.1995, BVerfGE 93, 121 (135).

Die Überlegungen zum Gleichheitssatz im Steuerrecht sind für den Bereich des Umsatzsteuerrechts dahingehend zu relativieren, dass das nationale Verfassungsrecht und damit Art. 3 Abs. 1 GG ob der unionsrechtlichen Determinierung der Umsatzsteuer nur Prüfungsmaßstab sein kann, soweit der nationale Rechtsakt konkret in Ausfüllung eines Umsetzungsspielraums ergangen ist.[854]

a. Leistungsfähigkeitsprinzip

Im Steuerrecht gilt als gleichheitsgerechtes Differenzierungskriterium die Leistungsfähigkeit. Diese liefert den Verteilungsmaßstab für die Anwendung des Art. 3 Abs. 1 GG. Die zu vergleichenden Gruppen von Steuerträgern, die finanziell gleich belastet werden sollen, sind demnach entsprechend ihrer jeweiligen individuellen wirtschaftlichen Leistungsfähigkeit zu bilden. Im Ergebnis muss in vertikaler Richtung die Steuerbelastung verstärkt Leistungsfähiger im Vergleich zu der Steuerbelastung weniger Leistungsfähiger höher sein, während in horizontaler Richtung gleich Leistungsfähige auch entsprechend gleich hoch zu besteuern sind.[855]

Das Leistungsfähigkeitsprinzip gilt auch im Umsatzsteuerrecht. Dabei wird nicht auf die Leistungsfähigkeit des steuerpflichtigen Unternehmers abgestellt, sondern auf die Leistungsfähigkeit des anonymen Verbrauchers als intendiertem Steuerträger, wie sie sich in dessen Konsumaufwendungen äußert.[856] Aus Sicht des Verbrauchers verlangt Art. 3 Abs. 1 GG damit eine seiner insoweit zum Ausdruck gebrachten Leistungsfähigkeit entsprechende Umsatzbesteuerung. Dadurch kann das Leistungsfähigkeitsprinzip dem Gesetzgeber freilich nur einen weniger strengen Maßstab vorgeben als etwa im Bereich der direkten Steuern.

b. Folgerichtigkeit

Als weitere Konkretisierung im Bereich des Steuerrechts entnimmt das BVerfG dem Gleichheitssatz das sog. Gebot der Folgerichtigkeit. Dieses setzt dem bereits durch das Leistungsfähigkeitsprinzip vorgezeichneten Wertungsspielraum des Gesetzgebers, Personen oder Sachverhalte als rechtlich gleich einzuordnen und deshalb steuerlich gleich zu belasten, eine weitere Grenze. So leitet das BVerfG aus Art. 3 Abs. 1 GG das Gebot ab, „die einmal getroffene Belastungsentscheidung folgerichtig im Sinne der Belastungsgleichheit umzusetzen".[857]

---

854 *Mellinghoff*, UR 2013, 5 (14). Dies berücksichtigt mittlerweile auch das BVerfG, vgl. nur BVerfG (Kammer) v. 31.5.2007, BVerfGK 11, 268. Dazu ausführlich Kapitel 3 A I und speziell zum Leistungsfähigkeitsprinzip Kapitel 1 B II 2.

855 *Birk*, Das Leistungsfähigkeitsprinzip, 1983, S. 165 ff.; daran anschließend BVerfG v. 29.5.1990, BVerfGE 82, 60 (89). Zum Inhalt des Leistungsfähigkeitsprinzips und seiner Konkretisierung durch andere Verfassungsinhalte vgl. ausführlich Kapitel 1 B II 1 a.

856 Vgl. ausführlich Kapitel 1 B II 1 b.

857 St. Rspr. Vgl. nur BVerfG v. 22.6.1995, BVerfGE 93, 121 (136); v. 29.10.1999, BVerfGE 101, 132 (138); v. 4.12.2002, BVerfGE 107, 27 (46); v. 7.11.2006, BVerfGE 117, 1 (31). Ausführlich zum Gebot der Folgerichtigkeit *Mellinghoff*, Ubg 2012, 369.

Hat der Gesetzgeber einen bestimmten Sachverhalt bei sachgerechter Betrachtung[858] am Maßstab des Leistungsfähigkeitsprinzips für steuerwürdig befunden, muss er diese Belastungsentscheidung bei der detaillierten Ausgestaltung des einzelnen Steuergesetzes – insbesondere der Bemessungsgrundlage – folgerichtig weiterführen.[859] Konkret verpflichtet das Gebot der Folgerichtigkeit den Gesetzgeber, bei seinen legislativen Entscheidungen „ein hinreichendes Maß an Rationalität und Abgewogenheit" zu beachten.[860] Organe des Gesetzesvollzugs und der Rechtsprechung müssen das Gebot der Folgerichtigkeit im Rahmen der Auslegung offener Tatbestandsmerkmale berücksichtigen.[861]

Indes erblickt das BVerfG in einer Systemwidrigkeit regelmäßig keinen Gleichheitsverstoß.[862] Im Bereich des Umsatzsteuerrechts billigt es beispielsweise die systemwidrige Privilegierung der Beförderung mit Kraftdroschken durch einen ermäßigten Steuersatz gegenüber dem normal besteuerten Mietwagenverkehr.[863] In seiner jüngeren Rechtsprechung betrachtet das BVerfG das Gebot der Folgerichtigkeit zusammen mit dem Leistungsfähigkeitsprinzip aber als gleichheitsrechtlich gebotene Leitlinie für den Bereich des Steuerrechts, die insbesondere auch im Umsatzsteuerrecht Geltung beansprucht.[864]

---

858 Zur Sachgerechtigkeit vgl. *Kirchhof,* in: *Isensee/Kirchhof,* HStR V, 2007³, § 118 Rn. 175, der diese Frage auf die erste Stufe der Prüfung einer gleichheitsgerechten Besteuerung stellt.

859 *Kirchhof,* in: *Isensee/Kirchhof,* HStR V, 2007³, § 118 Rn. 178; kritisch zur Tendenz des BVerfG, mit Verweis auf das Folgerichtigkeitsgebot statt der Abwägung parallel verfolgter Zwecke einzig ein Ziel („Alles-oder-Nichts-Lösung") zu verfolgen, *Wernsmann,* in: *Schön,* Zukunftsfragen des deutschen Steuerrechts, 2009, 161 (167); *ders.,* in: *Hübschmann/Hepp/Spitaler,* AO/FGO, § 4 AO (November 2014) Rn. 517 ff.

860 BVerfG v. 12.5.2009, BVerfGE 123, 111 (123). *Birk/Desens/Tappe,* Steuerrecht, 2014¹⁷, Rn. 187 bezeichnen das Folgerichtigkeitsgebot deshalb nicht als Verfassungsgebot, sondern als bloße „Argumentationshilfe zur Operationalisierung des allgemeinen Gleichheitssatzes (...) im Bereich des Steuerrechts". AA *Mellinghoff,* Ubg 2012, 369 (370); *Wernsmann,* in: *Schön,* Zukunftsfragen des deutschen Steuerrechts, 2009, 161 (164); *ders.,* in: *Hübschmann/Hepp/Spitaler,* AO/FGO, § 4 AO (November 2014) Rn. 517, der das Gebot eines der „schlagkräftigsten Verfassungsgebote" nennt.

861 BVerfG v. 29.10.1999, BVerfGE 101, 132 (138).

862 BVerfG v. 16.5.1987, BVerfGE 75, 382 (395 f.); v. 26.4.1988, BVerfGE 78, 104 (122 f.). Zu den Geboten der Systemgerechtigkeit und Folgerichtigkeit vgl. *Englisch,* Wettbewerbsgleichheit im grenzüberschreitenden Handel, 2008, S. 144 ff.; *Wernsmann,* in: *Schön,* Zukunftsfragen des deutschen Steuerrechts, 2009, 161 (164); *ders.,* in: *Hübschmann/Hepp/Spitaler,* AO/FGO, § 4 AO (November 2014) Rn. 517.

863 BVerfG v. 11.2.1992, BVerfGE 85, 238 (246 f.).

864 „Im Bereich des Steuerrechts (...), insbesondere im Bereich des Einkommensteuerrechts, [wird die Gestaltungsfreiheit des Gesetzgebers] vor allem durch zwei eng miteinander verbundene Leitlinien begrenzt: durch das Gebot der Ausrichtung der Steuerlast am Prinzip der finanziellen Leistungsfähigkeit und durch das Gebot der Folgerichtigkeit", BVerfG v. 12.5.2009, BVerfGE 123, 111 (120).

Soweit dem nationalen Gesetzgeber im unionsrechtlich determinierten Umsatzsteuerrecht überhaupt noch ein Umsetzungs- und Gestaltungsspielraum verbleibt, muss er diesen also in dem vom Leistungsfähigkeitsprinzip vorgegebenen Rahmen konsequent – folgerichtig – ausfüllen. Selbiges gilt für einen der Exekutive und Judikative eingeräumten Auslegungsspielraum.

c. *Wettbewerbsneutralität*

Als eine weitere bereichsspezifische Konkretisierung des Gleichheitssatzes im Steuerrecht und insbesondere im Umsatzsteuerrecht wird das Prinzip der Wettbewerbsneutralität diskutiert.[865] Es unterscheidet sich vom Leistungsfähigkeitsprinzip in dem für die Bestimmung des Vergleichsmaßstabs maßgeblichen Anknüpfungspunkt: Während das Leistungsfähigkeitsprinzip die mit der Steuer Belasteten in den Blick nimmt und die Steuerlast gleichmäßig entsprechend ihrer jeweiligen Leistungsfähigkeit zu verteilen sucht, betrachtet die Wettbewerbsneutralität die Steuerpflichtigen am Markt und sichert deren Gleichbehandlung im Wettbewerb um den Nachfrager.[866] *Tertium comparationis* des Leistungsfähigkeitsprinzips sind vergleichbare, weil gleich leistungsfähige Steuerträger; *tertium comparationis* der Wettbewerbsneutralität sind dagegen vergleichbare, weil konkurrierende Steuerpflichtige.

Nehmen Steuern auf den Preis von Gütern ungleichmäßigen Einfluss, drohen Wettbewerbsverzerrungen. Deshalb fordert die Wettbewerbsneutralität die Gleichbehandlung der Steuerpflichtigen bezüglich preiswirksamer Steuern. Da gerade indirekte Steuern wie die Umsatzsteuer den Konsumenten treffen sollen und dadurch unmittelbar die Preisbildung des Unternehmers beeinflussen, erlangt das Gebot der Wettbewerbsneutralität insbesondere bei diesen Steuern Relevanz.[867]

Die Betonung des Einkommensteuerrechts erklärt sich damit, dass die Entscheidung gerade zu einem einkommensteuerlichen Sachverhalt erging. So zitiert das BVerfG in umsatzsteuerlichen Entscheidungen ebenso das Gebot der Folgerichtigkeit, vgl. nur BVerfG v. 29.10.1999, BVerfGE 101, 132 (138); v. 10.11.1999, BVerfGE 101, 151 (155).

865 So insb. *Kirchhof*, in: *Isensee/Kirchhof*, HStR V, 2007³, § 118 Rn. 214; *ders.*, StuW 1984, 297 (305); *Fischer*, Die Rechtfertigung einer Umsatzbesteuerung und ihre Vereinbarkeit mit den Grundrechten, 2007, S. 199; *Frink*, Der Ausschluss des Vorsteuerabzugs, 2002, S. 62; *Oellerich*, Defizitärer Vollzug des Umsatzsteuerrechts, 2008, S. 39; *Rutemöller*, Die umsatz- und grunderwerbsteuerrechtliche Behandlung von Grundstücksumsätzen, 2011, S. 241; *Stadie*, in: *Rau/Dürrwächter*, UStG, Einf. (April 2013) Rn. 443; *ders.*, Umsatzsteuerrecht, 2005, Rn. 1.42.

866 *Kirchhof*, in: *Isensee/Kirchhof*, HStR V, 2007³, § 118 Rn. 215; *Menner*, Die Umsatzsteuer-Harmonisierung in der EG, 1992, S. 45; *Oellerich*, Defizitärer Vollzug des Umsatzsteuerrechts, 2008, S. 39; *Streng*, Zuschüsse und Subventionen im Umsatzsteuerrecht, 1999, S. 79.

867 *Kirchhof*, in: *Isensee/Kirchhof*, HStR V, 2007³, § 118 Rn. 215; *ders.*, StuW 1984, 297 (306); *Streng*, Zuschüsse und Subventionen im Umsatzsteuerrecht, 1999, S. 79 f.

aa. Die Wettbewerbsneutralität in der Rechtsprechung des BVerfG

Das BVerfG stellt die steuerliche Gleichbehandlung von miteinander im Wettbewerb stehenden Unternehmen unter den Schutz des Art. 3 Abs. 1 GG.[868] Davon abzugrenzen ist das Gebot der Wettbewerbsfreiheit. Dieses leitet das BVerfG aus Art. 12 Abs. 1 GG ab, indem es das Verhalten der Unternehmer im Wettbewerb als Bestandteil ihrer Berufsausübung begreift.[869] Den Terminus der Wettbewerbsneutralität im Kontext der Umsatzsteuer hat das BVerfG – soweit ersichtlich – erstmals in seiner Entscheidung zur Verfassungsmäßigkeit der früheren Brutto-Umsatzsteuer verwendet. Es führt darin aus, dass eine „in jeder Hinsicht völlig wettbewerbsneutrale" Steuer kaum denkbar sei, da „eine gewisse ungleiche wirtschaftliche Auswirkung auf die einzelnen Steuerschuldner und ihre Wettbewerbslage (...) bei Steuergesetzen unvermeidbar und hinzunehmen" sei.[870] Art. 3 Abs. 1 GG würde aber dann verletzt, wenn „ganze Gruppen von Steuerpflichtigen wesentlich stärker belastet sind als andere und dadurch in eine empfindlich ungünstigere Wettbewerbslage geraten".[871] Der Brutto-Umsatzsteuer testierte das BVerfG ob der Benachteiligung einstufiger Unternehmen einen „Mangel an Wettbewerbsneutralität".[872] Letztendlich adaptiert das BVerfG hier den die öffentliche Debatte beherrschenden Begriff der Wettbewerbsneutralität, der das Schlagwort für das „vordringliche wirtschaftliche und steuerpolitische Ziel" des angestrebten Systemwechsels war.[873]

Unter Bezugnahme auf diese Entscheidung prüft das BVerfG seitdem regelmäßig einzelne Vorschriften des UStG – aber auch der Gesetze über besondere

868 BVerfG v. 13.7.1965, BVerfGE 19, 101 (116); *Schön,* StuW 2004, 62 (71) mwN.

869 St. Rspr. Vgl. nur BVerfG v. 8.2.1962, BVerfGE 32, 311 (317); v. 12.10.1977, BVerfGE 46, 120 (137); vgl. dazu noch unten unter Kapitel 2 B III 1. Im Kontext des Steuerrechts stellt das BVerfG regelmäßig das Ziel der Steuergerechtigkeit und Lastengleichheit (Art. 3 Abs. 1 GG) in den Mittelpunkt seiner Betrachtung, vgl. die im Nachfolgenden aufgeführten Entscheidungen. In der sog. Ökosteuer-Entscheidung des BVerfG v. 20.4.2004, BVerfGE 110, 274 (290 f.) prüft das Gericht die Rüge einer gleichheitswidrigen Verzerrung des Wettbewerbs zwischen Betreibern gewerblicher und betrieblicher Kühlhäuser nur auf eine Verletzung des Art. 3 Abs. 1 GG, „da der Schutzbereich des Art. 12 Abs. 1 GG insoweit nicht weiter reicht als der Anwendungsbereich des Art. 3 Abs. 1 GG". Zur allgemeinen Abgrenzung von gleichheitsrechtlich und freiheitsrechtlich gewährleistetem Schutz der Wettbewerbsfreiheit vgl. *Englisch,* Wettbewerbsgleichheit im grenzüberschreitenden Handel, 2008, S. 521 ff. mwN.

870 BVerfG v. 20.12.1966, BVerfGE 21, 12 (27).

871 BVerfG v. 20.12.1966, BVerfGE 21, 12 (27). Hier nimmt das BVerfG Bezug auf sein Urteil v. 24.6.1958, BVerfGE 8, 51 (64), worin die Abziehbarkeit von Spenden an politische Parteien auf die Auswirkung auf die Wettbewerbschancen der Parteien und damit auf einen Verstoß gegen Art. 21 Abs. 1 GG geprüft wird.

872 BVerfG v. 20.12.1966, BVerfGE 21, 12 (31).

873 So verweist das BVerfG in diesem Zusammenhang auf die Hinweise der Bundesregierung und des Finanzministers zur „mangelnden Wettbewerbsneutralität der Umsatzsteuer", BVerfG v. 20.12.1966, BVerfGE 21, 12 (33 f.).

Verbrauchsteuern – ausgehend von Art. 3 Abs. 1 GG darauf, ob die Wettbewerbslage einer Gruppe von Unternehmern durch eine im Vergleich zu ihren Konkurrenten ungleich stärkere wirtschaftliche Belastung empfindlich verschlechtert wird.[874] Indes dominiert der Begriff der Wettbewerbsneutralität die Argumentation des BVerfG nicht mehr und verschwindet zunehmend ganz.[875]

So leitet das BVerfG aus Art. 3 Abs. 1 GG das Gebot ab, alle Unternehmer gleich zu behandeln: Das „Ob" und „Wie" der Umsatzbesteuerung dürfe nicht von bestimmten Eigenschaften der Unternehmer abhängig gemacht werden. Der umsatzsteuerliche Grundtatbestand stelle zwar grundsätzlich alle unternehmerischen Tätigkeiten gleich. Soweit das Umsatzsteuerrecht dagegen nach Umsatzarten und Unternehmern unterscheidet und daran unterschiedliche Rechtsfolgen knüpft, müsse dies durch sachliche Gründe gerechtfertigt werden.[876]

Juristische Personen des öffentlichen Rechts sind deshalb als Umsatzsteuerpflichtige zu behandeln, wenn sie mit privaten Anbietern im Wettbewerb stehen und ihre Besteuerung zur Vermeidung von Wettbewerbsverzerrungen notwendig ist.[877] Auch Kleinunternehmer genießen Wettbewerbsvorteile, weil sie nicht zur Umsatzsteuer herangezogen werden (§ 19 UStG). Diese Ungleichbehandlung könne aber – so das BVerfG – aus Gründen der Praktikabilität gerechtfertigt werden.[878]

Hinsichtlich der Art und Weise der Umsatzbesteuerung verbietet das BVerfG mit Verweis auf Art. 3 Abs. 1 GG, nur bestimmte Unternehmer steuerlich zu begünstigen: So dürften Umsatzsteuerbefreiungen nicht an persönliche Eigenschaften des

---

874 BVerfG v. 28.1.1970, BVerfGE 27, 375 (389) zur Erhebung von Schaumwein- und Branntwein-Nachsteuer; v. 5.3.1974, BVerfGE 36, 321 (334) zur Umsatzbesteuerung von Schallplatten; v. 19.3.1974, BVerfGE 37, 38 (48 f.) zu ermäßigten Steuersätzen und zur Kleinunternehmerregelung (§§ 12, 19 UStG 1967); v. 26.10.1976, BVerfGE 43, 58 (72) zur Ungleichbehandlung von gewerblichen Analyseunternehmen gegenüber ärztlichen Laborgemeinschaften; v. 18.3.2005, 1 BvR 1822/00 zur Umsatzbesteuerung von Knochenplatten und -gittern.

875 Stattdessen spricht das BVerfG vereinzelt bei Anwendung des Art. 3 Abs. 1 GG außerhalb des (Umsatz-) Steuerrechts von Wettbewerbsneutralität, vgl. BVerfG v. 9.2.1982, BVerfGE 59, 336 (354) zu Öffnungszeiten von Friseurbetrieben.

876 BVerfG v. 29.10.1999, BVerfGE 101, 132 (139); v. 10.11.1999, BVerfGE 101, 151 (156); v. 10.11.1999, BStBl. 2000 II, S. 158 (159 f.).

877 *Canz,* Umsatzbesteuerung der öffentlichen Hand, 2013, S. 105; *Fischer,* Die Rechtfertigung einer Umsatzbesteuerung und ihre Vereinbarkeit mit den Grundrechten, 2007, S. 204; *Küffner,* Umsatzsteuerliche Behandlung von juristischen Personen des öffentlichen Rechts, 2001, S. 50. § 2 Abs. 3 UStG nimmt juristische Personen des öffentlichen Rechts deshalb grundsätzlich, nicht aber im Rahmen ihrer Betriebe gewerblicher Art von der Umsatzsteuerpflicht aus. Kritisch zur Privilegierung der öffentlichen Hand *Englisch,* in: *Tipke/Lang,* Steuerecht, 2015[22], § 17 Rn. 54; vgl. dazu bereits oben unter Kapitel 2 A II 2 c.

878 BVerfG v. 19.3.1974, BVerfGE 37, 38 (51). Vgl. dazu das Beispiel in Kapitel 2 B II 3 a bb (3).

Unternehmers wie dessen Rechtsform[879] oder an das Bestehen bestimmter formeller, berufsrechtlicher Regelungen[880] geknüpft werden. Die Umsatzsteuer erfasse die Kaufkraft als Markterfolg des Konsumenten und sei darauf angelegt, auf den Endverbraucher überwälzt zu werden. Systemgerecht seien deshalb nur Vergünstigungen im Interesse der Verbraucher, nicht aber einzelner Unternehmergruppen.[881] Dagegen sei eine Differenzierung nach Kriterien, welche wie die erforderliche Ausbildung sowie die Abhängigkeit der Berufsausübung von einer staatlichen Erlaubnis das Berufsbild prägen, vor Art. 3 Abs. 1 GG gerechtfertigt.[882]

Eine Wettbewerbsverzerrung droht auch, wenn miteinander konkurrierende Leistungen unterschiedlich hoch mit Umsatzsteuer belastet werden.[883] Deshalb müssen gleiche Leistungen gleichermaßen von Steuerbefreiungen und ermäßigten Steuersätzen profitieren. Das BVerfG hält zwei Leistungen dann nicht für „gleich" i. S. d. Art. 3 Abs. 1 GG, wenn die Verkehrsauffassung aufgrund der bestehenden Unterschiede in den Leistungen zwei voneinander verschiedene Wirtschaftsgüter sieht und die höhere Belastung der einen Leistung deren Wettbewerbsfähigkeit nicht nennenswert schwächt.[884] Die Ungleichbehandlung von Schallplatten (Regelsteu-

879 BVerfG v. 10.11.1999, BVerfGE 101, 151 (156): Umsatzsteuerbefreiung auch für ein Krankenhaus in der Rechtsform einer GmbH & Co. KG. *Kirchhof,* StuW 2002, 3 (11) leitet das Gebot der Rechtsformneutralität in der Unternehmensbesteuerung neben Art. 3 Abs. 1 auch aus Art. 9 Abs. 1 GG ab; zustimmend für den Bereich der Umsatzsteuer *Stadie,* Umsatzsteuerrecht, 2005, Rn. 1.44. Vgl. dazu auch Kapitel 2 B III 1 c.

880 BVerfG v. 29.10.1999, BVerfGE 101, 132 (139); v. 10.11.1999, BStBl. 2000 II, S. 158 (159 f.): Anerkennung als umsatzsteuerfreier Heilberuf i.S.d. § 4 Nr. 14 UStG auch für selbständige Heileurythmisten bzw. medizinische Fußpfleger trotz Fehlens einer berufsrechtlichen Regelung.

881 BVerfG v. 29.10.1999, BVerfGE 101, 132 (139); v. 10.11.1999, BVerfGE 101, 151 (156); insoweit nimmt das BVerfG Bezug auf die Begründung zum 2. Haushaltsstrukturgesetz, BT-Drucks. IX/842, S. 74 (dieses dehnte die Steuerbefreiung für Angehörige der freien Berufe „aus Gründen der steuerlichen Gleichbehandlung und der Wettbewerbsneutralität" auf entsprechende Umsätze anderer Unternehmer aus), jedoch ohne seinerseits den Begriff der Wettbewerbsneutralität aufzugreifen. In der Tendenz noch anders BVerfG v. 26.3.1999, 1 BvR 2341/95, worin das BVerfG prüft, ob Unterschiede von solcher Art und solchem Gewicht bestünden, dass sie die ungleiche Behandlung rechtfertigen können.

882 BVerfG v. 18.1.1979, 1 BvR 531/77; v. 25.7.1986, 1 BvR 694, 695/86; v. 29.8.1988, 1 BvR 695/88; v. 26.3.1998, 1 BvR 2341/95, jeweils zur Auslegung von § 4 Nr. 14 UStG. Vgl. dazu *Fischer,* Die Rechtfertigung einer Umsatzbesteuerung und ihre Vereinbarkeit mit den Grundrechten, 2007, S. 214 f.

883 *Fischer,* Die Rechtfertigung einer Umsatzbesteuerung und ihre Vereinbarkeit mit den Grundrechten, 2007, S. 227; *Tipke,* StRO II, 2003^2, S. 1007.

884 BVerfG v. 25.5.1965, BVerfGE 19, 64 (70), worin das BVerfG die Steuerbefreiung nur von Röstkaffee, nicht aber von löslichem Kaffee (Nescafé) mit dieser Begründung gebilligt hat. Kritisch hierzu *Fischer,* Die Rechtfertigung einer Umsatzbesteuerung und ihre Vereinbarkeit mit den Grundrechten, 2007, S. 235.

ersatz) und – damit vergleichbaren – Druckerzeugnissen (ermäßigter Steuersatz) rechtfertigt das BVerfG damit, dass aufgrund der unterschiedlichen Vertriebsformen schon kein Wettbewerbsverhältnis bestehe und im allgemeinen Interesse an Information und öffentlicher Meinungsbildung ein sachlicher Grund für die Begünstigung von Druckerzeugnissen liege.[885] Das Gebot der Wettbewerbsneutralität gilt also nicht absolut, sondern erlaubt lenkungspolitisch motivierte Durchbrechungen.[886]

Nach der Rechtsprechung des BVerfG beinhaltet Art. 3 Abs. 1 GG also das Verbot, Unternehmer und deren angebotene Leistungen ohne sachlichen Grund umsatzsteuerlich unterschiedlich zu behandeln. Dabei nimmt das BVerfG die Wettbewerbssituation zwischen den zu vergleichenden Unternehmern bzw. Leistungen in den Blick. Insoweit ähnelt die Rechtsprechung des BVerfG stark der Rechtsprechung des EuGH zum Grundsatz der Neutralität in Bezug auf Ausgangsumsätze.[887] Anders als der EuGH prüft das BVerfG aber nicht unmittelbar einen Verstoß gegen die (Wettbewerbs-)Neutralität im Sinne eines Rechtsgrundsatzes[888], sondern stellt auf den Gleichheitssatz ab.

bb. Die Wettbewerbsneutralität als Verfassungsprinzip?

Die dargestellten Entscheidungen des BVerfG rechtfertigen es jedoch nicht, das Prinzip der Wettbewerbsneutralität als maßgebliche Konkretisierung des Gleichheitssatzes für den Bereich der Umsatzsteuer zu begreifen.[889]

Insbesondere würde eine Orientierung der Umsatzsteuer allein am Ziel der Wettbewerbsneutralität wegen deren Belastungskonzeption dem Gleichheitssatz nicht gerecht: Die Umsatzsteuer ist – so das BVerfG – auf Abwälzung auf den

---

885 BVerfG v. 5.3.1974, BVerfGE 36, 321 (340 f.). Kritisch zu dieser Begründung *Fischer,* Die Rechtfertigung einer Umsatzbesteuerung und ihre Vereinbarkeit mit den Grundrechten, 2007, S. 228. Vgl. auch BVerfG v. 11.2.1992, BVerfGE 85, 238 (246 f.) zur Rechtfertigung der unterschiedlichen Steuersätze auf Kraftdroschken einerseits und Mietwagen andererseits; v. 14.9.1995, 1 BvR 1787/94 zur Rechtfertigung der Differenzierung zwischen steuerlich begünstigten Originalstichen, -schnitten, -radierungen und nicht absatzgeförderten Siebdrucken unter zusätzlicher Beachtung der Kunstfreiheit; v. 18.3.2005, 1 BvR 1822/00 zur Rechtfertigung der Differenzierung zwischen orthopädischen Apparaten und anderen orthopädischen Vorrichtungen einerseits und Vorrichtungen zur Behandlung von Knochenbrüchen andererseits.

886 *Hidien,* EWS 2003, 342 (344).

887 Vgl. dazu ausführlich unter Kapitel 2 A II.

888 Soweit ersichtlich, findet der Begriff lediglich Eingang in BVerfG v. 20.12.1966, BVerfGE 21, 12 (31); v. 28.1.1970, BVerfGE 27, 375 (389). Auch hier prüft das BVerfG aber ausgehend von Art. 3 Abs. 1 GG und nicht – wie der EuGH – ausgehend von der Neutralität als „Grundsatz".

889 So auch *Selmer,* AöR 101 (1976), 399 (452); im Ergebnis wohl ebenso *Englisch,* Wettbewerbsgleichheit im grenzüberschreitenden Handel, 2008, S. 747.

Endverbraucher angelegt und erfasst dessen Kaufkraft.[890] Wenn Art. 3 Abs. 1 GG im Steuerrecht allgemein eine rechtlich wie tatsächlich gleichmäßige Belastung gebietet, verlangt dies speziell für die Umsatzsteuer eine gleichmäßige Belastung der Verbraucher als intendierte Steuerträger.[891] Dies kann aber nicht das Prinzip der Wettbewerbsneutralität gewährleisten, da ein Wettbewerb zwischen Verbrauchern gar nicht besteht, sondern einzig das Prinzip der Leistungsfähigkeit.[892] Der Einfluss des Art. 3 Abs. 1 GG auf das Umsatzsteuerrecht kann sich keinesfalls im Prinzip der wettbewerbsneutralen Besteuerung der Unternehmer erschöpfen.

Vielmehr liegt es nahe, dass das BVerfG auch und gerade um der gleichmäßigen Belastung der Verbraucher willen eine wettbewerbsneutrale Besteuerung der Unternehmer anstrebt. Wenn sich eine unterschiedliche Umsatzbesteuerung vergleichbarer Leistungen aufgrund von persönlichen Eigenschaften des Unternehmers nicht mit Art. 3 Abs. 1 GG vereinbaren lässt, wird damit vorrangig dem Ziel der gleichmäßigen Belastung der Verbraucher Rechnung getragen; schließlich darf deren Belastung mit Umsatzsteuer nicht von Merkmalen der Leistungserbringer abhängen.[893] Umgekehrt wertet *Selmer* eine Wettbewerbsbenachteiligung gewisser Unternehmer als Indiz dafür, dass das Ziel einer gleichmäßigen Belastung der Verbraucher nach Maßgabe des Leistungsfähigkeitsprinzips verfehlt wurde.[894] Dies überzeugt: Eine unterschiedlich hohe Umsatzbesteuerung konkurrierender Leistungen kann gerade nicht mehr an der Leistungsfähigkeit der Verbraucher orientiert sein, da der Bezug konkurrierender – und deshalb substituierbarer – Leistungen die jeweils gleiche Leistungsfähigkeit der Erwerber vermuten lässt.

Das BVerfG nimmt in der gleichheitsrechtlichen Prüfung der Umsatzsteuer ausdrücklich den Verbraucher in den Blick.[895] So erlaubt es Vergünstigungen nur „im

---

890 St. Rspr. Vgl. nur BVerfG v. 29.10.1999, BVerfGE 101, 132 (139); v. 10.11.1999, BVerfGE 101, 151 (155).

891 In BVerfG v. 20.4.2004, BVerfGE 110, 274 (292) (Ökosteuer-Entscheidung) führt das Gericht zur Besteuerungsgleichheit bei indirekten Steuern aus, es sei nicht nur dem Gedanken einer möglichst gleichmäßigen Belastung des Steuerschuldners Rechnung zu tragen, sondern vielmehr sei auch der End- oder Letztverbraucher in den Blick zu nehmen. Hier stellt das BVerfG also nicht auf Wettbewerbsgesichtspunkte, sondern auf das Gebot gleicher Lastenzuteilung ab.

892 *Englisch,* Wettbewerbsgleichheit im grenzüberschreitenden Handel, 2008, S. 624; *Löhr,* Das umsatzsteuerrechtliche Optionsrecht für Vermietungsumsätze, 2003, S. 242; *Menner,* Die Umsatzsteuer-Harmonisierung in der EG, 1992, S. 46; *Schneider Fossati,* Die sozialstaatliche und freiheitsschonende Dimension des Leistungsfähigkeitsprinzips im Umsatzsteuerrecht, 2014, S. 221. AA *Kirchhof,* StuW 1985, 319 (324), der das Leistungsfähigkeitsprinzip für die direkte Besteuerung und die Wettbewerbsneutralität für die indirekte Besteuerung anwenden will.

893 *Wernsmann,* in: *Hübschmann/Hepp/Spitaler,* AO/FGO, § 4 AO (November 2014) Rn. 515.

894 *Selmer,* AöR 101 (1976), 399 (452).

895 Richtig ist zwar, dass das BVerfG in der Entscheidung zur Verfassungsmäßigkeit der Brutto-Umsatzsteuer (BVerfGE 21, 12) nur aus Sicht des Unternehmers argumentiert,

Interesse der Verbraucher, nicht einzelner Unternehmergruppen".[896] Dies deutet darauf hin, dass primäres Gebot des Art. 3 Abs. 1 GG im Umsatzsteuerrecht die gleichmäßige Besteuerung nach Maßgabe der wirtschaftlichen Leistungsfähigkeit der Verbraucher sein muss.[897] Jenes ist wiederum offensichtlich nicht gewahrt, wenn die steuerpflichtigen Unternehmer wettbewerbsverzerrend besteuert werden. Deshalb ist es richtig, dass der Gleichheitssatz aus Sicht des Verbrauchers eine Besteuerung nach der Leistungsfähigkeit und aus Sicht des Unternehmers eine wettbewerbsneutrale Besteuerung verlangt.[898] Jedoch stellt sich das Gebot der Wettbewerbsneutralität danach mehr als Reflex des Leistungsfähigkeitsprinzips denn als eigenständiges gleichheitsrechtliches Prinzip der Umsatzsteuer dar.[899] Hierzu müssen die Wechselwirkungen zwischen beiden Prinzipien noch genauer untersucht werden.[900]

3. Der Einfluss des unionsrechtlichen Gleichheitssatzes auf die europäische Umsatzsteuer: Grundsatz der Neutralität

Das System der Umsatzsteuer prägt weitgehend das Unionsrecht. Deshalb muss sich die Neutralität – sollte sie ein systemtragendes Prinzip der europäischen Umsatzsteuer sein – aus dem Unionsrecht ergeben.

Streng, Zuschüsse und Subventionen im Umsatzsteuerrecht, 1999, S. 80 Fn. 47. Tatsächlich birgt eine Brutto-Umsatzsteuer aber auch die Gefahr einer ungleichmäßigen Belastung der Verbraucher, wenn eine (teilweise) Überwälzung der kumulierten Steuer gelingt, vgl. dazu Kapitel 2 B II 3 b.

896 BVerfG v. 29.10.1999, BVerfGE 101, 132 (139); v. 10.11.1999, BVerfGE 101, 151 (156).

897 So in der Tendenz auch *Schneider Fossati*, Die sozialstaatliche und freiheitsschonende Dimension des Leistungsfähigkeitsprinzips im Umsatzsteuerrecht, 2014, S. 228.

898 So *Menner*, Die Umsatzsteuer-Harmonisierung in der EG, 1992, S. 46; *Löhr*, Das umsatzsteuerrechtliche Optionsrecht für Vermietungsumsätze, 2003, S. 242, wonach das Leistungsfähigkeitsprinzip und die Wettbewerbsneutralität „zwei völlig verschiedene Ebenen" beträfen; ebenso *Fischer*, Die Rechtfertigung einer Umsatzbesteuerung und ihre Vereinbarkeit mit den Grundrechten, 2007, S. 199, 250, der unter der Überschrift „Gleichbehandlung der Unternehmer" die Wettbewerbsneutralität und unter dem Titel „Gleichbehandlung der Steuerträger" das Leistungsfähigkeitsprinzip behandelt. *Mellinghoff*, UR 2013, 5 (13); *Stadie*, in: *Rau/Dürrwächter*, UStG, Einf. (April 2013) Rn. 443 gehen nur auf die Sicht des Unternehmers und damit nur auf die Wettbewerbsneutralität ein. Unglücklich dagegen die Formulierung von *Hummel*, EuR 2010, 309 (312), der Neutralitätsgrundsatz entspreche dem verfassungsrechtlichen Gleichheitssatz des Art. 3 Abs. 1 GG.

899 Im Erg. ebenso *Selmer/Schulze-Osterloh*, DÖV 1978, 381 (388), die die Wettbewerbsneutralität als „Konkretisierung des allgemeinen Gebots gleichmäßiger Besteuerung nach Maßgabe der wirtschaftlichen Leistungsfähigkeit für den Bereich rein privatwirtschaftlicher Wettbewerbslagen" definieren.

900 Vgl. dazu aufgrund der starken unionsrechtlichen Determinierung der Umsatzsteuer unten im Kontext der Betrachtung des unionsrechtlichen Gleichheitssatzes (Kapitel 2 B II 3 a bb, b bb).

Der EuGH hat schon früh den allgemeinen Gleichheitssatz als „Grundprinzip des Gemeinschaftsrechts" anerkannt; als dessen spezifischen Ausdruck begreift er die geschriebenen Diskriminierungsverbote.[901] Den allgemeinen Grundsatz der Gleichheit ordnet der EuGH ausdrücklich als „Grundrecht" ein.[902] Mit Art. 20 GRCh fand der Gleichheitssatz, der als Grundrecht in den meisten Verfassungen der Mitgliedstaaten verankert ist, unmittelbaren Eingang in das Unionsrecht, Art. 6 Abs. 1 EUV.[903] In der EuGH-Rechtsprechung zur Umsatzsteuer tritt der Gleichheitssatz insbesondere unter der Bezeichnung „Grundsatz der steuerlichen Neutralität" in Erscheinung. Weitestgehend unklar ist jedoch das genaue Verhältnis zwischen Gleichheitssatz und Neutralität: Ist die Neutralität eine bereichsspezifische Konkretisierung des Art. 20 GRCh im Umsatzsteuerrecht?[904] Kann der Begriff der Neutralität gar als Synonym für den unionsrechtlichen Gleichheitssatz verwendet werden?[905] Oder ist umgekehrt der Gleichheitssatz Ausfluss der Neutralität?[906] Sind beide Grundsätze gar völlig unabhängig voneinander?[907] Oder folgt die Neutralität bereits aus anderen umsatzsteuerlichen Prinzipien, sodass sie nur indirekt dem Gleichheitssatz entspringt?[908] Dem wird im Folgenden ausgehend von der Rechtsprechung des EuGH, die auf den ersten Blick all diese Deutungen zulässt, genauer nachgegangen. Dabei werden die zwei vom EuGH unterschiedenen Ausprägungen der Neutralität – zum einen in Bezug auf Ausgangsumsätze, zum anderen in Bezug auf Eingangsumsätze – getrennt betrachtet. So sollen Erkenntnisse darüber gewonnen werden, welchen Platz die Neutralität in der Prinzipienhierarchie des Umsatzsteuersystems einnimmt.

---

901 St. Rspr. seit EuGH v. 19.10.1977, Rs. 117/76 und 16/77 (Ruckdeschel), Rn. 7. Vgl. dazu *Englisch,* in: *Schön,* Zukunftsfragen des deutschen Steuerrechts, 2009, 39 (57) Fn. 97 mwN.

902 EuGH v. 13.4.2000, Rs. C-292/97 (Karlsson), Rn. 38; v. 12.12.2002, Rs. C-442/00 (Caballero), Rn. 32.

903 Zu weitgehend dagegen die Erläuterungen zur Charta der Grundrechte, ABl. 2007 C 303/24, es sei „in allen europäischen Verfassungen" verankert, vgl. *Hölscheidt,* in: *Meyer,* GRCh, 2014[4], Art. 20 Rn. 3.

904 So *Jarass,* GRCh, 2013[2], Art. 20 Rn. 23; *Novacek,* ÖStZ 2002, 238 (239); *Oellerich,* Defizitärer Vollzug des Umsatzsteuerrechts, 2008, S. 118.

905 So *Dobratz,* UR 2014, 425 (427).

906 So *Lohse,* UR 2004, 582 (583).

907 So *Hoffsümmer,* Steuerbefreiungen für Inlandsumsätze, 2009, S. 52.

908 Jeweils zur Rückkoppelung der Neutralität an das Verbrauchsteuerprinzip *Englisch,* in: *Weber,* Traditional and Alternative Routes to European Tax Integration, 2010, 231 (248); *ders.,* in: *Schön,* Zukunftsfragen des deutschen Steuerrechts, 2009, 39 (59 f.); *ders.,* in: *Tipke/Lang,* Steuerrecht, 2015[22], § 17 Rn. 25; in der Tendenz ebenso *Frink,* Der Ausschluss des Vorsteuerabzugs, 2002, S. 66.

a. *Die Neutralität bei Ausgangsumsätzen*

aa. Verhältnis des Gleichheitssatzes zur Neutralität aus Sicht des EuGH

Die Rechtsprechung des EuGH zum Verhältnis zwischen Gleichheitssatz und Neutralität ist von einer augenfälligen Uneinheitlichkeit gekennzeichnet:

In früheren Entscheidungen bezeichnet der EuGH die „Wettbewerbsneutralität" als Gebot eines für die Umsatzsteuer grundsätzlich geltenden Gleichbehandlungsgrundsatzes.[909] Teilweise prüft der Gerichtshof Unterschiede in der Umsatzbesteuerung gleichartiger Ausgangsumsätze auch allein am Grundsatz der Gleichbehandlung.[910] Etwa seit der Jahrtausendwende spricht der EuGH in diesem Kontext regelmäßig vom „Grundsatz der steuerlichen Neutralität". Ausweislich seiner – soweit ersichtlich einmaligen – Aussage in der Rechtssache *HE* verstand der EuGH den Grundsatz der Gleichbehandlung anfänglich als Folge des Grundsatzes der Neutralität.[911] Auch mit dem Ausspruch in der Rechtssache *Kommission/Frankreich,* die Neutralität schließe den Grundsatz der „Einheitlichkeit der Mehrwertsteuer" ein, ordnet der EuGH den Gleichheitssatz der Neutralität unter.[912]

Mittlerweile lässt sich der ständigen Rechtsprechung des EuGH entnehmen, dass es sich vielmehr entgegengesetzt verhält. So beschreibt er das Verhältnis der Neutralität zum Gleichheitssatz regelmäßig dahingehend, dass „der Grundsatz der Gleichbehandlung (...) im Bereich der Mehrwertsteuer im Grundsatz der steuerlichen Neutralität zum Ausdruck kommt".[913] Der Neutralitätsgrundsatz sei „eine besondere Ausprägung des Gleichheitssatzes auf der Ebene des abgeleiteten Unionsrechts und im besonderen Sektor des Abgabenwesens".[914]

In der Rechtssache *Marks & Spencer* sah sich der EuGH veranlasst, das Verhältnis zwischen der Neutralität und dem Gleichheitssatz näher zu konkretisieren. Einer britischen Kaufhauskette war die Rückzahlung eines Teils der auf sog. Teacakes zu Unrecht erhobenen Umsatzsteuer verweigert worden. Eine vollständige Rückzahlung würde nach Ansicht der britischen Finanzverwaltung zu einer ungerechtfertigten Bereicherung führen, da die Kaufhauskette die für die eigentlich steuerfreien

---

909 EuGH v. 12.6.1979, Rs. 126/78 (Nederlandse Spoorwegen), Rn. 12.

910 EuGH v. 13.7.2000, Rs. C-36/99 (Idéal tourisme), Rn. 35.

911 EuGH v. 21.4.2005, Rs. C-25/03 (HE), Rn. 72 (vgl. zu diesem Urteil bereits unter Kapitel 2 A I 1 b aa (2)). Im Ergebnis ebenso *Lohse,* UR 2004, 582 (583); *Rosenthal,* DStR 2012, 779 (783).

912 EuGH v. 3.5.2001, Rs. C-481/98 (Kommission/Frankreich), Rn. 22. Vgl. zu dieser Auslegung *de la Feria,* The EU VAT System and the Internal Market, 2009, S. 264.

913 EuGH v. 27.4.2006, Rs. C-443/04 und C-444/04 (Solleveld u.a.), Rn. 35; v. 8.6.2006, Rs. C-106/05 (L. u. P.), Rn. 48; v. 10.4.2008, Rs. C-309/06 (Marks & Spencer), Rn. 49; v. 10.7.2008, Rs. C-484/06 (Fiscale eenheid Koninklijke Ahold), Rn. 36; v. 5.3.2009, Rs. C-302/07 (J D Wetherspoon), Rn. 57; v. 10.6.2010, Rs. C-262/08 (CopyGene), Rn. 64; v. 10.11.2011, Rs. C-259/10 (The Rank Group), Rn. 61; v. 13.3.2014, Rs. C-599/12 (Jetair), Rn. 53.

914 EuGH v. 15.11.2012, Rs. C-174/11 (Zimmermann), Rn. 50.

Teacakes gezahlte Steuer zu 90 % auf ihre Kunden überwälzt hätte. Dadurch sah sich *Marks & Spencer* in den Grundsätzen der steuerlichen Neutralität *und* der Gleichbehandlung verletzt, weil der Einwand der ungerechtfertigten Bereicherung nicht gegenüber Unternehmern geltend gemacht werden kann, die aufgrund eines Vorsteuerüberschusses Gläubiger der Staatskasse sind. Dazu äußert sich der EuGH so:

> „Während ein Verstoß gegen den Grundsatz der steuerlichen Neutralität nur zwischen konkurrierenden Wirtschaftsteilnehmern in Betracht gezogen werden kann (...), kann indessen ein Verstoß gegen den Grundsatz der Gleichbehandlung im Steuerbereich durch andere Arten der Diskriminierung gekennzeichnet sein, die Wirtschaftsteilnehmer betreffen, die nicht zwangsläufig miteinander konkurrieren, aber sich trotzdem in einer in anderer Beziehung vergleichbaren Situation befinden."[915]

Die damit nahegelegte Vermutung, dass die Neutralität ein *minus* zum Gleichheitssatz darstellt[916], findet in dem Urteil *Kommission/Schweden* ihre Bestätigung. Weil die Kommission in den schwedischen Regelungen zur Organschaft gemäß ihrer begründeten Stellungnahme eine Verletzung des Neutralitätsgrundsatzes, gemäß ihrer Vertragsverletzungsklage dagegen einen Verstoß gegen den Gleichheitssatz rügte, warf ihr Schweden eine unzulässige Klageerweiterung vor. Dem stimmt der EuGH zu: Aus der in der Rechtssache *Marks & Spencer* getroffenen Unterscheidung schlussfolgert er, „dass der Grundsatz der Gleichbehandlung auf dem Gebiet der Steuern nicht mit dem Grundsatz der steuerlichen Neutralität deckungsgleich ist".[917] Dies verdeutlicht er schließlich nochmals in seiner Entscheidung *Metropol:* Während der Neutralitätsgrundsatz nur im Rahmen des harmonisierten Umsatzsteuersystems gelte, komme der Gleichbehandlungsgrundsatz auch bei der Prüfung nicht harmonisierter Bereiche zum Tragen.[918]

Im Umsatzsteuerrecht findet der Gleichheitssatz also unabhängig vom Bestehen eines Wettbewerbsverhältnisses Anwendung.[919] *Tertium comparationis* ist eine vergleichbare Situation, in der sich die unterschiedlich behandelten Unternehmer befinden. Der Grundsatz der Neutralität betrifft dagegen die spezielle Konstellation, dass das Konkurrenzverhältnis das maßgebliche Merkmal für die Vergleichbarkeit der ungleich behandelten Unternehmer bildet. Damit beschreibt der Neutralitätsgrundsatz den Sonderfall wettbewerbsrelevanter Ungleichbehandlungen.[920]

---

915 EuGH v. 10.4.2008, Rs. C-309/06 (Marks & Spencer), Rn. 49.

916 AA *Dobratz,* UR 2014, 425 (427), wonach der Neutralitätsgrundsatz „nichts anderes" als der unionsrechtliche allgemeine Gleichheitssatz sei.

917 EuGH v. 25.4.2013, Rs. C-480/10 (Kommission/Schweden), Rn. 18. Vgl. dazu Anm. *Grube,* MwStR 2013, 279.

918 EuGH v. 24.10.2013, Rs. C-440/12 (Metropol), Rn. 57.

919 Auch außerhalb des Umsatzsteuerrechts hält der EuGH Unternehmer bei Fehlen einer Wettbewerbsbeziehung für vergleichbar, EuGH v. 16.12.2008, Rs. C-127/07 (Arcelor), Rn. 26.

920 *Engler,* Steuerverfassungsrecht im Mehrebenensystem 2014, S. 266; *Heber,* UR 2014, 957 (964).

Der EuGH konkretisiert das Gebot des Art. 20 GRCh, alle *Personen* gleich zu behandeln, für den Bereich der Umsatzsteuer in einem ersten Schritt dahingehend, alle *Wirtschaftsteilnehmer* gleich zu behandeln, und in einem zweiten Schritt nochmals genauer dahingehend, alle *konkurrierenden Wirtschaftsteilnehmer* gleich zu behandeln. Diese letzte Konkretisierung umschreibt er mit dem Grundsatz der Neutralität, der folglich den „Grundsatz der Beseitigung von Wettbewerbsverzerrungen" einschließe.[921] Wenn der EuGH die Neutralität als „Ausdruck" des Gleichheitssatzes bezeichnet, gibt er für die Gleichheitsprüfung wettbewerbsrelevanter umsatzsteuerlicher Sachverhalte das Vergleichsmerkmal vor. Nicht aber möchte er die gleichheitsrechtliche Prüfung auf solche Sachverhalte beschränken. Die Neutralität ist lediglich ein Anwendungsfall – ein „Unterfall"[922] – des Gleichheitssatzes.

bb. Würdigung der Sicht des EuGH unter Einbeziehung umsatzsteuerlicher Prinzipien

Träger des Grundrechts aus Art. 20 GRCh sind ausweislich des Wortlauts – natürliche wie juristische – *Personen*.[923] Der EuGH umschreibt den Grundsatz der Neutralität in Bezug auf Ausgangsumsätze verschieden: zum Teil als Verbot, „gleichartige und deshalb miteinander in Wettbewerb stehende Waren oder Dienstleistungen"[924] unterschiedlich zu behandeln, und zum Teil als Verbot, „Wirtschaftsteilnehmer, die gleichartige Umsätze bewirken"[925], unterschiedlich zu behandeln. Bei letzterer Formulierung steht außer Zweifel, dass der EuGH den Unternehmer als Träger des Gleichheitsgrundrechts begreift. Nichts anderes gilt, wenn er unmittelbar auf die gleichartigen Leistungen abstellt. Gegenstände und Dienstleistungen können als solche nicht grundrechtsberechtigt sein.[926] Leistungen stehen nur dann „miteinander im Wettbewerb", wenn sie von Unternehmern am Markt angeboten werden. Das Anbieten *gleichartiger und deshalb miteinander in Wettbewerb stehender Leistungen* liefert das entscheidende Merkmal für die Vergleichbarkeit verschieden besteuerter Unternehmer im Rahmen der Prüfung des Art. 20 GRCh.

Die Rechtsprechung des EuGH zur Neutralität als Konkretisierung des Gleichheitssatzes leitet damit – ähnlich wie die des BVerfG – der Vergleich von Unternehmern als Steuerpflichtige an. Während das BVerfG dabei aber auch den Verbraucher

---

921 EuGH v. 28.6.2007, Rs. C-363/05 (JP Morgan Fleming Claverhouse), Rn. 47; ebenso v. 3.5.2001, Rs. C-481/98 (Kommission/Frankreich), Rn. 22.

922 *Günther*, Vertrauensschutz bei Angaben Dritter im Umsatzsteuerrecht, 2013, S. 229; *Henze*, in: Umsatzsteuer-Kongress-Bericht 2010, 7 (18).

923 *Jarass*, GRCh, 2013², Art. 20 Rn. 6.

924 EuGH v. 23.10.2003, Rs. C-109/02 (Kommission/Deutschland), Rn. 20; v. 10.11.2011, Rs. C-259/10 (The Rank Group), Rn. 32 mwN; v. 15.11.2012, Rs. C-174/11 (Zimmermann), Rn. 48 mwN.

925 EuGH v. 10.9.2002, Rs. C-141/00 (Kügler), Rn. 30; v. 6.11.2003, Rs. C-45/01 (Christoph-Dornier-Stiftung), Rn. 44.

926 *Becker*, Ortsbestimmung von sonstigen Leistungen, 2011, S. 60.

als intendierten Steuerträger in seine Betrachtung einbezieht[927], scheint der EuGH *prima facie* seinen Blick auf den Unternehmer und die von ihm angebotenen Leistungen zu beschränken. Dies überrascht angesichts des Charakters der Umsatzsteuer:

Die Umsatzsteuer ist ausweislich des Art. 1 Abs. 2 MwStSystRL eine Verbrauchsteuer. Sie zielt auf eine Belastung des Endverbrauchers. Der Unternehmer ist zwar Steuerpflichtiger, fungiert aber lediglich als Steuereinsammler, da er die Steuer auf den Verbraucher überwälzt, der so zum Steuerträger wird.[928] Der Gleichheitssatz muss deshalb insbesondere auch für den Verbraucher Schutz entfalten und dessen gleichmäßige Belastung garantieren.[929] Die Gleichheitsprüfung im Umsatzsteuerrecht darf nicht auf den Unternehmer als Grundrechtsträger begrenzt werden. Mit anderen Worten: Die Umsatzsteuer ist nicht allein deshalb gleichheitsgerecht, weil sie sich wettbewerbsneutral verhält.[930] Die Prüfung des Gleichheitssatzes aus Sicht des Verbrauchers eröffnet vielmehr neben der vom EuGH betrachteten Unternehmerseite eine völlig neue Ebene.[931] Dies wirft die Frage auf, ob eine der beiden Perspektiven – und wenn ja, welche – die gleichheitsrechtliche Prüfung anleiten muss.

Nach überzeugender Ansicht ist die Frage der Gerechtigkeit einer Steuer vom Standpunkt des Steuerträgers, nicht aber des formalen Steuerschuldners aus zu beantworten.[932] Dies legt die Hypothese nahe, dass die gleichheitsrechtlichen Erwägungen im Bereich der Umsatzsteuer ihren Ausgangspunkt primär beim *Verbraucher* als Grundrechtsträger nehmen müssen.[933] Vergleichsmerkmal wäre insoweit

927 Vgl. dazu ausführlich Kapitel 2 B II 2 c.

928 Vgl. dazu ausführlich Kapitel 1 B III 1 b.

929 *Englisch,* in: *Schön,* Zukunftsfragen des deutschen Steuerrechts, 2009, 39 (59); *ders.,* in: *Tipke/Lang,* Steuerrecht, 2015[22], § 17 Rn. 25; *Löhr,* Das umsatzsteuerrechtliche Optionsrecht für Vermietungsumsätze, 2003, S. 242; *Pull,* Die Sphärentheorie im Mehrwertsteuerrecht, 2013, S. 231.

930 *Englisch,* in: *Schön,* Zukunftsfragen des deutschen Steuerrechts, 2009, 39 (59); *ders.,* in: *Weber,* Traditional and Alternative Routes to European Tax Integration, 2010, 231 (246).

931 *Löhr,* Das umsatzsteuerrechtliche Optionsrecht für Vermietungsumsätze, 2003, S. 242.

932 *Englisch,* Wettbewerbsgleichheit im grenzüberschreitenden Handel, 2008, S. 746; *Tipke,* StuW 1992, 103 (105).

933 *Becker,* Ortsbestimmung von sonstigen Leistungen, 2011, S. 60; *Englisch,* in: *Schön,* Zukunftsfragen des deutschen Steuerrechts, 2009, 39 (59); *ders.,* in: *Weber,* Traditional and Alternative Routes to European Tax Integration, 2010, 231 (246); *ders.,* Wettbewerbsgleichheit im grenzüberschreitenden Handel, 2008, S. 746 für den Bereich der indirekten Steuern allgemein; *Kurzenberger,* Geschäftsveräußerung im Ganzen, 2012, S. 77, der eine *vordergründige* Betrachtung des Verbrauchers in der gleichheitsrechtlichen Prüfung fordert; *Schnarrenberger,* Die umsatzsteuerliche Organschaft, 2014, S. 50 f. Wohl auch *Terra/Kajus,* European VAT Directives, Introduction to European VAT, 2009, S. 284 ("equality of taxpayers"). AA *Stadie,* UStG, 2012[2], Vorbem. Rn. 46; *ders.,* in: *Rau/Dürrwächter,* UStG, Einf. (April 2013), Rn. 446;

der Bezug gleichartiger Konsumleistungen. Den gleichheitsgerechten Verteilungsmaßstab der Steuerbelastung liefert das Leistungsfähigkeitsprinzip, das – konkretisiert durch das Verbrauchsteuerprinzip – auch im Umsatzsteuerrecht Anwendung findet.[934] Aber welche Rolle verbleibt daneben für den Grundsatz der Neutralität? Verlangt dieser Perspektivenwechsel eine Abkehr von der den *Unternehmer* fokussierenden Argumentation des EuGH?[935] Oder muss die Neutralität als zusätzlicher, unmittelbarer Ausfluss des Gleichheitssatzes aufrechterhalten werden? Möglicherweise gewährleistet auch bereits der Gleichbehandlungsgrundsatz mit dem steuerbelasteten Verbraucher als Vergleichsobjekt die Neutralität, die sich so gleichsam als mittelbare Folge des Verbrauchsteuer- und Leistungsfähigkeitsprinzips in die von diesen vorgezeichnete umsatzsteuerliche Prinzipienordnung einfügt.[936] Diesem Ansatz soll im Folgenden genauer nachgegangen werden. Dazu werden die Wechselbeziehungen zwischen dem Verbrauchsteuerprinzip und dem Leistungsfähigkeitsprinzip einerseits und der Neutralität andererseits genauer untersucht.

(1) Wechselbeziehung zwischen Neutralität und Verbrauchsteuerprinzip

Gemäß dem Verbrauchsteuerprinzip ist es Ziel der Umsatzsteuer, die Konsumaufwendungen *nur* des Verbrauchers zu belasten.[937] Im Umkehrschluss verbietet das Verbrauchsteuerprinzip eine Belastung des Unternehmers. Aus dem Charakter der Umsatzsteuer als Verbrauchsteuer lässt sich damit schon deskriptiv ein Gebot der Neutralität hinsichtlich der Umsatzsteuerbelastung des Unternehmers ableiten.[938]

Wie korrespondiert das Verbrauchsteuerprinzip nun mit dem Grundsatz der Neutralität? Dessen Definition durch den EuGH prägt die Forderung, Wirtschafsteilnehmer, die gleichartige Leistungen anbieten, umsatzsteuerlich gleich zu behandeln. Diese Perspektive lässt sich nachvollziehen, wenn man sich den Zweck der Umsatzsteuerharmonisierung verdeutlicht:[939] Deren integrationspolitisches Ziel war die Beseitigung von Wettbewerbsverzerrungen durch die Umsatzsteuer zwischen innerstaatlich und grenzüberschreitend tätigen Unternehmern zur Gewährleistung von Wettbewerbsgleichheit im Binnenmarkt.[940] Noch heute spiegelt sich dieses Ziel

---

ders., Umsatzsteuerrecht, 2005, Rn. 1.42, der nur aus Sicht der Unternehmer argumentiert. Undifferenziert *Hoffsümmer*, Steuerbefreiungen für Inlandsumsätze, 2009, S. 54.

934 Vgl. ausführlich Kapitel 1 B II 1 b, Kapitel 2 B II 2 a.

935 Dies verneinend *Englisch*, in: *Schön*, Zukunftsfragen des deutschen Steuerrechts, 2009, 39 (60). So in der Tendenz wohl aber *Becker*, Ortsbestimmung von sonstigen Leistungen, 2011, S. 60 f.

936 *Englisch*, in: *Weber*, Traditional and Alternative Routes to European Tax Integration, 2010, 231 (248).

937 Vgl. Kapitel 1 B III.

938 Vgl. Kapitel 1 B V 2.

939 *Englisch*, in: *Schön*, Zukunftsfragen des deutschen Steuerrechts, 2009, 39 (59 f.); *ders.*, in: *Tipke/Lang*, Steuerrecht, 2015[22], § 17 Rn. 25.

940 Vgl. dazu ausführlich Kapitel 1 A.

in der Kompetenzgrundlage des Unionsgesetzgebers zur Harmonisierung der Umsatzsteuern (Art. 113 AEUV) wider.

Indes widerspricht die Sichtweise des EuGH dem Verbrauchsteuerprinzip mitnichten. Die Gleichbehandlung gleichartige Leistungen anbietender Unternehmer ist unabdingbare *Voraussetzung* für die Verwirklichung des Verbrauchsteuercharakters der Umsatzsteuer:[941] Eine Belastung des Verbrauchers und eine Nichtbelastung des Unternehmers können nur erreicht werden, wenn die Umsatzbesteuerung des Unternehmers gleich der seiner Konkurrenten erfolgt. Nur so gelingt dem Unternehmer im Wettbewerb die Überwälzung auf den Verbraucher im Preis.[942]

Umgekehrt ist eine wettbewerbsneutrale Umsatzbesteuerung *Konsequenz* einer strengen Orientierung am Verbrauchsteuerprinzip: Differenziert das „Ob“ und „Wie“ der Umsatzbesteuerung nur nach Merkmalen des Verbrauchers, nicht aber des Unternehmers, stehen Wettbewerbsverzerrungen schon nicht zu befürchten.[943] Die konsequente Beachtung des Verbrauchsteuercharakters garantiert die vom EuGH geforderte Neutralität beim Unternehmer.[944]

Der Ansatzpunkt des EuGH erweist sich damit keinesfalls als falsch bzw. als mit dem Verbrauchsteuercharakter der Umsatzsteuer unvereinbar.[945] Vielmehr bedingen sich beide Grundsätze in gegenseitiger Abhängigkeit.[946] Deshalb ist der EuGH nicht zu einem gänzlichen Perspektivenwechsel angehalten. Ebenso wenig kann der Grundsatz der Neutralität aber als völlig eigenständiges, vom Verbrauchsteuerprinzip losgelöstes Prinzip angesehen werden. Eine isoliert auf den Unternehmer als Steuersubjekt gerichtete Betrachtungsweise vermag nicht zu überzeugen.

Die Argumentation des EuGH stellt sich zwar auf den ersten Blick – ausgehend von der Ausgangsdefinition des Neutralitätsgrundsatzes – als eine solche unternehmerbezogene Betrachtung dar. Jedoch orientiert sich der EuGH bei der konkreten Anwendung des Neutralitätsgrundsatzes keinesfalls ausschließlich am

---

941 *Friedrich-Vache,* Verbrauchsteuerkonforme Umsatzbesteuerung von Finanzdienstleistungen, 2005, S. 18; *Frink,* Der Ausschluss des Vorsteuerabzugs, 2002, S. 66; *Riedo,* Vom Wesen der Mehrwertsteuer als allgemeine Verbrauchsteuer, 1999, S. 94, 96 zum insoweit vergleichbaren schweizerischen Umsatzsteuerrecht; *Söhn,* StuW 1976, 1 (4); *ders.,* StuW 1996, 165 (168). In der Tendenz wohl anders *Becker,* Ortsbestimmung von sonstigen Leistungen, 2011, S. 59, wonach der Grundsatz der Neutralität „nichts anderes als bereits das Verbrauchsteuerprinzip“ gewährleiste. Den Zusammenhang zwischen Neutralität und Verbrauchsteuerprinzip übersieht *de la Feria,* The EU VAT System and the Internal Market, 2009, S. 263.

942 *Englisch,* in: *Schön,* Zukunftsfragen des deutschen Steuerrechts, 2009, 39 (60); *Reiß,* in: DStJG 32 (2009), 9 (16 f.).

943 *Reiß,* in: FS Tipke, 1995, 433 (440); *Riedo,* Vom Wesen der Mehrwertsteuer als allgemeine Verbrauchsteuer, 1999, S. 96 f.

944 *Schaumburg,* in: FS Reiß, 2008, 25 (33).

945 *Englisch,* in: *Schön,* Zukunftsfragen des deutschen Steuerrechts, 2009, 39 (60).

946 *Riedo,* Vom Wesen der Mehrwertsteuer als allgemeine Verbrauchsteuer, 1999, S. 97.

Unternehmer.[947] Dies wird in der Rechtssache *The Rank Group* deutlich: Leistungen seien gleichartig und folglich gemäß dem Neutralitätsgebot umsatzsteuerlich gleich zu behandeln, wenn sie „aus Sicht des *Verbrauchers* gleich oder gleichartig sind und dieselben Bedürfnisse des *Verbrauchers* befriedigen".[948] Dies wiederum sei zu bejahen, „wenn sie ähnliche Eigenschaften haben und beim Verbraucher nach einem Kriterium der Vergleichbarkeit in der Verwendung denselben Bedürfnissen dienen und wenn die bestehenden Unterschiede die Entscheidung des Durchschnittsverbrauchers, die eine oder die andere dieser Dienstleistungen zu wählen, nicht erheblich beeinflussen".[949] Auch andere Entscheidungen insbesondere der neueren Rechtsprechung prägt diese verbraucherbezogene Perspektive: So verneint der EuGH beispielsweise einen Verstoß gegen die Neutralität, wenn nicht der niedrigere Steuersatz, sondern ein anderer Grund – im konkreten Fall die Erstattungsfähigkeit eines Arzneimittels – maßgeblich für die Kaufentscheidung des Verbrauchers ist.[950] Die unterschiedliche Besteuerung von Taxen und Mietwagen mit Fahrergestellung hält der EuGH nicht für neutralitätswidrig, soweit die Beförderungsarten unterschiedliche Bedürfnisse des Verbrauchers befriedigen und die bestehenden Unterschiede die Wahlentscheidung des Verbrauchers beeinflussen.[951] Und auch die ermäßigte Besteuerung ausschließlich gedruckter Bücher sei neutralitätskonform, wenn sich der Durchschnittsverbraucher des betreffenden Mitgliedstaates bewusst für ein gedrucktes Buch und gegen eine digital gespeicherte Version desselben entscheidet.[952]

Trotz dieser Ansätze nimmt die am Verbraucher orientierte Argumentation in der umsatzsteuerlichen Rechtsprechung des EuGH insgesamt noch eine untergeordnete Rolle ein. Dem Verbrauchsteuercharakter entspricht es aber am besten, den Verbraucher als primären Bezugspunkt in den Vordergrund der Betrachtung zu stellen und Bestimmungen der MwStSystRL in erster Linie nicht neutralitätskonform, sondern verbrauchsteuerkonform auszulegen.[953] Deshalb sollte der EuGH die

---

947 Dies übersieht *Englisch,* in: *Schön,* Zukunftsfragen des deutschen Steuerrechts, 2009, 39 (59 f.); *ders.,* in: *Tipke/Lang,* Steuerrecht, 2015[22], § 17 Rn. 25.

948 EuGH v. 10.11.2011, Rs. C-259/10 (The Rank Group), Rn. 34 (Hervorhebungen nur hier). Vgl. zur Bestimmung der Gleichartigkeit zweier Leistungen aus Verbrauchersicht und insbesondere zu dieser Entscheidung ausführlich unter Kapitel 2 A II 4 b.

949 EuGH v. 10.11.2011, Rs. C-259/10 (The Rank Group), Rn. 44.

950 EuGH v. 3.5.2001, Rs. C-481/98 (Kommission/Frankreich), Rn. 27.

951 EuGH v. 27.2.2014, Rs. C-454/12 und 455/12 (Pro Med Logistik GmbH und Oertel), Rn. 59.

952 EuGH v. 11.9.2014, Rs. C-219/13 (K Oy), Rn. 33.

953 *Becker,* Ortsbestimmung von sonstigen Leistungen, 2011, S. 60; *Englisch,* in: *Schön,* Zukunftsfragen des deutschen Steuerrechts, 2009, 39 (59); *ders.,* in: *Weber,* Traditional and Alternative Routes to European Tax Integration, 2010, 231 (246); *Kurzenberger,* Geschäftsveräußerung im Ganzen, 2012, S. 77; *Riedo,* Vom Wesen der Mehrwertsteuer als allgemeine Verbrauchsteuer, 1999, S. 110. *Hoffsümmer,*

tatsächlich bestehende Rückkoppelung der Neutralität an das Verbrauchsteuerprinzip noch stärker betonen. Klarheit würde insbesondere eine andere Definition des Neutralitätsgebots in Bezug auf Ausgangsumsätze stiften. Der EuGH sollte nicht eine unterschiedliche umsatzsteuerliche Behandlung von „gleichartigen und deshalb miteinander im Wettbewerb stehenden Waren und Dienstleistungen", sondern stattdessen von „gleichartigen und deshalb *aus Sicht des Verbrauchers substituierbaren Leistungen*" verbieten. Dazu muss er es aufgeben, unmittelbar auf „Wirtschaftsteilnehmer, die gleichartige Umsätze bewirken" abzustellen.

Als Fazit bleibt festzuhalten, dass sich das Verbrauchsteuerprinzip und die Neutralität beim Unternehmer wechselseitig bedingen: Die Neutralität sorgt für optimale Überwälzungschancen beim Unternehmer und verhindert dessen Belastung, während eine verbrauchsteuerkonforme Auslegung neutralitätswidrige Wettbewerbsverzerrungen zwischen den Unternehmern vermeidet. Dies erkennt grundsätzlich auch der EuGH an, wenngleich eine stärkere Betonung der Rückkopplung an das Verbrauchsteuerprinzip angezeigt wäre.

(2) Wechselbeziehung zwischen Neutralität und Leistungsfähigkeitsprinzip

Während das Verbrauchsteuerprinzip den Verbraucher als Träger der Umsatzsteuer festschreibt, sorgt das Leistungsfähigkeitsprinzip für eine gleichmäßige Verteilung der Steuerlasten auf die einzelnen Verbraucher.[954] Es liegt daher nahe zu untersuchen, ob die Neutralität in einer ähnlichen Wechselbeziehung zum Leistungsfähigkeitsprinzip wie schon zum Verbrauchsteuerprinzip steht.

Um eine Gleichbehandlung der Endverbraucher entsprechend ihrer Leistungsfähigkeit zu gewährleisten, dürfen gleichartige Leistungen auf der Ebene der leistungserbringenden Unternehmer nicht wettbewerbsverzerrend umsatzbesteuert werden. Würde nämlich von einem Unternehmer für einen Umsatz mehr Umsatzsteuer vereinnahmt als für einen gleichartigen Umsatz eines anderen Unternehmers und gelingt Ersterem eine Überwälzung der erhöhten Steuer auf den Verbraucher, droht eine ungleichmäßige Belastung von Verbrauchern, die gleichartige Leistungen beziehen und damit die gleiche Konsumleistungsfähigkeit zum Ausdruck bringen.[955]

Umgekehrt garantiert eine konsequente Umsetzung des Leistungsfähigkeitsprinzips die Wettbewerbsneutralität der Umsatzbesteuerung: Werden aus Sicht des Verbrauchers substituierbare Güter konsequent gleich mit Umsatzsteuer belastet, bleibt für eine wettbewerbsverzerrende Privilegierung einzelner Unternehmer – etwa

Steuerbefreiungen für Inlandsumsätze, 2009, S. 81 hält das Auslegungsargument der Neutralität als „missglückte Zusammenfassung der anderen Auslegungsmethoden" für entbehrlich, wenn der Verbrauchsteuercharakter der Umsatzsteuer konsequent berücksichtigt wird.

954 Vgl. ausführlich zum Leistungsfähigkeitsprinzip unter Kapitel 1 B II, Kapitel 2 B II 2 a.

955 *Englisch,* in: *Tipke/Lang,* Steuerrecht, 2015^{22}, § 17 Rn. 25.

durch Steuerbefreiungen – kein Platz.[956] Das Leistungsfähigkeitsprinzip ist demnach wie schon das Verbrauchsteuerprinzip untrennbar mit dem Gebot der Neutralität, gleichartige Ausgangsumsätze beim Unternehmer gleich zu besteuern, verknüpft.

Deshalb zwingt auch das Leistungsfähigkeitsprinzip den EuGH nicht zu einer gänzlich anderen Perspektive. Keinesfalls ist es angezeigt, den Unternehmer völlig unbeachtet zu lassen und den Begriff der Neutralität stattdessen mit dem Gebot der gleichen Belastung des Verbrauchers zu belegen.[957] Vielmehr spricht angesichts dieses Abhängigkeitsverhältnisses nichts dagegen, in einem ersten Schritt einen gleichheitsgerechten Zugriff beim steuerpflichtigen Unternehmer zu fordern.[958] Schließlich kann eine neutralitätswidrige Besteuerung auch das Gleichheitsrecht des Unternehmers berühren, soweit ihm eine Abwälzung auf den Verbraucher misslingt und er anders als vergleichbare, neutralitätskonform besteuerte Unternehmer mit der Umsatzsteuer belastet bleibt.[959]

Jedoch überzeugt es nicht, dass der EuGH die Neutralität als unmittelbaren Ausfluss des Gleichheitsgrundrechts *des Unternehmers* begreift, zumal er die gleichheitsrechtlichen Erwägungen im Bereich der Umsatzsteuer darauf reduziert und das Recht des Verbrauchers auf Belastungsgleichheit weitgehend unbeachtet lässt.[960] Im Prinzip der Besteuerung nach der wirtschaftlichen Leistungsfähigkeit konkretisiert sich das Gleichheitsgrundrecht des Verbrauchers als intendiertem Steuerträger.[961] Der Grundsatz der Neutralität veranschaulicht letztlich nur, welche Auswirkungen der durch das Leistungsfähigkeitsprinzip konkretisierte Gleichheitssatz auf die

---

956 *Englisch,* Wettbewerbsgleichheit im grenzüberschreitenden Handel, 2008, S. 626.

957 So aber *Becker,* Ortsbestimmung von sonstigen Leistungen, 2011, S. 61: „Es handelt sich vielmehr um eine *Belastungsneutralität,* da die Verbraucher, die gleichartige Leistungen konsumieren gleich belastet sein müssen." Tatsächlich gewährleistet dies bereits das Leistungsfähigkeitsprinzip. Ein solches Verständnis widerspricht der Bedeutung der Neutralität, wie sie sich aus den MwStRL und dem politischen Harmonisierungsprozess ergibt. Verwirrend ist deshalb auch der – soweit ersichtlich – nur von *Kurzenberger,* Geschäftsveräußerung im Ganzen, 2012, S. 76 verwendete Begriff der „Konsumbelastungsneutralität".

958 *Englisch,* in: *Schön,* Zukunftsfragen des deutschen Steuerrechts, 2009, 39 (60); *Kurzenberger,* Geschäftsveräußerung im Ganzen, 2012, S. 78.

959 AA wohl *Becker,* Ortsbestimmung von sonstigen Leistungen, 2011, S. 62, die einen Schutz des Unternehmers einzig in dessen Freiheitsgrundrechten sucht (vgl. dazu noch unter Kapitel 2 B III). Im Ergebnis wohl wie hier *Englisch,* in: *Schön,* Zukunftsfragen des deutschen Steuerrechts, 2009, 39 (59 f.), der im Rahmen der gleichheitsrechtlichen Prüfung lediglich eine primäre Betrachtung des Verbrauchers fordert.

960 Kritisch auch *Engler,* Steuerverfassungsrecht im Mehrebenensystem, 2014, S. 272 f.; *Englisch,* in: *Schön,* Zukunftsfragen des deutschen Steuerrechts, 2009, 39 (59); *Schnarrenberger,* Die umsatzsteuerliche Organschaft, 2014, S. 51. AA *Stadie,* in: DStJG 32 (2009), 143 (154), der aus Sicht des Verbrauchers schon einen Verstoß gegen den Gleichheitssatz bei neutralitätswidriger Besteuerung verneint.

961 *Hey,* in: *Tipke/Lang,* Steuerrecht, 2015^{22}, § 3 Rn. 121; *Riedo,* Vom Wesen der Mehrwertsteuer als allgemeine Verbrauchsteuer, 1999, S. 94.

Ebene des Unternehmers hat: Um eine leistungsfähigkeitsgerechte Belastung der Verbraucher zu gewährleisten, bedarf es eines gleichmäßigen Steuerzugriffs beim Unternehmer.[962] Die Forderung nach einer Gleichbehandlung des Unternehmers reflektiert nicht ein gleichheitsrechtliches Anliegen desselben; schließlich bleibt der Zugriff beim Unternehmer nach der Idee der Umsatzsteuer bei diesem regelmäßig ohne Belastungsfolgen. Vielmehr spiegelt diese Neutralitätsforderung das Gebot, dem Prinzip der Leistungsfähigkeit entsprechende Verteilungswirkungen beim Steuerträger zu erzielen, wider.[963] Die Neutralität wird mit dem Leistungsfähigkeitsprinzip als Bindeglied zu einem gleichheitsrechtlichen Gebot. Sie ist Subprinzip des Leistungsfähigkeitsprinzips.[964] Beide bilden zusammen mit dem Verbrauchsteuerprinzip als weiterem Subprinzip eine Einheit.[965]

Dem Grundsatz der Neutralität kommt damit im System der Umsatzsteuer eine berechtigte Rolle zu: Es konkretisiert das Leistungsfähigkeitsprinzip und ergänzt es um die Perspektive des Unternehmers.[966] Der EuGH betrachtet die Neutralität dagegen zu isoliert als „Grundprinzip des (...) Mehrwertsteuersystems".[967] Er wählt im Gleichheitsgrundrecht des Unternehmers den dogmatisch falschen Ausgangspunkt, wenngleich seine Rechtsprechung im Ergebnis – mit dem Gebot, Unternehmer, die gleichartige Umsätze bewirken, gleich zu besteuern – überzeugt. Gleiches gilt für das BVerfG, das ebenso undifferenziert einen Verstoß gegen Art. 3 Abs. 1 GG bejaht, wenn „eine Gruppe von Steuerpflichtigen wesentlich stärker belastet wird als eine andere und dadurch in eine empfindlich ungünstigere Wettbewerbslage geraten kann".[968]

Wünschenswert wäre es deshalb, würde der EuGH die Verknüpfung des Neutralitätsgebots mit dem Ziel der gleichheitsgerechten Belastung des Verbrauchers differenzierter herausstellen. Beispielsweise bietet sich folgende Formulierung an:

---

962 *Kurzenberger,* Geschäftsveräußerung im Ganzen, 2012, S. 78.

963 Im Ergebnis ebenso *Englisch,* Wettbewerbsgleichheit im grenzüberschreitenden Handel, 2008, S. 747. AA *Rutemöller,* Die umsatz- und grunderwerbsteuerrechtliche Behandlung von Grundstücksumsätzen, 2011, S. 214, der vorrangig auf die Ebene des Veräußerers abstellt.

964 *Englisch,* in: *Tipke/Lang,* Steuerrecht, 2015[22], § 17 Rn. 13; *Tipke,* StRO I, 2000[2]. S. 70.

965 *Riedo,* Vom Wesen der Mehrwertsteuer als allgemeine Verbrauchsteuer, 1999, S. 97 stellt statt auf das Leistungsfähigkeitsprinzip auf den Allgemeinheitsgrundsatz ab. AA *de la Feria,* The EU VAT System and the Internal Market, 2009, S. 263 f., die umgekehrt den Gleichbehandlungsgrundsatz und das Verbrauchsteuerprinzip als Subprinzipien der Neutralität begreift.

966 *Englisch,* in: *Tipke/Lang,* Steuerrecht, 2015[22], § 17 Rn. 25.

967 St. Rspr.; vgl. nur EuGH v. 19.9.2000, Rs. C-454/98 (Schmeink & Cofreth u. Strobel), Rn. 59.

968 BVerfG v. 28.1.1970, BVerfGE 27, 375 (389); v. 26.10.1976, BVerfGE 43, 58 (72) mwN; v. 11.2.1992, BVerfGE 85, 238 (245). *Englisch,* Wettbewerbsgleichheit im grenzüberschreitenden Handel, 2008, S. 747.

Der Grundsatz der steuerlichen Neutralität verbietet es, gleichartige und deshalb *aus Sicht des Verbrauchers substituierbare Leistungen* unterschiedlich zu behandeln, *um eine gleichmäßige Belastung von Konsumaufwendungen zu realisieren.*

Das Gebot der Neutralität, Unternehmer gleich zu behandeln, ist Reflex des Gebots der gleichmäßigen Belastung der Verbraucher entsprechend der mit ihren Konsumaufwendungen zum Ausdruck gebrachten Leistungsfähigkeit. Die im Kontext der Rechtsprechung des BVerfG aufgestellte Vermutung hat sich folglich bestätigt. Der EuGH ist gehalten, die Neutralität nicht mehr ungeachtet der aus der Belastungskonzeption folgenden Prinzipien der Umsatzsteuer unmittelbar auf den Gleichheitssatz zurückzuführen.

(3) Beispiel

Die Wechselwirkungen zwischen dem Neutralitäts-, dem Verbrauchsteuer- und dem Leistungsfähigkeitsprinzip werden am Beispiel der Regelung für Kleinunternehmer (§ 19 UStG) besonders deutlich. Danach schulden Unternehmer, deren Umsatz im vorangegangenen Kalenderjahr 17.500 € nicht überstiegen hat und im laufenden Kalenderjahr 50.000 € voraussichtlich nicht übersteigen wird, keine Umsatzsteuer.

Zwar wirkt die Regelung materiell wie eine unechte Steuerbefreiung nach § 4 Nr. 8 bis 27 UStG, da auch sie den Vorsteuerabzug ausschließt, § 19 Abs. 1 Satz 4 UStG.[969] Während die Steuerbefreiungsvorschriften aber auf alle Unternehmer der gleichen Branche gleichmäßig Anwendung finden, greift die Kleinunternehmerregelung abhängig von der Überschreitung der Umsatzgrenze nur für einen Teil der Unternehmer eines Tätigkeitsbereichs. Eine solche von Eigenschaften des Unternehmers abhängige Steuerbefreiung erscheint sowohl angesichts des Neutralitätsgebots als auch des Verbrauchsteuercharakters der Umsatzsteuer problematisch.[970] Deshalb eignet sich die Regelung des § 19 UStG gut, das Zusammenspiel von Neutralität, Verbrauchsteuerprinzip sowie Leistungsfähigkeitsprinzip aufzuzeigen.

Beispiel: A und B sind Landschaftsarchitekten, die nebenberuflich Pläne für private Gärten entwerfen. A hatte im Kalenderjahr zuvor einen Umsatz i.H.v. 17.300 € und erwartet für das laufende Jahr einen Umsatz i.H.v. 20.000 €. B erwartet in etwa einen ähnlichen Umsatz, sein Umsatz im vorangegangenen Jahr betrug jedoch 17.700 €. A und B treffen im laufenden Jahr dieselben betrieblichen Ausgaben (Computer, Arbeitszimmer etc.) i.H.v. 1.190 € (190 € Vorsteuern).

A fällt unter die Kleinunternehmerregelung des § 19 UStG. Er muss auf seine Umsätze keine Umsatzsteuer abführen, bleibt aber mit den Vorsteuern belastet. Für B greift § 19 UStG dagegen nicht; er hat von seinen vereinnahmten 20.000 € Umsatzsteuer i.H.v. ca. 3.190 € abzuführen, kann davon aber seine Vorsteuern i.H.v. 190 € abziehen.

---

969 Art. 282 ff. MwStSystRL, worauf sich § 19 UStG stützt, sprechen insoweit von einer „Steuerbefreiung".

970 *Stadie,* in: *Rau/Dürrwächter,* UStG, § 19 (Januar 2010) Rn. 8; *ders.,* Umsatzsteuerrecht, 2005, Rn. 17.9.

A und B konkurrieren um die Aufträge von C und D, die in etwa dasselbe Stundenpensum an Beplanung erfordern. A macht beiden entsprechend der üblichen Stundenlohnbasis für Landschaftsarchitekten ein Angebot i.H.v. 2.000 €. B geht von demselben Stundenlohn aus, muss aber noch Mehrwertsteuer in Rechnung stellen, sodass er in seinem Angebot 2.380 € als Endpreis ansetzt. Sowohl C als auch D entscheiden sich für das Angebot des A. Aufgrund seiner beschränkten Kapazitäten schließt A jedoch nur mit C einen Vertrag.

Konstellation 1: D möchte keine Zeit mit weiteren Angeboten bzw. Verhandlungen verbringen und nimmt das Angebot des B an.

Konstellation 2: D informiert B über das günstigere Angebot des A. Um zum Vertragsabschluss zu kommen, senkt B seinen Preis auf 2.000 € inkl. MwSt.

Das Gebot der Neutralität, gleichartige und deshalb miteinander in Wettbewerb stehende Dienstleistungen hinsichtlich der Umsatzsteuer gleich zu behandeln, wird hier offensichtlich durchbrochen. In Konstellation 1 wird D mit Umsatzsteuer i.H.v. 380 €, C dagegen mit keiner Umsatzsteuer belastet, obwohl beide völlig identische Dienstleistungen in Anspruch nehmen. Trotz Ausdrucks derselben Leistungsfähigkeit tragen C und D eine ungleiche Steuerlast. Die neutralitätswidrige Regelung des § 19 UStG hat eine Durchbrechung des Leistungsfähigkeitsprinzips und damit letztlich des Gleichheitsgrundrechts des D als Endverbraucher zur Folge. Ob Gründe der Praktikabilität und Verwaltungsvereinfachung einen sachlichen Grund für diese Differenzierung darstellen, soll hier dahingestellt bleiben.[971]

In Konstellation 2 muss B ca. 300 €[972] an das Finanzamt abführen. Dies mindert mangels erfolgreicher Überwälzung auf D unmittelbar seinen unternehmerischen Gewinn, der sich aus dem üblichen und auch von Konkurrent A erzielten Stun-

---

971 Vgl. dazu BVerfG v. 19.3.1974, BVerfGE 37, 38 (51 ff.), das die Ungleichbehandlung der *Unternehmer* aus Gründen der Praktikabilität grundsätzlich für gerechtfertigt hält, jedoch erhebliche Bedenken gegen eine starre Umsatzgrenze – wie sie auch in der aktuellen Fassung des § 19 Abs. 1 UStG festgesetzt ist – äußert: Dies führe „zu erheblichen Wettbewerbsverzerrungen im Grenzbereich, die auf Dauer nicht (...) in Kauf genommen werden können". Gestützt darauf meldet *Stadie,* in: *Rau/Dürrwächter,* UStG, § 19 (Januar 2010) Rn. 23; *ders.,* Umsatzsteuerrecht, 2005, Rn. 17.10 gegen § 19 Abs. 1 UStG verfassungsrechtliche Bedenken an. AA *Englisch,* in: *Tipke/Lang,* Steuerrecht, 2015[22], § 17 Rn. 69, der eine Höhergewichtung der Belange der Verwaltungsökonomie gegenüber der gleichmäßigen Belastung der Verbraucher für akzeptabel hält. Wählt man mit der hier vertretenen Ansicht die Ungleichbehandlung der *Verbraucher* als Ausgangspunkt der Prüfung des Gleichheitssatzes, erscheint es umso zweifelhafter, den Differenzierungsgrund für einen Eingriff in das Gleichheitsgrundrecht des *Verbrauchers* darin zu sehen, *Kleinunternehmer* von ihren Steuererklärungspflichten zu entlasten.

972 Die von B vereinnahmten 2.000 € brutto enthalten ca. 319 € MwSt. Geht man vereinfacht davon aus, dass der Auftrag 10 % des Jahresumsatzes des B ausmacht, entfallen darauf ca. 19 € Vorsteuern (10 % von 190 €).

denlohn ergeben hätte. Entgegen dem Verbrauchsteuercharakter wird tatsächlich nicht der Endverbraucher D mit der Umsatzsteuer belastet, da er für die Leistung nur deren objektiven Wert und damit genau so viel aufbringt, als würde sie nicht der Umsatzsteuer unterliegen. Stattdessen trägt B als Unternehmer die Steuerlast, obwohl der Umsatz eines Unternehmers kein verlässliches Indiz für dessen wirtschaftliche Leistungsfähigkeit ist.[973] Um insgesamt doch noch gleichermaßen wie sein Konkurrent A gewinnbringend zu wirtschaften, wird B die nicht übergewälzte Steuer in seine künftige Preiskalkulation einzubeziehen suchen.[974] Gelingt ihm dies, droht seinen Kunden eine zum gezahlten Preis nichtproportionale, gemessen an der von ihnen zum Ausdruck gebrachten Leistungsfähigkeit erhöhte und im Vergleich zu anderen Verbrauchern letztlich ungleichmäßige Belastung mit Umsatzsteuer.

Aus der Neutralitätswidrigkeit des § 19 UStG folgt also entweder eine nicht leistungsfähigkeitsgerechte Belastung der Verbraucher oder eine verbrauchsteuerwidrige Belastung der Unternehmer.

b. Die Neutralität bei Eingangsumsätzen

aa. Verhältnis des Gleichheitssatzes zur Neutralität aus Sicht des EuGH

Der Grundsatz der Neutralität im Kontext der Eingangsumsätze verlangt eine vollständige Entlastung der Unternehmer von den auf ihren Eingangsumsätzen lastenden Vorsteuern.[975] Dies gewährleistet das Institut des Vorsteuerabzugs. Das Verhältnis auch dieser Ausprägung der Neutralität zum Gleichheitssatz wird von der Rechtsprechung des EuGH weder einheitlich noch eindeutig beurteilt.

Im Großteil seiner Entscheidungen zu Umfang und Voraussetzungen des Vorsteuerabzugs stellt der EuGH keinen Bezug zum Gleichheitssatz her. Er beschränkt sich darauf, das Vorsteuerabzugsrecht als „integrierenden Bestandteil des Mechanismus der Mehrwertsteuer" und als „grundlegendes Prinzip des Mehrwertsteuersystems" einzuordnen.[976]

In seltenen Fällen zitiert der EuGH bei Fragen des Vorsteuerabzugs den Grundsatz der Neutralität als Verbot, „gleichartige und deshalb miteinander in Wettbewerb stehende Leistungen hinsichtlich der Mehrwertsteuer unterschiedlich zu behandeln".[977] Vereinzelt führt der Gerichtshof auch in diesem Kontext an, im

---

973 Vgl. Kapitel 1 B III 1 b cc.

974 *Becker,* Ortsbestimmung von sonstigen Leistungen, 2011, S. 61.

975 Vgl. dazu ausführlich zur Rspr. des EuGH Kapitel 2 A I.

976 St. Rspr. Vgl. nur EuGH v. 8.1.2002, Rs. C-409/99 (Metropol Stadler), Rn. 42; v. 22.12.2010, Rs. C-438/09 (Boguslaw Juliusz Dankowski), Rn. 22; v. 12.9.2013, Rs. C-388/11 (Le Crédit Lyonnais), Rn. 26.

977 EuGH v. 7.12.2006, Rs. C-240/05 (Eurodental), Rn. 46: Kein Vorsteuerabzug für innergemeinschaftliche Lieferungen, wenn für eine gleiche innerstaatliche Lieferung kein Vorsteuerabzugsrecht besteht (vgl. zu dieser Entscheidung Kapitel 2 A I 3). EuGH v. 29.10.2009, Rs. C-29/08 (AB SKF), Rn. 67: Gleiche Behandlung von Beratungskosten, die im Rahmen von steuerfreien und von nicht steuerbaren Veräußerungen getätigt

Grundsatz der Neutralität komme der Grundsatz der Gleichbehandlung zum Ausdruck.[978] Dies legt die Vermutung nahe, dass der EuGH die Neutralität auch in Bezug auf Eingangsumsätze als bereichsspezifische Konkretisierung des Art. 20 GRCh begreift. Jedoch lässt eine genauere Betrachtung der Entscheidungen diese Vermutung bezweifeln:

In der Rechtssache *Puffer* entnimmt der EuGH der Neutralität das Gebot, Unternehmern auf gemischt genutzte, der betrieblichen Sphäre zugeordnete Gegenstände den vollen und sofortigen Vorsteuerabzug zu gewähren und den privaten Anteil erst im Rahmen der unentgeltlichen Wertabgabe zu besteuern. Aus der Anwendung des Neutralitätsgrundsatzes ergebe sich so zwar eine unterschiedliche Behandlung von Steuerpflichtigen und Nichtsteuerpflichtigen, denen ein solch „zinsloser Kredit" nicht zugänglich sei. Jedoch gewährleiste der Grundsatz der Neutralität primär „die Gleichbehandlung der Steuerpflichtigen".[979] Mit anderen Worten: Steuerpflichtige und Nichtsteuerpflichtige seien nicht vergleichbar, weil der Neutralitätsgrundsatz nur für Erstere gelte.[980]

In der Rechtssache *Royal Bank of Scotland* wird umgekehrt eine Gleichbehandlung der Steuerpflichtigen hinsichtlich der Rundungsmethode nicht für erforderlich gehalten: So gebiete es der Grundsatz der Neutralität als Ausdruck des Gleichbehandlungsgrundsatzes nicht, für alle verschiedenen Methoden zur Berechnung des Pro-rata-Satzes des Vorsteuerabzugs die gleiche Rundungsmethode anzuwenden.[981]

Eine klare Abgrenzung zwischen Neutralität und Gleichheitssatz nimmt der EuGH schließlich in der Rechtssache *NCC* vor. Ein Steuerpflichtiger führte zugleich besteuerte Tätigkeiten (Bauleistungen für Rechnung Dritter) und steuerfreie Tätigkeiten (Immobilienverkäufe) aus und konnte die Vorsteuern auf seine Gemeinkosten folglich nur anteilig abziehen (Art. 173 ff. MwStSystRL).[982] Der EuGH betrachtet dies als „Ausarbeitung" und „Klarstellung" des Neutralitätsgrundsatzes. Davon zu unterscheiden sei der Gleichheitssatz, der Verfassungsrang habe und folglich einer

wurden, als allgemeine Aufwendungen (Pro-rata-Vorsteuerabzug; vgl. zu dieser Entscheidung Kapitel 2 A I 1 b cc (4) (b)).

978 EuGH v. 18.12.2008, Rs. C-488/07 (Royal Bank of Scotland), Rn. 27; v. 23.4.2009, Rs. C-460/07 (Puffer), Rn. 53; v. 29.10.2009, Rs. C-174/08 (NCC), Rn. 41. Ebenso EuGH v. 7.12.2006, Rs. C-240/05 (Eurodental), Rn. 55: Fehlen des Vorsteuerabzugsrechts im Ursprungsland trotz Steuerpflicht im Bestimmungsland führt zu Wettbewerbsverzerrung (da ein Vorsteuerabzugsrecht für inländische Lieferanten besteht), die gegen den Gleichheitssatz und die Neutralität als dessen Ausprägung verstößt.

979 EuGH v. 23.4.2009, Rs. C-460/07 (Puffer), Rn. 56 (vgl. zu dieser Entscheidung Kapitel 2 A I 1 b aa (1) (a)). Gemeint ist damit wohl die Gleichbehandlung von Steuerpflichtigen (sofortiges und vollständiges Vorsteuerabzugsrecht), bei denen der Anteil der unternehmerischen Nutzung ihrer Güter variiert, mit den Steuerpflichtigen, deren Güter zu unveränderten Anteilen gemischt genutzt werden.

980 *Engler,* Steuerverfassungsrecht im Mehrebenensystem, 2014, S. 270.

981 EuGH v. 18.12.2008, Rs. C-488/07 (Royal Bank of Scotland), Rn. 27.

982 Vgl. dazu Kapitel 2 A I 1 b cc (4) (b).

solchen Ausarbeitung nicht bedürfe.[983] Diese Klarstellung in den Regelungen zum Pro-rata-Vorsteuerabzug trage konkret wiederum dem Gleichbehandlungsgrundsatz Rechnung: Bauunternehmer, welche im Rahmen ihrer Bautätigkeit errichtete Immobilien steuerfrei weiterveräußern, seien gleich zu behandeln mit Bauträgern, welche von Drittunternehmern erworbene Immobilien steuerfrei weiterveräußern und deshalb die auf diesen Erwerb errichteten Vorsteuern nicht abziehen können. Auch hier ist der EuGH vorrangig um eine gleichheitskonforme Behandlung der Steuerpflichtigen hinsichtlich des Vorsteuerabzugs bemüht. Gleichzeitig stellt er den Gleichheitssatz als *aliud* zur Neutralität und dieser übergeordneten Grundsatz heraus.[984]

Den Entscheidungen ist die Aussage gemeinsam, dass der Gleichheitssatz die Reichweite der Neutralität, wie sie das Vorsteuerabzugsrecht gewährleistet, prägt: Der Neutralitätsgrundsatz zielt auf eine gleichheitskonforme Anwendung der Vorschriften zum Vorsteuerabzug.[985] Dadurch stellt der Grundsatz der Neutralität die Gleichbehandlung der Steuerpflichtigen hinsichtlich des Vorsteuerabzugs sicher.[986] Die Urteile erschöpfen sich darin, das „Wie" – den Inhalt – der durch den Vorsteuerabzug zu schaffenden Neutralität am Gleichheitssatz auszurichten und die Vorschriften zum Vorsteuerabzug gleichheitsgerecht auf alle Steuerpflichtigen anzuwenden. Dagegen kann den Entscheidungen kaum die Aussage entnommen werden, das Vorsteuerabzugsrecht als solches – das „Ob" der eingangsumsatzbezogenen Neutralität – sei auf das Gleichheitsgrundrecht des Unternehmers zurückzuführen.[987]

Anders als die Neutralität in Bezug auf Ausgangsumsätze betrachtet der EuGH die Neutralität im Sinne des Gebots einer Vorsteuerentlastung nicht als unmittelbaren Ausfluss des Gleichheitssatzes. Nur die ausgangsumsatzbezogene Neutralität ergibt sich direkt aus dem Gleichbehandlungsgrundsatz.[988] Dagegen sieht der EuGH diese Ausprägung der Neutralität allein in den Regelungen der MwStSystRL zum Vorsteuerabzugsrecht verankert. Die Aussage des EuGH, hier werde der Grundsatz der Gleichbehandlung „zum Ausdruck" gebracht[989], ist allein dahingehend zu deuten,

983 EuGH v. 29.10.2009, Rs. C-174/08 (NCC), Rn. 42 f.

984 *Günther,* Vertrauensschutz bei Angaben Dritter im Umsatzsteuerrecht, 2013, S. 229; *Henze,* in: Umsatzsteuer-Kongress-Bericht 2010, 7 (19).

985 *Heber,* UR 2014, 957 (964), ohne jedoch zwischen den verschiedenen Ausprägungen der Neutralität zu differenzieren.

986 EuGH v. 23.4.2009, Rs. C-460/07 (Puffer), Rn. 56.

987 Auch *Wernsmann,* DStR 2007, 1149 (1151 Fn. 13) differenziert bei der Frage nach der verfassungsrechtlichen Verankerung des objektiven Nettoprinzips zwischen dem „Wie" und dem „Ob".

988 *Günther,* Vertrauensschutz bei Angaben Dritter im Umsatzsteuerrecht, 2013, S. 230.

989 Der EuGH zitiert zu dieser Aussage in der Rs. *Puffer* EuGH v. 8.6.2006, Rs. C-106/05 (L. u. P.) sowie v. 10.4.2008, Rs. C-309/06 (Marks & Spencer), in der Rs. *Royal Bank of Scotland* EuGH v. 10.7.2008, Rs. C-484/06 (Koninklijke Ahold), Rn. 36 f. und in der Rs. *NCC* das Urteil EuGH v. 10.4.2008, Rs. C-309/06 (Marks & Spencer). Diese zitierten Entscheidungen ergingen jedoch zur Neutralität in Bezug auf

dass sich die Neutralität als dem Gleichheitssatz untergeordneter Grundsatz an diesem auszurichten hat, um die Gleichbehandlung der Steuerpflichtigen hinsichtlich der Anwendung der Vorsteuerabzugsregelungen zu gewährleisten.

bb. Würdigung der Sicht des EuGH unter Einbeziehung umsatzsteuerlicher Prinzipien

Soweit der EuGH im Kontext des Vorsteuerabzugs auf den Gleichheitssatz Bezug nimmt, betrachtet er als Grundrechtsträger ausschließlich den steuerpflichtigen Unternehmer: Die Neutralität bei Eingangsumsätzen muss allen Steuerpflichten gleichermaßen zuteilwerden. Dagegen erklärt der EuGH mit dem Gleichheitsgrundrecht nicht, *warum* deren Vorsteuerentlastung geboten ist.

Dies verwundert kaum: Der Großteil der umsatzsteuerlichen Entscheidungen des EuGH ergeht im Rahmen eines Vorabentscheidungsverfahrens gemäß Art. 267 Abs. 1 lit. a AEUV. Der Gerichtshof antwortet hierbei lediglich auf die von einem Mitgliedstaat gestellte Frage zur Auslegung des Unionsrechts. Die MwStSystRL regelt in Titel X das Vorsteuerabzugsrecht. Anders als bei der ausgangsumsatzbezogenen Neutralität, die mangels sekundärrechtlicher Verankerung unmittelbar auf den Gleichheitssatz zurückgeführt werden muss, besteht für den EuGH keine Notwendigkeit, die grundrechtliche Verankerung des Neutralitätsgrundsatzes zu erörtern, soweit er sich bereits in den geschriebenen Regelungen zum Vorsteuerabzug ausdrückt. Er hat sich lediglich bei der Anwendung dieser Vorschriften am Gleichheitssatz zu orientieren (Rechtsanwendungsgleichheit).

Die entscheidende Frage muss sein, ob die eingangsumsatzbezogene Neutralität über ihre einfachgesetzliche Normierung hinaus gleichheitsrechtlich verankert ist. Sowohl die Erste MwStRL als auch in der MwStSystRL betonen als Ziel des gemeinsamen Mehrwertsteuersystems eine Neutralität in dem Sinne, dass „*gleichartige Waren* innerhalb der einzelnen Länder ungeachtet der Länge des Produktions- und Vertriebswegs steuerlich *gleich belastet* werden".[990] Dies sucht das Institut des Vorsteuerabzugs einfachgesetzlich zu erreichen.

Mit der Umsatzsteuer *belastet* werden die Verbraucher als intendierte Steuerträger. Dies führt wiederum zu der Hypothese, dass mit der Beseitigung der Vorbelastung

---

Ausgangsumsätze. Dies legt die Vermutung nahe, dass der EuGH die Aussage im Kontext der Neutralität in Bezug auf Eingangsumsätze unbedacht übernommen hat, ohne sich darüber Gedanken zu machen, ob die Neutralität auch in dieser Ausprägung den Gleichheitssatz konkretisiert.

990 8. Erwägungsgrund der Ersten MwStRL; ähnlich 7. Erwägungsgrund der MwStSystRL (Hervorhebungen nur hier; vgl. dazu Kapitel 2 B I 1, 3). Der Gesetzgeber verfolgte mit der Einführung einer Netto-Umsatzsteuer primär die Beseitigung von Wettbewerbsverzerrungen zwischen einstufigen und mehrstufigen Unternehmen sowie einen verzerrungsfreien innergemeinschaftlichen Handel, vgl. Kapitel 1 A II 1. Dies sind aber lediglich politische Ziele. Die Frage der grundrechtlichen Gebotenheit dieses Systems ist getrennt davon zu betrachten.

primär dem Gleichheitsgrundrecht des *Verbrauchers* und nicht dem des Unternehmers Rechnung getragen werden soll. Auch das Leistungsfähigkeitsprinzip rückt den Verbraucher in den Mittelpunkt der Betrachtung: Verbraucher, die gleichartige Waren beziehen, bringen dieselbe Konsumleistungsfähigkeit zum Ausdruck und sind folglich in gleichem Maße mit Umsatzsteuer zu belasten.[991] Dies legt die Vermutung nahe, dass auch diese Ausprägung der Neutralität – wie schon die ausgangsumsatzbezogene Neutralität – primär nicht das Gleichheitsgrundrecht des Unternehmers, sondern vielmehr das Leistungsfähigkeitsprinzip sowie das Verbrauchsteuerprinzip konkretisiert. Dem soll im Folgenden nachgegangen werden.

(1) Wechselbeziehung zwischen Neutralität und Verbrauchsteuerprinzip

Das Verbrauchsteuerprinzip verlangt eine Belastung *nur* des Verbrauchers. Dieses Ziel steht in engem Zusammenhang mit der Neutralität, wie sie sich im Vorsteuerabzugsrecht ausdrückt:

Um nur den Endverbraucher mit Umsatzsteuer zu belasten, ist es eine unerlässliche *Voraussetzung*, den Unternehmer von den auf seinen Eingangsumsätzen ruhenden Vorsteuern zu entlasten.[992] Wird dem Unternehmer nämlich kein Vorsteuerabzug gewährt, kumuliert sich die Umsatzsteuerbelastung mit jeder Stufe. Die Chancen einer vollständigen Überwälzung der kumulierten Steuern auf den Verbraucher verringern sich entsprechend der Anzahl der Zwischenstufen, die die Leistung insgesamt durchläuft. Soweit eine Abwälzung misslingt, werden entgegen dem Verbrauchsteuerprinzip nicht nur Konsumaufwendungen belastet.[993] Vielmehr müssen die Unternehmer die Umsatzsteuer als Kostenfaktor zu Lasten ihres Gewinns selbst tragen.[994] Dies war eine typische Erscheinung im früheren System der Allphasen-Brutto-Umsatzsteuer.[995] Eine Allphasen-Umsatzsteuer wird dem Verbrauchsteuercharakter nämlich nur gerecht, wenn die Vorbelastung beseitigt wird. Im geltenden Umsatzsteuersystem stellt dies der Vorsteuerabzug sicher.

Umgekehrt folgt das Gebot der Neutralisierung der Vorsteuern als *Konsequenz* aus einer strikten Umsetzung des Verbrauchsteuerprinzips:[996] Sollen nur die Konsumaufwendungen des Verbrauchers mit Umsatzsteuer belastet werden, dürfen

---

991 Vgl. ausführlich Kapitel 1 B II 1 b, Kapitel 2 B II 2 a.

992 *Englisch,* in: *Schön,* Zukunftsfragen des deutschen Steuerrechts, 2009, 39 (60); *ders.,* in: *Weber,* Traditional and Alternative Routes to European Tax Integration, 2010, 231 (248); *Friedrich-Vache,* Verbrauchsteuerkonforme Umsatzbesteuerung von Finanzdienstleistungen, 2005, S. 18; *Schnarrenberger,* Die umsatzsteuerliche Organschaft, 2014, S. 51. In der Tendenz wohl anders *Becker,* Ortsbestimmung von sonstigen Leistungen, 2011, S. 59, wonach der Grundsatz der Neutralität bei Eingangsumsätzen „nichts anderes als bereits das Verbrauchsteuerprinzip" gewährleiste.

993 *Englisch,* in: *Tipke/Lang,* Steuerrecht, 2015[22], § 17 Rn. 25.

994 *Riedo,* Vom Wesen der Mehrwertsteuer als allgemeine Verbrauchsteuer, 1999, S. 95; *Stadie,* in: *Rau/Dürrwächter,* UStG, Einf. (April 2013) Rn. 443.

995 Vgl. Kapitel 1 A I.

996 *Riedo,* Vom Wesen der Mehrwertsteuer als allgemeine Verbrauchsteuer, 1999, S. 96.

einzig diese Aufwendungen die Grundlage für die endgültige Umsatzsteuerbelastung bilden. Dazu müssen die auf einer früheren Stufe bereits besteuerten Entgeltteile und die im Preis überwälzten Umsatzsteuern von einer weiteren Besteuerung ausgenommen werden.[997] Die Neutralität in Bezug auf Eingangsumsätze und das Verbrauchsteuerprinzip stehen damit ebenso in wechselseitiger Abhängigkeit.[998]

Dies entspricht im Ergebnis auch der Sichtweise des EuGH, die etwa seiner Entscheidung in der Rechtssache *Elida Gibbs* zugrunde liegt: Das Prinzip, nur den Endverbraucher zu belasten, sei ein „Grundprinzip" des Umsatzsteuersystems.[999] Deshalb könne einzig die vom Verbraucher erbrachte Gegenleistung maßgeblich für die Bestimmung der Besteuerungsgrundlage sein.[1000] Steuerpflichtige seien dagegen nicht mit Umsatzsteuer zu belasten, sondern hätten die Steuer lediglich für Rechnung der Steuerverwaltung einzuziehen und abzuführen. Das wiederum gewährleiste das Vorsteuerabzugsrecht.[1001]

Indes verdeutlicht der EuGH diese Wechselbeziehung zwischen dem Verbrauchsteuerprinzip und dem Gebot der Vorsteuerentlastung nur sehr vereinzelt und missachtet sie teilweise sogar evident. So führt das Gericht in der Rechtssache *Puffer* aus, im Fall der sog. unechten Steuerbefreiungen[1002] habe ein Steuerpflichtiger, der nur steuerbefreite Umsätze ausführt, „die gleiche Mehrwertsteuerlast zu tragen wie ein Nichtsteuerpflichtiger", und habe somit „im Wesentlichen die gleiche Stellung wie dieser".[1003] Zumeist beschränkt der EuGH seinen Blick auf den Unternehmer: Der Vorsteuerabzug gewährleiste „völlige Neutralität hinsichtlich der steuerlichen Belastung aller wirtschaftlichen Tätigkeiten".[1004] Primärer Auslegungsmaßstab insbesondere der Vorsteuerabzugsregeln muss aber die Intention der Umsatzsteuer, *nur* den Verbraucher zu belasten, sein.[1005] Art. 1 Abs. 2 MwStSystRL schreibt ausdrücklich nur den Verbrauchsteuercharakter, nicht aber die Neutralität

---

997 So auch BT-Drucks. IV/1590, S. 25 zur Begründung der Umsatzsteuerreform.

998 *Riedo,* Vom Wesen der Mehrwertsteuer als allgemeine Verbrauchsteuer, 1999, S. 97; *Stadie,* in: *Rau/Dürrwächter,* UStG, Einf. (April 2013) Rn. 146.

999 EuGH v. 24.10.1996, Rs. C-317/94 (Elida Gibbs), Rn. 19; ebenso v. 15.10.2002, Rs. C-427/98 (Kommission/Deutschland), Rn. 29.

1000 EuGH v. 24.10.1996, Rs. C-317/94 (Elida Gibbs), Rn. 24.

1001 EuGH v. 24.10.1996, Rs. C-317/94 (Elida Gibbs), Rn. 22 f.; ebenso v. 3.10.2006, Rs. C-475/03 (Banca popolare), Rn. 32; v. 11.10.2007, Rs. C-312/06 (KÖGAZ), Rn. 51.

1002 Eine Steuerbefreiung wird als „unecht" bezeichnet, wenn diese die Versagung des Vorsteuerabzugs für Eingangsleistungen, die zur Ausführung des steuerfreien Umsatzes verwendet worden sind, zur Folge hat (vgl. § 15 Abs. 2 UStG für das nationale Recht), *Englisch,* in: *Tipke/Lang,* Steuerecht, 2015[22], § 17 Rn. 345.

1003 EuGH v. 23.4.2009, Rs. C-460/07 (Puffer), Rn. 59. Kritisch dazu *Englisch,* in: *Weber,* Traditional and Alternative Routes to European Tax Integration, 2010, 231 (244 f.). Zu den unechten Steuerbefreiungen vgl. den Beispielfall unter Kapitel 2 B II 3 b bb (3).

1004 St. Rspr. Vgl. nur EuGH v. 24.2.1985, Rs. 268/83 (Rompelmann), Rn. 19; v. 15.1.1998, Rs. C- 37/95 (Ghent Coal), Rn. 15; v. 29.4.2004, Rs. C-137/02 (Faxworld), Rn. 37.

1005 *Stadie,* in: *Rau/Dürrwächter,* UStG, Einf. (April 2013) Rn. 146.

hinsichtlich der unternehmerischen Belastung fest. Deshalb sollte der EuGH den Neutralitätsgrundsatz insoweit unmittelbar aus dem Verbrauchsteuerprinzip ableiten: Das Umsatzsteuersystem gewährleistet nämlich völlige Neutralität hinsichtlich der steuerlichen Belastung aller wirtschaftlichen Tätigkeiten gerade *zur Verwirklichung einer Belastung (nur) des Verbrauchers.*

Ob der gegenseitigen Abhängigkeit zwischen Neutralität und Verbrauchsteuerprinzip kann das Vorsteuerabzugsrecht nicht einzig auf gleichheitsrechtliche Erwägungen aus der Perspektive des Unternehmers gestützt werden. Die Neutralität in Bezug auf Eingangsumsätze ist kein isoliertes Prinzip, sondern mittelbare Folge und Prämisse der Geltung des Verbrauchsteuerprinzips.[1006]

(2) Wechselbeziehung zwischen Neutralität und Leistungsfähigkeitsprinzip

Das Gebot der Vorsteuerentlastung korrespondiert auch mit dem Leistungsfähigkeitsprinzip:

Das Leistungsfähigkeitsprinzip als Konkretisierung des Art. 20 GRCh leitet der Vergleich von Verbrauchern an. Danach sollen alle Verbraucher, die gleichartige Leistungen beziehen und dadurch gleiche Leistungsfähigkeit zum Ausdruck bringen, eine gleich hohe Umsatzsteuerbelastung tragen.[1007] Dazu darf es für die Höhe der Steuerbelastung einer Leistung keine Rolle spielen, wie viele Stufen diese auf ihrem Weg zum Verbraucher letztlich durchläuft.[1008] Die Umsatzsteuer muss für alle Unternehmer – unabhängig von ihrer Position in der Absatzkette – relativ gleich hoch sein.[1009] Berechnet sich die Steuer dagegen wie beim alten System auf jeder Stufe nach dem Bruttobetrag, steigt die finale Belastung mit der Anzahl der zwischengeschalteten Stufen. Soweit dem Unternehmer eine vollständige Abwälzung der kumulierten Steuer auf den Verbraucher gelingt, setzt ein preistreibender Effekt ein, der umso stärker ist, je mehr Unternehmer in die Absatzkette eingeschaltet sind.[1010] Dadurch zahlen Verbraucher trotz Bezugs gleichartiger Leistungen eine unterschiedlich hohe Umsatzsteuer. Erst der Vorsteuerabzug gewährleistet eine – dem Leistungsfähigkeitsprinzip entsprechende – gleichmäßige, zum gezahlten Preis genau proportionale Steuerbelastung vergleichbarer Verbraucher. Die Neutralität

---

1006 *Englisch,* in: *Weber,* Traditional and Alternative Routes to European Tax Integration, 2010, 231 (248).

1007 Im Ergebnis ebenso, wenn auch ohne Bezug zum Leistungsfähigkeitsprinzip, *Becker,* Ortsbestimmung von sonstigen Leistungen, 2011, S. 61.

1008 *Becker,* Ortsbestimmung von sonstigen Leistungen, 2011, S. 60 f.; *Riedo,* Vom Wesen der Mehrwertsteuer als allgemeine Verbrauchsteuer, 1999, S. 94.

1009 *Stadie,* in: *Rau/Dürrwächter,* UStG, Einf. (April 2013) Rn. 443.

1010 *Birk/Desens/Tappe,* Steuerrecht, 2014[17], Rn. 1674. AA *Stadie,* in: *Rau/Dürrwächter,* UStG, Einf. (April 2013) Rn. 443, der im alten System einzig die Gefahr einer Belastung des Unternehmers sieht.

ist also grundsätzlich[1011] Voraussetzung für die Gewährleistung des Leistungsfähigkeitsprinzips.

Umgekehrt garantiert eine Steuer, die allein auf die Abschöpfung von Leistungsfähigkeit gerichtet ist, eine neutrale Belastung des Unternehmers mit Vorsteuern.[1012] Der einzig sinnvolle Anknüpfungspunkt der Umsatzsteuer zur Belastung von Leistungsfähigkeit ist der Konsumaufwand.[1013] Dem zuwider liefe jegliche Belastung des Unternehmers, dessen Umsätze gerade nicht zwingend Leistungsfähigkeit indizieren; das Gebot der sachgerechten Umsetzung des Leistungsfähigkeitsprinzips steht einer zielgerichteten Umsatzsteuerbelastung des unternehmerischen Bereichs entgegen. Allein die Konsumaufwendungen des Endverbrauchers zeugen von Leistungsfähigkeit, sodass ausschließlich deren Höhe den Maßstab für die Bemessung der Steuerlast vorgeben kann.[1014] Die Anzahl der von einer Leistung durchlaufenen Zwischenstufen erlaubt dagegen keine Rückschlüsse auf irgendjemandes gesteigerte Leistungsfähigkeit. Das Gebot der Neutralität, Unternehmer von den Vorsteuern zu entlasten, sowie das Leistungsfähigkeitsprinzip bedingen sich also auch gegenseitig.

Nicht überzeugend ist deshalb der vom BVerfG in seinem Urteil zur Verfassungsmäßigkeit der Brutto-Umsatzsteuer[1015] sowie vereinzelt in der Literatur – insbesondere von *Stadie*[1016] – gewählte Ansatz, der Gleichheitssatz verlange *aus Sicht des Unternehmers* einen Ausgleich der Umsatzsteuervorbelastung. Zwar erscheint es durchaus sinnvoll, auch dieses Neutralitätsgebot ausgehend vom steuerpflichtigen Unternehmer zu entwickeln und zuvorderst auf dessen Ebene eine neutrale Belastung mit Vorsteuern anzustreben.[1017] Denn wie eben gezeigt, stellt nur eine für den Unternehmer neutrale Umsatzsteuer eine gleichmäßige Überwälzung auf den Endverbraucher und damit dessen gleichheitsgerechte Belastung sicher. Bei unzureichender Vorsteuerentlastung droht auch Unternehmern eine Ungleichbehandlung, soweit bestimmte – insbesondere mehrstufige – Unternehmen einen deutlich höheren Steuerbetrag nicht abwälzen können als vergleichbare andere Unternehmen.[1018]

1011 Eine Wechselbeziehung zwischen Neutralität und Leistungsfähigkeitsprinzip besteht jedoch insoweit nicht, als auch umsatzlosen Unternehmern aus Gründen der Neutralität ein Vorsteuerabzugsrecht zugesprochen wird (vgl. Kapitel 2 A I 1 b cc (6) (a)). Mangels Leistungserbringung an Verbraucher besteht keine Gefahr, dass solche nicht entsprechend ihrer Leistungsfähigkeit belastet werden.

1012 Allgemein *Englisch,* Wettbewerbsgleichheit im grenzüberschreitenden Handel, 2008, S. 626.

1013 *Robisch,* in: *Bunjes/Geist,* UStG, 2014[13], Vor § 1 Rn. 25; vgl. zu den Schlussfolgerungen daraus auf den Verbrauchsteuercharakter der Umsatzsteuer Kapitel 1 B III 1 b cc.

1014 So im Ergebnis auch EuGH v. 24.10.1996, Rs. C-317/94 (Elida Gibbs), Rn. 24.

1015 BVerfG v. 20.12.1966, BVerfGE 21, 12.

1016 *Stadie,* in: *Rau/Dürrwächter,* UStG, Einf. (April 2013) Rn. 443.

1017 *Kurzenberger,* Geschäftsveräußerung im Ganzen, 2012, S. 78.

1018 Eine Wettbewerbsbeziehung ist keine Voraussetzung für die Vergleichbarkeit, EuGH v. 16.12.2008, Rs. C-127/07 (Arcelor), Rn. 36; vgl. dazu *Jarass,* GRCh, 2013[2], Art. 20 Rn. 7a.

Jedoch ist es Intention der Umsatzsteuer, den Verbraucher zu belasten. Das Leistungsfähigkeitsprinzip als deren maßgebliches Prinzip entspringt dem Gleichheitsgrundrecht des Verbrauchers. Da sich das gesamte Umsatzsteuersystem an diesem Prinzip auszurichten hat, muss das Vorsteuerabzugsrecht als „wesentlicher Grundsatz des Mehrwertsteuersystems“[1019] primär auf eine leistungsfähigkeitsgerechte Belastung des Verbrauchers als Steuerdestinatar zielen.[1020] Dadurch stellt sich auch diese Ausprägung der Neutralität als Subprinzip des Leistungsfähigkeitsprinzips dar.

Die gleichheitsrechtliche Verankerung der Neutralität wirkt sich auf den gebotenen Umgang mit Einschränkungen des Vorsteuerabzugsrechts aus.[1021] Deshalb sollte der EuGH die Neutralität weder undefiniert als Ausdruck des Gleichbehandlungsgrundsatzes der Steuerpflichtigen noch als sekundärrechtlichen Grundsatz begreifen. Systemgerecht wäre es stattdessen zu betonen, dass das Umsatzsteuersystem „völlige Neutralität hinsichtlich der steuerlichen Belastung aller wirtschaftlichen Tätigkeiten“ gerade *um der Verwirklichung der gleichmäßigen Belastung des Verbrauchers willen* gewährleistet.

(3) Beispiele

Die Wechselbeziehungen zwischen der Neutralität in Bezug auf Eingangsumsätze und dem Leistungsfähigkeits- sowie dem Verbrauchsteuerprinzip werden deutlich, wenn man die Folgen einer unvollständigen Vorsteuerentlastung betrachtet. Das geltende Umsatzsteuersystem verwehrt dem Unternehmer in einigen Fällen eine völlige Neutralität hinsichtlich seiner Vorsteuerbelastung:

Wird bei gemischt genutzten Investitionsgütern ein Vorsteuerabzug nur anteilig – entsprechend der anfangs geplanten unternehmerischen Nutzung – zugelassen, droht eine vollständige Vorsteuerentlastung zu unterbleiben, wenn sich der wirtschaftliche Nutzungsanteil nachträglich erhöht. Denn ein nachträglicher Einlagenabzug ist im geltenden Umsatzsteuersystem nicht vorgesehen. Deshalb erlaubt der EuGH eine volle Zuordnung teilweise privat genutzter Gegenstände zum Unternehmen.[1022] Dem schiebt Art. 168a MwStSystRL (bzw. § 15 Abs. 1b UStG) für gemischt genutzte Immobilien einen Riegel vor und erlaubt nur einen anteiligen

1019 EuGH v. 9.9.2004, Rs. C-269/03 (Vermietungsgesellschaft Objekt Kirchberg), Rn. 19.

1020 *Becker*, Ortsbestimmung von sonstigen Leistungen, 2011, S. 60; *Englisch*, in: *Schön*, Zukunftsfragen des deutschen Steuerrechts, 2009, 39 (59); *ders.*, in: *Weber*, Traditional and Alternative Routes to European Tax Integration, 2010, 231 (246); *Kurzenberger*, Geschäftsveräußerung im Ganzen, 2012, S. 77.

1021 Vgl. dazu, insb. zu Rechtfertigungsanforderungen Kapitel 3 A II 1.

1022 So ausdrücklich EuGH v. 23.4.2009, Rs. C-460/07 (Puffer), Rn. 45 zur Rechtfertigung der Möglichkeit einer vollen Unternehmenszuordnung: „Im Fall von Investitionsgütern, bei denen die gemischte Nutzung im Lauf der Zeit variiert, könnte (...) [die Versagung einer vollen Unternehmenszuordnung] zur Folge haben, dass dem Steuerpflichtigen der Vorsteuerabzug für spätere besteuerte unternehmerische Verwendungen verweigert würde. Vgl. dazu bereits Kapitel 2 A I 1 b aa (1) (a), (b).

Vorsteuerabzug entsprechend der unternehmerischen Verwendung.[1023] Außerdem verbietet der EuGH eine volle Unternehmenszuordnung, wenn ein Steuerpflichtiger teils unternehmerisch, teils – entsprechend dem Unternehmenszweck – ideell tätig ist.[1024] In beiden Fällen bleibt der Unternehmer bei einer nachträglichen Erhöhung des unternehmerischen Verwendungsanteils entgegen dem Neutralitätsgebot mit Umsatzsteuer belastet.

Erwirbt ein Unternehmer einen Gegenstand von privat, steht ihm kein Vorsteuerabzugsrecht zu. Vielmehr hat sich die Umsatzsteuer bereits auf der Stufe des privaten Veräußerers realisiert. Verkauft der Unternehmer nun den Gegenstand umsatzsteuerpflichtig weiter, würde dieser ein weiteres Mal mit Umsatzsteuer belastet. Diese „Doppelbesteuerung"[1025] sucht die sog. Differenzbesteuerung (§ 25a UStG) zu vermeiden, indem sie nur die Differenz zwischen dem Verkaufspreis und dem Einkaufpreis der Besteuerung unterwirft.[1026] Die Differenzbesteuerung findet nach der hM jedoch keine Anwendung, wenn die Gebrauchtware vor der Weiterveräußerung umgestaltet wird[1027] oder wenn es sich hierbei um ein Investitionsgut handelt.[1028] Dadurch kumuliert sich bei einer Veräußerung dieser Gebrauchtwaren an einen privaten Endabnehmer die Steuerbelastung.[1029]

1023 Vgl. dazu Kapitel 2 A I 1 b aa (1) (b).

1024 EuGH v. 12.2.2009, Rs. C-515/07 (VNLTO), Rn. 39 zu einem gemischt tätigen Verein. Zu gleichheitsrechtlichen Bedenken dagegen *Pull,* Die Sphärentheorie im Mehrwertsteuerrecht, 2014, S. 230 ff.

1025 EuGH v. 8.12.2005, Rs. C-280/04 (Jyske Finans), Rn. 38; v. 3.3.2011, Rs. C-203/10 (Auto Nikolovi), Rn. 48.

1026 Voraussetzung ist jedoch, dass der Unternehmer ein sog. „Wiederkäufer" (§ 25a Abs. 1 Nr. 1 Satz 2 UStG) ist. Grundlegend zu § 25a UStG *Dennisen,* Die Differenzbesteuerung im Umsatzsteuergesetz, 2009. Kritisch zur Differenzbesteuerung *Söhn,* in: FS Pohmer, 1990, 217 (233 f.): Da nicht das Nutzungspotenzial, sondern die Gewinnmarge besteuert wird, sei die Differenzbesteuerung nur schwer mit dem inneren System der Umsatzsteuer als allgemeine Verbrauchsteuer vereinbar; er hält ein Vorsteuerabzugsrecht des steuerpflichtigen Erwerbers für die systemkonforme Lösung; so auch schon *ders.,* UR 1976, 69 (72).

1027 FG Münster v. 27.4.1999, 15 K 7988/98 U; FG Brandenburg v. 1.10.2002, 1 K 271/00; *Leonard,* in: *Bunjes/Geist,* UStG, 2014[13], § 25a UStG Rn. 29; *Oelmaier,* in: *Sölch/Ringleb,* UStG, § 25a UStG Rn. 33; *Stadie,* in: *Rau/Dürrwächter,* UStG, § 25a UStG (Oktober 2011) Rn. 93. So entgegen der früheren aA jetzt auch *Wäger,* in: *Birkenfeld/Wäger,* USt-Handbuch, § 236 (März 2012) Rn. 50.

1028 *Dennisen,* Die Differenzbesteuerung im Umsatzsteuergesetz, 2009, S. 48; *Widmann,* in: *Schwarz/Widmann/Radeisen,* UStG, § 25a (Juli 2013) Rn. 85. Differenzierend *Nieskens,* UR 1994, 373 (382); *Stadie,* in: *Rau/Dürrwächter,* UStG, § 25a UStG (Oktober 2011) Rn. 86: Differenzbesteuerung nur, soweit Veräußerung der Investitionsgüter zum Grundgeschäft gehört.

1029 *Dennisen,* Die Differenzbesteuerung im Umsatzsteuergesetz, 2009, S. 50 f.; *Englisch,* in: *Schön,* Zukunftsfragen des deutschen Steuerrechts, 2009, 39 (61).

Das am häufigsten diskutierte Beispiel einer sich kumulierenden Umsatzsteuerbelastung im geltenden Umsatzsteuersystem ist der Ausschluss des Vorsteuerabzugs auf Eingangsleistungen, die der Unternehmer zur Ausführung steuerfreier Umsätze verwendet (Art. 168 MwStSystRL bzw. § 15 Abs. 2 UStG).[1030] Der EuGH begrenzt die Geltung des Neutralitätsgrundsatzes folglich auf Tätigkeiten, die selbst der Umsatzsteuer unterliegen.[1031] Die Versagung des Vorsteuerabzugs wird durchgängig als Systembruch bezeichnet.[1032] Das nachfolgende Beispiel sucht dies anhand der nachteiligen Folgen der unechten Steuerbefreiungen zu verifizieren. Dabei sollen die Wechselbeziehungen zwischen der Neutralität und dem Leistungsfähigkeitsprinzip sowie dem Verbrauchsteuerprinzip verdeutlicht werden.

Beispiel: B ist blind. Er ist Geigenbauer. Weil B keine Angestellten hat, ist er nach § 4 Nr. 19 UStG von der Umsatzsteuer befreit. Auf eine Option zur Steuerpflicht nach § 9 Abs. 1 UStG verzichtet B, da er sich durch die Steuerbefreiung bessere Chancen im Wettbewerb mit anderen, sehenden Geigenbauern verspricht. Die Geigen des B finden ob der sehr guten Qualität schnell Absatz. Ein Käufer ist M, der ein Musikgeschäft betreibt. Er erwirbt eine Geige für 857 €. Darin enthalten sind 300 € zzgl. 57 € MwSt Materialwert und 500 € Gewinnspanne.

A ist Geigenbauer und nicht blind. Er liefert steuerpflichtig eine ähnliche Geige mit demselben Materialwert an M. Da ihm die 57 € Vorsteuer erstattet werden, muss er dem M, um ebenso einen Gewinn i.H.v. 500 € zu erzielen, 800 € zzgl. 152 € MwSt, insgesamt also 952 € in Rechnung stellen. Weil M als Unternehmer die Vorsteuer i.H.v. 152 € abziehen kann, kostet ihn die Geige letztlich 800 €.

W und V spielen im selben Orchester und sind auf der Suche nach ähnlichen Geigen. Weil M keine zwei gleichen Geigen vorrätig hat, bietet er dem W die Geige des B und dem V die Geige des A an.

1030 Im deutschen UStG gilt dies – ob der Rückausnahme in § 15 Abs. 3 UStG – nur für die in § 4 Nr. 8 bis 27 UStG genannten Umsätze. Insoweit ist von „unechten Steuerbefreiungen" die Rede.

1031 St. Rspr. Vgl. nur EuGH v. 15.1.1998, Rs. C-37/95 (Ghent Coal), Rn. 15. Vgl. auch Kapitel 2 A I 1 b cc mwN.

1032 *Englisch,* in: *Tipke/Lang,* Steuerecht, 2015[22], § 17 Rn. 208; *Frink,* Der Ausschluss des Vorsteuerabzugs, 2002, S. 93 mwN; *Hundt-Eßwein,* in: *Offerhaus/Söhn/Lange,* UStG, § 15 UStG (Oktober 2013) Rn. 296; *Klenk,* in: *Sölch/Ringleb,* UStG, Vor § 1 Rn. 10; *Oelmaier,* in: *Sölch/Ringleb,* UStG, § 15 UStG Rn. 649; *Richter,* Die Regelungen zum Vorsteuerabzug, 2012, S. 83 ff.; *Reiß,* in: DStJG 32 (2009), 9 (48); *Söhn,* StuW 1976, 1 (24 ff.); *ders.,* UR 1976, 69 (71); *Teichmann,* StuW 1975, 189 (190) mwN; *Tipke,* StRO II, 2003[2], S. 999. AA *Stadie,* in: *Rau/Dürrwächter,* UStG, Einf. (April 2013) Rn. 458 ff.; *ders.,* in: DStJG 32 (2009), 143 (151 ff.); *de la Feria,* The EU VAT System and the Internal Market, 2009, S. 144. *Teufel,* Beteiligungsverwaltung, Kapitalüberlassung und Kapitalbeschaffung, 2010, S. 91 f. spricht zwar von einer „Unsystematik", sieht deren Wurzel aber schon in den Steuerbefreiungen.

Konstellation 1: M rechnet immer mit einer Gewinnspanne von 200 €. Deshalb verlangt er von V 1.000 € zzgl. 190 € MwSt und von W 1.057 € zzgl. 201 € MwSt.

Konstellation 2: M möchte vermeiden, dass W aufgrund des höheren Preises vom Kauf absieht. Deshalb verlangt er von beiden 1.000 € zzgl. 190 € MwSt.

Hier greift auf der Zwischenstufe – bei Lieferung des B an M – die Befreiung des § 4 Nr. 19 lit. a UStG.[1033] B wird folglich gemäß § 15 Abs. 2 Satz 1 Nr. 1 UStG nicht von der auf dem Material lastenden Umsatzsteuer i.H.v. 57 € entlastet. Weil die steuerfreie Geigenlieferung des B von M zur Ausführung eines steuerpflichtigen Umsatzes verwendet wird, kommt es zur sog. „Nachholwirkung":[1034] Die die Materialkosten belastende Vorsteuer i.H.v. 57 €, die B im Preis verdeckt auf M überwälzt hat, wird nochmals der Steuer unterworfen („Steuer auf Steuer"). In Konstellation 1 wird W indirekt mit kumulierter Umsatzsteuer i.H.v. 258 €, V dagegen nur mit Umsatzsteuer i.H.v. 190 € belastet[1035], obwohl beide identische Leistungen beziehen und dadurch dieselbe Leistungsfähigkeit zum Ausdruck bringen.[1036] Die Endbelastung des W liegt um die nicht abzugsfähige Vorsteuer i.H.v. 57 € höher, als es proportional dem Entgelt i.H.v. 1057 € entspricht.[1037] Der Ausschluss des Vorsteuerabzugs auf der Stufe des B führt also zu einem Verstoß gegen das Leistungsfähigkeitsprinzip und verletzt den W in seinem grundrechtlich verankerten Recht auf gleiche steuerliche Lastenverteilung.[1038] Die Neutralität, wie sie gleichheitsrechtlich gefordert ist, wird

---

1033 Zu den bei einer Endstufenbefreiung auftretenden Systemwidrigkeiten vgl. *Richter*, Die Regelungen zum Vorsteuerabzug, 2012, S. 86; *Teichmann*, StuW 1975, 189 (195 f.).

1034 *Fischer*, Die Rechtfertigung einer Umsatzbesteuerung und ihre Vereinbarkeit mit den Grundrechten, 2007, S. 221; *Richter*, Die Regelungen zum Vorsteuerabzug, 2012, S. 84. *Stadie*, in: *Rau/Dürrwächter*, UStG, Einf. (April 2013) Rn. 462 weist zutreffend darauf hin, dass eine Nachholwirkung bei *Lieferungen* lediglich bei dem auch hier gewählten Beispiel der Steuerbefreiung der Blinden eintreten kann. So wählt dieses Beispiel auch *Heidner*, in: *Bunjes/Geist*, UStG, 2014[13], § 4 Rn. 10, während *Reiß*, in *Tipke/Lang*, 2010[20], § 14 Rn. 170; *Crezelius*, Steuerrecht II, 1994[2], § 26 II Rn. 9; *Frink*, Der Ausschluss des Vorsteuerabzugs, 2002, S. 85 f.; *Richter*, Die Regelungen zum Vorsteuerabzug, 2012, S. 88 nur unkonkrete Beispiele aufzeigen. Zu Beispielen der Auswirkungen von unechten Steuerbefreiungen für Finanz*dienstleistungen* vgl. *Cloß*, Umsatzsteuerliche Behandlung von Finanz-, Versicherungs- und öffentlichen Dienstleistungen, 2013, S. 90, 94 f.; *Friedrich-Vache*, Verbrauchsteuerkonforme Umsatzbesteuerung von Finanzdienstleistungen, 2005, S. 41 ff.

1035 Die Differenz i.H.v. 68 € ergibt sich zum einen aus den im Nettopreis enthaltenen Vorsteuern auf das Material i.H.v. 57 € und zum anderen aus der insoweit höheren Bemessungsgrundlage (19 % auf 57 € = 11 €).

1036 *Fischer*, Die Rechtfertigung einer Umsatzbesteuerung und ihre Vereinbarkeit mit den Grundrechten, 2007, S. 221.

1037 *Oelmaier*, in: *Sölch/Ringleb*, UStG, § 15 Rn. 649; *Richter*, Die Regelungen zum Vorsteuerabzug, 2012, S. 88.

1038 *Frink*, Der Ausschluss des Vorsteuerabzugs, 2002, S. 98; *Söhn*, StuW 1976, 1 (26), der auf einen Verstoß gegen den Gleichbehandlungsgrundsatz abstellt. Beide sehen

dadurch rechtfertigungsbedürftig eingeschränkt.[1039] Ob der Ausschluss des Vorsteuerabzugsrechts verfassungswidrig ist[1040] oder ob sich die Systemdurchbrechung rechtfertigen lässt[1041], soll hier dahinstehen.

In Konstellation 2 erzielt M mit dem Verkauf an W lediglich einen Gewinn i.H.v. 143 €. Die 57 €, die B auf M überwälzt hat, muss M zulasten seines üblichen Gewinns tragen. Ihm gelingt eine Abwälzung auf den Endverbraucher W nur hinsichtlich der proportionalen Umsatzsteuer, nicht aber hinsichtlich der auf dem Material lasteten, schon bei B nicht abzugsfähigen Vorsteuer. Dadurch wird M als Unternehmer zum endgültigen Träger der Umsatzsteuer. Dies läuft dem Verbrauchsteuerprinzip zuwider.[1042]

Eine fehlende Vorsteuerentlastung, wie sie bei unechten Steuerbefreiungen besteht, führt also zu einer nicht leistungsfähigkeitsgerechten Belastung des Verbrauchers oder zu einer verbrauchsteuerwidrigen Belastung des Unternehmers. Der EuGH begrenzt indes schon die Geltung des Neutralitätsgrundsatzes auf steuerpflichtige Tätigkeiten.[1043] Die Neutralität, wie sie die gleichheitsrechtlichen Prinzipien des Umsatzsteuersystems gebieten, geht deshalb weiter als der vom EuGH entwickelte Neutralitätsgrundsatz.[1044]

---

in der nicht proportionalen Belastung des Verbrauchers überdies einen Verstoß gegen das Verbrauchsteuerprinzip.

1039 *Englisch,* in: *Tipke/Lang,* Steuerecht, 2015[22], § 17 Rn. 25, 208. Der EuGH betrachtet dies ausweislich seiner st. Rspr. („völlige Neutralität hinsichtlich der steuerlichen Belastung aller wirtschaftlichen Tätigkeiten (...), sofern diese Tätigkeiten grundsätzlich selbst der Mehrwertsteuer unterliegen") lediglich als eine der Neutralität immanente Begrenzung.

1040 So *Fasold,* BB 1967, 1205 (1206); *Löhr,* Das umsatzsteuerrechtliche Optionsrecht für Vermietungsumsätze, 2003, S. 102; *Söhn,* StuW 1976, 1 (26 f.); *Teichmann,* StuW 1975, 189 (204 f.). Differenzierend *Ruppe,* in: FS Tipke, 457 (459 ff.).

1041 So *Reiß,* in: DStJG 13 (1990), 3 (25 f.); *Stadie,* Das Recht des Vorsteuerabzugs, 1989, S. 12, jeweils mit Verweis auf Praktikabilitätsgründe. AA *Fischer,* Die Rechtfertigung einer Umsatzbesteuerung und ihre Vereinbarkeit mit den Grundrechten, 2007, S. 225 f. Wohl schon keine Rechtfertigungsbedürftigkeit annehmend *Stadie,* in: *Rau/Dürrwächter,* UStG, Einf. (April 2013) Rn. 462 ff., soweit die Wettbewerbsnachteile entweder unwesentlich sind oder durch Verzicht auf die Steuerbefreiung (§ 9 UStG) vermieden werden können.

1042 *Englisch,* in: *Tipke/Lang,* Steuerecht, 2015[22], § 17 Rn. 25; *Frink,* Der Ausschluss des Vorsteuerabzugs, 2002, S. 98 f.; *Söhn,* StuW 1976, 1 (26); *Richter,* Die Regelungen zum Vorsteuerabzug, 2012, S. 89.

1043 St. Rspr. Vgl. nur EuGH v. 15.1.1998, Rs. C-37/95 (Ghent Coal), Rn. 15. Der BFH argumentiert, das System der Nettoumsatzsteuer mit Vorsteuerabzug sei nicht „entsprechend der postulierten Belastungsneutralität im Unternehmerbereich durchgängig umgesetzt worden", BFH v. 7.10.1987, BFHE 151, 228 (231).

1044 *Englisch,* in: *Tipke/Lang,* Steuerecht, 2015[22], § 17 Rn. 25, 208.

c. *Fazit*

Der unionsrechtliche Gleichheitssatz aus Art. 20 GRCh erweist sich als Rechtsgrundlage der Neutralität in Bezug sowohl auf Ausgangsumsätze als auch auf Eingangsumsätze. Die Neutralitätsgebote sind unerlässliche Voraussetzung und zwingende Folge der Wahrung des Gleichheitssatzes.[1045] Dabei ist primär nicht auf den *Unternehmer* als Grundrechtsträger abzustellen. Vielmehr verlangt das Gebot der gleichheitsgerechten Belastung der *Verbraucher* entsprechend ihrer Leistungsfähigkeit, dass die Unternehmer sowohl eine Vorsteuerentlastung als auch eine gleichmäßige Besteuerung ihrer Ausgangsumsätze erfahren.

Soweit Art. 20 GRCh als Rechtsgrundlage der Neutralität dient, leitet also der nach Maßgabe seiner Konsumaufwendungen leistungsfähige Verbraucher die gleichheitsrechtlichen Erwägungen an. Die Neutralität fügt sich so als Subprinzip des Leistungsfähigkeitsprinzips und des Verbrauchsteuerprinzips in die Prinzipienordnung des Umsatzsteuersystems ein. Jene Prinzipien stehen in wechselseitiger Abhängigkeit zu beiden Ausprägungen der Neutralität:

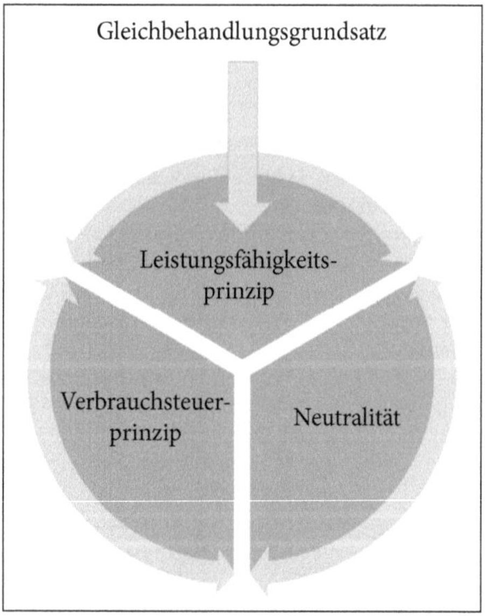

Wechselseitiges Abhängigkeitsverhältnis zwischen dem gleichheitsrechtlichen Leistungsfähigkeitsprinzip, dem Verbrauchsteuerprinzip und der Neutralität

---

1045 AA *Engler*, Steuerverfassungsrecht im Mehrebenensystem, 2014, S. 267 ohne jedoch auszuführen, welche Ausprägungen der Neutralität gerade „keiner absoluten, aus dem Grundsatz der Gleichbehandlung folgenden Pflicht" entsprechen. Kritisch dazu noch unter Kapitel 3 A II.

Dies bedeutet nicht, dass eine neutralitätswidrige Besteuerung daneben nicht auch den Unternehmer in seinem Gleichbehandlungsgrundrecht verletzen kann: Eine insgesamt höhere Umsatzsteuer benachteiligt den Unternehmer im Vergleich zu anderen, niedriger besteuerten Unternehmern, da in der Regel nur letzteren eine vollständige Abwälzung gelingen wird. Primär sorgt aber das Leistungsfähigkeitsprinzip als Konkretisierung des Gleichheitssatzes im Steuerrecht für eine gleichheitsgerechte Verteilung der Steuer*lasten*, die nach der Konzeption des Umsatzsteuersystems letztlich die Verbraucher tragen.[1046] Einen unmittelbareren Schutz der Unternehmer gewähren vorrangig die Freiheitsgrundrechte (III.).

Der EuGH kann mit seiner Definition der ausgangsumsatzbezogenen Neutralität, Unternehmer gleich zu behandeln, nur im Ergebnis, nicht aber im Ansatz überzeugen. Die eingangsumsatzbezogene Neutralität macht der Gerichtshof zu Unrecht nicht unmittelbar am Gleichheitssatz fest und wird diesem durch eine zu enge Definition derselben nicht vollends gerecht.

Art. 20 GRCh vermittelt nur Schutz, soweit derselbe Mitgliedstaat handelt. Umgekehrt fällt eine Ungleichbehandlung vergleichbarer umsatzsteuerlicher Sachverhalte durch verschiedene Mitgliedstaaten nicht in dessen Anwendungsbereich.[1047] Die Neutralität kann – gestützt auf Art. 20 GRCh – nicht gebieten, in verschiedenen Mitgliedstaaten ausgeführte Umsätze gleich zu besteuern. Sie beschränkt sich insofern vielmehr auf nationale Sachverhalte.[1048] Unterschiedliche Steuersätze und Steuerbefreiungstatbestände in den Mitgliedstaaten sind vor dem Hintergrund des Art. 20 GRCh deshalb unproblematisch. Auch einer Doppel- oder Höherbesteuerung grenzüberschreitender Umsätze setzt Art. 20 GRCh keine Schranken.[1049] Die Rechtsgrundlagen der äußeren Neutralität sind stattdessen in den Diskriminierungsverboten des AEUV zu suchen (IV.).

1046 *Birk/Desens/Tappe*, Steuerrecht, 2014[17], Rn. 188; *Hey*, in: *Tipke/Lang*, Steuerrecht, 2015[22], § 3 Rn. 121.

1047 *Jarass*, GRCh, 2013[2], Art. 20 GRCh Rn. 9; *Odendahl*, in: *Heselhaus/Nowak*, Handbuch der Grundrechte, 2006, § 43 Rn. 24.

1048 *Becker*, Ortsbestimmung von sonstigen Leistungen, 2011, S. 62.

1049 **Doppelbesteuerung:** Ist Importeur I benachteiligt, weil seine Leistungen sowohl das Herkunftsland A als auch das Bestimmungsland B besteuern, inländische Leistungen dagegen nur von B besteuert werden, fehlt es an einer Ungleichbehandlung durch die gleiche Stelle, da B A den Steuerzugriff nicht verbieten kann. **Höherbesteuerung:** Ist Importeur I deshalb benachteiligt, weil das Ursprungslandprinzip gilt und sein Herkunftsland A einen höheren Steuersatz als das Bestimmungsland B anwendet, kann er sich gegenüber A nicht auf eine Ungleichbehandlung berufen, da die Festlegung der Steuersätze in B nicht der Hoheitsgewalt von A unterfällt.

III. Die Neutralität als Ausprägung der Freiheitsgrundrechte des Unternehmers

1. Schutz des Unternehmers durch das Grundgesetz

Werden die Neutralitätspostulate missachtet, droht nicht nur eine ungleiche Belastung der Verbraucher. Soweit in Folge dessen den Unternehmern eine vollständige Abwälzung der Steuer misslingt, müssen sie die Umsatzsteuer zulasten ihres Gewinns tragen. Neben dem darin liegenden Verstoß gegen das Verbrauchsteuerprinzip[1050] können auch die Freiheitsgrundrechte der Unternehmer verletzt sein:

a. Art. 12 Abs. 1 GG

Art. 12 Abs. 1 GG gewährleistet als einheitliches Grundrecht[1051] die Freiheit der Berufswahl und der Berufsausübung. Nach der Rechtsprechung des BVerfG greifen Steuern in Art. 12 Abs. 1 GG ein, wenn sie „*infolge ihrer Gestaltung* in einem engen Zusammenhang mit der Ausübung eines Berufes stehen und – objektiv – eine berufsregelnde Tendenz deutlich erkennen lassen".[1052] Der nach heutigem Grundrechtsverständnis zugrunde gelegte moderne Eingriffsbegriff[1053] verlangt eine Einbeziehung auch von unbeabsichtigten, faktischen Eingriffen mit mittelbaren Berufswirkungen, sofern sie eine gewisse Erheblichkeitsschwelle überschreiten.[1054] So liegt ein mittelbarer Eingriff in die Berufsfreiheit durch die Umsatzbesteuerung nahe, wenn den Unternehmern einer bestimmten Berufsgruppe aus rechtlichen oder tatsächlichen Gründen eine Abwälzung der Umsatzsteuer generell nicht gelingt und dadurch entweder schon die berufliche Betätigung als solche praktisch unmöglich gemacht – „erdrosselt"[1055] – wird oder die Ausübung des Berufs nicht nur unerheblich beeinträchtigt wird.[1056]

1050 Vgl. Kapitel 2 B II 2 a bb (1), b bb (1).

1051 *Pieroth/Schlink/Kingreen/Poscher,* Grundrechte, 2014[30], Rn. 877.

1052 BVerfG v. 30.10.1961, BVerfGE 13, 181 (185 f.); v. 22.5.1963, BVerfGE 16, 147 (162); v. 5.3.1974, BVerfGE 37, 1 (17) (Hervorhebungen nur hier). Zur Prüfung steuerlicher Vorschriften auf ihre Vereinbarkeit mit Art. 12 Abs. 1 GG vgl. BVerfG v. 1.4.1971, BVerfGE 31, 8 (16); v. 8.12.1970, BVerfGE 29, 327 (333); v. 17.7.1974, BVerfGE 38, 61 (85).

1053 Vgl. dazu *Pieroth/Schlink/Kingreen/Poscher,* Grundrechte, 2014[30], Rn. 253.

1054 *Hohmann,* DÖV 2000, 406 (409); *Wernsmann,* in: *Hübschmann/Hepp/Spitaler,* AO/FGO, § 4 AO (November 2014) Rn. 572 ff.

1055 Diese Terminologie verwendet das BVerfG zumeist im Kontext des Art. 14 Abs. 1 GG, vgl. nur BVerfG v. 31.5.1988, BVerfGE 78, 232 (243) mwN; in einer steuerlichen Vorschrift hat das BVerfG bisher noch keine erdrosselnde Wirkung erblickt, wenngleich es andeutet, dass eine erdrosselnde Besteuerung Art. 12 Abs. 1 GG verletzen kann, vgl. BVerfG v. 23.10.1958, BVerfGE 8, 222 (228); *Wernsmann,* NJW 2006, 1169 (1173) gebraucht den Begriff der „Erdrosselung" auch für andere grundrechtlich geschützte Bereiche.

1056 *Fischer,* Die Rechtfertigung einer Umsatzbesteuerung und ihre Vereinbarkeit mit den Grundrechten, 2007, S. 156; *Hohmann,* DÖV 2000, 406 (411, 415). *Englisch,*

Insoweit fordert Art. 12 Abs. 1 GG also eine für alle Unternehmer prinzipiell neutrale Umsatzsteuer ohne erhebliche Berufswirkungen.[1057]

Das BVerfG entnimmt Art. 12 Abs. 1 GG überdies den Grundsatz der Wettbewerbsfreiheit: „Die bestehende Wirtschaftsverfassung enthält den grundsätzlich freien Wettbewerb der als Anbieter und Nachfrager auf dem Markt auftretenden Unternehmer als eines ihrer Grundprinzipien. Das Verhalten der Unternehmer in diesem Wettbewerb ist Bestandteil ihrer Berufsausübung."[1058] Art. 12 Abs. 1 GG gewährleiste aber keinen Anspruch auf Erfolg im Wettbewerb oder künftige Erwerbsmöglichkeiten.[1059] Das BVerwG und der BFH sehen in der Wettbewerbsfreiheit dagegen einen Bestandteil der allgemeinen Handlungsfreiheit aus Art. 2 Abs. 1 GG.[1060] Die Literatur unterstellt das Recht der Teilnahme am freien Wettbewerb – wie das BVerfG – mehrheitlich Art. 12 Abs. 1 GG als speziellerem Grundrecht.[1061]

Ein Eingriff in die Wettbewerbsfreiheit liegt nach Ansicht des BVerfG nicht nur bei Geboten bzw. Verboten vor, sondern auch dann, wenn „durch staatliche Maßnahmen der Wettbewerb beeinflusst und die Ausübung einer beruflichen Tätigkeit dadurch

---

in: *Schön,* Zukunftsfragen des deutschen Steuerrechts, 2009, 39 (71 f.) sieht es als Verbürgung der Berufsausübungsfreiheit an, dass die Umsatzsteuer typischerweise weitergereicht werden kann. *Pieroth/Schlink/Kingreen/Poscher,* Grundrechte, 2014[30], Rn. 896 bejahen einen Eingriff erst, wenn der Beruf durch die Steuer wirtschaftlich „erdrosselt" wird.

1057 Näher zur Frage, wann eine Steuer mehr als nur unerhebliche Berufswirkungen aufweist, *Hohmann,* DÖV 2000, 406 (416 Fn. 93).

1058 BVerfG v. 8.2.1962, BVerfGE 32, 311 (317); ähnlich v. 12.10.1977, BVerfGE 46, 120 (137).

1059 BVerfG v. 26.6.2002, BVerfGE 105, 252; v. 17.12.2002, BVerfGE 106, 275; v. 20.4.2004, BVerfGE 110, 274 (288).

1060 BVerwG v. 19.12.1963, BVerwGE 17, 306 (309); v. 30.8.1968, BVerwGE 30, 191 (198); v. 23.3.1982, BVerwGE 65, 167 (174); v. 17.5.1988, BVerwGE 79, 326 (329); BFH v. 15.10.1997, BFHE 184, 212 (220). Anders aber BVerwG v. 12.12.1967, BVerwGE 28, 295 (299): „Das Ladenschlussgesetz schränkt also die *Wettbewerbsfreiheit* der Verkaufsstelleninhaber und damit ihre *Berufsausübung* nur soweit ein, als es die sozialpolitischen Belange der Arbeitnehmer erfordern" (Hervorhebungen nur hier); v. 18.4.1985, BVerwGE 71, 183 (189). Ebenso *Hofmann,* in: *Schmidt-Bleibtreu/Hofmann/Henneke,* GG, 2014[13], Art. 2 GG Rn. 26; *Kunig,* in: *v. Münch/Kunig,* GG, Bd. 1, 2012[6], Art. 2 Rn. 29.

1061 *Breuer,* in: *Isensee/Kirchhof,* HStR VIII, 2010[3], § 170 Rn. 132; *Cornils,* in: *Isensee/Kirchhof,* HStR VII, 2009[3], § 168 Rn. 55; *Dreier,* GG, 2013[3], Bd. I, Art. 2 I Rn. 36; *Mann,* in: *Sachs,* GG, 2014[7], Art. 12 Rn. 79; *Scholz,* in: *Maunz/Dürig,* Art. 12 (Juni 2006) Rn. 123; *Wernsmann,* Die Verwaltung 2003, 67 (92) mwN. Differenzierend *di Fabio,* in: *Maunz/Dürig,* Art. 2 (Juli 2001) Rn. 116, *Jarass,* in: *Jarass/Pieroth,* GG, 2014[13], Art. 12 GG Rn. 21 f., wonach Art. 12 Abs. 1 GG nur bei einer berufsregelnden Tendenz der die berufliche Wettbewerbsausübung einschränkenden Maßnahme greife.

behindert wird".[1062] Erforderlich sei aber eine hinreichend erhebliche Eingriffsintensität.[1063] Nach überzeugender Ansicht überschreiten spürbare Wettbewerbsbeeinträchtigungen diese Schwelle.[1064] Demnach kann auch eine neutralitätswidrige Umsatzbesteuerung in die Wettbewerbsfreiheit eingreifen:[1065] Werden von konkurrierenden Unternehmern angebotene, gleichartige Ausgangsleistungen in großem Maße unterschiedlich hoch mit Umsatzsteuer belastet, erlangt der Erbringer des niedriger besteuerten Umsatzes einen wettbewerbsrelevanten Vorteil gegenüber seinem Konkurrenten; wenn der Unternehmer nicht oder nur unvollständig von der auf seinen Eingangsleistungen ruhenden Vorsteuer entlastet wird und sich die Steuerbelastung abhängig von der Anzahl der weiteren Umsatzstufen kumuliert, können ebenfalls spürbare Wettbewerbsverzerrungen entstehen. Es drohen also rechtfertigungsbedürftige Eingriffe in die in Art. 12 Abs. 1 GG verbürgte Wettbewerbsfreiheit, wenn die Ausgestaltung oder der Vollzug der Umsatzsteuer die Neutralitätsprinzipien missachten.[1066]

Kurzum: Art. 12 Abs. 1 GG gebietet aus Sicht des Unternehmers die Neutralität der Umsatzsteuer. Neutralitätsverstöße sind rechtfertigungsbedürftig, soweit sie zu einer generellen Belastung von Unternehmern einer bestimmten Berufsgruppe oder zu spürbaren Wettbewerbsbeeinträchtigungen zwischen konkurrierenden Unternehmern führen.

1062 BVerfG v. 25.3.1992, BVerfGE 86, 28 (37). Zu eng dagegen BVerwG v. 23.3.1982, BVerwGE 65, 167 (173), das für einen Eingriff in Art. 12 Abs. 1 GG eine Existenzgefährdung des Unternehmers durch den Wettbewerbsvorsprung seines Konkurrenten fordert. Kritisch hierzu *Wernsmann,* Die Verwaltung 2003, 67 (94 f.).

1063 BVerfG v. 25.3.1992, BVerfGE 86, 28 (38).

1064 *Manssen,* in: *v. Mangoldt/Klein/Starck,* GG, 2010[6], Art. 12 Abs. 1 Rn. 100; *Jarass,* in: *Jarass/Pieroth,* GG, 2014[13], Art. 12 Rn. 22; *Wernsmann,* Die Verwaltung 2003, 67 (95).

1065 Das BVerfG hat – wenn auch außerhalb des Steuerrechts – eine nicht wettbewerbsneutrale Ausübungsregelung als intensiven Eingriff in Art. 12 Abs. 1 GG gewertet, BVerfG v. 25.3.1992, BVerfGE 86, 28 (39).

1066 Im Erg. ebenso *Becker,* Ortsbestimmung von sonstigen Leistungen, 2011, S. 62; *Englisch,* in: *Schön,* Zukunftsfragen des deutschen Steuerrechts, 2009, 39 (70); *Kurzenberger,* Geschäftsveräußerung im Ganzen, 2012, S. 78. *Fischer,* Die Rechtfertigung einer Umsatzbesteuerung und ihre Vereinbarkeit mit den Grundrechten, 2007, S. 157 sieht in unterschiedlichen Steuersätzen für substituierbare Leistungen sowie in unechten Steuerbefreiungen für bestimmte Berufsgruppen Eingriffe in Art. 12 Abs. 1 GG. *Canz,* Umsatzbesteuerung der öffentlichen Hand, 2013, S. 107, hält u.U. einen Eingriff in Art. 12 Abs. 1 GG für möglich, wenn ein privater Unternehmer mit Umsatzsteuer belastet wird, sein öffentlicher Konkurrent dagegen nicht. *Tipke,* StuW 1992, 103 (118) bejaht – ohne Bezugnahme auf Art. 12 Abs. 1 GG – einen „Eingriff in den Wettbewerb", wenn substituierbare Güter unterschiedlich hoch belastet werden. *Wernsmann,* Die Verwaltung 2003, 67 (95) schließt allgemein von einer spürbaren Wettbewerbsbeeinträchtigung, die durch die Bevorzugung eines Dritten entsteht, auf einen Eingriff in Art. 12 Abs. 1 GG des Konkurrenten.

In der – insbesondere jüngeren – Rechtsprechung des BVerfG zum Steuerrecht und speziell zum Umsatzsteuerrecht spielt Art. 12 Abs. 1 GG neben Art. 3 Abs. 1 GG und der daraus abgeleiteten „Wettbewerbsneutralität" indes nur eine untergeordnete Rolle.[1067] Dagegen vermag Art. 12 Abs. 1 GG die unternehmerischen Interessen allgemein besser zu schützen: Art. 3 Abs. 1 GG ist ergebnisoffen;[1068] er verleiht dem Unternehmer keinen Anspruch, wie ein anderer, vergleichbarer Unternehmer begünstigt zu werden, wenn dieser künftig ebenso nicht mehr begünstigt wird.[1069] Der Gleichheitssatz kann den Unternehmer deshalb nicht etwa davor schützen, dass extrem hohe Steuersätze bestimmte Leistungen derart verteuern, sodass sie den Unternehmer zwingen, seine berufliche Tätigkeit, im Rahmen derer er diese Leistungen vertreibt, aufzugeben.[1070] Außerdem stellt Art. 3 Abs. 1 GG im Bereich des Steuerrechts auf eine gerechte Verteilung der Steuerlasten ab, die nach der Konzeption der Umsatzsteuer aber die Verbraucher tragen. Den Unternehmer berührt die Umsatzsteuer dagegen aufgrund seiner beruflichen Betätigung; diese löst dessen Pflicht, die Umsatzsteuer für den Staat zu vereinnahmen, erst aus.

Deshalb unterliegt die Freiheit des Unternehmers, eine berufliche Tätigkeit – trotz der Pflicht zur Abführung von Umsatzsteuer – aufzunehmen und im freien Wettbewerb auszuüben, dem Schutz des Art. 12 Abs. 1 GG.[1071] Diese Freiheit ist wiederum nur gewährleistet, wenn die Umsatzsteuer nicht verzerrend wirkt, sondern sich gegenüber der Belastung des Unternehmers neutral verhält.

b. Art. 14 Abs. 1 GG

Solange die Neutralitätspostulate beachtet werden, gelingt dem Unternehmer im Regelfall eine Überwälzung der Umsatzsteuer auf den Verbraucher. Bei einer Umsatzbesteuerung entgegen den Neutralitätsprinzipien droht dem Unternehmer

---

1067 Zutreffend *Hohmann,* DÖV 2000, 406: „statt dessen wird eher die Zuflucht zu Art. 3 Abs. 1 GG genommen." Zu Beispielen aus der Rspr. vgl. oben unter Kapitel 2 B II 2 c aa. Soweit ersichtlich, prüft das Gericht die Vereinbarkeit einer umsatzsteuerlichen Norm mit dem GG lediglich in BVerfG v. 11.2.1992, BVerfGE 85, 238 (246 f.) (ermäßigter Steuersatz auf Taxiunternehmen, nicht jedoch für Mietwagen) nicht nur an Art. 3 Abs. 1 GG, sondern auch an Art. 12 Abs. 1 GG. Zur geringen Bedeutung des Art. 12 Abs. 1 GG für die Überprüfung steuerlicher Normen vgl. *Kiehne,* Grundrechte und Steuerordnung in der Rechtsprechung des Bundesverfassungsgerichts, 2004, S. 62 f.

1068 BVerfG v. 28.11.1967, BVerfGE 22, 349 (361).

1069 Dazu ausführlich *Wernsmann,* Die Verwaltung 2003, 67 (72 f.).

1070 So BVerfG v. 22.5.1963, BVerfGE 16, 147 (163), wenn auch im konkreten Fall (Sonderbesteuerung des Werkfernverkehrs) verneint; *Hohmann,* DÖV 2000, 406 (412).

1071 *Englisch,* Wettbewerbsgleichheit im grenzüberschreitenden Handel, 2008, S. 526; *Hohmann,* DÖV 2000, 406 (412). AA *Fischer,* Die Rechtfertigung einer Umsatzbesteuerung und ihre Vereinbarkeit mit den Grundrechten, 2007, S. 164, 199 ff., der das Recht der Unternehmer auf gleiche Wettbewerbschancen Art. 3 Abs. 1 GG entnimmt.

dagegen eine Belastung gleich einem Steuerträger. Hierin wird zum Teil eine Beeinträchtigung der Eigentümerfreiheit gesehen.[1072] Ob der Vermögensentzug, der mit der Belastung durch Steuern einhergeht, tatsächlich einen Eingriff in Art. 14 Abs. 1 GG des Unternehmers begründet, ist indes nicht unumstritten.

Der Erste Senat des BVerfG sowie ein großer Teil der Literatur unterstellen das Vermögen als Ganzes nicht dem Schutz des Art. 14 Abs. 1 GG, sondern „nur" des Art. 2 Abs. 1 GG.[1073] Allerdings schütze Art. 14 Abs. 1 GG vor einer erdrosselnden Besteuerung.[1074]

Dagegen bejaht der Zweite Senat des BVerfG eine Beeinträchtigung der Eigentümerfreiheit, wenn der Steuerzugriff tatbestandlich an das Innehaben von vermögenswerten Rechtspositionen anknüpft.[1075] Etwas weniger weitgehend entnimmt ein Teil des Schrifttums Art. 14 Abs. 1 GG nur dann einen Maßstab für das Steuerrecht, soweit Steuern an den Bestand, die Nutzung oder die Verfügung – nicht aber den Erwerb – von Eigentum anknüpfen.[1076]

Anknüpfungspunkt der Umsatzsteuerpflicht ist jedoch nicht das Innehaben von Eigentumsrechten, sondern die Ausübung einer gewerblichen oder beruflichen Tätigkeit, § 2 Abs. 1 Satz 1 UStG. Wird einem steuerpflichtigen Unternehmer das Ausführen seiner Umsätze praktisch unmöglich gemacht, weil er entgegen der Belastungsintention übermäßig mit Umsatzsteuer belastet wird, liegt hierin eine Erdrosselung seiner beruflichen Betätigung. Deshalb greift eine neutralitätswidrige

---

1072 *Fischer,* Die Rechtfertigung einer Umsatzbesteuerung und ihre Vereinbarkeit mit den Grundrechten, 2007, S. 126; *Löhr,* Das umsatzsteuerrechtliche Optionsrecht für Vermietungsumsätze, 2003, S. 365.

1073 BVerfG v. 8.4.1987, BVerfGE 75, 108 (154); v. 31.5.1988, BVerfGE 78, 232 (243) mwN; v. 8.4.1997, BVerfGE 95, 267 (300 f.); v. 17.7.2003, BVerfGE 108, 186 (233 f.). Ebenso *Antoni,* in: *Hömig,* GG, 2013[10], Art. 14 Rn. 6; *Hofmann,* in: *Schmidt-Bleibtreu/Hofmann/Henneke,* GG, 2014[13], Art. 14 GG Rn. 13; *Papier,* in: *Maunz/Dürig,* GG, Art. 14 GG (Juli 2010) Rn. 160 f.; *Wernsmann,* Verhaltenslenkung in einem rationalen Steuersystem, 2005, S. 347; *ders.,* in: *Hübschmann/Hepp/Spitaler,* AO/FGO, § 4 AO (November 2014) Rn. 545 ff. mwN; *ders.,* NJW 2006, 1169 (1172).

1074 BVerfG v. 8.3.1983, BVerfGE 63, 312 (327); v. 31.5.1990, BVerfGE 82, 159 (190). *Wernsmann,* NJW 2006, 1169 (1172 f.) sieht darin keinen Widerspruch, sondern betont, dass der Besteuerung neben dem Vermögensentzug die Wirkung einer Verhaltensbeeinflussung zukomme und nur letztere dem Schutzbereich des Art. 14 Abs. 1 GG unterliege. Diese Gestaltungswirkung wiederum trete bei einer erdrosselnden Steuer zutage. Vgl. dazu bereits Kapitel 1 B II 1 a cc.

1075 BVerfG v. 22.6.1995, BVerfGE 93, 121 (137); v. 18.1.2006, BVerfGE 115, 97 (112 f.), worin es auch die Einkommensteuer an Art. 14 Abs. 1 GG misst; zustimmend *F. Kirchhof,* in: *Merten/Papier,* HGR III, 2009, § 59 Rn. 48; *Mellinghoff,* UR 2013, 5 (14); zu einer ausführlichen Kritik vgl. *Wernsmann,* NJW 2006, 1169 (1170 ff.).

1076 *Jarass,* in: *Jarass/Pieroth,* GG, 2014[13], Art. 14 Rn. 29; *Papier,* in: *Maunz/Dürig,* GG, Art. 14 GG (Juli 2010) Rn. 170; *Pieroth/Schlink/Kingreen/Poscher,* Grundrechte, 2014[30], Rn. 985, die dies als hL bezeichnen.

Umsatzbesteuerung nicht in Art. 14 Abs. 1 GG, sondern vielmehr – wie oben bereits dargestellt – in Art. 12 Abs. 1 GG ein.[1077]

Zwingen die Umsatzsteuerbelastungen einen Unternehmer zur Aufgabe seines Betriebs, könnte überdies das Recht am eingerichteten und ausgeübten Gewerbebetrieb berührt sein.[1078] Indes ist das BVerfG zurückhaltend, das Recht am eingerichteten und ausgeübten Gewerbebetrieb dem Schutzbereich des Art. 14 Abs. 1 GG zu unterstellen.[1079] Jedenfalls begründet eine neutralitätswidrige Umsatzbesteuerung keinen Eingriff in dieses Recht: Zwar mindern Umsatzsteuerbelastungen sowie im Vergleich zu konkurrierenden Unternehmern bestehende Belastungsunterschiede die Umsatzchancen eines Betriebs. Die tatsächliche Absatzmöglichkeit unterliegt aber nicht dem eigentumsrechtlich geschützten Bestand des einzelnen Unternehmens, sondern ist allein der von Art. 12 Abs. 1 GG garantierten Erwerbstätigkeit zuzurechnen.[1080]

Die Neutralität lässt sich also nicht aus dem Eigentumsgrundrecht des Unternehmers ableiten.

c. *Art. 9 Abs. 1 GG*

Art. 9 Abs. 1 GG gewährt dem Einzelnen das Recht, Vereine und Gesellschaften zu gründen. Der EuGH betrachtet es als Gebot des Neutralitätsgrundsatzes, Unternehmen unabhängig von ihrer Rechtsform umsatzsteuerlich gleich zu behandeln.[1081] Insoweit könnte das Besteuerungsprinzip der Neutralität verfassungsrechtlich in Art. 9 Abs. 1 GG verankert sein.

Das BVerfG hat in seiner *Schwarzwaldklinik*-Entscheidung das Prinzip der Rechtsformneutralität im Umsatzsteuerrecht indes nicht Art. 9 Abs. 1 GG, sondern Art. 3 Abs. 1 GG entnommen.[1082] Folglich bezeichnet ein Teil der Literatur das Gebot der

---

1077 Auch *Jarass*, in: *Jarass/Pieroth*, GG, 2014[13], Art. 14 Rn. 29; *Papier*, in: *Maunz/Dürig*, GG, Art. 14 GG (Juli 2010) Rn. 170; *Wernsmann*, NJW 2006, 1169 (1173) halten Art. 12 Abs. 1 GG für das vorrangige Grundrecht, soweit Steuern an die Ausübung einer beruflichen Tätigkeit anknüpfen. AA *Fischer*, Die Rechtfertigung einer Umsatzbesteuerung und ihre Vereinbarkeit mit den Grundrechten, 2007, S. 126; *Löhr*, Das umsatzsteuerrechtliche Optionsrecht für Vermietungsumsätze, 2003, S. 365.

1078 *Canz*, Umsatzbesteuerung der öffentlichen Hand, 2013, S. 108 am Beispiel des privaten Unternehmers, der mit der umsatzsteuerbefreiten öffentlichen Hand im Wettbewerb steht.

1079 Dies offen lassend BVerfG v. 6.10.1987, BVerfGE 77, 84 (118); v. 12.11.1997, BVerfGE 96, 375 (397); v. 26.6.2002, BVerfGE 105, 252 (278); v. 10.6.2009, NVwZ 2009, 1426 (1428). Dafür plädieren *Axer*, in: *Epping/Hillgruber*, BeckOK GG, Art. 14 Rn. 51 ff.; *Papier*, in: *Maunz/Dürig*, GG, Art. 14 GG (Juli 2010) Rn. 95 ff. mwN.

1080 BVerfG v. 31.10.1984, BVerfGE 68, 193 (222 f.); v. 6.10.1987, BVerfGE 77, 84 (118); v. 26.6.2002, BVerfGE 105, 252 (278).

1081 Vgl. Kapitel 2 A II 2 a mwN aus der Rspr. des EuGH.

1082 BVerfG v. 10.11.1999, BVerfGE 101, 151 (Ls.); vgl. dazu bereits unter Kapitel 2 B II 1 b aa. Verwirrend *Fischer*, Die Rechtfertigung einer Umsatzbesteuerung und

rechtsformneutralen Besteuerung als gleichheitsrechtliches Verfassungsprinzip.[1083] Einem allgemeinen, aus Art. 3 Abs. 1 GG abgeleiteten Verfassungsgebot der Rechtsformneutralität im Sinne einer gleichen (einkommen-)steuerlichen Behandlung der verschiedenen Rechtsformen hat das BVerfG jedoch eine Absage erteilt.[1084] Lediglich im Umsatzsteuerrecht dürfe die Rechtsform kein Differenzierungsgrund für eine Umsatzsteuerbefreiung sein, da die Steuerbefreiungen ausweislich der Belastungsentscheidung der Umsatzsteuer auf eine Entlastung nicht des Unternehmers, sondern des Verbrauchers zielen; für die Höhe von deren Belastung könne es nicht auf die Rechtsform des leistenden Unternehmers ankommen.[1085] Gerade angesichts dieser Belastungsintention überzeugt es deshalb nicht, eine rechtsformabhängige Umsatzbesteuerung am Gleichheitsgrundrecht des *Unternehmers* zu überprüfen.[1086] Vielmehr ist ein Schutz des Unternehmers vor einer rechtsformabhängigen Besteuerung in dessen Freiheitsgrundrechten zu suchen.

Der Schutzbereich des Art. 9 Abs. 1 GG umfasst die organisatorische Selbstbestimmung der Vereinigung, zu der insbesondere die Wahl der Rechtsform zählt.[1087] Teilweise wird die berufliche Tätigkeit in rechtlich organisierter Form bereits dem Schutzbereich des Art. 12 Abs. 1 GG als speziellerem Grundrecht unterstellt.[1088]

---

ihre Vereinbarkeit mit den Grundrechten, 2007, S. 173, der diese Entscheidung unter den Themenkomplex „Art. 9 GG und Umsatzbesteuerung“ fasst, obwohl das BVerfG Art. 9 GG nicht einmal anprüft. *Pelka,* StuW 2000, 389 (393) entnimmt der Entscheidung den Vorrang des Art. 3 GG vor Art. 9 GG, soweit die externe Betätigung einer Vereinigung am Markt und damit der Wettbewerb betroffen ist.

1083 Jeweils betreffend die gleiche einkommensteuerliche Belastung von Gewinnen bei Kapitalgesellschaften und Personengesellschaften *Schön,* StuW 2000, 151 (152); *Hüttemann,* in: DStJG 23 (2000), S. 127 (145); *Jachmann,* in: DStJG 23 (2000), S. 9 (11 ff.), die die Rechtsformneutralität aus dem Leistungsfähigkeitsprinzip und damit aus Art. 3 Abs. 1 GG ableitet. *Kirchhof,* StuW 2002, 3 (11); *ders.,* in: DStJG 25 (2002), S. 1 (7) bezeichnet die Rechtsformneutralität als aus Art. 3 Abs. 1 GG entwickeltes und durch Art. 9 Abs. 1 GG verschärftes Verfassungsgebot; ähnlich *Stadie,* Umsatzsteuerrecht, 2005, Rn. 1.44, der für das Gebot der Rechtsformneutralität im Umsatzsteuerrecht auf Art. 3 Abs. 1 GG *und* Art. 9 Abs. 1 GG abstellt. AA *Birk,* StuW 2000, 328 (333), der eine Ableitung der rechtsformneutralen Behandlung von Unternehmensgewinnen aus Art. 3 Abs. 1 GG verneint.

1084 BVerfG v. 21.6.2006, BVerfGE 116, 164 (197) zur Verfassungsmäßigkeit des § 32c EStG.

1085 BVerfG v. 21.6.2006, BVerfGE 116, 164 (199).

1086 Vgl. Kapitel 2 B II 3 a bb.

1087 BVerfG v. 1.3.1979, BVerfGE 50, 290 (354); v. 15.6.1989, BVerfGE 80, 244 (252 f.); *Pieroth/Schlink/Kingreen/Poscher,* Grundrechte, 2014[30], Rn. 788; *Scholz,* in: *Maunz/Dürig,* Art. 9 (Februar 1999) Rn. 84.

1088 BVerfG v. 4.7.1989, BVerfGE 80, 269 (278) betreffend Sozietätsverbote für Anwaltsnotare; *Mann,* in: *Sachs,* 2014[7], Art. 12 Rn. 79; *Pelka,* StuW 2000, 389 (393) für den Fall der rechtlichen Vorgabe oder des Ausschlusses einer bestimmten gesellschaftlichen Rechtsform.

Tatsächlich ergänzen sich die Wirkungen des Art. 9 Abs. 1 GG und des Art. 12 Abs. 1 GG gegenseitig:[1089] Art. 12 Abs. 1 GG schützt die Freiheit des Unternehmers, eine berufliche Tätigkeit auszuüben. Art. 9 Abs. 1 GG erlaubt dem Unternehmer, dieser Tätigkeit entweder außerhalb jeglichen Zusammenschlusses als Einzelunternehmer (negative Vereinigungsfreiheit) oder aber in einer von ihm gewählten Form der Vereinigung mit anderen gemeinschaftlich nachzugehen.[1090]

Ein Eingriff in Art. 9 Abs. 1 GG wird zum Teil bereits dann bejaht, wenn Unternehmer abhängig von ihrer Rechtsform hinsichtlich der Umsatzbesteuerung privilegiert bzw. benachteiligt werden. Dies sei denkbar, wenn das Umsatzsteuerrecht hinsichtlich der Steuerpflicht, der Steuerbefreiung oder des Vorsteuerabzugs an die Rechtsform des Unternehmers anknüpfe und dadurch bestimmte Zusammenschlüsse attraktiver mache als andere.[1091]

Dieser Ansatz vermag jedoch nicht zu überzeugen. Ein Eingriff liegt zwar nicht erst bei einem rechtlichen Verbot einer bestimmten Rechtsform für einen Berufszweig vor, sondern kann auch bei faktischen Behinderungen gegeben sein.[1092] Diese müssen aber eine gewisse Intensität aufweisen.[1093] Art. 9 Abs. 1 GG schützt den Unternehmer damit keinesfalls vor jedweder Besserstellung rechtlich anders organisierter Unternehmen. Insbesondere gewährleistet Art. 9 Abs. 1 GG auch keine Entscheidungsneutralität in dem Sinne, dass jede vom Schutzbereich umfasste Entscheidung für eine bestimmte Rechtsform dieselben steuerlichen Folgen nach sich zieht.[1094] Den Gesetzgeber trifft deshalb aus Art. 9 Abs. 1 GG keine Verpflichtung, Unternehmer unterschiedlicher Rechtsformen gleich zu besteuern. In die Vereinigungsfreiheit wird nicht eingegriffen, wenn das Umsatzsteuerrecht Anreize für eine bestimmte Form der Grundrechtsausübung – mitunter für die Wahl einer bestimmten Rechtsform – setzt.[1095]

1089 *Scholz*, in: *Maunz/Dürig*, Art. 9 (Februar 1999) Rn. 39 spricht insoweit von „Grundrechtskombination".

1090 *Kirchhof*, StuW 2000, 221 (230 f.).

1091 *Fischer*, Die Rechtfertigung einer Umsatzbesteuerung und ihre Vereinbarkeit mit den Grundrechten, 2007, S. 172.

1092 Dieser sog. moderne Eingriffsbegriff wurde der Prüfung des Art. 12 Abs. 1 GG (Kapitel 2 B III 1 a) zugrunde gelegt.

1093 *Cornils*, in: *Epping/Hillgruber*, BeckOK GG, Art. 9 Rn. 17; *Jarass*, in: *Jarass/Pieroth*, GG, 2014[13], Art. 9 Rn. 12. Zur erforderlichen Eingriffsintensität im Rahmen des Art. 12 Abs. 1 GG vgl. *Wernsmann*, Die Verwaltung 2003, 67 (94 f.).

1094 Allgemein kritisch zu einem Verfassungsgebot der Entscheidungsneutralität *Wernsmann*, Verhaltenslenkung in einem rationalen Steuersystem, 2005, S. 264 f., 304 ff., 362 ff.

1095 So aber das BVerfG, das für eine Gleichbehandlung der verschiedenen Arten der Grundrechtsausübung im Rahmen des Art. 6 Abs. 1 GG (Betreuung der Kinder durch Eltern oder durch Dritte) plädiert, BVerfG v. 10.11.1998, BVerfGE 99, 216 (231 f.). Kritisch *Wernsmann*, Verhaltenslenkung in einem rationalen Steuersystem, 2005, S. 307.

Nach der Rechtsprechung des BVerfG gewährleistet Art. 9 Abs. 1 GG keinen Bestandsschutz für eine bestimmte Rechtsform, wohl aber die Funktionsfähigkeit der vom Gesetzgeber gegenwärtig zur Verfügung gestellten Organisationsformen.[1096] Ausgehend davon ist ein Eingriff in die Vereinigungsfreiheit des Unternehmers jedenfalls dann zu bejahen, wenn die umsatzsteuerrechtlichen Wirkungen eine Betätigung in einer rechtlich zulässigen Rechtsform derart behindern, dass diese wirtschaftlich praktisch unmöglich – erdrosselt – wird und der Unternehmer zu einem Rechtsformwechsel gezwungen wird.[1097] Art. 9 Abs. 1 GG schützt auch die negative Vereinigungsfreiheit, soweit es sich um privatrechtliche Vereinigungen handelt.[1098] Ein Eingriff in Art. 9 Abs. 1 GG liegt folglich ebenso dann vor, wenn das Umsatzsteuerrecht einen Einzelunternehmer derart benachteiligt, dass er wirtschaftlich zur Gründung einer Vereinigung gedrängt wird.

Deshalb schützt Art. 9 Abs. 1 GG i.V.m. Art. 12 Abs. 1 GG nicht vor jeder Beeinträchtigung, wohl aber vor einer Erdrosselung der beruflichen Betätigung, die in einer bestimmten (Rechts-)Form ausgeübt wird. Der Grundsatz der Neutralität wurzelt also nur insoweit in Art. 9 Abs. 1 GG, als er rechtsformabhängige Unterschiede in der Besteuerung verbietet, die Gestaltungswirkungen auszulösen vermögen.[1099] Dahinter zurückbleibende Belastungsunterschiede verletzen dagegen nur das Gleichheitsgrundrecht des Verbrauchers, das einer unterschiedlichen Belastung abhängig von der Rechtsform des leistenden Unternehmers entgegensteht.[1100]

2. Der Schutz des Unternehmers durch die GRCh, insbesondere durch Art. 16 GRCh

Für die europäische Umsatzsteuer sowie für große Teile des deutschen Umsatzsteuerrechts[1101] wird der Grundrechtsschutz nicht mehr durch die nationalen Grundrechte, sondern vielmehr durch die europäischen Grundrechte gewährleistet. Deshalb ist der Schutz des Unternehmers vor einer neutralitätswidrigen Umsatzbesteuerung vorrangig in den Verbürgungen der europäischen GRCh zu suchen.

1096 BVerfG v. 1.3.1979, BVerfGE 50, 290 (355).

1097 So für den Bereich der Unternehmensbesteuerung *Birk*, StuW 2000, 328 (334); *Kirchhof*, StuW 2000, 221 (231), wonach das Steuerrecht einen Statuswechsel nicht veranlassen dürfe; *ders.*, in: DStJG 25 (2002), 1 (8); *ders.*, AöR 128 (2003), 1 (28); *Pelka*, StuW 2000, 389 (398).

1098 *Pieroth/Schlink/Kingreen/Poscher*, Grundrechte, 2014[30], Rn. 789 mwN.

1099 Vgl. zu Gestaltungswirkungen der Besteuerung als mittelbar-faktischer Eingriff in die Freiheitsrechte *Wernsmann*, Verhaltenslenkung in einem rationalen Steuersystem, 2005, S. 348 ff. sowie unter Kapitel 1 B II 1 a cc.

1100 Ebenso *Becker*, Ortsbestimmung von sonstigen Leistungen, 2011, S. 61.

1101 Das BVerfG prüft Normen des UStG nur dann am GG, soweit die Richtlinie dem nationalen Gesetzgeber einen Umsetzungsspielraum belässt. Ausführlich dazu unter Kapitel 2 B II 1.

Art. 16 GRCh garantiert die unternehmerische Freiheit. Der Gesetzgeber stützt diese Vorschrift auf die Rechtsprechung des EuGH zur Freiheit, eine Wirtschafts- oder Geschäftstätigkeit auszuüben[1102], und zur Vertragsfreiheit[1103] sowie auf den in Art. 119 AEUV niedergelegten Grundsatz des freien Wettbewerbs.[1104] Der grundrechtliche Schutz der unternehmerischen Freiheit entspricht den Verfassungstraditionen aller Mitgliedstaaten.[1105]

Die unternehmerische Freiheit ist neben der Berufsfreiheit (Art. 15 GRCh) und dem Eigentumsrecht (Art. 17 GRCh) eine der drei zentralen, auf Unternehmen anwendbaren europäischen Wirtschaftsgrundrechte.[1106] Diese drei Grundrechte stehen zueinander in einer engen Beziehung. So stellt die unternehmerische Freiheit eine spezielle Ausprägung der Berufsfreiheit dar:[1107] Art. 15 GRCh schützt die Freiheit, sich allgemein beruflich zu betätigen, während Art. 16 GRCh die speziellere Freiheit, *selbständig* wirtschaftlich tätig zu werden, gewährleistet. Trotz teilweiser Überschneidung beider Grundrechte ist Art. 16 GRCh als eigenständiges, zu Art. 15 GRCh vorrangiges – da spezielleres – Grundrecht zu werten.[1108]

Art. 17 GRCh schützt das Eigentum, nicht aber das Vermögen als solches, sodass insbesondere die Verpflichtung, Steuern zu zahlen, nicht dessen Schutzbereich

---

1102 EuGH v. 14.5.1974, Rs. 4/73 (Nold), Rn. 14; v. 27.9.1979, Rs. 230/78 (SpA Eridania), Rn. 20, 31.

1103 EuGH v. 16.1.1979, Rs. 151/78 (Sukkerfabriken Nykoebing), Rn. 19; v. 5.10.1999, Rs. C-240/97 (Spanien/Kommission), Rn. 99.

1104 Erläuterungen zur GRCh (2007/C 303/052) v. 14.12.2007, ABl. 2007 C 303, S. 17, Erläuterung zu Art. 16.

1105 Teilweise enthalten die mitgliedstaatlichen Verfassungen die unternehmerische Freiheit als eigenständiges Grundrecht (vgl. Art. 41 Abs. 1 der italienischen Verfassung), und teilweise – wie etwa in Deutschland – als eine aus anderen Grundrechten abgeleitete Garantie. Für einen Überblick vgl. *Schmidt,* Die unternehmerische Freiheit im Unionsrecht, 2010, S. 74 ff.

1106 *Bernsdorff,* in: *Meyer,* GRCh, 2014[4], Art. 16 GRCh Rn. 1; *Schmidt,* Die unternehmerische Freiheit im Unionsrecht, 2010, S. 168.

1107 GA Trstenjak, SA v. 24.11.2010, Rs. C-316/09 (MSD Sharp & Dohme GmbH), Rn. 83; *Bernsdorff,* in: *Meyer,* GRCh, 2014[4], Art. 16 GRCh Rn. 1, 10; *Blanke,* in: *Tettinger/Stern,* GRCh, 2006, Art. 16 GRCh Rn. 9; *Jarass,* GRCh, 2013[2], Art. 16 GRCh Rn. 4a; *Nowak,* in: *Heselhaus/Nowak,* Handbuch der Grundrechte, 2006, § 30 Rn. 58; *Rengeling/Szczekalla,* Grundrechte in der EU, 2004, Rn. 798; *Streinz,* EUV/AEUV, 2012[2], Art. 15 GRCh Rn. 7, Art. 16 GRCh Rn. 1.

1108 *Jarass,* GRCh, 2013[2], Art. 16 GRCh Rn. 4; *Tettinger,* NJW 2001, 1010 (1014); *Schmidt,* Die unternehmerische Freiheit im Unionsrecht, 2010, S. 185. AA *Bernsdorff,* in: *Meyer,* GRCh, 2014[4], Art. 16 GRCh Rn. 10; *Frenz,* Handbuch Europarecht, Bd. 4, 2009, Rn. 2727, die Art. 15 GRCh für persönlichkeitsbezogene und Art. 16 GRCh für wirtschaftsbezogene Aspekte der unternehmerischen Freiheit für einschlägig halten.

unterfällt.[1109] Die Abgrenzung zwischen Art. 16 GRCh und Art. 17 GRCh folgt gemäß der hM im Schrifttum nach der im deutschen Recht gängigen Formel, wonach das Eigentumsrecht das Ergebnis der Betätigung (das Erworbene), die unternehmerische Freiheit dagegen die Erwerbstätigkeit als solche schützt.[1110] Ob Art. 17 GRCh den eingerichteten und ausgeübten Gewerbebetrieb als Schutzgut erfasst, erscheint zweifelhaft.[1111] Soweit die unternehmerische Betätigungsfreiheit des Gewerbebetriebs betroffen ist, greift jedenfalls Art. 16 GRCh als *lex specialis*.[1112]

Anknüpfungspunkt sowohl der Umsatzsteuerpflicht als auch des Art. 16 GRCh ist die Ausübung einer selbständigen wirtschaftlichen Tätigkeit. Deshalb liegt es nahe zu untersuchen, ob bzw. inwieweit die Neutralitätsgebote das Grundrecht des Unternehmers auf unternehmerische Freiheit konkretisieren.

a. Schutzbereich

Der Schutzbereich des Art. 16 GRCh umfasst die wirtschaftliche Betätigungsfreiheit in all den Ausprägungen, die nach der Rechtsprechung des EuGH bereits vor der Kodifizierung der Grundrechte in der GRCh gewährleistet waren.[1113] Insoweit betrachtete der EuGH die wirtschaftliche Betätigungsfreiheit als einen allgemeinen Grundsatz des Gemeinschaftsrechts.[1114]

1109 Deutlich EuGH v. 21.2.1991, Rs. C-143/88 und C-92/89 (Zuckerfabrik Süderdithmarschen), Rn. 74; *Calliess,* in: *Calliess/Ruffert,* EUV/AEUV, 2011^4, Art. 17 GRCh Rn. 7; *Jarass,* GRCh, 2013^2, Art. 17 GRCh Rn. 22; *Streinz,* EUV/AEUV, 2012^2, Art. 17 GRCh Rn. 6. AA *Frenz,* Handbuch Europarecht, Bd. 4, 2009, Rn. 2857; *Rengeling/Szczekalla,* Grundrechte in der EU, 2004, Rn. 810.

1110 *Bernsdorff,* in: *Meyer,* GRCh, 2014^4, Art. 15 GRCh Rn. 12; *Jarass,* GRCh, 2013^2, Art. 17 GRCh Rn. 4; *ders.,* NVwZ 2006, 1089 (1090); *Rengeling/Szczekalla,* Grundrechte in der EU, 2004, Rn. 781; *Ruffert,* in: *Ehlers,* Europäische Grundrechte und Grundfreiheiten, 2014^4, § 19 Rn. 14; *Streinz,* EUV/AEUV, 2012^2, Art. 15 GRCh Rn. 7. Der EuGH wendet beide Grundrechte dagegen kumulativ an und verzichtet in seiner bisherigen Rspr. auf eine Abgrenzung, vgl. EuGH v. 12.7.2005, Rs. C-154/04 und C-155/04 (Nutri-Link Ltd und Health Food Manufacturers Ltd), Rn. 126.

1111 Unklar insoweit die Rspr. des EuGH, vgl. EuGH v. 6.12.1984, Rs. 59/83 (S.A. Biovilac), Rn. 21 f. Dafür *Frenz,* Handbuch Europarecht, Bd. 4, 2009, Rn. 2843 ff. Dagegen *Jarass,* GRCh, 2013^2, Art. 17 GRCh Rn. 12. Unentschieden *Calliess,* in: *Calliess/Ruffert,* EUV/AEUV, 2011^4, Art. 17 GRCh Rn. 9.

1112 *Jarass,* GRCh, 2013^2, Art. 17 GRCh Rn. 12; *Schmidt,* Die unternehmerische Freiheit im Unionsrecht, 2010, S. 192.

1113 *Ruffert,* in: *Calliess/Ruffert,* EUV/AEUV, 2011^4, Art. 16 GRCh Rn. 1 f.

1114 In EuGH v. 14.5.1974, Rs. 4/73 (Nold), Rn. 14 verwendet der EuGH noch den Begriff der Berufsfreiheit; in EuGH v. 27.9.1979, Rs. 230/78 (SpA Eridania), Rn. 20 wird auf eine Bezeichnung des Grundrechts, das die Ausübung einer wirtschaftlichen Tätigkeit garantiert, verzichtet; in EuGH v. 11.7.1989, Rs. 265/87 (Schräder), Rn. 12 werden Berufsfreiheit und Wirtschaftsfreiheit gemeinsam als einheitliches Grundrecht geprüft; in EuGH v. 21.2.1991, Rs. C-143/88 und C-92/89 (Zuckerfabrik Süderdithmarschen), Rn. 71; v. 14.10.1999, Rs. C-104/97 (Atlanta AG), Rn. 62;

Der EuGH untergliedert Schutzbereich des Art. 16 GRCh in drei Einzelgewährleistungen: die Freiheit, eine Wirtschafts- oder Geschäftstätigkeit auszuüben, die Vertragsfreiheit sowie den freien Wettbewerb.[1115] Die erste Gewährleistung umfasst alle Handlungen, die der Ausübung einer Wirtschaftstätigkeit dienen. Dies reicht von der Freiheit, ein Unternehmen zu gründen (Konstitutionsfreiheit) über das Recht, das Unternehmen selbstbestimmt zu organisieren (Organisationsfreiheit) sowie über Art und Umfang der Produktion zu bestimmen (Produktionsfreiheit), bis hin zur freiverantwortlichen Entscheidung über die Unternehmensführung und den Zeitpunkt der Beendigung einer unternehmerischen Tätigkeit (Dispositionsfreiheit).[1116] Die Organisationsfreiheit beinhaltet dabei insbesondere auch das Recht, die Rechtsform des Unternehmens frei zu wählen. Dieses Recht wird verstärkt durch die Vereinigungsfreiheit aus Art. 12 Abs. 1 GRCh, deren Schutz auch der Zusammenschluss mehrerer Personen im wirtschaftlichen Bereich unterfällt.[1117] Entsprechend der hier für die nationale Ebene vertretenen Ansicht[1118] schützt dieses Recht aber nicht davor, dass die Entscheidung für eine bestimmte Rechtsform aus steuerlichen Gründen nachteiliger ist als die Entscheidung für eine andere Rechtsform.

Die Vertragsfreiheit gewährleistet die freie Wahl des Geschäftspartners sowie die Freiheit der Vertragsgestaltung.[1119] Art. 16 GRCh umfasst ausweislich seiner Begründung auch die Wettbewerbsfreiheit. Umstritten ist jedoch, ob die Wettbewerbsfreiheit tatsächlich als Grundrecht mit subjektiv-rechtlichem Charakter zu verstehen ist. Die Rechtsprechung des EuGH lässt dies offen.[1120] Ein Teil der Literatur lehnt es ab, aus Art. 16 GRCh ein subjektives Recht des Einzelnen auf freien Wettbewerb

v. 30.6.2005, Rs. C-295/03 (Alessandrini Srl), Rn. 86; v. 12.7.2005, Rs. C-154/04 und C-155/04 (Nutri-Link Ltd und Health Food Manufacturers Ltd), Rn. 126 stellt der EuGH dagegen unmittelbar auf die wirtschaftliche Betätigungsfreiheit als Grundrecht ab.

1115 EuGH v. 22.1.2013, Rs. C-283/11 (Sky Österreich), Rn. 42 unter Bezugnahme auf die Erläuterungen zur GRCh (2007/C 303/052) v. 14.12.2007, ABl. 2007 C 303, S. 17, Erläuterung zu Art. 16.

1116 *Blanke*, in: *Tettinger/Stern*, GRCh, 2006, Art. 16 GRCh Rn. 10; *Frenz*, Handbuch Europarecht, Bd. 4, 2009, Rn. 2691 ff.; *Schmidt*, Die unternehmerische Freiheit im Unionsrecht, 2010, S. 185.

1117 *Bernsdorff*, in: *Meyer*, GRCh, 2014^4, Art. 12 GRCh Rn. 16; *Frenz*, Handbuch Europarecht, Bd. 4, 2009, Rn. 2238.

1118 Vgl. Kapitel 2 B III 1 c.

1119 EuGH v. 10.7.1991, Rs. C-90/90 und 91/90 (Neu), Rn. 13; v. 5.10.1999, Rs. C-283/11 (Spanien/Kommission), Rn. 99; *Frenz*, Handbuch Europarecht, Bd. 4, 2009, Rn. 2698 ff.; *Streinz*, EUV/AEUV, 2012^2, Art. 15 GRCh Rn. 7, Art. 16 GRCh Rn. 1.

1120 EuGH v. 7.2.1985, Rs. 240/83 (ADBHU), Rn. 9, worin der freie Wettbewerb als „Grundsatz" und die Handelsfreiheit als „grundrechtliche" Gewährleistung bezeichnet wird; ähnlich v. 21.5.1987, Rs. 133/85 bis 136/85 (Rau), Rn. 15; v. 5.10.1994, Rs. C-280/93 (Deutschland/Rat), Rn. 57. Zu einer genauen Analyse dieser Rspr. vgl. *Schmidt*, Die unternehmerische Freiheit im Unionsrecht, 2010, S. 139 ff.

abzuleiten.[1121] Andere Autoren entnehmen Art. 16 GRCh einen Anspruch der unternehmerisch tätigen Person auf faire und gleiche Wettbewerbsbedingungen.[1122] Für den subjektiven Charakter der Wettbewerbsfreiheit sprechen jedenfalls die Bedeutung des unverfälschten Wettbewerbs im Unionsrecht sowie der ausdrückliche Verweis auf die Wettbewerbsfreiheit in der Begründung zu Art. 16 GRCh. Damit fällt in den Schutzbereich des Art. 16 GRCh jedenfalls die Freiheit des Einzelnen, *in einem freien Wettbewerb* wirtschaftlich tätig zu werden.[1123]

Träger des Grundrechts aus Art. 16 GRCh sind selbständig wirtschaftlich tätige natürliche sowie juristische Personen, wenngleich eine ausdrückliche, mit Art. 19 Abs. 3 GG vergleichbare Erstreckung auf letztere fehlt.[1124] Auch Unternehmen aus Drittstaaten sind in den persönlichen Schutzbereich einbezogen.[1125] Umstritten ist dagegen, ob bzw. inwiefern sich auch juristische Personen des öffentlichen Rechts auf Art. 16 GRCh berufen können.[1126] Für öffentliche Unternehmen muss jedenfalls dann die unternehmerische Freiheit gewährleistet sein, sofern ihnen keine besonderen Rechte zustehen, sondern sie im Wettbewerb mit privaten Unternehmen unter den gleichen Regeln bestehen müssen.[1127]

1121 *Bernsdorff,* in: *Meyer,* GRCh, 2014⁴, Art. 16 GRCh Rn. 14; *Mayer,* in: *Grabitz/Hilf/Nettesheim,* Das Recht der Europäischen Union, nach Art. 6 EUV (Juli 2010), Rn. 196; *Rengeling/Szczekalla,* Grundrechte in der EU, 2004, Rn. 802, der aber eine allmähliche Subjektivierung – ähnlich der Entfaltung der Grundfreiheiten – nicht ausschließt; *Streinz,* EUV/AEUV, 2012², Art. 16 GRCh Rn. 5 f.

1122 *Blanke,* in: *Tettinger/Stern,* GRCh, 2006, Art. 16 GRCh Rn. 11; *Frenz,* Handbuch Europarecht, Bd. 4, 2009, Rn. 2716; *Nowak,* in: *Heselhaus/Nowak,* Handbuch der Grundrechte, 2006, § 31 Rn. 34; *Ruffert,* in: *Calliess/Ruffert,* EUV/AEUV, 2011⁴, Art. 16 GRCh Rn. 2; *ders.,* in: *Ehlers,* Europäische Grundrechte und Grundfreiheiten, 2014⁴, § 19 Rn. 12.

1123 Ebenso *Frenz,* Handbuch Europarecht, Bd. 4, 2009, Rn. 2716; *Nowak,* in: *Heselhaus/Nowak,* Handbuch der Grundrechte, 2006, § 31 Rn. 35, 12; *Schmidt,* Die unternehmerische Freiheit im Unionsrecht, 2010, S. 197.

1124 *Bernsdorff,* in: *Meyer,* GRCh, 2014⁴, Art. 16 GRCh Rn. 16; *Blanke,* in: *Tettinger/Stern,* GRCh, 2006, Art. 16 GRCh Rn. 15; *Frenz,* Handbuch Europarecht, Bd. 4, 2009, Rn. 2671; *Jarass,* GRCh, 2013², Art. 16 GRCh Rn. 11; *Streinz,* EUV/AEUV, 2012², Art. 16 GRCh Rn. 7.

1125 *Bernsdorff,* in: *Meyer,* GRCh, 2014⁴, Art. 16 GRCh Rn. 17; *Blanke,* in: *Tettinger/Stern,* GRCh, 2006, Art. 16 GRCh Rn. 15; *Frenz,* Handbuch Europarecht, Bd. 4, 2009, Rn. 2675. Kritisch *Streinz,* EUV/AEUV, 2012², Art. 16 GRCh Rn. 8, wonach Drittstaatler die unternehmerische Freiheit nur nach Maßgabe der Grundfreiheiten genießen.

1126 Dafür *Bernsdorff,* in: *Meyer,* GRCh, 2014⁴, Art. 16 GRCh Rn. 16. Dagegen *Blanke,* in: *Tettinger/Stern,* GRCh, 2006, Art. 16 GRCh Rn. 16; *Schmidt,* Die unternehmerische Freiheit im Unionsrecht, 2010, S. 172 mit ausführlicher Argumentation. Differenzierend *Ruffert,* in: *Calliess/Ruffert,* EUV/AEUV, 2011⁴, Art. 16 GRCh Rn. 3.

1127 *Jarass,* GRCh, 2013², Art. 16 GRCh Rn. 11, Art. 51 GRCh Rn. 64; *Frenz,* Handbuch Europarecht, Bd. 4, 2009, Rn. 2673 f., der von einer „grundrechtstypischen Gefährdungslage“ spricht.

b. Eingriff durch Durchbrechung der Neutralität

In Art. 16 GRCh wird eingegriffen, wenn „hinreichend direkte und bedeutsame Auswirkungen auf die freie Berufsausübung" vorliegen.[1128] Eingriffe sind sowohl durch normative Regelungen, aber auch durch faktische Maßnahmen möglich.[1129] Die Pflicht zur Entrichtung von Abgaben, die an eine unternehmerische Tätigkeit anknüpft, betrachtet der EuGH als Eingriff in die Berufsausübungsfreiheit.[1130] Demnach kann auch die Umsatzsteuer in die unternehmerische Freiheit eingreifen, soweit die Ausgestaltung oder die Anwendung der Umsatzsteuervorschriften die Neutralitätspostulate missachten:[1131] Dann nämlich droht dem Unternehmer eine Belastung mit Umsatzsteuer; er wird zum Steuerträger.

Haben miteinander konkurrierende Unternehmer wegen einer neutralitätswidrigen Besteuerung unterschiedlich hohe Belastungen zu tragen, herrschen nicht länger freie und gleiche Wettbewerbsbedingungen; sind die nachteiligen Auswirkungen auf seine Wettbewerbslage für den höher belasteten Unternehmer hinreichend spürbar, wird er in seinem Grundrecht auf unternehmerische Freiheit in der Ausprägung der Wettbewerbsfreiheit rechtfertigungsbedürftig verletzt.

Eine den Neutralitätsgrundsatz missachtende Umsatzbesteuerung kann also neben dem Gleichheitsgrundrecht des Verbrauchers auch in das Grundrecht des Unternehmers auf unternehmerische Freiheit eingreifen.[1132] Jedoch ist die Schwelle hierfür höher: Die Belastungen des Unternehmers müssen hinreichend bedeutsame Auswirkungen auf dessen berufliche Betätigung und seine Stellung im Wettbewerb haben. Deshalb erweist sich Art. 16 GRCh nicht als Grundlage des Gebots *völliger* Neutralität, soweit dieses auch einer nur unerheblichen – nicht spürbaren – Belastung des unternehmerischen Bereichs entgegensteht.

IV. Vorgaben des AEUV als primärrechtliche Kodifizierung der äußeren Neutralität

Das Gebot der Neutralität gilt nach der Rechtsprechung des EuGH gerade auch im grenzüberschreitenden Leistungsaustausch (sog. äußere Neutralität):[1133] Für die Höhe der Umsatzsteuerbelastung einer Leistung muss unerheblich sein, ob diese

1128 EuGH v. 23.9.2004, Rs. C-435/02 und C-103/03 (Springer), Rn. 49 (zur Berufsfreiheit); *Jarass*, GRCh, 2013², Art. 16 GRCh Rn. 12; *Frenz,* Handbuch Europarecht, Bd. 4, 2009, Rn. 2734.

1129 *Ruffert,* in: *Calliess/Ruffert,* EUV/AEUV, 2011⁴, Art. 16 GRCh Rn. 10 f.

1130 EuGH v. 11.7.1989, Rs. 265/87 (Schräder), Rn. 18; v. 21.2.1991, Rs. C-143/88 und C-92/89 (Zuckerfabrik Süderdithmarschen), Rn. 76.

1131 Vgl. zu den parallelen Überlegungen zu Art. 12 Abs. 1 GG oben unter Kapitel 2 B III 1 a.

1132 *Becker,* Ortsbestimmung von sonstigen Leistungen, 2011, S. 62 möchte in diesem Kontext von „Wettbewerbsneutralität" sprechen.

1133 Vgl. zu einer ausführlichen Analyse der Rspr. Kapitel 2 A I 3, II 6.

im Inland oder im EU-Ausland produziert wurde.[1134] Das Gebot der äußeren Neutralität verlangt daher, dass der Grenzübertritt von Waren und Dienstleistungen auf deren finale Umsatzsteuerbelastung keinen Einfluss nimmt, mithin neutral bleibt. Der äußeren Neutralität läuft dagegen eine Höher- oder gar Doppelbesteuerung ausländischer Waren und Dienstleistungen zuwider.

Indes dürfen die Überlegungen zur grundrechtlichen Verankerung der Neutralität auf den Bereich der äußeren Neutralität nicht unbesehen übertragen werden: Der Gleichheitssatz kann einer Ungleichbehandlung ausländischer und inländischer Leistungen keine Schranke auferlegen, weil eine kumulierte steuerliche Belastung einer grenzüberschreitend erbrachten Ware oder Dienstleistung regelmäßig sowohl auf das Bestimmungsland als auch auf das Ursprungsland und damit nicht „auf ein und dieselbe Quelle“[1135] zurückzuführen sein wird.[1136] Soweit eine neutralitätswidrige Besteuerung die unionsrechtlichen Freiheitsgrundrechte des grenzüberschreitend tätigen Unternehmers berührt, sind die Grundfreiheiten als speziellere Gewährleistungen vorrangig.[1137] Die Rechtsgrundlagen der äußeren Neutralität bedürfen deshalb einer gesonderten Betrachtung.

Sind Leistungen mit ausländischer Herkunft im Vergleich zu solchen, die im Inland produziert wurden, mit einer höheren Umsatzsteuer belastet, ist für den Unternehmer aufgrund des damit verbundenen Wettbewerbsnachteils eine grenzüberschreitende wirtschaftliche Betätigung weniger attraktiv; der freie Waren- und Dienstleistungsverkehr im Binnenmarkt wird beeinträchtigt.[1138] Die äußere Neutralität erweist sich damit als unerlässliche Voraussetzung eines Binnenmarkts im Sinne des Art. 26 Abs. 2 AEUV.[1139] Der Verwirklichung des Binnenmarkts dienen insbesondere die Grundfreiheiten.[1140] Für den Bereich der warenbezogenen Abgaben findet sich in Art. 110 AEUV ein besonderes, die Warenverkehrsfreiheit ergänzendes Diskriminierungsverbot. Deshalb soll eine Ableitung des Gebots der äußeren Neutralität aus den Diskriminierungsverboten des AEUV versucht werden (1. und 2.).

1134 *Terra/Kajus,* European VAT Directives, Introduction to European VAT, 2009, S. 287; *Tumpel,* in: DStJG 32 (2009), 53 (65).

1135 EuGH v. 17.9.2002, Rs. C-320/00 (Lawrence), Rn. 18 betreffend das Gebot des gleichen Entgelts für Mann und Frau (Art. 157 Abs. 1 AEUV).

1136 Vgl. dazu bereits oben unter Kapitel 2 B II 3 c.

1137 *Ehlers,* Europäische Grundrechte und Grundfreiheiten, 2014[4], § 14 Rn. 22.

1138 Davon zu unterscheiden ist die Konstellation, dass in verschiedenen Mitgliedstaaten erbrachte Leistungen aufgrund der fehlenden Harmonisierung insbesondere der Steuersätze und Steuerbefreiungstatbestände unterschiedliche Umsatzsteuerbelastungen zu tragen haben. Dies betrachtet der EuGH schon nicht als Einschränkung der Neutralität. So ausdrücklich auch der BFH, vgl. BFH v. 2.10.2013, BFH/NV 2014, 189 (190); v. 16.1.2014, BFHE 244, 122 (125).

1139 *Becker,* Ortsbestimmung von sonstigen Leistungen, 2011, S. 63; *Richter,* Die Regelungen zum Vorsteuerabzug, 2012, S. 24.

1140 *Ehlers,* Europäische Grundrechte und Grundfreiheiten, 2014[4], § 7 Rn. 13.

Unterschiede in der Steuerbelastung inländischer und grenzüberschreitend erbrachter Leistungen verfälschen den Wettbewerb.[1141] Für einen unverfälschten Wettbewerb innerhalb des Binnenmarkts sorgt neben den Diskriminierungsverboten auch das Beihilfeverbot aus Art. 107 AEUV. Dies wirft die Frage auf, inwiefern neutralitätswidrige Begünstigungen inländischer Leistungen am Beihilfeverbot zu messen sind (3.).

1. Das Diskriminierungsverbot aus Art. 110 AEUV

Art. 110 AEUV verbietet es den Mitgliedstaaten, auf Waren aus anderen Mitgliedstaaten entweder höhere inländische Abgaben als auf gleichartige inländische Waren (Abs. 1) zu erheben; außerdem sind danach inländische Abgaben untersagt, die geeignet sind, andere Produktionen mittelbar zu schützen (Abs. 2). Die Vorschrift steht allen steuerlichen Maßnahmen entgegen, die die Gleichbehandlung inländischer und eingeführter Erzeugnisse berühren können.[1142] Sie zielt auf die Herstellung steuerlicher Wettbewerbsneutralität im Binnenmarkt[1143] und auf die Gewährleistung des freien Warenverkehrs zwischen den Mitgliedstaaten.[1144]

Art. 110 AEUV ergänzt damit die Warenverkehrsfreiheit aus Art. 34 AEUV.[1145] Dabei geht Art. 110 AEUV als *lex specialis* Art. 34 AEUV vor.[1146] Ausweislich ihres Wortlauts kommt die Vorschrift als Grundlage der äußeren Neutralität nur in Betracht, wenn der grenzüberschreitende *Waren*verkehr betroffen ist. Soweit eine neutralitätswidrige Umsatzsteuerbelastung von Dienstleistungen im Raum steht,

---

1141 *Richter,* Die Regelungen zum Vorsteuerabzug, 2012, S. 24.

1142 EuGH v. 27.2.1980, Rs. 171/78 (Kommission/Dänemark), Ls. 2.

1143 EuGH v. 27.2.1980, Rs. 168/78 (Kommission/Frankreich), Rn.4; v. 27.2.1080, Rs. 169/78 (Kommission/Italien), Rn. 4; *Nieuwenhuis,* UR 2013, 663 (664 f.); *Wernsmann,* in: *Schulze/Zuleeg/Kadelbach,* Europarecht, 2015[3], § 30 Rn. 45; *Waldhoff,* in: *Calliess/Ruffert,* EUV/AEUV, 2011[4], Art. 110 AEUV Rn. 5.

1144 EuGH v. 4.4.1968, Rs. 27/67 (Fink-Frucht); v. 17.6.2003, Rs. C-383/01 (De Danske Bilimportører), Rn. 9.

1145 *Müller-Graff,* in: *von der Groeben/Schwarze,* EUV/EGV, 2003[6], Art. 90 EGV Rn. 6; *Seiler,* in: *Grabitz/Hilf/Nettesheim,* Das Recht der Europäischen Union, Art. 110 AEUV (März 2011) Rn. 4; *Waldhoff,* in: *Calliess/Ruffert,* EUV/AEUV, 2011[4], Art. 110 AEUV Rn. 5; *Wernsmann,* in: *Schulze/Zuleeg/Kadelbach,* Europarecht, 2015[3], § 30 Rn. 45.

1146 St. Rspr. des EuGH; vgl. nur EuGH v. 4.4.1968, Rs. 27/67 (Fink-Frucht); v. 22.3.1977, Rs. 74/76 (Iannelli und Volpi), Rn. 9/10; v. 18.1.2007, Rs. C-313/05 (Brzeziński), Rn. 50. Ebenso *Kamann,* in: *Streinz,* EUV/AEUV, 2012[2], Art. 110 AEUV Rn. 33; *Waldhoff,* in: *Calliess/Ruffert,* EUV/AEUV, 2011[4], Art. 110 AEUV Rn. 22; *Wernsmann,* in: *Schulze/Zuleeg/Kadelbach,* Europarecht, 2015[3], § 30 Rn. 44. Kritisch hierzu *Englisch,* Wettbewerbsgleichheit im grenzüberschreitenden Handel, 2008, S. 655 f., der eine Subsidiarität des Art. 34 AEUV im Verhältnis zu Art. 110 AEUV annimmt.

ist dagegen auf die Dienstleistungsfreiheit aus Art. 56 AEUV abzustellen (dazu zugleich unter 2.).[1147]

a. *Anwendungsbereich und Gewährleistungsgehalt*

Art. 110 AEUV betrifft Abgaben auf Waren[1148], die entweder aus den Mitgliedstaaten oder aus Drittländern stammen und sich in den Mitgliedstaaten im freien Verkehr befinden.[1149] Insoweit gilt der in Art. 28 Abs. 2 AEUV für die Warenverkehrsfreiheit definierte räumliche Anwendungsbereich. Neben den wörtlich genannten „Mitgliedstaaten" begreift der EuGH die Unionsorgane als Adressaten der Vorschrift.[1150] Deshalb sind auch Sekundärrechtsakte am Maßstab des Art. 110 AEUV zu überprüfen.[1151] Der Begriff der Abgabe ist aufgrund des Wortlauts des Art. 110 AEUV („Abgaben gleich welcher Art") weit zu verstehen und umfasst alle warenbezogenen, staatlich auferlegten Geldleistungspflichten wie Steuern, Gebühren oder Beiträge.[1152] Zweifelsohne unterfällt die Umsatzsteuer diesem Abgabenbegriff.[1153] Insbesondere steht einer Anwendung des Art. 110 AEUV nicht entgegen, dass das Umsatzsteuerrecht weitgehend harmonisiert ist.[1154]

Art. 110 Abs. 1 AEUV verbietet eine steuerliche Benachteiligung von ausländischen Waren gegenüber „gleichartigen" inländischen Erzeugnissen. Als „gleichartig" betrachtet der EuGH dabei Waren, die „in den Augen der Verbraucher die gleichen

---

1147 Mangels Regelungslücke bedarf es auch keiner analogen Anwendung des Art. 110 AEUV auf Dienstleistungen, *Englisch,* Wettbewerbsgleichheit im grenzüberschreitenden Handel, 2008, S. 644 f.; *Waldhoff,* in: *Calliess/Ruffert,* EUV/AEUV, 2011[4], Art. 110 AEUV Rn. 10; *Wernsmann,* in: *Schulze/Zuleeg/Kadelbach,* Europarecht, 2015[3], § 30 Rn. 60.

1148 Den Begriff der „Waren" definiert der EuGH in st. Rspr. als körperliche Gegenstände, die im Hinblick auf ein Handelsgeschäft über die Grenze verbracht werden können, vgl. nur EuGH v. 10.12.1968, Rs. 7/68 (Kommission/Italien), Rn. 1.

1149 EuGH v. 7.5.1987, Rs. 193/85 (Co-Frutta), Rn. 24 ff.; v. 17.7.1994, Rs. C-90/94 (Haahr Petroleum), Rn. 26 mwN.

1150 EuGH v. 5.5.1982, Rs. 15/81 (Schul), Rn. 42.

1151 *Wernsmann,* in: *Schulze/Zuleeg/Kadelbach,* Europarecht, 2015[3], § 30 Rn. 47.

1152 *Kamann,* in: *Streinz,* EUV/AEUV, 2012[2], Art. 110 AEUV Rn. 11; *Wernsmann,* in: *Schulze/Zuleeg/ Kadelbach,* Europarecht, 2015[3], § 30 Rn. 50.

1153 EuGH v. 5.5.1982, Rs. 15/81 (Schul), Rn. 27; *Eilers,* in: *von der Groeben/Schwarze,* EUV/EGV, 2003[6], Art. 90 EGV Rn. 19; *Englisch,* Wettbewerbsgleichheit im grenzüberschreitenden Handel, 2008, S. 633 für indirekte Steuern allgemein.

1154 EuGH v. 10.7.1984, Rs. 42/83 (Denkavit), Rn. 27; zustimmend *Englisch,* Wettbewerbsgleichheit im grenzüberschreitenden Handel, 2008, S. 648, der zutreffend darauf hinweist, dass mit „inländischen Abgaben" i.S.d. Art. 110 AEUV nicht vollends im Ermessen der Mitgliedstaaten liegende Abgaben, sondern lediglich innere – in Abgrenzung zu zollähnlichen – Abgaben gemeint sind; ebenso *Schön,* EuR 2001, 216 (219 f.); *Seiler,* in: *Grabitz/Hilf/Nettesheim,* Das Recht der Europäischen Union, Art. 110 AEUV (März 2011) Rn. 17.

Eigenschaften haben und denselben Bedürfnissen dienen".[1155] Die Vorschrift erfasst sowohl offene als auch verdeckte Diskriminierungen und verbietet damit mitgliedstaatliche Regelungen, die entweder formal an die Herkunft der Waren anknüpfen oder typischerweise inländische Waren faktisch begünstigen.[1156] Dagegen entnimmt der EuGH Art. 110 AEUV – anders als den Grundfreiheiten – kein umfassendes Beschränkungsverbot, das unabhängig von einer diskriminierenden Wirkung vor einer überhöhten Besteuerung schützt.[1157] Zwar steht Art. 110 Abs. 1 AEUV einer Benachteiligung inländischer gegenüber ausländischer Waren nicht entgegen (sog. Inländerdiskriminierung).[1158] Jedoch schützt die Vorschrift nach der Rechtsprechung des EuGH vor einer Diskriminierung der Ausfuhr inländischer Waren.[1159]

Fehlt es an einer gleichartigen inländischen Ware, greift Art. 110 Abs. 2 AEUV, soweit ein zumindest potentielles Substitutionswettbewerbsverhältnis zwischen der ausländischen Ware und der inländischen Produktion besteht.[1160] Einen Verstoß gegen Art. 110 Abs. 2 AEUV bejaht der EuGH, wenn die Belastung der ausländischen Ware geeignet ist, „den betreffenden Markt durch eine Verminderung des potentiellen Verbrauchs der eingeführten Erzeugnisse zugunsten der mit ihnen im Wettbewerb stehenden inländischen Erzeugnisse zu beeinflussen".[1161]

b. Diskriminierung durch Durchbrechung der äußeren Neutralität

Nach der Rechtsprechung des EuGH verletzt die Doppelbesteuerung einer innergemeinschaftlich gelieferten Ware den Grundsatz der steuerlichen Neutralität.[1162]

1155 St. Rspr. Vgl. nur EuGH v. 17.2.1976, Rs. 45/75 (Rewe), Rn. 12; v. 27.2.1980, Rs. 168/78 (Kommission/Frankreich), Rn. 9; v. 19.9.2002, Rs. C-101/00 (Tulliasiamies und Antti Siilin), Rn. 56. Vgl. zur ähnlichen Definition der Gleichartigkeit als Definitionsmerkmal der Neutralität Kapitel 2 A II 4 b aa.

1156 *Kamann,* in: *Streinz,* EUV/AEUV, 2012², Art. 110 AEUV Rn. 24; *Waldhoff,* in: *Calliess/Ruffert,* EUV/AEUV, 2011⁴, Art. 110 AEUV Rn. 13 mwN; *Wernsmann,* in: *Schulze/Zuleeg/Kadelbach,* Europarecht, 2015³, § 30 Rn. 55.

1157 EuGH v. 5.4.1990, Rs. C-132/88 (Kommission/Griechenland), Rn. 17; v. 11.12.1990, Rs. C-47/88 (Kommission/Dänemark), Rn. 10. Zustimmend *Eilers,* in: *von der Groeben/Schwarze,* EUV/EGV, 2003⁶, Art. 90 EGV Rn. 45; *Englisch,* Wettbewerbsgleichheit im grenzüberschreitenden Handel, 2008, S. 691.

1158 *Wernsmann,* in: *Schulze/Zuleeg/Kadelbach,* Europarecht, 2015³, § 30 Rn. 56. Allgemein zur Inländerdiskriminierung *Ehlers,* Europäische Grundrechte und Grundfreiheiten, 2014⁴, § 7 Rn. 25 f.; *Wernsmann,* in: *Hübschmann/Hepp/Spitaler,* AO/FGO, § 4 AO (November 2014) Rn. 428 ff.; *ders.,* EuR 1999, 754 (758 f.).

1159 EuGH v. 23.1.1975, Rs. 51/74 (Van der Hulst), Rn. 33/35; v. 29.6.1978, Rs. 142/77 (Statens Kontrol), Rn. 21/27; v. 23.4.2002, Rs. C-234/99 (Nygard), Rn. 41.

1160 *Waldhoff,* in: *Calliess/Ruffert,* EUV/AEUV, 2011⁴, Art. 110 AEUV Rn. 18; *Wernsmann,* in: *Schulze/Zuleeg/Kadelbach,* Europarecht, 2015³, § 30 Rn. 54.

1161 EuGH v. 9.7.1987, Rs. 356/85 (Kommission/Belgien), Rn. 15; v. 11.8.1995, Rs. C-367/93 bis C-377/93 (Roders), Rn. 39.

1162 EuGH v. 27.9.2007, Rs. C-409/04 (Teleos), Rn. 25; v. 27.9.2007, Rs. C-146/05 (Collée), Rn. 23. Vgl. dazu bereits Kapitel 2 A II 6.

Art. 110 AEUV kann deshalb Grundlage der äußeren Neutralität sein, soweit die Vorschrift einer Doppelbesteuerung grenzüberschreitender Warenlieferungen entgegensteht.

Aufschluss darüber liefert die aus dem Jahr 1982 stammende Entscheidung in der Rechtssache *Schul I*. Gegenstand war die Erhebung niederländischer Einfuhrumsatzsteuer auf ein gebrauchtes Sportboot, das ein niederländischer Privatmann von einem privaten Veräußerer aus Frankreich erworben hatte. Da das Boot bereits mit der in Frankreich erhobenen Umsatzsteuer belastet war, kam es zu einer Steuerkumulierung. Der EuGH erblickt darin eine Verletzung des Art. 95 EWGV (jetzt Art. 110 AEUV), da „die Besteuerung bei der Einfuhr in Wirklichkeit eine zusätzliche Abgabe wäre, die die eingeführten Waren stärker belasten würde als gleichartige inländische Waren".[1163] Deshalb müsse die Einfuhrumsatzsteuer um den Restbetrag der Umsatzsteuer verringert werden, mit dem die Ware bei ihrer Einfuhr noch belastet ist, solange ein „System vollkommener Wettbewerbsneutralität, das die vollständige Entlastung bei der Ausfuhr mit sich bringt", noch nicht eingeführt ist.[1164]

Art. 110 AEUV verbietet also eine Doppelbesteuerung mit Umsatzsteuer.[1165] Die Vermeidung einer Doppel- oder Höherbesteuerung innergemeinschaftlicher Warenlieferungen, wie sie der EuGH als Ausprägung des Neutralitätsgrundsatzes begreift, ist deshalb schon primärrechtlich gefordert.[1166]

Dies steht diametral zur Ansicht des Gerichtshofs im Kontext der direkten Steuern. Hier hält er die Mitgliedstaaten beim gegenwärtigen Entwicklungsstand des Unionsrechts gerade nicht für verpflichtet, eine Doppelbesteuerung zu beseitigen.[1167]

1163 EuGH v. 5.5.1982, Rs. 15/81 (Schul I), Rn. 31. Im Ergebnis ebenso EuGH v. 11.12.1984, Rs. 134/83 (Abbink), Rn. 15; v. 21.5.1985, Rs. 47/84 (Schul II), Rn. 16 f.; v. 25.2.1988, Rs. 299/86 (Drexl), Rn. 10; v. 26.2.1991, Rs. C-120/88 (Kommission/Italien), Rn. 6.

1164 EuGH v. 5.5.1982, Rs. 15/81 (Schul I), Rn. 34, 38. *Theile*, Wettbewerbsneutralität der harmonisierten Umsatzsteuer, 1995, S. 55 interpretiert gestützt darauf die Wettbewerbsneutralität als Vermeidung von Doppelbelastungen.

1165 *Kamann*, in: *Streinz*, EUV/AEUV, 2012², Art. 110 AEUV Rn. 22, 25; *Waldhoff*, in: *Calliess/Ruffert*, EUV/AEUV, 2011⁴, Art. 110 AEUV Rn. 13.

1166 *Nieuwenhuis*, UR 2013, 663 (664 f.); *Reiß*, in: FS Tipke, 1995, 433 (440); *Richter*, Die Regelungen zum Vorsteuerabzug, 2012, S. 26, 28; *Tumpel*, in: DStJG 32 (2009), 53 (65). Im Ergebnis ebenso *Demuth/Billau*, BB 2013, 1180 (1184), die die Neutralität jedoch als „Ausfluss des Binnenmarktprinzips" verstehen; *Hoffsümmer*, Steuerbefreiungen für Inlandsumsätze, 2009, S. 28 f., 52, 54, der aber nur allgemein auf die Grundfreiheiten abstellt. In der Tendenz anders *Becker*, Ortsbestimmung von sonstigen Leistungen, 2011, S. 63, die die Vermeidung von Doppelbesteuerung nicht als Ausprägung der Neutralität, sondern nur als primärrechtliches Gebot des Art. 26 AEUV (ohne Bezugnahme auf Art. 110 AEUV) begreift. ME spricht die Rückkoppelung an Art. 110 AEUV dafür, die Vermeidung der Doppelbesteuerung als Ausprägung des *primärrechtlich* verankerten Neutralitätsgrundsatzes zu verstehen.

1167 EuGH v. 14.11.2006, Rs. C-513/04 (Kerckhaert), Rn. 22 f.; v. 12.2.2009, Rs. C-67/08 (Block), Rn. 31. Kritisch hierzu *Wernsmann*, in: FS Bengel und Reimann, 2012, 371

Außerhalb des Anwendungsbereichs des Art. 110 AEUV – mitunter bei rein nationalen Sachverhalten – verneint der EuGH auch für den Bereich der Umsatzsteuer ein allgemeines Verbot der mehrfachen Besteuerung.[1168] Indes vermag es vor dem Hintergrund des Binnenmarktziels nicht zu überzeugen, Doppelbesteuerungsnachteile für grundfreiheitsrechtlich unbedenklich zu halten.[1169] Insbesondere leuchtet es nicht ein, warum der Schutzgehalt der Grundfreiheiten abhängig vom Harmonisierungsgrad differenziert. Vielmehr kommt man nicht umhin, in der Rechtsprechung des EuGH zur rechtlichen Bewertung von Doppelbesteuerungen eine augenfällige Diskrepanz zu erblicken.

Die äußere Neutralität wird im europäischen Umsatzsteuerrecht maßgeblich durch die echte Steuerbefreiung innergemeinschaftlicher Lieferungen verwirklicht (Art. 138 MwStSystRL). Verletzungen der äußeren Neutralität sind daher in erster Linie durch den Herkunftsstaat des grenzüberschreitend liefernden Unternehmers denkbar, wenn dieser dem Unternehmer die Steuerbefreiung der innergemeinschaftlichen Lieferung oder den Vorsteuerabzug auf die dafür verwendeten Eingangsumsätze versagt. Einer solchen Verletzung der äußeren Neutralität steht Art. 110 Abs. 1 AEUV entgegen: So verbietet die Vorschrift auch Maßnahmen des Herkunftsstaates, die die grenzüberschreitende Tätigkeit eigener Staatsangehöriger behindern.[1170]

Der Vermeidung einer internationalen Doppelbesteuerung und damit dem Gebot der äußeren Neutralität dient auch die Richtlinie 2008/9/EG.[1171] Sie verleiht einem Unternehmer, der vorsteuerbelastete Leistungen aus einem Mitgliedstaat bezieht, in dem er weder ansässig noch wirtschaftlich tätig und deshalb nicht vorsteuerabzugsberechtigt ist, einen Anspruch auf Erstattung der Vorsteuer.[1172] Auch diese

---

(378 f.); *ders.*, in: *Schulze/Zuleeg/Kadelbach,* Europarecht, 2015^3, § 30 Rn. 95. Kritisch zur unterschiedlichen Behandlung einer Doppelbesteuerung durch direkte und indirekte Steuern *Englisch,* Wettbewerbsgleichheit im grenzüberschreitenden Handel, 2008, S. 778 ff.

1168 EuGH v. 5.12.1989, Rs. 165/88 (ORO Amsterdam Beheer), Rn. 18.

1169 *Riedl,* Die internationale Doppelbesteuerung im EU-Binnenmarkt, 2012, S. 181, 183 f.; S. 136 f. mwN zum Diskussionsstand im Schrifttum.

1170 Zu Nachweisen aus der Rspr. vgl. oben unter Kapitel 2 B IV 1 a, Fn. 1159. Vgl. dazu auch *Richter,* Die Regelungen zum Vorsteuerabzug, 2012, S. 28; *Wernsmann,* in: *Schulze/Zuleeg/Kadelbach,* Europarecht, 2015^3, § 30 Rn. 56.

1171 Richtlinie des Rates v. 12.2.2008 zur Regelung der Erstattung der Mehrwertsteuer gemäß der Richtlinie 2006/112/EG an nicht im Mitgliedstaat der Erstattung, sondern in einem anderen Mitgliedstaat ansässige Steuerpflicht (2008/9/EG), ABl. 2008 L 44, S. 23 (Mehrwertsteuererstattungsrichtlinie). Diese Richtlinie hob die Richtlinie des Rates v. 6.12.1979 zur Harmonisierung der Rechtsvorschriften der Mitgliedstaaten über die Umsatzsteuern – Verfahren zur Erstattung der Mehrwertsteuer an nicht im Inland ansässige Steuerpflichtige (79/1072/EWG), ABl. 1979 L 331, S. 11 (Achte MwStRL) auf.

1172 So heißt es in EuGH v. 11.6.1998, Rs. C-361/96 (Société générale), Rn. 20, der zweite Erwägungsgrund der Achten MwStRL enthalte den Grundsatz der Neutralität der Umsatzsteuer.

Regelung lässt sich auf das Verbot des Art. 110 Abs. 1 AEUV, eine Ware aufgrund ihres Grenzübertritts steuerlich zu diskriminieren, zurückführen.[1173]

Das Gebot der äußeren Neutralität verlangt eine Besteuerung nach dem Bestimmungslandprinzip, solange die Umsatzsteuersysteme der Mitgliedstaaten noch nicht hinreichend harmonisiert sind.[1174] Auch aus Art. 110 AEUV lässt sich das Bestimmungslandprinzip als allgemeiner Rechtsgedanke ableiten:[1175] So wird einzig eine Anpassung der Umsatzsteuerbelastung an die Verhältnisse im Bestimmungsland dem Diskriminierungsverbot aus Art. 110 Abs. 1 AEUV gerecht; umgekehrt sind insbesondere bei unterschiedlichen Steuersätzen und gleichzeitiger Anwendung des Ursprungslandprinzips eine betragsmäßig unterschiedliche Belastung ausländischer Waren gegenüber inländischen und damit eine Verletzung des Art. 110 AEUV unvermeidbar.

Folglich erweist sich Art. 110 Abs. 1 AEUV als primärrechtlicher Anknüpfungspunkt des Gebots der äußeren Neutralität. Jedoch wird dies aus der Rechtsprechung des EuGH nicht immer auf den ersten Blick deutlich. Teilweise scheint der Gerichtshof die Begriffe der Neutralität und des Diskriminierungsverbots nebeneinander zu verwenden.[1176] Indes betrachtet der EuGH den Grundsatz der Nichtdiskriminierung – wie er insbesondere in Art. 110 Abs. 1 AEUV zum Ausdruck kommt – aber nicht als *aliud*, sondern als Unterfall des Neutralitätsgrundsatzes:[1177] So findet das

---

1173 Der fünfte Erwägungsgrund der Achten MwStRL formuliert ausdrücklich ein Diskriminierungsverbot: „Eine solche Regelung darf nicht dazu führen, dass die Steuerpflichtigen, je nachdem, in welchem Mitgliedstaat sie ansässig sind, unterschiedlich behandelt werden." *Montag*, MwStR 2014, 643 (646) stellt insofern jedoch nicht auf Art. 110 AEUV, sondern auf Art. 18 AEUV ab; vgl. hier auch kritisch zur derzeitigen Praxis des BZSt; *Fischer*, Die Rechtfertigung einer Umsatzbesteuerung und ihre Vereinbarkeit mit den Grundrechten, 2007, S. 280 stellt wiederum auf die Niederlassungsfreiheit ab: Ohne einen Erstattungsanspruch seien die Unternehmen gezwungen, eine Niederlassung im anderen Mitgliedstaat zu begründen oder auf die Erstattung zu verzichten. Eine solch negative Komponente ist Art. 49 AEUV jedoch fremd; vielmehr führt eine fehlende Erstattung zu einer Mehrbelastung der Ware, die nicht Art. 49 AEUV, sondern Art. 110 AEUV zuwiderläuft.

1174 Vgl. dazu Kapitel 2 A II 6.

1175 *Englisch*, Wettbewerbsgleichheit im grenzüberschreitenden Handel, 2008, S. 790 f.

1176 EuGH v. 15.3.2007, Rs. C-35/05 (Reemtsma), Ls. 3; v. 11.6.1998, Rs. C-361/96 (Société générale), Rn. 37, hier jedoch unter hauptsächlicher Bezugnahme auf das Diskriminierungsverbot aus der fünften Begründungserwägung der Achten MwStRL.

1177 So prüft der EuGH in seinem Urteil v. 11.6.1998, Rs. C-361/96 (Société générale), Rn. 37 die Frage, ob die Möglichkeit, bei Abhandenkommen der Originalrechnungen den Nachweis eines Anspruchs auf Erstattung der Vorsteuer durch Vorlage einer Zweitschrift oder Ablichtung der Rechnung zu führen, einem in einem Mitgliedstaat ansässigen und einem nicht ansässigen Steuerpflichtigen gleichmäßig möglich sein muss, nicht mehr im Hinblick auf den Grundsatz der Neutralität, nachdem der Anspruch bereits aus dem Diskriminierungsverbot abgeleitet worden war.

Diskriminierungsverbot nur im grenzüberschreitenden Bereich, die Neutralität dagegen auch auf inländische Sachverhalte Anwendung.[1178]

2. Die Dienstleistungsfreiheit aus Art. 56 AEUV

a. Anwendungsbereich und Gewährleistungsgehalt

Art. 56 AEUV garantiert die Freiheit des Dienstleistungsverkehrs. Die Vorschrift verbietet nicht nur offene Diskriminierungen aus Gründen der Staatsangehörigkeit, sondern steht auch verdeckten Diskriminierungen entgegen, die an andere Merkmale als die Staatsangehörigkeit anknüpfen, typischerweise aber Ausländer benachteiligen.[1179] Eine verdeckte Diskriminierung liegt beispielsweise bei Erschwernissen der Dienstleistungserbringung vor, die der Ansässigkeit des Unternehmers im Ausland geschuldet sind.[1180] Daneben verlangt Art. 56 AEUV die Beseitigung sonstiger, unterschiedslos anwendbarer Beschränkungen grenzüberschreitender Dienstleistungen.[1181]

Art. 56 AEUV umfasst sowohl die Freiheit, sich (vorübergehend) in einen anderen Mitgliedstaat zu begeben und dort Dienstleistungen zu erbringen (aktive Dienstleistungsfreiheit), als auch die Freiheit, Dienstleistungen in einem anderen Mitgliedstaat in Anspruch zu nehmen (passive Dienstleistungsfreiheit). Überdies ist der Fall der Grenzüberschreitung allein der Dienstleistung geschützt (Korrespondenzdienstleistung).[1182] Die Vorschrift schützt einen Dienstleistungserbringer nicht nur vor beschränkenden Maßnahmen des Bestimmungslandes, sondern auch vor Regelungen seines Herkunftsstaats, die es ihm erschweren, seine Dienstleistungen in einem anderen Mitgliedstaat anzubieten.[1183]

Art. 110 AEUV findet weder direkte noch analoge Anwendung auf Dienstleistungen.[1184] So steht der Wortlaut („Waren“) einer direkten Anwendung entgegen. Für eine Analogie fehlt es bereits an einer Regelungslücke: Es greift vielmehr das Verbot der Beschränkung des freien Dienstleistungsverkehrs (Art. 56 AEUV), wenn grenzüberschreitende Dienstleistungen höher (umsatz-)steuerbelastet werden als inländische.[1185]

1178 Ebenso *Nieuwenhuis,* UR 2013, 663 (665).

1179 St. Rspr. Vgl. nur EuGH v. 3.2.1982, Rs. 62/81 und 63/81 (Seco), Rn. 8.

1180 *Müller-Graff,* in: *Streinz,* EUV/AEUV, 2012², Art. 56 AEUV Rn. 80.

1181 EuGH v. 12.12.1996, Rs. C-3/95 (Reisebüro Broede), Rn. 25. Vgl. ausführlich dazu *Kluth,* in: *Calliess/Ruffert,* EUV/AEUV, 2011⁴, Art. 56 AEUV Rn. 54 ff.

1182 Vgl. dazu *Haratsch/Koenig/Pechstein,* Europarecht, 2014⁹, Rn. 998 mwN; *Kluth,* in: *Calliess/Ruffert,* EUV/AEUV, 2011⁴, Art. 56 AEUV Rn. 27 ff.

1183 EuGH v. 5.10.1994, Rs. C-381/93 (Kommission/Frankreich), Rn. 14 mwN; v. 10.5.1995, Rs. C-384/93 (Alpine Investments), Rn. 30; v. 13.12.2007, Rs. C-250/06 (Pan-Europe), Rn. 31.

1184 *Wernsmann,* in: *Schulze/Zuleeg/Kadelbach,* Europarecht, 2015³, § 30 Rn. 60; *Waldhoff,* in: *Calliess/Ruffert,* EUV/AEUV, 2011⁴, Art. 110 AEUV Rn. 9.

1185 *Kamann,* in: *Streinz,* EUV/AEUV, 2012², Art. 110 AEUV Rn. 5; *Wernsmann,* in: *Schulze/Zuleeg/Kadelbach,* Europarecht, 2015³, § 30 Rn. 60.

b. Eingriff durch Durchbrechung der äußeren Neutralität

Art. 56 AEUV ist Grundlage der äußeren Neutralität, soweit die Vorschrift einer neutralitätswidrigen Umsatzbesteuerung grenzüberschreitender Dienstleistungen entgegensteht.

Der EuGH erblickt in der umsatzsteuerlichen Benachteiligung von Unternehmern, die von ihrer passiven Dienstleistungsfreiheit Gebrauch machen, eine verdeckte Diskriminierung. In der Rechtssache *Lease Plan* beantragte eine in Luxemburg ansässige Leasinggesellschaft gestützt auf die Achte MwStRL[1186] die Erstattung der Vorsteuer, die sie in Belgien im Rahmen der Wartung geleaster Fahrzeuge durch belgische Werkstätten entrichtet hatte. Nachdem der Erstattungsanspruch anfangs zu Unrecht abgelehnt worden war, machte die Gesellschaft einen Anspruch auf Zinsen geltend. Der EuGH kommt zu dem Schluss, dass sich *Lease Plan* und ein in Belgien ansässiger Steuerpflichtiger, der regelmäßig wirtschaftlich tätig ist und nach belgischem Recht im Fall der verspäteten Erstattung eines Vorsteuerüberschusses einen Zinsanspruch erlangt, in einer vergleichbaren Situation befinden.[1187] Deshalb sei Art. 56 AEUV dahingehend auszulegen, dass ein Erstattungsanspruch eines in einem anderen Mitgliedstaat ansässigen Steuerpflichtigen ebenso verzinst werden müsse.[1188]

Die Dienstleistungsfreiheit verlangt also, dass auch in grenzüberschreitenden Fällen die Neutralitätspostulate – hier konkret der Grundsatz des Sofortabzugs der Vorsteuer[1189] – gewährleistet werden.[1190] Insbesondere verbietet sie eine Doppelbesteuerung grenzüberschreitend erbrachter Dienstleistungen.[1191] Dies wird neben der Mehrwertsteuererstattungsrichtlinie maßgeblich durch die Ortsregelungen (Art. 44 f. MwStSystRL bzw. § 3a UStG) verwirklicht.

Eine mittelbare Diskriminierung droht dagegen, soweit Steuerbefreiungsvorschriften nicht vollständig harmonisiert sind. Ein anschauliches Beispiel liefern Vermietungsleistungen. Diese sind nach den Vorgaben des Unionsgesetzgebers grundsätzlich steuerbefreit (Art. 135 Abs. 1 lit. l MwStSystRL); die Mitgliedstaaten können jedoch Ausnahmen vorsehen (Art. 135 Abs. 2 Satz 2 MwStSystRL). Sind Vermietungsleistungen im Herkunftsland des Vermieters steuerbefreit, im Tätigkeitsstaat dagegen steuerpflichtig, profitieren im letzteren ansässige Vermieter vom Vorsteuerabzug; für den im Ausland ansässigen Vermieter ist der Vorsteuerabzug dagegen gemäß Art. 169 lit. a MwStSystRL (bzw. § 15 Abs. 2 Nr. 2 UStG)

1186 Heute Richtlinie des Rates v. 12.2.2008 zur Regelung der Erstattung der Mehrwertsteuer gemäß der Richtlinie 2006/112/EG an nicht im Mitgliedstaat der Erstattung, sondern in einem anderen Mitgliedstaat ansässige Steuerpflichtige (2008/9/EG, Mehrwertsteuererstattungsrichtlinie).

1187 EuGH v. 7.5.1998, Rs. C-390/96 (Lease Plan), Rn. 37.

1188 EuGH v. 7.5.1998, Rs. C-390/96 (Lease Plan), Rn. 41.

1189 Vgl. dazu Kapitel 2 A I 1 b bb.

1190 *Reiß*, in: FS Tipke, 1995, 433 (441); *Richter*, Die Regelungen zum Vorsteuerabzug, 2012, S. 26.

1191 *Becker*, Ortsbestimmung von sonstigen Leistungen, 2011, S. 63.

ausgeschlossen.[1192] Lediglich der im Ausland ansässige Vermieter sieht sich dadurch einer Einschränkung seiner Neutralität in Bezug auf Eingangsumsätze ausgesetzt.[1193] Vermieter aus anderen Mitgliedstaaten werden damit typischerweise gegenüber inländischen Vermietern benachteiligt, da sie regelmäßig keinen Wohnsitz im Tätigkeitsstaat haben. Hierin liegt eine mittelbare Diskriminierung.[1194] Ein Verstoß gegen die äußere Neutralität geht damit mit einer Beschränkung des Art. 56 AEUV einher.

Der Grundsatz der äußeren Neutralität ist also, soweit er einer doppelten, höheren oder allgemein ungünstigeren Umsatzbesteuerung von Dienstleistungen mit grenzüberschreitendem Bezug entgegensteht, in Art. 56 AEUV primärrechtlich verankert.

3. Das Beihilfeverbot aus Art. 107 AEUV

Die Zulässigkeit und die Kontrolle staatlicher Beihilfen werden in Art. 107 bis Art. 109 AEUV geregelt. Die Beihilfenkontrolle ist ein wesentlicher Teil des EU-Wettbewerbsrechts. Dessen Ziel ist es, einen unverfälschten Wettbewerb zu gewährleisten, soweit dies für das Funktionieren des Binnenmarkts erforderlich ist (Art. 3 Abs. 1 lit. b AEUV).

Art. 107 Abs. 1 AEUV erklärt Beihilfen, soweit sie staatlich sind oder aus staatlichen Mitteln gewährt werden, bestimmte Unternehmen oder Produktionszweige begünstigen und dadurch den Wettbewerb verfälschen sowie den Handel zwischen den Mitgliedstaaten beeinträchtigen, für mit dem Binnenmarkt unvereinbar. Solche Beihilfen werden aber nicht generell verboten, sondern einer umfassenden Kontrolle durch die Kommission unterstellt, Art. 108 AEUV. Außerdem sieht Art. 107 Abs. 2 AEUV Legalausnahmen und Art. 107 Abs. 3 AEUV Ermessensspielräume für bestimmte Beihilfen vor.

Die äußere Neutralität steht einer umsatzsteuerlichen Besserbehandlung inländischer Leistungen gegenüber aus anderen Mitgliedstaaten importierten Leistungen entgegen.[1195] Insoweit verfolgen das Beihilfeverbot aus Art. 107 Abs. 1 AEUV und

---

1192 Vgl. dazu ausführlich zum Beispiel Deutschland-Österreich *Richter*, Die Regelungen zum Vorsteuerabzug, 2012, S. 118 f. Eine ähnliche Konstellation einer grenzüberschreitend erbrachten Lieferung lag in EuGH v. 7.12.2006, Rs. C-240/05 (Eurodental) vor. Vgl. kritisch dazu bereits Kapitel 2 A I 3.

1193 *Richter*, Die Regelungen zum Vorsteuerabzug, 2012, S. 101. Zur Neutralitätswidrigkeit des Vorsteuerausschlusses vgl. Kapitel 2 B II 3 b bb (3); BFH v. 6.5.2004, BFHE 205, 531 (534). Um die Neutralität wiederherzustellen, geht der BFH hier von einem fiktiven Verzicht auf die Steuerbefreiung nach § 9 UStG aus, wenn der Umsatz im Ausland nach einer entsprechenden Vorschrift als steuerpflichtig behandelt worden ist. Kritisch hierzu *Stadie*, in: *Rau/Dürrwächter*, UStG, § 15 (Juli 2013) Rn. 1135.

1194 *Richter*, Die Regelungen zum Vorsteuerabzug, 2012, S. 119.

1195 *Terra/Kajus*, European VAT Directives, Introduction to European VAT, 2009, S. 287; *Tumpel*, in: DStJG 32 (2009), 53 (65).

die äußere Neutralität eine ähnliche Zielsetzung.[1196] Dies legt es nahe zu untersuchen, inwieweit der Grundsatz der äußeren Neutralität aus dem Beihilfeverbot des Art. 107 Abs. 1 AEUV abgeleitet werden kann.

Ob umsatzsteuerrechtliche Vergünstigungen wie Steuerbefreiungen und Steuersatzermäßigungen an Art. 107 Abs. 1 AEUV zu messen sind, wird nicht einheitlich beantwortet. Jedenfalls nach der Auffassung der Kommission erfasst Art. 107 Abs. 1 AEUV Umsatzsteuerermäßigungen gerade nicht, da diese „präzisen gemeinschaftsrechtlichen Vorgaben" unterlägen und auf die „steuerliche Gleichbehandlung vergleichbarer Produkte" gerichtet seien.[1197]

Dem ist zuzustimmen, soweit umsatzsteuerrechtliche Vergünstigungen den unionsrechtlichen Vorgaben der MwStSystRL entsprechen. Die Begünstigung kann insofern nicht einem Mitgliedstaat zugerechnet werden, sondern ist auf einen Rechtsakt des Unionsgesetzgebers zurückzuführen. Begünstigende Bestimmungen der MwStSystRL sowie nationale Umsetzungsmaßnahmen, die mit diesen Vorgaben übereinstimmen, erfüllen gerade nicht das Merkmal der „Staatlichkeit" und stellen deshalb keine Beihilfen im Sinne des Art. 107 Abs. 1 AEUV dar.[1198] Soweit nationale Steuervergünstigungen die Vorgaben der MwStSystRL überschreiten oder gänzlich einer entsprechenden Grundlage entbehren, handelt es sich dagegen um eine dem jeweiligen Mitgliedstaat zuzurechnende „staatliche" Beihilfe.[1199]

Art. 107 Abs. 1 AEUV verlangt überdies, dass die Beihilfe „bestimmte Unternehmen oder Produktionszweige" begünstigt (sog. Selektivität).[1200] Zielen Umsatzsteuerermäßigungen auf eine Begünstigung des *Verbrauchers*, liegt keine selektive Begünstigung im Sinne des Art. 107 Abs. 1 AEUV vor: Zwar sind die Umsätze des Unternehmers Anknüpfungspunkt der Vergünstigung; die Wettbewerbslage wird die Unternehmer jedoch dazu zwingen, die Ermäßigung an den Verbraucher

---

1196 *Hoffsümmer,* Steuerbefreiungen für Inlandsumsätze, 2009, S. 54.

1197 Bericht über die Umsetzung der Mitteilung der Kommission über die Anwendung der Vorschriften über staatliche Beihilfen auf Maßnahmen der direkten Unternehmensbesteuerung v. 9.2.2004, KOM C(2004) 434, Rn. 72.

1198 EuGH v. 23.4.2009, Rs. C-460/07 (Puffer), Rn. 70; *Englisch,* in: *Rust/Micheau,* State Aid and Tax Law, 2013, 69 (79); *ders.,* in: *Tipke/Lang,* Steuerrecht, 2015[22], § 17 Rn. 273; *Grube,* Der Einfluss des unionsrechtlichen Beihilfenverbots auf das deutsche Steuerrecht, 2014, S. 146 f.; *Hoffsümmer,* Steuerbefreiungen für Inlandsumsätze, 2009, S. 15; *Koenig/Paul,* in: *Streinz,* EUV/AEUV, 2012[2], Art. 107 AEUV Rn. 18, 64; *Mederer/Triantafyllou,* in: *von der Groeben/Schwarze,* EUV/EGV, 2003[6], Art. 87 EGV Rn. 29. AA *Helios,* EWS 2005, 208 (211); *Hüttemann,* DB 2006, 914 (917), die auch die in den unionsrechtlichen Richtlinien normierten Vergünstigungen als Beihilfen im Sinne des Art. 107 Abs. 1 AEUV werten.

1199 EuGH v. 3.3.2005, Rs. C-172/03 (Heiser), Rn. 28; *Englisch,* in: *Rust/Micheau,* State Aid and Tax Law, 2013, 69 (80); *Grube,* Der Einfluss des unionsrechtlichen Beihilfenverbots auf das deutsche Steuerrecht, 2014, S. 147 f.; *Heuermann,* UR 2014, 877 (884); *Hoffsümmer,* Steuerbefreiungen für Inlandsumsätze, 2009, S. 17.

1200 Vgl. ausführlich dazu *Haratsch/Koenig/Pechstein,* Europarecht, 2014[9], Rn. 1204 ff.

weiterzugeben.[1201] Knüpfen Umsatzsteuerermäßigungen dagegen formell oder materiell an die Person des Unternehmers an, ist das Merkmal der Selektivität erfüllt: Nur diese bestimmten Unternehmer werden gegenüber den anderen, nicht von der Ermäßigung erfassten Wettbewerbern begünstigt.[1202]

Die Vergünstigung muss außerdem zu einer Wettbewerbsverfälschung und einer Beeinträchtigung des Handels zwischen den Mitgliedstaaten führen, Art. 107 Abs. 1 AEUV. Dabei ist der Begriff der Wettbewerbsverfälschung weit zu verstehen: Erfasst werden bereits Maßnahmen, die einem Unternehmen einen potenziellen Wettbewerbsvorteil einräumen.[1203] Der innerunionale Handel gilt schon dann als beeinträchtigt, wenn die Beihilfe die Stellung eines inländischen Unternehmens gegenüber Wettbewerbern aus anderen Mitgliedstaaten stärkt.[1204] Beide Kriterien sind zweifelsfrei erfüllt, wenn umsatzsteuerrechtliche Vergünstigungen einseitig auf bestimmte inländische Unternehmer Anwendung finden, die mit ausländischen Unternehmern – tatsächlich oder potenziell – im Wettbewerb stehen.

Das Beihilfeverbot steht damit umsatzsteuerrechtlichen Begünstigungen ausschließlich bestimmter inländischer Unternehmen entgegen, soweit diese Begünstigungen nicht den Vorgaben der Richtlinie entsprechen. Art. 107 Abs. 1 AEUV dient in Fällen richtlinienwidriger Vergünstigungen folglich der Herstellung äußerer Neutralität.[1205]

V. Fazit

Die verschiedenen Ausprägungen der Neutralität finden sowohl im Sekundärrecht als auch im Primärrecht ihre gesetzliche Verankerung:

Die Erwägungsgründe der europäischen Richtlinien erwähnen die Neutralität mehrmals ausdrücklich. Ihrem Inhalt nach spiegelt sie sich im materiellen Richtlinienrecht wider und prägt das gesamte System der europäischen Umsatzsteuer. Insoweit erlangt die Neutralität große Bedeutung als Argument der teleologisch-systematischen Auslegung. Der Vorwurf, die Neutralität sei ein „nicht kodifizierter Grundsatz“[1206], ist damit widerlegt.

Die Neutralität erweist sich überdies als primärrechtlich gebotenes Besteuerungsprinzip. Sie konkretisiert zum einen verschiedene grundrechtliche Verbürgungen.

1201 *Koenig/Paul,* in: *Streinz,* EUV/AEUV, 2012², Art. 107 AEUV Rn. 82; *Koenig/Busch,* EWS 2009, 510 (514).

1202 *Koenig/Paul,* in: *Streinz,* EUV/AEUV, 2012², Art. 107 AEUV Rn. 82; *Koenig/Busch,* EWS 2009, 510 (513 f.).

1203 *Cremer,* in: *Calliess/Ruffert,* EUV/AEUV, 2011⁴, Art. 107 AEUV Rn. 30; *Koenig/Paul,* in: *Streinz,* EUV/AEUV, 2012², Art. 107 AEUV Rn. 87 mwN.

1204 EuGH v. 17.9.1980, Rs. 730/79 (Philip Morris/Kommission), Rn. 11; v. 22.11.2001, Rs. C-53/00 (Ferring), Rn. 21; v. 29.4.2004, Rs. C-372/97 (Italien/Kommission), Rn. 52.

1205 *Hoffsümmer,* Steuerbefreiungen für Inlandsumsätze, 2009, S. 52.

1206 So aber *Hidien,* EWS 2003, 343; *Nieskens,* UR 2004, 441 (447). AA *Lohse,* UR 2004, 582.

Insbesondere findet die Neutralität im Gleichheitssatz aus Art. 20 GRCh bzw. – auf nationaler Ebene – aus Art. 3 Abs. 1 GG ihre verfassungsrechtliche Verankerung: Als Subprinzip des gleichheitsrechtlich gebotenen Leistungsfähigkeitsprinzips und des daraus abgeleiteten Verbrauchsteuerprinzips bildet sie einen wichtigen Teil der umsatzsteuerrechtlichen Prinzipienordnung. Entgegen der Auffassung des EuGH nimmt die Neutralität als Prinzip der Umsatzsteuer als *Verbrauch*steuer ihren vorrangigen grundrechtsdogmatischen Ausgangspunkt nicht im Gleichheitsgrundrecht des Unternehmers, sondern vielmehr des *Verbrauchers.* Diesbezüglich stellt sich die Neutralität mehr als Gebot der Gleichbehandlung gleichartiger, aus Sicht des Verbrauchers substituierbarer Leistungen denn als Gebot der Gleichbehandlung von Wirtschaftsteilnehmern, die gleichartige Umsätze bewirken, dar.

Dagegen bewahrt das Grundrecht auf unternehmerische Freiheit in Art. 16 GRCh (bzw. Art. 12 Abs. 1 GG) – teilweise in Verbindung mit der Vereinigungsfreiheit – den Unternehmer vor einer neutralitätswidrigen Umsatzbesteuerung, soweit diese hinreichend bedeutsame – spürbare – Auswirkungen auf dessen berufliche Betätigung und die Wettbewerbsbedingungen hat und damit die Schwelle zu einem faktischen Eingriff überschreitet. Insofern unterliegt ein Eingriff in Art. 16 GRCh im Vergleich zu Art. 20 GRCh gesteigerten Voraussetzungen.

Im grenzüberschreitenden Kontext gewährleisten binnenmarktrechtliche Vorgaben des AEUV wie Art. 110 AEUV, die Dienstleistungsfreiheit aus Art. 56 AEUV sowie das Beihilfeverbot aus Art. 107 AEUV die Neutralität, soweit diese einen freien Handel und einen unverfälschten Wettbewerb im Binnenmarkt sicherstellt.

Die Neutralität ist damit Ausprägung unterschiedlicher primärrechtlicher Bestimmungen. Abweichungen vom Neutralitätsgrundsatz sind stets vor dem Hintergrund ihrer jeweiligen primärrechtlichen Verankerung zu bewerten. Dazu wird im Folgenden der Umgang mit Neutralitätsverletzungen durch den EuGH sowie durch die nationale Rechtsprechung kritisch betrachtet.

Kapitel 3: Der Umgang mit Neutralitätsverletzungen

A. Die Rechtsprechung des EuGH

Durchbrechungen der Neutralität sind sowohl durch die MwStSystRL selbst als auch durch mitgliedstaatliche Umsetzungsakte vorstellbar. Entscheidend für die Frage der Zulässigkeit und der Rechtfertigung solcher Einschränkungen ist der Rang, den das Neutralitätsprinzip in der Normenhierarchie einnimmt. Obgleich der EuGH den Neutralitätsgrundsatz als Ausdruck des Grundsatzes der Gleichbehandlung begreift[1207], verneint er dessen primärrechtliche Qualität.[1208] Diese augenscheinlich fehlende Stringenz gibt Anlass für eine kritische Würdigung.

Nach einer Darstellung der EuGH-Rechtsprechung zur Qualifizierung des Neutralitätsgrundsatzes (I.) werden deshalb in einem zweiten Schritt der grundrechtsdogmatisch gebotene Umgang mit Abweichungen vom Neutralitätsgrundsatz und Möglichkeiten, solche zu rechtfertigen, herausgearbeitet (II.). Dabei müssen die drei Ebenen des Umsatzsteuerrechts – Primärrecht, Sekundärrecht und nationales Umsetzungsrecht – Berücksichtigung finden. So soll ein Maßstab für die Prüfung der Neutralitätskonformität von Richtlinienbestimmungen und mitgliedstaatlichen Umsetzungsmaßnahmen gewonnen werden.

I. Qualifizierung des Neutralitätsgrundsatzes durch den EuGH

1. Rang von rechtlichen Grundsätzen allgemein

Bei der Auslegung und Anwendung des Unionsrechts und insbesondere auch der MwStSystRL argumentiert der EuGH regelmäßig mit verschiedenen rechtlichen Grundsätzen. Eine besondere Rolle nehmen dabei die sog. allgemeinen Rechtsgrundsätze ein, die von den sonstigen Grundsätzen abzugrenzen sind.

a. Allgemeine Rechtsgrundsätze

Am Anfang der Entwicklung der Union hin zu einer Rechtsgemeinschaft fehlte es an einer umfangreichen geschriebenen Rechtsordnung. So enthielten die

1207 EuGH v. 27.4.2006, Rs. C-443/04 und C-444/04 (Solleveld u.a.), Rn. 35; v. 8.6.2006, Rs. C-106/05 (L. u. P.), Rn. 48; v. 10.4.2008, Rs. C-309/06 (Marks & Spencer), Rn. 49; v. 10.7.2008, Rs. C-484/06 (Fiscale eenheid Koninklijke Ahold), Rn. 36; v. 5.3.2009, Rs. C-302/07 (J D Wetherspoon), Rn. 57; v. 10.6.2010, Rs. C-262/08 (CopyGene), Rn. 64; v. 10.11.2011, Rs. C-259/10 (The Rank Group), Rn. 61; v. 13.3.2014, Rs. C-599/12 (Jetair), Rn. 53.

1208 EuGH v. 19.7.2012, Rs. C-44/11 (Deutsche Bank), Rn. 45; v. 29.10.2009, Rs. C-174/08 (NCC), Rn. 42.

Gemeinschaftsverträge zum großen Teil nur fragmentarische Regelungen.[1209] Deshalb brauchte das Unionsrecht ein wirksames Instrument, um die vorhandenen Lücken zu schließen.[1210] Zur Füllung solcher Lücken im Bereich der außervertraglichen Amtshaftung verwies Art. 215 Abs. 2 EWGV (nunmehr Art. 340 Abs. 2 AEUV) auf sog. „allgemeine Rechtsgrundsätze, die den Rechtsordnungen der Mitgliedstaaten gemeinsam sind". Der EuGH zieht die allgemeinen Rechtsgrundsätze aber nicht nur in Fällen der Amtshaftung zur Lückenschließung heran. Er greift darauf etwa auch in der Rechtssache *Algera* zurück, um das Problem des vertraglich nicht geregelten Widerrufs von Verwaltungsakten zu lösen.[1211] Die allgemeinen Rechtsgrundsätze entwickelten sich mit der Zeit schließlich zu dem maßgeblichen Werkzeug des EuGH, das europäische Recht fortzuentwickeln.[1212] Allgemeine Rechtsgrundsätze gelten als Bestandteil des Primärrechts.[1213] Sie haben Rechtssatzcharakter und binden sowohl die Unionsorgane als auch die Mitgliedstaaten.[1214] Der EuGH sichert die „Wahrung" dieser allgemeinen Rechtsgrundsätze als Teil des „Rechts" im Sinne des Art. 19 Abs. 1 Satz 2 EUV.[1215]

Der EuGH gewinnt die allgemeinen Rechtsgrundsätze zumeist aus einem Vergleich der mitgliedstaatlichen Rechtsordnungen unter besonderer Berücksichtigung der unionsrechtlichen Ziele.[1216] Kennzeichnend für allgemeine Rechtsgrundsätze sind ihr übergreifender Charakter sowie ihre allgemeine und grundsätzliche Bedeu-

---

1209 *Jacoby,* Allgemeine Rechtsgrundsätze, 1997, S. 13.

1210 So schon *Hallstein,* in: Probleme des Schuman-Plans, 1991, S. 10: „Es ist kein Zweifel, daß sich auch in der Rechtsprechung dieser Cour (...) ein gewisser Schatz an gemeinsamen Regeln, ein Fundus an gemeinsamer Rechtsüberzeugung (...) entwickeln wird, der die europäische Integration weiter vorwärts treibt." Ebenso *Jacoby,* Allgemeine Rechtsgrundsätze, 1997, S. 14; *Kindl,* Gesamtschuld und Haftung im nationalen und europäischen Umsatzsteuerrecht, 2010, S. 34; *Lecheler,* ZEuS 2003, 337 (338).

1211 EuGH v. 12.7.1957, Rs. 7/56, 3/57 bis 7/57 (Algera u.a./Gemeinsame Versammlung der Europäischen Gemeinschaft für Kohle und Stahl).

1212 *Jacoby,* Allgemeine Rechtsgrundsätze, 1997, S. 14 f. Kritisch *Kirchhof,* Stetige Verfassung und politische Erneuerung, 1995, 280.

1213 *Kindl,* Gesamtschuld und Haftung im nationalen und europäischen Umsatzsteuerrecht, 2010, S. 34 f.; *Schweitzer/Hummer/Obwexer,* Europarecht, 2007, Rn. 240.

1214 *Lecheler,* ZEuS 2003, 337 (339).

1215 EuGH v. 18.5.2000, Rs. C-107/97 (Rombi und Arkopharma), Rn. 65; *Schweitzer/Hummer/Obwexer,* Europarecht, 2007, Rn. 730; *Wegener,* in: *Calliess/Ruffert,* EUV/AEUV, 2011^4, Art. 19 EUV Rn. 9. Die allgemeinen Rechtsgrundsätze können etwa Gegenstand eines Auslegungsersuchens nach Art. 267 Abs. 1 lit. a AEUV sein, *Wegener,* in: *Calliess/Ruffert,* EUV/AEUV, 2011^4, Art. 267 AEUV Rn. 8.

1216 *Schweitzer/Hummer/Obwexer,* Europarecht, 2007, Rn. 244; vgl. zur Entwicklung der allgemeinen Rechtsgrundsätze des Vertrauensschutzes und der Rechtssicherheit für den Bereich der Rücknahme von begünstigenden Verwaltungsakten (konkret: Rückforderung von zu Unrecht gezahlten Beihilfen) EuGH v. 21.9.1983, Rs. 205/82 (Deutsche Milchkontor), Rn. 30. Zur Begründung allgemeiner Rechtsgrundsätze

tung.[1217] Den wohl wichtigsten Anwendungsbereich der allgemeinen Rechtsgrundsätze bildeten bis zu ihrer Normierung durch die GRCh die Unionsgrundrechte.[1218] Daneben ordnet Art. 6 Abs. 3 EUV die Grundrechte, die in der EMRK – der wohl wichtigsten Rechtserkenntnisquelle für die Unionsgrundrechte[1219] – gewährleistet sind und die sich aus den Verfassungstraditionen der Mitgliedstaaten ergeben, weiterhin als „allgemeine Grundsätze" ein.[1220] Indes ist der EuGH mittlerweile sehr zurückhaltend, neue allgemeine Rechtsgrundsätze allein deshalb anzuerkennen, weil diese in den meisten Mitgliedstaaten gelten.[1221] Auch der Anerkennung eines allgemeinen Rechtsgrundsatzes der Gleichbehandlung von Aktionären mit Verweis auf verschiedene sekundärrechtliche Bestimmungen und den allgemeinen Gleichbehandlungsgrundsatz erteilte der EuGH kürzlich eine Absage.[1222]

In der Literatur wird neben dem Verbrauchsteuerprinzip auch der Neutralitätsgrundsatz als allgemeiner Rechtsgrundsatz des Umsatzsteuerrechts angeführt.[1223] Indes bezeichnet der EuGH in umsatzsteuerlichen Entscheidungen die Neutralität – soweit ersichtlich – lediglich als „Grundsatz", die Rechtssicherheit, die Verhältnismäßigkeit und den Vertrauensschutz dagegen ausdrücklich als „allgemeine Rechtsgrundsätze".[1224] Es bedarf daher noch einer genaueren Betrachtung, ob und inwieweit die Neutralität tatsächlich einen allgemeinen Rechtsgrundsatz darstellt (II.).

---

durch das Völkerrecht sowie aus dem Unionsrecht vgl. *Jacoby,* Allgemeine Rechtsgrundsätze, 1997, S. 264 ff.

1217 EuGH v. 15.10.2009, Rs. C-101/08 (Audiolux), Rn. 50; *Lecheler,* ZEuS 2003, 337 (339).

1218 EuGH v. 14.5.1974, Rs. 4/73 (Nold/Kommission), Rn. 13; *Schweitzer/Hummer/Obwexer,* Europarecht, 2007, Rn. 247.

1219 *Kingreen,* in: *Calliess/Ruffert,* AEUV/EUV, 2011⁴, Art. 6 EUV Rn. 20 f.

1220 Die in der GRCh normierten Grundrechte genießen als geschriebenes Recht jedoch Vorrang, *Jarass,* GRCh, 2013², Einl. Rn. 30 (hier auch zur begrenzten Bedeutung der sog. Rechtsgrundsatz-Grundrechte); *Kingreen,* in: *Calliess/Ruffert,* AEUV/EUV, 2011⁴, Art. 6 EUV Rn. 17; *Schorkopf,* in: *Grabitz/Hilf/Nettesheim,* Das Recht der Europäischen Union, Art. 6 EUV (September 2013), Rn. 56.

1221 *Lecheler,* ZEuS 2003, 337 (346) mit Verweis auf EuGH v. 5.3.1999, Rs. C-153/98 (Guérin automobiles), Rn. 15, worin einem allgemeinen Anspruch auf Rechtsbehelfsbelehrung die Anerkennung versagt wurde.

1222 EuGH v. 15.10.2009, Rs. C-101/08 (Audiolux), Rn. 52, 63.

1223 *Kindl,* Gesamtschuld und Haftung im nationalen und europäischen Umsatzsteuerrecht, 2010, S. 50 hält dies für „unumstritten". AA EuGH v. 29.10.2009, Rs. C-174/08 (NCC), Rn. 42 zur Neutralität in Bezug auf Eingangsumsätze (vgl. dazu noch unter Kapitel 3 A I 2 a bb; *Engler,* Steuerverfassungsrecht im Mehrebenensystem, 2014, S. 267 f.; wohl auch *Mellinghoff,* UR 2013, 5 (10), der unter der Überschrift „Allgemeine Rechtsgrundsätze" die Neutralität nicht erwähnt.

1224 EuGH v. 27.9.2007, Rs. C-409/04 (Teleos), Rn. 45, 47; v. 21.2.2008, Rs. C-271/06 (Netto Supermarkt), Rn. 18. In EuGH v. 8.6.2000, Rs. C-396/98 (Grundstücksgemeinschaft Schloßstraße), Rn. 44 bezeichnet der Gerichtshof die Grundsätze des Vertrauensschutzes und der Rechtssicherheit als „Teil der Gemeinschaftsrechtsordnung".

b. Sonstige Grundsätze

Von den allgemeinen Rechtsgrundsätzen unterscheidet der EuGH andere, sonstige Grundsätze. Die Unterschiede zeigt der Gerichtshof in der soeben angesprochenen Rechtssache *Audiolux* anschaulich auf:

Der Kläger (ein Minderheitsaktionär der RTL Group) begehrte, seine Aktien zu den gleichen Bedingungen an den Hauptaktionär (Bertelsmann) zu verkaufen, zu denen ein anderer Großaktionär seine Aktien an diesen veräußert hatte und im Zuge dessen der Hauptaktionär die Kontrolle über die RTL Group erlangt hatte. Er berief sich insoweit auf einen allgemeinen Rechtsgrundsatz der Gleichbehandlung von Aktionären, dessen Existenz verschiedene sekundärrechtliche Bestimmungen[1225] indizieren würden. Einem solchen allgemeinen Rechtsgrundsatz versagte der EuGH jedoch die Anerkennung: Die angeführten Bestimmungen seien „auf ganz bestimmte Sachlagen anwendbar" und beschränkten sich darauf, „sehr spezifische gesellschaftsrechtliche Fallkonstellationen zu regeln". Ihnen fehle somit „der allgemeine übergreifende Charakter, der sonst allgemeinen Rechtsgrundsätzen naturgemäß innewohnt".[1226] Die Ableitung eines allgemeinen Rechtsgrundsatzes aus den genannten Vorschriften scheitere auch daran, dass diese die Pflicht zur Gleichbehandlung nicht „uneingeschränkt und zwingend" zum Ausdruck bringen würden.[1227]

Der geltend gemachte Grundsatz sei auch keine spezielle Ausprägung des allgemeinen Gleichbehandlungsgrundsatzes: Dieser könne „für sich genommen weder eine besondere Pflicht des Hauptaktionärs zugunsten der anderen Aktionäre entstehen lassen noch die spezielle Situation definieren (...), an die eine solche Pflicht anknüpft".[1228] Der Grundsatz mache vielmehr wegen seiner Detailliertheit, der

---

1225 So lauten etwa Art. 20 Abs. 1 lit. d der RL 77/91/EG v. 13.12.1976, ABl. 1977 L 26, S. 1: „Die Mitgliedstaaten brauchen Artikel 19 nicht anzuwenden auf Aktien, die auf Grund einer gesetzlichen Verpflichtung oder einer gerichtlichen Entscheidung zum Schutz der Minderheitsaktionäre, insbesondere im Falle der Verschmelzung, der Änderung des Gegenstands oder der Rechtsform der Gesellschaft, der Verlegung des Sitzes der Gesellschaft ins Ausland oder der Einführung von Beschränkungen der Übertragbarkeit von Aktien erworben werden"; Art. 42 derselben: „Für die Anwendung dieser Richtlinie müssen die Rechtsvorschriften der Mitgliedstaaten die Gleichbehandlung der Aktionäre sicherstellen, die sich in denselben Verhältnissen befinden"; Art. 3 Abs. 1 lit. a der RL 2004/05/EG v. 21.4.2004, ABl. L 142, S. 12: „Alle Inhaber von Wertpapieren einer Zielgesellschaft, die der gleichen Gattung angehören, sind gleich zu behandeln"; Schema C Nr. 2 lit. a des Anhangs der RL 79/279/EWG v. 5.3.1979, ABl. L 66, S. 21: „Die Gesellschaft muss den Aktionären, die sich in denselben Verhältnissen befinden, die gleiche Behandlung sicherstellen."

1226 EuGH v. 15.10.2009, Rs. C-101/08 (Audiolux), Rn. 42, 50.

1227 EuGH v. 15.10.2009, Rs. C-101/08 (Audiolux), Rn. 45. Vgl. zu dieser Voraussetzung eines allgemeinen Rechtsgrundsatzes EuGH v. 23.11.1999, Rs. C-149/96 (Portugal/Rat), Rn. 86; v. 12.7.2001, Rs. C-189/01 (Jippes), Rn. 74.

1228 EuGH v. 15.10.2009, Rs. C-101/08 (Audiolux), Rn. 57.

Notwendigkeit einer Abwägung der gegenseitigen Interessen sowie aus Gründen der Rechtssicherheit eine gesetzgeberische Ausarbeitung erforderlich.[1229]

Auch die GRCh grenzt von den Charta-Grundrechten sog. „Grundsätze" ab, Art. 51 Abs. 1 Satz 2, Art. 52 Abs. 5 GRCh. Während die in der Charta geregelten Grundrechte vollzugsfähige subjektive Rechte vermitteln, die der Einzelne unmittelbar geltend machen kann, stellen die Grundsätze umsetzungsbedürftige Prinzipien ohne subjektiv-rechtlichen Gehalt dar, die erst einer Konkretisierung durch den Gesetzgeber bedürfen.[1230] Die GRCh-Grundsätze dürfen deshalb keinesfalls mit den nach Art. 6 Abs. 3 EUV als allgemeine Rechtsgrundsätze fortgeltenden Grundrechten gleichgesetzt werden.[1231] Vielmehr wird hieraus deutlich, dass es neben den allgemeinen Rechtsgrundsätzen noch eine andere Art von „Grundsätzen" – solche ohne unmittelbaren Primärrechtscharakter – gibt.

Sonstige Grundsätze unterscheiden sich von den allgemeinen Rechtsgrundsätzen also insbesondere darin, dass ihr Inhalt weder allgemeingültiger noch zwingender Natur ist und sich nicht aus dem jeweiligen Grundsatz selbst, sondern erst aus dessen einfachgesetzlicher Ausarbeitung ergibt. Die Verankerung eines Grundsatzes im geschriebenen Recht spricht deshalb regelmäßig gegen dessen Qualität als allgemeiner Rechtsgrundsatz.[1232] Auch Ausnahmen deuten zumeist auf das Vorliegen eines bloß sonstigen Grundsatzes hin.

2. *Die Einordnung des Grundsatzes der Neutralität*

Deutliche Aussagen des EuGH, welcher Art von Grundsätzen der Neutralitätsgrundsatz zuzuordnen ist, sind selten. Die Rangstellung der Neutralität in der Normenhierarchie ist jedoch von entscheidender Bedeutung, wenn sekundärrechtliche Bestimmungen mit diesem Grundsatz kollidieren: Genießt die Neutralität als Bestandteil des Primärrechts Vorrang gegenüber den ihr zuwiderlaufenden Bestimmungen der MwStSystRL oder hat sie als einfachrechtlicher Grundsatz keinerlei Einfluss auf die Geltung anderen einfachen Rechts? Daran entscheidet sich auch, ob Abweichungen von der Neutralität durch die MwStSystRL oder nationale Umsetzungsgesetze am Maßstab ihrer primärrechtlichen Rechtsgrundlagen gerechtfertigt werden können und müssen.

1229 EuGH v. 15.10.2009, Rs. C-101/08 (Audiolux), Rn. 58, 62, 63.

1230 *Borowsky,* in: *Meyer,* GRCh, 2014^4, Art. 51 Rn. 33, Art. 52 Rn. 45a; *Jarass,* GRCh, 2013^2, Art. 52 Rn. 70 f.; *Kingreen,* in: *Calliess/Ruffert,* EUV/AEUV, 2011^4, Art. 52 GRCh Rn. 13; *Lecheler,* ZEuS 2003, 337 (339).

1231 *Jarass,* GRCh, 2013^2, Einl. Rn. 27; Art. 52 Rn. 71.

1232 So ist es gerade kennzeichnendes Merkmal eines allgemeinen Rechtsgrundsatzes, dass dieser ungeschrieben ist, *Schweitzer/Hummer/Obwexer,* Europarecht, 2007, Rn. 240. Dagegen soll trotz der Überführung der Grundrechte in das Primärrecht die vom EuGH in seiner Rechtsprechung zu den Grundrechten als allgemeine Rechtsgrundsätze entwickelte Lehre weiterhin Anwendung finden, *Lecheler,* ZEuS 2003, 337 (347).

Angesichts der voranstehenden Ausführungen zu den primärrechtlichen Grundlagen der Neutralität erscheint diese Fragestellung *prima facie* zu überraschen. So wurde nachgewiesen, dass die Neutralitätsgebote primärrechtlichen Verbürgungen – insbesondere dem Gleichheitssatz aus Art. 20 GRCh – entspringen.[1233] Bildet der Neutralitätsgrundsatz aber einen Anwendungsfall des Gleichheitssatzes – nämlich die umsatzsteuerliche Gleichbehandlung von Verbrauchern, die vergleichbare Verbrauchsgüter erwerben – ab, liegt es zumindest sehr nahe, ihm auch die Vorrangwirkung eines verfassungsrechtlichen Gebots zuzusprechen. Die Ansicht des EuGH zu Qualität und Reichweite der Neutralität zeichnet dagegen ein anderes Bild:

a. *Prüfung von Sekundärrecht am Neutralitätsgrundsatz*

aa. Die Neutralität bei Ausgangsumsätzen

Soweit ersichtlich, äußert sich der EuGH das erste Mal ausdrücklich in der Rechtssache *Deutsche Bank AG* zur Rechtsqualität des Grundsatzes der Neutralität in Bezug auf Ausgangsumsätze. In Frage stand, ob die Steuerbefreiungsvorschriften aus Art. 135 Abs. 1 lit. f oder g MwStSystRL im Fall einer individuellen Portfolioverwaltung greifen, wenn die Bank aufgrund eigenen Ermessens über den Kauf und Verkauf von Wertpapieren entscheidet und diese Entscheidungen selbst vollzieht. Der EuGH hält diese Vorschriften nach Auslegung derselben nicht für einschlägig.[1234] Dies führt ihn zu der Frage, ob der Grundsatz der Neutralität an diesem Ergebnis etwas zu ändern vermag. Hierzu äußert sich die Generalanwältin *Sharpston* in ihren Schlussanträgen so:[1235]

> „(58) Gewiss hat der Gerichtshof ausgeführt, dass der dem Mehrwertsteuersystem innewohnende *Grundsatz der steuerlichen Neutralität* es verbietet, gleichartige, miteinander in Wettbewerb stehende Leistungen mehrwertsteuerlich ungleich zu behandeln, und dass die in Art. 135 Abs. 1 Buchst. g vorgesehene Befreiung diese *Neutralität* in Bezug auf die Wahl zwischen einer unmittelbaren Anlage in Wertpapieren und einer Anlage durch Einschaltung von Organismen für gemeinsame Anlagen gewährleisten soll.
>
> (59) Ich räume auch ein, dass die individuelle Portfolioverwaltung zumindest in gewissem Umfang in Wettbewerb zu diesen beiden Anlageformen tritt. Wie in der mündlichen Verhandlung noch deutlicher geworden ist, dürfte die Wahl, die ein Anleger trifft (...), von einer erheblichen Zahl von Faktoren abhängen, von denen die mehrwertsteuerliche Behandlung nur einer ist. (...)
>
> (60) Hinzu kommt, dass der Grundsatz der steuerlichen Neutralität im Bereich der Mehrwertsteuer zwar das Verhältnis zwischen den ausdrücklichen Befreiungen sowohl für Direktanlagen als auch für die Verwaltung von Sondervermögen erklären mag, doch

---

1233 Vgl. Kapitel 2 B II, III, IV.
1234 EuGH v. 19.7.2012, Rs. C-44/11 (Deutsche Bank AG), Rn. 35, 43 f.
1235 GA Sharpston, SA v. 8.5.2012, Rs. C-44/11 (Deutsche Bank AG), Rn. 58 ff. (Hervorhebungen nur hier).

eröffnet dieser Grundsatz meines Erachtens nicht die Möglichkeit, den Geltungsbereich einer ausdrücklichen Befreiung ohne entsprechend klaren Wortlaut auszuweiten. Wie die deutsche Regierung in der mündlichen Verhandlung ausgeführt hat, handelt es sich *nicht* um einen *fundamentalen Grundsatz bzw. eine fundamentale Regel des Primärrechts* mit Ausstrahlung auf den Umfang eines Befreiungstatbestands, sondern um einen *Auslegungsgrundsatz*, der neben dem Grundsatz der engen Auslegung von Ausnahmen anzuwenden ist und diesem Grenzen setzt. (...)"

Dem schließt sich der EuGH an:[1236]

„(45) Schließlich ist festzustellen, dass der *Grundsatz der steuerlichen Neutralität* diese Schlussfolgerung nicht in Frage stellt. Wie die Generalanwältin in Nr. 60 ihrer Schlussanträge ausgeführt hat, erlaubt dieser Grundsatz nicht, den Geltungsbereich einer Befreiung ohne eindeutige Bestimmung auszuweiten. Dieser Grundsatz ist nämlich *keine Regel des Primärrechts*, die für den Umfang eines Befreiungstatbestands bestimmend sein könnte, sondern ein *Auslegungsgrundsatz*, der neben dem Grundsatz der engen Auslegung von Ausnahmen anzuwenden ist."

Der EuGH geht also gar nicht auf die Frage ein, ob es gegen den Grundsatz der Neutralität verstößt, wenn die MwStSystRL eine individuelle Portfolioverwaltung von der Steuerbefreiung ausnimmt und dadurch gleichartige Leistungen umsatzsteuerlich ungleich behandelt werden.[1237] Er hält dies schlicht nicht für entscheidungserheblich; schließlich könne sich ein Neutralitätsverstoß weder auf die Wirksamkeit noch auf den Umfang sekundärrechtlicher Bestimmungen auswirken, da die Neutralität bloßes Auslegungsargument sei.

Auf die Formulierung, die Neutralität sei „keine Regel des Primärrechts", greift der EuGH in der Folge vereinzelt zurück, um der Neutralität einen Einfluss auf die Gültigkeit bzw. den Umfang zumeist eines Befreiungstatbestands[1238], teils aber

1236 EuGH v. 19.7.2012, Rs. C-44/11 (Deutsche Bank AG), Rn. 45 (Hervorhebungen nur hier).

1237 Die Generalanwältin neigt dagegen dazu, dies zu verneinen, GA Sharpston, SA v. 8.5.2012, Rs. C-44/11 (Deutsche Bank AG), Rn. 59.

1238 EuGH v. 15.11.2012, Rs. C-174/11 (Zimmermann), Rn. 52 betreffend die Steuerbefreiung eines ambulanten Pflegedienstes: „Daher steht der Grundsatz der steuerlichen Neutralität beispielsweise nicht dem Umstand entgegen, dass für die in Art. 13 Teil A Abs. 1 Buchst. g der Sechsten Richtlinie [nunmehr Art. 132 Abs. 1 lit. g MwStSystRL] vorgesehene Befreiung die Anerkennung des sozialen Charakters von Einrichtungen des öffentlichen Rechts nicht erforderlich ist, während es einer solchen Anerkennung bei Einrichtungen bedarf, die keine Einrichtungen des öffentlichen Rechts sind"; v. 13.3.2014, Rs. C-366/12 (Klinikum Dortmund), Rn. 40 betreffend die Befreiung der Lieferung zytostatischer Medikamente gemäß Art. 132 Abs. 1 lit. c, die von innerhalb eines Krankenhauses selbständig tätigen Ärzten im Rahmen einer ambulanten Krebsbehandlung verschrieben worden sind; eine Erweiterung des Umfangs dieser Befreiungsvorschrift aus Gründen der Neutralität, wonach – parallel zu

auch anderer Vorschriften[1239] abzusprechen. Der Gerichtshof lehnt es schlichtweg ab, die in der MwStSystRL getroffene Entscheidungen des Unionsgesetzgebers auf ihre Vereinbarkeit mit dem Neutralitätsgrundsatz zu überprüfen: Die Neutralität könne nämlich nicht dazu zwingen, eine Steuerbefreiungsvorschrift weit auszulegen, wenn sich der Unionsgesetzgeber angesichts des Wortlauts dieser Vorschrift gegen einen solch weiten Umfang derselben entschieden habe.[1240] Der EuGH erachtet damit Abweichungen der Richtlinie vom Neutralitätsgrundsatz – wie sie sich insbesondere aus lückenhaften Befreiungsvorschriften, aber etwa auch aus Art. 13 Abs. 1 MwStSystRL[1241] ergeben – für rechtlich unbedenklich. Er stellt damit die Neutralität, soweit er sie als Gebot der umsatzsteuerlichen Gleichbehandlung gleichartiger, konkurrierender Ausgangsleistungen begreift, zur Disposition des Unionsgesetzgebers.[1242]

Die Aussage des EuGH zur Gleichrangigkeit von Neutralitätsgrundsatz und dem Grundsatz der engen Auslegung von Befreiungsvorschriften[1243] entspricht dagegen nicht seiner üblichen Praxis. Stattdessen betont der EuGH regelmäßig, dass eine enge Auslegung der Steuerbefreiungen nur insoweit möglich sei, als der Grundsatz der Neutralität gewahrt bleibe.[1244] In der Folge lässt der Gerichtshof das Gebot der engen Auslegung schnell beiseite, wenn im konkreten Fall nur eine weite Auslegung die Neutralität gewährleisten kann.[1245]

Art. 132 Abs. 1 lit. b MwStSystRL – auch eng mit der Heilbehandlung verbundene Umsätze erfasst werden, lehnt der EuGH insofern ab.

1239 EuGH v. 19.12.2012, Rs. C-310/11 (Grattan), Rn. 29 betreffend die nachträgliche Verminderung der Bemessungsgrundlage in einem Altfall vor Geltung des Art. 90 Abs. 1 MwStSystRL: „Er [der Grundsatz der Neutralität] kann auch nicht den Umstand kompensieren, dass die Zweite Richtlinie keine mit Art. 11 Teil C Abs. 1 der Sechsten Richtlinie [nunmehr Art. 90 Abs. 1 MwStSystRL] vergleichbare Vorschrift enthält."

1240 EuGH v. 14.12.2006, Rs. C-401/05 (VDP Dental Laboratory), Rn. 36 betreffend die Anwendung der Befreiung gemäß Art. 132 Abs. 1 lit. e MwStSystRL auf Lieferungen von Zahnersatz durch einen Zwischenhändler, der weder Zahnarzt noch Zahntechniker ist; v. 5.3.2015, Rs. C-479/13 (Kommission/Frankreich), Rn. 43; v. 5.3.2015, Rs. C-502/13 (Kommission/Luxemburg), Rn. 51 betreffend die Anwendung des ermäßigten Steuersatzes auf die Lieferung von elektronischen Büchern.

1241 Vgl. dazu Kapitel 2 A II 2 d.

1242 Kritisch *Henze*, in: Umsatzsteuer-Kongress-Bericht 2010, 7 (23).

1243 So auch wiederholt in EuGH v. 13.3.2014, Rs. C-366/12 (Klinikum Dortmund), Rn. 40.

1244 EuGH v. 14.6.2007, Rs. C-445/05 (Haderer), Rn. 18; v. 26.5.2005, Rs. C-498/03 (Kingscrest Associates und Montecello), Rn. 29; v. 15.11.2012, Rs. C-174/11 (Zimmermann), Rn. 22.

1245 Vgl. zu zahlreichen Beispielen oben unter Kapitel 2 A II 4 a bb. Deshalb kritisch zum Grundsatz der engen Auslegung von Steuerbefreiungen *Hidien*, EWS 2003, 342 (344).

In der bekannten Terminologie zum Einfluss des Unionsrechts auf das nationale Recht[1246] zusammengefasst: Der EuGH gebietet zwar eine neutralitätskonforme Auslegung der MwStSystRL; einen „Anwendungsvorrang" der Neutralität, wonach neutralitätswidrige Richtlinienbestimmungen nicht mehr angewendet werden dürfen, lehnt er dagegen ab. Damit bleibt der Einfluss der Neutralität auf die MwStSystRL hinter dem Einfluss zurück, den der EuGH den Grundrechten auf das Sekundärrecht zuschreibt.[1247]

bb. Die Neutralität bei Eingangsumsätzen

Der EuGH verneint auch einen Vorrang des Neutralitätsgrundsatzes in Bezug auf Eingangsumsätze gegenüber den Vorschriften der MwStSystRL zum Vorsteuerabzug.

So erblickt er in einer niederländischen Regelung einen Richtlinienverstoß, nach der ein Arbeitgeber für ein privates Kraftfahrzeug seines Arbeitnehmers, das dieser im Rahmen seiner Tätigkeit benutzt und hierfür von seinem Arbeitgeber eine Kostenerstattung erhält, einen anteiligen Vorsteuerabzug geltend machen kann. Dieser Vorschrift lag die *ratio* zugrunde, eine doppelte Erhebung von Umsatzsteuer – das erste Mal auf den Erwerb des Fahrzeugs, das zweite Mal auf die vom Arbeitgeber angebotenen Erzeugnisse – und einen damit einhergehenden Verstoß gegen die Neutralität zu vermeiden.[1248] Nach Ansicht des EuGH läuft diese Regelung aber dem Wortlaut des Art. 17 Abs. 2 lit. a der Sechsten Richtlinie (nunmehr Art. 168 lit. a MwStSystRL) zuwider. Zwar stünde die Richtlinienvorschrift – anders als die niederländische Regelung – nicht „im Einklang mit dem Zweck dieser Vorschrift und mit einigen mit der Sechsten Richtlinie verfolgten Zielsetzungen, wie z. B. der Steuerneutralität und der Vermeidung von Doppelbesteuerungen". Ohne ein Tätigwerden des Gesetzgebers biete das in der Richtlinie geregelte Abzugsrecht aber keine taugliche Grundlage für eine solche nationale Regelung.[1249]

Deshalb verbietet es der EuGH regelmäßig, den Anwendungsbereich des Vorsteuerabzugsrechts gegenüber einer eindeutigen Bestimmung der MwStSystRL auszuweiten[1250] oder einzuschränken[1251]. Vielmehr seien die Mitgliedstaaten verpflichtet,

---

1246 Vgl. dazu Kapitel 3 B I 1.

1247 Vgl. etwa außerhalb der Umsatzsteuer EuGH v. 18.12.2008, Rs. C-127/07 (Arcelor), Rn. 25 ff. zur Prüfung einer Richtlinie betreffend den Handel mit Emissionszertifikaten auf ihre Vereinbarkeit mit dem Gleichheitsgrundsatz.

1248 EuGH v. 8.11.2001, Rs. C-338/98 (Kommission/Niederlande), Rn. 34 f.

1249 EuGH v. 8.11.2001, Rs. C-338/98 (Kommission/Niederlande), Rn. 55 f.

1250 EuGH v. 13.3.2014, Rs. C-204/13 (Malburg), Rn. 43 betreffend den Abzug der Vorsteuer auf den Erwerb eines Mandantenstamms, der mit einem unentgeltlichen Ausgangsumsatz (und damit nicht mit einem besteuerten Umsatz i.S.d. Art. 168 MwStSystRL) in Zusammenhang steht.

1251 EuGH v. 6.10.2005, Rs. C-204/03 (Kommission/Spanien), Rn. 28; v. 23.4.2009, Rs. C-74/08 (PARAT), Rn. 18, jeweils zu einer Einschränkung des Vorsteuerabzugs auf Gegenstände, die mittels Subventionen finanziert wurden.

die Richtlinie anzuwenden, selbst wenn sie diese für verbesserungswürdig – weil etwa neutralitätswidrig – halten.[1252]

Auch dies begründet der EuGH mit der Rangstellung des Neutralitätsgrundsatzes. So führt er in der Rechtssache *Malburg* unter Bezugnahme auf seine Entscheidung in der Rechtssache *Deutsche Bank AG*[1253] aus:

> „Im Übrigen ist, wie der Gerichtshof bereits entschieden hat, der Grundsatz der steuerlichen Neutralität *keine Regel des Primärrechts*, sondern ein *Auslegungsgrundsatz*, der neben dem Grundsatz anzuwenden ist, den er einschränkt."[1254]

In der schon mehrfach erwähnten Rechtssache *NCC* war einem Bauunternehmer durch die Anwendung des Pro-rata-Satzes (Art. 173 MwStSystRL) ein vollständiger Vorsteuerabzug für seine Gemeinkosten versagt worden. Die Kläger sahen darin einen Verstoß gegen den Neutralitätsgrundsatz. Dem widerspricht der EuGH mit Verweis auf dessen fehlende primärrechtliche Qualität:[1255]

> „(41) In diesem Grundsatz der steuerlichen Neutralität hat der Gemeinschaftsgesetzgeber den Grundsatz der Gleichbehandlung im Mehrwertsteuerbereich zum Ausdruck gebracht.
>
> (42) Während jedoch der letztgenannte Grundsatz wie andere allgemeine Grundsätze des Gemeinschaftsrechts *Verfassungsrang* hat, bedarf der Grundsatz der steuerlichen Neutralität einer *gesetzgeberischen Ausarbeitung*, die nur durch einen Rechtsakt des allgemeinen Gemeinschaftsrechts erfolgen kann."

Nach der Auffassung des EuGH handelt es sich bei der eingangsumsatzbezogenen Neutralität um ein in den Regeln zum Vorsteuerabzug enthaltenes einfachgesetzliches Prinzip, von dem einfachgesetzlich abgewichen werden kann.[1256] Der Neutralität komme danach keine „übergesetzliche Geltung"[1257] zu. In der Richtlinie

---

1252 EuGH v. 6.10.2005, Rs. C-204/03 (Kommission/Spanien), Rn. 28.

1253 EuGH v. 19.7.2012, Rs. C-44/11 (Deutsche Bank AG); diese Bezugnahme erscheint deshalb fraglich, weil in den beiden Entscheidungen unterschiedliche Ausprägungen der Neutralität betroffen waren.

1254 EuGH v. 13.3.2014, Rs. C-204/13 (Malburg), Rn. 43 (Hervorhebungen nur hier). Dass der EuGH hier unbedacht eine Formulierung aus seiner Rspr. zu einer anderen Ausprägung der Neutralität übernimmt, zeigt der zweite Halbsatz; während es nämlich in der Rs. *Deutsche Bank AG* um das Nebeneinander von Neutralität und Grundsatz der engen Auslegung von Befreiungsvorschriften ging, bleibt hier unklar, welchen „Grundsatz, den er [der sich im Vorsteuerabzugsrecht widerspiegelnde Neutralitätsgrundsatz] einschränkt", der EuGH hier meint. Kritisch zu dieser Entscheidung auch *Dziadkowski,* BB 2014, 1444.

1255 EuGH v. 29.10.2009, Rs. C-174/08 (NCC), Rn. 41 f. (Hervorhebungen nur hier); vgl. zu diesem Urteil bereits unter Kapitel 2 A I 1 b aa (4) (b); Kapitel 2 B II 3 b aa.

1256 Zustimmend *Engler,* Steuerverfassungsrecht im Mehrebenensystem, 2014, S. 267.

1257 So GA Bot, SA v. 18.6.2009, Rs. C-174/08 (NCC), Rn. 86. Im Erg. ebenso *Heber,* UR 2014, 957 (964).

vorgesehene Einschränkungen derselben müssten sich deshalb nicht an einem höherrangigen Prinzip messen lassen. Als Beleg zitiert der EuGH seine – außerhalb der Umsatzsteuer ergangene – Entscheidung in der Rechtssache *Audiolux*, obwohl er hier schon eine Ableitung des streitigen Grundsatzes aus dem Gleichheitssatz explizit abgelehnt hatte.[1258]

Auch die Regelungen der MwStSystRL zum Vorsteuerabzug sind nach der Rechtsprechung des EuGH also keiner Prüfung auf ihre Neutralitätskonformität zugänglich: Die Neutralität steht demnach nämlich mit der Richtlinie auf der gleichen – einfachgesetzlichen – Stufe, sodass sie lediglich im Rahmen der Auslegung derselben Bedeutung erlangen kann. Der Gerichtshof hält es deshalb schon rechtlich nicht für möglich, dass eine Vorschrift der MwStSystRL wegen Verstoßes gegen den Grundsatz der Neutralität außer Anwendung bleiben muss. Damit erübrigt sich auch die Frage, ob und wenn ja, mit welchem Grund eine Einschränkung der Neutralität gerechtfertigt sein kann.

b. Prüfung nationaler Umsetzungsakte am Neutralitätsgrundsatz

Im Gegensatz dazu prüft der EuGH nationale Umsetzungsgesetze regelmäßig auf ihre Vereinbarkeit mit dem Neutralitätsgrundsatz. Dies überrascht nicht, beansprucht der EuGH doch seit der Leitentscheidung Costa/E.N.E.L.[1259] einen Vorrang des gesamten unmittelbar anwendbaren Unionsrechts vor dem nationalen Recht. Eine nationale Vorschrift wäre demnach am Maßstab des Neutralitätsgrundsatzes – deren unmittelbare Anwendbarkeit vorausgesetzt[1260] – zu überprüfen, gleich ob diese Teil des primären oder des sekundären Unionsrechts ist. Die Feststellung des EuGH, die Neutralität genieße keinen primärrechtlichen Rang, hat auf die Verbindlichkeit dieses Grundsatzes für die Mitgliedstaaten keinen Einfluss.[1261] Jedoch hängt von seiner Rangstellung ab, wonach sich die Zulässigkeit mitgliedstaatlicher Durchbrechungen desselben richtet: nach den primärrechtlichen Rechtfertigungsanforderungen oder nach den in der Richtlinie vorgesehenen Einschränkungsoptionen.

Der EuGH thematisiert Rechtfertigungsmöglichkeiten bei der Prüfung der Neutralitätskonformität einer nationalen Norm grundsätzlich nicht. Deshalb bezeichnet die Literatur die Neutralität zum Teil als absoluten Grundsatz, der einer Rechtfertigung grundsätzlich nicht zugänglich sei.[1262] Tatsächlich sieht der EuGH beispielsweise den allgemeinen Gleichbehandlungsgrundsatz nicht als verletzt an, wenn die

---

1258 EuGH v. 15.10.2009, Rs. C-101/08 (Audiolux), Rn. 62. Zu Recht kritisch deshalb *Englisch,* in: *Weber,* Traditional and Alternative Routes to European Tax Integration, 2010, 231 (242).

1259 EuGH v. 15.7.1964, Rs. 6/64 (Costa/E.N.E.L.).

1260 Vgl. dazu noch unter Kapitel 3 B I 2.

1261 *Dobratz,* UR 2014, 425 (427 f.).

1262 *Engler,* Steuerverfassungsrecht im Mehrebenensystem, 2014, S. 266 mit Verweis auf EuGH v. 10.4.2008, Rs. C-309/06 (Marks & Spencer), Rn. 54; *Hoffsümmer,* Steuerbefreiungen für Inlandsumsätze, 2009, S. 51 mit Verweis auf EuGH v. 11.6.1998,

unterschiedliche Behandlung vergleichbarer Sachverhalte „objektiv gerechtfertigt" ist.[1263] Dagegen erwägt er eine solche Rechtfertigung bei einer Abweichung vom Neutralitätsgrundsatz in der Regel nicht.[1264]

Doch keine Regel ohne Ausnahme: So erlaubt der EuGH den Mitgliedstaaten insbesondere zur Verhinderung von Steuerhinterziehungen Einschränkungen der Neutralität: Er billigt eine neutralitätswidrige Belastung bösgläubiger (Schein-) Leistungserbringer, soweit dies zur Vermeidung einer Steuerhinterziehung erforderlich ist.[1265] Gleiches gilt für die (ebenso neutralitätswidrige) Versagung des vollständigen Vorsteuerabzugs im Fall nicht erfüllter Nachweispflichten[1266] bzw. anderer Voraussetzungen[1267] oder der wissentlichen Beteiligung an einem Umsatzsteuerkarussell[1268]. Der EuGH sieht damit in der Vorbeugung von Steuerhinterziehungen einen rechtfertigenden Grund für eine Durchbrechung der Neutralität, solange die Verhältnismäßigkeit gewahrt bleibt.[1269] Insoweit erinnert die Prüfung eines Neutralitätsverstoßes zwar an die Prüfung einer Ungleichbehandlung am

---

Rs. C-283/95 (Fischer), Rn. 22 f.; v. 17.2.2005, Rs. C-453/02 und C-462/02 (Linneweber und Akritidis), Rn. 30. AA *Hummel,* EuR 2010, 309 (313).

1263 EuGH v. 13.7.2000, Rs. C-36/99 (Idéal tourisme), Rn. 35; v. 10.4.2008, Rs. C-309/06 (Marks & Spencer), Rn. 51; v. 29.10.2009, Rs. C-174/08 (NCC), Rn. 44.

1264 Dies übersieht *Hummel,* EuR 2010, 309 (313), indem er nur Beispiele aus der umsatzsteuerlichen Rspr. zum Gleichbehandlungsgrundsatz zitiert.

1265 EuGH v. 19.9.2000, Rs. C-454/98 (Schmeink & Cofreth u. Strobel), Rn. 59 (vgl. dazu bereits unter Kapitel 2 A II 8); v. 3.3.2004, Rs. C-395/02 (Transport Service), Rn. 29; v. 27.9.2007, Rs. C-409/04 (Teleos), Rn. 58; v. 27.9.2007, Rs. C-146/05 (Collée), Rn. 26; v. 21.2.2008, Rs. C-271/06 (Netto Supermarkt), Rn. 22; v. 7.12.2010, Rs. C-285/09 (R), Rn. 45, 54.

1266 EuGH v. 18.12.1997, Rs. C-286/94 (Molenheide), Rn. 48; v. 8.5.2008, Rs. C-95/07 u.a. (Ecotrade), Rn. 66; v. 17.7.2014, Rs. C-272/13 (Equoland), Rn. 46; vgl. dazu bereits Kapitel 1 A I 1 b cc (5). Ebenso EuGH v. 26.1.2012, Rs. C-588/10 (Kraft Foods), Rn. 28 in Bezug auf die Versagung des Rechts zur Berichtigung der Bemessungsgrundlage bei nicht erfüllten Nachweiserfordernissen.

1267 EuGH v. 21.3.2000, Rs. C-110/98 bis C-147/98 (Gabalfrisa), Rn. 52 (vgl. dazu bereits Kapitel 2 A I b dd (1).

1268 EuGH v. 21.2.2006, Rs. C-255/02 (Halifax), Rn. 92; v. 6.12.2012, Rs. C-285/11 (Bonik), Rn. 37; v. 13.2.2014, Rs. C-18/13 (Maks Pen), Rn. 29; vgl. dazu bereits Kapitel 1 A I 1 b dd (2).

1269 Kritisch *Englisch,* in: *Schön,* Zukunftsfragen des deutschen Steuerrechts, 2009, 39 (73), der – parallel zur deutschen Grundrechtsdogmatik – eine Anknüpfung an das betroffene Grundrecht und eine Prüfung der Verhältnismäßigkeit als Schranke-Schranke fordert. Zur Verhältnismäßigkeit im Umsatzsteuerrecht *Kindl,* Gesamtschuld und Haftung im Umsatzsteuerrecht, 2010, S. 45 f.; allgemein zur Verhältnismäßigkeitsprüfung von Grundrechtseingriffen durch den EuGH *Koch,* Der Grundsatz der Verhältnismäßigkeit in der Rechtsprechung des Gerichtshofs der Europäischen Gemeinschaften, 2003, S. 396 ff. mwN.

Maßstab des Gleichheitssatzes.[1270] Jedoch betrachtet der EuGH die Bekämpfung von Steuerbetrügen nicht als rechtfertigenden Grund einer Ungleichbehandlung im Sinne des Art. 20 GRCh. Vielmehr betont er – zumeist unter Verweis auf Art. 131 MwStSystRL[1271] bzw. Art. 273 MwStSystRL[1272] –, dass dies ein von der Richtlinie anerkanntes und gefördertes Ziel sei. Er hält letztlich statt eines sachlichen Differenzierungsgrundes Richtlinienvorschriften für maßgeblich, über die Zulässigkeit von Neutralitätsverletzungen zu befinden.

Daneben akzeptiert der EuGH auch eine noch fehlende Harmonisierung als Rechtfertigungsgrund für eine neutralitätswidrige Steuerkumulierung. So hält er es nicht für geboten, eine Einschränkung der Neutralität zu beseitigen, soweit diese einer von der Richtlinie übergangsweise akzeptierten Ausnahmeregelung eines Mitgliedstaats geschuldet ist.[1273]

Nationale Umsetzungsakte unterliegen damit grundsätzlich einer strengen Prüfung am Maßstab des Neutralitätsgrundsatzes. Einschränkungen desselben werden nur in den von der Richtlinie vorgesehenen Fällen zugelassen. Insoweit wird abermals deutlich, dass der EuGH die Neutralität als sekundärrechtlichen Grundsatz begreift, dessen Reichweite – gerade auch im Verhältnis zu den Mitgliedstaaten – einzig und allein der Unionsgesetzgeber definiert.[1274]

II. Dogmatisch gebotener Umgang mit Neutralitätsverletzungen

Ein Neutralitätsverstoß ist nichts anderes als eine Normkollision: Eine Regelung entweder der Richtlinie oder des nationalen Umsetzungsgesetzes tritt in Widerspruch zum Grundsatz der Neutralität, der wiederum Ausfluss verschiedener anderer Vorschriften ist. Normkollisionen sind grundsätzlich entsprechend der Regel *lex superior derogat legi inferiori* nach dem normhierarchischen Verhältnis der sich widersprechenden Normen aufzulösen. In der unionsrechtlichen Normenhierarchie steht das Primärrecht im Rang über dem Sekundärrecht[1275], während

1270 Auch hier verlangt der EuGH einen objektiven Grund, der in einem angemessenen Verhältnis zur Ungleichbehandlung steht, vgl. *Jarass*, GRCh, 2013², Art. 20 Rn. 13 ff. mwN.

1271 So (zur Vorgängerregelung in Art. 15 der Sechsten RL) z.B. EuGH v. 21.2.2008, Rs. C-271/06 (Netto Supermarkt), Rn. 22.

1272 So (zur Vorgängerregelung in Art. 22 Abs. 8 der Sechsten RL) z.B. EuGH v. 19.9.2000, Rs. C-454/98 (Schmeink & Cofreth u. Strobel), Rn. 59; v. 27.9.2007, Rs. C-146/05 (Collée), Rn. 26.

1273 EuGH v. 7.12.2006, Rs. C-240/05 (Eurodental), Rn. 55.

1274 Im Erg. mit derselben Schlussfolgerung *Henze*, in: Umsatzsteuer-Kongress-Bericht 2010, 7 (23).

1275 EuG v. 10.7.1990, Rs. T-51/89 (Tetra Pak), Rn. 25; *Schroeder*, in: *Streinz*, EUV/AEUV, 2012², Art. 288 AEUV, Rn. 24 mit Verweis auf Art. 263, 267 Abs. 1 lit. b, 288 Abs. 1 und 216 Abs. 2 AEUV. Ausführlich dazu *Nettesheim*, EuR 2006, 737 (746 ff.).

alle Rechtsquellen des Unionsrechts Vorrang gegenüber dem nationalen Recht genießen.[1276] Vor diesem Hintergrund überrascht die Weigerung des EuGH, die sekundärrechtlichen Vorschriften der MwStSystRL am Maßstab des Neutralitätsgrundsatzes zu überprüfen, obwohl er diesen gleichzeitig als „Ausdruck" des primärrechtlichen Gleichbehandlungsgrundsatzes bezeichnet.

Indes ist der EuGH bei der Überprüfung des (umsatz-)steuerrechtlichen Sekundärrechts am Primärrecht und insbesondere an den Grundrechten nicht nur in diesem speziellen Fall, sondern allgemein augenfällig zurückhaltend.[1277] Selbst wenn er sich im Einzelfall doch veranlasst sieht, die Vereinbarkeit von Richtlinienbestimmungen mit den Grundrechten zu beurteilen, ist sein Respekt gegenüber dem Sekundärrecht kaum zu übersehen: So genüge es zur Wahrung des Gleichheitssatzes, dass der Gesetzgeber gewisse Leistungen nicht für vergleichbar und eine Gleichbehandlung folglich nicht für geboten hält.[1278] In der Richtlinie angelegte Ungleichbehandlungen seien als „Folge einer bewussten Entscheidung des Gemeinschaftsgesetzgebers" hinzunehmen.[1279] Nach diesem Verständnis wären Sekundärrechtsakte einer Prüfung am Maßstab des Gleichheitssatzes grundsätzlich nicht zugänglich. Stattdessen bekäme die MwStSystRL entgegen ihrer Stellung in der Normenhierarchie den Charakter eines „Überrechts".[1280] Zwar betont auch das BVerfG – insbesondere in seiner älteren Rechtsprechung – einen grundsätzlichen Entscheidungsspielraum des Gesetzgebers, welche Sachverhalte er als „gleich" ansehen will, solange er seine Entscheidungen

---

1276 EuGH v. 15.7.1964, Rs. 6/64 (Costa/E.N.E.L.). Vgl. dazu noch genauer unter Kapitel 3 B I 2.

1277 Kritisch *Zorn*, in: FS Ruppe, 2007, 744 (755). *Hoffsümmer*, Steuerbefreiungen für Inlandsumsätze, 2009, S. 10, 45 sieht in dem Wunsch nach Harmonisierung sowie in der unterschiedlichen Grundrechtsdogmatik der Mitgliedstaaten Gründe für diese Zurückhaltung. Allgemein zum Rechtsschutz vor dem EuGH gegen EU-Grundrechtsverletzungen durch Sekundärrechtsakte *Jarass*, GRCh, 2013[2], Einl. Rn. 62 ff.

1278 EuGH v. 13.3.2014, Rs. C-599/12 (Jetair), Rn. 55 f. betreffend die Ungleichbehandlung von Reisebüros, die im eigenen Namen auftreten (und für die eine Sonderregelung gilt, Art. 306 Abs. 1 UAbs. 1 MwStSystRL), und Reisebüros, die als Vermittler auftreten (und für die diese Sonderregelung nicht gilt, Art. 306 Abs. 1 UAbs. 2 MwStSystRL). Kritisch hierzu *Dobratz*, UR 2014, 425 (428).

1279 EuGH v. 8.5.2003, Rs. C-269/00 (Seeling), Rn. 54 zur Option einer vollständigen Unternehmenszuordnung gemischt genutzter Wirtschaftsgüter, wenngleich dies die Gefahr eines unversteuerten Letztverbrauchs entstehen lässt; vgl. dazu Kapitel 2 A I 1 b aa (1) (a). Kritisch *Englisch*, in: *Weber*, Traditional and Alternative Routes to European Tax Integration, 2010, 231 (241). In EuG v. 5.4.2006, Rs. T-351/02 (Deutsche Bahn), Rn. 137 ff. prüft das Gericht zwar die Vereinbarkeit der Mineralölsteuerbefreiung von Flugbenzin mit dem Gleichheitssatz, hält eine Ungleichbehandlung jedoch mit Verweis auf das „weite Ermessen" des Gesetzgebers für gerechtfertigt. Kritisch *Englisch*, in: *Schön*, Zukunftsfragen des deutschen Steuerrechts, 2009, 39 (63 f.).

1280 Diesen Begriff gebrauchen *Nieskens/Tehler*, BB 1997, 2134.

„sachgerecht" trifft.[1281] Jedoch ist es gerade Aufgabe des Gerichts zu prüfen, ob im konkreten Einzelfall eine andere Auswahl geboten ist.[1282] Insoweit offenbart die umsatzsteuerliche Rechtsprechung des EuGH auch abseits der Neutralitätsproblematik grundrechtsdogmatische Schwächen.

Die Feststellung des EuGH, die Neutralität genieße keinen primärrechtlichen Rang, ist letztlich nur ein weiteres Beispiel der fehlenden Stringenz seiner Argumentation: Die Neutralität leitet sich aus dem Primärrecht, insbesondere aus dem Gleichheitssatz ab.[1283] Abweichungen von gleichheitsrechtlich unterlegten Prinzipien bedeuten regelmäßig eine rechtfertigungsbedürftige Verletzung des Gleichheitssatzes.[1284] Es ist kein Grund ersichtlich, der für die Neutralität ein anderes Ergebnis nahelegt. Zwar ist dem EuGH im Ergebnis zuzustimmen, dass der Gesetzgeber die Neutralität einfachgesetzlich einschränken – „klarstellen" – kann.[1285] Dies steht aber der gleichheitsrechtlichen Qualität der Neutralität nicht entgegen.[1286] Im Gegenteil sind Konkretisierungsspielräume typisch für gleichheitsrechtliche Prinzipien.[1287] Deren Ausgestaltung durch den Gesetzgeber darf jedoch nicht beliebig erfolgen, sondern muss die in dem Prinzip zum Ausdruck kommende gleichheitsrechtliche Wertung folgerichtig umsetzen.[1288] Insoweit muss der EuGH folglich auch Regelungen der MwStSystRL auf den Prüfstand stellen.

1281 Zu umsatzsteuerlichen Sachverhalten vgl. etwa BVerfG v. 20.12.1966, BVerfGE 21, 12 (26); v. 26.10.1976, BVerfGE 43, 58 (70).

1282 *Kischel*, in: *Epping/Hillgruber*, BeckOK GG, Art. 3 Rn. 54. Außerhalb der Umsatzsteuer prüft der EuGH dagegen teilweise sehr ausführlich die Vergleichbarkeit der vom Gesetzgeber unterschiedlich behandelten Sachverhalte, vgl. EuGH v. 16.12.2008, Rs. C-127/07 (Arcelor), Rn. 23 ff.

1283 Vgl. dazu ausführlich unter Kapitel 2 B.

1284 Im Erg ebenso *Englisch*, in: *Tipke/Lang*, Steuerrecht, 2015[22], § 17 Rn. 24; *ders.*, in: *Schön*, Zukunftsfragen des deutschen Steuerrechts, 2009, 39 (60). AA *Heber*, UR 2014, 957 (964), die eine Prüfung der Grundstrukturen des Umsatzsteuerystems am Neutralitätsgrundsatz ablehnt; *Engler*, Steuerverfassungsrecht im Mehrebenensystem, 2014, S. 267, wonach eine Verletzung der Neutralität lediglich auf eine Verletzung des Gleichheitssatzes *hinweist*, nicht aber mit einer solchen gleichzusetzen ist. Dies ist insoweit richtig, als nicht jede Verletzung des Gleichheitssatzes einen Neutralitätsverstoß begründet (vgl. Kapitel 2 B II 3 a aa) und die Neutralität den Gleichheitssatz folglich „nicht abschließend zu konkretisieren vermag". In Kapitel 2 B II 3 wurde dagegen nachgewiesen, dass umgekehrt eine neutralitätswidrige Besteuerung eine Verletzung des Gleichheitssatzes, wie er sich im Leistungsfähigkeitsprinzip und Verbrauchsteuerprinzip konkretisiert, bedingt. Damit erweist sich die Neutralität gerade schon als „zwingende steuerliche Folgerung des selbigen".

1285 Dies betonend EuGH v. 29.10.2009, Rs. C-174/08 (NCC), Rn. 43.

1286 AA *Engler*, Steuerverfassungsrecht im Mehrebenensystem, 2014, S. 267. Ohne Wertung der EuGH-Rspr. *Mellinghoff*, UR 2013, 5 (9).

1287 *Hey*, in: *Tipke/Lang*, Steuerrecht, 2015[22], § 3 Rn. 14, 16.

1288 Vgl. zum Gebot der Folgerichtigkeit in der Rspr. des BVerfG Kapitel 2 B II 2 b. *Englisch*, Wettbewerbsgleichheit im grenzüberschreitenden Handel, 2008, S. 134,

Für die primärrechtliche Qualität der Neutralität kann es auch keine Rolle spielen, ob sie ungeschriebener Anwendungsfall des Gleichheitssatzes ist[1289] oder in den Vorschriften der MwStSystRL – insbesondere zum Vorsteuerabzugsrecht – einfachgesetzlich normiert ist.[1290] Zwar wertet der EuGH die Notwendigkeit, einen Grundsatz einfachgesetzlich auszuarbeiten, mitunter als Indiz gegen dessen Charakter als selbständiger allgemeiner Rechtsgrundsatz.[1291] Dies gilt aber gerade nicht, wenn der Grundsatz schon aus einem anderen allgemeinen Grundsatz wie dem Gleichheitssatz abgeleitet werden kann.[1292] Tatsächlich lässt in einem System der Allphasenbesteuerung bereits der Gleichheitssatz als solcher die Pflicht des Staates als Steuergläubiger zugunsten der Verbraucher entstehen, einen Vorsteuerabzug beim Unternehmer zuzulassen.[1293] Die einfachrechtliche Ausgestaltung in den Regelungen zum Vorsteuerabzug nimmt dieser Ausprägung also nicht ihre grundrechtliche Verbindlichkeit.[1294]

Vielmehr teilen alle Ausprägungen der Neutralität den Primärrechtsrang ihrer Rechtsgrundlagen. Sie steht damit nicht zur uneingeschränkten Disposition des Unionsgesetzgebers, sondern bindet diesen ebenso wie die Mitgliedstaaten. Deshalb sind sowohl mitgliedstaatliche Vorschriften als auch Bestimmungen der MwStSystRL am Maßstab der Neutralität zu überprüfen. Gleichzeitig müssen dem Unionsgesetzgeber und den Mitgliedstaaten Durchbrechungen derselben entsprechend den Rechtfertigungsanforderungen der jeweils betroffenen Gewährleistungen

150 spricht insoweit vom „Gebot formaler Wertungskonsequenz“. Der EuGH hält es dagegen für ausreichend, alle Steuerpflichtigen gleich gleichheits-/neutralitätswidrig zu behandeln (konkret durch die Versagung des Vorsteuerabzugs), EuGH v. 29.10.2009, Rs. C-174/08 (NCC), Rn. 44 (vgl. dazu Kapitel 2 B II 3 b aa); kritisch *Englisch,* in: *Weber,* Traditional and Alternative Routes to European Tax Integration, 2010, 231 (242 f.).

1289 Nicht nachvollziehbar dagegen die Argumentation von *Engler,* Steuerverfassungsrecht im Mehrebenensystem, 2014, S. 267, der Neutralitätsgrundsatz gelte generell nur insoweit, als er explizit normiert worden ist. Vielmehr kennzeichnet die Neutralität in Bezug auf Ausgangsumsätze gerade ihre fehlende gesetzliche Verankerung, vgl. *Henze,* in: Umsatzsteuer-Kongress-Bericht 2010, 7 (14).

1290 So im Erg. aber *Henze,* in: Umsatzsteuer-Kongress-Bericht 2010, 7 (23).

1291 EuGH v. 15.10.2009, Rs. C-101/08 (Audiolux), Rn. 63; vgl. dazu bereits Kapitel 3 A I 1 b.

1292 EuGH v. 15.10.2009, Rs. C-101/08 (Audiolux), Rn. 57.

1293 Vgl. dazu in Kapitel 2 B II 3 b, wo die Wechselbeziehungen zwischen dem Vorsteuerabzug und dem Gleichheitssatz nachgewiesen wurden. Anders dagegen die Situation in EuGH v. 15.10.2009, Rs. C-101/08 (Audiolux), Rn. 57 für die insoweit geltend gemachte Pflicht des Hauptaktionärs zugunsten der anderen Aktionäre.

1294 So im Erg. aber *Engler,* Steuerverfassungsrecht im Mehrebenensystem, 2014, S. 268 mit der Schlussfolgerung, der Gleichheitssatz vermittelt über das Neutralitätsprinzip sei „nicht justiziabel“.

erlaubt sein.[1295] Dem wird der EuGH mit seiner Prüfung von Neutralitätsverstößen derzeit noch nicht gerecht.

Ausgehend von diesen Überlegungen soll im Folgenden der dogmatisch gebotene Umgang des EuGH mit Neutralitätsverletzungen herausgearbeitet werden. Die äußere Neutralität bedarf dabei einer besonderen Betrachtung.

1. Die Neutralität als Ausprägung des Gleichheitssatzes

Der unionsrechtliche Gleichbehandlungsgrundsatz – nunmehr normiert in Art. 20 GRCh – ist verletzt, wenn „vergleichbare Sachverhalte unterschiedlich oder unterschiedliche Sachverhalte gleich behandelt werden, sofern dies nicht objektiv gerechtfertigt ist".[1296] Eine solche Ungleichbehandlung impliziert jeder Verstoß gegen den Grundsatz der Neutralität bei Ausgangsumsätzen; schließlich beschreibt dessen Gebot, „gleichartige und deshalb miteinander in Wettbewerb stehende Waren oder Dienstleistungen hinsichtlich der Mehrwertsteuer nicht unterschiedlich zu behandeln"[1297], nur einen Anwendungsfall des Gleichheitsgrundrechts des Verbrauchers.[1298] Gleiches gilt für die Neutralität in Bezug auf Eingangsumsätze: Auch eine Abweichung hiervon bedeutet eine Ungleichbehandlung gleicher Verbraucher.[1299] Jegliche dem Neutralitätsgrundsatz zuwiderlaufende umsatzsteuerlich ungleiche Behandlung gleichartiger Leistungen erfordert deshalb eine Rechtfertigung am Maßstab des Art. 20 GRCh.

Indes lässt die Rechtsprechung des EuGH auch insofern bislang ein einheitliches Muster vermissen.[1300] So hält der Gerichtshof eine Ungleichbehandlung zumeist nur dann für gerechtfertigt, wenn es ausreichende Gründe für diese Differenzierung gibt.[1301] Erforderlich sei, dass die unterschiedliche Behandlung „auf einem objektiven und angemessenen Kriterium beruht, d. h. (...) im Zusammenhang mit einem rechtlich zulässigen Ziel (...) und in angemessenem Verhältnis zu dem mit

---

1295 Im Erg. ebenso *Dobratz,* UR 2014, 425 (428); *Englisch,* in: *Weber,* Traditional and Alternative Routes to European Tax Integration, 2010, 231 (241 f.); *Hidien,* EWS 2003, 342 (343); *Hoffsümmer,* Steuerbefreiungen für Inlandsumsätze, 2009, S. 54 f.; *Schnarrenberger,* Die umsatzsteuerliche Organschaft, 2014, S. 50.

1296 EuGH v. 7.7.1993, Rs. C-217/91 (Spanien/Kommission), Rn. 37; v. 13.12.1994, Rs. C-306/93 (Winzersekt), Rn. 30.

1297 Vgl. zu zahlreichen Nachweisen aus der Rspr. des EuGH Kapitel 2 A II.

1298 Vgl. dazu die Darstellung des Zusammenspiels zwischen Gleichheitssatz und Neutralitätsprinzip in Kapitel 2 B II 3 a.

1299 Vgl. dazu Kapitel 2 B II 3 b.

1300 *Hölscheidt,* in: *Meyer,* GRCh, 2014[4], Art. 20 GRCh Rn. 22; *Frenz,* Handbuch Europarecht, Bd. 4, 2009, Rn. 3206; *Rossi,* in: *Calliess/Ruffert,* EUV/AEUV, 2011[4], Art. 20 GRCh Rn. 24.

1301 *Jarass,* GRCh, 2013[2], Art. 20 Rn. 12; *Mayer,* in: *Grabitz/Hilf/Nettesheim,* Das Recht der Europäischen Union, nach Art. 6 EUV (Juli 2010), Rn. 227; *Rossi,* in: *Calliess/Ruffert,* EUV/AEUV, 2011[4], Art. 20 GRCh Rn. 24.

der betreffenden Behandlung verfolgten Ziel steht".[1302] In anderen Urteilen lässt es der Gerichtshof genügen, wenn sich die Ungleichbehandlung nicht als „willkürlich" darstellt.[1303] Auch die Dichte der gerichtlichen Rechtfertigungskontrolle differiert:[1304] Grundsätzlich wird hier dem Unionsgesetzgeber ein weiter Beurteilungsspielraum zugestanden.[1305] Teilweise verlangt der EuGH vom Gesetzgeber aber Belege für das Vorliegen der zur Rechtfertigung angeführten objektiven Kriterien.[1306]

Bisher nicht eindeutig geklärt ist außerdem, ob sich der Rechtfertigungsprüfung mit der Verhältnismäßigkeitskontrolle eine dritte Stufe anzuschließen hat.[1307] Tatsächlich ist dem EuGH eine Verhältnismäßigkeitsprüfung von Verstößen gegen Gleichheitsrechte nicht fremd: So orientiert er sich etwa zur Durchsetzung des Diskriminierungsverbots für Agrarmärkte (Art. 40 Abs. 2 UAbs. 2 AEUV)[1308] oder der Gleichbehandlungsgebote von Mann und Frau[1309] regelmäßig am Verhältnismäßigkeitsgrundsatz. Soweit er an anderer Stelle „objektive Unterschiede von einigem

---

1302 EuGH v. 16.12.2008, Rs. C-127/07 (Arcelor), Rn. 47. Nach hM bedeutet „objektiv" in diesem Kontext, dass es auf die objektive – tatsächliche – Sachlage ankommt, nicht etwa auf die Meinung des handelnden Organs, *Jarass*, GRCh, 2013², Art. 20 Rn. 14; *Rossi*, in: *Calliess/Ruffert*, EUV/AEUV, 2011⁴, Art. 20 GRCh Rn. 25.

1303 EuGH v. 24.10.1973, Rs. 43/72 (Merkur), Rn. 22; v. 15.7.1982, Rs. 245/81 (Edeka), Rn. 13; auf beide Ansätze Bezug nehmend EuGH v. 13.6.1978, Rs. 139/77 (Denkavit), Rn. 15; v. 15.9.1982, Rs. 106/81 (Kind), Rn. 22; v. 13.11.1990, Rs. C-370/88 (Marshall), Rn. 24.

1304 *Frenz*, Handbuch Europarecht, Bd. 4, 2009, Rn. 3206; *Streinz*, EUV/AEUV, 2012², Art. 20 GRCh Rn. 9; *Jarass*, GRCh, 2013², Art. 20 Rn. 18.

1305 EuGH v. 21.2.1990, Rs. 267/88 (Wuidart), Rn. 14; v. 16.12.2008, Rs. C-127/07 (Arcelor), Rn. 57; v. 26.10.1999, Rs. C-273/97 (Sirdar), Rn. 27.

1306 EuGH v. 19.10.1977, Rs. 117/76 (Ruckdeschel), Rn. 8; v. 16.12.2008, Rs. C-127/07 (Arcelor), Rn. 48.

1307 Für eine Verhältnismäßigkeitsprüfung *Frenz*, Handbuch Europarecht, Bd. 4, 2009, Rn. 3185, 3209; *Jarass*, GRCh, 2013², Art. 20 Rn. 15; *Mayer*, in: *Grabitz/Hilf/Nettesheim*, Das Recht der Europäischen Union, nach Art. 6 EUV (Juli 2010), Rn. 224. Für eine Integration der Verhältnismäßigkeitsprüfung in die Rechtfertigungsprüfung *Hölscheidt*, in: *Meyer*, GRCh, 2014⁴, Art. 20 GRCh Rn. 24. Unentschieden *Kingreen*, in: *Ehlers*, Europäische Grundrechte und Grundfreiheiten, 2014⁴, § 21 Rn. 16; *Streinz*, EUV/AEUV, 2012², Art. 20 GRCh Rn. 9. Kritisch *Rossi*, in: *Calliess/Ruffert*, EUV/AEUV, 2011⁴, Art. 20 GRCh Rn. 26 f. mit Verweis auf die Diskussion um die „Neue Formel" des BVerfG (vgl. dazu noch Kapitel 3 B III 2 b bb (3)). Für eine Verhältnismäßigkeitsprüfung als eigenständigen Prüfungspunkt *Odendahl*, in: *Heselhaus/Nowak*, Handbuch der Grundrechte, 2006, § 43 Rn. 34.

1308 EuGH v. 13.11.1973, Rs. 63–69/72 (Werhahn), Rn. 14; v. 5.7.1977, Rs. 114/76 (Bela-Mühle), Rn. 7; v. 15.7.1982, Rs. 245/81 (Edeka), Rn. 13.

1309 EuGH v. 15.5.1986, Rs. 222/84 (Johnston), Rn. 38; v. 26.10.1999, Rs. C-273/97 (Sirdar), Rn. 26. Ausführlich dazu mwN aus der Rspr. *Koch*, Der Grundsatz der Verhältnismäßigkeit in der Rechtsprechung des Gerichtshofs der Europäischen Gemeinschaften, 2003, S. 488 ff.

Gewicht“[1310] fordert, nimmt er faktisch ebenfalls eine – wenngleich auf eine Angemessenheitskontrolle beschränkte – Verhältnismäßigkeitsprüfung vor.[1311] Auch im Rahmen des allgemeinen Gleichbehandlungsgrundsatzes verlangt der EuGH vereinzelt ausdrücklich ein „angemessenes Verhältnis“[1312] zwischen der Ungleichbehandlung und dem mit ihr verfolgten Ziel; verboten seien Ergebnisse, „die offenkundig weniger angemessen als die Ergebnisse aufgrund anderer für diese Ziele ebenfalls geeigneter Maßnahmen sind“.[1313] Grundsätzlich kann davon ausgegangen werden, dass der EuGH bei Beeinträchtigungen des allgemeinen Gleichheitssatzes eine Prüfung der Verhältnismäßigkeit für geboten hält, wenngleich sich die Anforderungen im Einzelnen freilich stark unterscheiden.

Einschränkungen der Neutralität sind also nicht von vornherein gleichheitswidrig. Jedoch müssen sie – entsprechend den Rechtfertigungsanforderungen des Art. 20 GRCh – rechtlich zulässigen Zielen dienen und verhältnismäßig sein.[1314] Konkret muss es für die daraus entstehende ungleiche Steuerbelastung gleicher Verbraucher sachliche Gründe geben. Von den bislang vom EuGH im Rahmen des Art. 20 GRCh anerkannten Rechtfertigungsgründen kommen zur Rechtfertigung von Neutralitätsverletzungen insbesondere Verwaltungspraktikabilitätsgründe[1315] sowie die Verfolgung unionsrechtlicher Ziele[1316] – namentlich die Vermeidung von Steuerhinterziehungen – in Betracht.[1317] Umgekehrt ist es aber – entgegen der Praxis des EuGH – gerade keine Voraussetzung, dass Neutralitätsdurchbrechungen in der Richtlinie vorgesehen sind, solange diese rechtlich zulässigen Zielen dienen. Erfüllen neutralitätswidrige sekundärrechtliche oder nationale Vorschriften diese Anforderungen nicht und scheitert insbesondere auch eine gleichheitskonforme Auslegung derselben[1318], sind sie als gleichheitswidrig und damit als nichtig zu werten.

1310 EuGH v. 15.1.1985, Rs. 250/83 (Findsider), Rn. 8; v. 22.5.2003, Rs. C-462/99 (Connect Austria), Rn. 115.

1311 *Rossi*, in: *Calliess/Ruffert*, EUV/AEUV, 2011[4], Art. 20 GRCh Rn. 27 plädiert insoweit dafür, die Abwägung in eine Zwei-Stufen-Prüfung zu integrieren.

1312 EuGH v. 16.12.2008, Rs. C-127/07 (Arcelor), Rn. 47, 58.

1313 EuGH v. 16.12.2008, Rs. C-127/07 (Arcelor), Rn. 59.

1314 *Englisch*, in: *Weber*, Traditional and Alternative Routes to European Tax Integration, 2010, 231 (242).

1315 Vgl. zu diesem Rechtfertigungsgrund EuGH v. 17.7.1997, Rs. C-248/95 und C-249/95 (SAM), Rn. 60. Dieser Grund wird etwa zur Rechtfertigung von Neutralitätsdurchbrechungen durch die Kleinunternehmerregelung angeführt, *Englisch*, in: *Tipke/Lang*, Steuerrecht, 2015[22], § 17 Rn. 69. Vgl. kritisch hierzu unter Kapitel 2 B II 3 a bb (3).

1316 Vgl. zu diesem Rechtfertigungsgrund EuGH v. 14.7.1994, Rs. C-351/92 (Graff), Rn. 26; v. 13.4.2000, Rs. C-292/97 (Karlsson), Rn. 49 f.

1317 Zu weiteren Beispielen für rechtfertigende Gründe aus der Rspr. des EuGH vgl. *Frenz*, Handbuch Europarecht, Bd. 4, 2009, Rn. 3207.

1318 Darauf verweist zu Recht als vorrangig *Hidien*, EWS 2003, 342 (343).

Würde der EuGH im Umgang mit Neutralitätsverstößen das Verhältnis des Neutralitätsgrundsatzes zum Gleichheitssatz berücksichtigen, gewänne seine Rechtsprechung in diesem Bereich ein großes Stück an Transparenz.

2. Die Neutralität als Ausprägung der Freiheitsgrundrechte

Auch die Freiheitsgrundrechte des Unternehmers – insbesondere Art. 16 GRCh – können einer neutralitätswidrigen Besteuerung Schranken setzen. Jedoch führt – anders als beim Gleichheitssatz – nicht jede Neutralitätseinschränkung zu einem rechtfertigungsbedürftigen Eingriff in die Freiheitsgrundrechte. Ein solcher liegt vielmehr nur vor, soweit die Abweichung vom Neutralitätsgebot zu einer spürbaren Belastung des Unternehmers mit Umsatzsteuer führt, die sich hinreichend negativ auf seine berufliche Betätigung und Wettbewerbsposition auswirkt.[1319] Ob dieser hohen Hürde dürften Neutralitätsverstöße so gut wie kaum eine Rechtfertigung entsprechend den Anforderungen der Freiheitsgrundrechte erfordern. Insbesondere sind keine zwingenden Vorschriften der MwStSystRL ersichtlich, die in Art. 16 GRCh eingreifen. Auf Ebene der mitgliedstaatlichen Umsetzungsgesetze werden Beeinträchtigungen der Freiheitsgrundrechte der Unternehmer insbesondere durch Kleinunternehmerregelungen erwogen.[1320] Auch eine neutralitätswidrige Versagung oder Verzögerung der Vorsteuerentlastung des Unternehmers aus Gründen des Betrugsverdachts stößt auf freiheitsrechtliche Bedenken.[1321]

Ein Eingriff in Art. 16 GRCh unterliegt dem Schrankenvorbehalt des Art. 52 Abs. 1 GRCh.[1322] Danach bedürfen Einschränkungen des Grundrechts einer gesetzlichen Grundlage, müssen dessen Wesensgehalt achten und überdies verhältnismäßig sein. Umstritten ist, ob der Passus in Art. 16 GRCh, die unternehmerische Freiheit werde „nach dem Unionsrecht und den einzelstaatlichen Rechtsvorschriften und Gepflogenheiten" anerkannt, eine zusätzliche Schranke darstellt. Richtigerweise ist dieser Vorbehalt lediglich als Hinweis auf einen erweiterten Spielraum bei der Beschränkung des Grundrechts zu verstehen, ohne das Erfordernis der Rechtfertigung nach Art. 52 Abs. 1 GRCh – insbesondere das Verhältnismäßigkeitsgebot – abzulösen.[1323]

Bei Beschränkungen des Art. 16 GRCh durch mitgliedstaatliche Vorschriften muss die von Art. 52 Abs. 1 GRCh geforderte gesetzliche Eingriffsgrundlage den im jeweiligen Mitgliedstaat geltenden verfassungsrechtlichen Anforderungen an

1319 Vgl. dazu ausführlich Kapitel 2 B III 2.

1320 *Englisch*, in: *Schön*, Zukunftsfragen des deutschen Steuerrechts, 2009, 39 (70).

1321 *Englisch*, in: *Schön*, Zukunftsfragen des deutschen Steuerrechts, 2009, 39 (72, 74).

1322 EuGH v. 22.1.2013, Rs. C-283/11 (Sky Österreich), Rn. 47.

1323 *Blanke*, in: *Tettinger/Stern*, GRCh, 2006, Art. 16 GRCh Rn. 12; *Frenz*, Handbuch Europarecht, Bd. 4, 2009, Rn. 2666; *Jarass*, GRCh, 2013[2], Art. 16 GRCh Rn. 18, Art. 52 GRCh Rn. 86; *Rengeling/Szczekalla*, Grundrechte in der EU, 2004, Rn. 797; *Ruffert*, in: *Calliess/Ruffert*, EUV/AEUV, 2011[4], Art. 16 GRCh Rn. 5. AA *Bernsdorff*, in: *Meyer*, GRCh, 2014[4], Art. 16 GRCh Rn. 15. Für eine Streichung dieses Passus plädiert *Schmidt*, Die unternehmerische Freiheit im Unionsrecht, 2010, S. 212.

Zugänglichkeit, Bestimmtheit und Vorhersehbarkeit genügen.[1324] Ferner darf die einschränkende Regelung nicht den Wesensgehalt – den „Bestand“[1325] – der unternehmerischen Freiheit antasten.[1326]

Der gemäß Art. 52 Abs. 1 Satz 2 GRCh zu wahrende Grundsatz der Verhältnismäßigkeit verlangt nach der Rechtsprechung des EuGH, dass „die Handlungen der Gemeinschaftsorgane nicht die Grenzen dessen überschreiten, was zur Erreichung der (...) verfolgten Ziele geeignet und erforderlich ist. Dabei ist, wenn mehrere geeignete Maßnahmen zur Auswahl stehen, die am wenigsten belastende zu wählen; ferner dürfen die verursachten Nachteile nicht außer Verhältnis zu den angestrebten Zielen stehen.“[1327] Als legitime Ziele normiert Art. 52 Abs. 1 Satz 2 GRCh zum einen die „von der Union anerkannten dem Gemeinwohl dienenden Zielsetzungen“ und zum anderen den Schutz von Individualrechten. Indes fällt die Verhältnismäßigkeitsprüfung des EuGH insbesondere im Bereich der Wirtschaftsgrundrechte (Art. 15–17 GRCh) äußerst knapp aus und beschränkt sich nicht selten auf offensichtliche Unverhältnismäßigkeiten.[1328] Insbesondere fehlen eine ausreichende Ermittlung individueller Belange und eine Würdigung schwerer Nachteile Einzelner.[1329] Mitunter untersucht der EuGH stattdessen losgelöst von der Grundrechtsprüfung einen Verstoß gegen den „allgemeinen Verhältnismäßigkeitsgrundsatz“.[1330] Insoweit bleibt zu hoffen, dass der EuGH die in seiner neueren Rechtsprechung erkennbare Tendenz hin zu einer

---

1324 Dies schließt auch das Gewohnheitsrecht und das *common law* ein. So auch EGMR v. 26.4.1979, Rs. 6538/74 (Sunday Times), Rn. 46 ff. *Borowsky,* in: *Meyer,* GRCh, 2014^4, Art. 52 GRCh Rn. 20; *Jarass,* GRCh, 2013^2, Art. 52 Rn. 28; *Kingreen,* in: *Calliess/Ruffert,* EUV/AEUV, 2011^4, Art. 52 GRCh Rn. 63; *Streinz,* EUV/AEUV, 2012^2, Art. 52 GRCh Rn. 24.

1325 EuGH v. 9.9.2004, Rs. C-184/02 und C-223/02 (Spanien und Finnland/Parlament und Rat), Rn. 54.

1326 Indes hat der EuGH eine Verletzung des Wesensgehalts des Art. 16 GRCh bisher noch in keiner Entscheidung bejaht, *Schmidt,* Die unternehmerische Freiheit im Unionsrecht, 2010, S. 159. Zur Bedeutung der Wesensgehaltsgarantie – insbesondere neben dem Verhältnismäßigkeitsgrundsatz – *Jarass,* GRCh, 2013^2, Art. 52 Rn. 45 f.; *Streinz,* EUV/AEUV, 2012^2, Art. 52 GRCh Rn. 26.

1327 EuGH v. 12.7.2001, Rs. C-189/01 (Jippes), Rn. 81; ähnlich v. 7.9.2006, Rs. C-310/04 (Spanien/Rat), Rn. 97; v. 21.7.2011, Rs. C-2/10 (Franchini), Rn. 73; st. Rspr.

1328 Vgl. etwa EuGH v. 13.12.1994, Rs. C-306/93 (Winzersekt), Rn. 21. Ausführlich mit weiteren Beispielen aus der Rspr. *Koch,* Der Grundsatz der Verhältnismäßigkeit in der Rechtsprechung des Gerichtshofs der Europäischen Gemeinschaften, 2003, S. 399 ff.

1329 *Koch,* Der Grundsatz der Verhältnismäßigkeit in der Rechtsprechung des Gerichtshofs der Europäischen Gemeinschaften, 2003, S. 403 f. *Frenz,* Handbuch Europarecht, Bd. 4, 2009, Rn. 627 bezeichnet die Verhältnismäßigkeitsprüfung deshalb als „leere Hülle“.

1330 EuGH v. 17.10.1995, Rs. C-44/94 (Fishermen’s Organizations), Rn. 56 f.; v. 9.9.2004, Rs. C-184/02 und C-223/02 (Spanien und Finnland/Parlament und Rat), Rn. 56 f. Kritisch dazu *v. Danwitz,* EWS 2003, 393 (396 f.).

ausführlichen Verhältnismäßigkeitsprüfung auf Ebene der Rechtfertigung eines Grundrechtseingriffs fortsetzen wird.[1331]

Für den Umgang mit Neutralitätsverstößen ergibt sich damit folgender grundrechtskonformer Maßstab: Ein nicht gerechtfertigter Eingriff in Art. 16 GRCh liegt vor, wenn Richtlinienbestimmungen oder nationale Vorschriften die Neutralität in dem Maße durchbrechen, dass der Unternehmer – obwohl nur „Einsammler" der Steuer – eine im Vergleich zu den damit verfolgten Zielen unverhältnismäßig hohe Umsatzsteuerbelastung zu tragen hat. Solche Bestimmungen sind ungültig und müssen außer Anwendung bleiben. Gleiches gilt, wenn sich durch eine neutralitätswidrige Umsatzbesteuerung die Wettbewerbsstellung eines bestimmten Unternehmers für diesen „untragbar"[1332] verschlechtert.[1333] Umgekehrt sind solch spürbare Belastungen der Unternehmer erlaubt, soweit sie in verhältnismäßiger Weise dem Gemeinwohl dienende Ziele der Union[1334] fördern. Insoweit können etwa verhältnismäßige Einschränkungen des Vorsteuerabzugsrechts in Betrugsfällen durch das Gemeinwohlziel der Bekämpfung von Steuerhinterziehungen gerechtfertigt sein.[1335]

Um den Mitgliedstaaten einen transparenten, leicht anwendbaren Maßstab für die Prüfung der Neutralitätskonformität ihrer Umsatzsteuervorschriften an die Hand zu geben, sollte der EuGH künftig – statt wie bisher auf den allgemeinen Verhältnismäßigkeitsgrundsatz[1336] – auf Art. 16 GRCh abstellen. Danach sind Neutralitätsverletzungen, die die unternehmerische Freiheit des Unternehmers spürbar

---

1331 Vgl. insbesondere EuGH v. 9.11.2010, Rs. C-92/09 und 93/09 (Schecke), Rn. 65 ff. Ebenso *Streinz*, EUV/AEUV, 2012², Art. 52 GRCh Rn. 30, der für eine Übernahme der Prüfungskriterien des EGMR plädiert.

1332 EuGH v. 6.9.2012, Rs. C-544/10 (Weintor), Rn. 54.

1333 *Fischer,* Die Rechtfertigung einer Umsatzbesteuerung und ihre Vereinbarkeit mit den Grundrechten, 2007, S. 287, der jedoch auf einen Eingriff in die Berufsfreiheit abstellt.

1334 Vgl. zu Bsp. aus der Rspr. *Frenz,* Handbuch Europarecht, Bd. 4, 2009, Rn. 2755 ff.

1335 Unverhältnismäßig wäre dagegen eine Haftung auch des gutgläubigen Unternehmers für den Steuerbetrug seines Lieferanten; so im Erg. auch der EuGH (wenngleich ohne Bezugnahme auf das Grundrecht der unternehmerischen Freiheit), vgl. Kapitel 2 A I 4; *Englisch,* in: *Schön,* Zukunftsfragen des deutschen Steuerrechts, 2009, 39 (71 f.), der jedoch als legitimes Ziel der Belastung des Unternehmers auf das Allgemeininteresse an einer solidarischen Staatsfinanzierung (durch Zugriff auf die Konsumaufwendungen) abstellt. Indes kann damit keine zielgerichtete Belastung des *Unternehmers* mit Umsatzsteuer gerechtfertigt werden, da diese als indirekte Steuer auf Abschöpfung der Leistungsfähigkeit beim Verbraucher ausgerichtet ist; im Erg. ebenso *Stadie,* Umsatzsteuerrecht, 2005, Rn. 1.39, der die Indienstnahme des Unternehmers nur deshalb für gerechtfertigt hält, weil der Unternehmer die Steuer auf den Verbraucher abwälzen kann.

1336 Vgl. etwa EuGH v. 18.12.1997, Rs. C-286/94 (Molenheide), Rn. 45 ff.; v. 21.3.2000, Rs. C-110/98 bis C-147/98 (Gabalfrisa), Rn. 52; EuGH v. 19.9.2000, Rs. C-454/98 (Schmeink & Cofreth u. Strobel), Rn. 59; v. 10.7.2008, Rs. C-25/07 (Sosnowska), Rn. 23.

beeinträchtigen, nur zulässig, soweit sie nach Art. 52 Abs. 1 GRCh gerechtfertigt werden können, insbesondere verhältnismäßig sind.

3. *Die äußere Neutralität*

Gesondert zu betrachten sind schließlich Einschränkungen der äußeren Neutralität. Diesen setzt im grenzüberschreitenden Warenverkehr Art. 110 AEUV und bei grenzüberschreitend erbrachten Dienstleistungen Art. 56 AEUV eine Schranke; dagegen berühren Verstöße gegen die äußere Neutralität das Beihilfeverbot aus Art. 107 Abs. 1 AEUV so gut wie kaum in relevanter Weise.[1337] Die MwStSystRL schafft für den Warenverkehr insbesondere durch das Zusammenspiel der Befreiung innergemeinschaftlicher Lieferungen und der Besteuerung des innergemeinschaftlichen Erwerbs und für den Dienstleistungsverkehr durch die Ortsregelungen ein System der äußeren Neutralität; offensichtliche Neutralitätswidrigkeiten sind in diesem System nicht zu erkennen.[1338] Durchbrechungen derselben drohen vielmehr durch nationale Regelungen. Solche sind im Bereich des grenzüberschreitenden Warenverkehrs insbesondere durch Maßnahmen des Ausfuhrstaates wie die Versagung der Steuerbefreiung für eine innergemeinschaftliche Lieferung (Art. 138 MwStSystRL), aber auch durch Maßnahmen des Bestimmungslandes wie etwa strenge Einfuhrmodalitäten[1339] denkbar. Im grenzüberschreitenden Dienstleistungsverkehr kann es ebenfalls zu neutralitätswidrigen Besteuerungsergebnissen kommen.[1340] Verstöße gegen die äußere Neutralität sind nur primärrechtskonform, soweit sie entsprechend den Anforderungen des Art. 110 AEUV bzw. des Art. 56 AEUV gerechtfertigt werden können.

Indes erachtet es der EuGH grundsätzlich nicht für möglich, eine offene oder versteckte Diskriminierung im Sinne des Art. 110 AEUV zu rechtfertigen.[1341] Der EuGH sucht nur insoweit einen Ausgleich mit mitgliedstaatlichen wirtschafts-, sozial- oder umweltpolitischen Zielen, als ausländische Erzeugnisse dadurch nicht diskriminiert

---

1337 Vgl. ausführlich zu den Rechtsgrundlagen der äußeren Neutralität Kapitel 2 B IV.

1338 Sowohl Art. 110 AEUV als auch Art. 56 AEUV binden auch die Unionsorgane, *Kamann,* in: *Streinz,* EUV/AEUV, 2012², Art. 110 AEUV Rn. 10; *Müller-Graff,* in: *Streinz,* EUV/AEUV, 2012², Art. 56 AEUV Rn. 63. Etwaige Neutralitätseinschränkungen durch die Richtlinie wären deshalb an diesen Vorschriften zu messen. So forderte der EuGH denn auch vor Einführung eines Systems „vollkommener Wettbewerbsneutralität" eine mit Art. 110 AEUV konforme Besteuerung grenzüberschreitender Warenlieferungen, EuGH v. 5.5.1982, Rs. 15/81 (Schul I), Rn. 38, 47 (vgl. dazu bereits Kapitel 2 B IV 1 b).

1339 *Richter,* Die Regelungen zum Vorsteuerabzug, 2012, S. 28.

1340 Vgl. zu Bsp. für Verstöße gegen die äußere Neutralität Kapitel 2 A I 3, II 6; Kapitel 2 B IV.

1341 So ausdrücklich GA Jacobs, SA v. 27.2.2003, Rs. C-383/01 (De Danske Bilimportører), Rn. 28; vgl. dazu auch EuGH v. 16.2.1977, Rs. 20/76 (Schöttle), Rn. 22; *Stumpf,* in: *Schwarze,* EU-Kommentar, Art. 110 AEUV, 2012³, Rn. 15; *Wernsmann,* in: *Schulze/Zuleeg/Kadelbach,* Europarecht, 2015³, § 30 Rn. 58.

werden.[1342] Eine Rechtfertigung muss danach insbesondere dann ausscheiden, wenn die Einfuhr selbst das Kriterium für die erhöhte Besteuerung bildet.[1343] Soweit Maßnahmen des Bestimmungslandes ausschließlich für eingeführte Waren nachteilige umsatzsteuerliche Folgen nach sich ziehen, wären sie nach dieser Rechtsprechung einer Rechtfertigung nicht zugänglich. Dagegen stehen solche Diskriminierungen im grenzüberschreitenden Dienstleistungsverkehr einer Rechtfertigung entsprechend den geschriebenen Rechtfertigungsgründen nach Art. 62 i.V.m. Art. 52 Abs. 1 AEUV offen. In der Folge wäre die äußere Neutralität im Bereich der Warenlieferungen absolut, während sie im Bereich der Dienstleistungen Schranken unterläge.

Aber auch abgesehen von dieser kaum nachvollziehbaren Konsequenz, dass im Umgang mit Neutralitätsverstößen zwischen Warenlieferungen und Dienstleistungen differenziert werden müsste, überzeugt die Rechtsprechung des EuGH zu Art. 110 AEUV nicht. So lässt sie insbesondere eine Anknüpfung an die grundfreiheitliche Dogmatik vermissen.[1344] Eine solche ist aber schon deshalb angezeigt, weil Art. 110 AEUV in Ergänzung zu Art. 30 AEUV und als *lex specialis* zu Art. 34 AEUV der Gewährleistung des freien Warenverkehrs und damit der Verwirklichung des Binnenmarkts dient.[1345] Dieses Ziel wiederum ist nach der Dogmatik der Grundfreiheiten mit den legitimen Interessen der Mitgliedstaaten – wie sie in den Rechtfertigungsgründen zum Ausdruck kommen – in einen verhältnismäßigen Ausgleich zu bringen. Verstöße gegen Art. 110 AEUV müssen deshalb einer Rechtfertigung analog den grundfreiheitlichen Vorgaben zugänglich sein.[1346]

Daraus ergibt sich für den dogmatisch gebotenen Umgang mit Durchbrechungen der äußeren Neutralität folgender Maßstab: Eine mitgliedstaatliche Regelung oder Verwaltungspraxis, die grenzüberschreitend erbrachte Leistungen einer ungünstigeren Umsatzbesteuerung als vergleichbare nationale Leistungen unterwirft, ist

1342 EuGH v. 10.10.1978, Rs. 148/77 (Hansen & Balle), Rn 17; v. 14.1.1981, Rs. 140/79 (Chemical Farmaceutici), Rn. 14; v. 14.1.1981, Rs. 46/80 (Vinal), Rn. 13; v. 2.4.1998, Rs. C-213/96 (Outokumpu), Rn. 30; v. 5.10.2006, Rs. C-290/05 (Nádasdi), Rn. 51. Kritisch zu den insoweit vom EuGH angewandten verschieden strengen Kontrollmaßstäben *Englisch,* Wettbewerbsgleichheit im grenzüberschreitenden Handel, 2008, S. 662 f.

1343 EuGH v. 17.7.1997, Rs. C-90/94 (Haahr Petroleum), Rn. 31.

1344 *Englisch,* Wettbewerbsgleichheit im grenzüberschreitenden Handel, 2008, S. 664.

1345 Vgl. zur Stellung des Art. 110 AEUV *Kamann,* in: *Streinz,* EUV/AEUV, 2012², Art. 110 AEUV Rn. 2, 33; *Waldhoff,* in: *Calliess/Ruffert,* EUV/AEUV, 2011⁴, Art. 30 EUV Rn. 11, Art. 110 AEUV Rn. 22.

1346 Im Erg. ebenso für eine umfassende Rechtfertigungsmöglichkeit *Englisch,* Wettbewerbsgleichheit im grenzüberschreitenden Handel, 2008, S. 665 f. Für eine Rechtfertigungsmöglichkeit für versteckte Diskriminierungen entsprechend der *Cassis*-Rspr. (dazu zugleich) *Barnard,* The substantive law of the EU, 2013⁴, S. 61; *Freytag,* Europarechtliche Anforderungen an Umweltabgaben, 2001, S. 237 f.; aA *Schröer-Schallenberg,* in: *Birk,* Handbuch des Europäischen Steuer- und Abgabenrechts, 1995, § 16 Rn. 41.

neutralitäts- und unionsrechtswidrig und folglich außer Anwendung zu lassen.[1347] Etwas anderes gilt nur, wenn ein in Art. 36 AEUV (bei Warenlieferungen) bzw. Art. 52 Abs. 1 AEUV (bei Dienstleistungen) genannter Grund vorliegt. Als Gründe der öffentlichen Ordnung akzeptiert der EuGH beispielsweise Maßnahmen, die der Verhinderung von Straftaten dienen.[1348] Danach kommt das Ziel der Vorbeugung von Steuerhinterziehungen als rechtfertigender Grund für eine Einschränkung der äußeren Neutralität in Betracht.

Ob auch „zwingende Gründe des Allgemeininteresses" im Sinne der *Cassis*-Rechtsprechung[1349] eine Durchbrechung der äußeren Neutralität rechtfertigen können, bedarf einer differenzierten Betrachtung. Der EuGH hält diese ungeschriebenen Rechtfertigungsgründe nur bei unterschiedslos geltenden Maßnahmen für anwendbar.[1350] Knüpft das Bestimmungsland an den Import von Waren oder Dienstleistungen negative umsatzsteuerliche Folgen, liegt eine – zumindest versteckte – Diskriminierung des ausländischen Unternehmers vor; eine Rechtfertigung aus zwingenden Erfordernissen des Allgemeinwohls muss demnach ausscheiden. Soweit dagegen ein Mitgliedstaat seinen eigenen Staatsangehörigen eine grenzüberschreitende unternehmerische Betätigung erschwert, diskriminiert er gerade nicht Ausländer gegenüber Inländern.[1351] Versagt das Herkunftsland beispielsweise einem Steuerpflichtigen die Befreiung einer innergemeinschaftlichen Lieferung[1352], können auch diese ungeschriebenen Gründe zur Rechtfertigung angeführt werden. Insoweit dürfte vor allem die Gewährleistung einer „wirksamen steuerlichen Kontrolle" Bedeutung erlangen.[1353]

1347 Zur unmittelbaren Anwendbarkeit des Art. 110 AEUV vgl. *Kamann,* in: *Streinz,* EUV/AEUV, 2012², Art. 110 AEUV Rn. 36; *Wernsmann,* in: *Schulze/Zuleeg/Kadelbach,* Europarecht, 2015³, § 30 Rn. 59; zur unmittelbaren Anwendbarkeit des Art. 56 AEUV vgl. *Müller-Graff,* in: *Streinz,* EUV/AEUV, 2012², Art. 56 AEUV Rn. 128.

1348 EuGH v. 30.4.1991, Rs. C-239/90 (Boscher), Rn. 23; v. 22.6.1994, Rs. C-426/92, (Deutsche Milchkontor), Rn. 44.

1349 EuGH v. 20.2.1979, Rs. 120/78 (Rewe).

1350 EuGH v. 11.5.1989, Rs. 25/88 (Wurmser), Rn. 10; v. 25.7.1991, Rs. C-1/90 und C-176/90 (Aragonesa), Rn. 13, jeweils betreffend den freien Warenverkehr; v. 29.4.1999, Rs. C-224/97 (Ciola), Rn. 16 betreffend den freien Dienstleistungsverkehr. Kritisch zu dieser eingeschränkten Anwendbarkeit ungeschriebener Rechtfertigungsgründe *Schroeder,* in: *Streinz,* EUV/AEUV, 2012², Art. 36 AEUV Rn. 34.

1351 *Haratsch/Koenig/Pechstein,* Europarecht, 2014⁹, Rn. 829. Auch im Bereich der direkten Steuern betrachtet der EuGH Maßnahmen des Herkunftsstaates als bloße Beschränkung der Grundfreiheiten, vgl. etwa EuGH v. 11.3.2004, Rs. C-9/02 (Lasteyrie du Saillant), Rn. 42; *Wernsmann,* in: *Schulze/Zuleeg/Kadelbach,* Europarecht, 2015³, § 30 Rn. 108 mwN.

1352 So z. B. in EuGH v. 7.12.2010, Rs. C-285/09 (R.).

1353 In EuGH v. 20.2.1979, Rs. 120/78 (Rewe), Rn. 8 wird dieser Grund an erster Stelle genannt. Vgl. zu weiteren anerkannten und nicht anerkannten ungeschriebenen Rechtfertigungsgründen *Wernsmann,* in: *Schulze/Zuleeg/Kadelbach,* Europarecht, 2015³, § 30 Rn. 115 ff.

Bei der Berufung sowohl auf geschriebene wie auch auf ungeschriebene Rechtfertigungsgründe muss die Einschränkung der Neutralität überdies einer Verhältnismäßigkeitsprüfung standhalten. Insoweit verlangt der EuGH, dass die Regelung zur Erreichung des legitimen Ziels geeignet ist und nicht über das hinausgeht, was dazu erforderlich ist.[1354]

Bislang lässt die Rechtsprechung des EuGH zu Einschränkungen der äußeren Neutralität einen solch transparenten Maßstab vermissen. Als Beispiel sei die schon mehrmals angesprochene Entscheidung in der Rechtssache *Eurodental* genannt: Hier verweist der EuGH zur Rechtfertigung der doppelten Umsatzbesteuerung auf die unvollständige Harmonisierung[1355], obwohl er einen Eingriff in die Grundfreiheiten grundsätzlich gerade nicht aus Gründen einer mangelnden Harmonisierung erlaubt.[1356] Andere Entscheidungen überzeugen zwar im Ergebnis: So steht etwa der Aberkennung der Steuerbefreiung einer innergemeinschaftlichen Lieferung in der Tat der Verhältnismäßigkeitsgrundsatz entgegen, wenn der Lieferant gutgläubig ist.[1357] Umgekehrt ist es durchaus verhältnismäßig, einem vorsätzlich an einer Steuerhinterziehung Beteiligten die Steuerbefreiung zu versagen.[1358] Einen dogmatisch überzeugenden und für die Mitgliedstaaten handhabbaren Maßstab würde indes lediglich eine Rückkoppelung an das jeweils verletzte primärrechtliche Beschränkungsverbot liefern.[1359]

4. *Prüfungsschema*

Einschränkungen der inneren Neutralität greifen in Art. 20 GRCh sowie teilweise in Art. 16 GRCh ein; Einschränkungen der äußere Neutralität berühren dagegen Art. 110 AEUV bzw. Art. 56 AEUV. Daraus ergibt sich für den Umgang mit Neutralitätsverstößen folgendes Prüfungsschema:

1354 Vgl. etwa EuGH v. 28.10.2010, Rs. C-72/09 (Établissements Rimbaud), Rn. 33 mwN; v. 7.11.2013, Rs. C-322/11 (K), Rn. 71 f. Dagegen fehlt zumeist eine ausdrückliche Prüfung der Angemessenheit. Kritisch dazu *von Danwitz*, EWS 2003, 393 (395 f.); *Englisch*, Wettbewerbsgleichheit im grenzüberschreitenden Handel, 2008, S. 354 f.

1355 EuGH v. 7.12.2006, Rs. C-240/05 (Eurodental), Rn. 55.

1356 EuGH v. 28.1.1986, Rs. 270/83 (avoir fiscal), Rn. 24.

1357 Vgl. etwa EuGH v. 27.9.2007, Rs. C-409/04 (Teleos), Rn. 58 (vgl. dazu bereits Kapitel 2 A II 7 a).

1358 EuGH v. 7.12.2010, Rs. C-285/09 (R.), Rn. 53.

1359 Im Erg. ebenso *Hoffsümmer*, Steuerbefreiungen für Inlandsumsätze, 2009, S. 55.

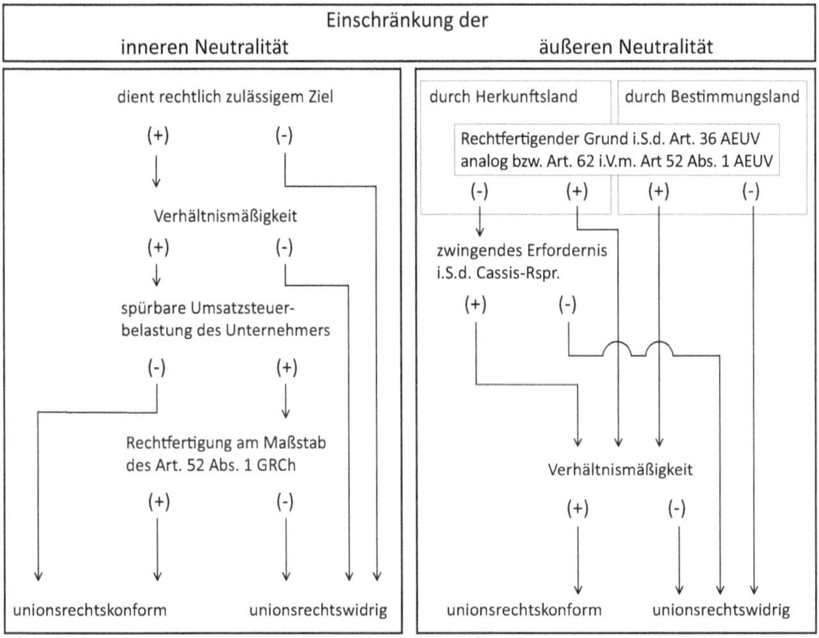

B. Die Rechtsprechung der deutschen Finanzgerichte

Auch die nationalen Finanzgerichte – insbesondere der BFH – prüfen umsatzsteuerliche Vorschriften und deren konkrete Anwendung regelmäßig auf ihre Vereinbarkeit mit dem unionsrechtlichen Grundsatz der Neutralität.[1360] Dies verwundert kaum, soweit man sich die weitreichenden Einwirkungen des Unionsrechts auf das nationale Umsetzungsrecht vor Augen hält. Deshalb werden in einem ersten Schritt die Besonderheiten der Rechtsanwendung im harmonisierten Umsatzsteuerrecht dargestellt (I.), bevor die nationale finanzgerichtliche Rechtsprechung zur Neutralität der Umsatzsteuer anhand einiger Beispiele betrachtet wird (II.).

Neutralitätswidrige Bestimmungen des UStG können einen rechtfertigungsbedürftigen Eingriff in die Unionsgrundrechte und gleichzeitig in die nationalen

1360 BFH v. 7.10.1987, BFHE 151, 228; v. 22.7.1999, BFHE 189, 211; v. 19.3.2013, BFHE 240, 439; v. 24.4.2013, BFHE 242, 410; v. 24.4.2013, BFHE 241, 451; v. 19.6.2013, BFHE 242, 258; v. 8.8.2013, BFHE 242, 548; v. 8.8.2013, BFHE 242, 557; v. 16.10.2013, BFHE 243, 435; v. 11.12.2013, BFHE 244, 79; v. 11.12.2013, BFHE 244, 94; v. 16.1.2014, BFHE 244, 122; v. 24.4.2014, BFHE 245, 404; v. 24.4.2013, BFH/NV 2013, 1457; v. 5.6.2014, BFHE 245, 465; v. 24.7.2014, V R 9/13. Sächsisches FH v. 18.12.2012, 3 K 590/10; FG Düsseldorf v. 13.12.2013, 1 K 2947/11 U; FG Münster v. 14.1.2014, 15 K 4674/10 U; FG Hamburg v. 15.7.2014, 3 K 207/13.

Grundrechte bedeuten, sofern beide Grundrechtsebenen parallel zur Anwendung kommen.[1361] Dies wiederum löst möglicherweise eine Vorlagepflicht zum EuGH einerseits (Art. 267 AEUV) und zum BVerfG andererseits (Art. 100 Abs. 1 GG) aus. Vor diesem Hintergrund soll abschließend der dogmatisch gebotene Umgang nationaler Finanzgerichte mit Neutralitätsverletzungen des UStG erarbeitet werden (III.).

I. Der Einfluss des Unionsrechts auf das nationale Umsatzsteuerrecht

1. Unionsrechtskonforme Auslegung

Art. 4 Abs. 3 UAbs. 2, 3 AEUV begründet eine allgemeine Pflicht der Mitgliedstaaten gegenüber der Union, die Geltung und ordnungsgemäße Anwendung des Unionsrechts zu sichern. Dies bindet „alle Träger öffentlicher Gewalt" und damit insbesondere auch die Judikative.[1362] Daraus folgt die Verpflichtung der mitgliedstaatlichen Gerichte, das gesamte nationale Recht unionsrechtskonform auszulegen.[1363] Nach der Auffassung des EuGH ist dieses Gebot der unionsrechtskonformen Auslegung dem EU-Vertrag „immanent", da es den nationalen Gerichten ermögliche, die volle Wirksamkeit des Unionsrechts zu gewährleisten.[1364] Maßstab für die Auslegung des nationalen Rechts ist also das gesamte Unionsrecht, mitunter sowohl das Primärrecht als auch das Sekundärrecht.

Einen Unterfall der unionsrechtskonformen Auslegung bildet demnach die *primärrechtskonforme* Auslegung. Dieses Gebot findet seine Grundlage neben Art. 4 Abs. 3 EUV im Grundsatz des Anwendungsvorrangs des Primärrechts:[1365] Nationales Recht ist – soweit als möglich – im Wege der Auslegung mit dem Unionsprimärrecht in Einklang zu bringen, weil es andernfalls außer Anwendung bleiben muss. Der wohl wichtigste Anwendungsfall des Grundsatzes der unionsrechtskonformen Auslegung ist indes die *richtlinienkonforme* Auslegung.[1366] Diese lässt sich auch auf das in Art. 288 Abs. 3 AEUV normierte Gebot, die Richtlinienziele im nationalen Recht zu realisieren, zurückführen: So schließt der EuGH daraus auf die

---

1361 Vgl. zur Abgrenzung der nationalen und europäischen Grundrechtsebene bereits unter Kapitel 2 B II 1.

1362 EuGH v. 10.4.1984, Rs. 14/83 (Von Colson und Kamann), Rn. 26.

1363 *Herrmann,* Staatsrecht III, 2013[4], Rn. 73; *Nettesheim,* AöR 119 (1994), 261 (268); *Kahl,* in: *Calliess/Ruffert,* EUV/AEUV, 2011[4], Art. 4 EUV Rn. 92; *Streinz,* EUV/AEUV, 2012[2], Art. 4 EUV Rn. 64.

1364 EuGH v. 5.10.2004, Rs. C-397/01 bis C-403/01 (Pfeiffer), Rn. 114; v. 19.1.2010, Rs. C-555/07 (Kücükdeveci), Rn. 48.

1365 *Haratsch/Koenig/Pechstein,* Europarecht, 2014[9], Rn. 190; *Leible/Domröse,* in: *Riesenhuber,* Europäische Methodenlehre, 2010[2], § 9 Rn. 42 ff.

1366 *Mellinghoff,* UR 2013, 5 (6); *Schroeder,* in: *Streinz,* EUV/AEUV, 2012[2], Art. 288 AEUV Rn. 125. *Herrmann,* Richtlinienumsetzung durch die Rechtsprechung, 2003, S. 103 bezeichnet die richtlinienkonforme Auslegung unter Verweis auf die Unterschiede zur unionsrechtskonformen Auslegung als deren „Sonderform".

Pflicht nationaler Gerichte, nationales Recht, das zur Umsetzung einer Richtlinie erlassen wurde, soweit wie möglich „im Lichte des Wortlauts und des Zwecks der Richtlinie auszulegen", um das mit ihr verfolgte Ziel zu erreichen.[1367] Anders als das Primärrecht genießen Richtlinien nicht immer unmittelbare Wirkung (dazu zugleich unter 2.); in diesem Fall kann die Richtlinie richtlinienwidriges nationales Recht nicht verdrängen. Insoweit ist die richtlinienkonforme Auslegung die einzige Alternative, innerhalb des nationalen Rechts zu einem unionsrechtskonformen Ergebnis zu gelangen und die Richtlinienziele zu erreichen.[1368]

Die richtlinienkonforme Auslegung ist „unter voller Ausschöpfung des Beurteilungsspielraums, den (...) das nationale Recht einräumt"[1369], vorzunehmen. Insoweit verlangt der EuGH von den Mitgliedstaaten, „die gleichen Methoden anzuwenden, um das von der Richtlinie verfolgte Ziel zu erreichen", wie sie zur Auslegung autonomer nationaler Bestimmungen zur Verfügung stehen.[1370] Deshalb muss – parallel zur Methodik des deutschen Rechts – neben der richtlinienkonformen Auslegung auch eine richtlinienkonforme Rechtsfortbildung in Betracht gezogen werden. Demnach kann eine richtlinienkonforme Analogie oder teleologische Reduktion geboten sein.[1371] Verboten ist lediglich eine Auslegung *contra legem*.[1372] Dabei setzt allerdings der Wortlaut einer nationalen Vorschrift der Rechtsfortbildung noch keine Schranke, solange diese mit den allgemeinen nationalen Methoden vereinbar ist.[1373] Daneben findet eine richtlinienkonforme Auslegung in den allgemeinen Rechtsgrundsätzen des Unionsrechts wie dem Grundsatz der Rechtssicherheit oder dem Rückwirkungsverbot ihre Grenzen.[1374]

1367 EuGH v. 10.4.1984, Rs. 14/83 (Von Colson und Kamann), Rn. 26; ähnlich v. 13.11.1990, Rs. C-106/89 (Marleasing), Rn. 8; v. 14.7.1994, Rs. C-91/92 (Faccini Dori), Rn. 26; v. 11.7.2002, Rs. C-62/00 (Marks & Spencer), Rn. 24; v. 5.10.2004, Rs. C-397/01 bis C-403/01 (Pfeiffer), Rn. 113. Einen zusätzlichen Rückgriff auf Art. 4 Abs. 3 EUV für überflüssig halten *Haratsch/Koenig/Pechstein,* Europarecht, 2014^{9}, Rn. 400; *Herrmann,* Richtlinienumsetzung durch die Rechtsprechung, 2003, S. 109 f.; *Schroeder,* in: *Streinz,* EUV/AEUV, 2012^{2}, Art. 288 AEUV Rn. 125.

1368 *Haratsch/Koenig/Pechstein,* Europarecht, 2014^{9}, Rn. 399; *Schroeder,* in: *Streinz,* EUV/AEUV, 2012^{2}, Art. 288 AEUV Rn. 127.

1369 EuGH v. 10.4.1984, Rs. C-14/83 (Von Colson und Kamann), Rn. 28.

1370 EuGH v. 5.10.2004, Rs. C-397/01 bis C-403/01 (Pfeiffer), Rn. 116.

1371 *Haratsch/Koenig/Pechstein,* Europarecht, 2014^{9}, Rn. 402. Ausführlich zur Verpflichtung zur richtlinienkonformen Rechtsfortbildung *Herrmann,* Richtlinienumsetzung durch die Rechtsprechung, 2003, S. 143 ff.; im Kontext der Umsatzsteuer *Stadie,* in: *Rau/Dürrwächter,* UStG, Einf. (April 2013), Rn. 724 ff.

1372 EuGH v. 4.7.2006, Rs. C-212/04 (Adeneler), Rn. 110; v. 15.4.2008, Rs. C-268/06 (Impact), Rn. 100.

1373 BGH v. 26.11.2008, BGHZ 179, 27. Zustimmend *Pfeiffer,* NJW 2009, 412 (413); *Schroeder,* in: *Streinz,* EUV/AEUV, 2012^{2}, Art. 288 AEUV Rn. 128; *Stadie,* in: *Rau/Dürrwächter,* UStG, Einf. (April 2013) Rn. 574. AA *Nettesheim,* AöR 119 (1994), 261 (287).

1374 EuGH v. 4.7.2006, Rs. C-212/04 (Adeneler), Rn. 110; v. 15.4.2008, Rs. C-268/06 (Impact), Rn. 100.

Aufgrund der weitreichenden Vorgaben der MwStSystRL für das nationale Umsatzsteuerrecht bemühen sich mittlerweile auch die nationalen Finanzgerichte und insbesondere der BFH regelmäßig um eine richtlinienkonforme Auslegung der Bestimmungen des UStG.[1375] Daneben erwägt der BFH auch eine teleologische Reduktion von Vorschriften des UStG, um einen Verstoß gegen den Grundsatz der Neutralität zu vermeiden.[1376] Soweit die Wahrung der Neutralität Ziel der Auslegung ist, handelt es sich indes nicht um eine richtlinienkonforme, sondern vielmehr um eine primärrechtskonforme Auslegung: So sucht eine neutralitätskonforme Auslegung eine Verletzung des Neutralitätsgrundsatzes zu vermeiden. Und die Neutralität wiederum wurzelt im Primärrecht, maßgeblich im Gleichheitssatz aus Art. 20 GRCh.[1377]

Das Unionsrecht beeinflusst also maßgeblich die Auslegung des nationalen Umsatzsteuerrechts. Deshalb müssen die nationalen Finanzgerichte das UStG entsprechend der Vorgaben der MwStSystRL sowie des Primärrechts und damit insbesondere auch des Neutralitätsgrundsatzes auslegen.

2. *Unmittelbare Wirkung und Anwendbarkeit*

Soweit eine nationale Vorschrift nicht im Wege der Auslegung mit den unionsrechtlichen Vorgaben in Einklang gebracht werden kann, muss die Normkollision zugunsten der einen und zulasten der anderen Normenebene aufgelöst werden. Nach dem vom EuGH entwickelten[1378] und vom BVerfG weitgehend akzeptierten[1379] Anwendungsvorrang des Unionsrechts verdrängt dieses grundsätzlich das ihm widersprechende nationale Recht. Voraussetzung hierfür ist jedoch, dass das Unionsrecht unmittelbar wirkt und anwendbar ist: Denn eine unionsrechtliche Vorgabe muss unmittelbar Rechte und Pflichten von einzelnen Individuen begründen (*unmittelbare Wirkung*), damit nationale Gerichte und Behörden statt auf die

---

1375 Soweit ersichtlich allerdings erstmals in BFH v. 26.8.1993, BFHE 172, 227 (231); kritisch hierzu *Klenk,* UVR 2006, 107 (111). Vgl. außerdem BFH v. 14.5.1998, BFHE 186, 151 (153); v. 15.7.2004, BFHE 206, 471 (474); v. 12.5.2005, BFHE 209, 171 (174); v. 25.11.2004, BFHE 208, 73 (76); v. 20.10.2009, BFHE 226, 465 (473 f.); v. 12.10.2011, BFHE 235, 525 (528); v. 7.5.2014, BFHE 245, 416; v. 5.11.2014, BFH/NV 2015, 294.

1376 BFH v. 8.8.2013, BFHE 242, 557 zur teleologischen Reduktion des § 4 Nr. 18 UStG nach Maßgabe des Urteils des EuGH v. 15.11.2012, Rs. C-174/11 (Zimmermann), Rn. 59; danach soll § 4 Nr. 16 lit. l UStG als *lex specials* vorgehen, sodass die 25 %-Grenze nunmehr auch für Wohlfahrtsverbände gilt; vgl. dazu *Heidner,* in: *Bunjes/Geist,* UStG, 2014[13], § 4 Nr. 18 Rn. 2 f.; Kapitel 2 A II 4 a bb.

1377 Vgl. dazu ausführlich unter Kapitel 2 B II.

1378 EuGH v. 15.7.1964, Rs. 6/64 (Costa/E.N.E.L.).

1379 Vgl. bereits BVerfG v. 9.6.1974, BVerfGE 31, 145 (173 ff.). Zur dogmatischen Begründung des Anwendungsvorrangs aus Art. 24 Abs. 1, 59 Abs. 2 GG heraus vgl. BVerfG v. 22.10.1986, BVerfGE 73, 339 (374 f.). Vgl. ferner BVerfG v. 8.4.1987, BVerfGE 75, 223 (244 f.); v. 19.7.2011, BVerfGE 129, 78 (94 ff.).

nationale Norm direkt darauf zurückgreifen und deren Rechtsfolge herbeiführen können (*unmittelbare Anwendbarkeit*).[1380]

Seit seiner Entscheidung in der Rechtssache *Van Gend en Loos* beansprucht der EuGH für die EU-Verträge unmittelbare Wirkung: Das Unionsrecht sei „eine neue Rechtsordnung des Völkerrechts (...), deren Rechtssubjekte nicht nur die Mitgliedstaaten, sondern auch die Einzelnen sind".[1381] Damit eine primärrechtliche Vorschrift unmittelbare Wirkung entfaltet, muss diese nach der Auffassung des EuGH eine hinreichend klare und unbedingte Verpflichtung eines Mitgliedstaats begründen.[1382] Dies ist für die Grundfreiheiten[1383] sowie für die Grundrechte der GRCh[1384] anerkannt. Im Bereich des Sekundärrechts ist dagegen zu differenzieren: Verordnungen gelten gemäß Art. 288 Abs. 2 AEUV – ebenso wie das Primärrecht – in den Mitgliedstaaten unmittelbar; sie werden ohne weiteren Umsetzungsakt Bestandteil des nationalen Rechts.[1385] Deshalb ist eine Verordnung wie das Primärrecht dann unmittelbar anwendbar, wenn sie hinreichend bestimmt und unbedingt ist.[1386] Dagegen bedürfen Richtlinien gemäß Art. 288 Abs. 3 AEUV einer Umsetzung durch die Mitgliedstaaten. Dennoch kann eine Richtlinie nach Ansicht des EuGH ausnahmsweise unmittelbare Wirkung entfalten, wenn diese nach Ablauf der Umsetzungsfrist nicht oder fehlerhaft in nationales Recht umgesetzt worden ist[1387] und sie inhaltlich unbedingt und hinreichend genau ist.[1388] Jedoch kann eine unmittelbar anwendbare Richtlinie nur Verpflichtungen des Staates gegenüber dem Bürger (vertikale Direktwirkung), nicht aber umgekehrt Verpflichtungen des Bürgers gegenüber dem Staat begründen.[1389] Auch im Verhältnis zwischen Privaten scheidet eine unmittelbare Wirkung von

---

1380 *Haratsch/Koenig/Pechstein,* Europarecht, 2014[9], Rn. 182.

1381 EuGH v. 5.2.1963, Rs. 26/62 (Van Gend en Loos).

1382 EuGH v. 16.6.1966, Rs. 57/65 (Alfons Lütticke); v. 3.12.1974, Rs. 33/74 (van Binsbergen), Rn. 24/26.

1383 So z.B. für die Warenverkehrsfreiheit EuGH v. 22.3.1977, Rs. 74/76 (Iannelli), Rn. 13; v. 5.3.1996, Rs. C-46/93 (Brasserie du Pêcheur), Rn. 23.

1384 *Jarass,* GRCh, 2013[2], Art. 51 GRCh Rn. 13.

1385 Zur Abgrenzung unmittelbare Geltung – unmittelbare Wirkung und Anwendbarkeit *Haratsch/Koenig/Pechstein,* Europarecht, 2014[9], Rn. 182; *Schroeder,* in: *Streinz,* EUV/AEUV, 2012[2], Art. 288 AEUV, Rn. 104.

1386 EuGH v. 14.12.1971, Rs. 43/71 (Politi), Rn. 9; *Herrmann,* Staatsrecht III, 2013[4], Rn. 44; *Schroeder,* in: *Streinz,* EUV/AEUV, 2012[2], Art. 288 AEUV, Rn. 60 mwN.

1387 EuGH v. 5.4.1979, Rs. 148/78 (Ratti), Rn. 43; v. 26.2.1986, Rs. 152/84 (Marshall), Rn. 46.

1388 EuGH v. 5.4.1979, Rs. 148/78 (Ratti), Rn. 23; v. 19.1.1982, Rs. 8/81 (Becker), Rn. 25.

1389 Sog. umgekehrt vertikale Wirkung, vgl. EuGH v. 3.5.2005, Rs. C-391/02 und C-403/02 (Berlusconi), Rn. 74, wonach eine Richtlinie insbesondere nicht die strafrechtliche Verantwortlichkeit Einzelner begründen oder verschärfen kann. Hier besteht ein maßgeblicher Unterschied zur richtlinienkonformen Auslegung, die auch zu Verpflichtungen zulasten des Bürgers führen kann, GA Kokott, SA v. 7.9.2006, Rs. C-369/04 (Hutchison), Rn. 148.

Richtlinien grundsätzlich aus (horizontale Direktwirkung).[1390] Eine Richtlinie wirkt dagegen auch dann unmittelbar, wenn sie in mehrpoligen Rechtsverhältnissen für einzelne Private zwar keine Verpflichtungen, wohl aber negative Auswirkungen auf deren Rechte auslöst (mittelbare horizontale Direktwirkung).[1391]

Die Umsatzbesteuerung betrifft indes nur das vertikale Rechtsverhältnis zwischen dem Staat und dem Steuerpflichtigen. Da die meisten Bestimmungen der MwStSystRL hinreichend bestimmt und unbedingt sind[1392], entfalten sie unmittelbare Wirkung: Der Steuerpflichtige kann sich vor den nationalen Finanzgerichten und Finanzbehörden auf für ihn vorteilhafte Bestimmungen der MwStSystRL berufen, „wenn ihre vollständige Anwendung nicht tatsächlich gewährleistet ist". Dies wiederum sei nicht nur bei einer unterbliebenen oder unzureichenden Umsetzung der Fall, sondern auch, wenn die nationalen Maßnahmen konkret nicht so angewendet werden, dass das mit der Richtlinie verfolgte Ziel erreicht wird.[1393] Die zuständigen nationalen Stellen müssen sodann unmittelbar die Richtlinienbestimmung anstelle der richtlinienwidrigen nationalen Vorschrift anwenden. Dies gilt nach der Rechtsprechung des EuGH auch dann, wenn sich der Einzelne nicht auf die Richtlinie beruft, da die nationalen Behörden und Gerichte die unmittelbare Richtlinienwirkung „von Amts wegen" zu beachten haben.[1394]

So bejahte der EuGH etwa ein Recht der Unternehmer, sich auf die Steuerbefreiungsvorschriften der Sechsten MwStRL zu berufen, nachdem diese nicht fristgerecht in das UStG übernommen worden waren.[1395] Nach anfänglichem Widerstand

---

1390 So bereits EuGH v. 26.2.1986, Rs. 152/84 (Marshall), Rn. 48; ausdrücklich dann EuGH v. 14.7.1994, Rs. C-91/92 (Faccini Dori), Rn. 20; bestätigt durch EuGH v. 7.3.1996, Rs. C-192/94 (El Corte Inglés), Rn. 15; st. Rspr. Ausführlich dazu sowie zu etwaigen Ausnahmen *Ruffert,* in: *Calliess/Ruffert,* EUV/AEUV, 2011^4, Art. 288 AEUV Rn. 58 ff.

1391 EuGH v. 7.1.2004, Rs. C-201/02 (Delena Wells), Rn. 57 zur Berufung auf Richtlinienvorgaben über die Umweltverträglichkeitsprüfung, die zur Aufhebung einer einem Dritten auf Basis der richtlinienwidrigen nationalen Vorschriften erteilten Genehmigung führt. Vgl. auch EuGH v. 17.7.2008, Rs. C-152/07 bis C-154/07 (Arcor u.a.), Rn. 36. Zustimmend *Schroeder,* in: *Streinz,* EUV/AEUV, 2012^2, Art. 288 AEUV Rn. 118; *Ruffert,* in: *Calliess/Ruffert,* EUV/AEUV, 2011^4, Art. 288 AEUV Rn. 65.

1392 Dies hat der EuGH z.B. für die meisten Steuerbefreiungsvorschriften der MwStSystRL herausgestellt, vgl. etwa EuGH v. 10.9.2002, Rs. C-141/00 (Kügler), Rn. 53; v. 6.11.2003, Rs. C-45/01 (Christoph-Dornier-Stiftung), Rn. 80; *Kindl,* Gesamtschuld und Haftung im nationalen und europäischen Umsatzsteuerrecht, 2010, S. 38.

1393 EuGH v. 11.7.2002, Rs. C-62/00 (Marks & Spencer), Rn. 27; v. 8.6.2006, Rs. C-430/04 (Feuerbestattungsverein Halle), Rn. 29.

1394 EuGH v. 11.7.1991, Rs. C-87/90 (Verholen), Rn. 16; v. 24.10.1996, Rs. C-72/95 (Kraaijeveld), Rn. 54 f.

1395 Zur Steuerbefreiung der Umsätze aus Kreditvermittlung nach Art. 13 Teil B lit. d Nr. 1 der Sechsten MwStRL EuGH v. 19.1.1982, Rs. 8/81 (Becker), Rn. 30; v. 10.6.1982, Rs. 255/81 (Gendel), Rn. 11; v. 22.2.1984, Rs. 70/83 (Kloppenburg), Rn. 9, jedoch jeweils unter der einschränkenden Prämisse, dass die Steuer nicht auf

des BFH[1396] – der letzten Endes durch das BVerfG gebrochen wurde[1397] – prägt die unmittelbare Wirkung von Richtlinien mittlerweile auch die umsatzsteuerliche Rechtsprechung der nationalen Finanzgerichte: So ließen diese etwa verschiedene Vorsteuerabzugsverbote des § 15 UStG aF aufgrund ihrer Unvereinbarkeit mit den Vorgaben der MwStSystRL außer Anwendung.[1398] Und im Bereich der Steuerbefreiungen und -ermäßigungen wenden sie regelmäßig statt der engeren Vorschriften des UStG die weitergehenden Richtlinienbestimmungen an.[1399] Bei genauer Betrachtung kommen die nationalen Gerichte dabei aber nicht immer eindeutigen Vorgaben der MwStSystRL, sondern vielmehr dem Gebot der Neutralität nach: So begründen sie die Unzulässigkeit von Vorsteuerabzugsverboten insbesondere mit der vom EuGH

---

den Leistungsempfänger abgewälzt worden ist und der Unternehmer nicht zum Vorsteuerabzug berechtigt war; kritisch hierzu *Stadie,* in: *Rau/Dürrwächter,* UStG, Einf. (April 2013) Rn. 624 f. Nunmehr stellt der EuGH darauf ab, ob die Erstattung der unionsrechtswidrig erhobenen Steuer zu einer ungerechtfertigten Bereicherung des Unternehmers führen würde, EuGH v. 10.4.2008, Rs. C-309/06 (Marks & Spencer), Rn. 41 f.

1396 BFH v. 25.4.1985, BFHE 143, 383 (386), worin sich der BFH weigert, eben jene Rspr. des EuGH zur unmittelbaren Wirkung der Steuerbefreiungsvorschriften der Sechsten MwStRL zu anzuwenden.

1397 BVerfG v. 8.4.1987, BVerfGE 75, 223 (235 ff.), wonach die Entwicklung des Instituts der unmittelbaren Wirkung von Richtlinien eine zulässige, von der Kompetenz des EuGH gedeckte Rechtsfortbildung sei.

1398 BFH v. 23.11.2000, BFHE 193, 170 (173) zu § 15 Abs. 1a Nr. 2 aF (Vorsteuerabzugsverbot für Übernachtungskosten des Unternehmers und seines Personals). BFH v. 10.2.2005, BFHE 208, 507 (509); FG München v. 23.2.2006, 14 K 3585/03 zu § 15 Abs. 1a Nr. 1 aF (Vorsteuerabzugsverbot für Aufwendungen, für die das Abzugsrecht des § 4 Abs. 5 Satz 1 Nr. 2 bzw. des § 12 Nr. 1 EStG greift). FG Hamburg v. 4.4.2006, III 105/05 zu § 15 Abs. 1a Nr. 3 aF (Vorsteuerabzugsverbot für Umzugskosten). FG Niedersachsen v. 10.2.2000, 5 K 515/99 zu § 15 Abs. 1b aF (Begrenzung des Vorsteuerabzugs für gemischt genutzte Fahrzeuge). Dagegen wird das Vorsteuerabzugsverbot gem. § 15 Abs. 1a UStG i.V.m. § 4 Abs. 5 Satz 1 Nr. 4 EStG für Aufwendungen für Yachten ausdrücklich als unionsrechtskonform – da von der Stillhalteklausel des Art. 176 Abs. 2 MwStSystRL umfasst – erachtet, BFH v. 21.5.2014, BFH/NV 2014, 1682 (1684), MwStR 2014, 730 m. Anm. *Heuermann.*

1399 BFH v. 19.2.2004, BFHE 205, 329 (334); v. 21.3.2007, BFHE 217, 59 (62); v. 18.2.2010, BFHE 228, 474 (479); v. 8.6.2011, BFHE 234, 448 (452); v. 19.3.2013, BFHE 240, 439 (444); v. 24.10.2013, BFHE 243, 456 (459 f.); FG Köln v. 29.1.2007, 7 K 6072/04; FG Rheinland-Pfalz v. 27.11.2008, 6 K 2348/07; FG Schleswig-Holstein v. 17.7.2013, 4 K 104/12 (vgl. dazu *Erdbrügger,* MwStR 2014, 187); FG Münster v. 18.3.2014, 15 K 4236/11 U. Allerdings müsse dann ein bereits geltend gemachter Vorsteuerabzug gemäß § 15a UStG berichtigt werden, wenn sich der Unternehmer nachträglich auf eine Steuerbefreiung des Unionsrechts beruft; der Steuerpflichtige kann sich also nicht die Rosinen herauspicken und trotz Steuerfreiheit in den Genuss des Vorsteuerabzugs kommen, BFH v. 19.10.2011, BFHE 235, 532 (535); *Mellinghoff,* UR 2013, 5 (8).

statuierten Uneinschränkbarkeit des Vorsteuerabzugsrechts;[1400] diese wiederum folgt aber nicht ausdrücklich aus den Richtlinienvorschriften, sondern aus dem primärrechtlichen Neutralitätsgrundsatz.[1401] Auch die extensive Anwendung von Steuerbefreiungsvorschriften gebietet mehr die Neutralität als der Wortlaut der jeweiligen Richtlinienbestimmung.[1402] Insoweit entfalten daher streng genommen nicht die Vorschriften der MwStSystRL, sondern die primärrechtlichen Wurzeln der Neutralität unmittelbare Wirkung; die Neutralität ersetzt im Wege des Anwendungsvorrangs das ihr entgegenstehende nationale Recht.

Der Einfluss des Unionsrechts auf das nationale Umsatzsteuerrecht reicht also so weit, dass es neutralitätswidriges nationales Recht verdrängen kann.

3. Vorabentscheidungsverfahren vor dem EuGH (Art. 267 AEUV)

Offensichtlich wird dieser Einfluss des Unionsrechts auf das nationale Umsatzsteuerrecht insbesondere dann, wenn der EuGH den nationalen Gerichten im Rahmen eines Vorabentscheidungsverfahrens nach Art. 267 Abs. 1 lit. b Alt. 2 AEUV Hinweise zur Auslegung des sekundären Unionsrechts gibt. So ist zweifelsohne die überwiegende Mehrzahl der umsatzsteuerlichen EuGH-Urteile auf ein solches Verfahren zurückzuführen.

Art. 267 AEUV weist dem EuGH zur Sicherung der unionsweit einheitlichen Auslegung und Anwendung des Unionsrechts das Monopol für dessen letztverbindliche Auslegung zu.[1403] Die Vorabentscheidung des EuGH hat zwar keinen unmittelbaren Einfluss auf die nationale Rechtslage; sie muss aber von dem nationalen Gericht bei dessen Entscheidung des Ausgangsrechtsstreits beachtet werden.[1404]

Wenn also ein nationales Finanzgericht zweifelt, ob eine Bestimmung der MwStSystRL so auszulegen ist, dass sie einer Vorschrift des UStG entgegensteht, kann es den EuGH zur Vorabentscheidung anrufen.[1405] Der BFH als letztinstanzliches Gericht ist dazu sogar verpflichtet, Art. 267 Abs. 3 AEUV. Eine Vorlagepflicht besteht nach

---

1400 So z.B. BFH v. 23.11.2000, BFHE 193, 170 (173); v. 10.2.2005, BFHE 208, 507 (509).

1401 Vgl. Kapitel 2 A I 1 b dd.

1402 So z.B. BFH v. 18.2.2010, BFHE 228, 474 (478) zur Steuerbefreiung der Leistungen eines Orchestermusikers unter Bezugnahme auf EuGH v. 3.4.2003, Rs. C-144/00 (Hoffmann), Rn. 27, wonach aus Gründen der Neutralität als „Einrichtung" i.S.d. Art. 132 Abs. 1 lit. n MwStSystRL auch Einzelkünstler angesehen werden können.

1403 *Ehricke,* in: *Streinz,* EUV/AEUV, 2012², Art. 267 AEUV Rn. 6; *Herrmann,* Staatsrecht III, 2013⁴, Rn. 95.

1404 *Stadie,* in: *Rau/Dürrwächter,* UStG, Einf. (April 2013) Rn. 582; *Wegener,* in: *Calliess/Ruffert,* EUV/AEUV, 2011⁴, Art. 267 AEUV Rn. 47.

1405 So werden von den in Art. 267 Abs. 1 lit. b AEUV genannten „Handlungen der Organe" die gesamten Unionssekundärrechtsakte wie Richtlinien erfasst, *Ehricke,* in: *Streinz,* EUV/AEUV, 2012², Art. 267 AEUV, Rn. 19. Jedoch entscheidet der EuGH einzig über die Auslegung des Unionsrechts, nicht dagegen über die Vereinbarkeit einer konkreten nationalen Regelung mit dem Unionsrecht, EuGH v. 28.3.1979, Rs. 222/78 (ICAP), Rn. 10.

der Rechtsprechung des EuGH nur ausnahmsweise dann nicht, wenn die gestellte Frage bereits in einem gleichgelagerten Fall vom EuGH entschieden worden ist (*acte éclairé*), wenn eine gesicherte Rechtsprechung des EuGH vorliegt oder wenn die richtige Anwendung des Unionsrechts derart offenkundig ist, dass keinerlei Raum für einen vernünftigen Zweifel an der Beantwortung der gestellten Frage bleibt (*acte claire*).[1406] Jedoch sind alle – auch nicht-letztinstanzlichen – Finanzgerichte uneingeschränkt zur Vorlage an den EuGH verpflichtet, wenn sie die Gültigkeit einer Bestimmung der MwStSystRL vor dem Hintergrund entgegenstehenden Primärrechts anzweifeln.[1407]

Die nationalen Finanzgerichte verzichten in vielen Fällen, in denen sie eine nationale Vorschrift für unvereinbar mit der MwStSystRL halten, auf eine Vorlage an den EuGH und entscheiden eigenständig, die nationale Vorschrift zugunsten der Richtlinienbestimmung nicht anzuwenden. Dies geschieht zumeist mit der knappen Begründung, es bestünden keine Zweifel an der Auslegung der in Rede stehenden Richtlinienvorschrift[1408] oder es gebe bereits eine gesicherte Rechtsprechung des EuGH[1409], teilweise aber auch stillschweigend, ohne eine Vorlage an den EuGH überhaupt zu erwägen.[1410] Einige Stimmen in der Literatur sehen in einer solchen „Nichtanwendungskompetenz" der Fachgerichte einen Verstoß gegen den Gewaltenteilungsgrundsatz und das Gesetzmäßigkeitsprinzip aus Art. 20 III GG sowie gegen das in Art. 100 Abs. 1 GG normierte alleinige Verwerfungsmonopol des BVerfG. Deshalb verbieten sie eine eigenmächtige Nichtanwendung nationaler Vorschriften seitens der nationalen Gerichte. Vielmehr sei immer – insbesondere auch im Fall eines angeblich offenkundigen Verstoßes gegen die unionsrechtlichen Vorgaben – die Einholung einer Vorabentscheidung des EuGH erforderlich.[1411] Indes ist diese in Art. 100 Abs. 1 GG nicht vorgesehene Nichtanwendungskompetenz der Fachgerichte Folge des vom BVerfG anerkannten Anwendungsvorrangs des Unionsrechts.[1412] Deshalb *müssen* mitgliedstaatliche Gerichte eine nationale Vorschrift,

---

1406 EuGH v. 6.10.1982, Rs. 283/81 (CILFIT), Rn. 13 ff.

1407 St. Rspr. seit EuGH v. 22.10.1987, Rs. 314/85 (Foto Frost), Rn. 15.

1408 BFH v. 23.11.2000, BFHE 193, 170 (174); FG Hamburg v. 4.4.2006, III 105/05; FG Köln v. 29.1.2007, 7 K 6072/04.

1409 BFH v. 10.2.2005, BFHE 208, 507 (513).

1410 FG Niedersachsen v. 10.2.2000, 5 K 515/99.

1411 *Di Fabio,* NJW 1990, 947 (953); *Hummel,* NVwZ 2008, 36 (39); *ders.*, EuR 2010, 309 (317); *Reiß,* in: *Tipke/Lang,* Steuerrecht, 2010[20], § 14 Rn. 11; *Stadie,* in: *Rau/Dürrwächter,* UStG, Einf. (April 2013) Rn. 632 f.; *ders.*, in: DStJG 32 (2009), 143 (160). Ebenso kritisch *Pagenkopf,* NVwZ 1993, 216 (223).

1412 *Schroeder,* in: *Streinz,* EUV/AEUV, 2012[2], Art. 288 AEUV Rn. 120. Kritisch zur Nichtanwendungskompetenz der Verwaltung *Ruffert,* in: *Calliess/Ruffert,* EUV/AEUV, 2011[4], Art. 288 AEUV Rn. 73 f. Für eine umfassende Nichtanwendungskompetenz sowohl der Verwaltung als auch der Gerichte *Nettesheim,* in: *Grabitz/Hilf/Nettesheim,* Das Recht der Europäischen Union, Art. 288 AEUV (August 2012) Rn. 166 f.

die eindeutig – ohne Zweifel – gegen das vorrangige, unmittelbar anwendbare Unionsrecht verstößt, außer Anwendung lassen, ohne dass es dazu einer Vorlage an den EuGH bedarf.[1413] Gleiches gilt, wenn der EuGH über die Auslegung und unmittelbare Wirkung einer Richtlinienbestimmung bereits – etwa auf die Vorlagefrage eines anderen Mitgliedstaats hin – entschieden hat. Um ein „Chaos einander widersprechender Gerichtsentscheidungen“[1414] zu vermeiden, sollten die nationalen Gerichte jedoch sehr genau prüfen, ob im konkreten Fall tatsächlich eine Ausnahme von der Vorlagepflicht greift, und einen *acte claire* oder *acte éclairé* nicht vorschnell bejahen. Im Zweifel muss der EuGH zur Vorabentscheidung angerufen werden.[1415]

Jedenfalls soweit die nationalen Gerichte von ihrer Vorlagemöglichkeit Gebrauch machen, kann der EuGH also großen Einfluss darauf nehmen, dass die nationale Umsatzbesteuerung unionsrechtskonform – insbesondere neutralitätskonform – erfolgt.

II. Die Neutralität in der Rechtsprechung der nationalen Finanzgerichte, insbesondere des BFH

Die Gewährleistung der Neutralität ist mittlerweile auch in der Rechtsprechung der nationalen Finanzgerichte ein anerkanntes Ziel. Deren Verständnis vom Neutralitätsgrundsatz, seinem Einfluss auf die verschiedenen Aspekte der Umsatzbesteuerung und den Grenzen seiner Geltung soll im Folgenden anhand einiger Beispiele aufgezeigt werden.

1. Neutralität bei Eingangsumsätzen

Der BFH argumentiert bei Fragen der Reichweite des Vorsteuerabzugsrechts regelmäßig mit der Neutralität. Insbesondere Einschränkungen des Vorsteuerabzugsrechts prüfen die nationalen Finanzgerichte oft auf ihre Vereinbarkeit mit dem Neutralitätsgrundsatz. Kürzlich etwa verbot der BFH aus Gründen der Neutralität, allgemeine Aufwendungen eines Unternehmers nicht vollständig zum Vorsteuerabzug zuzulassen, wenn der Unternehmer zwar teilweise steuerfreie Umsätze geplant, tatsächlich aber nur steuerpflichtige Umsätze ausführt hat.[1416] Dagegen billigte beispielsweise das FG Düsseldorf einen nur hälftigen Vorsteuerabzug aus

---

1413 *Seer,* in: DStJG 32 (2009), 497 (503); *ders.,* in: *Tipke/Kruse,* AO/FGO, Bd. III, Europarechtsschutz (Mai 2011), Rn. 6.

1414 Ein solches befürchten *Reiß,* in: *Tipke/Lang,* Steuerrecht, 2010[20], § 14 Rn. 11; *Stadie,* in: *Rau/Dürrwächter,* UStG, Einf. (April 2013) Rn. 644.

1415 So im Erg. auch *Seer,* in: DStJG 32 (2009), 497 (503). Entgegen der scharfen Kritik von *Stadie,* in: *Rau/Dürrwächter,* UStG, Einf. (April 2013) Rn. 637 ff. versucht sich der BFH seiner Vorlageverpflichtung keineswegs „ignorant“ zu entziehen, vgl. nur kürzlich BFH v. 21.8.2013, BFHE 242, 565; v. 11.12.2013, BFHE 244, 79; v. 11.12.2013, BFHE 244, 94; v. 5.6.2014, BFHE 245, 447.

1416 BFH v. 24.4.2013, BFHE 241, 451 (458).

der Pacht einer Autoreparaturwerkstatt, weil der Pachtvertrag gemeinsam auf den Unternehmer und seine nichtunternehmerisch tätige Ehefrau lautete.[1417]

Jedoch vermag die BFH-Rechtsprechung in einigen Bereichen die Wertungen der Neutralität in Bezug auf Eingangsumsätze nicht ausreichend zu würdigen. Dies verdeutlichen folgende drei Beispiele:

a. Der erfolglose Unternehmer

Lange Zeit hatte sich der BFH mit seiner Rechtsprechung zum erfolglosen Unternehmer dem Gebot völliger Neutralität in Bezug auf Eingangsumsätze versperrt: Da sich die Umsatzsteuer erst realisiere, wenn die Leistungskette bei einer nicht zum Vorsteuerabzug berechtigten Person endet, müsse einem Unternehmer, der keine weiteren Umsätze mehr ausführt, der Vorsteuerabzug versagt werden. Denn einziges Ziel der Umsatzsteuer sei es, dem Staat Einnahmen zu verschaffen.[1418] Diese Rechtsprechung hielt aber nicht länger stand, als der EuGH aus Gründen der Neutralität auch einem umsatzlosen Unternehmer ein Vorsteuerabzugsrecht zusprach.[1419] Nunmehr stellt der BFH im Einklang mit der EuGH-Rechtsprechung darauf ab, ob der Unternehmer im Zeitpunkt des Bezugs der Vorleistungen die Absicht hatte, diese zur Ausführung besteuerter Umsätze zu verwenden. Indes stützt er dieses Ergebnis statt auf das Neutralitätsgebot auf eine „richtlinienkonforme Auslegung des § 15 UStG".[1420]

b. Der Gutglaubensschutz beim Vorsteuerabzug

Obwohl der EuGH dem Vorsteuerabzugsberechtigen aus Gründen der Neutralität in vielen Fällen Vertrauensschutz gewährt[1421], hält der BFH an seiner Aussage fest, § 15 UStG schütze nicht den guten Glauben an die Erfüllung der Voraussetzungen für den Vorsteuerabzug; höchstens im Billigkeitsverfahren (§§ 163, 227 AO) könne ausnahmsweise ein Vorsteuerabzug in Betracht kommen.[1422] Neutralitätserwägungen spielen in der Argumentation des BFH insoweit kaum eine Rolle.[1423]

1417 FG Düsseldorf v. 13.12.2013, 1 K 2947/11 U.

1418 BFH v. 6.5.1993, BFHE 171, 138 (141).

1419 Vgl. Kapitel 2 A I 1 b cc (6) (a).

1420 BFH v. 8.3.2001, BFHE 194, 522 Ls. 1; v. 14.3.2012, BFH/NV 2012, 1672 (1674).

1421 So gewährt der EuGH dem gutgläubigen Leistungsempfänger z.B. bei einer Steuerhinterziehung oder bei einer nicht erkennbar formell fehlerhaften Rechnung, nicht aber im Fall des unrichtigen oder unberechtigten Rechnungsausweises einen Vorsteuerabzug, vgl. Kapitel 2 A I 4.

1422 BFH v. 19.10.1978, BFHE 127, 71 (75); v. 24.4.1986, BFH/NV 1987, 745 (746); v. 30.4.2009, BFH/NV 2009, 1342 (1345); v. 8.7.2009, BFH/NV 2010, 256 (258). Dagegen einen Vorsteuerabzug des gutgläubigen Leistungsempfängers aus sachlichen Billigkeitsgründen ausdrücklich verneinend BFH v. 24.2.1994, BFH/NV 1995, 358 (359). Kritisch zur BFH-Rspr. *Achatz,* in: DStJG 32 (2009), 461 (479 ff.); *Günther,* Vertrauensschutz bei Angaben Dritter im Umsatzsteuerrecht, 2013, S. 152 f.

1423 Anders nur in BFH v. 24.2.1994, BFH/NV 1995, 358 (359).

Indes erscheint das Billigkeitsverfahren gerade ob der Neutralität nicht als das optimale Verfahren: Für ein Ermessen, wie es die §§ 163, 227 AO anordnen, verbleibt kein Raum, soweit die Grundsätze der Neutralität und des Vertrauensschutzes ein Vorsteuerabzugsrecht gebieten. Deshalb müsste insoweit eine Ermessensreduzierung auf Null angenommen werden.[1424] Außerdem ist die Entscheidung über die Billigkeitsmaßnahme mit der Steuerfestsetzung zu verbinden (§ 163 Abs. 3 AO), um den Steuerpflichtigen nicht zu einem weiteren, gesonderten Verfahren zu zwingen und dadurch die Durchsetzung des Neutralitätsgrundsatzes zu erschweren.[1425] Obwohl dies auch der BFH theoretisch anerkennt[1426], lässt er eine Umsetzung in der Praxis vermissen.[1427]

c. *Verzinsung von Umsatzsteuernachforderungen*

Auch bei der Frage der Verzinsung von Umsatzsteuernachforderungen versäumt es der BFH, den erforderlichen Bezug zur Neutralität herzustellen. Wird in einer Rechnung die Umsatzsteuer zu hoch oder fehlerhaft ausgewiesen (weil beispielsweise eine steuerfreie Leistung irrtümlicherweise als steuerpflichtige behandelt wird), hat das Finanzamt gegen den Leistungsempfänger einen Nachforderungsanspruch, soweit der geltend gemachte Vorsteuerabzug überhöht war. Diese Umsatzsteuernachforderung unterwerfen Rechtsprechung und Verwaltung der Verzinsung nach § 233a AO.[1428] Eine solche Verzinsung kann aber auf der Basis der dem Neutralitätsgebot immanenten Wertung nicht richtig sein. Denn durch die Verzinsung nach § 233a AO sollen „der Liquiditätsvorteil des Steuerpflichtigen und seine damit verbundene erhöhte steuerliche Leistungsfähigkeit abgeschöpft werden. Gleichzeitig soll der vorhandene Zinsnachteil des Fiskus (...) ausgeglichen werden".[1429] Indes kann es vor dem Hintergrund des Neutralitätsprinzips einen solchen Liquiditätsvorteil des Steuerpflichtigen gerade nicht geben: Der vom Leistungsempfänger in Anspruch genommene (überhöhte) Vorsteuerabzug entspricht der vom Leistenden an diesen überwälzten und an den Fiskus abgeführten (überhöhten) Umsatzsteuer.[1430] Für den

---

1424 *Becker*, UR 2009, 664 (670); *Oelmaier*, in: *Sölch/Ringleb*, UStG, § 15 UStG Rn. 94. So auch der BFH für den Schutz des guten Glaubens an das Vorliegen einer steuerfreien Ausfuhrlieferung, BFH v. 30.7.2008, BFHE 223, 372 (380).

1425 *Oelmaier*, in: *Sölch/Ringleb*, UStG, § 15 UStG Rn. 96.

1426 BFH v. 30.4.2009, BFH/NV 2009, 1342, Ls. 3.

1427 BFH v. 8.7.2009, BFH/NV 2010, 256 (258).

1428 BFH v. 24.2.2005, BFH/NV 2005, 1220; v. 30.3.2006, BFH/NV 2006, 1434; v. 29.10.2010, BFH/NV 2011, 856.

1429 BVerfG (Kammer) v. 3.9.2009, 1 BvR 2539/07 in Anlehnung an BFH v. 19.3.1997, BFHE 182, 293 (295); v. 30.10.2001, BFH/NV 2002, 505 (506). So diene die Verzinsung der „Gleichmäßigkeit der Besteuerung".

1430 Vgl. zu einer Liquiditätsvergleichsrechnung *Jacobsen/Tietjen*, UR 2003, 417 (418). Ebenso *Englisch*, UR 2011, 648 (653); *Körner*, DStR 2010, 1363 (1364); *Slapio/Claus*, UR 2014, 346 (348). Der BFH verschließt sich indes einer solchen Betrachtung, da § 233a AO nicht die Berücksichtigung eines fiktiven Sachverhalts (Liquidität bei

Fiskus bringt dieses „Nullsummenspiel" gerade keinen Liquiditätsnachteil.[1431] Einen Liquiditätsvorteil des Leistungsempfängers kann es allenfalls dann geben, wenn sich Steuerbetrag und Vorsteuerbetrag nicht ausgleichen, weil der Leistende an diesen einen geringeren Betrag als die von ihm zum Abzug gebrachten Vorsteuer abgewälzt hat.

Im umgekehrten Fall des fehlenden oder zu niedrigen Ausweises von Umsatzsteuer (weil beispielsweise eine steuerpflichtige Leistung fälschlicherweise als steuerfreie behandelt wird) muss der Leistende die nicht abgeführte Steuer rückwirkend – verzinst – an das Finanzamt entrichten.[1432] Auch dies lässt sich nicht mit der Prämisse vereinbaren, dass sich die Umsatzsteuer gegenüber der Belastung des Unternehmers neutral verhält: Zwar hat der Leistende weniger als den geschuldeten Betrag an den Fiskus abgeführt; jedoch konnte er dem Leistungsempfänger auch nur einen entsprechend niedrigeren Vorsteuerbetrag in Rechnung stellen; mitunter hatte der Leistende entgegen der Auffassung des BFH gerade weder einen tatsächlichen noch potenziellen Liquiditätsvorteil.[1433]

Der BFH unterstellt mit seiner Annahme, ein Steuerpflichtiger genieße bei unzureichender Steuerabführung bzw. bei überhöhter Vorsteuervergütung einen Liquiditätsvorteil, dass die Neutralität typischerweise nicht gewahrt ist. Indem der BFH bei der Frage eines Liquiditätsvorteils statt auf die systematischen Besonderheiten der Umsatzsteuer als indirekte Steuer allein auf das Steuerschuldverhältnis zwischen Steuerpflichtigem und Finanzamt abstellt[1434], missachtet er die Wertungen des Neutralitätsprinzips. Zwar ist dem BFH zuzugeben, dass die MwStSystRL für Zinsen keine Regelungen trifft und diese als steuerliche Nebenleistungen den Rechtsordnungen der Mitgliedstaaten unterliegen (Art. 401 MwStSystRL).[1435] Die Neutralität kann demnach nur einer Belastung mit Umsatzsteuer, nicht aber mit Abgaben im Sinne des Art. 401 MwStSystRL wie Zinsen entgegenstehen.[1436] Jedoch darf bei der

---

vorschriftsgemäßem Verhalten) vorsehe, BFH v. 24.2.2005, BFH/NV 2005, 1220; v. 30.3.2006, BFH/NV 2006, 1434. Dies vermag jedoch nicht zu überzeugen, zumal die Feststellung eines Vorteils immer eines Vergleichs mit einer anderen Situation (Vorteil gegenüber welch alternativer Situation?) bedarf.

1431 *Slapio/Claus*, UR 2014, 346 (348). Ebenso *Jacobsen/Tietjen*, UR 2003, 417 (421); *Körner*, DStR 2010, 1363 (1364).

1432 BFH v. 12.4.2000, BFH/NV 2000, 1178 (1179); v. 1.3.2013, BFH/NV 2013, 901 (902). Dagegen wird dem Leistungsempfänger kein rückwirkender Vorsteuerabzug gewährt, vgl. Kapitel 2 A I 1 b bb (3).

1433 Vgl. zu einer Liquiditätsvergleichsrechnung *Jacobsen/Tietjen*, UR 2003, 417 (419). Ebenso *Englisch*, UR 2011, 648 (652); *Körner*, DStR 2010, 1363 (1364); *Slapio/Claus*, UR 2014, 346 (348).

1434 BFH v. 24.2.2005, BFH/NV 2005, 1220.

1435 BFH v. 9.10.2002, BFHE 199, 507 (509 f.); v. 1.3.2013, BFH/NV 2013, 901 (902). *Körner*, DStR 2010, 1363 (1366) schließt deshalb eine Abhilfe durch den EuGH aus.

1436 *Slapio/Claus*, UR 2014, 346 (352). Vgl. auch zum fehlenden Einfluss der Neutralität auf die autonom nationale Spielbankenabgabe EuGH v. 24.10.2013, Rs. C-440/12 (Metropol), Rn. 57.

Frage nach der *ratio legis* einer solchen Abgabe – soweit sie eine Nebenleistung zur Umsatzsteuer darstellt – nicht ignoriert werden, dass der Umsatzsteuer das Prinzip der Neutralität zugrunde liegt.[1437] Konkret bedeutet dies: Zwar verbieten weder die MwStSystRL noch die Neutralität eine Verzinsung von Umsatzsteuernachforderungen. Jedoch setzt § 233a AO nach seiner *ratio legis* einen Liquiditätsvorteil des Steuerpflichtigen voraus. Nach dem Grundsatz der Neutralität hat die Umsatzsteuer auf dessen Liquidität aber keinerlei Einfluss, weshalb im Fall von Umsatzsteuernachforderungen die *ratio* des § 233a AO gerade nicht greift.

Der BFH ist deshalb gehalten, auch in den von der MwStSystRL nicht geregelten Bereichen wie der Verzinsung die Wertungen des Neutralitätsgrundsatzes zu beachten.

2. *Neutralität in Bezug auf Ausgangsumsätze*

Insbesondere in seiner neueren Rechtsprechung bemüht sich der BFH augenfällig, das nationale Umsatzsteuerrecht im Einklang mit der Neutralität in Bezug auf Ausgangsumsätze auszulegen und anzuwenden. Hierbei orientiert er sich stark an der Rechtsprechungslinie des EuGH.

a. *Steuerbefreiungen und -ermäßigungen*

Wohl am häufigsten greift der BFH bei der Auslegung von Vorschriften über Steuerbefreiungen und ermäßigte Steuersätze auf das Neutralitätsgebot zurück. So forderte der BFH schon früh unter dem Schlagwort der „Rechtsformneutralität", Leistungen ungeachtet der Rechtsform des Leistungserbringers von der Steuer zu befreien.[1438] Anders als der EuGH bringt der BFH dabei die Rückkoppelung an das Verbrauchsteuerprinzip teilweise sehr deutlich zum Ausdruck: So dürfe die Umsatzsteuerbelastung des *Empfängers* einer Leistung – mitunter des Verbrauchers – nicht davon abhängen, in welcher Rechtsform der Leistungserbringer diese ausführt.[1439]

Zumeist jedoch zitieren der BFH und die nationalen Finanzgerichte die vom EuGH entwickelten Ausprägungen der Neutralität und suchen diese bei der Auslegung und Anwendung der nationalen Vorschriften bzw. der unmittelbar anwendbaren Richtlinienbestimmungen zur Geltung zu bringen: Gleichartige und deshalb miteinander in Wettbewerb stehende Leistungen müssten hinsichtlich der Umsatzsteuer – insbesondere hinsichtlich der Anwendung von Steuerbefreiungen und

1437 *Englisch,* UR 2011, 648 (653).

1438 BFH v. 4.3.1998, BFHE 185, 305 (307); v. 22.7.1999, BFHE 189, 211 (213).

1439 BFH v. 22.7.1999, BFHE 189, 211 (214). Anders dagegen BFH v. 4.3.1998, BFHE 185, 305 (308), worin der BFH im Rahmen der Steuerbefreiungen von Heilbehandlungen allein auf den Zweck, die Sozialversicherungsträger von der Umsatzsteuer zu entlasten, abstellt.

-ermäßigungen[1440] – gleich behandelt werden;[1441] zwei gleichartige Leistungen lägen vor, wenn sie aus Sicht des Durchschnittsverbrauchers denselben Bedürfnissen dienen und die Unterschiede die Entscheidung des Verbrauchers, die eine oder andere Leistung zu wählen, nicht erheblich beeinflussen.[1442] Der Neutralitätsgrundsatz verbiete es außerdem, dass ein Steuerpflichtiger allein wegen der Wahl eines bestimmten Organisationsmodells einer Steuerbefreiung verlustig geht.[1443] Daneben setze die Neutralität dem Grundsatz der engen Auslegung von Befreiungsvorschriften eine Grenze.[1444] Der Neutralitätsgrundsatz müsse auch beachtet werden, soweit der nationale Gesetzgeber entsprechend seinem Gestaltungsspielraum einen ermäßigten Steuersatz nur selektiv für einzelne Aspekte der in Anhang III der MwStSystRL genannten Kategorien festschreibt.[1445]

Insoweit sind die nationalen Finanzgerichte also redlich darum bemüht, dem Grundsatz der Neutralität, wie ihn der EuGH versteht, gerecht zu werden.

b. Der Umgang des BFH mit Neutralitätsverletzungen durch nationale Vorschriften

Wenn der BFH in einer nationalen Vorschrift eine Einschränkung des Neutralitätsgrundsatzes erblickt, lässt er diese ohne weitere Überlegungen außer Anwendung. Exemplarisch sei dazu auf die Argumentation des BFH zur Neutralitätswidrigkeit des § 24 Abs. 2 Satz 3 UStG verwiesen:[1446]

> „Denn der *Grundsatz der steuerlichen Neutralität* verbietet es, dass Wirtschaftsteilnehmer, die gleichartige Umsätze bewirken, bei der Mehrwertsteuererhebung – z.B. abhängig von der Rechtsform des Steuerpflichtigen – unterschiedlich behandelt werden (Urteile des Gerichtshofs der Europäischen Gemeinschaften – EuGH – vom 10. September 2002

1440 Aber auch beispielsweise hinsichtlich der Bemessungsgrundlage, vgl. FG Hamburg v. 15.7.2014, 3 K 207/13, Rn. 151.

1441 BFH v. 7.2.2013, BFHE 240, 428 (431 f.).

1442 BFH v. 6.12.2013, BFH/NV 2013, 994 (996); v. 16.10.2013, BFHE 243, 435 (444); v. 2.7.2014, BFHE 246, 537; v. 2.7.2014, BFHE 246, 549 (Nachfolgeentscheidungen zu EuGH v. 27.2.2014, Rs. C-454/12 und C-455/12 (Pro Med Logistik GmbH und Oertel)). FG Hamburg v. 15.7.2014, 3 K 207/13, Rn. 160 (Nachfolgeentscheidung zu EuGH v. 24.10.2013, Rs. C-440/12 (Metropol)).

1443 BFH v. 24.7.2014, BFH/NV 2014, 1783, Rn. 13.

1444 BFH v. 16.10.2013, BFHE 243, 435 (440). FG Münster v. 14.1.2014, 15 K 4674/10 U, Rn. 68.

1445 BFH v. 24.4.2013, BFHE 242, 410 (418) (worin es für neutralitätskonform erachtet wird, wenn gemäß § 12 Abs. 1 Nr. 11 UStG nur Übernachtungen, nicht aber Frühstücksleistungen dem ermäßigten Steuersatz unterliegen); v. 16.1.2014, BFHE 244, 122 (125); v. 30.4.2014, BFHE 245, 409.

1446 BFH v. 16.4.2008, BFHE 221, 484 (487 f.) (Hervorhebungen nur hier; vgl. zu dieser Entscheidung noch unter Kapitel 3 B III 2 a). Jedoch erlaubt es der BFH dem Steuerpflichtigen, sich trotz Unionsrechtswidrigkeit auf § 24 Abs. 2 Satz 3 UStG zu berufen, BFH v. 28.8.2014, BFH/NV 2014, 1916.

Rs. C-141/00 – Kügler –, Slg. 2002, I-6833, und vom 6. November 2003 Rs. C-45/01 – Dornier –, Slg. 2003, I-12911). (...) Der nationale Gesetzgeber war mithin nicht befugt, Steuerpflichtige lediglich wegen ihrer Rechtsform von der Anwendung der Durchschnittssatzbesteuerung auszuschließen, wie dies § 24 Abs. 2 Satz 3 UStG vorsieht. § 24 Abs. 2 Satz 3 UStG ist daher *nicht anwendbar*."

Der BFH erwägt nicht einmal, ob bzw. nach welchen Maßstäben – EU-Primärrecht oder nationale Grundrechte – sich die Neutralitätsverletzung möglicherweise rechtfertigen ließe.[1447] Indes nimmt der BFH – anders als der EuGH – in seinen Urteilen schon nicht auf die grundrechtliche Verankerung der Neutralität Bezug.[1448] Zwar prüft auch der EuGH die Rechtfertigung einer Neutralitätseinschränkung durch eine nationale Vorschrift nur sporadisch; gleichwohl hält er eine solche in gewissen Fällen immerhin für möglich.[1449]

Eine überzeugende Neutralitätsprüfung wird dem BFH und den nationalen Finanzgerichten nur gelingen, wenn sie eine Einschränkung der Neutralität als Eingriff in deren grundrechtliche Wurzeln – insbesondere in Art. 20 GRCh bzw. Art. 3 Abs. 1 GG – werten. Deshalb halten die nationalen Gerichte ihre Argumentation an der falschen Stelle kurz, wenn sie auf eine Herleitung des Neutralitätsgrundsatzes verzichten. Vielmehr sollten sie sich der Frage, ob und wann eine Neutralitätsverletzung gerechtfertigt sein kann, nicht länger versperren. Solange aber der EuGH insoweit ebenso zurückhaltend und dogmatisch ungenau bleibt, dürften sich der BFH und die Finanzgerichte dazu freilich nicht veranlasst sehen.

Ausgehend von diesen Überlegungen wird im Folgenden der gebotene Umgang der nationalen Gerichte mit neutralitätswidrigen Vorschriften aufgezeigt.

III. Dogmatisch gebotener Umgang mit Neutralitätsverletzungen

Die Möglichkeit, Einschränkungen der Neutralität am Maßstab des EU-Primärrechts zu rechtfertigen, war bereits oben Gegenstand der Betrachtung.[1450] Dabei wurde bislang nur die materiell-rechtlich gebotene Prüfung seitens des EuGH dargestellt. Doch auch für die mitgliedstaatlichen Gerichte stellen sich einige Fragen, wenn sie

---

1447 *Hummel*, EuR 2010, 309 (313); *Stadie*, in: *Rau/Dürrwächter*, UStG, Einf. (April 2013), Rn. 646 halten eine solche Rechtfertigung am Maßstab des Art. 3 Abs. 1 GG für möglich: Sachlicher Grund der Differenzierung zwischen Personengesellschaft und Kapitalgesellschaft sei, dass sich erstere durch den Einsatz von persönlicher Arbeitskraft, letztere durch eine kapitalistische Struktur auszeichnen.

1448 Wenn der BFH gelegentlich wörtlich den Ausspruch des EuGH, die Neutralität sei Ausprägung des Gleichbehandlungsgrundsatzes, zitiert (vgl. BFH v. 19.3.2013, BFHE 240, 439, (444 f.); v. 19.3.2014, BFHE 241, 79 (87). Ebenso FG Münster v. 14.1.2014, 15 K 4674/10 U, Rn. 78), bleibt dies unkommentiert und ohne Auswirkungen auf die weitere Fallprüfung.

1449 Vgl. Kapitel 3 A I 2 b.

1450 Vgl. Kapitel 3 A II.

eine nationale Regelung für neutralitätswidrig halten: Bleibt neben einer Vorabentscheidung des EuGH Raum für eine Richtervorlage an das BVerfG gemäß Art. 100 Abs. 1 GG? Und wie muss eine dogmatisch überzeugende Rechtfertigungsprüfung von Verletzungen der Neutralitätsgebote am Maßstab der Grundrechte des GG aussehen? Dies soll ausgehend von den vorangestellten Überlegungen zur Anwendbarkeit nationaler Grundrechte im Bereich der Umsatzsteuer[1451] herausgearbeitet werden.

1. *Prüfung von Richtlinienbestimmungen am Neutralitätsgrundsatz*

Die MwStSystRL steht als Sekundärrechtsquelle (Art. 288 Abs. 3 AEUV) in der Rangstellung unterhalb des primären Unionsrechts. Weil sich der Neutralitätsgrundsatz aus den Verbürgungen der GRCh und des AEUV ableitet, müssen die nationalen Gerichte Richtlinienbestimmungen folglich daran messen.

Ausweislich der EuGH-Entscheidung in der Rechtssache *Foto Frost* sind die nationalen Gerichte aber nur befugt, die Gültigkeit eines Unionsrechtsaktes zu bejahen.[1452] Dagegen dürfen sie Handlungen der Unionsorgane nicht eigenmächtig für ungültig erklären und im jeweiligen fachgerichtlichen Verfahren außer Anwendung lassen. Dies würde nicht nur die einheitliche Anwendung des Unionsrechts und damit die Rechtssicherheit gefährden, sondern auch die Kohärenz des Rechtsschutzsystems des AEUV stören: Da Art. 263 AEUV dem EuGH das Verwerfungsmonopol für Handlungen der Unionsorgane zuweise, müsse diesem die Entscheidung über die Ungültigkeit eines Unionsrechtsakts auch vorbehalten bleiben, wenn sie von einem nationalen Gericht geltend gemacht wird.[1453] Danach sind alle nationalen Gerichte, die eine unionsrechtliche Bestimmung für unionsrechtswidrig und damit für ungültig halten, uneingeschränkt zur Vorlage an den EuGH verpflichtet. Dies gilt sowohl für Untergerichte, obwohl Art. 267 Abs. 2 AEUV für diese gerade keine grundsätzliche Vorlagepflicht statuiert[1454], als auch für letztinstanzliche Gerichte, selbst wenn eine im *CILFIT*-Urteil[1455] zugelassene Ausnahme von ihrer Vorlagepflicht vorliegt.[1456] Anders als bei Art. 100 Abs. 1 GG entsteht die Vorlagepflicht nicht erst bei

1451 Vgl. Kapitel 2 B II 1.

1452 EuGH v. 22.10.1987, Rs. 314/85 (Foto Frost), Rn. 14.

1453 EuGH v. 22.10.1987, Rs. 314/85 (Foto Frost), Rn. 15 ff.; v. 6.12.2005, Rs. C-461/03 (Gaston Schul Douane), Rn. 21 f.

1454 EuGH v. 10.1.2006, Rs. C-344/04 (International Air Transport), Rn. 30. Das Vorlageermessen der Gerichte ist insoweit auf Null reduziert, *Karpenstein*, in: *Grabitz/Hilf/Nettesheim*, Das Recht der Europäischen Union, Art. 267 AEUV (Mai 2013), Rn. 62; *Thiemann*, Jura 2012, 902 (910); *Wernsmann, in: Ehlers/Schoch*, Rechtsschutz im Öffentlichen Recht, 2009, § 11 Rn. 49.

1455 EuGH v. 6.10.1982, Rs. 283/81 (CILFIT), Rn. 13 ff. (vgl. dazu bereits unter Kapitel 3 B I 3).

1456 EuGH v. 6.12.2005, Rs. C-461/03 (Gaston Schul Douane), Rn. 19. Jedoch darf ein nationales Gericht einstweiligen Rechtsschutz gegen einen vom Gericht für

der festen Überzeugung des Gerichts von der Rechtswidrigkeit, sondern bereits bei erheblichen Zweifeln an der Rechtmäßigkeit.[1457]

Verletzt eine Bestimmung der MwStSystRL den Neutralitätsgrundsatz, bestehen zumindest erhebliche Bedenken an ihrer Vereinbarkeit mit Art. 20 GRCh (bzw. im grenzüberschreitenden Kontext mit Art. 110, 56 AEUV). Deshalb müssen die nationalen Gerichte immer den EuGH anrufen, wenn sie eine Richtlinienvorschrift für neutralitätswidrig halten. Auch das BVerfG erachtet es aus Gründen des „effektiven Rechtsschutzes" für erforderlich, dass die Fachgerichte bei Zweifeln, ob ein Sekundärrechtsakt mit den Unionsgrundrechten vereinbar ist, eine Vorabentscheidung des EuGH einholen.[1458] Kommt ein Fachgericht dieser Vorlagepflicht nicht nach, kann das Recht auf den gesetzlichen Richter aus Art. 101 Abs. 1 Satz 2 GG verletzt sein. Insoweit ist nach der Rechtsprechung des BVerfG der Weg für eine Verfassungsbeschwerde frei:[1459] Denn der Grundrechtsschutz „liefe ins Leere, wenn das Bundesverfassungsgericht mangels Zuständigkeit keine materielle Prüfung anhand der Grundrechte vornehmen kann und der Europäische Gerichtshof mangels Vorabentscheidungsersuchens nicht die Möglichkeit erhält, sekundäres Gemeinschaftsrecht anhand der für die Gemeinschaft entwickelten Grundrechtsverbürgungen zu überprüfen".[1460] Für eine zusätzliche Prüfung eines für neutralitätswidrig erachteten Unionsrechtsakts am Maßstab der Grundrechte des GG und eine etwaige konkrete

---

unionsrechtswidrig befundenen Unionsrechtsakt gewähren, sofern es erhebliche Zweifel an der Gültigkeit der Vorschrift hat und dem EuGH die Gültigkeitsfrage vorlegt, EuGH v. 21.2.1991, Rs. C-143/88 und C-92/89 (Zuckerfabrik Süderdithmarschen), Rn. 21; vgl. dazu *Ehricke,* in: *Streinz,* EUV/AEUV, 2012^2, Art. 267 AEUV Rn. 46.

1457 *Ehricke,* in: *Streinz,* EUV/AEUV, 2012^2, Art. 267 AEUV Rn. 45; *Sellmann/Augsberg,* DÖV 2006, 533 (535).

1458 BVerfG v. 13.3.2007, BVerfGE 118, 79 (97). Insofern sieht also nicht nur der EuGH, sondern auch das BVerfG die nicht-letztinstanzlichen Gerichte ebenso zur Vorlage verpflichtet, *Wernsmann, in: Ehlers/Schoch,* Rechtsschutz im Öffentlichen Recht, 2009, § 16 Rn. 38 Fn. 52.

1459 Das BVerfG versteht sich aber nicht als „Kontrollorgan", sondern beanstandet Nichtvorlagen nur, wenn sie „bei verständiger Würdigung der das Grundgesetz bestimmenden Gedanken nicht mehr verständlich erscheinen und offensichtlich unhaltbar sind", namentlich bei grundsätzlicher Verkennung der Vorlagepflicht, bei bewusstem Abweichen von der EuGH-Rspr. ohne Vorlagebereitschaft und bei Nichtvorlage trotz Unvollständigkeit der EuGH-Rspr., BVerfG v. 31.5.1990, BVerfGE 82, 159 (195 f.). Kürzlich hat das BVerfG eine Verletzung des Art. 101 Abs. 1 Satz 2 GG bejaht, wenn ein Fachgericht aufgrund „unvertretbarer verfassungskonformer Auslegung" die Vorlage einer Norm an das BVerfG gemäß Art. 100 Abs. 1 GG unterlassen hat, BVerfG v. 16.12.2014, 1 BvR 2142/11. Es bleibt abzuwarten, ob das BVerfG diese Rspr. auch auf Fälle unterbliebener Vorlagen an den EuGH aufgrund „unvertretbarer unionsrechtskonformer Auslegung" übertragen wird.

1460 BVerfG (Kammer) v. 9.1.2001, NJW 2001, 1267 (1268).

Normenkontrolle nach Art. 100 Abs. 1 GG bleibt ausweislich des vom BVerfG weitgehend akzeptierten Anwendungsvorrangs des Unionsrechts[1461] nämlich kein Raum.

Die Rolle der nationalen Gerichte bei der Kontrolle der Neutralitätskonformität von Richtlinienbestimmungen beschränkt sich also auf ihre Vorlagepflicht zum EuGH. Indes nehmen sie so eine unverzichtbare Funktion zur Gewährleistung des europäischen Grundrechtsschutzes – und damit des Neutralitätsprinzips – ein.[1462]

2. Prüfung von Vorschriften des UStG am Neutralitätsgrundsatz

Soweit die Vereinbarkeit einer nationalen Vorschrift mit dem Grundsatz der Neutralität in Frage steht, bedarf es einer differenzierteren Betrachtung. Ob die äußere Neutralität als Ausprägung der Art. 110, 56 AEUV einer nationalen Regelung entgegensteht, kann einzig der EuGH im Rahmen einer Vorabentscheidung klären. Dagegen kann in einem Verstoß gegen die innere Neutralität ein Eingriff in die Unionsgrundrechte und/oder die nationalen Grundrechte liegen: Beruht die Vorschrift auf zwingenden Vorgaben der MwStSystRL, sind allein die Unionsgrundrechte maßgeblich. Autonomes nationales Recht wiederum ist ausschließlich an die Grundrechte des GG gebunden. Dagegen beanspruchen sowohl die unionalen als auch die nationalen Grundrechte Geltung, wenn die Richtlinie dem nationalen Gesetzgeber Gestaltungsspielräume belässt.[1463] In diesem Fall überschneiden sich die Prüfungskompetenzen des EuGH und des BVerfG.

a. Vorlage an den EuGH

Alle nationalen Umsatzsteuervorschriften mit Ausnahme derer, die jedweder Vorgabe in der MwStSystRL entbehren, müssen also mit den Unionsgrundrechten vereinbar sein. Bei diesbezüglichen Bedenken steht der Weg zu einer Vorabentscheidung des EuGH offen. Dabei stellt sich die Frage, ob die nationalen Gerichte zwingend an den EuGH vorlegen müssen, wenn sie in einer nationalen Vorschrift eine Verletzung der Neutralität vermuten.

Bezweifelt ein mitgliedstaatliches Fachgericht die Neutralitätskonformität einer nationalen Vorschrift, die zwingende Richtlinienvorgaben umsetzt, *muss* es den EuGH zur Vorabentscheidung anrufen. Denn in diesem Fall bestehen berechtigte Zweifel, ob die zugrunde liegende Richtlinienvorgabe „mit den Grundrechten des Unionsrechts" übereinstimmt;[1464] schließlich impliziert jede Einschränkung der inneren Neutralität einen Eingriff in den Gleichheitssatz aus Art. 20 GRCh. Ausweislich der *Foto-Frost*-Entscheidung ist eine Vorlage an den EuGH dann unabdingbar.

Soweit eine nationale Vorschrift einen von der MwStSystRL belassenen Gestaltungsspielraum füllt, sind die Unionsgrundrechte zwar ebenso Prüfungsmaßstab;

1461 Vgl. dazu Kapitel 2 B II 1 a.
1462 *Britz*, NJW 2012, 1313 (1317).
1463 Vgl. Kapitel 2 B II 1 b.
1464 BVerfG v. 19.7.2011, BVerfGE 129, 78 (103 f.).

eine entsprechende Vorlage an den EuGH ist demnach möglich. Jedoch besteht eine Vorlagepflicht gemäß Art. 267 Abs. 3 AEUV nur für den BFH als letztinstanzliches Gericht, während die Untergerichte nach Art. 267 Abs. 2 AEUV ein Vorlageermessen haben.[1465] Eine *Foto-Frost*-Konstellation liegt gerade nicht vor: So steht nicht die Gültigkeit der Öffnungsklausel als solcher, sondern nur deren Vollzug durch den mitgliedstaatlichen Gesetzgeber zur Überprüfung. Von der Vorlagepflicht des BFH wiederum macht der EuGH in den in der Rechtssache *CILFIT* statuierten Fällen eine Ausnahme.

Indes darf der BFH diese Ausnahmen bei Zweifeln, ob der Neutralitätsgrundsatz einer nationalen Norm entgegensteht, nicht zu großzügig interpretieren. Auch insoweit ist die Entscheidung des BFH zur Anwendung der Durchschnittssatzbesteuerung auf Gewerbebetriebe kraft Rechtsform entgegen der eindeutigen Regelung des § 24 Abs. 2 Satz 3 UStG kritisch zu sehen. Der BFH hielt eine Vorlage an den EuGH für entbehrlich, da das Neutralitätsgebot „bereits Gegenstand mehrerer Urteile des EuGH" gewesen sei und deshalb eine „gesicherte Rechtsprechung des EuGH" bestehe, „dass das Neutralitätsgebot durch den nationalen Gesetzgeber nicht verletzt werden darf".[1466] Tatsächlich hat der EuGH jedoch die konkrete Frage, ob die Vorgaben der Art. 295 ff. MwStSystRL neutralitätskonform dahingehend auszulegen sind, dass eine Pauschalregelung auch für Gewerbebetriebe kraft Rechtsform gelten müsse, noch nicht beantwortet. Es lag also gerade kein *acte éclairé* vor.[1467]

Zwar mag die mannigfaltige EuGH-Rechtsprechung zur Neutralität dazu verleiten, vorschnell eine gesicherte Rechtsprechung anzunehmen. In der Tat besteht eine solche auch zu der Frage, *dass* es einen Grundsatz der Neutralität gibt.[1468] Dessen Reichweite muss der EuGH aber für jede von ihm erfasste Fallgestaltung neu definieren. Schließlich obliegt das Monopol zur letztverbindlichen Auslegung des primären Unionsrechts – und damit auch des Neutralitätsgrundsatzes als Ausdruck des unionalen Gleichheitssatzes – dem EuGH, Art. 267 Abs. 1 lit. a AEUV. Ein *acte éclairé* kann nur dann vorliegen, wenn der EuGH die neutralitätskonforme Auslegung der konkret in Frage stehenden Richtlinienbestimmung in einer früheren Entscheidung dargelegt hat. Denn der Umstand, dass ein solches Gebot besteht, vermag noch nicht dessen Reichweite zu erklären. Ansonsten wären spiegelbildlich alle Fragen zur Vereinbarkeit eines nationalen Umsetzungsakts mit den

---

1465 Dies gilt indes nicht für die Vorlagefrage, ob die nationale Vorschrift überhaupt einen Gestaltungsspielraum ausfüllt. Insoweit geht das BVerfG auch für unterinstanzliche Gerichte von einer Vorlagepflicht aus, da von dieser Frage abhängt, ob die Gerichtsbarkeit des BVerfG überhaupt eröffnet ist, vgl. Kapitel 3 B III 2 bb (1).

1466 BFH v. 16.4.2008, BFHE 221, 484 (488).

1467 So hält etwa *Klenk,* in: *Sölch/Ringleb,* UStG, § 24 UStG Rn. 285 die Vorschrift des § 24 Abs. 2 Satz 3 UStG für vereinbar mit den Vorgaben des Art. 296 Abs. 1 MwStSystRL. Zu Recht kritisch zur Argumentation des BFH deshalb *Hummel,* UR 2009, 73 (77); *ders.,* EuR 2010, 309 (317); *Stadie,* in: *Rau/Dürrwächter,* UStG, Einf. (April 2014) Rn. 645; *ders.,* in: DStJG 32 (2009), 143 (162 f.).

1468 *Hummel,* UR 2009, 73 (77); *ders.,* EuR 2010, 309 (317).

Unionsgrundrechten überflüssig, da es keine Zweifel gibt, dass die EU-Grundrechte nicht durch den mitgliedstaatlichen Gesetzgeber verletzt werden dürfen.

Die Vorabentscheidung des EuGH orientiert sich einzig an der von dem mitgliedstaatlichen Gericht gestellten Vorlagefrage. Deshalb liegt es zum großen Teil am vorlegenden Gericht, vom EuGH eine transparentere Prüfung des Neutralitätsgrundsatzes einzufordern.[1469] So sollte bereits die Vorlagefrage auf die jeweils betroffene Rechtsgrundlage der Neutralität Bezug nehmen. Statt der üblichen Formulierung, ob eine nationale Vorschrift mit dem Grundsatz der Neutralität vereinbar ist, muss die Frage lauten, ob der Vorschrift *der Gleichbehandlungsgrundsatz aus Art. 20 GRCh*[1470]*, wie er im Grundsatz der Neutralität zum Ausdruck kommt,* entgegensteht.

b. Die Rolle des BVerfG

Wegen der nur eingeschränkten Bindung des nationalen Umsatzsteuergesetzgebers an die Grundrechte des GG ist auch die Prüfungskompetenz des BVerfG in diesem Bereich beschränkt. Hier ist wiederum zu differenzieren:

aa. Nationale Vorschrift beruht auf zwingenden Richtlinienvorgaben.

Nach seiner *Solange-II*-Rechtsprechung übt das BVerfG seine Gerichtsbarkeit über die Anwendbarkeit von abgeleitetem Unionsrecht – jedenfalls derzeit – nicht mehr aus. Deshalb sind Verfassungsbeschwerden und Richtervorlagen, die sich gegen Normen des Unionssekundärrechts richten, „unzulässig".[1471] Dasselbe gilt auch für nationale Rechtsvorschriften, welche zwingende Vorgaben einer Richtlinie in deutsches Recht umsetzen.[1472] Folglich scheitert eine Verfassungsbeschwerde, die eine Verletzung der Neutralität durch eine unionsrechtlich determinierte Vorschrift des UStG rügt, an einem tauglichen Beschwerdegegenstand[1473], ein entsprechender Normenkontrollantrag mithin an einem tauglichen Vorlagegegenstand.[1474]

1469 Auch *Englisch,* in: *Schön,* Zukunftsfragen des deutschen Steuerrechts, 2009, 39 (54) sieht die vorlageberechtigten Gerichte in der Pflicht, durch ihre Vorlagefragen einen effektiven Grundrechtsschutz zu fordern.

1470 Evtl. i.V.m. dem Grundrecht auf unternehmerische Freiheit Art. 16 GRCh. Im Kontext der äußeren Neutralität ist dagegen auf die Diskriminierungsverbote aus Art. 110 oder 56 AEUV abzustellen.

1471 BVerfG v. 22.10.1986, BVerfGE 73, 339 (387); v. 7.6.2000, BVerfGE 125, 260 (306); v. 7.6.2000, BVerfGE 102, 147 (164).

1472 BVerfG v. 19.7.2011, BVerfGE 129, 78 (90).

1473 *Scherzberg,* in: *Ehlers/Schoch,* Rechtsschutz im öffentlichen Recht, 2009, § 13 Rn. 48; *Thiemann,* Jura 2012, 902 (905) mwN. AA *Ehlers,* Jura 2011, 187 (192) (fehlende Beschwerdebefugnis).

1474 *Morgenthaler,* in: *Epping/Hillgruber,* BeckOK GG, Art. 100 Rn. 14; *Thiemann,* Jura 2012, 902 (907). AA BVerfG v. 4.10.2011, BVerfGE 129, 186 (198 f.), das die Entscheidungserheblichkeit verneint. Sowohl eine Verfassungsbeschwerde als auch ein Normenkontrollantrag sind indes zulässig, wenn der Vorbehalt des BVerfG,

Das BVerfG könnte aber dann wieder ins Spiel kommen, wenn der EuGH die einer nationalen Vorschrift zugrunde liegende Richtlinienbestimmung wegen Verstoßes gegen den Neutralitätsgrundsatz für ungültig erklärt hat. Davon geht offenbar das BVerfG selbst aus: Es ist der Ansicht, dass das deutsche Umsetzungsgesetz nicht automatisch unbeachtlich werde, wenn der EuGH über die Ungültigkeit einer Richtlinie befunden hat; jedoch sei dann „Raum für eine Prüfung an den deutschen Grundrechten und gegebenenfalls eine Vorlage nach Art. 100 GG".[1475] Dies vermag indes nicht zu überzeugen. Eine nationale Vorschrift, die eine grundrechtswidrige unionsrechtliche Vorgabe in deutsches Recht umsetzt und dabei ausschließlich deren Inhalt wiedergibt, verstößt denknotwendig ihrerseits ebenso – „automatisch" – gegen die europäischen Grundrechte. Die Unionsgrundrechte wiederum, an die die Mitgliedstaaten bei der Durchführung von Unionsrecht – wie insbesondere der Umsetzung von Richtlinien – gebunden sind (Art. 51 Abs. 1 Satz 1 GRCh), verdrängen im Wege des Anwendungsvorrangs das ihnen entgegenstehende nationale Recht.[1476] Eine Richtervorlage ist deshalb schon nicht entscheidungserheblich, da es auf eine nationale Grundrechtsprüfung nicht mehr ankommt.[1477] Schließlich müsste die nationale Norm aufgrund des Vorrangs des Unionsrechts selbst dann außer Anwendung bleiben, wenn sie mit den nationalen Grundrechten vereinbar wäre. Für den Umgang mit neutralitätswidrigen nationalen Vorschriften bedeutet dies: Wenn der EuGH eine Richtlinienvorgabe aufgrund eines nicht gerechtfertigten Verstoßes gegen den Neutralitätsgrundsatz für ungültig erklärt, darf eine darauf beruhende nationale Vorschrift nicht mehr angewendet werden. Einer Vorlage an das BVerfG nach Art. 100 Abs. 1 GG bedarf es in diesem Fall nicht mehr.

Im Bereich der zwingenden Richtlinienvorschriften verbleibt also für eine Kompetenz des BVerfG zur Prüfung nationaler Umsatzsteuervorschriften auf ihre Vereinbarkeit mit der Neutralität kein Raum.

---

ein ausreichender europäischer Grundrechtsschutz sei nicht mehr gewährleistet, ausreichend substantiiert geltend gemacht wird, BVerfG v. 7.6.2000, BVerfGE 102, 147 (164).

1475 BVerfG v. 13.3.2007, BVerfGE 118, 79 (97) unter Verweis auf *Cremer,* Die Verwaltung 2004, 165 (187).

1476 Wenn die unionsrechtliche Richtlinienvorgabe ungültig ist, verliert der nationale Rechtsakt nicht seine Qualifikation als Umsetzungsakt; ungeachtet dessen liegt weiterhin eine Durchführungskonstellation i.S.d. Art. 51 Abs. 1 GRCh vor, sodass die Mitgliedstaaten an die Unionsgrundrechte gebunden sind, *Englisch,* in: *Schön,* Zukunftsfragen des deutschen Steuerrechts, 2009, 39 (48). AA *Funke,* Umsetzungsrecht, 2010, S. 209; *Matz-Lück,* in: *dies./Hong,* Grundrechte und Grundfreiheiten im Mehrebenensystem, 2012, 161 (178 f.).

1477 *Englisch,* in: *Schön,* Zukunftsfragen des deutschen Steuerrechts, 2009, 39 (48); *Heck,* NVwZ 2008, 523 (524); *Thiemann,* Jura 2012, 902 (911); *Wernsmann,* in: *Ehlers/Schoch,* Rechtsschutz im öffentlichen Recht, 2009, § 16 Rn. 46 f.; *ders.,* in: *Hübschmann/Hepp/Spitaler,* AO/FGO, § 4 (November 2014), Rn. 400.

bb. Nationale Vorschrift füllt Gestaltungsspielraum des nationalen Gesetzgebers

In diesem Fall unterliegt die nationale Vorschrift nach der hier vertretenen Ansicht einer parallelen Bindung sowohl an die Unionsgrundrechte als auch an die Grundrechte des GG.[1478] Der tatsächlichen Prüfung einer solchen Vorschrift am Maßstab der nationalen Grundrechte – die letztverbindlich dem BVerfG obliegt, Art. 100 Abs. 1 GG – sind einige Vorfragen voranzustellen:

(1) Gestaltungsspielraum?

Das BVerfG darf nur dann in die Prüfung der Verfassungsmäßigkeit einer umsatzsteuerlichen Vorschrift einsteigen, soweit die Grundrechte des GG Prüfungsmaßstab sind. Dies wiederum steht und fällt mit der Frage, ob die nationale Vorschrift tatsächlich einen Spielraum der Richtlinie ausgestaltet. Indes lässt sich das mitunter nur sehr schwer beantworten; verbindlich kann darüber nur der EuGH entscheiden, Art. 267 Abs. 1 lit. b AEUV.[1479]

Nach der Ansicht des BVerfG ist es in erster Linie Aufgabe der Fachgerichte, diese Frage – gegebenenfalls mittels einer Vorabentscheidung des EuGH – zu klären.[1480] Dies folge aus der „im Grundgesetz angelegten Kompetenzverteilung zwischen BVerfG und den Fachgerichten“: Danach obliege die Interpretation des Verfassungsrechts dem BVerfG, die Auslegung und Anwendung des Unionsrechts genauso wie die des einfachen Rechts dagegen den Fachgerichten.[1481] Weil eine Vorlage an das BVerfG nur dann „entscheidungserheblich“ sei, wenn das vorlegende Gericht die Reichweite der unionsrechtlichen Vorgaben geklärt hat, bestehe insoweit auch für die Instanzgerichte – zwar nicht aus unionsrechtlicher (Art. 267 Abs. 2 AEUV), wohl aber aus verfassungsrechtlicher Perspektive – eine Vorlagepflicht zum EuGH.[1482] Indem das BVerfG den Fachgerichten damit einen Auslegungsvorrang für europäisches Recht zuspricht, vermeidet es weitgehend eigene Vorlagen an den EuGH.[1483]

Soweit ein Fachgericht das Vorliegen eines Gestaltungsspielraums – wegen der Annahme eines *acte clair* – ohne Vorabentscheidung des EuGH bejaht, beansprucht das BVerfG ein „weitergehendes Überprüfungsrecht“ als eine bloße „Offensichtlichkeitskontrolle“, der fachgerichtliche Rechtsauffassungen sonst

1478 Vgl. Kapitel 2 B II 1 b cc.

1479 *Thiemann,* Jura 2012, 902 (907).

1480 BVerfG v. 19.7.2011, BVerfGE 129, 78 (103); v. 4.10.2011, BVerfGE 129, 186 (199 f.).

1481 BVerfG v. 4.10.2011, BVerfGE 129, 186 (202); vgl. zur Kompetenzverteilung zwischen BVerfG und Fachgerichten *Britz,* NJW 2012, 1313 (1317).

1482 BVerfG v. 4.10.2011, BVerfGE 129, 186 (201 f.).

1483 *Britz,* NJW 2012, 1313 (1317); *Thiemann,* Jura 2012, 902 (908). Das bislang einzige Vorabentscheidungsersuchen des BVerfG betraf die Frage der Vereinbarkeit des OMT-Beschlusses mit dem AEUV, BVerfG v. 14.1.2014, BVerfGE 134, 366; vgl. dazu GA Villalón, SA v. 14.1.2015, Rs. C-62/14 (Gauweiler u.a.).

unterliegen.[1484] Hält nämlich das BVerfG anders als das Fachgericht einen Umsetzungsspielraum nicht offenkundig für gegeben, wäre es als letztinstanzliches Gericht seinerseits gemäß Art. 267 Abs. 3 AEUV zu einer Vorlage an den EuGH verpflichtet, bevor es eine Rechtsnorm am Maßstab des GG überprüfen und als verfassungswidrig verwerfen kann.[1485] Das BVerfG weist indes schon die Richtervorlage mit der Begründung, das Fachgericht hätte zuerst den EuGH zur Vorabentscheidung anrufen müssen, als unzulässig zurück.[1486]

Verneint das Fachgericht umgekehrt ohne entsprechende Vorabentscheidung des EuGH das Bestehen eines Umsetzungsspielraums und damit die Anwendbarkeit der nationalen Grundrechte, ist der Weg frei für eine Verfassungsbeschwerde zum BVerfG: Zum einen kann eine Verletzung des Rechts auf den gesetzlichen Richter aus Art. 101 Abs. 1 Satz 2 GG gerügt werden;[1487] allerdings beschränkt sich die Prüfung des BVerfG auf die Kontrolle willkürlicher Nichtvorlagen.[1488] Zum anderen erwägt das BVerfG bei einer fehlerhaften Annahme des Fachgerichts, mangels Umsetzungsspielraums sei die Anwendbarkeit nationaler Grundrechte ausgeschlossen, eine Verletzung des jeweils einschlägigen materiellen, außer Betracht gebliebenen Grundrechts.[1489] Insoweit sieht sich das BVerfG nicht auf eine „bloße Willkürkontrolle" beschränkt. Darüber, ob die Ansicht des Fachgerichts tatsächlich falsch war, kann aber wiederum nur der EuGH verbindlich entscheiden. Daher ist das BVerfG nach Art. 267 Abs. 3 AEUV verpflichtet, diese Frage grundsätzlich – außer bei einem *acte clair* – erst dem EuGH vorzulegen, bevor es eine nationale Norm wegen Verstoßes gegen die Grundrechte des GG für nichtig erklärt.[1490]

Übertragen auf die Überprüfung nationaler Vorschriften am Neutralitätsgrundsatz bedeutet dies: Solange weder im Sinne eines *acte clair* noch durch eine Vorabentscheidung des EuGH geklärt ist, ob eine den Neutralitätsgeboten zuwiderlaufende Vorschrift des UStG einen Gestaltungsspielraum der MwStSystRL ausfüllt, darf das BVerfG diese Norm nicht am Maßstab der Grundrechte des GG überprüfen.

1484 BVerfG v. 4.10.2011, BVerfGE 129, 186 (203 f.). So beanstandet das BVerfG die Auslegung des einfachen Rechts sonst nur bei Verletzung des Willkürgebots, d.h. wenn die Auslegung „unter keinem denkbaren Aspekt rechtlich vertretbar ist", mitunter „auf sachfremden Erwägungen beruht", BVerfG v. 3.11.1992, BVerfGE 87, 273 (278 f.); v. 26.5.1993, BVerfGE 89, 1 (13 f.); v. 8.7.1997, BVerfGE 96, 189 (203).

1485 *Thiemann,* Jura 2012, 902 (909).

1486 BVerfG v. 4.10.2011, BVerfGE 129, 186 (208).

1487 *Britz,* NJW 2012, 1313 (1317); *Thiemann,* Jura 2012, 902 (910).

1488 BVerfG v. 31.5.1990, BVerfGE 82, 159 (195 f.) (vgl. dazu bereits Kapitel 3 B III 1 Fn. 1459).

1489 BVerfG v. 19.7.2011, BVerfGE 129, 78 (102 f.). Vgl. dazu auch *Britz,* NJW 2012, 1313 (1316) mwN.

1490 *Thiemann,* Jura 2012, 902 (910).

(2) Verhältnis der Vorlage an das BVerfG zur Vorabentscheidung des EuGH?

Ist die parallele Geltung der nationalen und unionalen Grundrechte offenkundig oder durch den EuGH bestätigt, stellt sich die Frage, ob zuerst an das BVerfG oder an den EuGH vorgelegt werden muss. Schließlich wird ein Fachgericht eine nationale Norm, die nach seinem Dafürhalten gegen die Grundrechte des GG verstößt, ob der ähnlichen Verbürgungen der GRCh in der Regel auch für unionsrechtswidrig erachten. Bei einer Einschränkung des Neutralitätsgrundsatzes etwa läge ein Eingriff sowohl in Art. 3 Abs. 1 GG als auch in Art. 20 GRCh nahe.

Nach Ansicht des BVerfG darf ein Gericht „nach eigenen Zweckmäßigkeitserwägungen entscheiden", welchem Gericht es zuerst vorlegt.[1491] Auch der EuGH überlässt es dem nationalen Gericht zu beurteilen, in welchem Verfahrensabschnitt eine Vorabentscheidung eingeholt wird bzw. ob eine solche nach einem Zwischenverfahren vor dem nationalen Verfassungsgericht überhaupt noch erforderlich ist.[1492] Dies überzeugt. Insbesondere kann die gemäß Art. 100 Abs. 1 GG erforderliche Entscheidungserheblichkeit nicht deshalb verneint werden, weil es auf eine Prüfung am Maßstab der nationalen Grundrechte aufgrund des Vorrangs des Unionsrechts nicht mehr ankäme, wenn sich aus den in der Vorabentscheidung erteilten Auslegungshinweisen des EuGH die Unionsrechtswidrigkeit und damit die Unanwendbarkeit der nationalen Regelung ergibt.[1493] Sonst müsste spiegelbildlich die Entscheidungserheblichkeit einer Vorabentscheidung verneint werden, solange das BVerfG die Unvereinbarkeit einer Norm mit den nationalen Grundrechten feststellen kann.[1494] Sobald allerdings die Vorschrift vom EuGH für mit dem Unionsrecht unvereinbar bzw. vom BVerfG für nichtig befunden wurde, fehlt es für eine Vorlage an das jeweils andere Gericht an der Entscheidungserheblichkeit.[1495]

Indes befreit eine Vorlage zum BVerfG die nationalen Gerichte nicht von ihrer Verpflichtung, den EuGH zur Vorabentscheidung anzurufen.[1496] So können aufgrund der unterschiedlichen Schutzstandards von GG und GRCh Zweifel an der

---

1491 Ausdrücklich nunmehr BVerfG v. 11.7.2006, BVerfGE 116, 202 (214 f.). Die Frage nach der Rangfolge der Vorlagen noch offen lassend BVerfG v. 17.12.2002, BVerfGE 106, 275 (295); eine primäre Vorlage an das BVerfG billigend BVerfG v. 26.2.1985, BVerfGE 69, 174 (183).

1492 EuGH v. 27.6.1991, Rs. C-348/89 (Mecanarte-Metallurgica de Lagoa), Rn. 49.

1493 So aber *Matz-Lück,* in: *dies./Hong,* Grundrechte und Grundfreiheiten im Mehrebenensystem, 2012, 161 (197 f.).

1494 BVerfG v. 11.7.2006, BVerfGE 116, 202 (214 f.); *Dederer,* in: *Maunz/Dürig,* Art. 100 (Dezember 2013) Rn. 52; *Hillgruber,* in: *ders./Goos,* Verfassungsprozessrecht, 2011^3, Rn. 638; *Wernsmann, in: Ehlers/Schoch,* Rechtsschutz im Öffentlichen Recht, 2009, § 16 Rn. 61; *ders.,* in: *Hübschmann/Hepp/Spitaler,* AO/FGO, § 4 (November 2014), Rn. 404.

1495 BVerfG v. 28.1.1992, BVerfGE 85, 191 (203); v. 17.12.2002, BVerfGE 106, 275 (295); v. 11.7.2006, BVerfGE 116, 202 (214 f.); *Dederer,* in: *Maunz/Dürig,* Art. 100 (Dezember 2013) Rn. 52.

1496 EuGH v. 27.6.1991, Rs. C-348/89 (Mecanarte-Metallurgica de Lagoa), Rn. 46.

Vereinbarkeit der Norm mit den Unionsgrundrechten bleiben, wenn das BVerfG die Verfassungsmäßigkeit derselben vor dem Hintergrund der Grundrechte des GG bejaht.[1497] Sollten sich diese Zweifel bestätigen, dürfte die Vorschrift aufgrund des Anwendungsvorrangs des Unionsrechts nicht angewendet werden. Deshalb müssen die Fachgerichte nach einer positiven Entscheidung des BVerfG noch eine entsprechende Vorabentscheidung des EuGH einholen.[1498]

Eine Vorschrift des UStG, die nicht durch eine Vorgabe der MwStSystRL determiniert ist, kann ein Fachgericht also entweder dem BVerfG oder dem EuGH vorlegen, wenn es diese für neutralitätswidrig hält. Prozessökonomisch sinnvoll ist es freilich, zunächst das Gericht anzurufen, dessen angewandter Grundrechtsmaßstab einen höheren Schutzstandard verspricht, um eine Vorlage an das andere Gericht obsolet zu machen. Ob der uneinheitlichen Rechtsprechung des EuGH zur Rechtfertigung von Neutralitätsverstößen dürfte eine solche Prognose allerdings kaum möglich sein. Die deutschen Finanzgerichte scheinen bei Fragen der Neutralitätskonformität einer nationalen Vorschrift aber eher dazu zu neigen, erst den EuGH anzurufen.[1499] Dies liegt wohl nicht zuletzt daran, dass einer Vorlage an das BVerfG im Zweifel eine Vorabentscheidung des EuGH, ob ein Gestaltungsspielraum besteht, vorzuschalten ist. Außerdem erscheint den nationalen Gerichten und insbesondere dem BFH eine Vorlage an das BVerfG wohl deshalb nicht als naheliegend, da sie sich der grundrechtlichen Relevanz von Neutralitätsverletzungen und deren Rechtfertigungsmöglichkeiten weitgehend versperren.[1500]

(3) Prüfung von Neutralitätsverletzungen am Maßstab der nationalen Grundrechte

Legt ein Fachgericht dem BVerfG schlussendlich im Wege der Normenkontrolle eine Vorschrift des UStG vor, wird es seine Begründung kaum darauf stützen, dass die Vorschrift mit dem „Neutralitätsgrundsatz“ unvereinbar sei; schließlich versteht diesen nur der EuGH als unmittelbar anwendbaren Rechtsgrundsatz. Stattdessen wird es seine Vorlage mit einem Grundrechtsverstoß begründen. Deshalb prüft das BVerfG Fallkonstellationen, die der EuGH als Verstoß gegen die Neutralität

---

1497 *Hillgruber,* in: *ders./Goos,* Verfassungsprozessrecht, 2011[3], Rn. 638.

1498 Kommen die Fachgerichte dieser Pflicht nicht nach, ist eine Verfassungsbeschwerde wegen der Verletzung des Rechts auf den gesetzlichen Richter aus Art. 101 Abs. 1 Satz 2 GG statthaft. Dagegen dürfte das BVerfG nicht verpflichtet sein, dem EuGH die Frage der Vereinbarkeit der nationalen Norm mit den Grundrechten der GRCh vorzulegen, soweit eine entsprechende Vorlage durch die Fachgerichte noch nicht erfolgt ist; so aber *Matz-Lück,* in: *dies./Hong,* Grundrechte und Grundfreiheiten im Mehrebenensystem, 2012, 161 (199); wohl auch *Ehlers,* Europäische Grundrechte und Grundfreiheiten, 2014[4], § 21 Rn. 77.

1499 So betreffen die zunehmend seltener werdenden Verfahren des BVerfG, die eine Vorschrift des UStG betreffen, zumeist Verfassungsbeschwerden; zu Bsp. aus der Rspr. vgl. Kapitel 2 B II 2 c aa.

1500 Vgl. Kapitel 3 B II 2 b.

deklarieren würde, regelmäßig ausgehend von Art. 3 Abs. 1 GG sowie bisweilen von Art. 12 Abs. 1 GG.[1501]

Anders als bei der Prüfung des EuGH fehlt damit der Frage, ob und wie Einschränkungen der Neutralitätsgebote gerechtfertigt werden können, nicht schon ein dogmatisch nachvollziehbarer Ausgangspunkt. Vielmehr gibt Art. 3 Abs. 1 GG bzw. Art. 12 Abs. 1 GG den Maßstab der Rechtfertigungsprüfung vor. Indes verfährt das BVerfG zur Rechtfertigung von Ungleichbehandlungen im Sinne des Art. 3 Abs. 1 GG nicht einheitlich, sondern wendet zwei unterschiedliche Maßstäbe an: Nach der sog. „Willkürformel" ist der Gleichheitssatz verletzt, „wenn sich ein vernünftiger, sich aus der Natur der Sache ergebender oder sonstwie sachlich einleuchtender Grund für die gesetzliche Differenzierung oder Gleichbehandlung nicht finden lässt, kurzum, wenn die Bestimmung als willkürlich bezeichnet werden muss".[1502] Nach der sog. „Neuen Formel" ist der Gleichheitssatz dagegen verletzt, „wenn eine Gruppe von Normadressaten im Vergleich zu anderen Normadressaten anders behandelt wird, obwohl zwischen beiden Gruppen keine Unterschiede von solcher Art und solchem Gewicht bestehen, dass sie die ungleiche Behandlung rechtfertigen könnten".[1503] Diese strengere Prüfung ähnlich der Verhältnismäßigkeitskontrolle bei Eingriffen in die Freiheitsgrundrechte hält das BVerfG insbesondere bei Differenzierungen nach personenbezogenen Merkmalen für geboten.[1504] Indes hat das BVerfG in seiner neuesten Rechtsprechung von dieser Zweiteilung Abschied genommen und bevorzugt nun eine stufenlose Prüfung, die das Willkürverbot in die am Grundsatz der Verhältnismäßigkeit orientierte Maßstabsbildung integriert.[1505] In der Sache dürfte sich freilich wenig ändern.[1506]

Wenn das BVerfG Einschränkungen der Neutralität durch Vorschriften des UStG auf ihre Vereinbarkeit mit Art. 3 Abs. 1 GG überprüft, greift es zum Teil auf die „Neue Formel" zurück: Eine Gruppe von *Steuerpflichtigen* dürfe ohne hinreichenden sachlichen Grund nicht stärker belastet werden und die Auswirkung der Ungleichbehandlung dürfe nicht weiterreichen, als der sie legitimierende

---

1501 Vgl. etwa BVerfG v. 20.12.1966, BVerfGE 21, 12 zur fehlenden Neutralität in Bezug auf Eingangsumsätze im früheren Brutto-Umsatzsteuersystem; v. 26.10.1976, BVerfGE 43, 58 zur unterschiedlichen Anwendung von Steuerbefreiungsvorschriften auf Laboruntersuchungen; v. 11.2.1992, BVerfGE 85, 238 zur Prüfung der unterschiedlichen Anwendung des ermäßigten Steuersatzes im Personenverkehr am Maßstab des Art. 3 Abs. 1 GG *und* des Art. 12 Abs. 1 GG; vgl. zu weiteren Bsp. Kapitel 2 B II 2 c aa.

1502 BVerfG v. 23.10.1951, BVerfGE 1, 14 (52).

1503 BVerfG v. 7.10.1980, BVerfGE 55, 72 (88).

1504 BVerfG v. 26.1.1993, BVerfGE 88, 87 (96 f.).

1505 Zuletzt BVerfG v. 17.12.2014, NJW 2015, 303 (306); vgl. dazu ausführlich *Britz,* NJW 2014, 346 (347).

1506 *Wernsmann,* in: *Hübschmann/Hepp/Spitaler,* AO/FGO, § 4 (November 2014), Rn. 446.

Zweck es rechtfertigt.[1507] Teilweise stellt das BVerfG hier aber auch lediglich auf die Willkürformel ab.[1508] Vor dem Hintergrund des Systems der Umsatzsteuer als Verbrauchsteuer kann eine dogmatisch überzeugende Rechtfertigungsprüfung jedenfalls nur gelingen, wenn es für die aus einer Neutralitätsverletzung resultierende ungleiche Umsatzsteuerbelastung der *Verbraucher* sachliche Gründe gibt. Demnach überzeugt die Rechtsprechung des BVerfG nicht, soweit Art. 3 Abs. 1 GG aus der Perspektive des Unternehmers als Steuerpflichtiger statt des Verbrauchers als Steuerträger geprüft wird[1509] und das Gericht bei der Suche nach Gründen für die Ungleichbehandlung allein auf die Sicht des Leistungserbringers abstellt.[1510] Denn der Grund für die ungleiche Besteuerung muss für den *Verbraucher*, den diese Ungleichbehandlung letztlich trifft, „einleuchtend" sein, um nicht willkürlich zu erscheinen. Zum Teil werden die vom BVerfG angeführten Gründe wie etwa der Schutz der öffentlichen Meinungsbildung durch die umsatzsteuerliche Privilegierung von Printmedien[1511] diesem Maßstab auch durchaus gerecht.

Einschränkungen der Neutralität sind zudem vor Art. 12 Abs. 1 GG rechtfertigungsbedürftig, wenn sie zu spürbaren Belastungen von Unternehmern einer bestimmten Berufsgruppe oder zu spürbaren Wettbewerbsbeeinträchtigungen zwischen konkurrierenden Unternehmern führen.[1512] Nach der vom BVerfG entwickelten sog. „Drei-Stufen-Lehre" bestimmt sich der anzuwendende Rechtfertigungsmaßstab nach der Eingriffsintensität: Eingriffe in die Berufsausübung können durch „vernünftige Erwägungen des Gemeinwohls" gerechtfertigt werden, Eingriffe in die subjektive Berufswahl sind zulässig, wenn dies der „Schutz wichtiger Gemeinschaftsgüter" erfordert, und Eingriffe in die objektive Berufswahl müssen der „Abwehr nachweisbarer oder höchstwahrscheinlicher schwerer Gefahren für ein überragend wichtiges Gemeinschaftsgut" dienen.[1513] Diese höchste Stufe dürfte erreicht sein, wenn eine bestimmte berufliche Betätigung durch die Umsatzbesteuerung praktisch unmöglich – „erdrosselt" – wird.[1514] Zumeist wird

1507 BVerfG v. 11.2.1992, BVerfGE 85, 238 (246); BVerfG (Kammer) v. 18.3.2005, 1 BvR 1822/00. Ähnlich BVerfG v. 26.10.1976, BVerfGE 43, 58 (72); BVerfG (Kammer) v. 26.3.1998, 1 BvR 2341/95.

1508 BVerfG v. 5.3.1974, BVerfGE 36, 321 (340 f.).

1509 *Englisch*, Wettbewerbsgleichheit im grenzüberschreitenden Handel, 2008, S. 747. Für eine ausführliche Begründung, die Gleichheitsprüfung aus der Perspektive des Verbrauchers vorzunehmen, vgl. Kapitel 2 B II 2 c aa.

1510 So etwa in BVerfG (Kammer) v. 26.3.1998, 1 BvR 2341/95, worin als sachliches Differenzierungskriterium der unterschiedlichen Besteuerung der Leistungen von Logopäden und Sprachheilpädagogen auf die Abhängigkeit der Ausübung des Logopädenberufs von einer staatlichen Erlaubnis abgestellt wird.

1511 BVerfG v. 5.3.1974, BVerfGE 36, 321 (340 f.).

1512 Vgl. Kapitel 2 B III 1 a.

1513 BVerfG v. 11.6.1958, BVerfGE 7, 377 (405 ff.).

1514 In BVerfG v. 23.10.1958, BVerfGE 8, 222 (228) erwägt das Gericht eine Verletzung des Art. 12 Abs. 1 GG durch eine „erdrosselnde" Steuer, wenngleich es zur betroffenen Eingriffsstufe keine Stellung nehmen musste.

eine neutralitätswidrige Besteuerung aber lediglich die Berufsausübung erschweren. Danach genügen für eine Rechtfertigung vernünftige Allgemeinwohlerwägungen, soweit sie verhältnismäßig sind. Solche dürften zumeist bereits in den Gründen, die eine unterschiedliche Belastung der Verbraucher rechtfertigen, zu finden sein.[1515]

Das BVerfG wird dem dogmatisch gebotenen Umgang mit Neutralitätsverletzungen also bereits weitgehend gerecht. Vor dem Hintergrund des Systemgedankens der Umsatzsteuer als Verbrauchsteuer vermögen die Rechtfertigungserwägungen im Rahmen der Gleichheitsprüfung aber umso mehr zu überzeugen, je deutlicher sie als Ausgangspunkt bei einem für den *Verbraucher* nachvollziehbaren – „einleuchtenden" – Grund anknüpfen.

Es wird also maßgeblich von den nationalen Finanzgerichten und insbesondere dem BFH abhängen, ob neutralitätswidrige nationale Vorschriften durch geeignete Vorlagen an den EuGH sowie auch an das BVerfG einer transparenten Prüfung am Maßstab der Grundrechte zugeführt werden.

1515 So rechtfertigt das Gericht in BVerfG v. 11.2.1992, BVerfGE 85, 238 (247) den Eingriff in Art. 12 Abs. 1 GG mit den gleichen Erwägungen wie die Ungleichbehandlung i.S.d. Art. 3 Abs. 1 GG (öffentliches Interesse an der Existenz des Taxigewerbes).

Kapitel 4: Schlussthesen

Zu Kapitel 1 A: Die Entwicklung hin zu einer Allphasen-Netto-Umsatzsteuer mit Vorsteuerabzug

1. Die Nachteile der damaligen deutschen Allphasen-Brutto-Umsatzsteuer trugen entscheidend dazu bei, die Umsatzsteuerharmonisierung in der EU in Gang zu setzen. Deren Mangel an Wettbewerbsneutralität diente der geplanten europäischen Umsatzsteuer als Negativbeispiel (I).
2. Die „Wettbewerbsneutralität" wurde zum Schlagwort für das maßgebliche Ziel des politischen Harmonisierungsprozesses. Eine wettbewerbsneutrale Umsatzsteuer verbietet nach der Ansicht ihrer ersten Wegbereiter Wettbewerbsverzerrungen sowohl im innergemeinschaftlichen Handel als auch innerhalb des einzelnen Mitgliedstaats. Dies schafft einzig ein System einer nicht kumulativ wirkenden Steuer (II 1).
3. Das mit der Ersten und Zweiten MwStRL eingeführte, durch die Sechste MwStRL erweiterte und nunmehr in der MwStSystRL verankerte europäische Mehrwertsteuersystem (Allphasen-Netto-Umsatzsteuer mit Vorsteuerabzug) schafft durch die Geltung des Bestimmungslandprinzips weitgehende Wettbewerbsneutralität. Gleichwohl stören Unterschiede in den Steuersätzen diese insbesondere in grenznahen Gebieten (II 2).
4. Eine gleichmäßige Verbrauchsbelastung wird derzeit nur noch innerhalb der einzelnen Mitgliedstaaten angestrebt. Dagegen ist eine gleichmäßige Belastung aller Verbraucher EU-weit, wie sie nur eine weitgehende Vereinheitlichung der mitgliedstaatlichen Steuersysteme gewährleisten kann, kein finales Harmonisierungsziel mehr (III).

Kapitel 1 B: Charakterisierung der Umsatzsteuer

5. Eine in sich schlüssige Rechtsordnung folgt bestimmten Prinzipien. Die vier vom EuGH als „wesentlich" bezeichneten Merkmale der Umsatzsteuer (allgemeine, proportionale Allphasen-Netto-Umsatzsteuer mit Vorsteuerabzug) geben eine erste Idee von den ihr zugrundeliegenden Prinzipien (I).
6. Im nationalen Steuerrecht liefert das Leistungsfähigkeitsprinzip den Vergleichsmaßstab für eine gerechte Steuerverteilung: Steuervorschriften wahren Art. 3 Abs. 1 GG, wenn sie die Steuerlasten auf die Steuerpflichtigen im Verhältnis ihrer jeweiligen Leistungsfähigkeit verteilen. Die Wertungen des Leistungsfähigkeitsprinzips sowie seine Grenzen ergeben sich aus dem Sozialstaatsprinzip und den Freiheitsgrundrechten (II 1 a).
7. Das Leistungsfähigkeitsprinzip gilt auch für die Umsatzsteuer. Die Verwendung finanzieller Mittel für Verbrauchsgüter indiziert Leistungsfähigkeit: Demjenigen, der Geld zum Zwecke des Konsums ausgibt, kann in diesem Maße – typisierend – Leistungsfähigkeit unterstellt werden. Im Zusammenspiel mit der

konkret-individuell ermittelten Einkommensteuer und durch eine schonende Belastung existenziell notwendiger Konsumgüter gelingt der Umsatzsteuer eine leistungsfähigkeitsgerechte Besteuerung des Verbrauchers (II 1 b).

8. Auch auf der europäischen Ebene gilt das Leistungsfähigkeitsprinzip, obgleich der EuGH darauf in seiner Rechtsprechung keinen Bezug nimmt. Es leitet sich parallel zum deutschen Leistungsfähigkeitsprinzip aus den entsprechenden Verbürgungen der GRCh ab (II 2).

9. Ob die Umsatzsteuer eine Verkehrsteuer oder eine Verbrauchsteuer ist, wird im deutschen Schrifttum seit jeher rege diskutiert. Auf nationaler Ebene findet sich weder im positiven Recht noch in der Rechtsprechung eine ausdrückliche Antwort darauf (III 1 a).

10. Die materiell-rechtliche Ausgestaltung der Umsatzsteuer als indirekte Steuer streitet für eine Einordnung als Verbrauchsteuer. Einzig eine solche lässt eine Orientierung an einem Indikator steuerlicher Leistungsfähigkeit – den Konsumaufwendungen – erkennen. Spätestens das europäische Richtlinienrecht und der EuGH beseitigen die Zweifel am Verbrauchsteuercharakter der Umsatzsteuer (III 1 b).

11. Für grenzüberschreitend erbrachte Waren und Dienstleistungen liefert das Bestimmungslandprinzip den aus Sicht des Verbrauchers und des Steuergläubigers sachgerechten sowie aus Gründen eines verzerrungsfreien Wettbewerbs vorzugswürdigen Maßstab. Das Regelungssystem der MwStSystRL verwirklicht das Bestimmungslandprinzip für den grenzüberschreitenden Handel (IV).

12. Im Kontext der Umsatzsteuer bedeutet der Begriff der Neutralität ausweislich einer sprachlichen Analyse „Einflusslosigkeit“. Schon deren Konzeption als indirekte Steuer lässt erahnen, dass die Umsatzsteuer auf die Belastung des Unternehmers einflusslos – neutral – bleiben soll. Dies wiederum erfordert ein nicht-kumulatives, wettbewerbsneutrales Umsatzsteuersystem (V).

Kapitel 2 A I: „Belastungsneutralität“ bei Eingangsumsätzen

13. Dem Ziel, eine Kumulation der Umsatzsteuern zu vermeiden, dient der Vorsteuerabzug: Er gewährleistet „völlige Neutralität hinsichtlich der steuerlichen Belastung aller wirtschaftlichen Tätigkeiten“. Da der EuGH das Vorsteuerabzugsrecht als Ausprägung des Neutralitätsgrundsatzes begreift, kommt diesem in seiner Rechtsprechung ein besonderer Stellenwert zu (I 1):

14. Der Neutralitätsgrundsatz gebietet eine *vollständige* Vorsteuerentlastung: Bei gemischt genutzten, dem Unternehmen zugeordneten Gegenständen muss ein vollständiger Vorsteuerabzug möglich sein, damit eine spätere Erhöhung des unternehmerischen Nutzungsanteils nicht unberücksichtigt bleibt. Dem nicht gerecht werden Art. 168a MwStSystRL, der bei gemischt genutzten Grundstücken nur einen anteiligen Vorsteuerabzug gewährt, sowie die fehlende Möglichkeit einer Einlagenentsteuerung ursprünglich privater, erst nachträglich unternehmerisch genutzter Gegenstände (I 1 b aa).

15. Der Neutralitätsgrundsatz gebietet eine *sofortige* Entlastung: Vorsteuerüberschüsse sind umgehend bzw. verzinst zu erstatten. Investitionsausgaben eröffnen bereits vor dem Beginn der wirtschaftlichen Tätigkeit ein Abzugsrecht. Ein Vorsteuerabzug wird indes erst ab dem Zeitpunkt des Vorliegens einer Rechnung gewährt (I 1 b bb).

16. Der Neutralitätsgrundsatz gebietet eine Entlastung nur bei einer Verwendung der Eingangsleistungen für steuerpflichtige Ausgangsumsätze. Ein Vorsteuerabzug ist für Eingangsumsätze ausgeschlossen, die für steuerfreie Umsätze verwendet werden oder lediglich Folge besteuerter Umsätze sind (I 1 b cc (1), (2), (3)).

17. Bei teilweiser vorsteuerabzugsschädlicher Verwendung schreibt die MwStSystRL die Anwendung eines Umsatzschlüssels vor: Danach sind die zum Vorsteuerabzug berechtigenden Ausgangsumsätze zu den Gesamtumsätzen in Relation zu setzen (Pro-rata-Satz). Die deutsche Regelmethode einer wirtschaftlichen Zurechnung (§ 15 Abs. 4 Satz 1 UStG) weicht davon ab; ihre Richtlinienkonformität steht daher unter dem Vorbehalt größerer Genauigkeit. Praktische Anwendung findet der Pro-rata-Vorsteuerabzug insbesondere bei Gemeinkosten (I 1 b cc (4)).

18. Voraussetzung für die Ausübung des Vorsteuerabzugsrechts ist der Besitz einer Rechnung mit den in der MwStSystRL normierten Pflichtangaben. Darüber hinausgehende formelle Voraussetzungen verbietet der Grundsatz der Neutralität (I 1 b cc (5)).

19. Fehlt ein unmittelbarer Zusammenhang zwischen Eingangs- und Ausgangsumsätzen, weil die steuerpflichtige Tätigkeit entweder – entgegen der ursprünglichen Absicht – doch nicht aufgenommen wurde oder bereits eingestellt ist, kann aus Gründen der Neutralität ein Vorsteuerabzug geboten sein (I 1 b cc (6)).

20. Der Neutralitätsgrundsatz steht Einschränkungen des Vorsteuerabzugsrechts entgegen. Solche sind darum grundsätzlich unzulässig. Lediglich bei Betrug oder Missbrauch sowie in gesetzlich vorgesehenen Fällen kann anderen Zielen wie der Bekämpfung von Steuerhinterziehungen Vorzug gegenüber der Neutralität gegeben werden (I 1 b dd).

21. Dem Ziel, sich selbst versorgende Unternehmer gleichermaßen wie gewöhnliche Verbraucher mit Umsatzsteuer zu belasten, dient die Besteuerung unentgeltlicher Wertabgaben: Faktisch macht sie weitgehend einen vorangegangenen Vorsteuerabzug rückgängig. Hat ein unternehmerischer Gegenstand indes nicht zum Vorsteuerabzug berechtigt, verbietet der Grundsatz der Neutralität eine Entnahme- bzw. Verwendungsbesteuerung (I 2).

22. Der Grundsatz der äußeren Neutralität verlangt in Bezug auf Eingangsumsätze eine vollständige Vorsteuerentlastung des Unternehmers, der grenzüberschreitende Umsätze erbringt oder Waren aus dem Ausland bezieht. Im grenzüberschreitenden Dienstleistungsverkehr gebietet er eine kohärente Beurteilung der Ortsregelungen (I 3).

23. Zur Gewährleistung völliger Neutralität ist der gute Glaube des Leistungsempfängers an sein Vorsteuerabzugsrecht zu schützen, wenn tatsächliche Umstände wie Betrug, Missbrauch oder das Fehlen einer Rechnung ein solches objektiv ausschließen. In Fällen des unrichtigen oder unberechtigten Rechnungsausweises verweist der EuGH den Leistungsempfänger dagegen auf seinen Rückzahlungsanspruch gegen den Leistenden (I 4).

Kapitel 2 A II: „Wettbewerbsneutralität" bei Ausgangsumsätzen

24. In der zweiten Ausprägung gebietet der Neutralitätsgrundsatz, gleichartige Ausgangsumsätze gleich hoch mit Umsatzsteuer zu belasten. Dies soll gewährleisten, dass der Wettbewerb eine vollständige Überwälzung der Steuer auf den Verbraucher zulässt und die Belastung des Unternehmers neutral bleibt (II 1).

25. Dazu müssen Unternehmer, die gleichartige Leistungen erbringen, ungeachtet ihrer Rechtsform sowie ihres Organisationsmodells hinsichtlich der Umsatzsteuer gleich behandelt werden: Steuerbefreiungen stehen natürlichen wie juristischen Personen gleichermaßen offen (II 2 a). Ebenso profitieren von Steuerbefreiungen auch ausgelagerte Leistungen, soweit sie für die steuerfreie Tätigkeit eines anderen Steuerpflichtigen spezifisch und wesentlich sind (II 2 b).

26. Eine Ausnahme von dem Grundsatz der Rechtsformneutralität statuiert die Privilegierung der öffentlichen Hand in Art. 13 Abs. 1 UAbs. 1 MwStSystRL. Die Rückausnahmen in UAbs. 2 und 3 federn den Widerspruch zwar zum Neutralitätsgrundsatz, nicht aber zum Prinzip der Allgemeinheit der Umsatzsteuer ab (II 2 c).

27. Soweit die Möglichkeit der Bildung einer Organschaft von persönlichen Eigenschaften des Unternehmers abhängig gemacht wird, droht eine Verletzung des Grundsatzes der Neutralität. Eine neutralitätskonforme Auslegung der entsprechenden Vorschriften kann daher geboten sein (II 2 d).

28. Der Grundsatz der (Wert-)Neutralität verlangt eine umsatzsteuerliche Gleichbehandlung erlaubter und unerlaubter Geschäfte. Dies gilt allerdings nur, soweit ein Wettbewerb zwischen diesen Geschäften nicht gänzlich ausgeschlossen ist. Der absolut verbotene Handelsbereich ist deshalb von der Umsatzbesteuerung auszunehmen (II 3).

29. Der Grundsatz der Neutralität gebietet eine Gleichbehandlung gleichartiger Leistungen hinsichtlich der Steuerbarkeit, der Steuerbefreiungen und der Steuersatzermäßigungen. Leistungen sind nach der Rechtsprechung des EuGH gleichartig, wenn sie dieselben Bedürfnisse eines Durchschnittsverbrauchers befriedigen und dessen Kaufentscheidung nicht zu beeinflussen vermögen. Das Neutralitätsgebot fokussiert sich insoweit einzig auf das Objekt des Umsatzes statt auf die Person des Leistungserbringers (II 4).

30. Dass die Entgeltlichkeit einer Leistung Voraussetzung ihrer Steuerbarkeit ist, lässt sich auf den Neutralitätsgrundsatz zurückführen. Das Entgelt bildet die umsatzsteuerliche Bemessungsgrundlage; deshalb muss dessen Berechnung zur Gewährleistung der Neutralität einheitlichen Maßstäben folgen: Insbesondere müssen untrennbare Nebenleistungen und vom Hersteller gewährte Rabatte berücksichtigt werden (II 5).

31. Der Grundsatz der äußeren Neutralität gebietet in Bezug auf Ausgangsumsätze, dass eingeführte Waren und Dienstleistungen die gleiche Umsatzsteuerbelastung tragen wie inländische. Dies verlangt eine Besteuerung nach dem System des Bestimmungslands. Dem entgegen steht jegliche Form der Doppelbesteuerung (II 6).

32. Die Bedeutung der äußeren Neutralität spiegelt sich in der Rechtsprechung des EuGH zum Schutz des guten Glaubens des Leistenden an das Vorliegen einer innergemeinschaftlichen Lieferung sowie zum Vorrang materieller Anforderungen gegenüber formellen Nachweispflichten (*substance-over-form*) wider (II 7).

33. Der Grundsatz der Neutralität gebietet es schließlich, die Berichtigung und Erstattung von zu Unrecht ausgewiesener und abgeführter Umsatzsteuer zu ermöglichen. Soweit ein Steuerbetrug nicht mehr droht, darf diese Möglichkeit weder vom guten Glauben des Leistenden noch von einer Rechnungsberichtigung gegenüber dem Leistungsempfänger abhängig gemacht werden (II 8).

Kapitel 2 B: Rechtsgrundlagen der Neutralität

34. Alle Ausprägungen der Neutralität finden sich als Motiv in den Erwägungsgründen der maßgeblichen Mehrwertsteuerrichtlinien wieder. Dadurch prägt der Neutralitätsgrundsatz die gesetzliche Ausgestaltung des europäischen Umsatzsteuersystems; dies wird besonders deutlich in dem in Art. 1 Abs. 2 MwStSystRL normierten Besteuerungsprinzip. Daher kommt der Neutralität bei der teleologisch-systematischen Auslegung der MwStSystRL eine entscheidende Bedeutung zu (I).

35. Den Maßstab für die Überprüfung der MwStSystRL liefern einzig die Unionsgrundrechte. Zwar beansprucht das BVerfG insoweit weiterhin eine eigene Prüfungskompetenz; jedoch übt es diese derzeit nicht aus (II 1 a).

36. Nationale Umsatzsteuervorschriften zur Umsetzung der MwStSystRL prüft das BVerfG am Maßstab des Grundgesetzes, wenn diese Gestaltungsspielräume der Richtlinie ausfüllen. Der EuGH geht insoweit indes von einer äußerst weitreichenden Bindung an die Unionsgrundrechte aus: Danach gelten diese nicht nur bei jeglicher Form der Umsetzung von Unionsrecht, sondern selbst dann, wenn eine autonom nationale Regelung lediglich in den Anwendungsbereich des Unionsrechts fällt (II 1 b).

37. Nach überzeugender Ansicht müssen die nationalen und europäischen Grundrechte parallel Anwendung finden, falls die Ausgestaltung eines Umsetzungsspielraums zur Überprüfung steht. Unionsrechtlich determiniertes Umsetzungsrecht unterliegt einer ausschließlichen Bindung an die Unionsgrundrechte. Autonom nationales Recht ist schließlich – entgegen dem EuGH – nicht an die Unionsgrundrechte, sondern allein an die nationalen Grundrechte gebunden, selbst wenn dieses in einem unionsrechtlich geregelten Bereich wie der Umsatzsteuer zur Anwendung kommt. Die grundrechtlichen Wurzeln des Neutralitätsgrundsatzes sind deshalb in beiden Grundrechtsebenen zu suchen (II 1 b cc).

38. Soweit der nationale Gleichheitssatz aus Art. 3 Abs. 1 GG auf das nationale Umsatzsteuerrecht anwendbar ist, gebietet er ausweislich der bereichsspezifischen Konkretisierung durch das BVerfG eine *folgerichtig* am *Leistungsfähigkeitsprinzip* ausgerichtete Besteuerung (II 2 a, b).

39. Daneben leitet das BVerfG aus Art. 3 Abs. 1 GG das Gebot ab, miteinander im Wettbewerb stehende *Unternehmer* in gleichem Maße umsatzsteuerlich zu belasten, um Auswirkungen auf ihre Wettbewerbslage zu vermeiden. Dieses sog. Gebot der Wettbewerbsneutralität löst jedoch nicht das Leistungsfähigkeitsprinzip als die für die Umsatzsteuer maßgebliche Konkretisierung des Gleichheitssatzes ab (II 2 c).

40. Der EuGH betrachtet den Grundsatz der Neutralität bei Ausgangsumsätzen als besonderen, nicht aber ausschließlichen Anwendungsfall des Gleichheitssatzes (Art. 20 GRCh) im Umsatzsteuerrecht, bei dem das Konkurrenzverhältnis zweier *Unternehmer* das maßgebliche Vergleichsmerkmal vorgibt (II 3 a aa).

41. Vor dem Hintergrund des Verbrauchsteuer- und Leistungsfähigkeitsprinzips überzeugt indes einzig eine gleichheitsrechtliche Prüfung ausgehend vom *Verbraucher* als Grundrechtsträger: Das Ziel einer gleichheitsgerechten Belastung der Verbraucher mit Umsatzsteuer muss die gleichheitsrechtlichen Erwägungen anleiten. Die konsequente Verwirklichung dieser Prinzipien und die Einhaltung des Neutralitätsgebots in Bezug auf Ausgangsumsätze bedingen sich gegenseitig: Das eine setzt das andere voraus; das eine folgt aus dem anderen. Dagegen verkennt eine Reduktion gleichheitsrechtlicher Erwägungen auf das Neutralitätsgebot und dessen isolierte Ableitung aus dem Gleichheitsgrundrecht des Unternehmers den Charakter der Umsatzsteuer als Verbrauchsteuer (II 3 a bb).

42. Das Verhältnis des Grundsatzes der Neutralität bei Eingangsumsätzen zum Gleichheitssatz bleibt in der Rechtsprechung des EuGH weitgehend offen. Der EuGH richtet dabei die Reichweite – weniger aber das „Ob" – der Neutralität, wie sie das Vorsteuerabzugsrecht gewährleistet, am Gleichheitssatz aus (II 3 b aa).

43. Auch diese Ausprägung der Neutralität lässt sich mit dem Verbrauchsteuer- und Leistungsfähigkeitsprinzip in Wechselbeziehung setzen: Die Prinzipien stehen zueinander in gegenseitiger Abhängigkeit. Ausweislich der Konzeption der Umsatzsteuer ist das Neutralitätsgebot in Bezug auf Eingangsumsätze als weitere Konkretisierung des Gleichheitsgrundrechts des *Verbrauchers* zu verstehen (II 3 b bb).

44. Art. 12 Abs. 1 GG schützt – dessen Anwendbarkeit vorausgesetzt – den Unternehmer vor erheblichen Berufswirkungen und spürbaren Wettbewerbsbeeinträchtigungen als Folge der Umsatzbesteuerung. Der Neutralitätsgrundsatz ist, soweit er dies gewährleistet, in Art. 12 Abs. 1 GG verankert (III 1 a).

45. Dagegen lässt sich die Neutralität nicht aus dem in Art. 14 Abs. 1 GG verbürgten Schutz des Unternehmers vor Eigentumsbeeinträchtigungen ableiten (III 1 b).

46. Art. 9 Abs. 1 GG bietet in Verbindung mit Art. 12 Abs. 1 GG dem Neutralitätsgrundsatz eine grundrechtliche Verankerung, soweit dieser einer rechtsformabhängigen Umsatzbesteuerung entgegensteht, die die Ausübung einer unternehmerischen Tätigkeit in einer bestimmten Rechtsform erdrosselt (III 1 c).

47. Auf der Ebene der europäischen Grundrechte gewährt Art. 16 GRCh dem Unternehmer einen Art. 12 Abs. 1 GG entsprechenden Schutz. Demnach fußt der Neutralitätsgrundsatz insoweit auf Art. 16 GRCh, als dieser den Unternehmer vor spürbaren Belastungen durch die Umsatzsteuer bewahrt, die hinreichend bedeutsame Auswirkungen auf dessen Berufsausübung und Wettbewerbslage haben (III 2).

48. Für den Grundsatz der äußeren Neutralität im grenzüberschreitenden Warenverkehr liefert Art. 110 AEUV den primärrechtlichen Anknüpfungspunkt: Der neutralitätswidrigen Doppelbesteuerung innergemeinschaftlich gelieferter Waren steht Art. 110 Abs. 1 AEUV entgegen (IV 1).

49. Im Bereich des grenzüberschreitenden Dienstleistungsverkehrs findet der Grundsatz der äußeren Neutralität dagegen in Art. 56 AEUV seine primärrechtliche Verankerung: Die Dienstleistungsfreiheit verbietet eine neutralitätswidrige Benachteiligung ausländischer Dienstleistungserbringer (IV 2).

50. Das Beihilfeverbot aus Art. 107 Abs. 1 GG vermag der äußeren Neutralität nur eingeschränkt eine Grundlage zu bieten: Es steht einer neutralitätswidrigen, nicht von den Vorgaben der MwStSystRL gedeckten Begünstigung bestimmter inländischer Unternehmer entgegen (IV 3).

Kapitel 3: Der Umgang mit Neutralitätsverletzungen

51. Das Unionsrecht kennt verschiedene Arten von rechtlichen Grundsätzen: Allgemeine Rechtsgrundsätze sind vom EuGH zur Lückenfüllung entwickelte, ungeschriebene Gebote mit dem Charakter unmittelbar anwendbaren Primärrechts. Sonstige als „Grundsätze" bezeichnete Postulate kennzeichnen dagegen ihre fehlende Allgemeingültigkeit und Umsetzungsbedürftigkeit (A I 1).

52. Den Neutralitätsgrundsatz in Bezug auf Ausgangsumsätze begreift der EuGH ausdrücklich nicht als Regel des Primärrechts, sondern als einfachen Auslegungsgrundsatz. Auch der Neutralität bei Eingangsumsätzen spricht er eine primärrechtliche Qualität ab. Deshalb lehnt er einen Einfluss des Neutralitätsgrundsatzes auf die Wirksamkeit sekundärrechtlicher Bestimmungen der MwStSystRL ab (A I 2 a).

53. Dagegen überprüft der EuGH mitgliedstaatliche Regelungen regelmäßig auf ihre Vereinbarkeit mit dem Neutralitätsgrundsatz. Eine Rechtfertigung von Neutralitätsverletzungen erwägt er dabei in der Regel – außer aus Gründen der Vermeidung von Steuerhinterziehungen – nicht (A I 2 b).

54. Abweichungen vom gleichheitsrechtlich unterlegten Neutralitätsgrundsatz – sei es durch das nationale Recht, sei es durch die sekundärrechtliche MwStSystRL – bedeuten eine rechtfertigungsbedürftige Verletzung des Gleichheitssatzes. Wie bei seiner allgemeinen Aufgabe, Richtlinienrecht am Maßstab der Grundrechte zu überprüfen, verkennt der EuGH dies auch im Speziellen weitgehend (A II).

55. Richtigerweise sind Einschränkungen des Neutralitätsgrundsatzes als Ausprägung des Gleichheitssatzes nicht per se unzulässig, sondern am Maßstab des Art. 20 GRCh zu bewerten: Dementsprechend sind sie gerechtfertigt, wenn sie in verhältnismäßiger Weise rechtlich zulässige Ziele verfolgen (A II 1).

56. Soweit Neutralitätsverletzungen zu einer spürbaren Belastung des Unternehmers oder zu einer untragbaren Verschlechterung seiner Wettbewerbsstellung führen, müssen sie zu ihrer Rechtmäßigkeit dem Schrankenvorbehalt des Art. 52 Abs. 1 GRCh genügen (A II 2).

57. Der dogmatisch gebotene Umgang mit Einschränkungen der äußeren Neutralität ergibt sich aus dem jeweils betroffenen primärrechtlichen Diskriminierungsverbot; für Art. 110 AEUV müssen hier die Schranken der Warenverkehrsfreiheit analoge Anwendung finden. Während Maßnahmen des Bestimmungslands nur den geschriebenen Rechtfertigungsgründen zugänglich sind, können Maßnahmen des Herkunftsstaats auch aus zwingenden Gründen des Allgemeininteresses gerechtfertigt sein (A II 3).

58. Als Teil des primären Unionsrechts nimmt die Neutralität über das Gebot der unionsrechtskonformen Auslegung sowie der unmittelbare Wirkung und Anwendbarkeit weitreichenden Einfluss auf das nationale Umsatzsteuerrecht: Der Neutralität zuwiderlaufende Bestimmungen des UStG werden dadurch weitgehend verdrängt. Hierfür maßgeblich sind oftmals entsprechende Vorabentscheidungen des EuGH (B I).

59. Die nationale Rechtsprechung insbesondere des BFH lässt in einigen Bereichen eine ausreichende Würdigung der Neutralitätspostulate vermissen: So missachtet etwa die vom BFH gebilligte Verzinsungspraxis bei Umsatzsteuernachforderungen die der Neutralität bei Eingangsumsätzen innewohnende Wertung. Und im Umgang mit neutralitätswidrigen Vorschriften des UStG begreift der BFH die Neutralität ungeachtet ihrer grundrechtlichen Verankerung und der sich daraus ergebenden Rechtfertigungsoptionen als absoluten Grundsatz (B II).

60. Neutralitätsverletzungen durch Vorschriften der MwStSystRL können die nationalen Finanzgerichte weder selbst noch mittels eines Normenkontrollantrags durch das BVerfG, sondern einzig durch ein Vorabentscheidungsersuchen an den EuGH auf ihre Rechtmäßigkeit überprüfen lassen (B III 1).

61. Beruht eine Vorschrift des UStG auf zwingenden Vorgaben der Richtlinie, obliegt es ebenso allein dem EuGH, die Vereinbarkeit mit dem Neutralitätsgrundsatz am Maßstab der Unionsgrundrechte zu klären. Eine Vorlage an den EuGH ist zwingend; dem BVerfG verbleibt daneben keine Prüfungskompetenz (B III 2 a).

62. Dagegen besteht eine parallele Prüfungskompetenz von EuGH und BVerfG, wenn eine neutralitätswidrige nationale Vorschrift einen Gestaltungsspielraum der MwStSystRL füllt. Indes bedarf die eindeutige Klärung der Frage, ob tatsächlich ein Spielraum gegeben ist, einer Vorabentscheidung des EuGH (B III 2 b bb).

63. Es obliegt dem nationalen Gericht zu entscheiden, ob es zuerst an den EuGH oder an das BVerfG vorlegt. Die Rechtsprechung des BVerfG, Durchbrechungen der Neutralitätsgebote am Maßstab des Art. 3 Abs. 1 GG zu rechtfertigen, überzeugt im Ansatz, wenngleich in der Begründung die Perspektive des Verbrauchers statt der des Unternehmers maßgeblich sein muss (III 2 b bb).

Gesamtfazit: Für einen dogmatisch überzeugenden Umgang mit dem Grundsatz der Neutralität ist es nötig, diesen eingedenk des Systems der Umsatzsteuer als

Verbrauchsteuer primär auf das Gleichheitsgrundrecht des *Verbrauchers* zurückzuführen. Vor einer für den *Unternehmer* nicht wettbewerbsneutralen Umsatzsteuer schützen dagegen die Freiheitsgrundrechte bzw. – grenzüberschreitend – die Diskriminierungsverbote des AEUV. Der Neutralitätsgrundsatz in seiner überragenden Rolle, die ihm der EuGH in seiner Rechtsprechung beimisst, würde so endlich erklärbar und für die nationalen Gerichte und Finanzbehörden handhabbar.

Literaturverzeichnis

Achatz, Markus: Der Handel mit Zahnersatz im Binnenmarkt – Anmerkungen zum Problem der juristischen Doppelbesteuerung im Umsatzsteuer-Binnenmarkt, in: Festschrift für Wolfram Reiß zum 65. Geburtstag, hrsg. von Paul Kirchhof und Markus Achatz, Köln 2008, S. 169–184.

Achatz, Markus: Formale Voraussetzungen, materielle Berechtigung und Gutglaubensschutz, in: Umsatzsteuer im Europäischen Binnenmarkt, DStJG 32 (2009), hrsg. von Roman Seer, Köln 2009, S. 461–488.

Alexy, Robert: Theorie der Grundrechte, Baden-Baden 1985.

Amand, Christian / Lenoir, Veronique: Vorsteueraufteilung durch Finanzdienstleister – Ein Beitrag aus belgischer und französischer Sicht, UR 2007, 529–537.

Anweiler, Jochen: Die Auslegungsmethoden des Gerichtshofs der Europäischen Gemeinschaften, Frankfurt/Main 1997.

Barnard, Catherine: The substantive law of the EU – the four freedoms, 4. Aufl., Oxford 2013.

Beck, Ernst: Von der Brutto-Umsatzsteuer zur Mehrwertsteuer, 2. Aufl. des Sonderdrucks „Wie wird die künftige Umsatzsteuer aussehen?", Freiburg i. Br. 1964.

Becker, Stefanie: Erfordernis eines allgemeinen Gutglaubensschutzes im Umsatzsteuerrecht, UR 2009, 664–672.

Becker, Stefanie: Ortsbestimmung von sonstigen Leistungen durch Anknüpfung an die Ansässigkeit von Leistungserbringer bzw. Leistungsempfänger – Analyse der Neuregelungen zum 01.01.2010, Hamburg 2011.

Berger, Wolfgang / Kindl, Caroline / Wakounig, Marian: Mehrwertsteuersystemrichtlinie – Praxiskommentar, Wien 2009.

Birk, Dieter / Desens, Marc / Tappe, Henning: Steuerrecht, 17. Aufl., Heidelberg 2014.

Birk, Dieter: Das Leistungsfähigkeitsprinzip als Maßstab der Steuernormen – ein Beitrag zu den Grundfragen des Verhältnisses Steuerrecht und Verfassungsrecht, Köln 1983.

Birk, Dieter: Das Leistungsfähigkeitsprinzip in der Unternehmenssteuerreform, StuW 2000, 328–336.

Birk, Dieter: Handbuch des Europäischen Steuer- und Abgabenrechts, Herne 1995. (zit: *Bearbeiter,* in: *Birk,* Handbuch des Europäischen Steuer- und Abgabenrechts)

Birkenfeld, Wolfram / Wäger, Christoph: Das große Umsatzsteuer-Handbuch, 67. Ergänzungslieferung. (März 2015), Köln (zit.: *Bearbeiter,* in: *Birkenfeld/Wäger* (Stand))

Birkenfeld, Wolfram: Gedanken zur grenzüberschreitenden Organschaft, UR 2010 198–207.

Birkenfeld, Wolfram: Organschaft als Mehrwertsteuergruppe, UR 2014, 210–128.

Birkenfeld, Wolfram: Umsatzsteuerrechtliche Organschaft und Gemeinschaftsrecht – GmbH & Co KG als Organträger und als Organgesellschaft, UR 2008, 2–9.

Blankenheim, Marcus M.: „Steuerpflichtiger" und Unternehmerbegriff im Umsatzsteuerrecht – Die Vorgaben der 6. EG-Richtlinie und das deutsche Recht, Köln 2005.

Bleckmann, Albert / Pieper, Stefan Ulrich: Rechtsquellen, in: Handbuch des EU-Wirtschaftsrechts, hrsg. von Manfred Dauses, Band 1, 36. Ergänzungslieferung (Oktober 2014), B. I.

Bleckmann, Albert: Probleme der Auslegung von EWG-Richtlinien, RIW 1987, 929–935.

Bleckmann, Albert: Zu den Auslegungsmethoden des Europäischen Gerichtshofs, NJW 1982, 1177–1182.

Boor, Julian: Die Gruppenbesteuerung im harmonisierten Mehrwertsteuerrecht – Analyse unter Berücksichtigung der unionsrechtlichen Vorgaben für das deutsche Organschaftsrecht, Wiesbaden 2014.

Boor, Julian: Grundlegende Entscheidungen des EuGH zur Gruppenbesteuerung im Mehrwertsteuerrecht, UR 2013, 729–739.

Britz, Gabriele: Der allgemeine Gleichheitssatz in der Rechtsprechung des BVerfG – Anforderungen an die Rechtfertigung von Ungleichbehandlungen durch Gesetz, NJW 2014, 346–351.

Britz, Gabriele: Verfassungsrechtliche Effektuierung des Vorabentscheidungsverfahrens, NJW 2012, 1313–1317.

Brockhaus Friedrich Arnold / Wahrig, Gerhard: Deutsches Wörterbuch in 6 Bänden, Band 4, Wiesbaden 1982.

Bunjes, Johann / Geist, Reinhold: Umsatzsteuergesetz, 13. Aufl., München 2014. (zit: *Bearbeiter,* in: *Bunjes/Geist*)

Bydlinski, Franz: Fundamentale Rechtsgrundsätze – zur rechtsethischen Verfassung der Sozietät, Wien 1988.

Calliess, Christian / Ruffert, Matthias: EUV/AEUV. Das Verfassungsrecht der Europäischen Union mit Grundrechtecharta, Kommentar, 4. Aufl., München 2011. (zit.: *Bearbeiter,* in: *Calliess/Ruffert,* EUV/AEUV)

Canaris, Claus-Wilhelm: Systemdenken und Systembegriff in der Jurisprudenz, Berlin 1969.

Canz, Stephan: Die Umsatzbesteuerung der öffentlichen Hand im Wandel – eine systematische Untersuchung der europarechtlichen und nationalen Vorgaben, Hamburg 2013.

Cloß, Christine: Umsatzsteuerliche Behandlung von Finanz-, Versicherungs- und öffentlichen Dienstleistungen – branchenspezifische Schwächen des Umsatzsteuersystems, Berlin 2013.

Creifelds, Carl: Rechtswörterbuch, 21. Aufl., München 2014.

Cremer, Wolfram: Der programmierte Verfassungskonflikt: Zur Bindung der Mitgliedstaaten an die Charta der Grundrechte der Europäischen Union nach dem Konventsentwurf für eine Europäische Verfassung, NVwZ 2003, 1452–1457.

Cremer, Wolfram: Gemeinschaftsrecht und deutsches Verwaltungsprozessrecht - zum dezentralen Rechtsschutz gegenüber EG-Sekundärrecht, Die Verwaltung 2004, 165–192.

Cremer, Wolfram: Stellungnahme zum Urteil des Europäischen Gerichtshofs im Fall Åkerberg Fransson (Rs. C-617/10), FAZ 55/2013 v. 6.3.2013, S. 19.

Crezelius, Georg: Steuerrecht II – Die einzelnen Steuerarten, 2. Aufl., München 1994.

Dahlgrün, Rolf: Zur Reform der Umsatzsteuer – Beantwortung Großer Anfragen im Bundestag durch den Bundesminister der Finanzen, Bulletin des Presse und Informationsamtes der Bundesregierung Nr. 32/1963, 279–286.

de la Féria, Rita: The EU VAT system and the internal market, Amsterdam 2009.

Dederer, Hans-Georg: Die Grenzen des Vorrangs des Unionsrechts - Zur Vereinheitlichung von Grundrechts-, Ultra-vires- und Identitätskontrolle, JZ 2014, 313–322.

Demuth, Björn / Billau, Jakob: Verbrauchsteuer und Europäische Rechtsprinzipien – Anwendung der übergeordneten Prinzipien des Europäischen Steuerrechts auf die Verbrauchsteuersystemrichtlinie, BB 2013, 1180–1184.

Dennisen, Andre: Die Differenzbesteuerung im Umsatzsteuergesetz, Frankfurt/Main 2009.

di Fabio, Udo: Richtlinienkonformität als ranghöchstes Normauslegungsprinzip? – Überlegungen zum Einfluß des indirekten Gemeinschaftsrechts auf die nationale Rechtsordnung, NJW 1990, 947–954.

Dobratz, Lars: EU-Grundrechte und Umsatzsteuerrecht – Zum Diskussionsbeitrag von Werner Widmann, UR 2014, 425–428.

Dobratz, Lars: Leistung und Entgelt im Europäischen Umsatzsteuerrecht, Köln 2005.

Dreier, Horst: Grundgesetz, Kommentar, Band I, Präambel, Artikel 1–19, 3. Aufl., Tübingen 2013. (zit.: *Bearbeiter,* in: *Dreier,* GG)

Drosdowski, Günther: Duden Das große Wörterbuch der deutschen Sprache in sechs Bänden, Band 4, Mannheim u.a. 1978.

Drosdowski, Günther: Duden Deutsches Universalwörterbuch, Mannheim u.a. 1983.

Drüen, Klaus-Dieter: Zum Gutglaubensschutz im Umsatzsteuerrecht, DB 2010, 1847–1850.

Dziadkowski, Dieter: „EuGH relativiert Neutralitätsprinzip“, BB-Kommentar, BB 2014, 1444–1445.

Dziadkowski, Dieter: Das Neutralitätsprinzip als Basis der Mehrwertbesteuerung in Europa – Zugleich Anmerkung zu den Neuregelungen zwecks Vorsteuerkappung, DStZ 1999, 625–629.

Dziadkowski, Dieter: Vorsteuerabzug und Binnenmarkt, StuW 1993, 169–178.

Dziadkowski, Dieter: Zur Harmonisierung des quotalen Vorsteuerabzugs bei gemischt genutzten Gegenständen im europäischen Binnenmarkt, IStR 2010, 766–770.

Eckhardt, Walter / Weiß, Eberhard: Umsatzsteuergesetz, Stammwerk, Berlin u.a. 1967.

EGKS, Hohe Behörde: Bericht über die durch die Umsatzsteuer aufgeworfenen Probleme auf dem Gemeinsamen Markt, Luxemburg 1953. (Tinbergen-Bericht)

Ehlers, Dirk / Schoch, Friedrich: Rechtsschutz im Öffentlichen Recht, Berlin 2009. (zit.: *Bearbeiter,* in: *Ehlers/Schoch,* Rechtsschutz im Öffentlichen Recht)

Ehlers, Dirk: Der Vorrang des Europäischen Unionsrechts, Jura 2011, 187–193.

Ehlers, Dirk: Europäische Grundrechte und Grundfreiheiten, 4. Aufl., Berlin 2014. (zit.: *Bearbeiter,* in: *Ehlers,* Europäische Grundrechte und Grundfreiheiten)

Ehmcke, Torsten: Leistungsfähigkeitsprinzip und Steuersystem in Spanien, StuW 1999, 89–95.

Eisenbarth, Markus: Grenzüberschreitende Verlustverrechnung als Kerngebiet des Europäischen Steuerrechts – eine Rechtsprechungsanalyse im europarechtlichen Kontext, Baden-Baden 2011.

Elschen, Rainer / Hüchtebrock, Michael: Steuerneutralität in Finanzwissenschaft und Betriebswirtschaftslehre – Diskrepanzen und Konsequenzen, Finanzarchiv 41 (1983), S. 253–280.

Elschen, Rainer: Entscheidungsneutralität, Allokationseffizienz und Besteuerung nach der Leistungsfähigkeit - Gibt es ein gemeinsames Fundament der Steuerwissenschaften? StuW 1991, 99–115.

Engler, Friederike: Steuerverfassungsrecht im Mehrebenensystem – ein Vergleich des Schutzes vor Besteuerung durch EMRK, Grundrechtecharta und die nationale Grundrechtsordnung, Baden-Baden 2014.

Englisch, Joachim: Anforderungen an die Leistungsbeschreibung in der Rechnung für Zwecke des Vorsteuerabzugs – Zugleich Anmerkung zu BFH, Urt. v. 8.10.2008 - V R 59/07, UR 2009, 196, UR 2009, 181–185.

Englisch, Joachim: Die territoriale Zuordnung von Umsätzen, in: Umsatzsteuer im Europäischen Binnenmarkt, DStJG 32 (2009), hrsg. von Roman Seer, Köln 2009, S. 165–245.

Englisch, Joachim: Dividendenbesteuerung – europa- und verfassungsrechtliche Vorgaben im Vergleich der Körperschaftsteuersysteme Deutschlands und Spaniens, Köln 2005.

Englisch, Joachim: Ermäßigte Steuersätze zwecks Verschonung des existenziellen Bedarfs, UR 2010, 400–413.

Englisch, Joachim: Gemeinschaftsgrundrechte im harmonisierten Steuerrecht, in: Zukunftsfragen des deutschen Steuerrechts, hrsg. von Wolfgang Schön, Dordrecht 2009, S. 39–90.

Englisch, Joachim: Nachweispflichten und Vertrauensschutz bei innergemeinschaftlichen Lieferungen, UR 2008, 481–494.

Englisch, Joachim: Rückwirkende Korrektur fehlerhafter Rechnungsangaben, UR 2011, 488–495.

Englisch, Joachim: State Aid and Indirect Taxation, in: State Aid and Tax Law, hrsg. von Alexander Rust und Claire Micheau, Alphen aan den Rijn 2013, S. 69–85.

Englisch, Joachim: Umsatzsteuerrechtliche Behandlung gesellschaftsrechtlicher Beteiligungen – Anmerkungen zum BMF-Schreiben vom 26.1.2007, UR 2007, 290–302.

Englisch, Joachim: VAT and general principles of EU law, in: Traditional and alternative routes to European tax integration – primary law, secondary law, soft law, coordination, comitology and their relationship, hrsg. von Dennis Weber, Amsterdam 2010, S. 231–266.

Englisch, Joachim: Verzinsung von Steuernachforderungen wegen fehlerhafter Berechnung von Umsatzsteuer, UR 2011, 648–657.

Englisch, Joachim: Wettbewerbsgleichheit im grenzüberschreitenden Handel mit Schlussfolgerungen für indirekte Steuern, Tübingen 2008.

Epping, Volker / Hillgruber, Christian: Grundgesetz, Beck'scher Online-Kommentar (März 2015). (zit.: *Bearbeiter,* in: *Epping/Hillgruber,* BeckOK GG)

Erdbrügger, Andreas: „Das BMF-Schreiben vom 5.5.2014 ist eine hilfreiche Kommentierung der aktuellen Rechtsprechung zur Umsatzsteuer-Organschaft und nimmt Klarstellungen zum Anwendungserlass vor", BB-Kommentar, BB 204, 1384.

Erdbrügger, Andreas: Deutsche Regelungen über die Umsatzsteuer-Organschaft aufgrund neuer EuGH-Rechtsprechung unerwartet auf dem Prüfstand, DStR 2013, 1573–1580.

Erdbrügger, Andreas: Umsatzbesteuerung von Krankenhäusern ohne SGB-Zulassung – Unmittelbare Anwendung des EU-Rechts – Zugleich Anmerkung zu FG Schleswig-Holstein, Urt. v. 17.7.2013, 4 K 104/12, MwStR 2014, 187–191.

Erdbrügger, Andreas: Umsatzsteuerrechtliche Behandlung von Zytostatikalieferungen nach der neuesten Rechtsprechung des EuGH weiter offen, MwStR 2014, 292–294.

Everling, Ulrich: Durch die Grundrechtecharta zurück zu Solange I?, EuZW 2003–225.

EWG, Kommission: Bericht des Steuer- und Finanzausschusses, o. O. 1962. (Neumark-Ausschuss)

EWG, Kommission: Gesamtbericht der Untergruppen A, B und C, eingesetzt zur Prüfung verschiedener Möglichkeiten einer Harmonisierung der Umsatzsteuern, Brüssel 1962.

EWG, Regierungsausschuss: Bericht der Delegationsleiter des von der Konferenz von Messina eingesetzten Regierungsausschusses an die Außenminister, Brüssel 1956. (Spaak-Bericht)

Farmer, Paul: Auslegung der 6. Umsatzsteuerrichtlinie durch den EuGH, in: *Mößlang* (Hrsg.), Umsatzsteuer-Kongress-Bericht 1995/1996, Köln 1996, S. 97–110.

Fasold, Rudolf: Der systemwidrige Verlust des Vorsteuerabzugs im steuerfreien Bereich der neuen Mehrwertsteuer, BB 1967, 1205–1206.

Fassbender, Bardo: Der einheitliche Gesetzesvorbehalt der EU-Grundrechtecharta und seine Bedeutung für die deutsche Rechtsordnung, NVwZ 2010, 1049–1054.

Fischer, Clemens: Die Rechtfertigung einer Umsatzbesteuerung und ihre Vereinbarkeit mit den Grundrechten, Frankfurt/Main 2007.

Frenz, Walter: Handbuch Europarecht, Europäische Grundrechte, Band 4, Berlin 2009.

Freytag, Georg: Europarechtliche Anforderungen an Umweltabgaben – dargestellt am Beispiel von Abgaben zur Reduzierung der Umweltbelastung durch den Straßenverkehr, Baden-Baden 2001.

Frick, Karl Alois: Einkommensteuerliche Steuervergünstigungen und Beihilfeverbot nach dem EG-Vertrag, Sinzheim 1994.

Friedrich-Vache, Heidi: Verbrauchsteuerkonforme Umsatzbesteuerung von Finanzdienstleistungen – Plädoyer für die Abschaffung unechter Steuerbefreiungen, Köln 2005.

Frink, Julia: Der Ausschluss des Vorsteuerabzugs bei der Ausführung steuerfreier Umsätze im Umsatzsteuerrecht – eine steuersystematische Untersuchung, Regensburg 2002.

Funke, Andreas: Umsetzungsrecht – zum Verhältnis von internationaler Sekundärrechtsetzung und deutscher Gesetzgebungsgewalt, Tübingen 2010.

Grabitz, Eberhard / Hilf, Meinhard / Nettesheim, Martin: Das Recht der Europäischen Union, 54. Ergänzungslieferung (September 2014), München. (zit.: *Bearbeiter,* in: *Grabitz/Hilf/Nettesheim,* Das Recht der Europäischen Union (Stand))

Grabower, Rolf / Herting, Detlef / Schwarz, Gottfried: Die Umsatzsteuer. Ihre Geschichte und gegenwärtige Gestaltung im In- und Ausland, Köln u.a. 1962.

Grimm, Jakob / Grimm, Wilhelm: Deutsches Wörterbuch, Band 7, Leipzig 1889.

Grube, Friederike: Aufteilung von Vorsteuern bei gemischt genutzten Gegenständen durch eine auch Leasingumsätze ausführende Bank, Anmerkung zum EuGH-Urteil vom 10.7.2014, Rs. C-183/13 – Banco Mais, MwStR 2014, 511.

Grube, Friederike: Der Einfluss des unionsrechtlichen Beihilfenverbots auf das deutsche Steuerrecht, Frankfurt/Main 2014.

Grube, Friederike: Neben der Mehrwertsteuer von Spielhallenbetreibern kumulativ erhobene Vergnügungssteuer auf Glücksspiele zulässig / Bedeutung des Grundsatzes der Proportionalität der Mehrwertsteuer, Anmerkung zum EuGH-Urteil vom 24.10.2013, Rs. C-440/12 – Metropol, MwStR 2013, 699.

Grube, Friederike: Umsatzsteuerrechtliche Organschaft – neuere Entwicklungen infolge der Rechtsprechung des EuGH und des BFH, MwStR 2015, 202–209.

Grube, Friederike: Zur Gemeinschaftsrechtswidrigkeit der Beschränkung der Anwendung der in Art. 11 MwStSystRL vorgesehenen Regelung auf Unternehmen des Finanz- und Versicherungssektors – keine abschließende Entscheidung durch den EuGH, MwStR 2013, 279–280.

Grünwald, Ulrich Hans-Joachim: Zuordnung von Vorsteuerbeträgen zu Verwendungsumsätzen: Analyse und Würdigung der Rechtsprechung des EuGH, o. O., 2004.

Günther, Katarina: Vertrauensschutz bei Angaben Dritter im Umsatzsteuerrecht, Frankfurt/Main 2013.

Hahne, Klaus D.: Umsatzsteuerliche Organschaft mit Personengesellschaften europarechtlich geboten? – Analyse der EuGH-Rechtsprechung zur wettbewerbsneutralen Umsetzung von Mitgliedstaatenwahlrechten, DStR 2008, 910–914.

Hallstein, Walter / Predöhl, Andreas / Baade, Fritz: Probleme des Schuman-Plans – eine Diskussion, Kiel 1951. (zit.: *Bearbeiter,* in: Probleme des Schuman-Plans)

Hamacher, Rolfjosef / Frenzel, Matthias: Outsourcing bei Banken, Versicherungen und Kapitalanlagegesellschaften – Eine neue Standortbestimmung, UR 2002, 297–305.

Haratsch, Andreas / Koenig, Christian / Pechstein, Matthias: Europarecht, 9. Aufl., Tübingen 2014.

Hartman, Timo: Die Vereinbarkeit der umsatzsteuerrechtlichen Organschaft mit dem Europäischen Unionsrecht, Baden-Baden 2013.

Heber, Caroline: Kooperationen als Teil der nichtwirtschaftlichen Sphäre, UR 2014, 957–969.

Heck, Daniel: Rechtsschutz gegen durch EG-Richtlinien determiniertes Gesetzesrecht, NVwZ 2008, 523–526.

Heidner, Hans-Hermann: Strohmanngeschäfte und Gutglaubensschutz im Umsatzsteuerrecht, UR 2002, 445–451.

Heilmann, Martin: Die Umsatzsteuerreform in der Bundesrepublik Deutschland. Die Entstehung des Umsatzsteuergesetzes von 1967 (Nettoumsatzsteuer) – Eine Fallstudie zur steuerpolitischen Willensbildung in einer parlamentarischen Demokratie, Frankfurt/Main 1975.

Heinrichshofen, Stefan: Nichtunternehmer kann Teil einer umsatzsteuerlichen Organschaft sein, EU-UStB 2013, 45–46.

Helios, Marcus: Indirekte Steuern als Gegenstand des EG-Beihilfenrechts, EWS 2005, 208–212.

Henkow, Oskar: Neutrality of VAT for taxable persons – a new approach in European VAT?, in: EC Tax Review 2008/5, S. 233–240.

Hensel, Albert: Steuerrecht, 3. Aufl., Berlin 1933.

Henze, Thomas: Grundsatz der steuerlichen Neutralität im gemeinsamen Mehrwertsteuersystem – Eine Bestandsaufnahme der Rechtsprechung des EuGH, in: Umsatzsteuer-Kongress-Bericht 2010, hrsg. von Joachim Englisch und Hans Nieskens, Köln 2011, S. 7–24.

Hermann, Paul: Deutsches Wörterbuch – Bedeutungsgeschichte und Aufbau unseres Wortschatzes, Tübingen 2002.

Herrmann, Christoph: Richtlinienumsetzung durch die Rechtsprechung, Berlin 2003.

Herrmann, Christoph: Staatsrecht III, Examens-Repetitorium Europarecht, 4. Aufl., Heidelberg 2013.

Herting, Detlef: Ausgewählte Umsatzsteuerfragen, DStZ 1936, 1263–1271.

Herting, Detlef: Gedanken zur „Optimalen Umsatzsteuer", BB 1955, 389–393.

Herzig, Norbert / Watrin, Christoph: Betriebswirtschaftliche Anforderungen an eine Unternehmenssteuerreform, StuW 2000, 378–388.

Herzing, Erwin: Umsatzsteuerbefreiung des § 4 Nr. 16 UStG verstößt gegen den Neutralitätsgrundsatz, soweit sie nicht für alle privatrechtlichen Einrichtungen mit sozialem Charakter gleichermaßen anzuwenden ist, SteuK 2013, 38.

Heselhaus, Sebastian / Nowak Carsten: Handbuch der Europäischen Grundrechte, München 2006. (zit.: *Bearbeiter,* in: *Heselhaus/Nowak,* Handbuch der Europäischen Grundrechte)

Heuermann, Bernd: Ein Pferd, die Umsatzsteuer und das Unionsrecht, UR 2014, 877–885.

Heuermann, Bernd: Neujustierung der Vorsteueraufteilung bei gemischter Verwendung von Eingangsleistungen – insbesondere bei Gebäuden, UR 2014, 505–512.

Hey, Johanna: Erosion nationaler Besteuerungsprinzipien im Binnenmarkt? – zugleich zu den Rechtfertigungsgründen der „Europatauglichkeit" und „Wettbewerbsfähigkeit" des Steuersystems, StuW 2005, 317–326.

Hidien, Jürgen W: Mehrwertsteuerbefreiung für andere anerkannte Einrichtungen schließt Solisten ein – „Die drei Tenöre", EWS 2003, 343–344.

Hiller, Matthias: Die Umsatzbesteuerung der privaten Nutzung, Entnahme und Veräußerung unternehmerischer Gegenstände, DStR 2005, 809–815.

Hillgruber, Christian / Goos, Christoph: Verfassungsprozessrecht, 3. Aufl., Heidelberg 2011.

Hipp, Dietmar: Der Richterkrieg, DER SPIEGEL 10 (2013) v. 4.3.2013, S. 39.

Hoffsümmer, Philipp: Steuerbefreiungen für Inlandsumsätze (§ 4 Nrn. 8 bis 28 UStG) – eine systematische Betrachtung unter besonderer Berücksichtigung europäischer und nationaler Prüfungsmaßstäbe, Frankfurt/Main 2009.

Hohmann, Harald: Berufsfreiheit (Art. 12 GG) und Besteuerung, DÖV 2000, 406–416.

Hömig, Dieter: Grundgesetz, Kommentar, 10. Aufl., Baden-Baden 2013. (zit.: *Bearbeiter,* in: *Hömig,* GG)

Horn, Max: Mehrwertsteuer – die tragende Steuer eines künftigen Steuersystems?, StuW 1970, 146–166.

Hübschmann, Walter / Hepp, Ernst /Spitaler, Armin: Abgabenordnung – Finanzgerichtsordnung, 230. Ergänzungslieferung (Dezember 2014)), Köln. (zit.: *Bearbeiter,* in: *Hübschmann/Hepp/Spitaler,* AO/FGO (Stand))

Hummel, David: Begriff der juristischen Person im Rahmen der umsatzsteuerrechtlichen Organschaftsregelungen aus verfassungsrechtlicher Sicht, UR 2010, 207–214.

Hummel, David: Die Missachtung des parlamentarischen Gesetzgebers durch die Fachgerichte unter dem Deckmantel des Anwendungsvorrangs europäischen Rechts, NVwZ 2008, 36–41.

Hummel, David: Gemeinschafts- und verfassungsrechtlicher Gleichheitsgrundsatz bei Subventionen im Rahmen der Durchschnittssatzbesteuerung des § 24 UStG – Zugleich Anmerkung zur Nichtanwendung nationaler Gesetze durch den BFH, Urt. v. 16.4.2008 - XI R 73/07, UR 2009, 73–78.

Hummel, David: Verstoß gegen den Neutralitätsgrundsatz durch rechtsformabhängige Subventionen im Anwendungsbereich von EG-Richtlinien? – Zum Gleichbehandlungsgebot, Rechtfertigungen und dem Umgang mit rechtsformabhängigen Subventionen, EuR 2010, 309–321.

Hüttemann, Rainer: Die Besteuerung der öffentlichen Hand, Köln 2002.

Hüttemann, Rainer: Steuervergünstigungen wegen Gemeinnützigkeit und europäisches Beihilfenverbot – Auswirkungen des EuGH-Urteils vom 10.1.2006 (Italienische Bankstiftungen) auf das deutsche Steuerrecht, DB 2006, 914–921.

Hüttemann, Rainer: Verfassungsrechtliche Grenzen der steuerlichen Begünstigung von Unternehmen, in: Europa- und verfassungsrechtliche Grenzen der Unternehmensbesteuerung, DStJG 23 (2000), hrsg. von Jürgen Pelka, Köln 2000, S. 127–174.

Hwang, Shu-Perng: Grundrechte unter Integrationsvorbehalt? – Eine rahmenorientierte Überlegung zur Debatte um die Bindung der Mitgliedstaaten an die Unionsgrundrechte, EuR 2014, 400–419.

Isensee, Josef / Kirchhof, Paul: Handbuch des Staatsrechts der Bundesrepublik Deutschland, Band V, Rechtsquellen, Organisation, Finanzen, 3. Aufl., Heidelberg 2007. (zit.: *Bearbeiter,* in: *Isensee/Kirchhof,* HStR V)

Isensee, Josef / Kirchhof, Paul: Handbuch des Staatsrechts der Bundesrepublik Deutschland, Band VII, Freiheitsrechte, Gleichheit, 3. Aufl., Heidelberg 2009. (zit.: *Bearbeiter,* in: *Isensee/Kirchhof,* HStR VII)

Isensee, Josef / Kirchhof, Paul: Handbuch des Staatsrechts der Bundesrepublik Deutschland, Band VIII, Grundrechte: Wirtschaft, Verfahren, Gleichheit, 3. Aufl., Heidelberg 2010. (zit.: *Bearbeiter,* in: *Isensee/Kirchhof,* HStR VIII)

Ismer, Roland / Kaul, Ashok / Reiß, Wolfram / Rath, Silke: Analyse und Bewertung der Strukturen von Regel- und ermäßigten Sätzen bei der Umsatzbesteuerung unter sozial-, wirtschafts-, steuer- und haushaltspolitischen Gesichtspunkten, DStR 2010, 1970–1977.

Ismer, Roland / Kaul, Ashok / Reiß, Wolfram / Rath, Silke: Analyse und Bewertung der Strukturen von Regel- und ermäßigten Sätzen bei der Umsatzbesteuerung unter sozial-, wirtschaftssteuer- und haushaltspolitischen Gesichtspunkten – Endbericht eines Forschungsgutachtens im Auftrag des Bundesministeriums der Finanzen (BMF), Saarbrücken 2010, abrufbar unter http://www.bundesfinanzministerium.

de/Content/DE/Pressemitteilungen/Finanzpolitik/2010/09/20100923-PM33-Gutachten.pdf?__blob=publicationFile&v=3. (zuletzt abgerufen am 26.1.2015)

Jachmann, Monika: Besteuerung von Unternehmen als Gleichheitsproblem – Unterschiedliche Behandlung von Rechtsformen, Einkunftsarten, Werten und Steuersubjekten im Ertrag- und Erbschaftsteuerrecht, in: Europa- und verfassungsrechtliche Grenzen der Unternehmensbesteuerung, DStJG 23 (2000), hrsg. von Jürgen Pelka, Köln 2000, S. 9–66.

Jacobsen, Hendrik / Tietjen, Hans-Georg: Anspruch des Leistungsempfängers auf Erlass von Nachzahlungszinsen aufgrund Vorsteuerkorrektur, UR 2003, 417–422.

Jacoby, Sigrid: Allgemeine Rechtsgrundsätze – Begriffsentwicklung und Funktion in der Europäischen Rechtsgeschichte, Berlin 1997.

Jakob, Wolfgang: Umsatzsteuer, 4. Aufl., München 2009.

Jansen, Bela: Vorgaben des europäischen Beihilferechts für das nationale Steuerrecht – zugleich ein Beitrag zur Identifikation steuerlicher Beihilfen im Sinne des Art. 87 EGV, Baden-Baden 2003.

Jarass, Hans D. / Pieroth, Bodo: Grundgesetz, Kommentar, 13. Aufl., München 2014. (zit.: *Bearbeiter,* in: *Jarass/Pieroth,* GG)

Jarass, Hans D.: Charta der Grundrechte der Europäischen Union unter Einbeziehung der vom EuGH entwickelten Grundrechte, der Grundrechtsregelungen der Verträge und der EMRK, 2. Aufl., München 2013.

Jarass, Hans D.: Der grundrechtliche Eigentumsschutz im EU-Recht, NVwZ 2006, 1089–1095.

Jarass, Hans D.: Die Bindung der Mitgliedstaaten an die EU-Grundrechte, NVwZ 2012, 457–461.

Juretzek, Wolfgang: Die Gründe für die Umsatzsteuerreform, DStZ/A, 1967, 171–174.

Karabulut, Engin: Der Vorsteuerabzug im Waren- und Dienstleistungsverkehr zwischen EU-Mitgliedstaaten und der Türkei, Berlin 2013.

Kessler, Wolfgang / Haller, Elisabeth: Vorsteueraufteilung bei gemischt genutzten Gebäuden – Ende gut, alles gut?, DStR 2014, 1697–1700.

Kessler, Wolfgang / Schmidt, Wolfgang: Umsatzsteuerliche Probleme und Gestaltungsüberlegungen bei Beteiligungskonzernen - Neue Entwicklungen der EuGH-Rechtsprechung, DStR 2001, 1677–1685.

Kiehne, Hans-Erich: Grundrechte und Steuerordnung in der Rechtsprechung des Bundesverfassungsgerichts, Heidelberg 2004.

Kilches, Ralph: Sammlung des europäischen Mehrwertsteuerrechts – EuGH-Urteile, Richtlinien, Einführung, Wien 1999.

Kindl, Caroline: Gesamtschuld und Haftung im nationalen und europäischen Umsatzsteuerrecht – Auslegungsmethoden der MwStSystRL; allgemeine Rechtsgrundsätze; das „Gesamtschuldsystem“, Wien 2010.

Kirchhof, Ferdinand: Kooperation zwischen nationalen und europäischen Gerichten, EuR 2014, 267–276.

Kirchhof, Paul: 40 Jahre Umsatzsteuergesetz - Eine Steuer im Umbruch, DStR 2008, 1–8.

Kirchhof, Paul: Der Grundrechtsschutz des Steuerpflichtigen – Zur Rechtsprechung des Bundesverfassungsgerichts im vergangenen Jahrzehnt, AöR 128 (2003), 1–51.

Kirchhof, Paul: Der Karlsruher Entwurf und seine Fortentwicklung zu einer Vereinheitlichten Ertragsteuer, StuW 2002, 3–22.

Kirchhof, Paul: Der verfassungsrechtliche Auftrag zur Besteuerung nach der finanziellen Leistungsfähigkeit, StuW 1985, 319–329.

Kirchhof, Paul: Die Steuerrechtsordnung als Wertordnung, StuW 1996, 3–11.

Kirchhof, Paul: Die Widerspruchsfreiheit im Steuerrecht als Verfassungspflicht, StuW 2000, 316–327.

Kirchhof, Paul: Entwicklungsmöglichkeiten der Umsatzsteuer im Rahmen von Verfassungs- und Europarecht, UR 2002, 541–548.

Kirchhof, Paul: Maßstäbe für die Ertragsbesteuerung von Unternehmen – Eröffnung der Jahrestagung und Rechtfertigung des Themas, in: Perspektiven der Unternehmensbesteuerung, DStJG 25 (2002), hrsg. von Siegbert F. Seeger, Köln 2005, S. 1–8.

Kirchhof, Paul: Reform der Umsatzsteuer im Rahmen von Europarecht und Verfassungsrecht, in: Deutsche Umsatzsteuer im europäischen Kontext, Festgabe 25 Jahre UmsatzsteuerForum, hrsg. von Hans Nieskens, Köln 2008, S. 55–72.

Kirchhof, Paul: Rückwirkung von Steuergesetzen, StuW 2000, 221–231.

Kirchhof, Paul: Stetige Verfassung und politische Erneuerung, Goldbach 1995.

Kirchhof, Paul: Steuergleichheit, StuW 1984, 297–314.

Kirchhof, Paul: Umsatzsteuer Gesetzbuch – Ein Vorschlag zur Reform der Umsatzsteuer und der Verkehrsteuern, Heidelberg 2008.

Klenk, Friedrich: Die Zukunft der deutschen Umsatzsteuer – aus der Sicht der deutschen Rechtsprechung, UVR 2006, 107–115.

Kluge, Volker: Das internationale Steuerrecht – Gemeinschaftsrecht, Außensteuerrecht, Abkommensrecht, 4. Aufl., München 2000.

Koch, Oliver: Der Grundsatz der Verhältnismäßigkeit in der Rechtsprechung des Gerichtshofs der Europäischen Gemeinschaften, Berlin 2003.

Koenig, Christian / Busch, Martin: Gemeinschaftsrechtliche Anforderungen an eine Umsatzsteuerbefreiung für Postdienstleistungen (§ 4 Nr. 11b UStG), EWS 2009, 510–515.

Körner, Jan: Für die Einführung einer Gesamtbetrachtungsweise bei der Vollverzinsung im Bereich der Umsatzsteuer de lege ferenda, DStR 2010, 1363–1367.

Körner, Jan: Zur Reichweite der Fiktion einer Lieferung durch Entnahme nach Art. 16 Abs. 1 MwStSystRL – Anmerkungen zu BFH vom 19.2.2014, X R 9/13 und FG Baden-Württemberg vom 30.1.2013, 14 K 4151/11, MwStR 2014, 571–575.

Kraeusel, Jörg: Verhältnis der Nachweispflichten nach § 6a Abs. 3 UStG zum Vertrauensschutztatbestand des § 6a Abs. 4 UStG, UR 2005, 187–193.

Kruse, Heinrich Wilhelm: Über die Gleichmäßigkeit der Besteuerung, StuW 1990, 322–330.

Kube, Hanno: Grenzüberschreitende Verlustverrechnung und die Zuordnung von Verantwortung, IStR 2008, 305–312.

Kube, Hanno: Verantwortung für ein prinzipiengeleitetes Umsatzsteuerrecht, UR 2013, 489–493.

Küffner, Thomas / Streit, Thomas: Einbeziehung eines Nichtsteuerpflichtigen in eine Organschaft – Zugleich Anmerkung zum Urteil EuGH im Vertragsverletzungsverfahren Kommission/Irland, UR 2013, 401–406.

Küffner, Thomas / von Streit, Georg: Zuordnung und Verwendung von Eingangsleistungen – Auswirkungen auf den Vorsteuerabzug unter Berücksichtigung des Unternehmensbegriffs – Eine Zusammenfassung vor dem Hintergrund der jüngeren Rechtsprechung von EuGH und BFH, DStR 2012, 581–588.

Küffner, Thomas: Umsatzsteuerliche Behandlung von juristischen Personen des öffentlichen Rechts im Lichte der 6. EG-Richtlinie – insbesondere Abgrenzung des Betriebs gewerblicher Art vom Hoheitsbetrieb, München 2001.

Küffner, Thomas: Wettbewerb entscheidet über Umsatzsteuerpflicht der öffentlichen Hand, DStR 2003, 1606–1608.

Kurzenberger, Jörg F.: Die Geschäftsveräußerung im Ganzen – Tatbestand und Rechtsfolgen von § 1 Abs. 1a und § 15a Abs. 10 UStG im Lichte der europäischen Grundlagen und Vorgaben, Baden-Baden 2012.

Lambrecht, Claus: Europa- und verfassungsrechtlicher Rechtsschutz jenseits der deutschen Finanzgerichtsbarkeit, StuW 2006, 201–220.

Lang, Joachim: Die Bemessungsgrundlage der Einkommensteuer – rechtssystematische Grundlagen steuerlicher Leistungsfähigkeit im deutschen Einkommensteuerrecht, Köln 1988.

Lange, Friederike: Verschiebungen im europäischen Grundrechtssystem?, NVwZ 2014, 169–174.

Lange, Hans-Friedrich: Neutralitätsprinzip bei der Umsatzbesteuerung der öffentlichen Hand – Wettbewerbsvorbehalt des Art. 4 Abs. 5 Unterabs. 2 der 6. EG-Richtlinie, UR 1999, 385–391.

Laule, Gerhard: Die Körperschaftsteuerfreiheit für Hoheitsbetriebe - wann dient ein Betrieb der Ausübung öffentlicher Gewalt?, DStZ 1988, 183–191.

Lecheler, Helmut: Der Beitrag der allgemeinen Rechtsgrundsätze zur Europäischen Integration – Rückblick und Ausblick, ZEuS 2003, 337–352.

Lechner, Eduard: Unternehmerischer und unternehmensfremder Bereich, in: Umsatzsteuer in nationaler und europäischer Sicht, DStJG 13 (1990), hrsg. von Lothar Woerner, S. 39–57.

Leipold, Carsten: Personelle Zurechnung von Umsätzen und Vorsteuerabzug – zugleich ein Beitrag zu Scheinunternehmen, Strohmanngeschäften und zum Missbrauch im Umsatzsteuerrecht, Köln 2008.

Limbach, Jutta: Die Kooperation der Gerichte in der zukünftigen europäischen Grundrechtsarchitektur – Ein Beitrag zur Neubestimmung des Verhältnisses von Bundesverfassungsgericht, Gerichtshof der Europäischen Gemeinschaften und Europäischem Gerichtshof für Menschenrechte, EuGRZ 2000, 417–420.

Lindner, Josef Franz: Grundrechtsschutz gegen gemeinschaftsrechtliche Öffnungsklauseln – zugleich ein Beitrag zum Anwendungsbereich der EU-Grundrechte, EuZW 2007, 71–75.

Lindner, Josef Franz: Grundrechtsschutz in Europa – System einer Kollisionsdogmatik, EuR 2007, 160–193.

Lindner, Josef Franz: Zur grundsätzlichen Bedeutung des Protokolls über die Anwendung der Grundrechtecharta auf Polen und das Vereinigte Königreich - zugleich ein Beitrag zur Auslegung von Art. 51 EGC, EuR 2008, 786–799.

Lippross, Otto-Gerd: Vorsteuerabzug bei konkurrierenden Befreiungsvorschriften – Kritische Bemerkungen zum „Eurodental-Urteil" des EuGH vom 7.12.2006, in: Festschrift für Wolfram Reiß zum 65. Geburtstag, hrsg. von Paul Kirchhof und Markus Achatz, Köln 2008, S. 195–204.

Löhr, Kerstin: Das umsatzsteuerrechtliche Optionsrecht für Vermietungsumsätze – Zugleich eine Untersuchung zur Bedeutung des steuerlichen Leistungsfähigkeitsprinzips im Umsatzsteuerrecht, Berlin 2003.

Lohse, Christian: Der Neutralitätsgrundsatz im Mehrwertsteuerrecht, in: EuGH-Rechtsprechung und Umsatzsteuerpraxis, hrsg. von Markus Achatz und Michael Tumpel, Wien 2001.

Lohse, Christian: Die Zuordnung im Mehrwertsteuerrecht, Köln 1999.

Lohse, Christian: Neutralitätsgrundsatz im Umsatz / Mehrwertsteuerrecht – Gefestigte Erkenntnisse und neue Fragen, UR 2004, 582–590.

Lohse, Christian: Versagung der Steuerbefreiung für im Wege des Outsourcings ausgelagerte Leistungselemente steuerbefreiter Umsätze, BB 2002, 559–560.

Matz-Lück, Nele: Europäische Rechtsakte und nationaler Rechtsschutz, in: Grundrechte und Grundfreiheiten im Mehrebenensystem – Konkurrenzen und Interferenzen, hrsg. von Nele Matz-Lück und Mathias Hong, Heidelberg 2012, S. 161–201.

Maunz, Theodor / Dürig, Günter: Grundgesetz, Kommentar, 73. Ergänzungslieferung (Dezember 2014), München. (zit.: *Bearbeiter*, in: *Maunz/Dürig*, GG (Stand))

Mellinghoff, Rudolf: Der Beitrag der Rechtsprechung zur Systematisierung des Steuerrechts am Beispiel des Gebots der Folgerichtigkeit, Ubg 2012, 369–375.

Mellinghoff, Rudolf: Deutsches Umsatzsteuerrecht unter unions- und verfassungsrechtlichem Einfluss, UR 2013, 5–15.

Menner, Stefan / Herrmann, Harald: Outsourcing bei Versicherungen – Ende der Gestaltungsmöglichkeiten nach der Entscheidung des EuGH v. 8.3.2001 - Rs. C-240/99, UR 2001, 229–234.

Menner, Stefan: Die Umsatzsteuer-Harmonisierung in der Europäischen Gemeinschaft – Entwicklung und Zukunft unter besonderer Berücksichtigung der freien Berufe, Köln 1992.

Mensching, Oliver: Umsatzsteuer bei Erbfall und vorweggenommener Erbfolge, Köln 1997.

Merten, Detlef / Papier, Hans-Jürgen: Handbuch der Grundrechte in Deutschland und Europa, Band III, Grundrechte in Deutschland, Allgemeine Lehren II, Heidelberg u.a. 2009. (zit.: *Bearbeiter,* in: *Merten/Papier,* HGR III)

Meurer, Thomas: Der Rechnungsberichtigung kommt keine Rückwirkung zu, DStR 2010, 2442–2445.

Meurer, Thomas: Die unendliche Geschichte der Vorsteueraufteilung bei gemischt genutzten Gebäuden – Korrektur durch den V. Senat und EuGH-Vorlage des XI. Senats, MwStR 2014, 534–538.

Meyer, Jürgen: Charta der Grundrechte der Europäischen Union, 4. Aufl., Baden-Baden 2014. (zit.: *Bearbeiter,* in: *Meyer,* GRCh)

Mill, John Stuart: Principles of political economy – with some of their applications to social philosophy, London 1976.

Montag, Claudia: Das Vorsteuervergütungsverfahren – Voraussetzungen eines wirksamen Vergütungsantrags, MwStR 2014, 643–648.

Moschetti, Francesco / Bozza-Bodden, Nadya: Die Interpretation des Leistungsfähigkeitsprinzips gemäß Art. 53 Abs. 1 der italienischen Verfassung, StuW 1999, 78–88.

Nettesheim, Martin: Auslegung und Fortbildung nationalen Rechts im Lichte des Gemeinschaftsrechts, AöR 119 (1994), 261–293.

Nettesheim, Martin: Normenhierarchien im EU-Recht, EuR 2006, 737–772.

Neumann-Tomm, Axel: Verfahrensrechtliche Umsetzung einer einheitlichen umsatzsteuerlichen Beurteilung bei Leistungserbringer und Leistungsempfänger, MwStR 2014, 789–791.

Nieskens, Hans / Tehler, Hermann-Josef: Die Sechste Mehrwertsteuer-Richtlinie: Überrecht, Widerrecht oder Interpretationshilfe? – Chancen und Risiken für das nationale deutsche Umsatzsteuerrecht, BB 1997, 2134–2144.

Nieskens, Hans: Aktuelles zur EuGH-Rechtsprechung – Fünf Thesen zum besseren Missverständnis des EuGH, UR 2004, 441–453.

Nieskens, Hans: Das Umsatzsteuer-Änderungsgesetz vom 9. August 1994, UR 1994, 373–387.

Nieskens, Hans: Die Besteuerung unentgeltlicher Umsätze, in: Umsatzsteuer im Europäischen Binnenmarkt, DStJG 32 (2009), hrsg. von Roman Seer, Köln 2009, S. 279–301.

Nieskens, Hans: Die Heilbehandlungen im Umsatzsteuerrecht - was kann, darf und muss der Arzt steuerfrei behandeln?, UVR 2006, 13–20.

Nieskens, Hans: Nachweispflichten und guter Glaube, EU-UStB 2008, 57–59.

Nieuwenhius, Helmut: Grundsatz der Neutralität der Umsatzsteuer in der Rechtsprechung des EuGH – Eine Bestandsaufnahme, UR 2013, 663–672.

Novacek, Erich: Die Steuerneutralität im Mehrwertsteuersystem, ÖStZ 2002, 238–244.

Nusser, Julian: Die Bindung der Mitgliedstaaten an die Unionsgrundrechte – Vorgaben für die Auslegung von Art. 51 Abs. 1 S. 1 EuGrCh, Tübingen 2011.

OECD: International VAT/GST Guidelines, o. O. 2006, abrufbar unter http://www.oecd.org/tax/consumption/36177871.pdf. (zuletzt abgerufen am 26.1.2015)

OECD: International VAT/GST Guidelines, o. O. 2014, abrufbar unter http://www.oecd.org/ctp/consumption/international-vat-gst-guidelines.pdf. (zuletzt abgerufen am 26.1.2015)

Oellerich, Ingo: Defizitärer Vollzug des Umsatzsteuerrechts – legislative Verantwortung für Vollzugsdefizite, Rechtsfolgen und Rechtsschutz, Baden-Baden 2008.

Oelmaier, Alexander: Unternehmensbezogene Zuordnung und umsatzbezogener Vorsteuerabzug, MwStR 2014, 600–605.

Offerhaus, Klaus / Söhn, Hartmut / Lange, Hans-Friedrich: Umsatzsteuer – Kommentar, 275. Ergänzungslieferung (Dezember 2014), Heidelberg. (zit: *Bearbeiter,* in: *Offerhaus/Söhn/Lange,* UStG (Stand))

Ohler, Christoph: Grundrechtliche Bindungen der Mitgliedstaaten nach Art. 51 GRCh, NVwZ 2013, 1433–1438.

Pagenkopf, Martin: Zum Einfluß des Gemeinschaftsrecht auf nationales Wirtschaftsverwaltungsrecht - Versuch einer praktischen Einführung, NVwZ 1993, 216–225.

Pelka, Jürgen: Rechtsformneutralität im Steuerrecht – Verfassungsmäßigkeit der Steuersatzsenkung für Kapitalgesellschaften, StuW 2000, 389–398.

Petersen, Jens-Peter / Spanakakis, Georgios: Die kumulierte Umsatzsteuerbelastung in der Bundesrepublik Deutschland, München 1967.

Pfeiffer, Thomas: Richtlinienkonforme Auslegung gegen den Wortlaut des nationalen Gesetzes - Die Quelle-Folgeentscheidung des BGH, NJW 2009, 412–413.

Pflüger, Hansjörg: Vorsteuerabzug des erfolglosen Unternehmers, Anmerkungen zum EuGH-Urteil vom 29.2.1996, Rs. C-110/94 – Inzo, UR 1996, 180–183.

Pieroth, Bodo / Schlink, Bernhard / Kingreen, Thorsten / Poscher, Ralf: Grundrechte, 30. Aufl., Heidelberg 2014.

Pohl, Gerald: Aktuelle Brennpunkte beim Vorsteuerabzug, DB 2014, 1703–1708.

Pohmer, Dieter / Pflugmann-Hohlstein, Barbara: 25 Jahre Nettoumsatzsteuer in Deutschland, UR 1993, 37–48.

Pohmer, Dieter: Allgemeine Umsatzsteuern, in: Handbuch der Finanzwissenschaft, Band 2, hrsg. von Norbert Andel, 3. Aufl., Tübingen, 1980, S. 649–707.

Popitz, Johannes: Kommentar zum Umsatzsteuergesetz in der Fassung vom 8. Mai 1926, 3. Aufl., Berlin 1928.

Pull, Veronika: Die Sphärentheorie im Mehrwertsteuerrecht – Dogmatik der nichtwirtschaftlichen unternehmenseigenen Sphäre nach der VNLTO-Entscheidung des EuGH, Köln 2014.

Rabe, Hans-Jürgen: Grundrechtsbindung der Mitgliedstaaten, NJW 2013, 1407–1408.

Rat der EG: Arbeitsunterlage v. 25.3.1975, T/226/75 (FIN), betrifft: Vorschlag für eine sechste Richtlinie des Rates zur Harmonisierung der Rechtsvorschriften der Mitgliedstaaten über die Umsatzsteuern, abrufbar unter http://www.consilium.europa.eu/uedocs/cmsUpload/189.pdf (zuletzt abgerufen am 26.1.2015), S. 93 ff.

Rau, Günter / Dürrwächter, Erich: Kommentar zum Umsatzsteuergesetz, 161. Ergänzungslieferung (März 2015), Köln. (zit: *Bearbeiter,* in: *Rau/Dürrwächter,* UStG (Stand))

Reimer, Ekkehart: Die öffentliche Hand als Steuerpflichtiger, in: Umsatzsteuer im Europäischen Binnenmarkt, DStJG 32 (2009), hrsg. von Roman Seer, Köln 2009, S. 325–366.

Reiß, Wolfram: Der Belastungsgrund der Umsatzsteuer und seine Bedeutung für die Auslegung des Umsatzsteuergesetzes, in: Umsatzsteuer in nationaler und europäischer Sicht, DStJG 13 (1990), hrsg. von Lothar Woerner, Köln 1990, S. 3–37.

Reiß, Wolfram: Der Verbraucher als Steuerträger der Umsatzsteuer im Europäischen Binnenmarkt, in: Die Steuerrechtsordnung in der Diskussion, Festschrift für Klaus Tipke zum 70. Geburtstag, hrsg. von Joachim Lang, Köln 1995, S. 433–456.

Reiß, Wolfram: Die Begrenzung der Organschaftswirkung auf das Inland, in: Umsatzsteuer-Kongress-Bericht 2010, hrsg. von Joachim Englisch und Hans Nieskens, Köln 2011, S. 195–230.

Reiß, Wolfram: Die harmonisierte Umsatzsteuer im nationalen Wirtschaftsverkehr – Widersprüche, Lücken und Harmonisierungsbedarf, in: Umsatzsteuer im Europäischen Binnenmarkt, DStJG 32 (2009), hrsg. von Roman Seer, Köln 2009, S. 9–51.

Reiß, Wolfram: Neutralitätsgebot und Sofortabzug der Vorsteuer – Zum Zusammenwirken von europäischem Richtlinienrecht und nationalem Verfahrensrecht, UR 2004, 275–285.

Reiß, Wolfram: Sanktionierung der Verletzung der europäischen Grundfreiheiten durch den EuGH bei neutralitätswidriger Umsatzbesteuerung im innergemeinschaftlichen Waren- und Dienstleistungsverkehr – Zur Billigung der Versagung des Vorsteuerabzugs für innergemeinschaftlich befreite Lieferungen durch den EuGH, UR 2007, 565–575.

Reiß, Wolfram: Umsatzsteuerrecht, 12. Aufl., Münster 2014.

Reiß, Wolfram: Wert- und Einkaufsgutscheine sowie umwandelbare Optionsrechte auf den Bezug von Dienstleistungen im Rahmen von Kundenbindungs- und Verkaufsförderungsprogrammen, UR 2011, 729–746.

Reiß, Wolfram: Zukunft der Umsatzsteuer Deutschlands in Europa, in: *Nieskens* (Hrsg.), Umsatzsteuer-Kongress-Bericht, Köln 2007, S. 13–45.

Rengeling, Hans-Werner / Szczekalla, Peter: Grundrechte in der Europäischen Union – Charta der Grundrechte und allgemeine Rechtsgrundsätze, Köln 2004.

Richter, Daniela: Die Regelungen zum Vorsteuerabzug nach der Mehrwertsteuersystemrichtlinie und die Freiheit des Dienstleistungsverkehrs im Binnenmarkt, Hamburg 2012.

Riedl, Philipp: Die internationale Doppelbesteuerung im EU-Binnenmarkt, Frankfurt/Main 2012.

Riedo, Daniel: Vom Wesen der Mehrwertsteuer als allgemeine Verbrauchsteuer und von den entsprechenden Wirkungen auf das schweizerische Recht, Bern 1999.

Riesenhuber, Karl / Ackermann, Thomas: Europäische Methodenlehre, Handbuch für Ausbildung und Praxis, 2. Aufl., Berlin 2010. (zit: *Bearbeiter, in: Riesenhuber,* Europäische Methodenlehre)

Rosenthal, Michael: Der Grundsatz der steuerlichen Neutralität in der aktuellen Entscheidung des EuGH vom 15.11.2012 – Die Rechtssache „Zimmermann", DStR 2013, 443–447.

Rosenthal, Michael: Der Grundsatz der steuerlichen Neutralität unter besonderer Berücksichtigung der Steuerfreiheit von Betreuungsumsätzen – Zugleich eine Besprechung des Urteils des FG Düsseldorf vom 26.11.2010, DStR 2012, 779–783.

Rossi, Matthias: Finanz- und Haushaltsordnung der EU, in: Handbuch des EU-Wirtschaftsrechts, hrsg. v. Manfred Dauses, Band 1, 36. Ergänzungslieferung (Oktober 2014), A. III.

Ruppe, Hans Georg / Achatz, Markus: Umsatzsteuergesetz – Kommentar, 4. Aufl., Wien 2011.

Ruppe, Hans Georg: „Unechte" Umsatzsteuerbefreiungen, in: Die Steuerrechtsordnung in der Diskussion, Festschrift für Klaus Tipke zum 70. Geburtstag, hrsg. von Joachim Lang, Köln 1995.

Rutemöller, Michael: Die umsatz- und grunderwerbsteuerrechtliche Behandlung von Grundstücksumsätzen – Analyse im Lichte der Konstruktion des so genannten einheitlichen Leistungsgegenstands, Hamburg 2011.

Sachs, Michael: Grundgesetz, Kommentar, 7. Aufl., München 2014. (zit: *Bearbeiter,* in: *Sachs,* GG)

Sarrazin, Viktor: Stand der Beratungen des Vorschlags einer 6. Umsatzsteuer-Richtlinie der EG-Kommission, UR 1974, 281–287.

Sarrazin, Viktor: Vorschlag einer sechsten EWG-Richtlinie zur Umsatzsteuerharmonisierung, UR 1973, 209–215.

Schaumburg, Harald: Das Leistungsfähigkeitsprinzip im Verkehr- und Verbrauchsteuerrecht, in: Festschrift für Wolfram Reiß zum 65. Geburtstag, hrsg. von Paul Kirchhof und Markus Achatz, Köln 2008, S. 25–44.

Schaumburg, Heide / Schaumburg, Harald: Steuerliche Leistungsfähigkeit und europäische Grundfreiheiten im Internationalen Steuerrecht, StuW 2005, 306–316.

Scheller, Axel / Schrömbges, Ulrich: Grenzüberschreitender Warenverkehr aus Sicht der Umsatzsteuer – Fehlerursachen und Maßnahmen zur Behebung, Witten 2011.

Scheuing, Dieter H.: Zur Grundrechtsbindung der EU-Mitgliedstaaten, EuR 2005, 162–191.

Schiller, Martin: Outsourcing im Finanzdienstleistungs- und Versicherungssektor – Umsatzsteuerliche Beurteilung, Köln 2006.

Schlienkamp, August: Unternehmensort oder Betriebsstätte als umsatzsteuerlicher Leistungsort bei der Vermietung von Beförderungsmitteln, UR 1997, 117–129.

Schmidt, Frederik: Die unternehmerische Freiheit im Unionsrecht, Berlin 2010.

Schmidt, Peter: Konsumbesteuerung durch Mehrwertsteuer – zur konsumorientierten Ausgestaltung mehrwertsteuerlicher Erhebungstechnik, Bielefeld 1999.

Schmidt-Bleibtreu, Bruno / Hofmann, Hans / Henneke, Hans-Günter: Grundgesetz, Kommentar, 13. Aufl., Köln 2014. (zit: *Bearbeiter*, in: *Schmidt-Bleibtreu/Hofmann/Henneke*, GG)

Schmitz, Martin / Möser, Christian: Umsatzbesteuerung der öffentlichen Hand, UR 2014, 607–618.

Schmölders, Günther: Die Umsatzsteuern, in: Handbuch der Finanzwissenschaft, Band 2, hrsg. von Wilhelm Gerloff und Fritz Neumark, 2. Aufl., Tübingen 1956, S. 565–600.

Schnarrenberger, Cornelius: Die umsatzsteuerliche Organschaft, 2014, Hamburg 2014.

Schneider Fossati, Gustavo: Die sozialstaatliche und freiheitsschonende Dimension des Leistungsfähigkeitsgrundsatzes im Umsatzsteuerrecht – Eine rechtsvergleichende Untersuchung zwischen Deutschland und Brasilien, Frankfurt/Main 2014.

Scholz, Jürgen: Vorsteueraufteilung gemischt genutzter Gebäude, UR 2014, 764–769.

Schön, Wolfgang: Der freie Warenverkehr, die Steuerhoheit der Mitgliedstaaten und der Systemgedanke im europäischen Steuerrecht – Teil I: Die Grundlagen und das Verbot der Zölle und zollgleichen Abgaben, EuR 2001, 216–233.

Schön, Wolfgang: Steuergesetzgebung zwischen Markt und Grundgesetz, StuW 2004, 62–75.

Schön, Wolfgang: Umsatzsteuer zwischen Binnenmarkt und Steuerstaat, in: Umsatzsteuer-Kongress-Bericht 2001/2002, Köln 2002, hrsg. von Hans Nieskens, S. 17–62.

Schön, Wolfgang: Zum Entwurf eines Steuersenkungsgesetzes, StuW 2000, 151–159.

Schulze, Reiner / Zuleeg, Manfred, Kadelbach, Stefan: Europarecht, 3. Aufl., Baden-Baden 2015. (zit: *Bearbeiter*, in: *Schulze/Zuleeg/Kadelbach*)

Schwarz, Bernhard / Widmann, Werner / Radeisen, Rolf-Rüdiger: Umsatzsteuergesetz, Kommentar, 172. Ergänzungslieferung (Januar 2014), Freiburg im Breisgau. (zit: *Bearbeiter*, in: *Schwarz/Widmann/Radeisen*, UStG (Stand))

Schwarz, Johannes: Umsatzsteuer in der Insolvenz – neue Facetten des Leistungsfähigkeitsprinzips, Frankfurt/Main 2012.

Schwarze, Jürgen: EU-Kommentar, 3. Aufl., Baden-Baden 2012.

Schweitzer, Michael / Hummer, Waldemar / Obwexer, Walter: Europarecht – das Recht der Europäischen Union, Wien 2007.

Seer, Roman: Resümee, DStJG 32 (2009), hrsg. von Roman Seer, Köln 2009, S. 497–508.

Seidel, Martin: Pro futuro: Kraft Gemeinschaftsrechts Vorrang des höheren einzelstaatlichen Grundrechtsschutzes?, EuZW 2003, 97.

Sellmann, Christian / Augsberg, Steffen: Entwicklungstendenzen des Vorlageverfahrens nach Art. 234 EGV, DÖV 2006, 533–541.

Selmer, Peter / Schulze-Osterloh, Lerke: Besteuerung öffentlicher Unternehmen und Wettbewerbsneutralität – Steuerrechtliche und verfassungsrechtliche Überlegungen zur subjektiven Steuerpflicht juristischer Personen des öffentlichen Rechts, DÖV 1978, 381–391.

Selmer, Peter: Die Umsatzbesteuerung von Lebensmittellieferungen zum Verzehr an Ort und Stelle (§ 12 II Nr. 1 S. 2 UStG) – eine verfassungsrechtliche Untersuchung, StuW 1978, 321–331.

Selmer, Peter: Finanzordnung und Grundgesetz – Die Rechtsprechung des BVerfG in Finanz- und Steuersachen, AöR 101 (1976), 399–462.

Slapio, Ursula / Claus, Thomas: Vollverzinsung der Umsatzsteuer nach § 233a AO – Schicksalhafte Fügung des Gesetzes oder im Einzelfall rechtswidrige Festsetzung steuerlicher Nebenleistungen?, UR 2014, 346–353.

Slapio, Ursula: Umsatzsteuerliche Organschaft - auf zu neuen Ufern?, UR 2013, 407–412.

Slotty-Harms, Ulrike: EuGH, Urteil vom 20. April 2004 (EDM): Vorsteuerabzug einer unternehmerisch tätigen Holdinggesellschaft, UVR 2005, 78–82.

Söhn, Hartmut: Der Leistungsaustausch im Umsatzsteuerrecht, in: Der Bundesfinanzhof und seine Rechtsprechung, Grundfragen – Grundlagen, Festschrift für Hugo von Wallis zum 75. Geburtstag, hrsg. von Franz Klein, Bonn 1985, S. 439–452.

Söhn, Hartmut: Die Harmonisierung der Umsatzsteuern in der Europäischen Gemeinschaft – Eine steuersystematische Bestandsaufnahme, StuW 1976, 1–31.

Söhn, Hartmut: Die Umsatzsteuer als indirekte, allgemeine Verbrauchsteuer, StuW 1996, 165–168.

Söhn, Hartmut: Die Umsatzsteuer als Verkehrsteuer und/oder Verbrauchsteuer, StuW 1975, 1–18.

Söhn, Hartmut: Eigenverbrauchsbesteuerung und Vorsteuerabzug – Zugleich zu einem Vorschlag in der 6. Richtlinie der EG-Kommission zur Harmonisierung der Umsatzsteuern, BB 1975, 219–224.

Söhn, Hartmut: Steuersystematische Aspekte der Umsatzsteuerharmonisierung in der Europäischen Gemeinschaft, UR 1976, 69–72.

Söhn, Hartmut: Umsatzbesteuerung von Gebrauchtgegenständen – Zum neuen Richtlinienvorschlag der EG-Kommission, in: Finanzwissenschaft im Dienste der Wirtschaftspolitik, Festschrift für Dieter Pohmer zum 65. Geburtstag, hrsg. von Franz Xaver Bea, Tübingen 1990, S. 217–234.

Sölch, Otto / Ringleb, Karl: Umsatzsteuergesetz, Kommentar, 73. Ergänzungslieferung (September 2014), München. (zit: *Bearbeiter,* in: *Sölch/Ringleb*)

Sopp, Karina: Umsatzbesteuerung beim Handel in der EU – Nachweispflichten und Vertrauensschutz, Berlin 2010.

Sperling, Tim: Die Wertneutralität im EG-Umsatzsteuerrecht in der Rechtsprechung des EuGH und die Auswirkungen auf das deutsche Recht, Frankfurt/Main 2002.

Stadie, Holger: Befreiungen und Ermäßigungen – Chaos, System oder Konglomerat? in: Umsatzsteuer im Europäischen Binnenmarkt, DStJG 32 (2009), hrsg. von Roman Seer, Köln 2009, S. 143–164.

Stadie, Holger: Das Recht des Vorsteuerabzugs, Köln 1989.

Stadie, Holger: Keine Qualifizierung eines in einer Rechnung ausgewiesenen Steuerbetrags als Umsatzsteuer für eine an den Staat erbrachte Dienstleistung des Rechnungsausstellers bei seiner irrtümlichen Annahme der Unternehmereigenschaft, UR 2003, 600–601.

Stadie, Holger: Rückwirkender Vorsteuerabzug bei nachträglicher Ausstellung einer Rechnung? – Zum Schlussantrag der Generalanwältin vom 16.10.2003 in der EuGH-Rechtssache C-152/02, UR 2004, 49–51.

Stadie, Holger: Umsatzsteuergesetz, Kommentar, 2. Aufl., Köln 2012.

Stadie, Holger: Umsatzsteuerliche Bemessungsgrundlage der Privatnutzung eines insgesamt dem Unternehmen zugeordneten Gebäudes für Zwecke der Vorsteuerberichtigung, UR 2006- 645–646.

Stadie, Holger: Umsatzsteuerrecht, Köln 2005.

Stadie, Holger: Umsatzsteuerrechtliche Zuordnung von Anlagegegenständen zum Unternehmen – Kritische Anmerkungen zur Rechtsprechung des EuGH und des BFH, UR 2004, 597–602.

Statistisches Bundesamt: Finanzen und Steuern, Steuerhaushalt 2013, Fachserie 14, Reihe 4, Wiesbaden 2014, abrufbar unter https://www.destatis.de/DE/Publikationen/Thematisch/FinanzenSteuern/Steuern/Steuerhaushalt/SteuerhaushaltJ2140400137004.pdf?__blob=publicationFile. (zuletzt abgerufen am 26.1.2015)

Sterzinger, Christian: Allgemeiner Vertrauensschutz gutgläubiger Unternehmer?, DStR 2010, 2606–2611.

Sterzinger, Christian: Genereller Vertrauensschutz bei Ausfuhrlieferungen?, DStR 2008, 2450–2455.

Sterzinger, Christian: Notwendige Einbeziehung von Nichtsteuerpflichtigen in einen Organkreis, UR 2014, 133–140.

Streinz, Rudolf / Michl, Walther: Die Drittwirkung des europäischen Datenschutzgrundrechts (Art. 8 GRCh) im deutschen Privatrecht, EuZW 2011, 384–388.

Streinz, Rudolf: EUV/AEUV, Beck'scher Kurz-Kommentar, 2. Aufl., München 2012. (zit.: *Bearbeiter,* in: *Streinz,* EUV/AEUV)

Streng, Jürgen: Zuschüsse und Subventionen im Umsatzsteuerrecht, Köln 1999.

Streng, Jürgen: Zuschüsse/Subventionen und der umsatzsteuerrechtliche Leistungsbegriff, StuW 1999, 154–163.

Szczekalla, Peter: Grenzenlose Grundrechte, NVwZ 2006, 1019–1021.

Tehler, Hermann-Josef: Das Bundesverfassungsgericht als Wegbereiter zur richtlinienkonformen Auslegung des § 4 Nr 14 UStG, UR 2000, 235–242.

Tehler, Hermann-Josef: Der Begriff „Leistungsaustausch“, DStR 1983, 215–218.

Teichmann, Knud Michael: Der Verlust des Vorsteuerabzugs im steuerfreien Bereich der Mehrwertsteuer (§ 15 Abs. 2 UStG) – Eine steuersystematische und verfassungsrechtliche Untersuchung, StuW 1975, 189–205.

Terra, Ben / Kajus, Julie: A Guide to European VAT Directives, Band 1, Introduction to European VAT, Amsterdam 2009.

Tettinger, Peter / Stern, Klaus: Kölner Gemeinschaftskommentar zur Europäischen Grundrechte-Charta, München 2006. (zit.: *Bearbeiter,* in: *Tettinger/Stern,* GRCh)

Tettinger, Peter: Die Charta der Grundrechte der Europäischen Union, NJW 2001, 1010–1015.

Teufel, Oliver: Beteiligungsverwaltung, Kapitalüberlassung und Kapitalbeschaffung im System der Mehrwertsteuer, Heidelberg, München 2010.

Theile, Carsten: Die Belastungswirkung der Umsatzsteuer – Steuerrechtswissenschaftlicher Glaube, gesetzgeberischer Wille und ökonomische Wirklichkeit, StuW 1996, 154–164.

Theile, Carsten: Wettbewerbsneutralität der harmonisierten Umsatzsteuer. Theoretischer Anspruch und praktische Durchsetzung, Köln 1995.

Thiemann, Christian: Der Begriff der Aufwandsteuer und die kommunalen Übernachtungsteuern – Zu den Urteilen des Bundesverwaltungsgerichts vom 11. Juli 2012, 9 CN 1/11 und 2/11, ZG 2013, 75–92.

Thiemann, Christian: Verfassungsbeschwerde und konkrete Normenkontrolle im Lichte des Unionsrechts, Jura 2012, 902–913.

Tilch, Horst /Arloth Frank: Deutsches Rechts-Lexikon in drei Bänden, Band 2, 3. Aufl., München 2001.

Tipke, Klaus / Kruse, Heinrich Wilhelm: Abgabenordnung, Finanzgerichtsordnung, Kommentar, 138. Ergänzungslieferung (November 2014), Köln. (zit: *Bearbeiter,* in: *Tipke/Kruse,* AO/FGO (Stand))

Tipke, Klaus / Lang, Joachim (Hrsg.): Steuerrecht, 20. Aufl., Köln 2010. (zit.: *Bearbeiter*, in: *Tipke/Lang*)

Tipke, Klaus / Lang, Joachim (Hrsg.): Steuerrecht, 22. Aufl., Köln 2015. (zit.: *Bearbeiter*, in: *Tipke/Lang*)

Tipke, Klaus: Die Steuerrechtsordnung, Band 1, Wirtschaftsorganisatorische, systematische und grundrechtlich-rechtsstaatliche Grundlagen, 2. Aufl., Köln 2000.

Tipke, Klaus: Die Steuerrechtsordnung, Band 2, Steuerrechtfertigungstheorie, Anwendung auf alle Steuerarten, sachgerechtes Steuersystem, 2. Aufl., Köln 2003.

Tipke, Klaus: Die Steuerrechtsordnung, Band 3, Steuerrechtswissenschaft, Steuergesetzgebung, Steuervollzug, Steuerrechtsschutz, Steuerreformbestrebungen, 2. Aufl., Köln 2012.

Tipke, Klaus: Die Umsatzsteuer im Steuersystem, UR 1972, 2–6.

Tipke, Klaus: Europäisches Steuerverfassungsrecht – Eine rechtsvergleichende Übersicht, in: Staaten und Steuern, Festschrift für Klaus Vogel zum 70. Geburtstag, hrsg. von Paul Kirchhof, u.a., Heidelberg 2000.

Tipke, Klaus: Steuergerechtigkeit in Theorie und Praxis – vom politischen Schlagwort zum Rechtsbegriff und zur praktischen Anwendung, Köln 1981.

Tipke, Klaus: Steuerrecht – Chaos, Konglomerat oder System?, StuW 1971, 2–17.

Tipke, Klaus: Über Umsatzsteuer-Gerechtigkeit, StuW 1992, 103–120.

Tipke, Klaus: Umsatzsteuer – Verkehrsteuer und/oder Verbrauchsteuer, DStR 1983, 595–597.

Trinks, Matthias: Auswirkungen der Berichtigung fehlerhafter Rechnungen de lege ferenda, BB 2011, 800–803.

Tumpel, Michael: Lennartz, Armbrecht und (k)ein Ende, in: Steuerrecht, Verfassungsrecht, Europarecht, Festschrift für Hans Georg Ruppe, hrsg. von Markus Achatz, Wien 2007, S. 664–680.

Tumpel, Michael: Prinzipien, Systemschwächen und Reformbedarf bei der Umsatzbesteuerung des internationalen Güter- und Dienstleistungsverkehrs, in: Umsatzsteuer im Europäischen Binnenmarkt, DStJG 32 (2009), hrsg. von Roman Seer, Köln 2009, S. 53–102.

Vobbe, Rainald: Anmerkung zu einer Entscheidung des EuGH (Urteil vom 16.01.2014 – C-300/12, MwStR 2014, 129) – zur Möglichkeit einer Minderung der Bemessungsgrundlage bei Rabatten eines Reisevermittlers an den Reisenden, MwStR 2014, 131–132.

Vogel, Horst A.: Steuertechnik und Steuerverwaltung, in: Handbuch der Finanzwissenschaft, Band 2, hrsg. von Fritz Neumark, 3. Aufl., Tübingen 1980, S. 267–315.

Vogel, Klaus: Harmonisierung des Internationalen Steuerrechts in Europa als Alternative zur Harmonisierung des (materiellen) Körperschaftsteuerrechts, StuW 1993, 380–388.

von Bogdandy, Armin / Bast, Jürgen: Europäisches Verfassungsrecht – theoretische und dogmatische Grundzüge, 2. Aufl., Dordrecht 2009. (zit.: *Bearbeiter,* in: *v. Bogdandy,* Europäisches Verfassungsrecht)

von Danwitz, Thomas: Der Grundsatz der Verhältnismäßigkeit im Gemeinschaftsrecht, EWS 2003, 393–402.

von der Groeben, Hans / Schwarze, Jürgen, Kommentar zum Vertrag über die Europäische Union und zur Gründung der Europäischen Gemeinschaft, 6. Aufl., Baden-Baden 2003. (zit.: *Bearbeiter,* in: *von der Groeben/Schwarze,* EUV/EGV)

von Groll, Rüdiger: Zu den abgabenrechtlichen Besonderheiten der Wechselwirkung zwischen materiellem Recht und Verfahrensrecht, FR 2007, 540–543.

von Münch, Ingo / Kunig, Philip: Grundgesetz, Kommentar, 6. Aufl., München 2012. (zit.: *Bearbeiter,* in: *v. Münch/Kunig,* GG)

von Siemens, Carl Friedrich: Veredelte Umsatzsteuer, 2. Aufl., Siemensstadt 1921.

von Streit, Georg / Behrens, Stefan: Vorsteuerabzug aus Kosten und Gemeinkosten insbesondere bei Holdinggesellschaften und Anteilsumsätzen, UR 2014, 833–842.

Wachweger, Dieter: 6. Richtlinie zur Harmonisierung der Umsatzsteuern in den Europäischen Gemeinschaften, Bonn 1977.

Wachweger, Dieter: Der Vorschlag der Kommission der Europäischen Gemeinschaften für eine 6. Richtlinie zur Harmonisierung der Umsatzsteuern, DStZ/A 1974, 115–123.

Wachweger, Dieter: Stand der Beratungen über eine 6. Richtlinie zur Harmonisierung der Umsatzsteuern, DStZ/A 1975, 195–199.

Wachweger, Dieter: Stand und Perspektiven der Umsatzsteuerharmonisierung, DStZ/A 1973, 219–224.

Wäger, Christoph: Der Kampf gegen die Steuerhinterziehung, UR 2015, 81–99.

Wäger, Christoph: Vorsteuerabzug und Rechnungsmängel, DStR 2010, 1475–1479.

Wäger, Christoph: Vorsteueraufteilung: Renaissance des Umsatzschlüssels? DB 2014, 1397–1403.

Wagner, Wilfried: Aktuelles aus dem Umsatzsteuerrecht, Stbg 2001, 56–63.

Wagner, Wilfried: Auswirkung von Preiserstattungs- und Preisnachlassgutscheinen auf die Besteuerungsgrundlage der Herstellerlieferung, Anm. zu EuGH C-317/94 (Elida Gibbs), UVR 1996, 395–396.

Wagner, Wilfried: EuGH erkennt Rückwirkung der Berichtigung unvollständiger oder unrichtiger Rechnungsangaben für den Vorsteuerabzug an, UVR 2010, 311–317.

Wagner, Wilfried: Umsatzsteuerliche Behandlung des privaten Konsums unternehmerischer Gegenstände in 25 Jahren UmsatzsteuerForum, in: Deutsche Umsatzsteuer im europäischen Kontext, Festgabe 25 Jahre UmsatzsteuerForum, hrsg. von Hans Nieskens, Köln 2008, S. 101–115.

Wagner, Wilfried: Umsatzsteuerpflicht bei „hoheitlicher" Überlassung von Stellplätzen, UVR 2008- 335–340.

Wegner, Kilian: Die „Fransson"-Entscheidung des EuGH – Eine Erschütterung im System der europäischen Grundrechte? – Anmerkung zum Urteil des Europäischen Gerichtshofs vom 26. Februar 2013 (EuGH C-617/10 - Fransson), HRRS 2013, 126–130.

Weich, Bernhard: Öffentliche Hand im System der Umsatzsteuer, Köln 1996.

Weinschütz, Bernhard: Anmerkung zu einer Entscheidung des EuGH, Urteil vom 26.01.2012 (C-218/10; EuZW 2012, 219) – Zum Grundsatz der steuerlichen Neutralität und gegensätzlichen Entscheidungen hinsichtlich der Umsatzsteuer, EuZW 2012, 221–222.

Weiß, Eberhard: Quo vadis Umsatzsteuer?, UR 1993, 329–335.

Weiß, Eberhard: Bemessungsgrundlage von Hersteller-Lieferungen an Zwischenhändler bei gleichzeitiger Ausgabe von durch den Endverbraucher einlösbaren Warengutscheinen, Anm. zu EuGH C-317/94 (Elida Gibbs), UR 1997, 269–271.

Weiß, Eberhard: Unerlaubter Handel mit Betäubungsmitteln im Inland, Anm. zu EuGH 289/86 (Happy Family), UR 1989, 311–312.

Weiß, Eberhard: Urteilsanmerkung zu EuGH, Urteil v. 5.5.1982, Rs. 15/81 (Gaston Schul), UR 1982, 246.

Welte, Thomas / Friedrich-Vache, Heidi: Rückwirkender Vorsteuerabzug nach Rechnungsberichtigung oder Plädoyer für eine unionsrechtskonforme Verzinsung von Vorsteuern nach EuGH-Rechtsprechung?, MwStR 2013, 514–517.

Wernsmann, Rainer / Zirkl, Cornelia: Die Regelungskompetenz der EU für eine Finanztransaktionssteuer, EuZW 2014, 167–172.

Wernsmann, Rainer: Die Gesetzgebungskompetenz des Bundes für die Kernbrennstoffsteuer, NVwZ 2011, 1367–1369.

Wernsmann, Rainer: Die Einschränkungen des Werbungskosten- und Betriebsausgabenabzugs im Zusammenhang mit Pendlerpauschale, Arbeitszimmer, Alterseinkünften und Abgeltungssteuer, DStR-Beih. 2008, 37–48.

Wernsmann, Rainer: Die Neuregelung der Entfernungspauschale ist verfassungsgemäß, DStR 2007, 1149–1154.

Wernsmann, Rainer: Die Steuer als Eigentumsbeeinträchtigung? NJW 2006, 1169–1174.

Wernsmann, Rainer: Grundrechtsschutz nach Grundgesetz und Unionsrecht vor dem BVerfG, NZG 2011, 1241–1244.

Wernsmann, Rainer: Internationale Doppelbesteuerung als unionsrechtliches Problem – am Beispiel grenzüberschreitender Erbschaften und Schenkungen, in: Erbrecht und Vermögensnachfolge – System, Struktur und Vertrag, Festschrift für Manfred Bengel und Wolfgang Reimann zum 70. Geburtstag, hrsg. von Jürgen Damrau, München 2012, S. 371–382.

Wernsmann, Rainer: Klagearten und Klagebefugnis im Konkurrentenrechtsstreit, Die Verwaltung 2003, 67–103.

Wernsmann, Rainer: Steuerliche Diskriminierungen und ihre Rechtfertigung durch die Kohärenz des nationalen Rechts – Zur Dogmatik der Schranken der Grundfreiheiten, EuR 1999, 754–775.

Wernsmann, Rainer: Übernachtungsteuern als örtliche Aufwandsteuern, NVwZ 2013, 124–128.

Wernsmann, Rainer: Verhaltenslenkung in einem rationalen Steuersystem, Tübingen 2005.

Wernsmann, Rainer: Zunehmende Europäisierung und Konstitutionalisierung als Herausforderung für den Steuergesetzgeber in: Zukunftsfragen des deutschen Steuerrechts, hrsg. von Wolfgang Schön, Dordrecht 2009, S. 161–184.

Widmann, Werner: Aktuelle umsatzsteuerliche Fragestellungen, Organschaft – Vorsteueraufteilung – Reverse-Charge-Verfahren, DStR-Beih 2014, 109–116.

Widmann, Werner: Das Mehrwertsteuersystem ist kein Selbstbedienungsladen – Zu den EuGH-Urteilen vom 21.2.2006 (BUPA, Halifax, University of Huddersfield), DStR 2006, 736–739.

Widmann, Werner: Geltung der EU-Grundrechte-Charta bei der Sanktion mehrwertsteuerlicher Verfehlungen – Zum EuGH-Urteil vom 26.2.2013 - Rs. C-617/10, UR 2014, 5–8.

Widmann, Werner: Keine Umsatzsteuer bei illegalen Geschäften?, UR 1989, 10–12.

Widmann, Werner: Primärrechtliche Defizite der Binnenmarktübergangsregelung, UR 2012, 32–34.

Widmann, Werner: Rückwirkung einer Rechnungsberichtigung im Falle einer nachträglichen Ergänzung der Steuernummer des Leistenden – Anmerkung zu FG Niedersachsen, Beschluss v. 3.7.2014 – 5 K 40/14, UR 2015, 68–70.

Widmann, Werner: Zur Umsatzbesteuerung von Entnahmen oder: Wie soll der Selbstversorger belastet werden?, UR 2007, 13–15.

Winter, Regine: Deutliche Worte des EuGH im Grundrechtsbereich, NZA 2013, 473–477.

Woerner, Lothar: Resümee zur Umsatzsteuer in nationaler und europäischer Sicht, in: Umsatzsteuer in nationaler und europäischer Sicht, DStJG 13 (1990), hrsg. von Lothar Woerner, Köln 1990, S. 247–264.

Wüst, Christian: Preisnachlässe bei grenzüberschreitenden Lieferketten – Zugleich Anmerkung zu den BFH-Urteilen vom 5.6.2014 – XI R 25/12 und vom 4.12.2014 – V R 6/13, MwStR 2015, 157–165.

Zerres, Michael Peter: Die Entwicklung der Mehrwertsteuer – Ein Beitrag zur Geschichte des Steuerwesens, Frankfurt/Main, Thun 1978.

Zorn, Nikolaus / Twardosz, Benjamin: Gemeinschaftsgrundrechte und Verfassungsgrundrechte im Steuerrecht, DStR 2007, 2185–2194.

Zorn, Nikolaus: Überlegungen zu gemeinschaftsrechtlichen Grundrechten, in: Steuerrecht, Verfassungsrecht, Europarecht, Festschrift für Hans Georg Ruppe, hrsg. von Markus Achatz, Wien 2007, S. 744–759.

Zugmaier, Oliver / Streit, Thomas: Erwiderung auf Meurer, „Der Rechnungsberichtigung kommt keine Rückwirkung zu", in diesem Heft DStR 2010, 2442, DStR 2010, 2446–2447.

Zumstein, Peter: Die Ausgabensteuer – volkswirtschaftliche Begründung und praktische Durchführbarkeit, Diessenhofen 1977.

Finanz- und Steuerrecht in Deutschland und Europa

Herausgegeben von Klaus-Dieter Drüen, Hanno Kube
und Rainer Wernsmann

Band 1 Gordon Dreher: Das Alterseinkünftegesetz. Systematische Darstellung und verfassungsrechtliche Zweifelsfragen. 2007.

Band 2 Nils Meyer-Sandberg: Die Duale Einkommensteuer als Modell ungleicher Besteuerung von Arbeit und Kapital. 2008.

Band 3 Alexander Pfab: Die Behandlung von Bildungsaufwendungen im deutschen Einkommensteuerrecht. 2008.

Band 4 Christian Johannes Müller: Einnahmeverzicht im Einkommensteuerrecht – insbesondere durch verbilligte Wohnungsüberlassung an nahe Angehörige. 2009.

Band 5 Melanie Falkner: Die Einkunftserzielungsabsicht als subjektives Besteuerungsmerkmal. Eine Analyse subjektiver Tatbestandsmerkmale im Steuerrecht. Zugleich ein Beitrag zur Liebhaberei im Steuerrecht. 2009.

Band 6 Steffen Ott: Die Vertreterbetriebsstätte nach OECD-MA. 2009.

Band 7 Christoph Wagner: Steuergleichheit unter Standortvorbehalt? Verfassungsrechtliche Grenzen einer ungleichen Einkommensbesteuerung von Kapital und Arbeit. 2010.

Band 8 Andreas Goetze: Die Ersetzung der sieben Einkunftsarten des EStG durch eine einzige. Zur Gleichheit aller Erwerbsgrundlagen in einem vereinfachten Steuerrecht. 2010.

Band 9 Hanno Kube: Der bundesstaatliche Finanzausgleich. Verfassungsrechtlicher Rahmen, aktuelle Ausgestaltung, Entwicklungsperspektiven. 2011.

Band 10 Katharina Brauer: Abgrenzung der Lebensmittellieferung von der Restaurationsdienstleistung im Umsatzsteuerrecht. 2011.

Band 11 Marc Schubert: Die Verfassungswidrigkeit der Erbschaft- und Schenkungsteuer und die verfassungsrechtlichen Anforderungen an eine Neuregelung. 2011.

Band 12 Martin Rehberg: Der Zuzug und Wegzug von Kapitalgesellschaften in gesellschafts- und steuerrechtlicher Hinsicht. 2011.

Band 13 Dirk Wünschig: Perspektiven eines europarechtskonformen Gemeinnützigkeits- und Zuwendungsrechts. Eine Untersuchung nach „Stauffer" und „Persche" bei gleichzeitiger Kritik an der Neufassung des Gemeinnützigkeitsrechts nach dem Jahressteuergesetz 2009. 2011.

Band 14 Sebastian Grimm: Die negative Konkurrentenklage im Steuerrecht. 2011.

Band 15 Arne von Freeden: Minder- und Mehrabführungen nach § 14 Abs. 4, § 27 Abs. 6 KStG. Ausgleichspostenlösung und Einlagelösung. 2011.

Band 16 Anne Keller: Rechtsschutz gegen Maßnahmen der steuerlichen Außenprüfung. 2011.

Band 17 Larissa Maier-Bledjian: Sondervermögen des Bundes. 2011.

Band 18 Philipp Riedl: Die internationale Doppelbesteuerung im EU-Binnenmarkt. 2012.

Band 19 Anna Schwarz: Die Pensionszusage an den Mitunternehmer der Personengesellschaft im Einkommensteuerrecht. 2012.

Band 20 Carsten Höink: Nichtsteuerbare Vermögensübertragungen im Umsatzsteuerrecht. Eine rechtssystematische Analyse der Entwicklung des Rechtsinstituts der Geschäftsveräußerung im Ganzen. 2013.

Band 21 Christian Kniese: Europarechtlicher Rahmen einer steuerlichen Förderung von Forschung und Entwicklung. 2013.

Band 22 Katarina Günther: Vertrauensschutz bei Angaben Dritter im Umsatzsteuerrecht. 2013.

Band 23 Andreas Königer: Ertragsteuerrechtliche Behandlung grenzüberschreitender Spaltungen von Rechtsträgern. Unter besonderer Beachtung der Vorgaben des Unionsrechts. 2014.

Band 24 Matthias Diete: Das obligatorische Schiedsverfahren in der deutschen DBA-Praxis. Erweiterung des zwischenstaatlichen Rechtsschutzes bei Doppelbesteuerungskonflikten. 2014.

Band 25 Friederike Grube: Der Einfluss des unionsrechtlichen Beihilfenverbots auf das deutsche Steuerrecht. Dargestellt an den Beispielen der sogenannten Sanierungsklausel und der Steuervergünstigungen für gemeinnützige Unternehmen. 2014.

Band 26 Tobias Loscher: Präventive Aufsicht der Europäischen Union über den Bundeshaushalt. 2014.

Band 27 Jochen Lutz Tillmanns: Divergenz und Konvergenz von Umsatzsteuer und Einkommensteuer. Zur problematischen Verwendung ertragsteuerlicher Konzepte und Begriffe im Umsatzsteuerrecht. 2015.

Band 28 Cornelia Zirkl: Die Neutralität der Umsatzsteuer als europäisches Besteuerungsprinzip. Inhalt, Herleitung und der Umgang mit Neutralitätsverletzungen. 2015.

www.peterlang.com

www.ingramcontent.com/pod-product-compliance
Ingram Content Group UK Ltd.
Pitfield, Milton Keynes, MK11 3LW, UK
UKHW041826290926
8980IPUK00002B/89

9 783631 667996